Die Chronik. Schauplatz der Geschichte

Die Chronik-Bibliothek des 20. Jahrhunderts

Die Chronik-Bibliothek des 20. Jahrhunderts
wird herausgegeben von Bodo Harenberg

Bernhard Pollmann

Chronik 1910

Tag für Tag in Wort und Bild

Chronik Verlag

Abbildungen auf dem Schutzumschlag
(oben links beginnend)
Wilhelm II., deutscher Kaiser und König von Preußen
Francisco »Pancho« Villa, mexikanischer Revolutionsführer
Der russische Dichter Leo N. Tolstoi stirbt am 20. November 1910
Moderne Hausfrauen des Jahres 1910 kochen mit Gas
Titel der »Illustrirten Zeitung« zur Weltausstellung in Brüssel
Der französische »Aviatiker« Chavez vor seiner Alpenüberquerung
»Pferd in Landschaft« von Franz Marc
Die neueste Mode verzichtet auf das Einschnüren durch Korsetts
Verteidigt 1910 seinen Weltmeistertitel erfolgreich: Der US-amerikanische Boxer Jack Johnson

Chefredakteur: Dr. Dirk Bavendamm
Redaktion: Ekkehard Kroll; Manfred Brocks (Text), Klaus zu Klampen (Bild)
Fachautoren: Dr. Frank Busch (Theater), Dr. Jutta Köhler (Kunst), Dr. Ingrid Loschek (Mode), Felix R. Paturi (Wissenschaft und Technik), Jochen Rentsch (Musik)
Anhang: Ludwig Hertel, Bernhard Pollmann, Karl Adolf Scherer
Herstellung: Barbara Reppold-Hinz, Annette Retinski
Satz: Systemsatz, Dortmund
Druck: Mohndruck Graphische Betriebe GmbH, Gütersloh

Leihgeber für Zeitungen und Zeitschriften: Institut für Zeitungsforschung, Dortmund

ISBN 3-611-00114-7

Inhalt

Der vorliegende Band aus der »Chronik-Bibliothek des 20. Jahrhunderts« führt Sie zuverlässig durch das Jahr 1910 und gibt Ihnen – aus der Sicht des Zeitzeugen, aber vor dem Hintergrund des Wissens von heute – einen vollständigen Überblick über die weltweit wichtigsten Ereignisse in Politik und Wirtschaft, Kultur und Sport, Alltag und Gesellschaft. Sie können das Jahr in chronologischer Folge an sich vorüberziehen lassen, die »Chronik 1910« aber auch als Nachschlagewerk oder als Lesebuch benutzen. Das »Chronik«-System verbindet eine schier unübersehbare Fülle von Artikeln, Kalendereinträgen, Fotos, Grafiken und Übersichten nach einheitlichen Kriterien und macht damit die Daten dieses Bandes mit jedem anderen Band vergleichbar. Wer die »Chronik-Bibliothek« sammelt, erhält ein Dokumentationssystem, wie es in dieser Dichte und Genauigkeit nirgends sonst zu haben ist.

Hauptteil (ab Seite 8)

Jeder Monat beginnt mit einem Kalendarium, in dem die wichtigsten Ereignisse chronologisch geordnet und in knappen Texten dargestellt sind. Sonn- und Feiertage sind durch farbigen Druck hervorgehoben. Pfeile verweisen auf ergänzende Bild- und Textbeiträge auf den folgenden Seiten. Faksimiles von Zeitungen und Zeitschriften, die im jeweiligen Monat des Jahres 1910 erschienen sind, spiegeln Zeitgeist und herausragende Ereignisse.
Wichtige Ereignisse des Jahres 1910 werden – zusätzlich zu den Eintragungen im Kalendarium – in Wort und Bild beschrieben. Jeder der 315 Einzelartikel dieses Bandes bietet eine in sich abgeschlossene Information. Die Pfeile des Verweissystems machen auf Artikel aufmerksam, die an anderer Stelle dieses Bandes ergänzende Informationen zu dem jeweiligen Thema vermitteln.
627 teils farbige Abbildungen und grafische Darstellungen illustrieren die Ereignisse und Entwicklungen des Jahres 1910 und werden damit zu einem historischen Kaleidoskop besonderer Art.

Übersichtsartikel (ab Seite 18)

19 Übersichtsartikel, am blauen Untergrund zu erkennen, stellen Entwicklungen des Jahres 1910 zusammenfassend dar.
Alle Übersichtsartikel aus den verschiedenen Jahrgangsbänden ergeben – zusammengenommen – eine sehr spezielle Chronik zu den jeweiligen Themenbereichen (z. B. Film von 1900 bis 2000).

Anhang (ab Seite 217)

Der Anhang zeigt das Jahr 1910 in Statistiken und anderen Übersichten. Ausgehend von den offiziellen Daten für das Deutsche Reich, Österreich und die Schweiz, regen die Zahlen und Fakten zu einem Vergleich mit vorausgegangenen und nachfolgenden Jahren an.
Für alle wichtigen Länder der Erde sind die Staats- und Regierungschefs im Jahr 1910 aufgeführt und werden wichtige Veränderungen aufgezeigt. Die Zusammenstellungen herausragender Neuerscheinungen auf dem Buchmarkt sowie der Premieren auf Bühne und Leinwand werden zu einem Führer durch das kulturelle Leben des Jahres.
Das Kapitel »Sportereignisse und -rekorde« spiegelt die Höhepunkte des Sportjahres 1910.
Internationale und deutsche Meisterschaften, die Entwicklung der Leichtathletik- und Schwimmrekorde sowie alle Ergebnisse der großen internationalen Wettbewerbe im Automobilsport, Eiskunstlauf, Fußball, Gewichtheben, Pferde- und Radsport sowie im Tennis sind wie die Boxweltmeister im Schwergewicht nachgewiesen.
Der Nekrolog enthält Kurzbiographien von Persönlichkeiten, die 1910 verstorben sind.

Register (ab Seite 233)

Das *Personenregister* nennt – in Verbindung mit der jeweiligen Seitenzahl – alle Personen, deren Namen in diesem Band verzeichnet sind.
Werden Personen abgebildet, so sind die Seitenzahlen kursiv gesetzt.
Herrscher und Angehörige regierender Häuser mit selben Namen sind alphabetisch nach den Ländern ihrer Herkunft geordnet.
Wer ein bestimmtes Ereignis des Jahres 1910 nachschlagen möchte, das genaue Datum oder die Namen der beteiligten Personen aber nicht präsent hat, findet über das spezielle *Sachregister* Zugang zu den gesuchten Informationen.
Oberbegriffe und Ländernamen erleichtern das Suchen und machen zugleich deutlich, welche weiteren Artikel und Informationen zu diesem Themenfeld im vorliegenden Band zu finden sind. Querverweise helfen bei der Erschließung der immensen Informationsvielfalt.

Das Jahr 1910

Für Europa ist 1910 ein Jahr trügerischen Friedens. Konflikte werden nicht mit Waffen ausgetragen, sondern artikulieren sich in diplomatischen Aktivitäten und in lautstarken Reden nationalistischer Politiker.

Die allgemeine Hochrüstung, das deutsch-britische Wettrüsten zur See, der deutsch-französische Gegensatz in Marokko, die Elsaß-Frage, die Spannungen auf dem Balkan, italienische Annexionsgelüste in Nordafrika, die österreichisch-italienischen Reibungen um »unerlöste« italienische Gebiete im Habsburgerreich – die Konflikte sind allgegenwärtig und bereiten den Boden für eine Konfrontation, die sich zum Weltkrieg ausweitet.

Rom gehört wie Berlin und Wien dem Dreibund an, doch die Donaumonarchie mißtraut der Bündnistreue dieses Partners und verstärkt die Truppen im Isonzo-Gebiet. Unklar bleibt die Rolle Rußlands: Zwar ist das Zarenreich mit Großbritannien und Frankreich vertraglich verbunden, die Potsdamer Entrevue zwischen dem Zaren und dem deutschen Kaiser wird in London und Paris jedoch mit Irritationen zur Kenntnis genommen.

Die Initiative, die zu wichtigen Verschiebungen im Fernen Osten führt – auch hier ohne Krieg –, kommt aus dem Land der Dollardiplomatie: Washington fordert die Großmächte auf, gemeinsam mit den USA die wirtschaftliche (und damit politische) Führung im Reich der Mitte zu übernehmen. Als Formel für die Aufteilung Chinas hat das Weiße Haus das Schlagwort von der »offenen Tür« geprägt. Während Berlin und London kühl reagieren, führt das amerikanische Vorpreschen zur Einigung der Gegner Rußland und Japan: Der Zar überläßt dem Tenno Korea und erhält dafür freie Hand in der Mandschurei; auf britische Interessen wird bei diesem Handel keine Rücksicht genommen. Am 22. August annektiert Japan das Kaiserreich Korea.

Der weitgehend ruhigen außenpolitischen Situation entspricht in vielen Ländern eine innenpolitische Aufbruchstimmung, die Massenbewegungen gegen die überkommenen gesellschaftspolitischen Strukturen hervorbringt. In Lissabon schlägt das Volk den König in die Flucht, Portugal wird Republik. In Mexiko beginnt die Revolution gegen den Diktator Porfirio Díaz. Die Massen in China erzwingen von der Regierung des vierjährigen Kaiser P'u I die Einberufung eines Vorparlaments. Doch das Zugeständnis Pekings kommt zu spät, die Revolution ist nicht mehr aufzuhalten.

In Preußen erreicht die Agitation gegen das Dreiklassenwahlrecht ihren Höhepunkt. In Großbritannien lösen Vorschläge für soziale Reformen einen Kampf zwischen »Volk und Lords« aus, der zur Abschaffung des Oberhaus-Vetorechts führt. In Frankreich, Spanien und Wales nehmen Streiks anarchistische Züge an, und in Berlin kommt es bei den Moabiter Krawallen zu Szenen beispielloser Gewalt auf seiten der Streikenden wie der Polizei. In London wiederum zeigen die Suffragetten durch spektakuläre Aktionen, daß es ihnen mit dem Erreichen politischer Rechte ernst ist. Selbst ein kleines Land wie Monaco gerät in den Sog dieses Umbruchs. Nach monatelangen Demonstrationen erzwingen die Monegassen eine Verfassung.

Auch auf wirtschaftlichem Gebiet äußert sich die Gärung: Für Frankreich ist 1910 das Jahr mit den bislang meisten Streiks in diesem Jahrhundert, ähnliches gilt für Großbritannien, und die Aussperrung von rund 200 000 Bauarbeitern im Deutschen Reich ist bisher einmalig. Inquisitorisch reagiert der Vatikan auf das Phänomen, daß Menschen selbständig zu denken und zu handeln beginnen, ohne die Obrigkeit zu befragen: Er bezeichnet die Unruhe, die auch viele Katholiken erfaßt, als »Modernismus« und verpflichtet alle Geistlichen einschließlich der katholischen Hochschullehrer zum »Antimodernisteneid«, einem Schwur, der die Beschäftigung mit modernem sozialem, politischem und philosophischem Gedankengut verbietet und jährlich wiederholt werden muß.

Auch die deutsche Regierung, die keine vom Volk gewählte ist, muß einer wachsenden Opposition begegnen. Die Strafversetzung nicht systemkonformer Beamter ist dabei eine wirksame Methode, da sie kaum zu Schlagzeilen führt. Kanalisierung heißt ein anderes Mittel: Um der Sozialdemokratie das Wasser abzugraben, wird der Ausbau des sozialen Netzes in der sog. Reichsversicherungsordnung vorbereitet. Für das ideologische Rüstzeug sorgt der oberste Kriegsherr: Wilhelm II. entwirft in seiner Königsberger Rede das Idealbild eines Volks unter Waffen, in dem die Männer »kriegerische Tugenden« pflegen, die Frauen »stille Arbeit im Haus« zelebrieren und ihre Kinder »zum Gehorsam und zum Respekt« erziehen. Der Mann, der sich »als Instrument des Herrn« betrachtet, verschweigt nicht, was er vom Parlamentarismus hält: »Ohne Rücksichten auf Tagesansichten und -meinungen gehe Ich Meinen Weg.«

Daß 1910 das Geburtsjahr der abstrakten Malerei und des literarischen Expressionismus ist, deutet auf den Umbruch auch im Bereich der Kunst. Während die meisten gesellschaftlich anerkannten Künstler der pompösen Kulturdoktrin des Wilhelminismus verpflichtet sind, reagieren viele junge Künstler durch die Schaffung von Gegenwirklichkeiten: Neben der abstrakten Malerei und dem Expressionismus sind solche Bewegungen der Orphismus und der Futurismus. Maler wie Literaten lehnen immer häufiger radikal die bürgerliche Gesellschaft als Welt in der Krise und als vom Untergang bedroht ab und äußern ihren Protest: 1910 erscheinen das »Futuristische Manifest« und die Zeitschrift »Der Sturm«.

Zu den kulturellen Höhepunkten dieses Jahres zählen die Uraufführungen der Ballette »Feuervogel« und »Scheherazade« durch Sergei Diaghilews Ballets Russes. Die Oper »Salome« von Richard Strauss rehabilitiert in Großbritannien den verfemten Dichter Oscar Wilde, und Edmond Rostands Vogeldrama »Chantecler« beeinflußt die Mode. Wegweisend wird die Inszenierung des sophokleischen »Ödipus« durch Max Reinhardt. Zum meistgespielten Stück im deutschsprachigen Raum avanciert allerdings Karl Schönherrs »Glaube und Heimat« – Inhalt wie Titel.

Bernhard Pollmann

◁ *Trügerische Harmonie der Weltmächte: Die Cousins Wilhelm II. (l.) und Großbritanniens neuer König Georg V. treffen sich im Mai 1910 in London bei den Trauerfeierlichkeiten für Eduard VII.*

Januar 1910

Mo	Di	Mi	Do	Fr	Sa	So
					1	2
3	4	5	6	7	8	9
10	11	12	13	14	15	16
17	18	19	20	21	22	23
24	25	26	27	28	29	30
31						

1. Januar, Neujahr

Die Welt feiert den Beginn des neuen Jahrzehnts. → S. 12

In Neujahrsansprachen wird der Diplomatie eine veränderte Rolle in der internationalen Politik zugewiesen. → S. 14

In Ungarn beginnt der Ex-lex-Zustand, der »gesetzlose Zustand«, in dem keine Steuern mehr erhoben werden können. → S. 24

Durch die Eingemeindung der Vororte Möckern, Probstheida, Stinz, Stötteritz, Dölitz und Dösen wird Leipzig mit rund 580 000 Einwohnern die größte Stadt des Königreichs Sachsen, vor der Hauptstadt Dresden (548 308 Einwohner laut Volkszählung vom 1. Dezember).

In Frankreich werden neue 100- und 1000-Franc-Scheine in Umlauf gebracht. Luc Olivier Merson, Mitglied der Akademie der bildenden Künste, gestaltete die Banknoten.

2. Januar, Sonntag

Der portugiesische König Emanuel II. eröffnet das Parlament in Lissabon mit der Verlesung der Thronrede. Fast alle Abgeordneten des liberal-monarchischen Blocks bleiben der Parlamentseröffnung fern. Auf den Straßen finden nicht die üblichen Huldigungen statt. Portugal steht kurz vor dem Ausbruch der Revolution (→ 8. 6./S. 144).

In der spanischen Stadt Zaragoza explodieren vor der Kirche Nuestra Señora del Pilar und vor der Kathedrale zwei Bomben. Menschen werden nicht verletzt. Die Attentäter werden in republikanischen Kreisen vermutet.

Das zweite Berliner Sechstagerennen geht zu Ende. → S. 33

3. Januar, Montag

In Berlin wird der dritte SPD-Parteitag für Preußen eröffnet. → S. 14

Im Ruhrrevier nimmt der Zentralarbeitsnachweis des Zechenverbands seine Tätigkeit auf. Seine Aufgabe ist die Vermittlung von Arbeitsplätzen an Arbeitsuchende (→ 1. 10./S. 176).

Die italienische Militärverwaltung richtet auf dem Schießplatz des Bosco Mantico bei Verona eine Luftschiffstation ein (→ 8. 1./S. 18).

Unter Sicherheitsvorkehrungen wird in Petersburg (Leningrad) Großfürst Michail Nikolajewitsch beigesetzt. → S. 25

200 französische Soldaten kommen bei einem Überfall von Eingeborenen östlich des Tschadsees ums Leben (→ 15. 1./S. 21).

In der portugiesischen Hafenstadt Porto steht nach einer Überschwemmung des Douro das Wasser meterhoch in den Straßen. Die Hafenanlagen werden schwer beschädigt, Schiffe werden von der Strömung mitgerissen und stranden auf den Sandbänken an der Flußmündung.

4. Januar, Dienstag

Großherzog Wilhelm Ernst von Sachsen-Weimar und Prinzessin Carola Feodora von Sachsen-Meiningen heiraten in Meiningen. → S. 28

5. Januar, Mittwoch

US-Außenminister Philander Chase Knox schlägt in einem Rundschreiben an die Großmächte vor, den geplanten internationalen Prisengerichtshof mit den Machtbefugnissen eines internationalen Schiedsgerichts für alle in Kriegs- und Friedenszeiten auftretenden Streitfragen auszustatten (→ 27. 1./S. 24).

Eine chinesische Marine-Studienkommission unter Führung des Prinzen Tsai Hsün trifft in Berlin ein. Sie wird von Kaiser Wilhelm II. im Königlichen Schloß empfangen. Die Chinesen besuchen u. a. die Vulkanwerft in Stettin.

Bischof Adolf Fritzen von Straßburg weist den Vorwurf eines Eingriffs in staatliche Angelegenheiten zurück. → S. 17

Zur Erinnerung an den Besuch des deutschen Kaiserpaars am 14. Mai 1909 in Wien wird die Alleegasse in Kaiser-Wilhelm-Straße umbenannt.

6. Januar, Donnerstag

US-Außenminister Philander Chase Knox spricht sich in Washington für eine Neutralisierung der Mandschurischen Eisenbahn aus. → S. 20

Die württembergische Landesversammlung der Deutschen Volkspartei (DtVP) nimmt in Stuttgart das Fusionsprogramm der linksliberalen Parteien an. Von den sieben Reichstagsabgeordneten der DtVP kommen sechs aus Württemberg (→ 5. 3./S. 58).

Dem britischen Polarforscher Ernest Henry Shackleton wird in Berlin die goldene Nachtigal-Medaille der Gesellschaft für Erdkunde verliehen, weil er sich 1909 »dem Südpol bis auf 24 deutsche Meilen genähert, den magnetischen Südpol festgestellt und die weite Ausdehnung des Meeres im westlichen Südpolargebiet wahrscheinlich gemacht hat« (→ 15. 6./S. 120).

Der Mitteltrakt des griechischen Königsschlosses in Athen brennt nieder. → S. 28

7. Januar, Freitag

In Belgrad beginnt die erste Sozialdemokratische Balkankonferenz. Vertreter Bulgariens, Serbiens, Kroatiens, Sloweniens, Bosniens und der Herzegowina sowie aus Griechenland, Makedonien und dem Osmanischen Reich beschließen auf der Tagung, die bis zum 9. Januar dauert, ein Aktionsprogramm und empfehlen die Schaffung einer sozialdemokratischen Balkanföderation.

In der spanischen Hafenstadt Santander veranlassen die Behörden einen britischen Dampfer zur sofortigen Weiterfahrt. Er soll angeblich Waffen für die Karlisten an Bord haben. Die Karlisten führen seit mehr als einem halben Jahrhundert einen blutigen Kampf gegen die herrschende Dynastie der Bourbonen.

Der französische Aviatiker Hubert Latham stellt auf dem Flugplatz von Châlons-sur-Marne mit 1000 m einen Höhenrekord auf (→ 27. 4./S. 83).

8. Januar, Samstag

Die »Deutsche Tageszeitung«, das Organ des Bunds der Landwirte, wirft Reichskolonialminister Bernhard Dernburg vor, eine »mehr kapitalistisch als national« ausgerichtete Kolonialpolitik zu betreiben. Das Blatt kündigt »Kampf mit der gebotenen Entschiedenheit« an (→ 24. 1./S. 17).

Der deutsche Abgeordneten- und Vertrauensmännertag in Prag erklärt die Sprachenfrage zur wichtigsten politischen Frage in Böhmen. → S. 24

Das Deutsche Reich besitzt nach Angaben der Zeitschrift »Die Woche« international die größte Luftschiffflotte. → S. 18

Sieben Menschen kommen ums Leben, als ein Hospital einstürzt, das zum staatlichen Erzbergbau in Naibl in Kärnten gehört. Die Grubendecke unter dem Spital stürzt ein, das Gebäude wird etwa 200 m in die Tiefe gerissen. Die Bewohner des Ortes, unter dem sich weitere Schächte und Stollen ziehen, verlassen fluchtartig ihre Häuser.

In Paris werden beim Kampf mit Vorbestraften, die bei der Armee zwangsdienen müssen, drei Geheimpolizisten durch Revolverschüsse getötet, ein vierter wird tödlich verletzt. Nach dem Vorfall verlangt die Presse eine Änderung des Rekrutierungsgesetzes in dem Sinn, daß Kriminelle nur noch den afrikanischen Strafkompanien zugeteilt werden könnten.

Die Operette »Zigeunerliebe« von Franz Lehár wird im Carl-Theater in Wien uraufgeführt.

9. Januar, Sonntag

Bei einer Benzinexplosion in der Garage des russischen Großfürsten Nikolai Nikolajewitsch in Petersburg (Leningrad) kommen zwei Menschen ums Leben.

10. Januar, Montag

Die berühmte Ruine des Ottheinrichsbaus in Heidelberg soll als Ruine erhalten werden. → S. 32

Der bayerische Verkehrsminister Heinrich Ritter von Frauendorfer spricht sich vor der Abgeordnetenkammer in München für die Einführung einer Schiffahrtsabgabe auf den deutschen Wasserstraßen aus (→ 4. 3./S. 59).

Das deutsche Reichskolonialamt legt dem Reichstag in Berlin Denkschriften über die Entwicklung der Schutzgebiete vor. → S. 20

In Kristiania (Oslo) beginnt der »Rattenkrieg«. Die Gesundheitsbehörden hoffen, daß im Verlauf dieser Aktion etwa 100 000 Ratten in der norwegischen Hauptstadt getötet werden können. Wegen ihrer ungeheuren Vermehrung bedrohen die Ratten Hygiene und Gesundheit.

Der französische Aeroklub weiht unter dem Vorsitz des Prinzen Roland Bonaparte sein neues Domizil in Paris ein. Fast alle europäischen Aeroklubs haben Vertreter zu den Feierlichkeiten entsandt.

11. Januar, Dienstag

Kaiser Wilhelm II. eröffnet den preußischen Landtag in Berlin mit der Verlesung der Thronrede.

Der neue preußische Ministerpräsident und deutsche Reichskanzler, Theobald von Bethmann Hollweg, hält seine Antrittsrede vor dem preußischen Abgeordnetenhaus in Berlin. Bethmann Hollweg hat im Juli 1909 Bernhard Graf von Bülow abgelöst.

Die bayerische Regierung verteidigt die Entnahme von Gemälden aus der Augsburger Bildergalerie für die Pinakothek in München. → S. 33

Ein Kurzschluß mit Ausfall der Beleuchtung im Warenhaus »Au Printemps« in Paris ruft eine Panik unter den Kunden hervor. Am Abend kommt es nach einem Kurzschluß in der Leitung der Straßenbeleuchtung auf dem Boulevard Haussmann zu einer Explosion. Ingenieure der Elektrizitätswerke weisen den Vorwurf zurück, die sich in letzter Zeit häufenden Kurzschlüsse hätten politische Hintergründe.

12. Januar, Mittwoch

Der deutsche Staatssekretär des Innern, Clemens Delbrück, verteidigt vor dem Reichstag in Berlin die Versetzung oppositioneller Beamter. → S. 15

Ibrahim Hakki Pascha wird osmanischer Großwesir als Nachfolger von Hüseyin Hilmi Pascha. Der aus Georgien stammende Politiker gilt als Liberaler und Freund westlicher Kultur. Acht der zwölf Minister seines Kabinetts sind Jungtürken (→ 14. 2./S. 44).

13. Januar, Donnerstag

Das Tragödienfragment »Deirdre von den Schmerzen« von John Millington Synge, einem der führenden Dramatiker der sog. keltischen Renaissance, wird im Abbey Theatre in Dublin uraufgeführt.

14. Januar, Freitag

In Großbritannien beginnen die Neuwahlen zum Unterhaus. Sie enden mit einem allgemeinen Rechtsruck. → S. 22

Großbritannien verhängt den Ausnahmezustand über Britisch-Indien, nachdem es während einer antibritischen Protest-Kampagne der Brahmanen meh-

Die Zeitschrift »Jugend« begrüßt das neue Jahrzehnt: Altes in neuer Verkleidung, nur die Masken werden gewechselt.

rere Tote gegeben hat. Die Brahmanen sind die Angehörigen der obersten Kaste des Hinduismus.

Im Staatsarchiv zu Münster in Westfalen werden Text und Noten von drei Liedern des mittelhochdeutschen Dichters Walther von der Vogelweide auf dem Umschlag einer Rechnung aus dem 16. Jahrhundert gefunden. Es handelt sich um Abschriften aus dem 14. Jahrhundert.

15. Januar, Samstag

Frankreich bildet das Generalgouvernement Äquatorialafrika. → S. 21

Die Wiener Philharmoniker feiern den 50. Jahrestag des Konzerts, mit dem der Aufstieg des Ensembles zu einem Orchester von Weltrang begann. → S. 32

Unter dem Vorsitz von Prinz Heinrich von Preußen und Herzog Adolf Friedrich zu Mecklenburg wird in Berlin das zehnjährige Gründungsjubiläum des Kaiserlichen Automobilklubs gefeiert.

16. Januar, Sonntag

Auf 61 Veranstaltungen im Großraum Berlin fordern die Sozialdemokraten in gleichlautenden Resolutionen die Einführung des allgemeinen, gleichen, direkten und geheimen Wahlrechts für Frauen und Männer in Preußen (→ 4. 2./S. 38).

Der Zentralausschuß der Freisinnigen Volkspartei in Berlin spricht sich für den Zusammenschluß der linksliberalen Parteien aus (→ 6. 3./S. 58).

In der bulgarischen Hafenstadt Warna am Schwarzen Meer findet ein Makedonier-Kongreß statt. In einer Resolution wird die bulgarische Regierung zum »energischen« Schutz der Makedonier im Osmanischen Reich aufgefordert. Bulgarien unterstützt die Autonomiebestrebungen Makedoniens. Immer wieder kommt es in Makedonien zu Unruhen und zu Aufständen gegen die osmanische Herrschaft.

Im Schloß zu Berlin findet das Krönungs- und Ordensfest statt. 4220 Orden und Ehrenzeichen werden verliehen. Das Fest findet anläßlich des Jahrestages der Krönung von Kurfürst Wilhelm III. zum König in Preußen am 18. Januar 1701 und der Krönung von König Wilhelm I. zum deutschen Kaiser am 18. Januar 1871 statt.

17. Januar, Montag

Karl Graf Khuen-Héderváry von Hédervár wird neuer Ministerpräsident Ungarns (→ 1. 1./S. 24).

18. Januar, Dienstag

Die SPD bringt im Reichstag in Berlin eine Anfrage über den Mansfelder Bergarbeiterstreik ein. → S. 17

19. Januar, Mittwoch

Die Freisinnige Fraktionsgemeinschaft bringt im Reichstag in Berlin eine Anfrage über die Anwendung des Reichsvereinsgesetzes ein. → S. 17

Der Parlamentspalast in Konstantinopel (Istanbul) brennt aus. → S. 28

20. Januar, Donnerstag

Überschwemmungen richten im Deutschen Reich und in Frankreich schwere Schäden an (→ 26. 1./S. 29).

21. Januar, Freitag

Der Reichstag in Berlin bewilligt die in einem Nachtragsetat geforderten Geldmittel für den Ausbau der Usambaraeisenbahn in der Kolonie Deutsch-Ostafrika (→ 10. 1./S. 20).

Der US-Senat in Washington nimmt das Gesetz über die Annexion von Spitzbergen an (→ 15. 1./S. 21).

Der russische Militärattaché in Wien, Oberst Martschenko, wird abberufen. Er hatte versucht, einem Beamten des Wiener Arsenals die Konstruktionspläne des neuen österreichischen Artilleriesprenggeschosses abzukaufen.

Aus Odense in Dänemark wird der Ausbruch der schwarzen Pocken gemeldet. → S. 28

22. Januar, Samstag

Der Außenminister des Königreichs Serbien, Milovan Milovanović, trifft zu Gesprächen in Berlin ein.

Während des Bürgerkriegs in Nicaragua kommt es zu Massenverhaftungen. → S. 25

Aus Protest gegen die Fleischteuerung beginnt in den Vereinigten Staaten ein Fleischboykott. → S. 25

Kardinal Antonius Fischer, der Erzbischof von Köln, spricht sich in einem Fasten-Hirtenbrief gegen katholisch-evangelische »Interkonfessionalität« aus (→ 5.1./S. 17).

In der Essener Zeche »Holland« werden sechs Bergleute, die 86 Stunden in einem eingestürzten Stollen eingeschlossen waren, gerettet.

Bei North Bay in der kanadischen Provinz Ontario entgleist ein Personenzug der Canadian-Pacific-Bahn und stürzt über die Böschung in einen Fluß. 70 Menschen kommen ums Leben.

23. Januar, Sonntag

Aus Spanisch-Marokko heimkehrende Truppen ziehen unter dem Jubel der Bevölkerung in Madrid ein. Der Kampf der Spanier in Marokko gilt den Rifkabylen, aufständischen Berberstämmen im Atlasgebirge (→ 25. 3./S. 55).

Herzog Francesco de Campobello, ein Neffe des italienischen Kardinals und früheren päpstlichen Kardinalstaatssekretärs Mariano Rampolla del Tindaro, flüchtet aus Italien, nachdem er Wechsel in bedeutender Höhe auf den Namen seines Onkels gefälscht hat.

In Karlsruhe wird die Oper »Banadietrich« von Siegfried Wagner uraufgeführt.

24. Januar, Montag

Hauptthema auf der Generalversammlung des Bunds der Industriellen in Berlin ist die »aggressive Politik« des Bunds der Landwirte. → S. 17

In Lemberg (Lwów), der Hauptstadt des österreichischen Kronlands Galizien, zerschlagen polnische Studenten die Schaufenster eines Berliner Schuhgeschäfts mit den Rufen »Weg mit den preußischen Lakaien!«. Die Proteste richten sich gegen die preußische Germanisierungspolitik in Ostpreußen (→ 20. 8./S. 141).

Der neue osmanische Großwesir Ibrahim Hakki Pascha hält vor dem Parlament in Konstantinopel (Istanbul) seine Antrittsrede. Die Kammer erteilt ihm mit 187 zu 34 Stimmen das Vertrauen.

25. Januar, Dienstag

In Berlin wird eine französische Rokokoausstellung eröffnet. → S. 32

Der Generaldirektor der Prager Eisenindustrie-Gesellschaft, Kestranek, beschuldigt in einem offenen Brief den österreichischen Finanzminister Leo Ritter von Bilinski, seine Gesellschaft »schikaniert« zu haben. Sie sei mit großen Steuerausschreibungen belegt worden, weil der inzwischen verstorbene Schwager des Ministers nicht in den Verwaltungsrat aufgenommen worden ist.

26. Januar, Mittwoch

Bei der Beratung des Militäretats kommt es im Reichstag zu einer Debatte über die Bevorzugung des Adels. → S. 16

König Håkon VII. von Norwegen eröffnet das Storting, das Parlament in Kristiania (Oslo). In seiner Thronrede bezeichnet er die Beziehungen des Landes zu den auswärtigen Mächten als »befriedigend«. Zentraler Punkt der Auseinandersetzungen ist die Inselgruppe Spitzbergen im Nördlichen Eismeer (→ 15. 1./S. 21).

Der Wasserstand der Seine an der Brücke Pont Royal in Paris erreicht die Rekordhöhe von 8,60 m. → S. 29

27. Januar, Donnerstag

Das deutsche Reichsgesetzblatt veröffentlicht die Ergebnisse der Zweiten Haager Friedenskonferenz. → S. 24

Der deutsche Botschafter in Großbritannien, Paul Graf Wolff Metternich zur Gracht, hält in London eine Grundsatzrede zur deutschen Außenpolitik (→ 3. 1./S. 14).

Der spanische Katholische Verband veröffentlicht in Madrid sein Programm. Er fordert u. a. die Einschränkung der Religionsfreiheit und die Untersagung aller nichtchristlichen Kulte, die Unterstellung aller Lehranstalten und Universitäten unter geistliche Oberaufsicht und das Verbot aller nichtkatholischen Vereine und Verbände. Die Auseinandersetzung zwischen Klerikalen und Liberalen nimmt in Spanien das Ausmaß eines Kulturkampfes an (→ 9. 5./S. 100).

28. Januar, Freitag

Das Kammergericht in Elberfeld (Wuppertal) hebt den Strafbefehl gegen einen Sozialdemokraten auf, der bei der Beerdigung eines Parteifreunds einen Kranz mit roter Schleife niedergelegt hatte. Die Polizei hatte den Mann »wegen groben Unfugs« und »wegen versäumter Einholung der Genehmigung« mit einer Strafe von 15 Mark belegt.

Das französische Torpedoboot »192« strandet vor Cannes. Die französische Kriegsmarine wird in diesem Jahr von mehreren Unglücken betroffen. → S. 118

29. Januar, Samstag

Der preußische Rittergutsbesitzer Elard von Oldenburg-Januschau provoziert im Reichstag in Berlin stürmische Szenen. Er sagt, der Kaiser müsse durch einen Leutnant und zehn Mann das Parlament auflösen können. → S. 15

Das preußische Abgeordnetenhaus in Berlin nimmt einen Zentrumsantrag an, »Maßnahmen zu treffen, welche geeignet sind, in verstärktem Maße eine Umwandlung von Moor- und Ödländereien in Ländereien von höherem wirtschaftlichem Werte herbeizuführen«.

Ein Geheimerlaß verbietet allen Offizieren der k.u.k. Armee, die nicht dem vierten Dragonerregiment Fürst Windisch-Graetz angehören, sich den Schnurrbart rasieren zu lassen. Das vierte Dragonerregiment besitzt dieses Privileg seit der Schlacht bei Kolín (1757). Der neuesten Mode entsprechend hatten sich nun auch andere Offiziere rasiert. Dies wird ihnen nun untersagt.

30. Januar, Sonntag

König Georg I. von Griechenland genehmigt die Einberufung der Nationalversammlung und betraut Stefanos Dragumis als Nachfolger von Konstantin Mavromichalis mit der Bildung eines neuen Ministeriums (→ 30. 3./S. 55).

Ulrich Salchow wird in Davos Weltmeister im Eiskunstlaufen. → S. 33

31. Januar, Montag

Der Alldeutsche Verband betont in einem Schreiben an Reichskanzler Theobald von Bethmann Hollweg, das Auswärtige Amt habe »alles Vertrauen verloren«, weil es »fremdländische Interessen zum Nachteil reichsdeutscher« fördere. Angriffsziel der Alldeutschen ist die Marokkopolitik (→ 16. 3./S. 59).

Der deutsche Monistenbund veranstaltet in Berlin eine Veranstaltung zum Thema »Hat Jesus gelebt?« → S. 32

Das Wetter im Monat Januar

Station	Mittlere Lufttemperatur (°C)	Niederschlag (mm)	Sonnenscheindauer (Std.)
Aachen	3,3 (1,8)	69 (72)	– (51)
Berlin	2,5 (–0,4)	43 (43)	– (56)
Bremen	2,9 (0,6)	74 (57)	– (47)
München	0,8 (–2,1)	96 (55)	– (56)
Wien	1,0 (–0,9)	41 (40)	61 (56)
Zürich	0,9 (–1,0)	176 (68)	– (46)

( ) Langjähriger Mittelwert für diesen Monat
– Wert nicht ermittelt

Neujahrstitelblatt der »Berliner Illustrirten Zeitung«: Das junge Jahr hält Einzug.

XIX. Jahrgang
Nr. 1

Berliner
Illustrirte Zeitung

2. Januar 1910
Einzelpreis
10 Pfg.
oder 15 Heller.

Verlag Ullstein & Co., Berlin SW. 68.

Auf in das neue Jahrzehnt

1. Januar. Um Mitternacht begrüßen die Salutschüsse der Feldbatterien im Berliner Lustgarten das neue Jahrzehnt. In den Hauptstädten der deutschen Länder, in Österreich und der Schweiz, in ganz Europa und der westlichen Welt wird die neue Dekade gefeiert.

Krieg und Politik 1900 – 1909

1900: Die Großmächte schlagen den fremdenfeindlichen Boxeraufstand in China nieder.
1901: Viktoria, seit 1837 britische Königin, stirbt.
1902: Der Friede von Vereeniging beendet den Burenkrieg. Oranjefreistaat und Transvaal werden britische Kolonien.
1903: Panama erklärt die Unabhängigkeit von Kolumbien und überläßt den USA Gebiete zum Bau des Panamakanals.
1904: Großbritannien und Frankreich schließen den Freundschaftsvertrag Entente cordiale.
1905: Der Blutsonntag von St. Petersburg führt zur ersten Revolution in Rußland, das den 1904 ausgebrochenen Krieg gegen Japan verliert.
Norwegen wird unabhängig von Schweden.
1906: Die Erste Marokkokrise wird beigelegt. Das Deutsche Reich ist diplomatisch isoliert.
1908: Österreich-Ungarn annektiert die Gebiete Bosnien und Herzegowina. – Bulgarien proklamiert die Unabhängigkeit vom Osmanischen Reich.
1909: Die Jungtürken erzwingen die Abdankung des Sultans.

Mit dem großen Wecken der Regimentsmusiken beginnt in Berlin der Neujahrsmorgen. Kaiser Wilhelm II. trifft kurz nach neun Uhr im Automobil von Potsdam kommend in der Reichshauptstadt ein. Kaiserin Auguste Viktoria begibt sich im Galawagen zum Königlichen Schloß, wo um zehn Uhr der Festgottesdienst beginnt. Kurz nach elf Uhr findet im Weißen Saal die Gratulations- und Defiliercour statt.
Die gekrönten Häupter und Regierungschefs betonen in ihren Reden zum Jahreswechsel (→ 3. 1./S. 14), daß das neue Jahrzehnt friedlicher beginne als das alte, als die Welt vor dem Ausbruch des Boxerkriegs stand und der Burenkrieg tobte.
Um politische Reden kümmert sich am ersten Silvester des neuen Jahrzehnts jedoch kaum einer. Überall wird gefeiert. »An der Constabler Wache hatte sich der Heerbann der Nachtbummler aufgestellt und erfüllte schon lange vor Mitternacht mit lautem Geschrei die Luft«, heißt es in einem Bericht aus Frankfurt am Main. »Dazwischen hüpften krachend Frösche und knatterten Kanonenschläge. Der Lärm erreichte um Mitternacht seinen Höhepunkt. Aus den Fenstern erklangen brausende Prost-Neujahr-Rufe, Feuerwerk wurde abgebrannt. Ein feuriger Sprühregen ergoß sich auf die Straße. Es war eine Kundgebung, welche die des Vorjahres an Lärm und Nachhaltigkeit überbot. Unter ohrenbetäubendem Radau setzte sich die Menge in Bewegung. Viele halbwüchsige Elemente darunter. Es war eine unübersehbare Menschenmasse, welche die ganze Straßenbreite füllte und die Bürgersteige einnahm. Der Lärm steigerte sich von Minute zu Minute. Es wurden scharfe Schüsse abgegeben ... Die Polizei mahnte vergebens zur Ruhe. Da öffnete sich – es war 12.30 Uhr – das Tor des Posthofes, und heraus sprengte ein Dutzend berittener Schutzleute. Nun begann die Räumung der Zeil. In schonender Weise, aber sehr energisch, wurde das Publikum aufgefordert, sich zu entfernen. Sobald sich ein Berittener näherte, stob die Menge johlend auseinander. Nicht alle leisteten den Schutzleuten Folge, so daß mancher von einer starken Schutzmannsfaust gepackt und in den Posthof befördert wurde.«
Überschattet werden die Feiern von der Erdbebenkatastrophe, die am 28. Dezember 1909 Süditalien getroffen hat. 200 000 Menschenleben sind bisher zu beklagen. »Aber aus dem Eindruck des Entsetzlichen wuchs eine Hilfeleistung, die so ausgedehnt in der Weltgeschichte noch nicht vorgekommen ist«, schreibt die »Frankfurter Zeitung«. »Bei dieser traurigen Veranlassung ist es den zivilisierten Völkern so recht zum Bewußtsein gekommen, durch wie enge Bande sie untereinander verknüpft sind ... [das Unglück] hat die internationalen Beziehungen fester geknüpft und die Solidarität der Völker gekräftigt.«

Neujahrsbesuch bei Mutter Germania: »Kinder, ich will mich auch dies Jahr einschränken, damit Euch nichts abgeht.« (Karikatur im »Simplicissimus«)

△ Silvester in Ostelbien: »Wenn ich die Punschbowle ansehe, muß ich an die Wahlurne denken, und dann wird mir schlecht!« Die Karikatur nimmt die Gegnerschaft der Konservativen gegen Wahlrechtsbestrebungen aufs Korn.
▷ Die Londoner High Society feiert den Anbruch des neuen Jahrzehnts.

»Ein neues Zeitalter – das der Diplomatie«

3. Januar. »Die Zeiten scheinen endgültig vorüber, in denen Neujahrsansprachen der Staatsoberhäupter die politische Welt bewegten oder gar Ausblicke auf Krieg oder Frieden eröffneten. Die Staatsoberhäupter, soweit sie überhaupt persönliche Politik machen, wirken jetzt mehr im Stillen«, urteilt die »Frankfurter Zeitung« drei Tage nach Jahresbeginn. »Auch die findigsten Berichterstatter wissen nicht, wie in manchem früheren Jahre, von einer Ansprache zu berichten, die der Kaiser an die Minister oder die Generale gehalten hätte.« Auch aus dem Ausland sind keine weltpolitischen Neujahrsreden zu vermelden.

Zum ersten Mal seit 1867 unterbleibt in Budapest die übliche Neujahrsbegrüßung des ungarischen Ministerpräsidenten, die in den vergangenen Jahren meist Anlaß zu wichtigen politischen Erklärungen gegeben hat.

Größte Aufmerksamkeit finden dafür die Reden, die der französische Staatspräsident Armand Fallières und der spanische Botschafter in Paris, León Castillo Marquis del Muni, im Élysée-Palast austauschen. Beide stimmen darin überein, daß das neue Jahr friedlicher beginne als das alte. An die Stelle kraftmeierischer Verlautbarungen von Staatsoberhäuptern und Monarchen trete im Zeitalter des Konstitutionalismus die Diplomatie.

Marquis del Muni spricht dabei nicht in seiner Funktion als Botschafter Spaniens, sondern als Doyen des Diplomatischen Korps, d. h. als Wortführer aller in Paris akkreditierten Diplomaten:

»Es ist die Aufgabe der Diplomatie der ganzen Welt, Konflikte zu beschwören. Sie wird, ich bin dessen sicher, fortfahren, ihre Pflichten zu erfüllen und durch ihre beständige, eifrige und zuweilen mühevolle Arbeit an der Verwirklichung der internationalen Gerechtigkeit zu arbeiten . . . Sie hat sich den Forderungen und Formen des modernen Lebens anbequemen müssen, um den ihr anvertrauten höheren Interessen zu genügen, nämlich soviel wie möglich den Frieden, wenigstens den materiellen, für die gegenwärtige Generation zu erhalten und für unsere Nachkommen in den Tatsachen der Geschichte und in den Bürgschaften des Rechts, nicht im ungesunden Wahnsinn einer Utopie, die Formel des wahren Friedens zu suchen und zu finden: den moralischen Frieden.«

Fallières hebt die Bemühungen Frankreichs hervor, »den Geist der Eintracht und Mäßigung zu entfalten, der Mißverständnisse zerstreut und dauerhafte Einverständnisse vorbereitet. Unsere auswärtige Politik wird auf diesem Wege verharren. Sie ist überzeugt, daß sie bei dieser Aufgabe von der Diplomatie der ganzen Welt unterstützt wird. Ohne Zweifel werden durch die Notwendigkeit, unter neuen Bedingungen arbeiten zu müssen, die Schwierigkeiten der Diplomatie vermehrt, aber nichts kann ihre Geduld lähmen, nichts ihre unerschöpflichen Hilfsquellen verstopfen, nichts ihre ungeteilte Anhänglichkeit an alle ihre Pflichten vernichten. Besser als irgend jemand kann ich für die hervorragenden Eigenschaften zeugen, von denen die Diplomatie täglich Kunde gibt: eine seltene Wachsamkeit, um Konflikte zu vermeiden, eine fortwährende Aufmerksamkeit, die anvertrauten Interessen zu hüten, ohne unangenehme Empfindlichkeiten zu erregen, eine erhabene Vorstellung von den Bedürfnissen und Bestrebungen unserer Zeit, die sich so sehr nach Frieden, nach sozialer Gerechtigkeit und nach Freiheit sehnt . . .«

Während im Deutschen Reich politische Neujahrsreden unterbleiben, äußert sich der Botschafter in Großbritannien, Paul Graf Wolff Metternich zur Gracht, bei einem Festmahl der deutschen Vereine im Londoner Cecil Hotel zur Qualität der deutschen Außenpolitik:

»Deutschland hat Kriege geführt, um seine nationalen Ziele zu erreichen. Seit nunmehr vierzig Jahren hat Deutschland, seit seiner mehr als zwanzigjährigen Regierungszeit hat der Kaiser den Frieden gewahrt. Wir verlangen nicht neue Länderstrecken. Unsere Eroberungspolitik ist auf die Erschließung fremder Märkte gerichtet und wird geführt mit den Waffen des Geistes, des Fleißes und der Geschicklichkeit, nicht mit roher Gewalt. Sie darf nicht ausschließend wirken.

Es handelt sich nicht um die Vernichtung, sondern um die Förderung des Rivalen im gegenseitigen Interesse. Das gegenseitige Vertrauen der Völker macht den Schutz der Interessen nicht entbehrlich. Dafür sind Heer und Flotte da. Wir bauen unsere Flotte nach einem lange festgelegten Plan und beanspruchen nicht, die Stärksten auf dem Meer zu sein. Das Meer ist frei und gehört niemand allein. Aber wir wollen im Einklang mit unseren überseeischen Interessen eine achtunggebietende Stellung einnehmen und nicht allein von dem guten Willen anderer Seemächte abhängen.«

Am 2. Januar findet im Königspalast in Rom der Neujahrsempfang durch König Viktor Emanuel III. und seine Frau, Königin Helene, statt.

»Dünne Moosdecke über Polizeisumpf«

3. Januar. Im Berliner Gewerkschaftshaus wird der Parteitag der preußischen Sozialdemokraten eröffnet. Bis zum 5. Januar beraten die Delegierten über die Wahlrechtsreform (→ 4. 2./S. 38) und über den Entwurf eines Kommunalprogramms. Im Parteivorsitz wird Paul Singer bestätigt. Als Mittel »für die Befreiung des Proletariats und die Sozialisierung der Gesellschaft« fordert der Landtagsabgeordnete Paul Hirsch das allgemeine, gleiche, direkte und geheime Wahlrecht bei den Stadtverordnetenwahlen.

Der Landtagsabgeordnete Karl Liebknecht fordert die Anstellung von Beamten »unabhängig von jeder wissenschaftlichen, religiösen oder politischen Gesinnung und sozialen Stellung, Rasse oder Nationalität« (→ 12. 1./S. 15). Unter dem stürmischen Beifall seiner Parteigenossen sagt Liebknecht: »Die Gesetzlichkeit in Preußen ist ja nur eine dünne Moosdecke über einem stinkenden Polizeisumpf. Wir erblicken darum in der preußischen Verwaltung unseren Erzfeind, den wir mit allen Mitteln bekämpfen müssen . . . Ich rufe Sie auf zu einem frischen verwegenen Kampf gegen Henkersbrut und Tyrannen, gegen die Junkerreaktion in Preußen.«

Für Kontroversen sorgt der – schließlich angenommene – Antrag, »aus politischen, kulturellen und wirtschaftlichen Gründen den Genuß von Branntwein zu meiden«. Führende SPD-Politiker fordern seit langem einen Beschluß, daß Mitglieder der Partei auf hochprozentige Alkoholika generell verzichten.

Der Rechtsanwalt Karl Liebknecht ist seit 1900 Mitglied der SPD.

»Den Reichstag mit zehn Mann auflösen«

29. Januar. Für einen Eklat im Deutschen Reichstag in Berlin sorgt Elard von Oldenburg-Januschau, eine der führenden Persönlichkeiten der Deutschkonservativen Partei. In der Generaldebatte über den Militäretat sagt der westpreußische Rittergutsbesitzer: »Der König von Preußen und der Deutsche Kaiser muß jeden Moment imstande sein, zu einem Leutnant zu sagen: Nehmen Sie zehn Mann, und schließen Sie den Reichstag!« (→ Kasten) Oldenburg-Januschau gilt in seiner Fraktion als »miles gloriosus« (Sprüche machender Militarist). Viele Parlamentarier sind sich daher nicht im klaren, ob Oldenburgs Rede als Mißachtung und Beleidigung des Reichstags aufgefaßt werden soll oder als belächelbare Entgleisung.

Der Kaiser in der »Simplicissimus«-Karikatur: »Hilf mir, liebes Volk! Sie schützen mich gegen deine Liebe!« Bei Th. Th. Heine (r.) heißt es: »Teufel, nehmen Sie mal diesen Kometen und lassen Sie ihn gegen die Erde los, sie soll vernichtet werden!« »Zu Befehl, Ew. Allmacht! Nur das Mundstück des Herrn von Oldenburg müssen wir noch extra zerschlagen.«

Oppositionelle Staatsdiener versetzt

12. Januar. Im Deutschen Reichstag in Berlin beginnt eine mehrtägige hitzige Debatte über die Strafversetzung von oberschlesischen Beamten. Bei Stadtverordnetenwahlen in Kattowitz (Katowice) Ende 1909 hatten mehrere Staatsdiener nicht im Sinne der preußischen Regierung, sondern für oppositionelle polnische Kandidaten gestimmt.

Diese Beamten erhielten nach den Wahlen – das geheime Wahlrecht existiert noch nicht – ein hektographiertes Schreiben vom Staatssekretär des Innern, Clemens Delbrück, in dem es heißt: »Ihr Verhalten in Kattowitz hat der von Ihnen erwarteten Pflichterfüllung nicht entsprochen.« Die Beamten wurden aufgefordert, ihre Pflicht künftig »gewissenhafter« zu erfüllen. Kurz nach Erhalt dieses Schreibens wurden sie versetzt. Dabei handelte es sich, wie die Regierung mitteilte, nicht um Strafversetzungen, sondern um Versetzungen »im Interesse des Dienstes«. Nach einer parlamentarischen Anfrage der Zentrumspartei verteidigt Delbrück diese Maßnahme vor dem Reichstag. Er umschreibt die Stellung des Beamten so: »Die Beamten stehen grundsätzlich in der Ausübung ihrer staatsbürgerlichen Rechte allen übrigen Staatsbürgern gleich. Die Freiheit der politischen Betätigung erfährt bei ihnen gewisse Einschränkungen, die sich aus der Stellung des Beamten zum Staat ergeben. Diese Einschränkungen sind nicht durchweg im einzelnen gesetzlich fest umschrieben, sie sind zum Teil Folgerungen des Treueides, den der Beamte geleistet hat, aber sie sind für den Takt und das Pflichtgefühl des einzelnen Beamten unschwer erkennbar, und sie auch im vorliegenden Falle zu erkennen, war gewiß nicht schwer … Bei dem schweren Ringen, das Preußen in seinen Ostmarken zu bestehen hat, handelt es sich darum, ob diese Landesteile, die in der harten Arbeit vieler Menschenalter zu kulturell ebenbürtigen Gliedern des preußischen Staates geworden sind, der polnisch-slawischen Kultur anheimfallen und damit schließlich auch ihrer äußeren Loslösung vom preußischen Staate entgegengeführt werden. Wenn Preußen in diesem Akte nationaler Notwehr von seinen Beamten unbedingte Heeresfolge verlangt, so ist das sein gutes Recht und ein Akt der Selbsterhaltung.«

Beamte sollen Regierung stützen

Das Strafgesetzbuch des Deutschen Reichs (§ 359) versteht unter Beamten alle im Dienst des Reichs oder der Bundesstaaten auf Lebenszeit, auf Zeit oder nur vorläufig angestellten Personen. Die Vorschriften des Reichsbeamtengesetzes sind dürftig in bezug auf Vergehen von Beamten. Lediglich in § 10 wird lakonisch das ganze »dienstliche und außerdienstliche« Verhalten zum Gegenstand einer Verordnung gemacht. Wichtiger als diese Verordnung ist die Botschaft von Kaiser Wilhelm I. aus dem Jahr 1882. Sie gilt als ungeschriebenes Gesetz und fordert von den politischen Beamten die Unterstützung der Regierungspolitik auch bei den Wahlen.

Reaktionär brüskiert das Parlament

29. Januar. Die Reichstagsrede des westpreußischen Rittergutsbesitzers Elard von Oldenburg-Januschau ist ein Loblied auf Adel und Militär und ein Affront gegen das Parlament:

»Wir bedauern es, wenn altpreußische militärische Traditionen, wie sie im Parademarsch liegen, in den militärischen Honneurs, im Frontmachen usw., bei denen jedem alten Soldaten das Herz im Leibe lacht, verloren gehen . . . Ich glaube, meine Herren, daß eine bedenkliche Wandlung in dem ganzen Ersatz unserer Offizierskorps sich dahin entwickelt, daß die Familien, adlige und bürgerliche, die der Armee ihre Söhne als Offiziersersatz bisher gestellt haben, nicht mehr in dem gleichen Umfange geneigt sind, es zu tun. Die Gründe liegen ja auf der Hand. In einer langen Friedenszeit erlahmt der Enthusiasmus . . . Ein zweiter Grund ist der, daß leider Gottes die Stellung des Offiziers nicht mehr in dem Maße vor der Öffentlichkeit geschützt ist wie früher … Wenn ein Leutnant an einer Ecke laut hustet, hat er die Besorgnis, daß es im Reichstag zur Sprache kommt. Das ginge ja noch; aber wir wollen doch dafür sorgen, daß er nicht die Besorgnis haben muß, daß nun auf das Urteil des Reichstags ein Gewicht gelegt wird, was früher nicht der Fall war. Meine Herren, darunter leidet der Offiziersstand, er muß darunter leiden, ein Stand, der persönlich mit dem Allerhöchsten Kriegsherrn zusammenhängt und den im übrigen die Öffentlichkeit nichts angeht! (Sehr richtig! rechts, Zurufe links) Ja, meine Herren, das ist auch eine alte preußische Tradition, und daß Ihnen diese Tradition nicht paßt, das glaube ich gern. Der König von Preußen und der Deutsche Kaiser muß jeden Moment imstande sein, zu einem Leutnant zu sagen: Nehmen Sie zehn Mann, und schließen Sie den Reichstag! (Stürmische Heiterkeit und anhaltende Erregung.) Alles in allem kann man nur den Wunsch haben, daß die Tradition in unserem Offizierskorps … erhalten bleibt.«

Militärische Führung weiter beim Adel

26. Januar. Eine hitzige Debatte entzündet sich im Reichstag am Vorwurf der Zentrums-Opposition, im Offizierskorps bestehe ein klares Übergewicht des Adels, während Bürgerliche aus einzelnen »Eliteregimentern« völlig ausgeschlossen blieben. Trotz unterschiedlicher Auffassungen in Einzelfragen stellen die Redner jedoch übereinstimmend fest, daß der Anteil des Adels im Heer insgesamt gesunken sei und der »tüchtige« Bürgerliche prinzipiell die gleichen Aufstiegschancen habe.

Der preußische Kriegsminister Josias von Heeringen mahnt die Abgeordneten zu Geduld: »Was verlangen Sie denn? Soll plötzlich eine große Versetzung stattfinden? Sollen plötzlich solche [adligen] Offiziere aus Berlin nach Mörchingen versetzt werden?... Nach und nach, meine Herren, kommt die Sache, jetzt aber plötzlich mit Gewalt läßt sie sich nicht durchführen.«

Wie der Minister zwei Tage später in einer Grundsatzrede betont, führt die Regierung keine Statistik über das Verhältnis zwischen Adligen und Bürgerlichen. Tatsache ist, daß der Anteil von Adligen im Offizierskorps von rund 65% im Jahr 1860 auf etwas über 30% zurückgegangen ist. Generale und Oberste hingegen rekrutieren sich noch immer zu etwa 60% aus der Aristokratie; im Jahr 1860 waren es 86%. Am stärksten ist der Unterschied in den Garderegimentern, die als »Leibwache« dem Monarchen am nächsten stehen und gesellschaftlich höchstes Ansehen genießen: Hier gab es 1908 nur vier bürgerliche Offiziere, die sog. Konzessionsschulzen.

Die Bürgerlichen, die sich dem angesehenen Offiziersberuf zuwenden, sind meist Söhne von höheren Beamten, Akademikern, Kaufleuten und Industriellen.

Kaiser Wilhelm als Admiral auf einem Aquarell von W. Stöwer

Sinnbild für die Vorherrschaft des Adels beim Militär: Wilhelm II.

Offizierskorps als »Staat im Staat«

Das Offizierskorps bildet unter Kaiser Wilhelm II. den »ersten Stand« und einen »Staat im Staat«, der parlamentarischer Kontrolle weitgehend entzogen ist. Die kaiserliche Kommandogewalt – der Kaiser ist oberster Kriegsherr – unterstellt die Armee der alleinigen Befehlsgewalt des Monarchen. Der Fahneneid wird nicht auf die Verfassung geschworen, sondern auf den Kaiser. Der Offizier gelobt Treue und Gehorsam und begibt sich damit in eine Beziehung zum Kaiser, die auf den feudalen Vorstellungen von ritterlicher Gefolgschaft und Vasallentreue beruht. Die eigenständige Militärgerichtsbarkeit schafft die Voraussetzung für eine den Augen der Öffentlichkeit entzogene Militärjustiz, die vom Korpsgeist der Offizierswelt geprägt ist. Das Bestehen eines »Militärkabinetts«, das nur dem Kaiser unterstellt ist, verurteilt den parlamentarischen Kriegsminister zu weitgehender Einflußlosigkeit.

Adliger Kriegsminister von Heeringen: »In der Tradition liegt eine Stärkung für den Offizier«

28. Januar. Die Reichstagsrede des adligen preußischen Kriegsministers Josias von Heeringen beleuchtet trotz vorsichtiger Formulierungen und abwiegelnder Feststellungen deutlich die Stellung des Adels im Offizierskorps:

»Die Regimenter, die jetzt im wesentlichen aus adligen Offizieren sich zusammensetzen, haben das vielleicht aus dem Grunde getan, weil der Regimentskommandeur sehr großen Zulauf hat und er die Auswahl aus den Kreisen vornehmen wollte, aus denen sich sein Offizierskorps seit Jahren zusammensetzt. Die Tradition, die hierbei in Frage kommt, bezieht sich nicht auf die Armee im ganzen, sondern auf einzelne Regimenter.

Ich habe es neulich schon betont: Die Regimenter in sich bilden eine Familie, und es ist durchaus nicht so gleichgültig, wie beim Kaufmannsstand, ob jemand bei dem Geschäft eintritt oder bei jenem. Nein, bei welchem Regiment der Offizier steht, darauf kommt es für viele Familien ganz außerordentlich an ... Meine drei Söhne stehen in einem Regiment, bei dem schon mein Urgroßvater gestanden hat, und so geht es Hunderten und Aberhunderten von Familien, die ihre Söhne nur dorthin schicken, wo ihre Väter und Urgroßväter gestanden haben. Schätzen Sie diesen Umstand nicht zu gering ein. In der Tradition, die vom Urgroßvater bis zum Enkel geht, liegt eine Stärkung für den Offizier. Dies hält unsere Offiziere von vielen Versuchungen ab und führt sie im Ernstfalle durch viele Gefahren. Im praktischen Leben kommt der Adel eigentlich kaum zum Vorschein. Eine Bevorzugung des Adels im Avancement [Beförderung] aber fällt der Armee nicht ein ... Eine Bevorzugung im Generalstab tritt nicht ein. Wir führen keine Statistik. Ich will mir überlegen, ob ich eine machen soll. Aber aus dem Kopf kann ich Ihnen sagen, daß von vier oder fünf Oberquartiermeistern im Generalstabe drei nicht adlig sind.

Ich bin auch im Generalstabe hochgekommen und groß geworden. Wir haben uns nicht überlegt, ob einer drei Buchstaben vor hat oder nicht und ob das bei der Versetzung irgendeine Rolle spielt ... Tüchtig sollen die Leute sein, ganz gleich welche Namen sie haben; auf Tüchtigkeit kommt es allein an. Strafgarnisonen haben wir nicht ... Von Abgeschlossenheit des Offizierskorps kann nicht die Rede sein. Wenn wir uns zusammenschließen, so hat das lediglich den Grund, daß wir im Zusammenstehen hoffen, besser zu werden, den guten Geist zu pflegen und die Ausbildung des Heeres für den Ernstfall zu fördern.«

Feldartillerie im Gelände. Manöver dienen neben der Demonstration militärischer Stärke vor allem der Selbstdarstellung der »Offizierskaste«.

Mit Infanterie gegen streikende Kumpel

18. Januar. Die SPD bringt im Reichstag eine Anfrage über den Einsatz von Militär gegen streikende Bergarbeiter im Mansfelder Revier ein.

Im Oktober 1909 traten rund 10 000 Kumpel im obersächsischen Mansfeld in den Ausstand. Der Streik richtete sich gegen den Mansfeld-Konzern, der gewerkschaftliche Vertrauensleute gemaßregelt hatte. Zur Niederwerfung des Streiks entsandte die Reichsregierung mehrere Kompanien Infanterie in das Streikgebiet. Nach sechs Wochen wurde der Streik ergebnislos abgebrochen, weil der Unternehmerverband über das ganze Deutsche Reich eine Aussperrung von Arbeitskräften aus dem Mansfelder Revier verhängte.

Kumpel des Mansfelder Bergbaus unter Tage; um einen Streik niederzuwerfen, schickte die Berliner Regierung Militär nach Mansfeld.

Der Staatssekretär des Innern, Clemens Delbrück, betont in einer Reichstagsrede die Rechtmäßigkeit des Einsatzes von Militär mit dem Hinweis auf Artikel 66 der Reichsverfassung. Danach sind »die Bundesfürsten berechtigt . . ., ihre Truppen zu polizeilichen Zwecken zu verwenden, und berechtigt, Truppen von anderen Kontingenten für den gleichen Zweck zu requirieren«. Daß Delbrück ausschließlich verfassungsmäßig argumentiert, werten die Oppositionsparteien als deutliches Zeichen dafür, daß der Einsatz von Militär gegen Streikende in keiner Weise zu rechtfertigen ist und der Ausstand in Mansfeld durch den Arbeitgeber provoziert war. »Von einem Aufruhr kann hier nicht gesprochen werden, auch nicht von verhetzten Arbeitermassen«, erklärt Georg Gothein von der Freisinnigen Vereinigung. »Wenn der Arbeiter nicht das Recht haben soll, sich der Organisation anzuschließen, der er sich anschließen will, dann hat er eben kein Koalitionsrecht. Das ist das tief Bedauerliche und außerordentlich Rückständige.«

In Deutschland wurde die »Koalition«, d. h. das Recht der freien Vereinigung von Arbeitern, durch die Gewerbeordnung von 1869 ein Recht. Organisierte Arbeiter werden jedoch häufig »gemaßregelt«.

Einschüchterung durch Vereinsgesetz

19. Januar. Die freisinnige Fraktionsgemeinschaft bringt im Deutschen Reichstag in Berlin eine Interpellation über das Vereinsgesetz ein. In der Anfrage heißt es u. a.: »Was gedenkt der Herr Reichskanzler zu tun, um zu verhindern, . . . daß Beamte lediglich aus der Tatsache, daß Gastwirte ihre Räume zu politischen Versammlungen hergegeben haben, den Grund entnehmen, diesen Gastwirten die Erlaubnis zur Abhaltung von Lustbarkeiten und dergleichen zu beschränken oder zu entziehen oder sie von der Hergabe ihrer Lokale durch Bedrohung mit derartigen Schädigungen abzuhalten.«

Der Staatssekretär des Innern, Clemens Delbrück, führt derartige Verstöße gegen das Vereinsgesetz, »die ja hier und da vorkommen mögen«, nicht zurück »auf den Geist, in dem die Zentralbehörden das Gesetz ausführen, sondern auf das Verhalten der Lokalbehörden«.

Die Parteien als überörtliche Organisationen im Deutschen Reich unterstehen den lokalen Vereinsgesetzen. Nicht nur die Sozialdemokraten beklagen die Behinderung ihrer Arbeit aufgrund dieser Gesetze.

Industrie gegen »aggressive« Landwirte

24. Januar. Auf einer Versammlung des Bundes der Industriellen in Berlin richtet der nationalliberale Reichstagsabgeordnete Gustav Stresemann schwere Vorwürfe gegen die »aggressive Politik des Bundes der Landwirte«.

Unter der Führung von Diederich Hahn (seit 1897) hat sich dieser Bund, der vor allem die preußischen Junker vertritt, zu einer der effektivsten Interessenverbände im Deutschen Reich entwickelt. Er stellt sich entschieden Projekten entgegen, die die Industrialisierung zu Lasten der Großgrundbesitzer fördern. In Propaganda und Agitation bekennt er sich zu »Antikapitalismus« und Antisemitismus. Zahlreiche Mitglieder gehören der Deutschkonservativen Partei an. Der Bund fordert hohe Schutzzölle und eine massive steuerpolitische Begünstigung der Landwirtschaft.

Stresemann hingegen fordert eine »Politik der Gerechtigkeit gegenüber den verschiedenen Erwerbsständen«: »Von der Regierung müssen wir verlangen, daß sie in dieser Zeit des immer schwerer werdenden Kampfes der Weltwirtschaft alle Kräfte einsetzt, unseren Export zu fördern. In unsere Diplomatie muß ein kaufmännischer Geist eindringen.« Stresemann kritisiert, daß in der Diplomatie fast nur Adlige aktiv sind: »Heute ist die Welt eine andere geworden.«

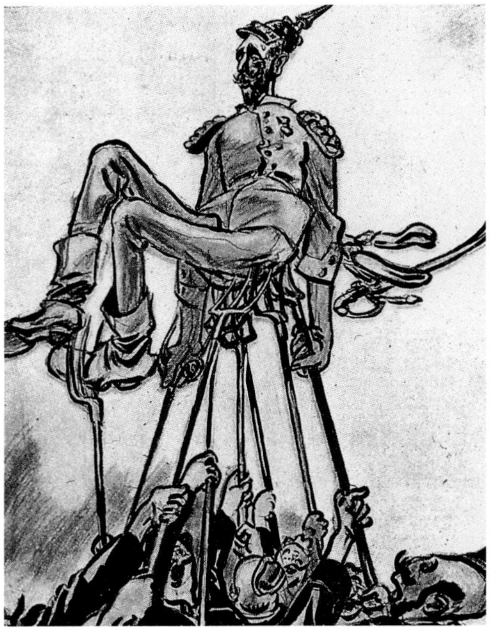

Die aggressive Politik des Bundes der Landwirte ist Inhalt dieser Karikatur von Albert Weisgerber in der Zeitschrift »Jugend«. Der von Mistgabeln aufgespießte Reichskanzler Th. von Bethmann Hollweg fragt: »Ob ich die Ovationen länger ertragen werde als mein Vorgänger?« Vorwurf der Landwirte ist, daß die Politik »mehr kapitalistisch als national« sei, und sie kritisieren die Exportförderung der Industrie. In Berlin räumen die Industriellen ein, daß nicht alles auf Export gesetzt werden dürfe; 15 Mio. Käufer in der Landwirtschaft seien nicht zu unterschätzen.

Zorn und Bischof streiten um Lehrer

5. Januar. Bischof Adolf Fritzen von Straßburg weist in einem öffentlichen Schreiben den Vorwurf »eines Eingriffes in den Bereich der staatlichen Befugnisse« zurück. Fritzen hatte katholische Lehrer gewarnt, sich dem Allgemeinen Deutschen Lehrerverein anzuschließen. Der größte deutsche Lehrerverband – er wurde im Revolutionsjahr 1848 gegründet – ist nicht katholisch ausgerichtet. Der Staatssekretär für Elsaß-Lothringen, Hugo Freiherr Zorn von Bulach, reagierte auf Fritzens Warnung mit dem Vorwurf der Einmischung, weil »die Beamten und Lehrer hinsichtlich ihres Verhaltens lediglich von ihren Vorgesetzten Weisung erhalten« dürften.

Die Initiative der Bischöfe richtet sich gegen die sog. Interkonfessionalität. So fordert Kardinal Antonius Fischer, der Erzbischof von Köln, in seinem Fastenhirtenbrief am 22. Januar, katholische Vereine sollten sich nicht als »christlich«, sondern als »katholisch« bezeichnen.

Kriegstechnik erobert den Luftraum

8. Januar. Die in Berlin erscheinende Zeitschrift »Die Woche« veröffentlicht einen Vergleich zwischen den »Luftflotten der Welt« nach dem Stand vom Jahresende 1909.
In einem Kurzkommentar heißt es dazu: »Die Luftschiffahrt hat in den letzten Jahren in allen Kulturstaaten so ungeheure Fortschritte gemacht, daß man heute schon von Luftflotten sprechen kann. Es handelt sich dabei um lenkbare Ballons und Aeroplane oder Gleitflieger. Entsprechen die ersteren den schweren Kreuzern der Seeflotte, so lassen sich die letzteren vielleicht mit den Avisos [schnelle, leichtbewaffnete Depeschenboote und Aufklärungsschiffe] vergleichen.« Damit würdigt die Zeitschrift einen technischen Fortschritt, der die Kriegführung nicht mehr auf Land und See beschränkt, sondern auch von der Luft aus möglich macht.
Das französische Kriegsministerium zieht das Flugzeug vor, da es schneller, einfacher zu handhaben, widerstandsfähiger und preiswerter als das Luftschiff sei. Das Deutsche Reich setzt hingegen auf Zeppelinluftschiffe als zuverlässige und leistungsstarke Mittel zur »operativen Fernerkundung«. Eine »taktische Verwertung« (Bestückung mit Bomben, Maschinengewehren) ist vorerst nicht geplant. Bei den Manövern werden 1910 in Frankreich erstmals Aeroplane und im Deutschen Reich Luftschiffe erprobt.

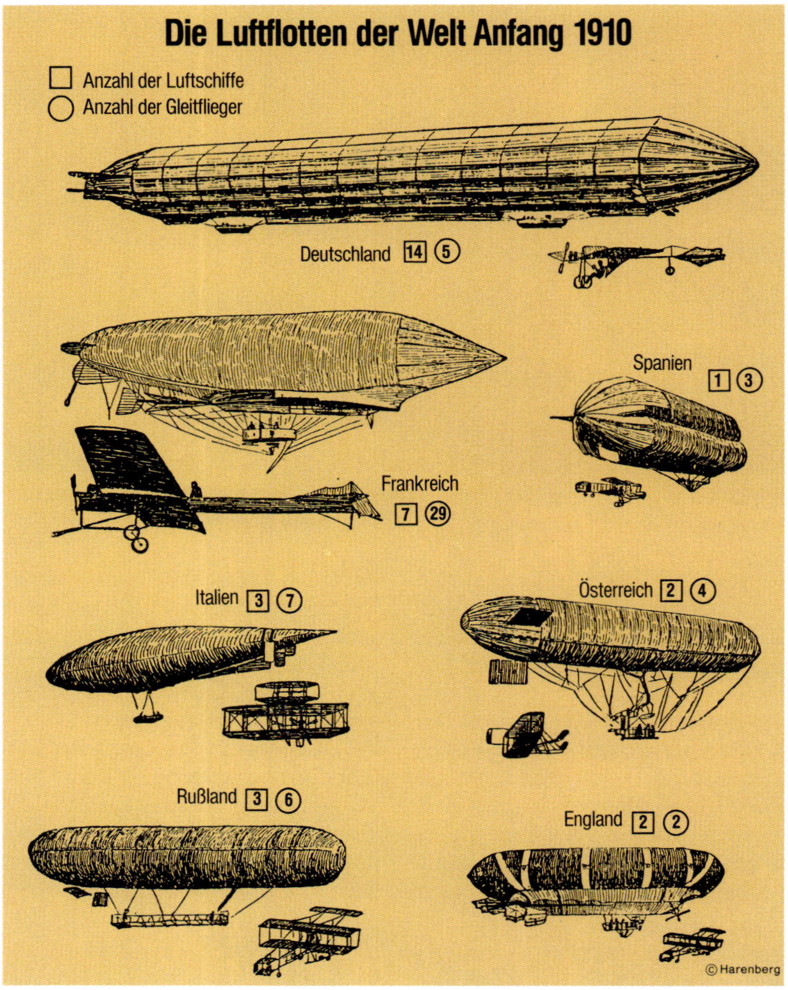

32 Lenkballons und 56 Aeroplane stehen zur Zeit »im Dienste des Kriegswesens«. Bei den Ballons führt das Deutsche Reich (14) vor Frankreich (7), Italien und Rußland (je 3). Frankreich besitzt die meisten Aeroplane (29), vor Italien (7), Rußland (6) und dem Deutschen Reich (5).

Der Krieg der Zukunft: »Ein gepanzerter Lenkballon greift von oben in den Kampf um ein Dorf ein.« Die ersten Luftschiffertruppen gab es in Frankreich. In der Schlacht bei Fleurus erhielt der erste Kriegsluftballon 1794 seine Feuertaufe. Napoléon Bonaparte löste die Luftschifferkompanien (aérostiers) 1799 wieder auf, weil die Ballons zu langsam waren.

Bildungswesen 1910:

Zwischen Arbeitswelt und Demokratisierung

Die Entwicklung der Bildung ist geprägt von zwei Hauptmerkmalen. Zum einen zeigen die Bildungs- und Erziehungsströmungen überall individualisierende Formen, die auf den Demokratisierungsprozeß in der Gesellschaft zurückzuführen sind. Zum anderen erfordert die fortschreitende Industrialisierung eine bessere Allgemeinbildung, und zusätzlich tritt die fachspezifische Berufsbildung stärker in den Vordergrund. Bildung und Erziehung befinden sich in einer Übergangs- und Umwandlungsphase.

Staatsausgaben und -zuschüsse für Bildung und Kulturelles

Deutsches Museum München	350 000 Mk
Kunstausstellung Rom 1911	200 000 Mk
Germanisches Museum Nürnberg	120 214 Mk
Erforschung der nordischen Meere	100 000 Mk
Herausg. »Monumenta Germaniae«	71 000 Mk
Fortführung Grimmsches Wörterbuch	35 000 Mk
Bibliograph. d. Naturwissenschaften	35 000 Mk
Erziehungs- und Schulgeschichte	30 000 Mk
Studium der Kolonialverhältnisse	25 000 Mk
Kunsthistorisches Institut Florenz	15 000 Mk
Institut für soziale Bibliographie	15 000 Mk

Am 1. April tritt im Königreich Württemberg das neue Volksschulgesetz in Kraft. Während seit 1806 die Volksschule unter der Aufsicht von Orts- und Bezirksgeistlichen stand, geht die »geistliche Schulaufsicht« nun an einen weltlichen Oberschulrat über. Damit erfolgt auch per Gesetz eine Art Verstaatlichung der Volksschule, die sich bereits im ausgehenden 19. Jahrhundert abzeichnete.
Die Demokratisierungsbestrebungen schlagen sich unter anderem in der Gründung der »Odenwaldschule« durch den Reformpädagogen Paul Geheeb nieder. Sie wird im April eingeweiht. Der Gründer richtet die »Schulgemeinde« als Zentrum des Gemeinschaftslebens ein und führt die Schülerselbstverwaltung ein. Das Prinzip der Erziehung beruht auf der Selbstentfaltung der Jugendlichen und der Übernahme von Verantwortung. Das Landerziehungsheim umfaßt eine sechsjährige Grundschule mit einem Schwerpunkt auf der Ausbildung handwerklicher Fähigkeiten sowie die Volksschuloberstufe und einen

Quarta des Realgymnasiums in Essen beim Werkunterricht

Lehrer während eines Ausbildungskurses »Naturholzarbeit«, Osterferien 1910

Mittelschul- und Gymnasialzweig. Es handelt sich um eine überkonfessionelle Schule, in der Mädchen und Jungen gemeinsam unterrichtet werden (Koedukation).
Die Volksbildungsbewegung, die studentische Arbeiter-Unterrichtskurse durchführt, erreicht im Deutschen Reich im Wintersemester 1910/11 mit 400 Kursen einen Höhepunkt. Mehr als 10 000 Arbeiter nehmen daran teil. Die Idee zu dieser Art von Unterricht hatte sich in der Freistudentenschaft entwickelt. Die bildungspolitischen und demokratischen Vorstellungen zielen auf das unmittelbare Engagement der Studenten in der Arbeiterbildung. Ursprünglich wurde vor allem Unterricht in Elementarfächern wie Deutsch, Schreiben und Rechnen erteilt, später werden auch berufsspezifische Kenntnisse wie Stenografie, Buchführung und Rechtskunde vermittelt.

Empfohlene Töchterpensionate

Aigle près Montreux (Suisse) — Pensionnat français d. Dames de Ste. Clotilde de Paris
Climat très salubre, situation agréable, éducation distinguée. Langues étrangères. Arts d'agrément. Vie de famille. Pour Prospectus s'adresser à Mme. la Supérieure.

Bergheim a. d. Erft — **Kloster Bethlehem.** Haushaltungs-**Pensionat** (unter Leit. d. Barmh. Schw. v. d. hl. Elisabeth). **Junge Mädchen** von 15—20 Jahren finden liebevolle Aufnahme z. gründl. Erlernung d. bürgerlichen u. feineren Küche, Handarbeit, Buchführung usw. — Das Sommersemester beginnt zu Anfang April, das Wintersemesster zu Anfang Oktober. Pensionspreis beträgt inkl. Wäsche 500 Mk. Näheres d. Prospekte. — Das Kloster liegt dicht am Walde (eigene Waldung mit Eingang durch den Garten) und bietet erholungsbedürftigen Damen angenehmen, gesunden Aufenthalt.

Boscombe Park Bournemouth (England) — **Convent of the Cross.**
Englisches französisches Pensionat für Töchter aus besseren Ständen, in herrlicher, gesunder Lage. Nach allen Erforderungen der Neuzeit eingerichtetes Gebäude. Vornehme Erziehung. Unterricht in allen Fächern. Englisch, Französisch, Deutsch, Italienisch, Latein, Klavier, Violine, Zeichnen, Malen, Handarbeiten aller Art, Turnen und Tanzunterricht. Aufnahme jederzeit. Näheres durch die **Oberin.**

Enfield N. bei London (England) — Pensionat der Heiligen Familie
Gesunde Gegend. — Schöne Lage. Der Lehrgang schließt alle Fächer einer höheren Bildung ein. Französische, deutsche, italienische und polnische Sprache. Ausländerinnen im Hause. Vorbereitung für die Prüfungen in Musik und Kunst. Näheres im Prospekt. **Die Oberin.**

Mariazell am Zürichersee zu Wurmsbach — **(Kanton St. Gallen, Schweiz).** Institut unter Leitung von Zisterzienser-Ordensfrauen. Gründliche wissenschaftliche und hauswirtschaftliche Ausbildung. Unterricht in Musik, Malerei, Anstandslehre und Liebhaberkünsten. Idyllisch am oberen Zürichsee gelegenes, neuerrichtetes Institutsgebäude. Hohe, luftige Raume. Herrliche Luft, ruhige Umgebung, häufige Spaziergänge. Bei guter Witterung Unterricht im Park. Arzt im Hause. Sorgfältigste Pflege. Näheres durch Prospekt.

Melchtal (Schweiz) — **Töchterpensionat**
(geleitet von Benediktinerinnen)
Herrliche und gesunde Lage (Luftkurort) 900 Meter über Meer. Primar- und Haushaltungsschule; drei Real- und vier Seminarkurse. Weibliche Handarbeiten. Gasbeleuchtung und Zentralheizung. Eintritt an Ostern und anfangs Oktober. **Den Töchtern werden grundsätzlich keine alkoholischen Getränke verabreicht.** Nähere Auskunft erteilt **die Oberin des Instituts.**

Remagen a. Rhein — Haushaltungs-Pensionat **St. Anna**
(Geleitet von Franziskanerinnen von Nonnenwerth). — Die Anstalt, nach allen Erfordernissen der Neuzeit eingerichtet, gibt Töchtern aus höheren Ständen Gelegenheit, alle Zweige der **Haushaltung** zu erlernen; ebenso sich weiter auszubilden in **wissenschaftlichen Fächern, allen weiblichen Handarbeiten. Nähen und Zuschneiden. Sprachunterricht durch Ausländerinnen.** Näheres durch Prospekte.

Würzburg — Institut der Englischen Fräulein
Das Institut hat eine schöne, der Gesundheit günstige Lage. **Unterrichtsgegenstände** sind die der höheren Mädchenschulen. Anstandslehre und alle Arten weibliche Handarbeiten, neue Kunstarbeiten. Umgangssprache für Geübtere ist die französische. — Pensionspreis 480 Mark für Verpflegung und Unterricht.
Nähere Auskunft erteilt **die Oberin.**

Ausschnitt einer Anzeigenseite aus der Zeitschrift »Die Welt«, 1910

Auch das kaufmännische Schulwesen verzeichnet einen starken Aufschwung. Die Zahlen der Schüler an kaufmännischen Schulen haben sich in Preußen seit 1900 verdreifacht, von 21 100 auf 64 671. Für das Deutsche Reich werden die Schüler an den 799 kaufmännischen Schulen auf 100 000 geschätzt. Ähnliches ist bei den gewerblichen, landwirtschaftlichen und den Bergbauberufsschulen zu beobachten.

Nur 4% Studentinnen

Mit der Einbeziehung der Frauen in die Aus- und Weiterbildung geht es nur langsam voran. Für Knaben zwischen 14 und 18 Jahren besteht im Deutschen Reich eine Fortbildungspflicht, für Frauen gibt es keine solche Regelung. Dennoch schaffen immer mehr Frauen den Weg zu einer Ausbildung und damit in die berufsbildenden Schulen. In den kaufmännischen Schulen Preußens werden unter 64 761 Schülern 7856 Frauen (12,2%) registriert.
Dort, wo Frauen selbst die Initiative ergreifen können und nicht auf gesetzliche Festschreibungen angewiesen sind, nehmen sie ihre Bildungschancen wahr. An den Arbeiter-Unterrichtskursen z. B. beteiligen sich im Wintersemester 1910/11 rund 10% Frauen.
Von den im Sommersemester 1910 an deutschen Hochschulen immatrikulierten Studierenden (54 549 ohne Gasthörer) sind nur 2138 oder 3,9% weiblich. Im Wintersemester 1910/11 sind von 55 276 Studierenden 2419 oder 4,4% weiblich. Max Rubner richtet in seiner Antrittsvorlesung als Rektor der Berliner Universität eine Warnung an »Elemente« unter den Studierenden, deren geistiger Horizont nicht dem »geistigen Militärmaß« entspricht.
Eine einzige Frau wird im Oktober 1910 anläßlich der 100-Jahr-Feier der Berliner Universität zum Ehrendoktor ernannt: Cosima Wagner avanciert zwei Jahre, nachdem sie die künstlerische Leitung der Bayreuther Festspiele übernommen hat, zum Dr. phil. h. c.

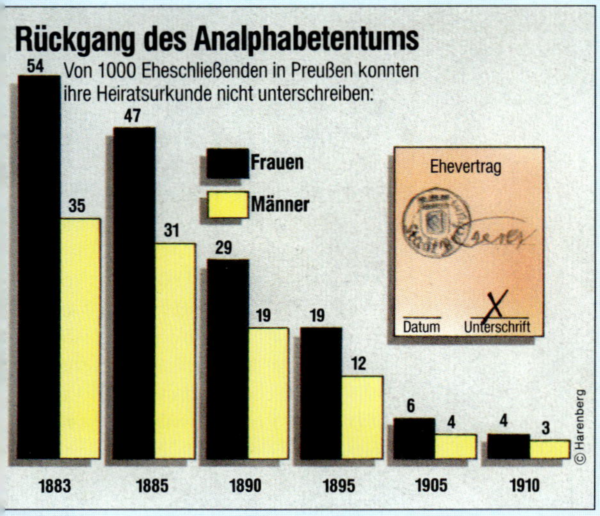

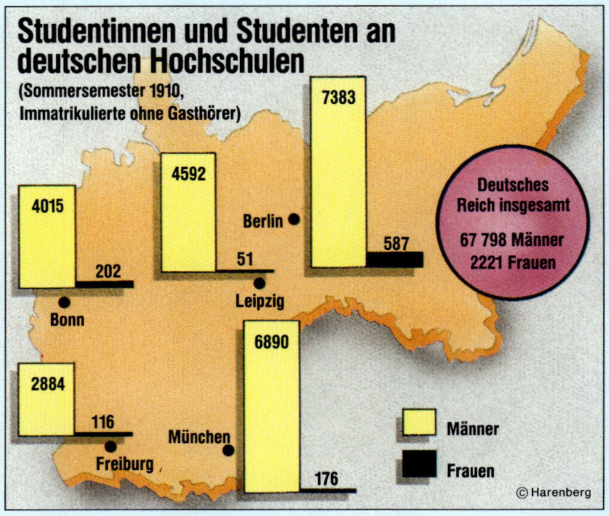

Geschäftsstraße in Schanghai; die Hafenstadt ist für das Ausland der wichtigste Handelsplatz in China.

Offene Tür stört Fernost-Gleichgewicht

6. Januar. US-Außenminister Philander Chase Knox gibt in Washington bekannt, seine Regierung wolle die Mandschurische Eisenbahn »neutralisieren«. Damit sei das Ziel verbunden, »die Politik der offenen Tür zu fördern und der chinesischen Regierung ihre politischen Rechte in der Mandschurei« zu sichern.

Unter »Neutralisierung« versteht Knox die Übernahme der »rein geschäftlichen Oberaufsicht« über die Bahn durch die kapitalstarken Staaten Großbritannien, Deutsches Reich, Frankreich und USA. Diese sollen China »finanziell unterstützen« und dafür nach dem Prinzip der »offenen Tür« ungehindert ihren Geschäftsinteressen im Reich der Mitte nachgehen dürfen.

Der amerikanische Vorstoß richtet sich vor allem gegen den Einfluß Rußlands und Japans im Fernen Osten. Seit dem Russisch-Japanischen Krieg (1904/05) ist die Mandschurei, das Stammland des chinesischen Kaiserhauses, in eine russische und eine japanische Einflußzone geteilt. Durch die Internationalisierung der Bahn wollen die USA die Wirtschaftspolitik der »offenen Tür« zur gemeinsamen Angelegenheit der Großmächte machen.

Berlin und London reagieren auf den US-amerikanischen Vorschlag kühl. Für die politischen Konstellationen hat er weitreichende Konsequenzen. Die bisherigen Kontrahenten Rußland und Japan lehnen den Vorschlag entschieden ab. Sie erzielen in den folgenden Monaten durch Verhandlungen einen gründlichen Ausgleich ihrer Interessen in der Mandschurei und Nordchina: Rußland überläßt Japan Korea, Japan sichert Rußland Stillhalten in Nordchina zu. Am 22. August annektiert Japan das Kaiserreich Korea (→ 22. 8./S. 144). Damit verschwindet der bisherige russisch-japanische Gegensatz vorerst aus allen machtpolitischen Kalkülen.

Für die russische Diplomatie wiederum verliert die bisher stark betonte Freundschaft mit Großbritannien einen ihrer Hauptzwecke, nämlich auf den britischen Bundesgenossen Japan mäßigend einzuwirken. Beim japanisch-russischen Ausgleich in Ostasien wird auf britische Interessen keinerlei Rücksicht genommen. Personell wird die Veränderung am Wechsel im russischen Außenministerium sichtbar. Alexandr P. Iswolski, der seit 1906 die auswärtige Politik geleitet hat, wird am 28. September durch Sergei D. Sasonow ersetzt.

Am 31. Januar wird die Eisenbahnlinie vom französischen Hanoi nach Yünnan (Kunming) in China eröffnet. Der Ausbau der Verkehrswege in Asien liegt vor allem in wirtschaftlichen Interessen der Großmächte begründet.

»Ovambos haben sich ruhig gehalten«

10. Januar. Im Deutschen Reichstag in Berlin werden die Denkschriften über die Entwicklung der deutschen Schutzgebiete verlesen. Über die Kolonie Deutsch-Südwestafrika (zwischen Angola und der Kapkolonie) z. B. wird in einer von vielen Zeitgenossen als zynisch und menschenverachtend empfundenen Sprache folgendes berichtet:

»Die Ovambos haben sich ruhig gehalten, und der Stamm hat sich mit der Anwerbung von Arbeitern einverstanden erklärt. Die Hottentotten überfielen zwar noch eine Anzahl Farmen, aber ihnen ist von den Behörden sofort erfolgreich entgegengetreten worden. Mit besonderer Anerkennung wird das freundnachbarliche Verhalten der Kappolizei hervorgehoben. Die weiße Zivilbevölkerung hat sich um 1177 Personen auf 9410 vermehrt. Bemerkenswert ist vor allem die Zunahme der Frauen. Die gesamte farbige Bevölkerung des Schutzgebietes einschließlich Amboland und Caprivizipfel wird auf 63 117 Kopf geschätzt gegen 59 213 im Vorjahr. Die Farmer, die ihre Eingeborenen zweckmäßig zu behandeln wissen, haben kaum über Arbeitermangel zu klagen. Der Gesundheitszustand war nicht besonders gut. Infolge großer Niederschläge griff die Malaria sehr um sich. In der Verwaltung sind mehrfache Veränderungen vorgenommen worden. Die Ausdehnung der Diamantfelder hat eine wesentliche Verstärkung der Polizeibeamten zur Folge gehabt. Im Berichtsjahre ist auch eine Kriminalpolizei errichtet worden, die hauptsächlich auf Diamantendiebstähle und Schmuggel zu achten hatte. Die Selbstverwaltung soll innerhalb der Grenzen der Gemeindeverbände und im weiteren Bereiche der Bezirksverbände ausgeübt werden. Es ist daher das Institut des Gemeinderats und des Bezirksrats errichtet worden. Die Verordnung über die Selbstverwaltung ist an verschiedenen Plätzen auf lebhafte Opposition gestoßen. Es wurden weitergehende Befugnisse verlangt... Die Einnahmen des Schutzgebietes sind wesentlich gestiegen, namentlich durch die Diamantenausfuhrzölle...«

Kolonialmächte bleiben rund um den Globus aktiv

15. Januar. Frankreich bildet das Generalgouvernement Französisch-Äquatorialafrika mit Verwaltungssitz in Brazzaville. Zu der französischen Kolonienkonföderation gehören Gabun, Mittel-Kongo, Oubangi-Chari und Tschad.

Der französische Besitz in diesem Gebiet ist von der Kolonialmacht jedoch noch nicht befriedet. Anfang Januar unternehmen französische Truppen östlich und nördlich des Tschadsees Strafexpeditionen gegen Stämme, die den Weißen im November 1909 Niederlagen bei Biski in der Nähe der Oase Bilma und bei Medeli östlich des Tschadsees zugefügt hatten. Am 4. Januar sterben fast 200 französische Soldaten während eines Überfalls von Eingeborenen bei Bir Tuil.

Das neue Jahrzehnt wird jedoch nicht nur von der französischen Kolonialmacht mit Säbelgerassel begonnen. Die USA, die am → 6. Januar (S. 20) quasi die Internationalisierung Chinas fordern, erklären am 21. Januar die Annexion Spitzbergens. Die vor allem an Kohlevorkommen reiche Inselgruppe im Nördlichen Eismeer – saisonal leben hier etwa 150 im Kohlebergbau Beschäftigte sowie einige Jäger und Fischer – ist staatenlos, wird jedoch auch vom Königreich Norwegen und anderen »interessierten Mächten« wie Rußland beansprucht. Norwegen hat hier 1905 eine meteorologische Station errichtet.

Am 14. Januar verhängt die Kolonialmacht Großbritannien über ganz Britisch-Indien den Ausnahmezustand, obwohl sich die antibritische Agitation vor allem der Brahmanen – Angehörige der Priesterkaste, der höchsten Kaste im Hinduismus – im wesentlichen auf das Gebiet um Bombay und auf Maharashtra beschränkt. Die bisher spektakulärste Aktion fand am 13. November letzten Jahres statt: In Allahabad, einem der bedeutendsten hinduistischen Wallfahrtsorte, wurden Sprengkörper und zwei Wurfspeere gegen den Wagen des britischen Vizekönigs Gilbert John Elliot-Murray-Kynynmound, Earl of Minto, geschleudert. Die Kolonialmacht reagiert mit Verhaftungen und der Verhängung des Belagerungszustands. Mintos Nachfolger Charles Baron Hardinge of Penthurst hingegen empfängt Ende 1910 erstmals eine Abordnung oppositioneller Inder.

Das größte Stück für die Briten

Die folgende Aufzählung verzeichnet die wichtigen Kolonialmächte mit einer Auswahl ihrer Kolonien im Jahr 1910. Nicht mit aufgenommen sind in der Regel Kolonien, die ein Land inzwischen wieder verloren hat, z. B. die ehemaligen niederländischen Kolonien in Nordamerika.

Belgien

1885 König Leopold II. wird Souverän des Kongostaats
1908 Der Kongostaat wird Kolonie

Dänemark

1755 Saint Thomas (Virgin Islands) wird Kronkolonie
1814 Grönland, seit 1261 norwegisches Nebenland, seit 1397 in Union mit Dänemark (bzw. Schweden), wird Dänemark zugesprochen

Deutsches Reich

1884 Schutzbriefe für Deutsch-Südwestafrika, Togo, Kamerun und Kaiser-Wilhelms-Land
1885 Schutzbriefe für Deutsch-Ostafrika und die Marshall-Inseln
1898 Pachtung von Kiautschou in China
1899 Erwerbung der Karolinen, der Marianen und Samoas

Frankreich

1674 Martinique und Guadeloupe werden Kronkolonien
1816 Endgültige Sicherung von Französisch-Guyana
1830 Eroberung Algeriens
1842 Tahiti wird Protektorat (1880 Kolonie)
1854 Senegal wird Kolonie
1883 Tunis wird Protektorat
1885 Madagaskar wird Protektorat (1896 Kolonie)
1887 Annam, Tonkin, Kambodscha und Kotschinchina – 1893 auch Laos – werden zum Protektorat Indochina vereinigt
1891 Französisch-Kongo wird selbständige Kolonie
1893 Errichtung der Kolonien Elfenbeinküste und Französisch-Guinea
1894 Besetzung von Dahome
1895 Errichtung der Kolonie Französisch-Westafrika
1904 Großbritannien erkennt den französischen Anspruch auf Marokko an
1910 Bildung von Französisch-Äquatorialafrika

Großbritannien

1612 Erwerbung der Bermudas
1655 Eroberung von Jamaika
1659 Besetzung von St. Helena
1704 Besetzung von Gibraltar
1763 Kanada wird Kolonie (1774 Provinz, 1867 Dominion)
1788 Gründung der Strafkolonie auf Australien
1796 Eroberung von Ceylon
1800 Besetzung von Malta
1806 Kapkolonie wird britisch
1808 Sierra Leone wird britische Kronkolonie
1810 Frankreich tritt Mauritius an Großbritannien ab
1814 Frankreich tritt Tobago und Saint Lucia ab
1826 Annexion von Assam
1833 Besetzung der Falklandinseln
1839 Eroberung von Aden
1840 Besetzung von Hongkong (1843 Kolonie Victoria)
1840 Proklamation der Souveränität über Neuseeland
1861 Lagos wird Protektorat (1862 Kolonie)
1877 Britisch-Indien wird Kaiserreich
1878 Zypern faktisch unter britischer Verwaltung
1882 Besetzung Ägyptens (1899 britisch-ägyptisches Kondominium)
1886 Birma wird Britisch-Indien eingegliedert
1888 Trinidad und Tobago werden Kronkolonie
1891 Rhodesien wird Protektorat
1896 Uganda wird Protektorat
1902 Annexion der Burenstaaten
1910 Errichtung des Dominions Südafrikanische Union

Italien

1889 Erwerbung der Kolonie Italienisch-Somaliland

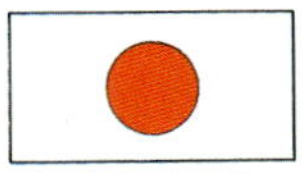

Japan

1895 Erwerbung von Formosa
1905 Erwerbung von Süd-Sachalin, Korea und Kwangtung

Niederlande

1619 Gründung von Batavia (Jakarta)
1623 Vertreibung der Engländer aus dem Malaiischen Archipel (Kolonie Niederländisch-Indien)
1642 Besiedlung der Kapkolonie (1815 an Großbritannien)
1643 Eroberung von Curaçao und Beginn der Errichtung der Kolonie Niederländische Antillen

Portugal

1456 Inbesitznahme der Kapverdischen Inseln
1475 Beginn der Kolonisation von Sao Tomé mit Sträflingen
1490 Besetzung von Angola
1510 Eroberung von Goa
1559 Eroberung von Daman
1597 Gründung von Macau
1609 Gouvernement Moçambique

Spanien

1810 Beginn des Abfalls der süd- und mittelamerikanischen Kolonien. Spanien, das im 16. Jahrhundert neben der Seemacht Portugal die größte Kolonialmacht der Welt war (Südamerika außer Brasilien, Mittelamerika und der südliche Teil Nordamerikas sowie die Philippinen), verliert fast völlig sein Kolonialreich
1898 Im Spanisch-Amerikanischen Krieg Verlust von Kuba, Puerto Rico, Guam und der Philippinen an die USA
1899 Verkauf der Karolinen und Marianen an das Deutsche Reich

USA

1867 Kauf Alaskas von Rußland
1898 Annexion von Hawaii
1898 Spanien tritt Kuba, Puerto Rico, Guam und die Philippinen an die USA ab

Unterhauswahlen: Liberale verlieren 100 Mandate

14. Januar. In Großbritannien beginnen die vorgezogenen Unterhausneuwahlen, die sich über drei Wochen hinziehen. Sie ergeben einen allgemeinen Rechtsruck.

Die Liberalen unter Premierminister Herbert Henry Asquith verlieren mehr als 100 Mandate und stellen nur noch 274 Abgeordnete (1906: 377). Konservative und Unionisten machen die Wahlschlappe von 1906 wett und steigern die Zahl ihrer Sitze von 157 auf 273. Die irischen Nationalisten halten mit 82 Abgeordneten die Fraktionsstärke. Die Labour Party (erstmals unter diesem Namen) stellt künftig 41 Politiker.

Der Liberale Herbert Henry Asquith ist seit 1908 Premierminister.

Wahlredner der Labour Party in Battersea im Süden von London

Arthur James Balfour, Führer der Konservativen und Unionisten

Die Labour Party zieht zum ersten Mal unter diesem Namen ins Unterhaus ein. Daß sie 41 Abgeordnete stellt, gilt als sensationeller Wahlsieg. 1906 hatten nur fünf Abgeordnete der damaligen Independent Labour Party den Sprung ins Parlament geschafft. Parteisekretär ist James Ramsay MacDonald (zweitunterste Reihe, 6. v. l.).

Parteien in Großbritannien

Liberal Party: Die Liberalen sind seit 1905 Regierungspartei. Die Partei entstand Mitte des 19. Jahrhunderts aus der Parlamentsgruppe der Whigs. Sie stellte die Premiers William Ewart Gladstone (1880 – 1885, 1885/86, 1892 – 1894), Archibald Philip Primrose, Earl of Rosebery (1894/95), Henry Campbell-Bannerman (1905 – 1908) und Herbert Henry Asquith (seit 1908). Beherrschende Persönlichkeit unter den Liberalen ist seit 1906 David Lloyd George.

Conservative Party: Die Konservative Partei, entstanden 1832, gilt als älteste Partei der Welt. Nach reformerischen Ansätzen unter Premier Robert Peel (1834/35, 1841 – 1846) entwickelte sie sich unter Benjamin Disraeli (1868, 1874 – 1880) zur Interessenvertreterin des Großgrundbesitzes und imperialistischer Kreise. Von 1885 bis 1905 war sie in Koalition mit den liberalen Unionisten Regierungspartei (Robert Arthur Gascoygne-Cecil, Marquess of Salisbury 1885 – 1892, 1895 – 1902; Arthur James Balfour 1902 – 1905).

Unionisten: Die Unionisten befürworten die Union zwischen Großbritannien und Irland. Sie spalteten sich 1886 von der Liberal Party ab. Die Koalition mit den Konservativen hat faktisch zur Bildung der Konservativen und Unionistischen Partei, wie der offizielle Name ab 1912 lautet, geführt.

Labour Party: Die 1900 gegründete Arbeiterpartei nahm 1906 den Namen Labour Party an. Sie stellte bisher zwei (1900) bzw. fünf (1906) Abgeordnete. Erster Sekretär ist James Ramsay MacDonald.

Zwei Themen beherrschten die Wahlen: Außenpolitisch das deutsch-britische Flottenrüsten, innenpolitisch der Kampf »Lords gegen Volk«. Die Niederlage der Liberalen – sie stellen jedoch weiter die stärkste Fraktion und bleiben an der Regierung – wird vor allem auf pazifistische Strömungen in der Partei zurückgeführt. Die Pazifisten hätten das energische Vorantreiben der Flottenrüstung verhindert. Premier Asquith und Schatzkanzler David Lloyd George wiederum machen das Wettrüsten für den unzureichenden »Kampf gegen die Armut« verantwortlich.

Hauptthema ist jedoch der Kampf »Lords gegen Volk«. Schatzkanzler Lloyd George hat im Frühjahr 1909 einen Haushaltsentwurf vorgelegt, der als der teuerste und zugleich sozial revolutionärste in der englischen Geschichte gilt. Dieser Entwurf enthält u. a. ein Sozial- und Wohlfahrtsprogramm mit Vorlagen zur Pensionsregelung, zur Krankenfürsorge, zur Arbeitslosenunterstützung, ärztlichen Schulbetreuung und Schulspeisung und sieht die Einführung einer Luxus- sowie einer gestaffelten Einkommens- und Vermögenssteuer vor.

Im November 1909 lehnte das vom Adel beherrschte Oberhaus dieses »Volksbudget« ab. Asquith ließ daraufhin das Vorgehen der Lords durch eine Unterhausresolution als »Verfassungsbruch« verurteilen. In dieser Situation wurden die Neuwahlen ausgeschrieben.

Asquith wertet den Wahlausgang als Ausdruck dafür, daß sich die Wähler für die Annahme des »Volksbudgets« und für die Abschaffung des Oberhausvetos ausgesprochen hätten (→ Kasten S. 23).

Während der Haushalt in der Folgezeit mit Unterstützung der irischen Nationalisten verabschiedet wird, wird die Entscheidung über die Abschaffung des Oberhausvetos vertagt: Im Dezember finden erneut Wahlen statt. Bei ihnen ergibt sich keine neue Mehrheit.

So sieht die französische »L'Illustration« den britischen Wahlkampf: Hauptthema ist das umkämpfte »Volksbudget« (Zeichnung; nachträgl. koloriert).

Das Vetorecht des britischen Oberhauses provoziert Kraftprobe zwischen Volk und Lords

Die Ablehnung des von der liberalen Regierung unter Premierminister Herbert Henry Asquith eingebrachten »Volksbudgets« durch das Oberhaus ist nach den britischen Gesetzen rechtmäßig.
Die Liberalen nehmen die Ablehnung ihres Sozial- und Wohlfahrtsprogramms jedoch zum Anlaß, die Abschaffung des Vetorechts der Lords zu fordern. Der Ausgang dieses Streits »Volk gegen Lords« bleibt lange ungewiß.
Erst zum Jahresende nimmt der entsprechende Gesetzentwurf, die »parliamentary bill«, konkrete Formen an: Die Macht des Oberhauses soll drastisch eingeschränkt werden. Es soll Finanzvorlagen (money bills) nicht mehr ablehnen können. Bei anderen Gesetzentwürfen soll das Veto der Lords aufgehoben werden, wenn das Unterhaus die entsprechende »bill« in aufeinanderfolgenden Sitzungsperioden dreimal annimmt. Die »parliamentary bill« zur Abschaffung des Vetorechts des Oberhauses wird 1911 Gesetz (parliamentary act). Sie markiert den Sieg des »Volks« über die »Lords«.
Das britische Parlament unterscheidet sich wesentlich in Rechten und Gebräuchen von den Repräsentativversammlungen anderer Staaten. In Großbritannien besteht das Parlament aus dem König, aus dem Haus der Lords (House of Lords bzw. Haus der Peers, deutsch kurz Oberhaus) und dem Haus der Gemeinen (House of Commons, kurz Unterhaus). Für die Verabschiedung eines Gesetzes ist die Zustimmung aller drei Parteien erforderlich, des Königs, des Oberhauses und des Unterhauses. Einen Gesetzesvorschlag (bill) kann jedes Mitglied des Ober- und des Unterhauses einbringen. Geldbewilligungen werden im Unterhaus eingebracht und müssen vom Oberhaus entweder unverändert angenommen oder gänzlich verworfen werden. Auch der König besitzt ein Vetorecht, hat jedoch seit 1707 davon keinen Gebrauch gemacht.
Wer sind die Kontrahenten in den beiden Häusern? Zum Oberhaus gehören die volljährigen Prinzen des königlichen Hauses, die mindestens 21 Jahre alten weltlichen Erb-Peers (Angehörige des erblichen Hochadels) des Vereinigten Königreichs, drei Oberrichter als persönliche Peers (Life Peers), 16 schottische und 28 irische Peers sowie die zwei Erzbischöfe und 24 Bischöfe von England und Wales.
Während die 560 Mitglieder des Oberhauses durch eine Hochadelsquotenregelung bestimmt werden, werden die 670 Mitglieder des Unterhauses gewählt. Wahlberechtigt sind Männer, die ein eigenes Haus oder Häuschen besitzen oder eine jährliche Mindestsumme an Miete zahlen. Kein Stimmrecht haben Frauen, Meineidige, Ausländer und Arme sowie Angehörige des Hochadels und zahlreiche Regierungsbeamte. Nicht wählbar sind Verbrecher, Richter, Geistliche und bestimmte Staatsbeamte. Die Wahlen finden geheim statt. Ein Parlament darf nicht länger als sieben Jahre bestehen. Die Abgeordneten erhalten keine Diäten. Die Wahlkampfunkosten sind hoch und müssen von den Kandidaten selbst bestritten werden.
Hier führt der Kampf zwischen »Volk und Lords« noch einmal zu Änderungen: Die Dauer eines Parlaments wird 1911 von sieben auf fünf Jahre reduziert, die Abgeordneten erhalten Diäten. Damit können künftig auch Arbeitervertreter frei von den Zuschüssen der Gewerkschaften und anderer Interessengruppen handeln.

Chaos nach Ministerkrisis

1. Januar. In Ungarn tritt der Ex-lex-Zustand ein, der »gesetzlose Zustand«. Da für 1910 kein Haushalt verabschiedet wurde, können ab heute keine direkten Steuern mehr erhoben werden. Das enthebt den Steuerzahler einer ungeliebten staatsbürgerlichen Pflicht. Auch Steuerrückstände können nicht mehr eingetrieben werden. Die 453 Abgeordneten, die für diese Situation verantwortlich sind, haben allerdings dafür gesorgt, daß sie weiterhin ihre Diäten und Quartiergelder erhalten. Auch die Beamtengehälter werden weitergezahlt.

Grund für diese Situation ist die seit April 1909 andauernde »Ministerkrisis«, die ihrerseits ausgelöst wurde durch Versuche der Unabhängigkeitspartei, die Stellung des Königreichs Ungarn innerhalb der Doppelmonarchie zu ändern. Die Unabhängigkeitspartei lehnt den österreichisch-ungarischen Ausgleich von 1867 ab und will die Verbindung mit Österreich auf eine reine Personalunion beschränken. Ihr Kampf richtet sich vor allem gegen die deutsche Kommandosprache im Heer und für die Errichtung einer selbständigen ungarischen Armee. 1905 entriß sie der liberalen Regierungspartei die parlamentarische Mehrheit. Seit 1906 sind die Unabhängigen durch Gyula Graf Andrássy d. J. und Franz von Kossuth im Koalitionskabinett Sándor Wekerle vertreten.

Kaiser Franz Joseph I. lehnt die Forderungen der Unabhängigkeitspartei strikt ab und weigert sich, einen ihrer Führer zum Ministerpräsidenten zu ernennen. 1909 scheiterte der von der Unabhängigkeitspartei initiierte Versuch, eine eigene Ungarische Bank zu gründen, an der Weigerung des cisleithanischen (österreichischen) Ministeriums, ein solches Institut durch ein Kartell mit der Österreichischen Bank kreditfähig zu machen.

Seit Monaten wird nun ein neuer Ministerpräsident gesucht, doch das Parlament lehnt alle Vorschläge des Kaisers ab. Nach kaiserlichem Druck auf die Parteiführer Andrássy und István Graf Tisza (Arbeiterpartei) wird am 18. Januar Karl Graf Khuen-Hédervário von Hédervár als Chef eines Koalitionsministeriums vereidigt. Bei der Vorstellung des Kabinetts am 24. Januar kommt es zu Schreiereien und Handgreiflichkeiten im Abgeordnetenhaus. Am 28. Januar spricht das Parlament dem neuen Ministerpräsidenten das Mißtrauen aus. Der Kaiser und König von Ungarn reagiert prompt: Das Abgeordnetenhaus wird bis zum 24. März vertagt (→ 19. 2./S. 43).

Graf Khuen-Hédervári von Hédervár, neuer Ministerpräsident in Ungarn

Böhmen: Deutsche gegen Tschechen

8. Januar. Der deutsche Abgeordneten- und Vertrauensmännertag in Prag bezeichnet es als die dringendste Aufgabe der deutschen Abgeordneten in Böhmen, die sofortige Beratung der Sprachenfrage zu »erzwingen«, wenn nötig durch Obstruktion, d. h. Blockierung des Parlamentsbetriebs.

Knapp zwei Drittel der Bevölkerung Böhmens sind Tschechen. Die Deutschen bilden mit einem guten Drittel eine starke Minderheit, die vor allem die Gebiete an der Grenze zum Deutschen Reich bewohnt. Von den Tschechen radikal abgelehnt werden die deutschen Forderungen nach größerer Autonomie sowie Verhandlungen über die »Teilbarkeit« Böhmens. Die Deutschen reagieren mit Obstruktion im Landtag, der daraufhin am 8. Februar wegen Arbeitsunfähigkeit vertagt wird, so daß Böhmen bis zum 30. September faktisch keine Volksvertretung hat. Der Sprachenstreit wird während dieser Zeit außerhalb des Parlaments nicht nur mit Worten ausgefochten (→ 26. 4./S. 81).

Haager Friedenskonferenz zeitigt magere Ergebnisse

27. Januar. Mehr als zwei Jahre nach dem Ende der Zweiten Friedenskonferenz in Den Haag veröffentlicht das deutsche Reichsgesetzblatt die Ergebnisse.

Unter Beteiligung fast aller Staaten der Erde waren am 18. Oktober 1907 13 Abkommen verabschiedet worden, von denen jetzt zwölf in Kraft treten. Das Deutsche Reich hatte auf der Konferenz die Forderung vor allem Großbritanniens und der USA nach internationaler Abrüstung und Schiedsgerichtsbarkeit als Formen imperialistischer Bündnispolitik abgelehnt und sich dadurch noch mehr ins außenpolitische Abseits manövriert. Verabschiedet hatte die Konferenz zwar das Abkommen über die Errichtung eines internationalen Prisenhofs (Schiedsgericht), die Verwirklichung dieses Projekts scheiterte jedoch an der Frage seiner Besetzung. Auch die Erklärung über das Verbot des Werfens von Geschossen und Sprengstoffen aus Luftschiffen wurde nicht ratifiziert.

In Kraft treten nun u. a. das Abkommen zur Erledigung internationaler Streitfälle, das die Einsetzung einer internationalen Untersuchungskommission bei zwischenstaatlichen Meinungsverschiedenheiten vorsieht und dadurch kriegerische Auseinandersetzungen verhindern soll. Ferner treten in Kraft das Abkommen über den Beginn der Feindseligkeiten, das eine unzweideutige Kriegserklärung verlangt; das Abkommen betreffend die Gesetze und Gebräuche des Landkriegs (Haager Landkriegsordnung); das Abkommen betreffend die Anwendung der Grundsätze der Genfer Konvention auf den Seekrieg (Lazarettschiffe).

Blick in den Konferenzsaal während der Zweiten Friedenskonferenz von Den Haag (Herbst 1907)

Rußland: Attentate und Verhaftungen

3. Januar. Unter strengen Sicherheitsvorkehrungen wird in der Festungskirche in Petersburg (Leningrad) der Ende 1909 verstorbene Großfürst Michail Nikolajewitsch beigesetzt. Die prominentesten Trauergäste sind Zar Nikolaus II. und Zarin Alexandra Fjodorowna, Großherzogin Anastasia von Mecklenburg und Prinz Heinrich von Preußen.
Im Vorfeld der Beisetzung hat die Ochrana, die zaristische politische Geheimpolizei, 1136 Verhaftungen vorgenommen. 400 Studenten haben vom Stadthauptmann unentgeltlich Fahrkarten in andere Städte erhalten mit der Auflage, vor der Beerdigung des Großfürsten die Hauptstadt zu verlassen.
Auch vier Jahre nach der Revolution, die 1905 nach dem Blutsonntag von St. Petersburg zum Erlaß des Oktobermanifests und zur Einberufung eines Parlaments (Reichsduma) geführt hat, ebben Attentate und Unruhen nicht ab. Die Oppositionsgruppe, die durch »revolutionären Individualterror« die Errichtung eines bäuerlichen Sozialismus anstrebt, sind die Sozialrevolutionäre. Opfer ihres »Individualterrors«, d. h. der Ermordung bekannter Einzelpersonen, waren bisher u. a. die Innenminister Dmitri S. Sipjagin (1902) und Wjatscheslaw K. Plewe (1904) sowie Großfürst Sergei Alexandrowitsch (1905). Die Sozialrevolutionäre stehen in entschiedenem Gegensatz zu den Marxisten. Die Führer der kommunistischen Bolschewiken, darunter Wladimir I. Lenin, leben im westeuropäischen Ausland ebenso wie viele der sozialdemokratischen Menschewiken.
Der Zarismus schlägt mit allen Mitteln zurück. Unter Ministerpräsident Pjotr A. Stolypin werden seit 1907 zur Zerschlagung der Oppositionsbewegungen Massenumsiedlungen nach Mittelasien, Sibirien und dem Fernen Osten durchgeführt. Tausende von Oppositionellen leben unter menschenunwürdigen Verhältnissen in der Verbannung. Die mit umfassenden Vollmachten ausgestattete Ochrana kann ohne Angabe von Gründen Verhaftungen vornehmen. Die Agents provocateurs der Ochrana sind auch an den vom Staat inszenierten prozaristischen Demonstrationen beteiligt, bei denen es häufig zu Judenpogromen und Studentenverfolgungen kommt.

◁ △ Bilder vom letzten Attentat in Petersburg: Am 22. Dezember wurde der Chef der Geheimpolizei, Oberst Karpow, in einer Wohnung in der Astrachanstraße von einer Höllenmaschine zerrissen. Nach offizieller Verlautbarung hatte Karpow gemeinsam mit einem Offizier einen als Revolutionär bekannten Studenten aufgesucht, dessen Paß auf den Namen Michail Woskresenski lautet. Er wurde wenig später beim Verlassen des Hauses verhaftet.

▽ Einschmieden eines Sträflings auf Sachalin; die ostasiatische Insel war von 1869 bis 1907 das gefürchtetste russische Straflager; nun hat diese Funktion Sibirien übernommen.

Revolution an der Moskitoküste

22. Januar. Aus Managua, der Hauptstadt von Nicaragua, wird die Verhaftung zahlreicher Oppositioneller wegen angeblicher Putschpläne gemeldet.
Im Oktober 1909 hat sich Kriegsminister José Dolores Estrada in Bluefields an der Moskitoküste gegen den seit 1894 herrschenden Präsidenten José Santos Zelaya erhoben. Die Moskitoküste, ursprünglich ein indianisches Königreich, war 1894 von Zelaya annektiert worden und ist seither ein permanenter Unruheherd. Während des Aufstands ließ Zelaya zwei US-amerikanische Staatsbürger, die Truppentransporter der nicaraguanischen Regierung durch Minen versenken wollten, hinrichten. Als US-Präsident William Howard Taft daraufhin Kriegsschiffe entsandte, trat Zelaya am 16. Dezember 1909 zurück und ging ins Exil nach Mexiko. Zum neuen Präsidenten wurde José Madriz gewählt. Während seiner Amtszeit gehen die Aufstände gegen die Zentralregierung in Managua mit unverminderter Heftigkeit weiter.

USA: Boykott gegen die Fleischpacker

22. Januar. Aus Protest gegen die Fleischteuerung beginnt in den Vereinigten Staaten von Amerika ein Fleischboykott. Mehr als eine Mio. Menschen haben sich verpflichtet, 40 Tage lang kein Fleisch zu essen.
Drei Tage nach Beginn der Aktion werden Ergebnisse einer Untersuchung gegen den Fleischtrust National Packing Company bekanntgegeben: Die gesamte Fleischindustrie liegt in den Händen von 15 Personen. Die Aktien der National Pakking Company gehören zu 40% der Familie Armours, zu 37% den Swifts und zu 23% den Morris. Die enorme Entwicklung des Kühlhauswesens hat das lokale Metzgergewerbe weitgehend vernichtet, die Metzger sind meist Angestellte des Trusts.
Die Fleischpacker führen die Teuerung auf die neuen Lebensmittelgesetze zurück, vor allem auf Etikettierungsvorschriften und die sanitären Maßnahmen. Tatsächlich lagern in den Kühlhäusern des Trusts Fleischvorräte für mehrere Jahre. Die Kühlhäuser sind die Preiswaffe der Fleischpacker.

Stars and Stripes, die Flagge der Vereinigten Staaten von Amerika, weht über dem Nordpol; aufgenommen auf Kodak am 6. April 1909 von Robert Edwin Peary.

Das erste Foto vom nördlichsten Punkt der Erde

29. Januar. Die britische Zeitung »The Illustrated London News« veröffentlicht das erste Foto vom Nordpol. Es wurde von dem US-amerikanischen Polarforscher Robert Edwin Peary am 6. April 1909 aufgenommen, dem Tag, an dem Peary als erster Mensch in die unmittelbare Nähe von 90° nördlicher Breite gelangte. Peary war zu diesem Zeitpunkt 53 Jahre alt.

Nach einer 30stündigen Ruhepause am nördlichsten Punkt der Erde trat Peary den Rückweg an. Bereits am 23. April erreichte er die Station am Kap Columbia und wenig später sein Schiff, die »Roosevelt«, die sich allerdings nicht vor Juli aus dem Eis befreien konnte. Am 6. September dann hatte Peary die Möglichkeit, seinen Triumph durch Telegramme in alle Welt zu verkünden.

In späteren Kreuzverhören wurde Peary kritisiert, weil er keinen Begleiter dabeigehabt hatte, der seine Sonnenmessungen bestätigen, den erreichten Breitengrad bezeugen konnte. Peary antwortete, daß ihm nicht daran gelegen sei, den Ruhm mit jemandem zu teilen, der sich nicht wie er selbst das Recht erworben hätte, dort zu sein – und in Pearys Augen hatte das niemand. Peary war ein geschickter Kaufmann (→ S. 166), und er war auf Beifall versessen.

Seit der Bezwingung des Nordpols grassiert die Pol-Euphorie. Der US-amerikanische Millionär George Keßler lädt zum Jahreswechsel zu einem »Nordpoldiner« in London ein: Die Gäste – Kosten pro Gedeck umgerechnet 1200 Mark – sitzen um einen künstlichen Eisblock, in dessen Mitte ein »Nordpol« aus Silbertuch blinkt. Die Kellner tragen Eskimo-Kleider, die Wände sind bedeckt vom »Schnee« Zehntausender Chrysanthemen.

Mit der »Roosevelt« hat Peary bereits 1906 versucht, in die Nähe des Nordpols zu gelangen. Damals mußte er rund 300 km vor dem Pol umkehren.

23 »Arktisjahre« bis zum Erreichen des Pols

Robert Edwin Peary ist beim Erreichen des Nordpols 53 Jahre alt, gesund und kräftig. Die zusammengekniffenen Augen und das wettergegerbte Gesicht zeigen jedoch einen Mann, den die Strapazen von 23 Jahren im Norden gezeichnet haben.

Peary unternahm ab 1886 mehrere Expeditionen in die Arktis, 1895 entdeckte er das nach ihm benannte Pearyland, die nördlichste Halbinsel von Grönland mit der nördlichsten Landspitze der Erde. Pearys zuverlässigster Anhänger ist der frühere US-amerikanische Präsident Theodore Roosevelt.

Ab 1902, als ihm nach Erfrierungen schon Gelenke an jedem seiner Zehen fehlten, ging er die Korridore des Senats und die Straßen von Washington mit einem eigentümlich gleitenden Schlurfen entlang. Seine Versuche, den Nordpol zu erreichen, schlugen bis 1909 fehl. 1908 stellte ihm die US-Regierung das Spezialschiff »Roosevelt« zur Verfügung. Am 1. März 1909 begann er mit 24 Mann, 133 Hunden und 19 Schlitten vom Basislager bei Kap Columbia den erfolgreichen Vorstoß zum Pol. Die letzten 200 km ging er nur mit fünf Begleitern, einem Schwarzen und vier Eskimos, die er nicht als Bedrohung für seinen Ruhm betrachtete. Etwa fünf Wochen später, am 6. April, richtete der blauäugige Mann mit dem kastanienbraunen Haar und dem Walroß-Schnauzbart das Sternenbanner auf dem Eis über dem Nordpol auf.

»Zu Gast auf dem fernsten Gipfel der Welt«

1910 erscheinen Original und deutsche Übersetzung von Robert Edwin Pearys Bericht »Die Entdeckung des Nordpols« mit einem Geleitwort des früheren US-Präsidenten Theodore Roosevelt. Das Erreichen des Nordpols beschreibt Peary darin so:

»Ost, West und Norden waren für uns verschwunden, nur eine Richtung blieb, und das war Süden. Jeder Wind, der überhaupt uns entgegenblasen konnte, mußte ein Südwind sein, ganz gleich, von welchem Punkte des Horizonts er kam. Wo wir standen, machten ein Tag und eine Nacht ein Jahr aus, hundert von solchen Tagen und Nächten ein Jahrhundert ... Während ich so das Eis nach verschiedenen Richtungen hin überschritt, hatte ich ungefähr 18 Kilometer für mögliche Irrtümer in meinen Beobachtungen zugegeben. In irgendeinem Augenblick habe ich während dieser Hin- und Hermärsche den Punkt überschritten, wo Nord und Süd und Ost und West in eins zusammenstießen ... Nachdem ich die amerikanische Flagge im Eis aufgepflanzt hatte, sagte ich Henson, er solle die Eskimos veranlassen, drei Mal donnernd Hoch zu rufen. Und dies taten sie auch mit großer Begeisterung. Darauf schüttelte ich jedem Mitglied der Expedition die Hand ... Dann legte ich in eine Spalte zwischen die Eisblöcke eines Pressungsgrates eine Gasflasche nieder, die einen Querstreifen von meiner Flagge enthielt und eine Urkunde, von welcher folgendes die Abschrift ist: 90° nördlicher Breite, Nordpol, den 6. April 1909. Kam hier heute an, 28 Tagesmärsche von Kap Columbia entfernt. Ich habe bei mir fünf Männer, Matthew Henson, Nigger, Utäh, Etschingwäh, Sieglu und Uquiäh, Eskimos; fünf Schlitten und 38 Hunde. Mein Schiff, der Dampfer Roosevelt, liegt bei Kap Sheridan, 162 km östlich von Columbia.

... Wenn es für einen Menschen möglich wäre, am 90.° nördlicher Breite anzulangen, ohne körperlich und geistig bis aufs äußerste erschöpft zu sein, so würde er zweifellos einzigartige Sensationen empfinden und einzigartigen Gedanken nachhängen. Aber die Erreichung des Pols war das Ergebnis tage- und wochenlanger Eilmärsche, physischen Unbehagens, ungenügenden Schlafes und folternder Angst. Es ist eine weise Vorsehung der Natur, daß das menschliche Bewußtsein intensive Gefühle nur bis zu einem solchen Grade aufnehmen kann, als das Gehirn verträgt, und die grimmen Wächter des fernsten Gipfels der Welt nehmen keinen Mann als Gast an, der nicht durch strengste Probe versucht und bezeugt worden ist ... Diese Reise war meine achte in die arktische Wildnis. In dieser Wildnis hatte ich von den 23 Jahren zwischen dem 30. und meinem 53. Lebensjahr fast zwölf Jahre zugebracht, und die dazwischenliegende Zeit, welche ich während jenes Zeitabschnittes in zivilisierten Ländern verbrachte, war hauptsächlich mit Vorbereitungen für die Rückkehr in die Wildnis ausgefüllt worden.«

Polarforscher Robert Edwin Peary

Peary-Buch, deutsche Ausgabe

Großherzog Wilhelm Ernst und Prinzessin Carola Feodora geben sich das Ja-Wort (r.); links vorn Herzog Georg II., der 84jährige Brautvater (Zeichnung).

Großherzogliche Hochzeit im Schloß zu Sachsen-Meiningen

4. Januar. *Großherzog Wilhelm Ernst von Sachsen-Weimar heiratet im Marmorsaal des Herzoglichen Schlosses zu Meiningen Prinzessin Carola Feodora von Sachsen-Meiningen. Die Trauung findet am Vortag des neunjährigen Regierungsjubiläums des 33jährigen Landesfürsten statt. Gäste bei der Ziviltrauung, die um neun Uhr vom weimarischen Staatsminister Rothe vollzogen wird, sind u. a. Herzog Georg II. von Sachsen-Meiningen und Prinz Albert von Sachsen-Weimar. Um elf Uhr findet die kirchliche Trauung statt. Nach der anschließenden Gratulationscour ist Festtafel. Danach reisen die Neuvermählten in die Flitterwochen.*

»Allah straft die Gotteslästerer«

19. Januar. Der Palast von Tschiraghan in Konstantinopel (Istanbul) brennt nach einer Explosion der neu installierten Dampfheizung völlig aus. Trotz des Einsatzes aller städtischen Feuerwehren ist der Prachtpalast am Bosporus drei Stunden nach Ausbruch des Feuers nur noch eine rauchgeschwärzte Marmorruine. Sämtliche Kunstschätze des in den 1860er Jahren errichteten Baus, der als vollendetster Ausdruck moderner türkischer Kunst galt, sind vernichtet. Gerettet werden konnten nur einige Telefonapparate und Abgeordnetenbänke.

Die Polizei schließt Brandstiftung durch reaktionäre Alttürken nicht aus. Seit der Revolution der liberal-reformerischen Jungtürken (1908) diente der bis dahin verbotene Palast dem Parlament als Sitzungsort. Nach dem Brand meinen viele gläubige Moslems: Allah hat die Vermessenheit der Gotteslästerer bestraft.

Der Thronsaal des Tschiraghan-Palasts vor der Zerstörung; bis zur Jungtürkenrevolution (1908) war der Palast nur für Ausgewählte zugänglich.

Der moralische Schaden, den die Jungtürken durch diesen Brand erlitten haben, ist somit fast größer als der materielle.

Die Revolution der Jungtürken beendete 1908 das autokratische Regime von Sultan Abd Al Hamid II. Sein Nachfolger Muhammad V. (seit 1909) verlor die Macht weitgehend an das jungtürkische Parlament. Doch immer noch besteht eine starke alttürkische Opposition.

Schwarze Blattern wüten auf Fünen

21. Januar. Aus der dänischen Stadt Odense auf der Ostseeinsel Fünen wird der Ausbruch der schwarzen Pocken – auch schwarze Blattern genannt – gemeldet. Wegen des epidemischen Charakters der Seuche wurden alle Schulen, Theater, Varietés und Vergnügungslokale geschlossen. Öffentliche Versammlungen und sogar die Gottesdienste wurden verboten.

Die schwarzen Pocken sind die schwerste Form der Pocken. Die Inkubationszeit nach der Ansteckung – durch einen Virus – beträgt meist nur sechs bis zehn Tage. Nach Schwindelgefühl, Kopfschmerzen, Schmerzen in den Gliedern und im Rücken, Erbrechen und hohem Fieber bis zu 40 °C kommt es zur Bildung von Pusteln auf der Haut. Bei den schwarzen Pocken treten in den Pusteln Blutungen auf, begleitet von Haut- und Schleimhautblutungen und Blutungen der inneren Organe. Die Krankheit verläuft in den meisten Fällen tödlich.

Die Pocken sind in Europa noch nicht ausgestorben. Auch in Ländern mit gesetzlicher Impfpflicht – z. B. Deutsches Reich, Schweden, Großbritannien – treten immer wieder Fälle von Pocken auf.

Königsschloß von Athen in Flammen

6. Januar. Ein Brand im griechischen Königsschloß in Athen zerstört am Dreikönigstag den Mitteltrakt des Palasts vollständig.

Passanten bemerken gegen Mitternacht Rauchwolken über dem Palast, wenig später schlagen Flammen aus dem Dach. Bei den Löscharbeiten wird Militär eingesetzt, auch die Mannschaften der in der Bucht von Phaleron ankernden ausländischen Kriegsschiffe beteiligen sich an der Bekämpfung des Brands, dessen Ursache nicht geklärt ist. Kurz nach Mitternacht trifft König Georg I. am Unglücksort ein.

Am Morgen des 7. Januar wird eine erste Bilanz gezogen: Zerstört sind der Mitteltrakt, die Schloßkapelle, der Thronsaal und die Gemächer der Königin. Auch ein großer Teil des Schmucks von Königin Olga wurde ein Raub der Flammen. Das Archiv wurde gerettet, die Bibliothek erlitt nur geringen Schaden.

Rekordpegel an der Seine – Frankreich »Land unter«

26. Januar. Der Wasserstand des Flusses Seine an der Brücke Pont Royal in Paris erreicht die Rekordhöhe von 8,60 m. Normalerweise schwankt er zwischen 2,00 und 2,40 m. Schon der Pegelstand von 7,40 m am 24. Januar war noch nie zuvor beobachtet worden.

Von der Hochwasserkatastrophe ist nicht nur die Hauptstadt, sondern fast ganz Frankreich betroffen: Die Ebene bei Rouen ist ein einziger See, die Städte Neuilly und Paisance stehen halb unter Wasser, auch die Dörfer im Département Haute-Pyrénées sind überschwemmt. Aus den französischen Alpen wird das Sinken der Zuflüsse zum See Lac du Bourget gemeldet, doch liegen im Gebirge noch beträchtliche Schneemassen. In Tours hat außerdem ein Wirbelsturm schwere Verwüstungen angerichtet.

Das Pflaster zahlreicher Straßen in Paris senkt bzw. hebt sich. Tausende sind obdachlos. Die Tunnels der Untergrundbahn sind schwer beschädigt. Am 27. Januar stürzt das Gewölbe der Orléans-Bahn ein.

△ Die Anwohner des Boulevard Haussmann können die Häuser nur durch Fenster trockenen Fußes verlassen.

◁ Die Seine überschwemmt in Paris den Quai d'Orsay, wo das Außenministerium seinen Sitz hat, und setzt das Künstlerviertel Saint-Germain unter Wasser.

Höher als der Bürgersteig: Wasserspiegel der Seine am Cours de la Reine

Einer der letzten Eisenbahnzüge der Orléans-Bahn kämpft sich am Bahnhof Choisy-le-Roi südöstlich von Paris durch die Fluten.

Der Eiffelturm spiegelt sich auf dem überschwemmten Champ de Mars, wo sonst Militärparaden und Ausstellungen stattfinden.

Theater 1910:

Neue Häuser, neue Stars, neuer Stil

In diesen Herbstwochen ist eine so große Zahl von Theaterbauten wie wohl noch niemals fast gleichzeitig in die Erscheinung getreten«, stellt die Zeitschrift »Bühne und Welt« zu Beginn der Saison 1909/10 fest. In Chemnitz und in Wolfenbüttel, in Hildesheim und in Osnabrück fängt die neue Spielzeit im neuen Haus an, und auch die darauffolgende Spielzeit beginnt im Herbst 1910 wieder mit einer Reihe von Neueröffnungen in Wiesbaden, Bremen, Frankfurt am Main und Mainz. Nach dem geschäftlichen Wachstum der Gründerzeit hat sich in mittleren und selbst in kleinen Städten der Ehrgeiz der wohlhabenden Bürger auf ein eigenes Stadttheater gerichtet. Wo der Etat der Stadt nicht ausreichte, wurden Aktiengesellschaften oder Spendenkomitees gegründet, um den Neubau zu unterstützen.

Trotzdem werden Theatererfolge nach wie vor nicht in den »kleineren Großstädten und größeren Kleinstädten draußen im Reich« gemacht, sondern in Berlin, berichtet ein Korrespondent aus der Reichshauptstadt. Hier finden die glanzvollen Uraufführungen und Erstaufführungen statt, hier starten die Tourneen. Unter den mehr als 60 Uraufführungen, die die Statistik der Spielzeit 1909/10 für Berlin ausweist, rangieren Lustspiele und Stücke nach dem Tagesgeschmack ganz oben in der Gunst des Publikums, schnell vergessene Titel wie »Das Konzert«, »Taifun« oder »Die goldene Ritterzeit« sind die Schlager der Berliner Saison.

Um die Masse der Zuschauer auch mit anspruchsvollen Klassikeraufführungen zu erreichen, inszeniert Max Reinhardt 1910 das Sophokles-Drama »König Ödipus« in einer Bearbeitung von Hugo von Hofmannsthal im Berliner Zirkus Schumann. In der riesigen Arena verwirklicht der Regisseur seine Idee, ein Theater für Tausende von Zuschauern zu schaffen und begründet seinen Ruf als Beherrscher von Raum und Maß. Der Kritiker Hermann Kienzl berichtet: »Ödipus und die Seinen umfließt auf hoher Schwelle des Palastes und an den Stufen des Altares das helle Licht

Das New Yorker New Theatre inszeniert das symbolistische Stück »Schwester Beatrice« von Maurice Maeterlinck.

Zu den berühmtesten Schauspielerinnen Londons zählen (v. l.) Irene Vanbrugh, Edna May und Edith Wynne Matthison. Zum Repertoire der als Tragödin bekannten Matthison zählen 22 verschiedene Shakespeare-Heroinnen. Irene Vanbrughs Stärke sind Lustspiele. Edna May macht als eigenwillige »Operettenkönigin« Furore.

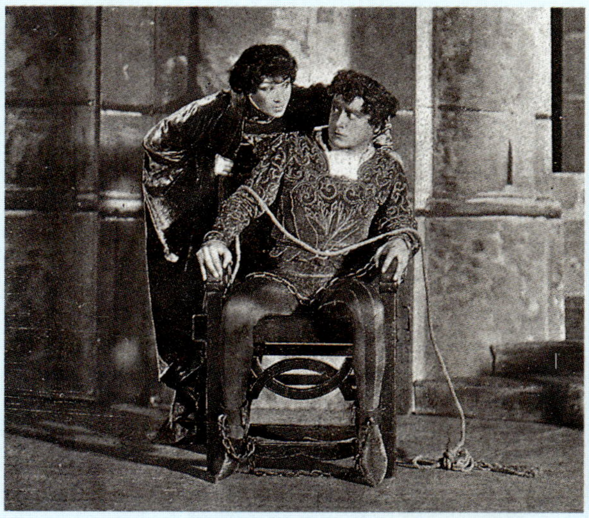

Sarah Bernhardt feiert am 22. Oktober ihren 66. Geburtstag, ist jedoch weit davon entfernt, sich vom Theater zurückzuziehen. Die Fotos zeigen sie als Gianetto (l.) in »La Beffa« von Sem Benelli, rechts bei der Ankunft in England, wo sie im Londoner »Coliseum« den Herzog von Reichstadt in Edmond Rostands »Der Aar« spielt.

des Scheinwerfers. Die übrige Welt, das tausendstimmige Volk, verharrt im Halbdunkel. Von der Tiefe schreit in wilden Akkorden das Elend der Stadt zur Höhe des Ödipus; von der strahlenden Höhe stürzt Ödipus hernieder, wenn er den Boten seines Fluches aus der Menge zerrt . . . In dieser persönlichen, in der plastischen und phonetischen Größe eines Massenschauspiels, dessengleichen deutsche Zuschauer nie gesehen hatten, bewährte der Zauberstab Reinhardts seine stärkste Kraft.«
Das Riesentheater ist Reinhardts Antwort auf den Stilwandel der Zeit. Der Naturalismus, der um die Jahrhundertwende mit Dramen von Gerhart Hauptmann und Henrik Ibsen die Theatervorstellungen revolutioniert und die Darstellung der Schaupieler von Schwulst und Steifheit befreit hat, hat inzwischen zu neuen Maßstäben geführt: »Es muß immer wieder festgestellt werden, daß das Schönheitsideal, das der Naturalismus aus dem Bezirke der deutschen Bühnenkunst völlig ausgetrieben hatte, nun durchaus verwandelt in sein Quartier zurückgekehrt ist«, schreibt Walter Turszinsky in einem Porträt der Schauspielerin Tilla Durieux, eine der Hauptdarstellerinnen Max Reinhardts, die im November in seiner »Ödipus«-Inszenierung die Rolle der Jokaste spielt und im Deutschen Theater in der Titelrolle von Christian Friedrich Hebbels Drama »Judith« zu sehen ist. Der Theaterkritiker erklärt mit diesem Geschmackswandel, »wie es gekommen ist, daß nur die Toren sich bekreuzigen, wenn man eine Schauspielerin wie Tilla Durieux heute in die Vorderfront der Heroinnen stellt«.
Zu den Heroinnen alten Stils, die von Schauspielerinnen wie Tilla Durieux abgelöst werden, gehört Sarah Bernhardt, die in diesem Jahr in London erstmals in einer Music Hall, im Coliseum, gastiert. Das Publikum ist begeistert, die Londoner Kritiker finden die großen Gesten, das Pathos der Bernhardt manieriert und steril, sie sei, schreibt einer, nur noch eine Karikatur ihrer selbst. Der veränderte Zeitgeschmack macht Eleonora Duse, die italienische Gegenspielerin der Französin Bernhardt, zum internationalen Star der Epoche.
(Siehe auch Übersicht »Uraufführungen« im Anhang.)

Ibsen – psychologisch-analytischer Realist

Der Norweger Henrik Ibsen (1828–1906) zählt auch vier Jahre nach seinem Tod zu den meistgespielten Bühnenautoren. Die schonungslose Darstellung der bürgerlichen Welt in seinen realistisch-psychologischen Gegenwartsdramen mit ihrer analytisch-retrospektiven Dramaturgie machte ihn zum Bahnbrecher des Realismus und Naturalismus in Skandinavien und Deutschland. In »Die Stützen der Gesellschaft« (1877) sind profitsüchtige Betrüger die Hüter der öffentlichen Moral. In »Nora oder Ein Puppenheim« (1879) bricht eine Frau aus der bürgerlichen Ehe aus. Das Familiendrama »Gespenster« (1882) enthüllt unerbittlich die bürgerliche Scheinmoral. »Ein Volksfeind« (1883) ist ein Angriff auf alle Schichten des Bürgertums. Mehr psychologisch geprägt sind »Rosmersholm« (1887), »Die Frau vom Meere« (1889) und »Hedda Gabler« (1889). »Nehmen Sie einem Menschen die Lebenslüge, und Sie nehmen ihm zugleich sein Glück«, heißt es in »Die Wildente« (1885).

Strindberg – Naturalist, Tragöde, Traumspieler

*Der Schwede August Strindberg (*1849), einer der kühnsten Bühnenexperimentatoren, gilt sowohl als Schöpfer der naturalistischen Tragödie und des Kammerspiels als auch als einer der Wegbereiter des Expressionismus. In dem Revolutionsschauspiel »Mäster Olof« (uraufgeführt 1881) behandelt er das Aufeinanderprallen von Idee und Wirklichkeit. Das Ehestück »Der Vater« (1887) und die Tragödie »Fräulein Julie« (1888) sind psychologische Studien über Seelenmord. In der Trilogie »Nach Damaskus« (Teil 1 1900) werden Leben, Traum und Dichtung in Parallele gesetzt – und die Handlung aus dem Bewußtsein des Ichs entwickelt –, während »Totentanz« (1905) wieder den Geschlechterkampf zum Thema macht. Zu den bedeutendsten Spätwerken zählen »Ein Traumspiel« (1907), das Kammerspiel »Wetterleuchten« (1907) und die analytische »Gespenstersonate« (1908).*

Schnitzler – Dichter des Fin de siècle

*Arthur Schnitzler (*1862), Wiener Dramatiker und Arzt, erreicht in seinen Stücken einen Ausgleich zwischen psychologischer Einfühlung und entlarvender objektiver Sichtweise. Thema ist die dekadente Welt des Fin de siècle. Im Mittelpunkt von »Anatol« (uraufgeführt 1893) steht der schwermütige, in immer neue flüchtige Liebesabenteuer verstrickte Träumer. Das sozial akzentuierte Stück »Liebelei« (1895) erzählt das Scheitern einer unstandesgemäßen Liebe. In dem dramaturgischen Meisterwerk »Der grüne Kakadu« (1899) wird das Parasitäre des Adels als Ursache seines Untergangs dargestellt. Zu Prozessen mit dem Vorwurf der Pornographie führen nach späteren Bühnenaufführungen die als zynisch empfundenen satirischen Dialoge des »Reigen« (in Buchform 1900), einer Art Totentanz der Liebe. »Der einsame Weg« (1904) schildert den Zerfall traditioneller Werte.*

Hauptmann – Anwalt der proletarischen Massen

*Gerhart Hauptmann (*1862) eröffnete mit dem sozialen Drama »Vor Sonnenaufgang« (uraufgeführt 1889) eine neue Epoche in der Geschichte des deutschen Dramas. »Vor Sonnenaufgang« brachte nicht nur den Sieg des Naturalismus auf der deutschen Bühne, sondern markiert auch den Beginn der Auseinandersetzung mit den Widersprüchen der imperialistischen Wilhelminischen Gesellschaft im Theater. »Die Weber« (1893) zeigt den spontanen, aber aussichtslosen Kampf der Ausgebeuteten dieser Gesellschaft. Die Diebskomödie »Der Biberpelz« (1893) erzählt vom Kleinkrieg einer Waschfrau um bescheidenen Wohlstand. Es folgten die Bauernkriegstragödie »Florian Geyer« (1896), die Ehetragödie »Fuhrmann Henschel« (1898) und der Liebeskonflikt einer Kindsmörderin in »Rose Bernd« (1903) neben zahlreichen Stücken eher märchen- und sagenhaften Charakters, z. B. der Traumdichtung »Hanneles Himmelfahrt« (1893) oder dem Glashüttenmärchen »Und Pippa tanzt« (1906).*

Der Maler Léon Bonnat (l.) im Gespräch mit Kaiserin Auguste Viktoria, dahinter Kaiser Wilhelm II., rechts die deutsche Kronprinzessin Cecilie

Rokoko in Berlin – Preußen zelebriert Internationalität an der Spree

25. Januar. *In der Königlichen Akademie der Künste zu Berlin wird in Gegenwart des deutschen Kaiserpaars eine Ausstellung mit Werken französischer Rokokokunst des 18. Jahrhunderts eröffnet. Unter den 373 Gemälden, Zeichnungen, Skulpturen, Gobelins und kunstgewerblichen Gegenständen finden sich Meisterwerke von Antoine Watteau, Jean-Baptiste Siméon Chardin, Jean Honoré Fragonard u. a. Die Ausstellung – vor zwei Jahren fand eine entsprechende mit englischer Kunst statt – gilt als Beispiel für internationale Zusammenarbeit auf einem Gebiet, das jedem politischen Streit entrückt ist. Zur Eröffnung, bei der erstmals kein Frackzwang herrscht, erscheinen Künstler unterschiedlichster Richtungen.*

Ottheinrichsbau bleibt eine Ruine

10. Januar. Die Regierung des Großherzogtums Baden legt dem Landtag in Karlsruhe eine Denkschrift über den Ottheinrichsbau des Heidelberger Schlosses vor. Danach sollen die Pläne zur Restaurierung dieses Hauptwerks deutscher Renaissance-Architektur aufgegeben werden. Nur die Fassade soll mit einem Kostenaufwand von 300 000 Mark »gegen Winddruck und Verwitterung« geschützt werden.

Das durch Dichtung und Musikwerke volkstümlich gewordene Heidelberger Schloß liegt am Südende der Stadt auf zwei Geländestufen 90 m über dem Neckar, in dessen Tal es einen markanten Blickpunkt setzt. Den Ottheinrichsbau des Schlosses ließ ab 1556 Kurfürst Otto Heinrich anlegen. Der Name des Baumeisters ist nicht bekannt.

Seit den schweren Zerstörungen durch die Franzosen im Pfälzischen Erbfolgekrieg (1689 – 1693) sind nur die Umfassungsmauern mit der frühesten Prachtfassade der deutschen Spätrenaissance erhalten, eine Verschmelzung italienischer Palastarchitektur und deutscher Tradition. Diese wohl berühmteste deutsche Ruine soll nun endgültig als solche erhalten werden.

Philharmoniker 50 Jahre

15. Januar. Die Wiener Philharmoniker feiern ihr 50jähriges Jubiläum. Das Konzert, das am 15. Januar 1860 unter der Leitung von Hofkapellmeister Karl Eckert auf der Bühne des k. k. Hofoperntheaters stattfand, markierte den Beginn des Aufstiegs der Philharmoniker zu einem Orchester von internationalem Rang. Auch heute sind die rund 120 Mitglieder alle zugleich Mitglieder des Hofopernorchesters. Ihr ständiger Dirigent ist seit 1908 Felix von Weingartner, der zuvor in Berlin und München dirigiert hatte.

Als eigentliches Gründungsjahr der Philharmoniker gilt 1842, als Hofkapellmeister Otto Nicolai im k. k. Redouten-Saal das erste Konzert gab. Nach dem Rücktritt Nicolais 1847 trat eine Stockung ein. Von 1875 bis 1898 leitete Hans Richter das Ensemble. Von 1898 bis 1901 war Gustav Mahler ständiger Dirigent.

Etwa 120 Mann zählt das Ensemble der Wiener Philharmoniker.

Jesusüberlieferung ist Christusmythe

31. Januar. Der freidenkerische Monistenbund veranstaltet im Saal des Zoologischen Gartens in Berlin eine Vortrags- und Diskussionsreihe zum Thema »Hat Jesus gelebt?«.

Den Einleitungsvortrag hält der in Karlsruhe lehrende Philosoph Arthur Drews. Er weist die These vom »vergöttlichten Menschen« zurück, leugnet die historische Existenz Jesu und erklärt die christliche Überlieferung als »Christusmythe«. So lautet auch der Titel seines zweibändigen Werks, dessen erster Teil 1910 erscheint.

Der Monismus führt alle Erscheinungen in der Welt auf ein einziges Prinzip zurück. Der 1906 von Ernst Haeckel und dem inzwischen verstorbenen Albert Kalthoff gegründete Monistenbund propagiert eine religiöse Weltanschauung auf der Basis der Alleingültigkeit der Naturgesetze. In »Der Monismus als Band zwischen Religion und Wissenschaft« (1892), einem seiner Hauptwerke, formulierte Haeckel die Grundprinzipien des Monismus: »Einheit der Natur, Urzeugung, Erblichkeit erworbener Eigenschaften, Gesetz der Erhaltung der Substanz.«

Kant und Haeckel bei »Bethmann-Rückweg«: »Wenn Sie lange am Ruder bleiben, dann klettern wir Preußen am Ende wieder als Orang-Utans auf den Bäumen herum.« (Karikatur aus der »Jugend«)

München raubt fremde Bildergalerie aus

11. Januar. Der bayerische Kultusminister Anton Ritter von Wehner verteidigt vor der Abgeordnetenkammer in München die Entnahme von Gemälden aus der Augsburger Galerie für die Pinakothek in München. Dies sei wegen der »Hebung des künstlerischen Niveaus« notwendig gewesen. Auch sei die Augsburger Galerie »feuergefährlich«.
Acht Bilder – überwiegend italienische Gemälde – sind von Augsburg nach München verbracht worden, ein Vorgang, der »nicht bloß in der dortigen Bevölkerung, sondern auch in weiten Kreisen das größte Aufsehen erregt hat«, wie die Liberalen in ihrer Interpellation formulieren: »Was heute Augsburg passiert, kann morgen bei den Gemäldegalerien anderer Städte eintreten. Es fragt sich aber, ob die Konzentration aller Bildungsmittel an einem einzigen Platz im Interesse der Gesamtheit des Staates liegt.«
Auf diese Vorwürfe und Fragen geht der Kultusminister in seiner Antwort nicht ein. Die Stadt Augsburg habe »übrigens gar kein Einspruchsrecht«, da sie »Eigentum des Staates« sei. Augsburg werde vollständigen Ersatz für die entnommenen Bilder erhalten in Form solcher Gemälde, die sich auf die Augsburger Geschichte beziehen: »Das ist von größerem Wert für Augsburg als einige versprengte Italiener.«
Eigentlicher Urheber dieses Streits ist der Kunsthistoriker Hugo von Tschudi, der 1909 die Leitung der bayerischen Staatsgemäldesammlungen übernommen hat und seither vor allem die Neuordnung der Neuen Pinakothek mit großer Energie betreibt. Beide Münchner Pinakotheken, die Alte und die Neue, wurden Mitte des 19. Jahrhunderts unter König Ludwig I. gegründet.

Salchow, Sieger im Kunstlaufen um die »Meisterschaft der Welt«

Die Neue Pinakothek in München (Aufnahme um 1890) – ein Hort bayerischer Kulturgüter – wurde 1846 – 53 erbaut.

Neunter WM-Titel für Ulrich Salchow

30. Januar. Im schweizerischen Davos geht bei Bilderbuchwetter das zweitägige internationale Eiskunstlaufen zu Ende.
Star der Veranstaltung ist der 32jährige Schwede Ulrich Salchow aus Stockholm. Er wird erneut Weltmeister und gewinnt damit zum neunten Mal diesen Titel (1901 – 1905, 1907 – 1910), allerdings nicht mehr so überlegen wie in den früheren Jahren. Zweiter wird der erst 18 Jahre alte Berliner Werner Rittberger.

Sieger Walter Rütt

Zweiter John Stol

Stol-Partner Walthour

Das Rennen verläuft »ohne Zwischenfälle«, was Massenstürze nicht ausschließt.

Das Publikum ist begeistert: 144 Stunden ziehen die Rundkursprofis mit den Bikes ihre Runden

2. Januar. *In Berlin geht das zweite Sechstagerennen für Radfahrer zu Ende. Mit einer halben Bahnlänge Vorsprung siegt die Mannschaft Walter Rütt/J. E. Clark vor John Stol/Robert Walthour.*
Der große Publikumserfolg des erstmals 1899 in New York ausgefahrenen Sechstagerennens führte dazu, diese Radsportveranstaltung auch in Europa einzuführen. Am 15. März 1909 starteten auf der 1500 m langen Holzbahn in der Ausstellungshalle am Zoologischen Garten in Berlin 15 Mannschaften zum ersten 144-Stunden-Mammutrennen in Europa.

Februar 1910

Mo	Di	Mi	Do	Fr	Sa	So
	1	2	3	4	5	6
7	8	9	10	11	12	13
14	15	16	17	18	19	20
21	22	23	24	25	26	27
28						

1. Februar, Dienstag

In Großbritannien werden die ersten staatlichen Arbeitsämter eröffnet. → S. 42

Wollert Konow bildet in Kristiania (Oslo) eine Mitte-Rechts-Koalitionsregierung aus der konservativen Høyre (»Rechts«) und der freisinnigen Frisennede Venstre. Er löst Gunnar Knudsen ab, dessen Venstre (»Links«) 1909 eine vernichtende Wahlniederlage erlitten hat.

Die »Leipziger Zeitung« veröffentlicht eine Berechnung über die Mandatsverteilung im Deutschen Reichstag bei Einführung des Pluralwahlrechts, bei dem die Wähler – wie in Sachsen seit 1909 – bis zu vier Stimmen haben. Danach würden die Sozialdemokraten mit 68 Abgeordneten die stärkste Fraktion bilden. Nach dem gegenwärtigen Wahlrecht haben sie nur 25 Sitze (→ 4. 2./S. 38).

Nach dem neuen Aufwandsentschädigungsgesetz erhalten die Landtagsabgeordneten des Großherzogtums Baden 2000 Mark jährlich, wenn sie in der Residenzstadt Karlsruhe wohnen, sonst 3000 Mark. Vorgesehen sind Abzüge bei unbegründetem Fernbleiben von den Landtagssitzungen.

Der deutsche Kaiser Wilhelm II. empfängt in Berlin den japanischen Prinzen Higaschi Fuschimi. Dieser überreicht Prinz Adalbert von Preußen den japanischen Sonnenorden und überbringt dem Kaiserpaar kostbare Geschenke. Der Besuch ist Ausdruck für die enger werdenden Beziehungen beider Staaten. So wird in diesem Jahr Herzog Johann Albrecht von Mecklenburg, der Präsident der Deutschen Kolonialgesellschaft, als erster ausländischer Fürst am japanischen Kaiserhof empfangen (→ S. 134).

Der Flugpionier und Ingenieur August Euler erwirbt das erste deutsche Flugzeugführerzeugnis. → S. 47

2. Februar, Mittwoch

In Bukarest wird die Sozialdemokratische Partei Rumäniens neu gegründet. → S. 43

Die russische Reichsduma, das Parlament in Petersburg (Leningrad), fordert die Vorlage eines Gesetzentwurfs, der die »administrative Verschickung« von Personen, die angeblich die Sicherheit des Staats und der Gesellschaft gefährden, ein Ende machen soll. Die Regierung unter Ministerpräsident Pjotr A. Stolypin lehnt ein solches Gesetz ab (→ 3. 1./S. 25).

Der russische Reichsrat, die erste Kammer der Volksvertretung in Petersburg (Leningrad), debattiert über eine Erklärung deutscher Professoren, die in einer gemeinsamen Resolution am 24. Februar die Selbständigkeit Finnlands gefordert hatten. Die Professorenerklärung wird als Einmischung in die innenpolitischen Angelegenheiten Rußlands verurteilt (→ 27. 3./S. 56).

3. Februar, Donnerstag

Im preußischen Abgeordnetenhaus in Berlin kommt es zu erregten Debatten über den von der Regierung geplanten Verkauf von Teilen des Berliner Grunewalds.

Bei der Vorabstimmung über die Einführung der Schiffahrtsabgabe im Deutschen Reich sprechen sich 46 Mitglieder des Bundesrats für und zwölf gegen die Abgabe aus. Zur Ablehnung würden 14 Stimmen genügen (→ 4. 3./S. 59).

Der böhmische Landtag in Prag wird eröffnet. Am 4. Februar beginnen die deutschen Abgeordneten mit sog. technischer Obstruktion, da alle Vermittlungsversuche zwischen ihnen und den tschechischen Abgeordneten scheitern (→ 8. 1./S. 24).

4. Februar, Freitag

Der preußische Ministerpräsident Theobald von Bethmann Hollweg legt eine Wahlrechtsnovelle für Preußen vor. → S. 38

Die Journalistentribüne der bayerischen Abgeordnetenkammer in München bleibt leer. Die Pressevertreter protestieren auf diese Weise gegen die »zu langen Sitzungen« der Volksvertretung.

5. Februar, Samstag

Der Deutsche Reichstag in Berlin nimmt den Gesetzentwurf über die Handelsbeziehungen mit den USA an. Nach Angaben von Staatssekretär (Innenminister) Clemens Delbrück ist in langwierigen Verhandlungen erreicht worden, daß dem Deutschen Reich »alle Zollermäßigungen eingeräumt werden, die die Vereinigten Staaten einem dritten Land gewähren können«.

In Hildesheim findet der Parteitag der Deutschkonservativen Reichspartei statt, der zweitstärksten politischen Kraft nach dem Zentrum. → S. 40

Das osmanische Parlament in Konstantinopel (Istanbul) nimmt den Handelsvertrag mit dem Balkanfürstentum Montenegro an. Er sieht die gegenseitige Meistbegünstigung vor. Montenegro gehörte ab 1528 zum Osmanischen Reich, wurde 1878 auf dem Berliner Kongreß als unabhängiger Staat anerkannt und wird 1910 Königreich (→ 29. 8./S. 146).

Aus Aden werden schwere Unruhen in Britisch-Somaliland gemeldet. Zahlreiche britische Staatsangehörige wurden von Eingeborenen getötet. Das seit 1898 der britischen Krone direkt unterstellte Steppenland am Golf von Aden besitzt große strategische Bedeutung (Ausgang des Roten Meeres, Seeweg nach Indien).

6. Februar, Sonntag

In mehreren Städten Preußens sowie in Braunschweig und in Nürnberg finden Demonstrationen gegen die preußische Wahlrechtsvorlage statt (→ 4. 2./S. 38).

Ein außerordentlicher Kongreß der belgischen Sozialisten in Brüssel beschließt, im Fall der Bildung eines liberalen Kabinetts Minister zu stellen. → S. 45

7. Februar, Montag

In Spanisch-Marokko unternehmen die Rifkabylen einen Angriff auf die spanischen Truppen in Nador, werden jedoch zurückgeschlagen. Die in den schwer zugänglichen Küstenbergen des Rif wohnenden Rifkabylen versuchen seit dem 19. Jahrhundert in zahlreichen Aufständen, ihre Freiheit gegenüber den Kolonialmächten zu verteidigen.

Stefanos Dragumis wird neuer griechischer Ministerpräsident als Nachfolger des zurückgetretenen Konstantin Mavromichalis.

In Tschenstochau (Czenstochau) im russischen Gouvernement Petrokow geben sieben unbekannte Männer Pistolenschüsse auf den politischen Geheimpolizeiagenten Felix Strawinski ab und verletzen ihn tödlich. Das Attentat wird polnischen Nationalisten zugeschrieben.

Bei der Debatte über die ordentlichen Gerichte in der russischen Reichsduma, dem Parlament in Petersburg (Leningrad), kritisiert der Abgeordnete Markow, ein Mitglied der äußersten Rechten, die Zulassung von Juden zum Richteramt. Er beschuldigt die Duma »jüdischer Gesinnung«. Markow wird für 15 Sitzungen von der Duma ausgeschlossen.

Das romantische Versdrama »Chantecler« von Edmond Rostand wird im Théâtre de la Porte-Saint-Martin in Paris mit großem Erfolg uraufgeführt. → S. 48

Bei wechselhaftem Wetter finden die Rosenmontagsumzüge statt. → S. 47

8. Februar, Dienstag

Der sozialdemokratische Reichstagsabgeordnete Leo Arons spricht sich in den »Sozialistischen Monatsheften« für einen Kompromiß der gesamten Linken in der Wahlrechtsfrage aus. Er empfiehlt, die Einführung der geheimen Wahl und des Verhältniswahlrechts sowie eine neue Wahlkreiseinteilung durch einen »mäßigen Abstrich von der unbedingten Gleichheit« zu erkaufen (→ 4. 2./S. 38).

Der am 3. Februar eröffnete böhmische Landtag in Prag wird vertagt, da die deutschen Abgeordneten nicht auf ihre Obstruktion der parlamentarischen Arbeit verzichten wollen (→ 8. 1./S. 24).

Vertreter des Deutschen Reichs, Belgiens und Großbritanniens treten in Brüssel zu einer diplomatischen Konferenz über die Festlegung des Grenzverlaufs im Kongo zusammen (→ 14. 5./S. 101).

9. Februar, Mittwoch

Stärkste Fraktion im Landtag des russischen Großfürstentums Finnland werden nach Neuwahlen die Sozialdemokraten mit 86 Abgeordneten, gefolgt von den Altfinnen mit 42 Mandaten. In den neuen Landtag wurden auch 15 Frauen gewählt (→ 13. 5./S. 100).

Das Schwurgericht in Halle an der Saale verurteilt im sog. Mansfelder Aufruhrprozeß zwei Bergleute, die sich am Januarstreik beteiligt haben, zu drei bzw. fünf Monaten Gefängnis (→ 18. 1./S. 17).

Der Demokrat José Canalejas y Méndez wird neuer spanischer Ministerpräsident als Nachfolger des zurückgetretenen Liberalen Segismundo Moret y Prendergast (→ 9. 5./S. 100).

10. Februar, Donnerstag

Zur ersten Lesung der Wahlrechtsnovelle wird der preußische Ministerpräsident und Reichskanzler Theobald von Bethmann Hollweg im Abgeordnetenhaus in Berlin von den Sozialdemokraten mit Pfui-Rufen empfangen (→ 4. 2./S. 38).

Die Schachweltmeisterschaft zwischen dem deutschen Titelverteidiger Emanuel Lasker und seinem österreichischen Herausforderer Karl Schlechter endet unentschieden. → S. 49

11. Februar, Freitag

Der italienische Ministerpräsident Giorgio Sidney Baron Sonnino erläutert in der Abgeordnetenkammer in Rom sein Regierungsprogramm. Als nationale Aufgabe ersten Ranges bezeichnet er die Bekämpfung des Analphabetentums.

Bei einer Prügelei zwischen rund 300 klerikalen und freiheitlichen Studenten in einem Innsbrucker Gasthaus werden mehrere Personen durch Säbelhiebe zum Teil schwer verletzt.

In Teheran wird eine Note der russischen Gesandtschaft veröffentlicht, laut der es das Russische Reich ablehnt, mit Persien über den Verbleib russischer Truppen im Land zu verhandeln. → S. 44

Italienische Künstler veröffentlichen das »Manifest der futuristischen Malerei«. → S. 49

Die Europameisterschaft im Eiskunstlauf in Berlin gewinnt der Schwede Ulrich Salchow. Im Januar hatte Salchow zum neunten Mal die Weltmeisterschaft gewonnen (→ 30. 1./S. 33).

12. Februar, Samstag

Die Volksvertreter von Elsaß-Lothringen fordern die Gleichstellung des Reichslands mit den deutschen Bundesstaaten. → S. 43

Im Deutschen Reichstag in Berlin wird eine Gesetzesvorlage über die Regelung der Heimarbeit eingebracht. → S. 42

Der Berliner Polizeipräsident Traugott von Jagow proklamiert in einer Bekanntmachung auf den Litfaßsäulen das »Recht auf die Straße«. → S. 40

Der tibetanische Dalai-Lama Thupten Gjatso flieht vor chinesischen Truppen nach Britisch-Indien. → S. 45

Auf »Wahlrechtsspaziergängen« protestieren Hunderttausende gegen die von der preußischen Regierung angekündigte Wahlrechtsreform. Die »Berliner Illustrirte Zeitung« zeigt Teilnehmer der Demonstrationen in Berlin am 13. Februar, einem der sog. »Wahlrechts-Sonntage«.

XIX. Jahrgang
Nr. 8

Berliner
Illustrirte Zeitung

20. Februar 1910
Einzelpreis
10 Pfg.
oder 15 Heller.

Verlag Ullstein & Co., Berlin SW. 68.

Der Wahlrechts-Sonntag in Berlin.
Spitze eines Zuges der 200,000 Wahlrechts-Demonstranten.

Nach dem Leben gezeichnet von Fritz Koch-Gotha.

13. Februar, Sonntag

Die Sozialdemokraten veranstalten im Großraum Berlin zahlreiche Protestversammlungen gegen die preußische Wahlrechtsvorlage. Auch in anderen deutschen Städten finden entsprechende Demonstrationen statt. → S. 40

14. Februar, Montag

Die Kartellbildung ist das zentrale Thema bei der Lesung des Gesetzentwurfs über den Absatz von Kalisalzen im Deutschen Reichstag in Berlin. → S. 42

Der italienische Außenminister Francesco Guicciardini bezeichnet die Integrität des Osmanischen Reichs (Türkei) als unverzichtbar für die Aufrechterhaltung des politischen Gleichgewichts im Mittelmeerraum und weist damit Forderungen nach einem kolonialen Engagement auf Kosten der Türkei zurück. → S. 44

Eine in Kristiania (Oslo) veröffentlichte Untersuchung weist auf den drastischen Rückgang des Bärenbestands in Norwegen hin und empfiehlt die Aufhebung der Abschußprämien.

15. Februar, Dienstag

Nach einer sozialdemokratischen Protestversammlung gegen die preußische Wahlrechtsnovelle im Münchner Kindlkeller ziehen rund 1000 Menschen vor die preußische Gesandtschaft in der Prinzregentenstraße und bringen Hochrufe auf das geheime und gleiche Wahlrecht aus (→ 4. 2./S. 38).

Prinz Georg von Bayern löst einen Sturm des Protests mit seinem öffentlichen Bekenntnis zum Duell. → S. 46

Die Beratungen des Organisationsausschusses für einen Slawenkongreß in Petersburg (Leningrad) enden mit einem völligen Mißerfolg. Die polnischen Delegierten weigern sich wegen der schlechten polnisch-russischen Beziehungen, an einem solchen Kongreß teilzunehmen.

Im Teatro Lirico in Mailand veranstalten die Futuristen einen internationalen Dichterabend, bei dem es zu antiösterreichischen Kundgebungen kommt. Der Schriftsteller Filippo Tommaso Marinetti wird von der Polizei abgeführt (→ 11. 2./S. 49).

In Stockholm erkranken mehrere Mitglieder der Hofgesellschaft nach dem Genuß verdorbener Leberpastete bei einem Diner des Oberstatthalters a. D. Freiherr Gustav Tamm. Das Unglück fordert ein Todesopfer, Anna Wallenberg, »eine bekannte Fürsprecherin der Armen«.

16. Februar, Mittwoch

Die Deutschkonservative Partei bringt im preußischen Abgeordnetenhaus in Berlin einen Antrag auf Verschärfung der Geschäftsordnung ein. → S. 40

In der chinesischen Hafen- und Industriestadt Kanton schlagen regierungstreue Truppen eine Meuterei nieder. Am 13. Februar hatten rund 6000 Soldaten, die von ausländischen Instrukteuren nach europäischer Art ausgebildet worden waren, den Gehorsam verweigert und die Plünderung der Stadt begonnen. Während der Straßenkämpfe kamen 500 Menschen ums Leben. Die Meuterei ist Ausdruck der sozialen und politischen Unzufriedenheit unter der Herrschaft der Mandschudynastie (→ 10. 3./S. 57).

In Wadai in Französisch-Äquatorialafrika wird eine über 100 Mann starke französische Kolonialtruppe in einen Hinterhalt gelockt und fast völlig aufgerieben. Die Bewohner der am 15. Januar neugebildeten Kolonie (→ 15. 1./S. 21) setzen der Kolonialmacht weiterhin großen Widerstand entgegen.

Prinz Heinrich von Preußen besucht in London König Eduard VII. und Königin Alexandra. Heinrich, der Bruder des deutschen Kaisers Wilhelm II. und Neffe von König Eduard VII., ist seit 1909 Generalinspekteur der deutschen Marine. Thema der Gespräche ist daher auch das deutsch-britische Wettrüsten zur See (→ 14. 3./S. 58).

17. Februar, Donnerstag

Die 1908 von Österreich-Ungarn annektierten Länder Bosnien und Herzegowina erhalten eine Verfassung. → S. 43

In Frankfurt am Main kommt es nach sozialdemokratischen Versammlungen zu blutigen Zusammenstößen mit der Polizei (→ 13. 2./S. 40).

Die Berliner Stadtverordnetenversammlung nimmt einstimmig den Antrag an, den preußischen Landtag um Ablehnung der Wahlrechtsnovelle zu ersuchen (→ 4. 2./S. 38).

18. Februar, Freitag

Der Deutsche Reichstag in Berlin lehnt einen Toleranzantrag des Zentrums mit 160 zu 150 Stimmen ab. → S. 40

Bei der Beratung des Etats des Reichsamts des Innern im Deutschen Reichstag in Berlin gibt Staatssekretär Clemens Delbrück einen Überblick über die Sozialpolitik im Deutschen Reich seit Beginn der Industrialisierung (→ S. 41).

19. Februar, Samstag

Der frühere ungarische Ministerpräsident István Graf Tisza gründet in Budapest die Nationale Arbeitspartei. → S. 43

Das Schauspiel »Die große Landstraße« von August Strindberg wird im Intima Teatern in Stockholm uraufgeführt.

Fjodor I. Schaljapin (Baß) singt die Titelrolle bei der Uraufführung der Oper »Don Quichotte« von Jules Massenet in Monte Carlo.

20. Februar, Sonntag

Auf einem außerordentlichen Parteitag in Stuttgart beschließt die Deutsche Volkspartei ihre Vereinigung mit der Freisinnigen Volkspartei und der Freisinnigen Vereinigung zur Deutsch-Freisinnigen Volkspartei (→ 6. 3./S. 58).

In Kairo wird der ägyptische Ministerpräsident Butros Pascha Gali von einem Nationalisten ermordet. → S. 44

In Rom finden die zum Teil stark antipäpstlich gefärbten Feiern anläßlich des 310. Todestags des Naturphilosophen Giordano Bruno statt. Der italienische Dominikaner war von der Inquisition wegen seiner Lehren von der Vielheit der Welten und der Gleichwertigkeit der Weltsysteme verurteilt und am 17. Februar 1600 in Rom verbrannt worden.

21. Februar, Montag

Der britische König Eduard VII. eröffnet das neugewählte Parlament in London mit der Verlesung der Thronrede. → S. 45

Im Zirkus Busch in Berlin findet die Generalversammlung des Bundes der Landwirte statt (→ 24. 1./S. 17).

Bei Streiks der Straßenbahner in Philadelphia in den USA kommt es zu Ausschreitungen. 3000 Polizeibeamte werden zur Aufrechterhaltung der Ordnung eingesetzt.

Große Beachtung findet die Uraufführung von John Galsworthys realistischem Drama »Justiz« im Duke of York's Theatre in London und im Repertory Theatre in Glasgow. → S. 48

In Zürich wird das Urmanuskript von Johann Wolfgang von Goethes »Wilhelm Meisters theatralische Sendung« entdeckt. → S. 49

22. Februar, Dienstag

König Alfons XIII. von Spanien erläßt in Sevilla eine allgemeine Amnestie für politische Verbrechen. Betroffen sind rund 1000 Personen, die ein Prozeß vor dem Kriegs- oder dem Zivilgericht erwartet. Auch Reservisten, die Fahnenflucht begangen haben, sollen begnadigt werden. Mit dieser Amnestie soll ein Schlußstrich unter den Aufstand von Juli/August 1909 gezogen werden.

In mehreren deutschen Städten finden Demonstrationen anläßlich des 70. Geburtstags des SPD-Vorsitzenden August Bebel statt.

23. Februar, Mittwoch

Eine Abordnung von 30 radikalen Abgeordneten unter Führung von Charles Dilke bittet den britischen Premierminister Herbert Henry Asquith um energischeres Vorgehen gegen das Oberhaus, dessen Vetorecht abgeschafft werden müsse (→ 21. 2./S. 45).

König Ferdinand I. von Bulgarien trifft zu einem Staatsbesuch in Rußland ein. In Zarskoje Selo (Puschkin) bei Petersburg (Leningrad) werden er und seine Frau von Zar Nikolaus II. empfangen. Zentrales Gesprächsthema ist die Lage auf dem Balkan (→ 20. 3./S. 54).

Das Pariser Schwurgericht verurteilt den Sozialisten und Antimilitaristen Gustave Hervé wegen Aufreizung gegen die öffentlichen Gewalten durch seine Schrift »Guerre sociale« (Sozialer Krieg) zu vier Jahren Gefängnis.

24. Februar, Donnerstag

In Berlin und Wien wird ein halbamtliches Communiqué über den Besuch des österreichisch-ungarischen Außenministers Aloys Graf Lexa von Aehrenthal in der deutschen Reichshauptstadt veröffentlicht. Danach wollen Aehrenthal, der am 22. Februar zu Gesprächen in Berlin eingetroffen ist, und der deutsche Ministerpräsident Theobald von Bethmann Hollweg »bei ihrer ruhigen Beurteilung der nächsten Zukunft verbleiben, sowohl was die Lage in Europa im allgemeinen als auch die Entwicklung im nahen Orient anbelangt«.

Das französische Kriegsgericht in Châlons verurteilt den Husarenunteroffizier Faraco wegen versuchten Mordes zu öffentlicher Degradierung und 20 Jahren Zwangsarbeit. Faraco hatte, um sich eines Gläubigers zu entledigen, Zyankali in den Suppentopf der Mannschaften gestreut.

Bei einem Duell wegen einer Wahlrechtsfrage verwundet der frühere französische Kolonialminister Raphael Milliès-Lacroix den Senator Lentilhac durch einen Stich in den rechten Unterarm (→ 15. 2./S. 46).

25. Februar, Freitag

Der österreichisch-ungarische Außenminister Aloys Graf Lexa von Aehrenthal trifft aus Berlin in München ein, wo er vom bayerischen Prinzregenten Luitpold in Audienz empfangen wird.

26. Februar, Samstag

Im Wilhelm-Theater in Magdeburg wird die Operette »Die keusche Susanne« von Jean Gilbert uraufgeführt.

27. Februar, Sonntag

Im Zirkus Busch in Berlin findet eine Massenveranstaltung gegen die preußische Wahlrechtsvorlage statt. Die sich daran anschließenden Demonstrationszüge durch die Stadt sowie Kundgebungen vor dem Königlichen Schloß und dem Reichskanzlerpalais verlaufen ohne Zwischenfälle (→ 4. 2./S. 38).

Bei der Volksabstimmung im schweizerischen Kanton Genf nehmen die Stimmberechtigten den Gesetzentwurf über die Wählbarkeit von Frauen in die Gewerbegerichte mit 2470 zu 1780 Stimmen an.

28. Februar, Montag

Der britische Premierminister Herbert Henry Asquith stellt im Unterhaus in London das Regierungsprogramm vor. Einer der zentralen Punkte ist die Forderung nach einer Einschränkung des Vetorechts des Oberhauses (→ 21. 2./S. 45).

Das Wetter im Monat Februar

Station	Mittlere Lufttemperatur (°C)	Niederschlag (mm)	Sonnenscheindauer (Std.)
Aachen	4,2 (2,1)	91 (59)	– (74)
Berlin	3,5 (0,4)	49 (40)	– (78)
Bremen	4,2 (0,9)	75 (48)	– (68)
München	1,7 (–0,9)	53 (50)	– (72)
Wien	3,0 (0,6)	47 (41)	68 (81)
Zürich	2,1 (0,2)	73 (61)	– (79)

( ) Langjähriger Mittelwert für diesen Monat
– Wert nicht ermittelt

Der US-Amerikaner Rea Irvin zeichnete das Titelblatt der Februar-Ausgabe von »Life«.

Wahlrechtsnovelle in Preußen – Dreiklassenwahl bleibt

4. Februar. Der preußische Ministerpräsident Theobald von Bethmann Hollweg legt im Landtag in Berlin die seit 1908 von Kaiser Wilhelm II. in Aussicht gestellte Wahlrechtsnovelle für Preußen vor.

Das Dreiklassenwahlrecht bleibt bestehen, doch sollen in die höheren Wählerklassen auch »Kulturträger« eingestuft werden: Das sind z. B. Wähler mit einem abgeschlossenen Hochschulstudium, aber auch Männer, die sich im öffentlichen Dienst um den Staat verdient gemacht haben, sowie ausgediente Unteroffiziere. Wählbar sind Männer ab dem vollendeten 30. Lebensjahr, wählen dürfen Männer ab dem vollendeten 24. Lebensjahr. Militärs dürfen nicht wählen: »Für die zum aktiven Heere gehörigen Militärpersonen mit Ausnahme der Militärbeamten ruht die Berechtigung zum Wählen.«

Dreiklassenwahlrecht bedeutet die Gewichtung der Wählerstimmen nach dem Aufkommen an direkten Staatssteuern. In § 6 der Vorlage heißt es: »Die Wähler jedes Stimmbezirks werden nach Maßgabe der von ihnen zu entrichtenden direkten Staats-, Gemeinde-, Kreis-, Bezirks- und Provinzialsteuern in drei Abteilungen geteilt, und zwar in der Art, daß auf jede Abteilung ein Drittel der Gesamtsumme der Steuerbeträge aller Wähler fällt.« Die rund 4% Männer, die in die erste Klasse eingestuft sind, haben also denselben Einfluß auf das Wahlergebnis wie die etwa 81% Männer, die der dritten Klasse angehören. Der zweiten Klasse gehören etwa 14% der Wahlberechtigten an.

Bethmann Hollweg verteidigt am 10. Februar die Wahlrechtsnovelle gegen Angriffe von rechts und links: »Daß die Sozialdemokratie das Dreiklassenwahlrecht und jede nicht mindestens auf das Reichstagswahlrecht hinauskommende Reform in Grund und Boden verdammt, das ist nicht verwunderlich; bei den Herren spricht der nackte Wille zur Macht seine Sprache. Sie hoffen, mit einem Wahlrecht auf breitester demokratischer Grundlage das Staatsgefüge Preußens zu lockern und erblicken darin eine Etappe auf ihrem Weg zur allmählichen Unterminierung des monarchischen Staates. Auf dem Wege werden wir den Herren nicht folgen ... Bei der Forderung des Zentrums und des Freisinns nach dem Reichstagswahlrecht scheinen mir nicht so sehr Sucht nach eigener Herrschaft wie ethische und theoretische Motive maßgebend zu sein. Das Zentrum wird kaum an Sitzen verlieren, gleichgültig, ob nach dem Reichstagswahlrecht oder nach dem Dreiklassenwahlrecht reformiert wird.«

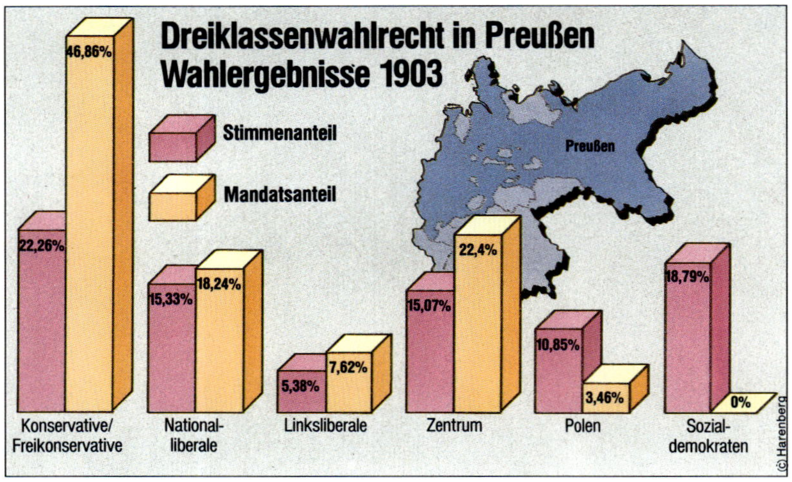

◁ *Karikatur zur Wahlrechtsnovelle (aus der »Jugend«): »Der Wähler I. Klasse bekommt eine Leibbinde, damit der Bauch nicht platzt. Der Wähler II. Klasse einen Trauerflor. Der Wähler III. Klasse eine Nachtmütze und einen rindsledernen Hosenbodeneinsatz zur Milderung der Tritte von oben.«*

Unterschiedliches Landtagswahlrecht in den Bundesstaaten des Deutschen Reichs im Jahr 1910

Staat	*Periode*	*allgemein*	*direkt*	*gleich*	*geheim*	*Besonderheiten*
Anhalt	6 Jahre	nein	ja	nein	ja	Zehn Sondersitze für die Höchstbesteuerten; kein Wahlrecht für unterstützte Arme
Baden	4 Jahre	ja	nein	nein	ja	Adel hat eigene 1. Kammer, aber hat für 2. Kammer kein Stimmrecht
Bayern	6 Jahre	nein	nein	nein	ja	Wahlrecht mit Steuern gekoppelt
Braunschweig	6 Jahre	nein	nein	nein	nein	Wahlrecht mit Steuern gekoppelt und von Selbständigkeit abhängig
Bremen	6 Jahre	ja	ja	nein	ja	Vierklassenwahlrecht
Hamburg	6 Jahre	nein	ja	nein	ja	Steuerzahlen Bedingung; Hälfte der Sitze reserviert für Grundstückseigentümer und Berufskammern
Hessen	6 Jahre	ja	nein	ja	ja	–

Staat	*Periode*	*allgemein*	*direkt*	*gleich*	*geheim*	*Besonderheiten*
Lippe	4 Jahre	ja	ja	nein	ja	Dreiklassenwahlrecht
Lübeck	6 Jahre	ja	ja	nein	ja	Vierklassenwahlrecht
Oldenburg	3 Jahre	nein	nein	ja	ja	Wahlrecht wird verliehen bei Gründung eines Hausstands
Preußen	3 Jahre	nein	nein	nein	nein	Dreiklassenwahlrecht; nicht wählen dürfen unterstützte Arme
Sachsen	6 Jahre	nein	ja	ja	ja	Wahlrecht mit Steuern gekoppelt
Sachsen-Altenburg	3 Jahre	ja	ja	nein	nein	Dreiklassenwahlrecht
Sachsen-Coburg-Gotha	4 Jahre	nein	nein	ja	nein	Wahlrecht mit Steuern gekoppelt und an den Besitz eines Hausstandes gebunden
Sachsen-Weimar	3 Jahre	ja	nein	ja	nein	–
Württemberg	6 Jahre	ja	ja	ja	ja	In der 2. Kammer sind Sitze für Klerus und Adel reserviert

Rund 50 000 Menschen nehmen am 13. Februar im Großraum Berlin – hier im Friedrichshain – an Demonstrationen gegen die Wahlrechtsreform teil.

Franz von Liszt (freisinnig): Novelle bringt keine echte Reform.

Der Reichstagsabgeordnete Fischer (SPD) auf einer Kundgebung in Berlin

Der »Wahlrechtsspaziergang« der Berliner Sozialdemokraten am 26. Januar: Die Menge vor dem Treptower Park, der von der Polizei gesperrt worden ist.

Vernichtende Presseurteile rechts wie links

Der sozialdemokratische »Vorwärts« bezeichnet die Wahlrechtsnovelle als »brutale und höhnische Kriegserklärung . . . Mindestens drei Viertel der Wähler werden auch künftig der dritten Klasse, der Klasse der Rechtlosen, angehören! Dagegen ist die Dreiklassenschmach noch verschärft worden durch die Heraushebung aller Besitzenden aus der Klasse der Wahlrechtsheloten!«

Die »Vossische Zeitung« schreibt: »Die wenigen winzigen Verbesserungen der Reform sind kaum der Rede wert. Sie ist eine klägliche, kümmerliche Vorlage und gibt denen, die nach Brot riefen, einen Stein, und ist sie Gesetz geworden, so ist die Erlangung eines zeitgemäßen vernünftigen Wahlrechts in Preußen und eine gerechte Einteilung der Wahlkreise unverändert eine der wichtigsten Aufgaben der Zukunft.«

Der »Berliner Börsen-Courier« urteilt: »Die Wahlreform ist Zuckerware für den Beamtenmittelstand, um ihn zu ködern. Die Herrschaft der Millionäre soll eingeschränkt werden. Damit will man die Vorlage schmackhaft machen. Die Akademiker – ihrer überwiegenden Mehrzahl nach Staatsbeamte –, also die Beamten sollen Vorzüge erhalten. Dementsprechend auch die Beamten der Selbstverwaltung – nicht etwa die Stadtverordneten –, ferner die Militäranwärter, die, den Männern mit dem Einjährigenzeugnis gleichgestellt, in gehobene Wahlrechtstellung gelangen dürfen, sollen mit Vorrechten bedacht werden, dazu die Schicht der Halbbildung, die das Einjährigenzeugnis aufweist [Einjährige = Gebildete, die nach einem Militärjahr zur Reserve beurlaubt werden]. Auch das sind zu einem großen Teil wiederum Beamte . . . Kurzum ein Wahlrecht, das vornehmlich zugunsten des Beamtenstandes aller Art geschnitten ist.«

In den »Stettiner Neuesten Nachrichten« heißt es: »Daß an der bereits aus den sechziger Jahren herstammenden Wahlkreiseinteilung nicht gerüttelt werden soll, übersteigt die schlimmsten Annahmen. Die Neueinteilung der Wahlkreise wäre die erste Pflicht ausgleichender Gerechtigkeit, denn die Großstädte und Industriebezirke haben zu verlangen, daß sie eine genügende Vertretung im Landtage besitzen. Vor rund 50 Jahren wurde bestimmt, daß auf je 50 000 Seelen ein Abgeordneter kommen sollte. Inzwischen aber sind mächtige Verschiebungen in der Bevölkerung eingetreten. Verschiedene ländliche Wahlkreise sind ganz zusammengeschrumpft, während sich die Bewohner der Städte und Industriegebiete verdoppelt und verdreifacht haben.«

Die »Kölnische Zeitung« schreibt: »Die Reform ist unzulängliches Stückwerk, die Reform will ernstlich gar nichts an der Bevorzugung des platten Landes [Großgrundbesitzer] und der in Preußen herrschenden konservativen Partei ändern, und in vielen Punkten will sie das agrarische Übergewicht sogar noch verstärken.«

Die klerikale »Kölnische Volkszeitung« kritisiert: »Die Aufrechterhaltung der öffentlichen Stimmabgabe allein schon macht für uns die ganze Wahlrechtvorlage unannehmbar.«

Im konservativen »Reichsboten« heißt es: »Man muß sich wundern, daß nicht auch die seit einer gewissen Zeit selbständigen Gewerbetreibenden, die Handwerksmeister, welche Real- und Gewerbeschulbildung besitzen, den zivildienstberechtigten Unteroffizieren mit zwölfjähriger Dienstzeit oder einem aus der Sekunda einer Realschule oder Presse hervorgegangenen Einjährigen mindestens gleich geachtet und also an der Versetzung in die zweite Klasse beteiligt werden. Auch bei den Bauern ist mancher, der, was politisches Verständnis anlangt, einem alten Unteroffizier, der sich zwölf Jahre lang gar nicht mit Politik hat beschäftigen dürfen, mindestens gleichberechtigt zur Versetzung in die zweite Klasse.«

Die »National-Zeitung« bedauert, daß die Novelle der Regierung »nur in zwei Punkten eine vollständige Erfüllung der nationalliberalen Wünsche« bringt, »die direkte Wahl und die Berücksichtigung gewisser Imponderabilien bei der Klasseneinteilung der Wähler, die ihre rein plutokratische Grundlage verlieren soll«.

Geschäftsordnung gegen »Buh«-Rufer

16. Februar. Die Fraktion der Deutschkonservativen Partei stellt im preußischen Abgeordnetenhaus in Berlin einen Antrag zur Verschärfung der Geschäftsordnung: »Das Haus wolle beschließen, . . ., daß wirksame Bestimmungen zur Aufrechterhaltung der Ordnung des Hauses und zur Einschränkung von Reden, welche die Zeit des Hauses ungebührlich in Anspruch nehmen, getroffen werden.« Der Antrag richtet sich gegen Zwischenrufe der Sozialdemokraten. Er wird am 21. Februar der Geschäftsordnungskommission überwiesen.

Zu den führenden Köpfen der deutschkonservativen Fraktion zählt Kuno Graf von Westarp (*1864), der frühere Polizeipräsident von Schöneberg-Wilmersdorf (Berlin).

Reichstag lehnt Toleranzantrag ab

18. Februar. Der Deutsche Reichstag in Berlin lehnt einen Toleranzantrag des Zentrums zur Religionsfreiheit mit 160 zu 150 Stimmen ab. Das Zentrum hatte beantragt, »durch Verhandlungen mit den Bundesstaaten dahin zu wirken, daß die Beschränkungen der religiösen Freiheit, soweit solche bestehen, auf dem Wege der Gesetzgebung beseitigt werden«. Die anderen Parteien waren sich darüber einig, daß keine Partei weniger moralisches Recht habe, Toleranzanträge einzubringen, als das Zentrum, die Vertretung des politischen Katholizismus.

Peter Spahn (*1846) zählt zu den führenden Männern der Zentrumsfraktion und ist seit 1909 zugleich Erster Vizepräsident des Deutschen Reichstags.

Jagow: Straße dient nur dem Verkehr

12. Februar. Der Berliner Polizeipräsident Traugott von Jagow proklamiert das »Recht auf die Straße«: »Die Straße dient lediglich dem Verkehr. Bei Widerstand gegen die Staatsgewalt erfolgt Waffengebrauch. Ich warne Neugierige.« Die Bekanntmachung wird in der Nacht zum 13. Februar an den Litfaßsäulen angeschlagen. Gewarnt werden damit die Teilnehmer einer Wahlrechtsdemonstration, die die Sozialdemokraten für den 13. Februar angekündigt haben. Bei dieser Demonstration kommt es zu keinen Zwischenfällen.

Traugott von Jagow (*1865) wurde 1906 Oberregierungsrat in Potsdam und 1909 Polizeipräsident von Berlin. Er wird der extrem nationalistischen Rechten zugerechnet.

Polizei provoziert Zusammenstöße

13. Februar. Hunderttausende beteiligen sich in den größeren Städten Preußens an Kundgebungen gegen die Wahlrechtsnovelle (→ 4. 2./S. 38), zu denen die SPD aufgerufen hat. In Frankfurt am Main demonstrieren der Verein für Frauenstimmrecht und die SPD gesondert.

Während die Veranstaltungen in Berlin, Bochum, Dortmund, Düsseldorf, Essen, Kassel und Köln ohne Zwischenfälle verlaufen, kommt es in Königsberg, Duisburg und Frankfurt zu Zusammenstößen mit der Polizei, der provozierendes Verhalten vorgeworfen wird.

Einer der Organisatoren der Veranstaltungen ist Eugen Ernst (*1864), seit 1906 Vorsitzender der SPD-Parteiorganisation für Groß-Berlin und für Preußen.

Parteitag der Konservativen – für eine starke Autorität

5. Februar. In Hildesheim wird der allgemeine Parteitag der Deutschkonservativen Partei (DKP) für die Provinz Hannover eröffnet.

Dieser erste deutschkonservative Provinzialparteitag ist von besonderer Bedeutung: Die Provinz Hannover ist das am heftigsten umstrittene Gebiet der Nationalliberalen und des Deutschen Bauernbundes einerseits sowie der Deutschkonservativen und des Bundes der Landwirte andererseits. Nach den »Hottentottenwahlen« von 1907 – diese Reichstagswahlen galten als Volksabstimmung über die deutsche Kolonialpolitik – hatten sich die Deutschkonservativen mit den Nationalliberalen und den Freisinnigen zum sog. Bülow-Block gegen das Zentrum und die Sozialdemokratie zusammengeschlossen. Dieser konservativ-liberale Block zerbrach 1909 an der Frage der Einführung einer Erbschaftssteuer. Seither stützen Deutschkonservative und Zentrum als sog. schwarzblauer Block die Regierungen in Preußen und im Reich. Die 1876 gegründete Deutschkonservative Partei steht seit 1896 organisatorisch und ideologisch unter dem Einfluß des Bundes der Landwirte (→ 24. 1./S. 17) und damit der preußischen Großgrundbesitzer. Die DKP setzt sich für hohe Agrarzölle und hohe Lebensmittelpreise ein, verlangt Steuerprivilegien für die Landwirtschaft und lehnt Industrialisierung und dazugehörende Infrastrukturmaßnahmen (Bau des Mittellandkanals) ab. Sie vertritt nichtdemokratische und scharf antisozialistische Thesen, die nationalistisch und antisemitisch geprägt sind.

In seiner immer wieder von Beifall unterbrochenen Grundsatzrede sagt Parteiführer Ernst von Heydebrand und der Lasa in Hildesheim: »Was versteht man denn unter der rückständigen Auffassung, die man uns vorwirft? Man meint damit, daß wir eine Partei seien, die die Autorität auf ihre Fahne geschrieben hat. Ich frage Sie, ob es in unserer Zeit nicht dringend notwendig ist, daß man die Autorität pflegt und aufrecht erhält? ... Wir wünschen ein freies Volk, wir wissen, daß auch in der Freiheit sich eine starke Autorität bewähren kann. In der Tat kann die Liebe freier Männer den Thron viel stärker schützen als andere Mächte. Wenn wir aber dieser Auffassung huldigen, wenn wir an den Volksrechten nicht rütteln lassen wollen, so wissen wir doch andererseits, daß eine starke Königsmacht für unser preußisches Vaterland unter allen Umständen ebenso notwendig ist . . . Wir wissen, daß es in den Kämpfen, die von allen Seiten gegeneinander geführt werden, eine Macht geben muß, die ausgleichend wirkt. Je mehr wir Konservativen es ablehnen müssen, eine Herrschaft einzelner Parteien zu stabilisieren, um so mächtiger muß die [kaiserliche] Gewalt gegründet sein, die über den Parteien steht. Wenn dies nicht so ist, dann haben wir die Herrschaft einzelner Parteien, und das paßt nicht für unser Vaterland.«

Ungekrönter König Heydebrand

*Der deutschkonservative Parteiführer Ernst von Heydebrand und der Lasa (*1851) gilt als der »ungekrönte König von Preußen«. Er ist seit 1888 Mitglied des preußischen Abgeordnetenhauses und gehört seit 1903 zugleich dem Reichstag an. Er leitete den Kampf gegen den Bau des Mittellandkanals und wirkte entscheidend auf die Finanzreform von 1909 ein, die u. a. zum Sturz von Reichskanzler Bernhard Heinrich Martin Fürst von Bülow, zur Auflösung des konservativ-liberalen Bülow-Blocks und zur Bildung des schwarzblauen Blocks aus Deutschkonservativen und Zentrum führte.*

Katastrophale Wohnverhältnisse resultieren aus dem starken Zustrom von Arbeitern in die Ballungszentren: Küche-Kammer-Wohnung in Berliner Vorort.

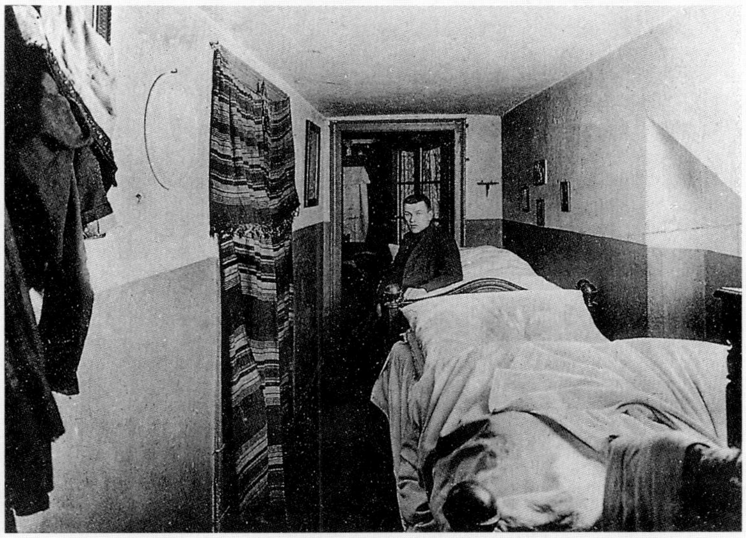

In vielen Kleinstwohnungen leben außer der Familie sog. Schlafgänger, Arbeiter und Arbeiterinnen, die kein eigenes Zimmer bezahlen können.

Arbeit und Soziales 1910:

Sozialversicherungsreform – das Netz wird feinmaschiger

Theobald von Bethmann Hollweg, als geschickter Innenpolitiker 1909 zum Reichskanzler avanciert, versucht mit einer Reform der Sozialversicherung den Klassenkampfthesen der Sozialdemokratie die Spitze zu nehmen. Er versucht sogar, die SPD zur Mitarbeit an diesem Reformvorhaben zu bewegen: Die am 15. März im Entwurf veröffentlichte Reichsversicherungsordnung (RVO) soll als grundlegendes deutsches Sozialversicherungsgesetz die bisher in zahlreichen Einzelgesetzen enthaltenen Vorschriften zusammenfassen. Damit soll die von Otto von Bismarck begonnene Sozialversicherungspolitik zum Abschluß gebracht werden (1883 Krankenversicherung der Arbeiter, 1884 Unfallversicherung, 1889 Invaliditäts- und Altersversicherung).

Was die Entwicklung des Volkseinkommens, der Löhne und der Preise betrifft, so bleibt der Wachstumsschub, der in den 90er Jahren eingesetzt hat, weitgehend stabil. Die steigenden Staatsinvestitionen auf dem Gebiet der Rüstung haben die Rüstungsindustrie und die Zuliefererbranchen nicht nur zu wichtigen Sektoren der Volkswirtschaft werden lassen, sondern wirken sich belebend auf die gesamte Wirtschaft aus. Die Erhöhung der Löhne steigert die Konsumkraft breiter Schichten des Volkes. Der Steigerung der Nominallöhne steht jedoch eine ebenfalls beträchtliche Preissteigerung gegenüber, so daß die Reallöhne nur unwesentlich steigen. Außerdem ist der Zehn- bis Zwölfstundentag weiterhin üblich, Frauen- und Kinderarbeit sind nur unwesentlich eingeschränkt. In den hierarchisch strukturierten Betrieben herrschen Unternehmer und Vorgesetzte, die bürgerlichen Rechte der Arbeiter enden in der Regel am Werkstor.

Das Wirtschaftswachstum lockt Tausende von Arbeitern in die Großstädte, am meisten betroffen ist Berlin, das seit 1905 ein Einwohnerplus von 60 000 Menschen verzeichnet. Viele Arbeiterfamilien hausen unter unwürdigen Bedingungen in Mietskasernenvierteln.

Das Nachtasyl Medland Hall ist das einzige kostenlose Obdachlosenasyl in London; jeder Schlafgänger hat eine sargähnliche Bettstelle.

Umzug eines Arbeiterhaushalts in München; jede Arbeiterfamilie zieht statistisch einmal im Jahr um.

Wegen der Enge der Arbeiterwohnungen haben Gaststuben vielfach die Funktion eines Ersatzwohnzimmers.

Die ersten staatlichen Arbeitsämter

1. Februar. In der britischen Hauptstadt London nehmen die ersten staatlichen Arbeitsnachweisämter (Arbeitsämter) ihre Tätigkeit auf.
Durch das Arbeitsnachweisgesetz vom 20. September 1909 wurde die Arbeitsvermittlung für das ganze Land gesetzlich geregelt. Damit hat Großbritannien unter der seit 1908 amtierenden liberalen Regierung von Premierminister Herbert Henry Asquith eine Vorreiterrolle auf diesem Gebiet der sozialpolitischen Gesetzgebung übernommen. Das Land wurde in sieben Arbeitsgaue aufgeteilt. Jeder Gau hat ein Gauamt und eine der Einwohnerzahl und der wirtschaftlichen Bedeutung entsprechende Zahl von Arbeitsnachweisämtern und Zweigstellen.
Im Jahr 1888 wurde in Bern der erste städtische Arbeitsnachweis überhaupt gegründet. Im Deutschen Reich existieren entsprechende behördliche Einrichtungen nicht. Immerhin bestehen seit 1896 sog. Arbeitsnachweisverbände, darunter der Verband deutscher Arbeitsnachweise in Berlin. Diese Vereinigungen arbeiten auf privater bzw. gemeinnütziger Basis. Die meisten Arbeiter erhalten jedoch nur durch sog. Stellenvermittler einen Arbeitsplatz und müssen hohe Vermittlungsgebühren bezahlen.

In Londoner Bezirken mit besonders hoher Arbeitslosigkeit erwartet die neuen Vermittlungsämter ein Ansturm von bis zu 600 Arbeitssuchenden täglich.

Scharfe Auflagen für Heimarbeiter

12. Februar. Dem Deutschen Reichstag in Berlin geht eine Gesetzesvorlage über die Heimarbeit von einer Kommission aus Regierungsvertretern der deutschen Länder zu.
Sie sieht neue Bestimmungen für Gewerbsformen vor, bei der die Arbeiter die Erzeugnisse in ihren eigenen Wohnungen herstellen, während ein Auftraggeber, der sog. Verleger, für den Absatz, für die Bereitstellung der Rohstoffe und teilweise auch der Werkzeuge sorgt. Nach der Vorlage sollen z. B. die Polizeibehörden weitgehende Befugnisse erhalten, um die hygienischen Sicherheitsvorschriften bei der Herstellung von Nahrungs- und Genußmitteln in der Heimindustrie überprüfen und gegebenenfalls verschärfen zu können. Auch soll der Umgang der Heimarbeiter mit gesundheitsgefährdenden Rohstoffen weitgehend verboten werden.

Berlin will Zwangskartell für Kaliindustrie

14. Februar. Im Deutschen Reichstag in Berlin beginnt die Lesung des Kali-Gesetzentwurfs.
Da sich die deutschen Kaliunternehmen seit 1909, als der Syndikatsvertrag von 1888 auslief, auf kein tragfähiges neues Abkommen einigen konnten, sieht sich die Regierung von Reichskanzler Theobald von Bethmann Hollweg zu dem bisher beispiellosen Schritt veranlaßt, einen Industriezweig in einem Zwangssyndikat zusammenzuschließen. Das entsprechende Gesetz wird am 28. Mai verabschiedet.
Die Kaliindustrie ist trotz der verhältnismäßig geringen Zahl an Beschäftigten – nach Regierungsangaben rund 30 000 – von besonderer Bedeutung für die deutsche Wirtschaft: Zum einen ist Kali als Düngemittel für die Landwirtschaft von großer Wichtigkeit; zum anderen besitzt die deutsche Kaliindustrie eine fast unbeschränkte Monopolstellung auf dem Weltmarkt, da nur im Deutschen Reich abbauwürdige Lager in großem Umfang bestehen. Überproduktion und übermäßige Kapitalinvestitionen führten in den 70er Jahren des 19. Jahrhunderts zu Preiskämpfen und riefen im Kalibergbau früher als in den meisten anderen Industriezweigen Kartellierungsbestrebungen hervor. 1888 wurde deshalb das Kalisyndikat gegründet. Der preußische Handelsminister Reinhold Sydow begründet den Gesetzentwurf so: »Bricht dieses Syndikat völlig zusammen, so entsteht ein großer Kampf gegen alle. Die Preise würden sinken, die schwächeren Werke würden zusammenbrechen. Auf diesen Moment wartet das Ausland. Das Ausland hat seit zwei Jahren versucht, Kaliwerke in Deutschland zu bekommen. Zwei besitzt das Ausland bereits. Beim Zusammenbrechen kleiner Werke würde der amerikanische Düngertrust sofort diese Werke erwerben.«

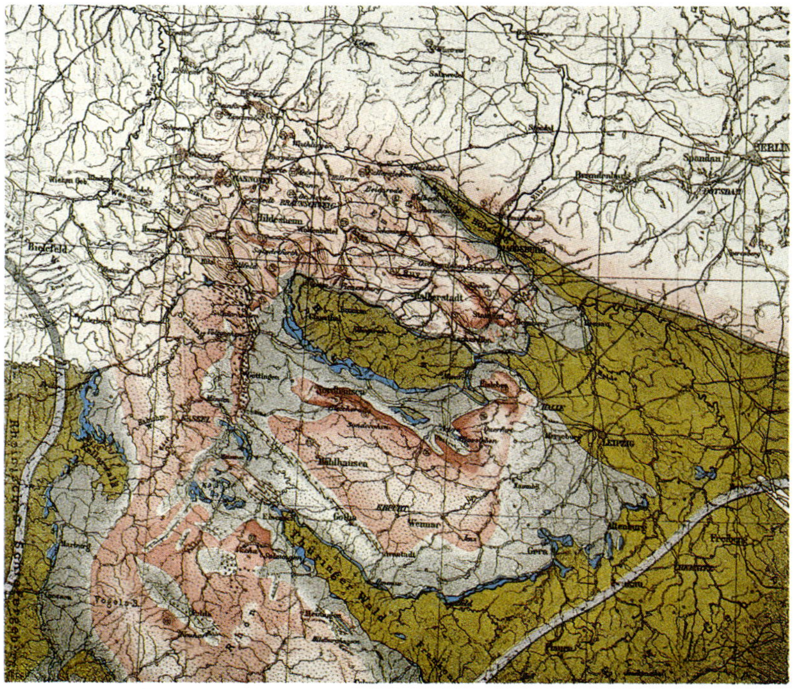

Geologische Übersichtskarte der Kaliverbreitung (rot) im Mitteldeutschen Zechstein; Darstellung aus der Leipziger »Illustrirten Zeitung«

Deutsches Reich – Land der Absprachen

Kartell ist die vertragsmäßige Vereinbarung zwischen selbständig bleibenden Unternehmen des gleichen Erwerbszweigs über Einkauf, Erzeugung und Absatz. Ziele sind die Beeinflussung des Markts und die Erhaltung oder Erringung einer Monopolstellung. Besonders geeignet für die Kartellierung sind (Massen-)Produkte, die nur von wenigen Unternehmen hergestellt werden.
Im internationalen Vergleich gibt es im Deutschen Reich die meisten Kartelle (bei den US-amerikanischen Trusts besitzen die angeschlossenen Unternehmen keine Selbständigkeit). Die Kartellbildung begann nach der Gründung des Deutschen Kaiserreichs in den 70er Jahren des 19. Jahrhunderts. Die Zahl der Kartelle stieg von 210 im Jahr 1890 auf schätzungsweise 500 im Jahr 1910. Bei der letzten Betriebszählung 1907 besaßen die Kartelle folgende Produktionsanteile im Deutschen Reich:

Kalisalz	100%	Eisenerz	38%
Papier	89%	Glas	36%
Steinkohlen	82%	Braunkohlen	27%
Walzgut	59%	Roheisen	26%
Rohstahl	50%	Waggonbau	23%
Zement	48%		

Elsaß-Lothringen fordert Verfassung

12. Februar. Die Parteien des Landesausschusses von Elsaß-Lothringen verlangen in einem gemeinsamen Antrag eine Verfassung für ihr Land. Die Parteien fordern, »daß Elsaß-Lothringen zum selbständigen Bundesstaate erhoben und als solcher den deutschen Bundesstaaten verfassungsrechtlich völlig gleichgestellt werde«. Das Parlament soll »aus dem allgemeinen, gleichen, direkten und geheimen Wahlrecht unter Anwendung des Proportionalverfahrens [Verhältniswahlrecht] hervorgehen«.

Im Frieden von Frankfurt am Main trat Frankreich 1871 das Elsaß, einen Teil Lothringens und Metz an das Deutsche Reich ab. Die Gebiete wurden zum »Reichsland Elsaß-Lothringen« zusammengeschlossen und bis 1879 nach dem Muster einer preußischen Provinz politisch verwaltet. 1879 erhielt das Reichsland Teilautonomie mit einer eigenen Landesregierung, einem kaiserlichen Statthalter und einem verantwortlichen Ministerium.

Die neuerliche Verfassungsinitiative Elsaß-Lothringens führt zum Erfolg: 1911 wird das seit vier Jahrzehnten zum Deutschen Reich gehörende Land den deutschen Bundesstaaten nahezu gleichgestellt.

Zu einer Demonstration elsässischer Nationalisten führt am 16. Februar die Entlassung von Abbé Émile Wetterlé aus dem Gefängnis (o.), wo dieser wegen Beleidigung eines deutschen Lehrers zwei Monate in Haft gewesen war; der katholische Priester (l.), seit 1898 Mitglied des Deutschen Reichstags, kämpft für die Unabhängigkeit seiner Heimat und gründet 1910 die Elsässische Nationalpartei.

Ministerkrise durch neue Partei beendet

19. Februar. In Budapest wird unter der Führung des früheren ungarischen Ministerpräsidenten István Graf Tisza die liberale Nationale Arbeitspartei gegründet. Sie will

István Graf Tisza (*1861), Sohn des liberalen Parteiführers und langjährigen Ministerpräsidenten Kálmán Tisza (1830 – 1902), wurde 1886 liberaler Abgeordneter. Er war von 1903 bis 1905 Ministerpräsident Ungarns.

den derzeitigen Ministerpräsidenten Karl Graf Khuen-Héderváry von Hédervár im Kampf gegen die radikalen ungarischen Nationalisten unterstützen. Der Kampf mit Kaiser Franz Joseph I. um eine ungarische Kommandosprache im Heer und die Gründung einer selbständigen ungarischen Bank soll aufgegeben werden (→ 1. 1./S. 24). Damit findet die seit 1909 andauernde »Ministerkrisis« in Ungarn ihr Ende: Das von der radikalen Unabhängigkeitspartei bekämpfte liberale Ministerium Khuen verfügt nun über eine ausreichende Mehrheit im Parlament.

Sonderstatus für Bosnien-Herzegowina

17. Februar. Der österreichische Kaiser Franz Joseph I. sanktioniert das Landesstatut für Bosnien und die Herzegowina.

Die 1908 von Österreich-Ungarn annektierten Länder erhalten eine eigene Verfassung, die ihnen eine Sonderstellung innerhalb der k. u. k. Doppelmonarchie zusichert. Sie werden keiner Reichshälfte angeschlossen, unterstehen jedoch der Leitung und Oberaufsicht des gemeinsamen Ministeriums. Der Landtag hat sich nur mit den inneren Angelegenheiten zu befassen.

Bosnien und Herzegowina wurden im 15. Jahrhundert von den Osmanen erobert und bildeten seit 1580 eine zusammengehörende Verwaltungseinheit (Paschalik) innerhalb des Osmanischen Reichs unter der Herrschaft eines Paschas. Ab dem frühen 19. Jahrhundert schlossen sich Teile des mohammedanischen Landadels der von Serbien ausgehenden Befreiungsbewegung an. Ein Aufstand, der 1875 in der Herzegowina begann, griff auch auf Bosnien über. Das Osmanische Reich konnte wegen des Krieges mit Rußland die Erhebung nicht niederschlagen.

Auf dem Berliner Kongreß sprachen die Großmächte 1878 Österreich-Ungarn das Recht zur Besetzung von Bosnien und Herzegowina zu. Die formelle Annexion des Landes durch Österreich-Ungarn 1908 löste eine europäische Krise aus, die sog. Annexionskrise. Die Annexion verstärkte auch den Widerstand der großserbischen Nationalisten gegen das Habsburgerreich.

Landeschef General Marian Freiherr Varesanin von Vares (x) proklamiert im Landesregierungsgebäude von Sarajevo die bosnische Verfassung.

Sozialdemokratische Partei in Rumänien

2. Februar. In Bukarest, der Hauptstadt des Königreichs Rumänien, endet der dreitägige Gründungskongreß der Sozialdemokratischen Partei Rumäniens (ab 1918 Sozialistische Partei Rumäniens).

Aus den Arbeiterbildungsvereinen und demokratischen Gesellschaften der 60er und 70er Jahre entstand 1893 die Sozialdemokratische Arbeiterpartei Rumäniens, die u. a. für den Achtstundentag und das allgemeine Wahlrecht eintrat. Da sich in der Führung jedoch Liberale durchsetzten, löste sich die Partei 1899 auf. Unter dem Eindruck der Revolution in Rußland (1905) sammelten sich die rumänischen Arbeiter wieder. 1906 wurde ein Generalrat der Gewerkschaften gegründet. 1907, im Jahr des großen Bauernaufstands – 11 000 Aufständische wurden getötet –, wurde der Sozialistische Bund gegründet, der die (Neu-)Gründung einer landesweiten Partei betrieb.

Der zwölfjährige persische Schah Ahmad nimmt an einem Fenster des Palasts von Teheran die Neujahrsparade ab.

Mit schwarzen Fahnen demonstrieren Schüler in der persischen Provinz gegen die Präsenz russischer Truppen.

Persische Revolution von Russen gestoppt

11. Februar. Die russische Gesandtschaft in Teheran lehnt in einer Note ab, die von Persien erhobene Frage des Verbleibs russischer Truppen in Persien zu erörtern.

Persien wird seit 1905 von revolutionären Unruhen erschüttert, deren Ziele u. a. der Erlaß einer Verfassung (1906 realisiert), eine Agrarreform und eine eigenständige nationale Politik ohne Abhängigkeit vom Ausland sind. Die Unruhen führten zur Intervention Großbritanniens und Rußlands. 1907 entstanden im Norden Persiens die Endschumene, revolutionäre Räte von Arbeitern und Bauern, die die Aufteilung des Großgrundbesitzes betrieben und sich in den Fedajin (»die sich Opfernden«) bewaffnete Organe schufen.

Die Reaktion gruppierte sich um Schah Mohammad Ali, dessen Befehl zur Auflösung des Parlaments 1907 durch Massenaktionen sabotiert wurde. In der Folge wurden demokratische Abgeordnete hingerichtet, über das Land wurde das Kriegsrecht verhängt. Unter der Führung von Sattar Khan kam es daraufhin zu neuen Erhebungen. In Täbris und anderen Städten übernahmen die Endschumene die Regierungsgewalt, eroberten im Juli 1909 Teheran und setzten den in die russische Gesandtschaft geflüchteten Schah ab.

Rom: Nationale für Tripolis-Kolonie

14. Februar. Der italienische Außenminister Francesco Graf Guicciardini erklärt in der Abgeordnetenkammer in Rom die Integrität des Osmanischen Reichs in Afrika als »Faktor ersten Ranges für die Aufrechterhaltung des Gleichgewichts am Mittelmeer«.

In Italien mehren sich jedoch die Stimmen von Nationalisten, die eine Ausweitung des italienischen Kolonialengagements verlangen, vor allem im Gebiet von Tripolis (1911 erklärt Italien der Türkei den Krieg und proklamiert die Annexion des türkischen Nordafrika). Sie verweisen dabei auf das Vorgehen Frankreichs in Tunesien. Tunesien untersteht nominell der Oberhoheit des Osmanischen Reichs, während die Regierungsgewalt seit 1881 faktisch völlig in französischen Händen liegt (seit 1883 französisches Protektorat). Nach außen hin wahrt jedoch Frankreich den Schein, daß Tunesien osmanisch sei: So werden bei der Festlegung der tunesisch-tripolitanischen Grenze keine französischen, sondern tunesische Beamte und Offiziere eingesetzt.

Italiens Ministerpräsident Giorgio Sidney Baron Sonnino (*1847) will dem Drängen der Nationalisten nach einem Eroberungskrieg um Libyen nicht nachgeben. Am 21. März tritt er zurück.

Attentat gegen britische Kolonialherren

20. Februar. Der ägyptische Ministerpräsident Butros Pascha Gali, dem allzu probritisches Verhalten vorgeworfen wird, wird in Kairo durch ein Revolverattentat des Nationalisten Ibrahim Wardani schwer verwundet. Einen Tag später erliegt er seinen Verletzungen.

Der Mörder, ein 22jähriger Apotheker, wird am 28. Juni in Kairo durch den Strang hingerichtet. Sein Grab wird politischer Wallfahrtsort der Jungägypter, die die Unabhängigkeit des Landes von Großbritannien fordern.

Als bei den ersten Parlamentswahlen in Ägypten 1882 die Nationalpartei siegte, intervenierte Großbritannien militärisch. Die Nationalpartei hatte u. a. die Befreiung aus der finanziellen Abhängigkeit vom Ausland und die Entlassung von Ausländern aus dem Staatsapparat gefordert. Ägypten blieb nominell osmanische Provinz, wurde jedoch faktisch britisches Protektorat: Die Kolonialmacht befehligt Armee und Polizei, stellt die höheren Staatsbeamten und benutzt Ägypten als Absatzmarkt, Kapitalanlageplatz (Sueskanal) und Rohstofflieferant (Baumwolle). Der oberste Repräsentant der britischen Herrschaft ist der Generalkonsul. Von 1883 bis 1907 hatte Evelyn Baring Earl Cromer dieses Amt inne. Er war maßgeblich beteiligt am Abschluß der Entente cordiale (1904), durch die Frankreich die britische Vorherrschaft in Ägypten anerkannte.

Unter Barings Nachfolger Eldon Gorst hat die jungägyptische Nationalpartei ihre Aktionen verstärkt. Immer wieder kommt es zu antibritischen Massendemonstrationen.

Butros Pascha Gali, Opfer des ägyptischen Nationalismus

Ägypten wird nominell regiert von dem Khediven (osmanischer Vizekönig) Abbas II. Hilmi; die Abbildung zeigt ihn beim Einzug in Kairo.

Irische Schützenhilfe für Premier Asquith

21. Februar. Der britische König Eduard VII. eröffnet das neugewählte Parlament in London. Seine Thronrede ist eine der kürzesten in der Geschichte Großbritanniens.
Angesichts der angespannten innenpolitischen Lage – die Regierung des liberalen Premierministers Herbert Henry Asquith will das Vetorecht des Oberhauses abschaffen, da die Lords die Verabschiedung des sog. »Volksbudgets« verhindern (→ 14. 1./S. 22) – vermeidet der Monarch jede Parteinahme. Eduard VII. betont jedoch, daß dem Unterhaus »ungeteilter Einfluß auf die Finanzen und das Übergewicht in bezug auf die Gesetzgebung« zustehe. Das Oberhaus solle Vollmachten erhalten, »daß es bezüglich der vorgeschlagenen Gesetzgebung unparteiisch die Funktionen der Initiative, der Revision und – unter gewissen Sicherheiten – des Aufschubs ausüben könne«.
In ihrem Kampf um die Verabschiedung des Reformbudgets und um die Einschränkung des Oberhaus-Vetorechts erhält die aus den Wahlen geschwächt hervorgegangene Regierung Asquith unerwartet Hilfe von den irischen Nationalisten. Sie bieten an, die Verabschiedung des Reformbudgets mitzutragen, wenn das Veto des Oberhauses bei allen Finanzvorlagen durch ein Gesetz ausgeschaltet werde. Dieser Seitenwechsel der Iren wird als Rache für die 1893 vom Oberhaus torpedierte »Home Rule Bill« verstanden. »Home Rule« ist das Schlagwort, unter dem die irischen Nationalisten für »Selbstregierung« kämpfen.

Zu den prominentesten konservativen Abgeordneten im britischen Unterhaus zählen Joseph Chamberlain (l.) und sein Sohn Austen, der hier gerade den Namen seines Vaters in die Parlamentsrolle schreibt. Joseph Chamberlain war als liberaler Handelsminister 1880–1885), wechselte 1886 zu den Konservativen und war von 1895 bis 1903 Kolonialminister.

Belgien: Sozialisten votieren für Rot-Blau

6. Februar. Die belgischen Sozialisten beschließen auf einem Kongreß in Brüssel mit 202 zu 74 Stimmen, grundsätzlich mit liberalen Ministern zusammenzuarbeiten, wenn Neuwahlen eine liberal-sozialistische Mehrheit ergeben sollten. Gegebenenfalls wollen sie auch Minister stellen. Im Parlament stellen die Sozialisten zwölf, die Liberalen 23 und die Klerikalen 50 Abgeordnete. Der Antrag, den rund ein Drittel der Parteimitglieder als »opportunistisch« ablehnen, wurde eingebracht von Parteiführer Émile Vandervelde, der seit 1900 zugleich Präsident der Zweiten Internationale ist.
Anders als in den meisten anderen europäischen Ländern erkämpften die Sozialisten in Belgien bereits 1893 die Einführung des allgemeinen und gleichen Wahlrechts für Männer. Dennoch behaupteten die Klerikalen ihre Mehrheit.
Bei der Neuwahl der Hälfte der Abgeordneten im März verbuchen Liberale und Sozialisten Gewinne, die absolute Mehrheit der Klerikalen unter Ministerpräsident Frans Schollaert bleibt aber erhalten.

Ankunft des Dalai-Lama (in der Sänfte) mit Begleitzug in Darjee

Der Dalai-Lama auf seinem improvisierten Thron im Hotel

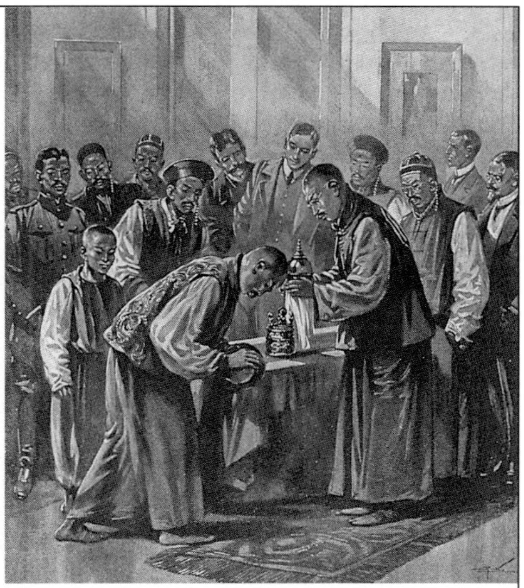

Mit der Reliquienkapsel berührt Thupten Gjatso Gläubige.

Chinesen rücken in Tibet ein – Priesterkönig der Gelbmützen flieht nach Britisch-Indien

12. Februar. *Der Dalai-Lama Thupten Gjatso, das politische und religiöse Oberhaupt des tibetischen Lamaismus, flieht vor chinesischen Truppen aus Lhasa nach Kalkutta in Britisch-Indien, wo er die britische Kolonialregierung »um Rat und Schutz ersuchen« will. China erklärt ihn für abgesetzt und befiehlt die Wahl eines Nachfolgers.*
Ende des 19. Jahrhunderts geriet Tibet in den Interessenkonflikt zwischen China, Großbritannien und Rußland. Während des Russisch-Japanischen Kriegs rückten 1904 britische Truppen in Tibet ein und schlossen mit den Stellvertretern des geflüchteten Dalai-Lama ein Abkommen, in dem sich Tibet u. a. verpflichtete, drei Märkte dem Handel zu öffnen und ohne britische Zustimmung keiner fremden Macht die Konzession zur Anlage von Eisenbahnlinien und Bergwerken zu gewähren. 1906/07 erkannten Großbritannien und Rußland jedoch die »souveränen Rechte« Chinas über Tibet an und verpflichteten sich, seine Gebietsunversehrtheit zu achten und keine diplomatischen Vertreter nach Lhasa zu entsenden. Faktisch hat China bislang seine Macht über Tibet nicht ausgeübt. Mit dem Einmarsch seiner Truppen macht es nun klar, daß die politische Oberhoheit nicht in den Händen des Dalai-Lama, sondern bei der kaiserlichen Regierung in Peking liegt.

Prinz verteidigt Duell – Bayern empört

15. Februar. Prinz Georg von Bayern bekennt sich in München öffentlich zum Duell. Es gebe Konflikte im Leben, in denen die Ehre des einzelnen nicht anders als durch einen Zweikampf hergestellt werden könne, meint der 29jährige. Dieser Standpunkt – so Georg – werde auch von den Offizieren und all denen, die »auf derselben sozialen Bildungsstufe stehen«, beibehalten werden.
Der Wittelsbacher löst mit seinen Worten einen Sturm der Entrüstung aus. Die katholische Zentrumspartei droht, ihre monarchistische Haltung zu revidieren, wenn solche unchristlichen Anschauungen im Herrscherhaus Wurzel fassen sollten: »Wenn sich ein Mitglied des Königshauses über die Rechtsordnung hinwegsetzt, wie kann man vom Volke die Respektierung der Rechtsordnung verlangen, auf welcher die Monarchie ruht?« heißt es in der »Zentrumskorrespondenz«.
Die Liberalen zitieren Georgs Urgroßvater, König Ludwig I. von Bayern, der das Duell als »mit der Religion, dem Sittengesetz und der bürgerlichen Ordnung gleich unverträglich« bezeichnet hatte.
Die Sozialdemokraten verweisen ironisch darauf, daß es die Hochadligen mit dem Duell wie mit dem Steuerzahlen hielten: »Sie treten mit Worten dafür ein, überlassen es jedoch anderen.«

△ Degenduell am Morgen des 7. März 1910 auf dem Gelände eines Restaurants in Nizza zwischen Kapitän van Langendonck (l.) und Doktor Doyen; beim ersten Kreuzen der Klingen empfängt der Beleidiger zwei Wunden am Oberarm, die die Ehre des Doktors wiederherstellen.

◁ Prinz Georg von Bayern (l.), Sohn des bayerischen Generalfeldmarschalls Prinz Leopold und der kaiserlichen Prinzessin Gisela von Österreich, ist ein Neffe des bayerischen Prinzregenten Luitpold. Er bekleidet den Rang eines königlich bayerischen Leutnants im Infanterie-Leibregiment und ist Großprior des Sankt-Georgs-Ordens.

»Um nichts!« ist dieser Holzstich (um 1890) nach einem Gemälde von Ernst te Peerdt betitelt. Zunehmende Kritik an Duellen hindert aber die »Ehrenmänner« nicht, an ihren traditionellen und rigiden Ritualen festzuhalten.

Der Walache Janko von Rakowitza (l.) verwundet am 28. August 1864 den deutschen Arbeiterführer Ferdinand Lasalle, der ihm seine Verlobte Helene von Dönniges ausgespannt hatte, tödlich (Holzschnitt).

Drei Duelle, die die Welt erschütterten

Duelle werden nur von Männern ausgetragen. In den meisten Fällen ist der Grund für das Duell allerdings eine Frau. Die folgenden drei Duelle sorgten im 19. Jahrhundert für weltweites Aufsehen.

Alexander Hamilton:
Der US-amerikanische konservative Politiker Alexander Hamilton, unter George Washington von 1789 bis 1795 erster Schatzminister der Vereinigten Staaten und bis 1799 Führer der Föderalisten, wurde im Juli 1804 als 49jähriger von US-Vizepräsident Aaron Burr gefordert, nachdem er es verhindert hatte, daß dieser zum Gouverneur von New York gewählt wurde. Hamilton starb an der im Duell erlittenen Wunde, Burr mußte seine politische Laufbahn aufgeben.

Alexandr S. Puschkin:
Der Dichter Alexandr S. Puschkin, Begründer der modernen russischen Literatur, starb als 38jähriger am 10. Februar 1837 in Petersburg (Leningrad) an der Wunde, die er im Pistolenduell mit dem französischen Emigranten Georges d'Anthès empfangen hatte. D'Anthès sollte eine Schwester Puschkins heiraten, machte jedoch auffallend der Frau des Dichters den Hof.

Ferdinand Lassalle:
Der deutsche Arbeiterführer Ferdinand Lassalle traf im Juni 1864 als 39jähriger in der Schweiz mit der 18jährigen Helene von Dönniges zusammen. Die Tochter eines bayerischen Diplomaten war zu diesem Zeitpunkt mit dem Walachen Janko von Rakowitza verlobt. Als die Eltern einer Heirat nicht zustimmen wollten, forderte Lassalle Helenes Vater Wilhelm von Dönniges. Dieser überließ die Forderung dem Ex-Verlobten, der Lassalle am 28. August in Genf im Pistolenduell tödlich verwundete. Wilhelm von Dönniges wurde daraufhin als Gesandter in der Schweiz zur Disposition gestellt. Rakowitza heiratete Helene, die zur Zeit – nach einer erfolgreichen Schauspielerkarriere und drei Ehen – in München lebt.

Die ersten Pilotenscheine – Fliegen wird organisiert

1. Februar. Der deutsche Ingenieur und Flugpionier August Euler erhält den deutschen Flugzeugführerschein Nr. 1. Einen Monat später, am 8. März, erwirbt die französische Baronin de Laroche als erste Frau der Welt das Pilotenzeugnis.

Noch kann jeder ohne Pilotenschein fliegen, doch macht der rasch zunehmende Luftverkehr eine gesetzliche Regelung immer dringlicher. In Frankreich werden in diesem Jahr für Flugneulinge spezielle Lernmaschinen eingeführt. Diese Simulatoren sind auf Pfählen montiert, auf denen sie hin und her bewegt und zum Kippen gebracht werden können. Auf Kommando des Lehrers betätigt der Schüler die Seiten- und Höhensteuerung und die anderen zur Bedienung wichtigen Vorrichtungen. Erst wenn er fast mechanisch die Handgriffe ausführen kann, darf er in Begleitung des Lehrers Flüge absolvieren. Die Ausbildung dauert mehrere Wochen. Für die einzelnen Flugzeugtypen gibt es unterschiedliche Lehrapparate, da die Bedienung überall verschieden ist.

△ Der erste deutsche Pilotenschein, ausgestellt für August Euler

◁ Der Flugpionier August Euler (r.) mit seinem Flugschüler Prinz Heinrich von Preußen (l.) vor einer Euler-Flugmaschine

Das zweite große Problem ist die Orientierung in der Luft. Hierzu werden im Deutschen Reich auf den Dächern von Postämtern, Bahnhöfen, Scheunen, Schulen, Fabriken u. a. Gebäuden sowie auf Gestellen, die eigens zu diesem Zweck in freier Landschaft aufgestellt werden, Zahlen-Buchstaben-Kombinationen in heller, wetterfester Ölfarbe aufgemalt. Die Aviatiker erhalten so die Möglichkeit, sich in ihren Luftfahrzeugen rasch zu orientieren oder die verlorene Orientierung wiederzufinden. Die Zahlen-Buchstaben-Kombination wird mit einem an Bord mitgeführten Codebuch entschlüsselt. So steht die Kombination »82 F.B.« für »Bezirk Liegnitz, Kreis Löwenberg, Ortschaft Lähn«. Ein Pfeil zeigt zusätzlich die Nordrichtung an.

Pinguin und Eisbär tanzen Cancan

Februar. Fasching 1910 steht in ganz Europa unter dem Zeichen der ersten Begehung des Nordpols durch Robert Edwin Peary (→ 29. 1./S. 26).

In Nizza sitzt der Karnevalsprinz auf einem gezähmten Eisbären, dessen Junge mit Pinguinen Cancan tanzen, während die Karnevalsprinzessin auf einem arktischen Tiger reitet.

Doch auch die traditionellen Motive kommen bei den Faschingsumzügen nicht zu kurz: Kreuzfahrer, Raubritter, Blumenmädchen und dazu Kammerzofen, die wie Chirurgen ausgerüstet sind, um ihre hochwohlgeborenen Herrinnen zu massieren, zu brennen, zu pediküren und zu maniküren; dann »moderne Ammen«, die das Kind am Rücken und den Vater am Busen halten, oder »lustige Witwen«, die ihre in Puterkostümen steckenden Verehrer vor sich hertreiben.

Ein weiteres Stichwort für die Karnevalswagen ist die Eroberung des Luftraums: »Fliegmaschinen« in den seltsamsten Formen, darunter »moderne Damenhüte«, die als Drachen zum Himmel aufsteigen.

Mittfasten-Umzug in Paris in der Nähe von Notre-Dame

Faschingszug auf der Maximilianstraße in München; Weiberfasnacht findet am Viktualienmarkt statt.

Nach dem Maskenball in einem Münchner Restaurant

Galsworthy: Justiz ist »blinde Göttin«

21. Februar. Das Schauspiel »Justiz« von John Galsworthy wird gleichzeitig im Duke of York's Theatre in London und im Repertory Theatre in Glasgow uraufgeführt.
In diesem sozialkritischen Stück verarbeitet der Autor Erfahrungen, die er 1907 während des Besuchs in einem Gefängnis gemacht hat. Er prangert die Zustände in britischen Strafanstalten an und wendet sich gegen die dogmatische Rechtsprechung und gegen die überholten Ehescheidungsgesetze. Der große Widerhall, den dieses realistische Stück weit über Großbritannien hinaus findet, trägt nicht unwesentlich zu späteren Strafvollzugsreformen bei. Galsworthy selbst tritt in Briefkontakt zu Winston Churchill, der in diesem Jahr das britische Innenministerium übernimmt.
Der englische Titel »Justice« (Gerechtigkeit) ironisiert den Inhalt des Stücks, die Schilderung eines Durchschnittsmenschen, der in die Mühlen der Justiz gerät und im Selbstmord endet. An die Stelle des übermächtigen Schicksals in den konventionellen Tragödien tritt in dieser modernen Tragödie das von der Gesellschaft geformte, unerbittliche Gesetz. Galsworthy sieht in dem Stück eine Illustration der These, daß die Justiz zur »blinden Göttin« herabgesunken sei.

Eine der demütigendsten Bestrafungen in britischen Gefängnissen ist die mit der »neunschwänzigen Katze«; sie gilt als »abschreckend«.

Von der Sozialkritik zur »Forsyte Saga«

John Galsworthy (*1867) gehört seiner Herkunft und Bildung nach dem englischen Großbürgertum an, dessen Lebensweise und Konventionen er in vielen seiner Werke anprangert.
Nach dem Jurastudium in Oxford trat er in die Anwaltskanzlei seines Vaters in London ein. In dessen Auftrag trieb er Mieten in Slums ein und lernte so das Milieu der Armenviertel und das soziale Elend kennen. In dem erfolgreichen, autobiographisch gefärbten Roman »Auf Englands Pharisäerinsel« (1904) schildert er die Identitätskrise eines reichen jungen Mannes angesichts von Armut und Elend.
1906 erschien »Der reiche Mann«, der erste Band der Romantrilogie »Forsyte Saga«, die den Autor weltberühmt macht (1932 Literaturnobelpreis). In diesem Familienroman schildert Galsworthy das Leben von vier Generationen der Familie Forsyte in der Welt der Viktorianischen und der »Edwardian« Ära, der Zeit von 1886 an. Im Mittelpunkt des Werkes stehen vor allem Kritik am Besitzethos und scharfe Angriffe gegen die Moral des Großbürgertums.

Vogeldrama »Chantecler« – das Theaterstück der Saison

7. Februar. Im Théâtre de la Porte-Saint-Martin in Paris wird das romantische Versdrama »Chantecler« von Edmond Rostand uraufgeführt. Selten wurde ein Theaterabend mit solcher Spannung erwartet, was zum einen daran lag, daß die Premiere mehrmals wegen Hochwasser verschoben werden mußte, zum anderen an der Tatsache, daß die Darsteller als Tiere eines Bauernhofs auf der Bühne agieren.
Rostand dramatisiert in diesem Stück alte Bezugsmuster der mittelalterlichen Tierfabel. Die Kostüme der Schauspieler ahmen die Tiergestalten getreu nach, lassen jedoch unter dem Kamm und unter den Schnäbeln die Gesichter der Darsteller frei. Der Größe dieser von Menschen gespielten Vögel entsprechend, sind die Dekorationen ins Riesenhafte vergrößert. Damit umschiffte der Dichter eine der schwierigsten Klippen: Die unfreiwillige Komik, die einige Kritiker vor der Premiere befürchteten.
»Chantecler« wird der größte Theatererfolg der Saison.

*Rostand (*1868) hatte ersten Erfolg mit »Cyrano de Bergerac« (1897).*

Die erste Szene von »Chantecler« beginnt in der Hühnerhofecke des Bauernhofs an einem Sonntagnachmittag, als die Menschen ausgegangen sind.

»Manifest der futuristischen Malerei«

11. Februar. Die Künstler Filippo Tommaso Marinetti, Umberto Boccioni, Carlo Carrà, Luigi Russolo und Giacomo Balla geben in Mailand das »Manifest der futuristischen Malerei« heraus.

Der Futurismus – zu lateinisch »futurum«, was Zukunft bedeutet – ist eine literarische, bildkünstlerische, architektonische und musikalische Strömung, die sich im Herbst 1908 in Italien formierte. Im Februar 1909 veröffentlichte Marinetti in der Pariser Zeitung »Le Figaro« ein Manifest der futuristischen Dichtung, dem nun das Manifest der futuristischen Malerei folgt.

Ursächlich für die Entstehung dieser Stilrichtung ist das Aufeinanderprallen von rascher Industrialisierung in Italien und überlieferter Lebensbedingungen. Hinzu kommen die Opposition der Künstler gegen das Bürgertum und die Erstarrung der Kunst in historischen Fesseln.

In der Frühphase des Futurismus ist die Formensprache der Künstler noch ungezügelt. Bei Carrà und Boccioni herrschen Großstadtmotive sowie soziale und politische Themen vor. Gemeinsames Merkmal ist der Versuch, Bewegungsabläufe und Energie darzustellen.

Greifbarer ist die ideologische Richtung: Marinetti wendet sich gegen den Machtanspruch der katholischen Kirche und gegen den sozialistischen Klassenkampf. Er ruft zur rücksichtslosen Zerstörung traditioneller Werte auf, will Bibliotheken und Museen zerstört sehen, bejaht die Industrieproduktion und verbindet Kriegsverherrlichung mit nationalistischen Vorstellungen: »Wir wollen preisen die Angriffsbewegung, die fiebrige Schlaflosigkeit, den Laufschritt, den Salto mortale, die Ohrfeige und den Faustschlag ... Wir wollen den Krieg verherrlichen, diese einzige Hygiene der Welt, den Militarismus, den Patriotismus, die Vernichtungstat der Freien« heißt es in seinem Roman »Mafarka der Futurist«, der 1910 in Paris erscheint. Das Einleitungskapitel dieses Werks, »Die Schändung der Negerinnen«, führt noch im Erscheinungsjahr zu einem Prozeß in Mailand.

Romolo Romani, »Prismen« (1910); Bewegungsabläufe werden im Futurismus simultan oder nach dem Prinzip des »Divisionismus« (geteilt) dargestellt.

Wilhelm Meister in Zürich entdeckt

21. Februar. In Zürich wird das Goethe-Manuskript »Wilhelm Meisters theatralische Sendung« wiederentdeckt. Es stammt aus dem Nachlaß von Bärbel Schultheß, einer Freundin Goethes. Der Fund dieses nie veröffentlichten Jugendwerks des Dichters gilt als Sensation.

Die Entstehungsgeschichte von Goethes »Wilhelm Meisters Lehrjahre« (1795/96), das als erster deutscher Bildungsroman und zugleich als eines der Hauptdokumente klassischer Lebenslehre gilt, zog sich über zwei Jahrzehnte hin. 1777 war das erste Buch fertig. Beim zweiten blieb die Arbeit stecken. 1782 lagen die ersten drei Bücher abgeschlossen vor, bis Ende 1785 waren es sechs Bücher. Noch einmal sechs sollten es werden, doch sie wurden nie geschrieben. Das Jahr 1786 brachte Goethes große Reise nach Italien und seine betonte Hinwendung zur klassischen Form. Für den Plan »Wilhelm Meister« bedeutete dies: Aufgabe der ursprünglichen Konzeption für ein Werk mit dem Titel »Wilhelm Meisters theatralische Sendung« – es blieb Fragment.

Den Text des bis zur italienischen Reise Erarbeiteten fördert nun der Zufall in Zürich zutage. Der ursprüngliche Wilhelm Meister trägt stark autobiographische Züge.

Remis gegen Schlechter – Lasker bleibt Weltmeister

10. Februar. Die in Berlin ausgetragene Schachweltmeisterschaft zwischen dem deutschen Titelverteidiger Emanuel Lasker und seinem österreichischen Herausforderer Karl Schlechter endet nach der zehnten und letzten Partie remis. Jeder Spieler hat eine Partie gewonnen, während acht mit Remis schlossen. Lasker bleibt Weltmeister.

Der 41jährige promovierte Mathematiker ist seit 1894 Schachweltmeister. Vor 16 Jahren entthronte er den Österreicher Wilhelm Steinitz, den ersten offiziell geführten Schachweltmeister (1866–1894) überhaupt. Seither ist es keinem Herausforderer gelungen, Lasker zu stürzen. Den Höhepunkt seines Ruhms erlebte er 1908 mit dem Sieg über Siegbert Tarrasch. Der Nervenarzt Tarrasch hatte 1883 den Titel eines Deutschen Meisters im Schachturnier von Nürnberg errungen. Viermal hintereinander hatte er den ersten Preis in großen internationalen Turnieren – Breslau 1889, Manchester 1890, Dresden 1891, Leipzig 1894 – gewonnen und war auch bei den internationalen Turnieren in Wien (1898), Monte Carlo (1903) und Ostende (1907) Sieger. Doch Lasker schlug ihn ebenso wie den französischen Herausforderer David Janowski.

Von den zehn vereinbarten Schachpartien zwischen Schlechter (l.) und Lasker enden acht remis. Schlechter gewinnt die fünfte, Lasker die zehnte.

Laskers Spiel ist zurückhaltend und vorsichtig, während seine bisherigen Gegner als eher offensiv gelten. Mit großer Spannung war daher die Begegnung Lasker – Schlechter erwartet worden. Viele trauten dem ebenfalls zurückhaltend spielenden Schlechter zu, Lasker mit seinen eigenen Waffen zu schlagen.

Auf Vorschlag Schlechters hatten sich die Kontrahenten auf einen unüblichen Austragungsmodus geeinigt, der in den Augen der Fachwelt den Herausforderer favorisierte. Während normalerweise die Entscheidung von einer bestimmten Anzahl Gewinnpartien abhängig gemacht wird, die der Sieger erzielen muß, vereinbarten Lasker und Schlechter, nur zehn Partien zu spielen und jedes Remis als halben Punkt zu zählen. Mit dem Gewinn in der letzten Partie sichert sich Lasker den Erhalt des Titels.

März 1910

Mo	Di	Mi	Do	Fr	Sa	So
	1	2	3	4	5	6
7	8	9	10	11	12	13
14	15	16	17	18	19	20
21	22	23	24	25	26	27
28	29	30	31			

1. März, Dienstag

Der Deutsche Reichstag in Berlin wählt durch Zuruf den deutschkonservativen Abgeordneten Hans Graf von Schwerin zum Reichstagspräsidenten als Nachfolger des verstorbenen Grafen Udo zu Stolberg-Wernigerode.

Der panamaische Präsident José Domingo de Obaldía stirbt in Panama. Nachfolger als Präsident der Republik, in der der Panamakanal gebaut wird, wird Carlos A. Mendoza.

Nach Angaben der »Süddeutschen Tabakzeitung« sind im Deutschen Reich seit Einführung der Tabaksteuer (1906) 54 000 Zigarrenarbeiter arbeitslos geworden.

2. März, Mittwoch

Der österreichische Ministerpräsident Richard Freiherr Bienerth-Schmerling stellt im Abgeordnetenhaus in Wien sein Regierungsprogramm vor. Der zentrale Punkt ist die »Abschwächung der nationalen Gegensätze« durch »positive gesetzgeberische Maßnahmen sowie durch eine unparteiische, die berechtigten Ansprüche aller Volksstämme achtende und jedem einseitigen Parteieinfluß entzogene Verwaltung« (→ 26. 4./S. 81).

Der böhmische Landesausschuß in Prag beschließt Streichungen an kulturellen Ausgaben in Höhe von mehreren Millionen Kronen, da wegen der Obstruktion der deutschen Abgeordneten kein Haushalt verabschiedet werden kann (→ 8. 1./S. 24). Von den Streichungen betroffen sind u. a. 280 Nervenkranke, die nun aus den Landesirrenanstalten entlassen werden sollen.

Der am 23. Februar in Paris wegen »Aufreizung gegen die öffentlichen Gewalten« zu einer Gefängnisstrafe verurteilte Sozialist Gustave Hervé erklärt in einer Sozialistenversammlung, er werde aus der Partei austreten, um eine Fraktion von »Umsturzsozialisten« zu gründen.

3. März, Donnerstag

Die Berliner Stadtverordnetenversammlung nimmt die vom Magistrat vorgeschlagene Grundstücks-Wertzuwachssteuer fast einstimmig an.

Der russische Generalgouverneur von Finnland, Seyn, eröffnet den neugewählten finnischen Landtag in Helsingfors (Helsinki) (→ 27. 3./S. 56).

Die griechische Deputiertenkammer in Athen beschließt mit 150 zu 11 Stimmen die Einberufung der Nationalversammlung. Sie soll am 1. September zusammentreten und über eine teilweise Revision der Staatsverfassung beraten (→ 30. 3./S. 55).

Der serbische Außenminister Milovan Milovanović trifft zu Gesprächen über die Balkanfrage in der osmanischen Hauptstadt Konstantinopel (Istanbul) ein (→ 20. 3./S. 54).

Während des seit Februar andauernden Straßenbahnerstreiks in Philadelphia in den USA zünden rund 5000 Streikende die Kraftstation der Straßenbahn an und reißen Geleise auf.

In Berlin wird der erste Handelsvertrag zwischen Schweden und Rumänien durch die Gesandten der beiden Königreiche unterzeichnet.

Der US-Industrielle John Davison Rockefeller stiftet 1,2 Mrd. Mark für die »Ausbreitung der Zivilisation«. → S. 62

In Berlin erscheint die erste Ausgabe der expressionistischen Zeitschrift »Der Sturm«. → S. 67

In Venedig beginnt der Mordprozeß gegen Gräfin Marie Tarnowska. → S. 62

Einer der Höhepunkte der Berliner Ballsaison ist die »Redoute Fridericiana«. Die Ausstellungshallen am Zoologischen Garten werden zu diesem Zweck in den Pariser Platz der Königlichen Residenz Berlin verwandelt, wie er im Jahr 1750 aussah. Der Ball wird veranstaltet zugunsten der Gesellschaft zur Bekämpfung der Säuglingssterblichkeit.

4. März, Freitag

Der österreichische Handelsminister Richard von Weiskirchner fordert in Wien die Beibehaltung der abgabenfreien Elbschiffahrt. → S. 59

Erich Schmidt, der Rektor der Berliner Universität, erhält das Antwortschreiben der französischen Akademien, in dem diese die Einladung zur Hundertjahrfeier der Universität am → 11. Oktober (S. 177) höflich ablehnen. Diese Ablehnung ist Zeichen dafür, daß sich die Beziehungen beider Länder seit dem Deutsch-Französischen Krieg von 1870/71 auch auf kultureller Ebene noch immer nicht normalisiert haben.

Der britische Polarforscher Robert Falcon Scott testet auf dem vereisten See Feforvatnet im Gebirge westlich des norwegischen Tals Gudbrandsdalen erfolgreich den Motorkettenschlitten, den er bei seiner Expedition zum Südpol benutzen will (→ 15. 6./S. 120).

5. März, Samstag

Der marokkanische Sultan Abd Al Hafis und ein Vertreter Frankreichs unterzeichnen in der marokkanischen Hauptstadt Rabat einen Vertrag, nach dem Frankreich gegen Geldzahlungen so lange Truppen im Land stationieren darf, bis die marokkanische Armee selbst in der Lage ist, für Sicherheit und Ordnung zu sorgen (→ 25. 3./S. 55).

Der Staatssekretär des Reichsmarineamts, Alfred von Tirpitz, weist bei der Beratung des Etats der kaiserlichen Marine im Deutschen Reichstag in Berlin den Vorwurf zurück, die Marineverwaltung würde die Essener Firma Krupp einseitig bevorzugen. Krupp ist die größte deutsche Waffenschmiede.

Der deutsche Reichskanzler Theobald von Bethmann Hollweg bezeichnet im Reichstag in Berlin die deutsch-britischen Beziehungen als »vertrauensvoll« trotz des Seewettrüstens beider Länder (→ 14. 3./S. 58).

Die bayerische Regierung in München verfügt auf dem Verordnungsweg, daß im Justiz- und Verwaltungsdienst künftig nur Kandidaten, die die zweite Staatsprüfung mit der Gesamtnote »Eins« oder »Zwei« bestanden haben, die Befähigung zum Amt eines Richters, Staatsanwalts, Notars oder Rechtsanwalts erlangen. Die sog. Dreier-Juristen können höchstens zu Gerichtsschreibern ernannt werden.

Das Ballett »Le Carnaval« von Michail M. Fokin wird in Petersburg (Leningrad) uraufgeführt. → S. 67

Am Rogerspaß in Britisch-Kolumbien (Kanada) kommen bei einem Lawinenunglück 92 Menschen ums Leben.

6. März, Sonntag

Freisinnige Volkspartei, Freisinnige Vereinigung und Deutsche Volkspartei schließen sich in Berlin zur Fortschrittlichen Volkspartei zusammen. → S. 58

Im Berliner Tiergarten protestieren rund 130 000 Menschen bei einem »Wahlrechtsspaziergang« gegen das Dreiklassenwahlrecht (→ 4. 2./S. 38).

Bei der Volksabstimmung im schweizerischen Kanton Basel-Stadt wird der Gesetzentwurf über die Trennung von Kirche und Staat mit 7413 zu 1036 Stimmen angenommen. → S. 63

7. März, Montag

Der deutsche Bundesrat in Berlin stimmt dem Entwurf einer Reichsversicherungsordnung zu (→ S. 41).

Der dem Deutschen Reichstag in Berlin angehörende elsässische Priester Émile Wetterlé empfängt in Paris eine Abordnung der Studentenschaft, die ihm als dem »Verteidiger der altüberlieferten französischen Kultur auf elsässischem Boden« eine wertvolle Bronze überreicht (→ 12. 2./S. 43).

8. März, Dienstag

Der britische König Eduard VII., der am Vortag zu einem Staatsbesuch in Frankreich eingetroffen ist, wird in Paris von Staatspräsident Armand Fallières zu einer dreiviertelstündigen Unterredung empfangen. Es ist der letzte Auslandsbesuch des britischen Monarchen vor seinem Tod (→ 6. 5./S. 90).

9. März, Mittwoch

Zu Tumulten kommt es in der sächsischen zweiten Kammer in Dresden, als Ministerpräsident Wilhelm von Rüger auf wiederholte Zwischenrufe mit der Bemerkung reagiert: »Ich bitte, mir derartige Ungezogenheiten zu ersparen.« Als sich die Erregung gelegt hat, erklärt der Parlamentspräsident, er besitze »leider keine Handhabe, um gegen Äußerungen eines Regierungsvertreters, wie sie soeben gefallen sind, vorzugehen«.

König Alfons XIII. von Spanien unterzeichnet einen Erlaß, der die Zulassung von Frauen zum Universitätsstudium gestattet.

Das Königreich Serbien hebt den Paßzwang für Touristen auf.

10. März, Donnerstag

Der langjährige Wiener Bürgermeister Karl Lueger stirbt in Wien. → S. 62

Die chinesische Regierung genehmigt die Gesetzesvorlage zur Abschaffung der Sklaverei. → S. 57

Der liberale neue spanische Ministerpräsident José Canalejas y Méndez ruft in Madrid alle linken Parteien auf, der politischen Rechten die Stirn zu bieten, damit die Regierung »die wachsende Invasion des Klerikalismus« bekämpfen könne (→ 9. 5./S. 100).

11. März, Freitag

Das kanadische Unterhaus in Ottawa nimmt das Gesetz über die Schaffung einer Flotte an (→ 14. 3./S. 58).

In Paris findet unter der Leitung der Feministin Marie Bonnevial eine Veranstaltung für die Gewährung des Frauenwahlrechts statt. Nicht nur Frauen stellen diese Forderung, wie die rege Teilnahme von Männern an dieser Veranstaltung zeigt – darunter der Sozialist Marcel Sembat und der Radikalsozialist und Pazifist Ferdinand Buisson.

Im österreichischen Abgeordnetenhaus in Wien kommt es zu einem Eklat, als der deutschradikale Abgeordnete Malik dem Präsidium mitteilt, der sozialdemokratische Abgeordnete Permerstorfer habe zu seinen Nachbarn gesagt, er pfeife auf die Hohenzollern und pfeife auf die Habsburger.

12. März, Samstag

Bei einem Festessen in Hamburg erklärt Prinz Heinrich von Preußen, er sei inoffiziell in Großbritannien gewesen und habe mit einflußreichen Persönlichkeiten gesprochen. Der Prinz betont, daß Großbritannien den Deutschen »eine ehrliche, aufrichtige Gesinnung« entgegenbringe (→ 14. 3./S. 58).

13. März, Sonntag

Im Großraum Berlin veranstalten die Sozialdemokraten erneut »Wahlrechtsspaziergänge«, auf denen sie gegen das Dreiklassenwahlrecht in Preußen demonstrieren (→ 4. 2./S. 38).

Der vor chinesischen Truppen aus Tibet geflohene Dalai-Lama Thupten Gjatso trifft in der britisch-indischen Hauptstadt Kalkutta ein (→ 12. 2./S. 45).

In der bulgarischen Stadt Rustschuk (Ruse) werden bei Auseinandersetzungen zwischen Türken und Bulgaren zahlreiche Menschen getötet. → S. 55

In der Münchner politisch-satirischen Wochenschrift »Simplicissimus« karikiert Eduard Thöny den Reformvorschlag der preußischen Regierung, Unteroffiziere als »Gebildete« von der dritten in die zweite Wählerklasse aufrücken zu lassen.

Die Kaste der Gebildeten

(Zeichnung von E. Thöny)

„Nur immer feste druffjehauen, daß man unsere Bildung sieht! Wa sin doch Wähler zweeter Klasse!"

14. März, Montag

Im britischen Unterhaus in London beginnt die Beratung des Marine-Etats. Die Debatte wird überschattet vom deutsch-britischen Wettrüsten. → S. 58

15. März, Dienstag

Die Budgetkommission des preußischen Abgeordnetenhauses in Berlin bewilligt die Einführung von Bibliotheksgebühren in Höhe von 2,50 Mark pro Semester.

Die amtliche »Berliner Korrespondenz« veröffentlicht die Grundzüge der geplanten Reichsversicherungsordnung. So soll die Krankenversicherung auch auf land- und forstwirtschaftliche Arbeiter und Hausgewerbetreibende ausgedehnt werden. Neu eingeführt werden soll eine Witwen- und Waisenversicherung (→ S. 41).

Aus der marokkanischen Residenzstadt Rabat wird gemeldet, der Führer des Stamms der Zaer habe zum heiligen Krieg gegen die Franzosen und andere Kolonialmächte aufgerufen (→ 25. 3./S. 55).

16. März, Mittwoch

Das preußische Abgeordnetenhaus in Berlin nimmt die umstrittene Wahlrechtsvorlage in dritter Lesung mit 238 zu 168 Stimmen an (→ 4. 2./S. 38).

Im Deutschen Reichstag in Berlin werfen konservative Abgeordnete dem Außenministerium vor, die deutschen Wirtschaftsinteressen im Ausland nicht mit ausreichender Festigkeit zu vertreten. → S. 59

In Spanien finden mehrere Demonstrationen für und gegen die Laienschule statt. Die Bevölkerung der Städte spaltet sich über dieser Frage in eine katholische und eine antiklerikale Partei.

Der »Blitzen-Benz«-Rennwagen stellt in Daytona in den USA mit 228,1 km/h einen Geschwindigkeitsrekord auf. Selbst Schnellbahnen sind langsamer.

17. März, Donnerstag

Kronprinz Wilhelm von Preußen eröffnet in der Akademie der Künste zu Berlin eine Ausstellung US-amerikanischer Kunst. Gezeigt werden vor allem moderne Gemälde aus der Sammlung Hugo Reisinger.

18. März, Karfreitag

In Stuttgart finden Versammlungen für ein gleiches und geheimes Wahlrecht in Preußen statt. Den Versuch, im Anschluß an die Kundgebungen eine Demonstration vor der preußischen Gesandtschaft zu veranstalten, vereitelt die Polizei (→ 4. 2./S. 38).

Die Frauen des deutschen Herzogtums Anhalt erhalten durch Landtagsbeschluß das Stimmrecht in der kommunalen Armenpflege.

Die »Norddeutsche Allgemeine Zeitung« gibt bekannt, daß den Veteranen des Deutsch-Französischen Kriegs (1870/71) zum Besuch der Schlachtfelder Fahrpreisermäßigungen auf den Strecken der Preußisch-Hessischen Staats- und der Reichseisenbahnen von Mai bis Dezember 1910 gewährt werden.

Der serbische Kronprinz Alexander (I.) Karadordević legt in Belgrad den Eid auf die Verfassung ab, um während der Abwesenheit seines Vaters, König Peter I., die Regentschaft führen zu können. Der König reist zu einem Besuch nach Rußland (→ 20. 3./S. 54).

In Lissabon leistet Infant Alfons, Herzog von Oporto, vor den portugiesischen Kammern den Eid auf die Verfassung des Landes und wird zum Thronfolger proklamiert. Er ist der Onkel des unbeliebten Königs Emanuel II. Durch diesen Schritt versucht die Regierung, die herrschende Dynastie zu stützen. Portugal steht kurz vor Ausbruch der Revolution (→ 8. 6./S. 114).

Aus Tokio wird die Annahme eines Gesetzes durch das Unterhaus gemeldet, nach dem in Japan nur die Angehörigen solcher Staaten Land erwerben dürfen, in denen Japanern gleichfalls der Landerwerb gestattet ist.

19. März, Samstag

Die Berliner Strafkammer verurteilt den Arbeiter Anton Woytko zu drei Monaten und einer Woche Gefängnis wegen Beamtenbeleidigung, tätlichen Angriffs, Widerstandes gegen die Staatsgewalt und Bedrohung mit dem Tode. Woytko hatte während des »Wahlrechtsspaziergangs« am 13. März Schutzleute als »Bluthunde« beschimpft, einen Mauerstein aufgehoben und sich auf einen Polizisten gestürzt mit den Worten »Dich schlage ich tot«.

20. März, Ostersonntag

Rußland und Österreich-Ungarn beendigen den Zustand »unterbrochener diplomatischer Beziehungen«. → S. 54

In Thessalien in Griechenland kommt es zu blutigen Zusammenstößen zwischen Bauern und Militär (→ 30. 3./S. 55).

Der französische Fotograf Nadar stirbt im Alter von 90 Jahren in Paris. → S. 66

21. März, Ostermontag

Der deutsche Reichskanzler Theobald von Bethmann Hollweg trifft zu seinem ersten Besuch in Rom ein. → S. 59

Die Unabhängigkeitspartei veranstaltet im ungarischen Abgeordnetenhaus in Budapest einen Skandal. Die Mitglieder der Regierung werden tätlich angegriffen, Ministerpräsident Karl Graf Khuen-Héderváry von Hédervár wird mit Tintenfässern und Büchern beworfen und verwundet (→ 1. 1./S. 24; 19. 2./S. 43).

Bei den Parlamentswahlen auf Kreta erhalten die Anhänger des Griechen Eleftherios Weniselos 45 Mandate. Die Kandidaten aller übrigen Parteien und Gruppen erhalten ebenfalls 45 Mandate. Weniselos kämpft für den Anschluß der unter der Oberhoheit des Osmanischen Reichs stehenden Insel an Griechenland (→ 30. 3./S. 55).

König Ferdinand I. von Bulgarien trifft zu einem Besuch bei Sultan Muhammad V. in der osmanischen Hauptstadt Konstantinopel ein. Zentrales Gesprächsthema ist der Balkan (→ 20. 3./S. 54).

In Le Bourget bei Paris wird ein Fluggelände mit einer 5 km langen Landepiste eingeweiht.

22. März, Dienstag

Der österreichische Kaiser Franz Joseph I. löst als König von Ungarn den ungarischen Reichstag in Budapest auf, da »das notwendige harmonische Zusammenwirken der verfassungsmäßigen Faktoren ins Stocken geraten« sei (→ 1. 1./S. 24; 19. 2./S. 43).

König Peter I. von Serbien trifft zu einem Besuch des russischen Zaren Nikolaus II. in Zarskoje Selo (Puschkin) bei Petersburg (Leningrad) ein (→ 20. 3./S. 54).

Das deutsche Untersee-Telegrafenkabel von Teneriffa nach Monrovia in Liberia wird in Betrieb genommen.

23. März, Mittwoch

Die äthiopische Kaiserin Zäuditu, die Frau des schwerkranken Kaisers Menilek II., wird entmachtet. → S. 56

Die offiziöse »Norddeutsche Allgemeine Zeitung« veröffentlicht einen Artikel über das deutsch-britische Wettrüsten zur See und weist britische Vorwürfe, das Deutsche Reich würde 17 statt 13 Zerstörer bauen, als haltlos zurück (→ 14. 3./S. 58).

Der deutsche Reichskanzler Theobald von Bethmann Hollweg wird von Papst Pius X. in Audienz im Vatikan empfangen (→ 21. 3./S. 59).

Der Vulkan Ätna auf Sizilien wirft aus vier neuen Kratern glühende Steine und Asche aus. → S. 63

Am Euphrat kommt es zwischen dem aufständischen Araberstamm der Montesik und regulären türkischen Truppen zu schweren Kämpfen. Ursache ist die verstärkte Türkisierungspolitik der osmanischen Regierung in Konstantinopel (Istanbul).

24. März, Donnerstag

Die Besatzung des britischen Walfängers »Mangoro« ergreift durch Hissen der britischen Flagge, an die eine Annexionserklärung geheftet wurde, im Namen Großbritanniens Besitz von Heard Island, einer Insel unweit der Kerguelen im südlichen Indischen Ozean.

25. März, Freitag

In einer Sonderbotschaft erklärt US-Präsident William Howard Taft, sein Land wolle der hochverschuldeten afrikanischen Republik Liberia durch eine Anleihe helfen, ihre Gläubiger zu befriedigen. Als Garantie wollen die Vereinigten Staaten die Kontrolle über die liberianischen Zölle, die Mitwirkung bei der Regelung der liberianischen Finanzen und die Einrichtung einer wirksamen Polizeitruppe verlangen.

Die französische Abgeordnetenkammer in Paris genehmigt die von der Regierung geforderten Nachtragskredite für die Operationen gegen aufständische Berberstämme in Marokko mit 462 zu 74 Stimmen. → S. 55

26. März, Samstag

König Peter I. von Serbien reist von Petersburg (Leningrad) nach Moskau. In einem halbamtlichen Communiqué heißt es über den Besuch des serbischen Monarchen, die russische Regierung werde Serbien bei seinen friedlichen Bestrebungen auf dem Balkan ihre moralische und »tatsächliche« Unterstützung geben (→ 20. 3./S. 54).

27. März, Sonntag

Der russische Zar Nikolaus II. empfiehlt der Reichsduma (Parlament) in einem Manifest eine Gesetzesvorlage über das Ende der Autonomie des Großfürstentums Finnland. → S. 56

28. März, Montag

Der frühere US-Präsident Theodore Roosevelt verurteilt bei einer Rede in der Universität Kairo die Ermordung des ägyptischen Ministerpräsidenten Butros Pascha Gali und warnt die jungägyptischen Nationalisten vor den »papierenen europäischen Konstitutionen« (→ 20. 2./S. 44).

29. März, Dienstag

In Monte Carlo wird das Ozeanographische Museum eingeweiht. → S. 62

30. März, Mittwoch

König Georg I. von Griechenland beruft eine Nationalversammlung ein. → S. 55

Der Konservative Luigi Luzzatti wird neuer italienischer Ministerpräsident als Nachfolger des zurückgetretenen liberalkonservativen Giorgio Sidney Baron Sonnino. Sonnino, der für Schiffahrtssubventionen eintritt, hatte während des Streits über diese Subventionen seinen Rücktritt erklärt.

In Mülheim am Rhein rast ein Expreßzug auf einen Militärzug. → S. 63

31. März, Donnerstag

Die französische Abgeordnetenkammer in Paris nimmt mit 560 zu 4 Stimmen das neue Altersversorgungsgesetz an. Während 1905 die Altersversorgung für alle über 70 Jahre alten bedürftigen Staatsangehörigen eingeführt wurde, wird nun auch für Lohnarbeiter und geringer bezahlte Angestellte die Altersversicherung eingeführt.

Das Wetter im Monat März

Station	Mittlere Lufttemperatur (°C)	Niederschlag (mm)	Sonnenscheindauer (Std.)
Aachen	5,4 (5,5)	33 (49)	– (125)
Berlin	4,9 (3,9)	20 (31)	– (151)
Bremen	5,2 (4,0)	28 (42)	– (117)
München	4,1 (3,3)	42 (46)	– (142)
Wien	5,3 (4,9)	39 (42)	163 (135)
Zürich	4,7 (4,2)	33 (69)	– (149)

( ) Langjähriger Mittelwert für diesen Monat
– Wert nicht ermittelt

Wochenlang sorgt der Sensationsprozeß in Venedig gegen »die schöne Gräfin« Marie Tarnowska für Schlagzeilen. Das Titelblatt des Pariser »L'Illustration« zeigt den Eifersuchtsmörder Nikolaus Naumow, den genarrten Verehrer der Tarnowska: Polizei führt ihn aus dem Gefängnis von San Marco zu einer Gondel, die ihn in den Justizpalast bringt.

Ce numéro se compose de 20 pages au lieu de 16, et contient deux suppléments :
1° *L'Illustration Théâtrale* avec le texte complet de GABY, de M. Georges Thurner;
2° Le 12e fascicule du roman de M. Edouard Rod : LE GLAIVE ET LE BANDEAU.

L'ILLUSTRATION

Prix de ce Numéro : Un Franc. SAMEDI 12 MARS 1910 *68e Année. — No 3498.*

UNE TRAGÉDIE SLAVE A VENISE

Naumoff, l'assassin du général Komarowski, est extrait de la prison de Saint-Marc pour être conduit en gondole au palais de justice.

Photographie communiquée par l'Illustrazione Italiana. — *Voir les autres photographies et l'article, page 256.*

Trotz Annäherung: Trügerischer Friede auf dem Balkan

20. März. Die diplomatischen Beziehungen zwischen Österreich-Ungarn und Rußland werden wiederhergestellt. Sie waren seit mehr als einem Jahr wegen der österreichischen Annexion Bosniens und der Herzegowina unterbrochen. Die Normalisierung der Beziehungen ist vor allem dem russischen Außenminister Alexandr P. Iswolski zu verdanken, der gegen die Stimmung im eigenen Land die Aussöhnung zwischen den Balkanrivalen betrieb.

Rußland und Österreich-Ungarn verständigen sich über die Erhaltung des Status quo auf dem Balkan und versichern, die Unabhängigkeit der Balkanstaaten anzuerkennen. Für den Fall innerer Unruhen oder kriegerischer Auseinandersetzungen zwischen den Balkanstaaten halten sie sich die Möglichkeit offen, ein neues Abkommen zu schließen.

Franz Joseph I.; Österreichs Annexion von Bosnien-Herzegowina führte zu Spannungen mit Rußland.

Nikolaus II. rivalisiert mit Wien um den Balkan als Einflußsphäre; das neue Abkommen sichert den Status quo.

Die Annexion der osmanischen Gebiete Bosnien und Herzegowina durch Österreich-Ungarn (→ 17. 2./S. 43) führte Ende 1908 zur sog. Annexionskrise, die zu einem europäischen Krieg zu eskalieren drohte. Das Balkankönigreich Serbien befürchtete, das nächste Opfer österreichischer Expansionsbestrebungen zu werden. Nur das Deutsche Reich, mit dessen Billigung die Annexion erfolgt war, unterstützte die Donaumonarchie.

Die Proteste des Osmanischen Reichs besänftigte Wien durch die Zahlung einer Geldkompensation und durch die Rückgabe des strategisch wichtigen Gebiets Novi Pazar zwischen Serbien und Montenegro. Novi Pazar war wie Bosnien und Herzegowina seit dem Berliner Kongreß (1878) von Österreich-Ungarn besetzt.

Durch die Niederlage im Krieg gegen Japan (1904/05) und durch die revolutionären Unruhen seit 1905 geschwächt, war das Zarenreich weder außen- noch innenpolitisch für einen Krieg gerüstet. Unter dem Druck des Deutschen Reichs stimmte es im März 1909 den österreichischen Annexionen zu. Serbien, das auf russische Unterstützung gegen Österreich-Ungarn gehofft hatte, war politisch isoliert. Es gab wenig später als letztes Land seine Opposition gegen die Annexion auf und verzichtete auf jede territoriale, politische und wirtschaftliche Entschädigung. Damit war der drohende Krieg auf dem Balkan abgewendet. Um sich weiter abzusichern, schloß Rußland im Oktober 1909 mit Italien das antiösterreichische Geheimabkommen von Racconigi mit der gegenseitigen Verpflichtung, den Status quo auf dem Balkan zu erhalten.

Um das Erbe der Osmanen

Die Balkanfrage ist seit Ende des Krimkriegs ein Hauptproblem der internationalen Politik.

1856: Im Frieden von Paris, der den Krimkrieg beendet, gibt Rußland das Protektorat über die Donaufürstentümer Moldau und Walachei auf, die der osmanischen Oberhoheit unterstellt werden.

1862: Alexandru Ioan Cuza proklamiert die Vereinigung der Donaufürstentümer Moldau und Walachei unter dem Namen Rumänien.

1877: Nach antiosmanischen Aufständen in der Herzegowina und in Bulgarien greift Rußland das Osmanische Reich an und erweitert seine Einflußsphäre auf dem Balkan derartig, daß sich Österreich-Ungarn und Großbritannien in ihren Interessen bedroht fühlen.

1878: Der Berliner Kongreß bestätigt die Unabhängigkeit Rumäniens und begründet die Unabhängigkeit Serbiens und Montenegros vom Osmanischen Reich. Bulgarien wird selbständiges Fürstentum unter osmanischer Oberhoheit. Österreich-Ungarn besetzt die osmanischen Gebiete Bosnien und Herzegowina sowie Novi Pazar.

1908: Österreich-Ungarn proklamiert die Annexion Bosniens und der Herzegowina. Am selben Tag proklamiert Fürst Ferdinand I. von Bulgarien das unabhängige Königreich und nimmt den Zarentitel an.

Am 22. März trifft König Peter I. von Serbien zum Besuch des russischen Zaren Nikolaus II. in Zarskoje Selo ein. Die Spannungen auf dem Balkan führen zu mehreren Gipfeltreffen (siehe auch die Abbildungen unten).

Athen: König gibt nach

30. März. König Georg I. von Griechenland verkündet vor dem Parlament in Athen die Einberufung einer Nationalversammlung, die eine Revision der Verfassung durchführen soll. Daraufhin löst sich die revolutionäre Militärliga, die 1909 die Macht übernommen hat, selbst auf. 1908 hatte Kreta den Anschluß an Griechenland verkündet. Auf Betreiben Großbritanniens erkannte die Athener Regierung den Anschluß nicht an, was auf Kreta und in Griechenland eine antimonarchisch gefärbte Massenbewegung auslöste. 1909 putschte das Militär. Die Militärliga forderte die Vereinigung Kretas mit Griechenland und verlangte eine Verfassungsreform.

»Die Schutzmächte regulieren die Situation bezüglich Kreta.« (Karikatur in »Punch«)

Während der serbische König zum Zaren reist (Bild oben), trifft der bulgarische König Ferdinand I. am 21. März in Konstantinopel ein, um mit Sultan Muhammad V. die Lage auf dem Balkan zu besprechen.

Blutbad in Rustschuk

13. März. Die nationalen Gegensätze im Balkankönigreich Bulgarien erreichen mit dem sog. Blutbad von Rustschuk (Ruse) einen Höhepunkt. Bei Auseinandersetzungen zwischen Türken, Bulgaren und der Polizei werden 16 Türken getötet und 39 verletzt. Die Türken hatten versucht, ein Polizeikommissariat zu stürmen, in dem ein entführtes türkisches Mädchen festgehalten wurde.

Das Blutbad findet vor dem Hintergrund fast täglicher Schußwechsel an der Grenze zwischen Bulgarien und dem Osmanischen Reich statt. Fürst Ferdinand I. hatte 1908 die Unabhängigkeit Bulgariens vom Osmanischen Reich proklamiert und den Zarentitel angenommen. Da die russische Regierung diesen Schritt billigte, stimmten 1909 die Türkei und die Großmächte zu. Hauptstreitpunkt zwischen Bulgarien und dem Osmanischen Reich ist Makedonien, dessen größter Teil von Bulgarien beansprucht wird. Die 1893 von bulgarischen Intellektuellen gegründete Innere Makedonische Revolutionäre Organisation (IMRO) versucht gewaltsam, die makedonische Frage zu lösen. Trotz des gemeinsamen Kampfs gegen die Türken befehden sich die Volksgruppen innerhalb Makedoniens: Der bulgarischen IMRO stehen die Freischärler der serbischen Četnici gegenüber.

Nach dem Besuch am russischen Zarenhof reist der serbische König Peter I. nach Konstantinopel, wo er am 3. April eintrifft, um mit dem osmanischen Sultan Muhammad V. Gespräche über die Balkanfrage zu führen.

Kolonialmacht zählt Opfer

25. März. In der französischen Abgeordnetenkammer in Paris werden die Zahlen über den Kolonialkrieg in Marokko bekanntgegeben. Danach sind im Kampf gegen einheimische Stämme 177 Soldaten und Offiziere gefallen, 605 wurden verwundet. Zur Zeit stehen 420 Offiziere und 11 026 Soldaten Frankreichs in dem nordafrikanischen Land.

Marokko ist offiziell ein souveräner Staat unter Sultan Abd Al Hafis. 1904 erkannte Großbritannien das Land als Interessengebiet Frankreichs an. Dafür ließ Paris London in Ägypten freie Hand (»Entente cordiale«). Es begann die »friedliche Durchdringung« Marokkos durch die Franzosen. Das Rifgebiet im Norden Marokkos mußten sie jedoch als spanische Interessensphäre anerkennen. Nach deutscher Intervention verzichteten sie auch auf die förmliche Errichtung eines Protektorats. Aufstände führten im Sommer 1907 zum militärischen Eingreifen Frankreichs: Die Hafenstadt Casablanca wurde beschossen, die angreifenden Stämme wurden an der Grenze zu Algerien niedergeworfen. Zugleich erhob sich gegen den damaligen Sultan Abd Al Asis dessen Halbbruder Abd Al Hafis. Abd Al Asis verzichtete nach der Niederlage seiner Truppen im August 1908 auf den Thron, Anfang 1909 erkannten die Großmächte Abd Al Hafis als neuen Sultan an.

Kaiser Menilek II. hat sich 1909 von der Regierung zurückgezogen.

Der 13jährige Josua wurde von Menilek zum Thronfolger bestimmt.

Menileks Frau Zäuditu wird von den Anhängern Josuas entmachtet.

Palastrevolution gegen Kaiserin Zäuditu

23. März. Eine Versammlung von Fürsten des Kaiserreichs Abessinien (Äthiopien) zwingt in Addis Abeba Kaiserin Zäuditu, auf die Ausübung jeglicher politischer Macht zu verzichten und sich ganz der Pflege des schwer erkrankten Kaisers Menilek II. zu widmen. Als Nachfolger Menileks wird dessen Enkel Josua anerkannt. Seine Krönung soll jedoch erst nach dem Ableben des völlig gelähmten Monarchen erfolgen. Damit ist der Machtkampf, der nach dem krankheitsbedingten Rückzug Menileks von den Regierungsgeschäften im Jahr 1909 entbrannte, entschieden. Von der Partei des von Menilek eingesetzten Thronfolgers Josua war bekannt, daß sie niemals die Herrschaft einer Frau dulden würde. Zäuditu versuchte ihn auszuschalten, indem sie wichtige Ländereien des Reiches eigenen Parteigängern verlieh, gegnerische Fürsten zur Rückzahlung von Schulden aufforderte und das Geld zum Kauf von Waffen und Munition verwendete. Folge war eine allgemeine Unruhe im Lande, die Opposition gegen die Kaiserin wuchs.

Die Fürsten erklären nun Zäuditu ihres gesamten Besitzes und aller politischen Gewalt für verlustig. Sie darf nur den Kaiser, ihren Mann, pflegen und wird ständig bewacht. Telefongespräche werden ihr verboten, ihre Soldaten desertieren. Nach einem gescheiterten Fluchtversuch erklärt die Herrscherin, die nach ihrer Entmachtung Trauer trägt, ins Kloster eintreten zu wollen.

Menilek schuf das moderne Äthiopien

Menilek II. ist seit 1889 Kaiser von Abessinien (Äthiopien), dem einzigen tatsächlich unabhängigen Staat in Afrika.

Als Ras (Provinzstatthalter) von Schoa nahm er 1865, als 21jähriger, den Namen Menilek II. an, um seine Herkunft von Menilek I. zu betonen. Der legendäre Gründer von Äthiopien soll der Sohn des alttestamentlichen Königs Salomo und der Königin von Saba sein. 1889 schloß Menilek II. mit Italien den Vertrag von Uccialli, weil er sich von einer engeren Bindung an Italien europäische Unterstützung bei der Entwicklung seines Landes zu einem modernen Staat erhoffte. Ziel Italiens war jedoch die Errichtung einer kolonialen Schutzherrschaft. Durch den Sieg über Italien in der Schlacht bei Adua sicherte Menilek 1896 seinem Reich die Unabhängigkeit. Im Innern unterwarf er aufständische Stämme, verbot die Sklaverei, führte zahlreiche Reformen durch und trieb die industrielle Entwicklung voran. 1897 begann der Bau der Stadt Addis Abeba, die sich aus einem Zeltlager Menileks entwickelte.

Zar Nikolaus zerschlägt die finnische Autonomie

27. März. Ein Manifest des russischen Zaren Nikolaus II. empfiehlt Reichsduma und Reichsrat, dem Parlament in Petersburg (Leningrad), die Autonomie des russischen Großfürstentums Finnland per Gesetz aufzuheben. Ziel soll die »Festigung der Einheit und Integrität des russischen Reiches« sein.

Das Gesetz wird von Duma und Reichsrat trotz internationaler Proteste im Juni verabschiedet und vom Zaren im Juli sanktioniert. Danach fallen künftig alle wichtigen gesetzgeberischen Entscheidungen, die Finnland betreffen, als »reichswichtige« Angelegenheiten nicht mehr in die Kompetenz des finnischen Landtags, sondern in die des russischen Reichsrats.

Finnland gehörte ab dem 13. Jahrhundert zu Schweden, 1581 wurde es zum Großfürstentum erhoben. Während der Napoleonischen Kriege eroberten 1808 russische Truppen das Land. Zar Alexander I. erklärte es 1809 zum autonomen Großfürstentum innerhalb des Russischen Reichs: Finnland behielt seine eigene Regierung, die unter Mitwirkung des Landtags vom Zaren eingesetzt wurde. 1812 erhob Alexander Helsinki zur Hauptstadt.

Zar Alexander I. erhob Finnland zum autonomen Großfürstentum.

Im weiteren Verlauf des 19. Jahrhunderts entstand eine finnische Nationalbewegung, die sich in die Fennomanen und die schwedisch ausgerichteten Svekomanen spaltete. Um die Jahrhundertmitte festigte sich die Bewegung der Fennomanen zur politischen Partei, die den Schutz der einheimischen Industrie und der finnischen Autonomie forderte. Ende der 80er Jahre begann eine massive Kampagne zaristischer Unterdrückungspolitik, die auf die Beseitigung der staatlichen Sonderstellung Finnlands zielte. Dies führte zur Spaltung der Fennomanen in die Alt- und die Jungfinnen. Die Altfinnen als Vertreter der Großgrundbesitzer und des Großbürgertums duldeten aufgrund ökonomischer Interessen – Bindung an den gesamtrussischen Markt – die zaristische Russifizierungspolitik. Die Jungfinnen hingegen verfochten ein bürgerlich-demokratisches Reformprogramm. Um den Widerstand des finnischen Landtags in Helsinki zu brechen, verfügte schon 1899 ein kaiserliches Manifest, daß die Angelegenheiten Finnlands, die zugleich auch Angelegenheiten des ganzen Reiches seien, dem russischen Reichsrat überwiesen werden sollten. Der finnische »Nationalstreik« von 1905 führte jedoch zur Wiederherstellung der alten Verfassung. Ein außerordentlicher Landtag nahm eine Landtagsordnung an, die 1906 vom Zaren bestätigt wurde. Seither ist jedoch die russische Reaktion so erstarkt, daß das Gesetz über die »Reichsgesetzgebung« nun durchgeführt wird.

China: Mandschu-Dynastie schafft die Sklaverei ab

10. März. Die kaiserliche chinesische Regierung genehmigt den Gesetzentwurf über die Abschaffung der Sklaverei. Danach wird der Handel mit Menschen verboten.

Dieses Gesetz ist ein weiterer Schritt im Rahmen der Reformpolitik, die der chinesische Kaiserhof zu Beginn dieses Jahrhunderts eingeleitet hat. Auslöser für diese Reformen waren zwei Ereignisse:

▷ Die Niederschlagung des fremdenfeindlichen chinesischen Boxeraufstands durch die Westmächte und Japan im Jahr 1900

▷ Die Aufteilung der Mandschurei in eine japanische und eine russische Einflußzone nach dem Russisch-Japanischen Krieg 1904/05.

Diese Demütigungen versucht das Kaiserhaus der eigenen Bevölkerung gegenüber durch eine vorsichtige Liberalisierung wettzumachen. Seit 1902 wurden Reformen im Unterrichts- und Heerwesen, im Finanzsystem, in Justiz und Verwaltung eingeleitet. Sie zeigen nur geringe Erfolge. Ein Grund ist die völlige Überschuldung Chinas.

Weitere Reformvorhaben wurden nur halbherzig in Angriff genommen bzw. durchgeführt: Die Abschaffung der traditionellen Staatsprüfungen, die Aufhebung des Verbots der Mischheiraten, die Ankündigung einer konstitutionellen Verfassung. Sie werden von den Gegnern und Anhängern der Mandschu-Dynastie gleichermaßen abgelehnt. Die imperialistischen Mächte unterstützen das halbkoloniale und halbfeudale chinesische Regime, da es die ausländischen Kapitalgesellschaften gewähren läßt. Das Gros der Chinesen indes lebt in Armut, in den Städten wie auf dem Land.

1905 schlossen sich in Tokio unter der Führung des chinesischen Arztes Sun Yat-sen Oppositionsgruppen zum Chinesischen Revolutionsbund zusammen. Zum Programm dieses Bundes wurden die »Drei Volksprinzipien« erhoben:

▷ Nationalismus (Sturz der Mandschu-Dynastie)

▷ Volksherrschaft (Errichtung der Republik)

▷ Volkswohlstand (Ausgleich der Bodenrechte, Abschaffung des Feudalsystems).

Um der oppositionellen Bewegung wenigstens etwas den Boden zu entziehen, forciert die Mandschu-Dynastie nun ihr Reformprogramm.

Verurteilte Verbrecher mit dem Schandbrett »Kang«

Männer schleppen eine Dschunke flußaufwärts.

Allround-Transporter Schubkarre

Reisfeldarbeit mit dem Wasserbüffel

Einfache Mühle mit Pferdeantrieb

Junge chinesische Frauen in traditioneller Kleidung

Arme Bauernfamilie in Szetschuan

Zehn Jahre Boxerkrieg – das Jahrzehnt der nationalen Schmach

Anläßlich der zehnjährigen Wiederkehr des »Boxerjahres«, in dem die Westmächte und Japan den fremdenfeindlichen Boxeraufstand in China niederschlugen, wird im Reich der Mitte die Gründung eines »Vereins zum Gedächtnis der nationalen Schmach« betrieben. »Der Zweck des Vereins«, heißt es in einem Aufruf, »ist es, offenen Auges und erhobenen Herzens frühere Schäden zu beseitigen und künftigen vorzubeugen.«

Der Verein will durch Gedächtnisspiele, Theaterstücke, Bücher, Filmvorführungen u. a. die Ereignisse des sog. Boxerkriegs »wahrheitsgetreu« der chinesischen Bevölkerung vor Augen führen, um ihren Patriotismus zu wecken. Ziel soll die Vertreibung der in China engagierten Mächte sein. Im Programm des Vereins werden die Fremden als »die Unheilbringer« bezeichnet.

Deutscher Liberalismus in einer Partei

6. März. Durch den Zusammenschluß der liberalen Parteien Freisinnige Volkspartei, Freisinnige Vereinigung und Deutsche Volkspartei wird in Berlin die Fortschrittliche Volkspartei gegründet.
Die Gründung wird allgemein als der bedeutsamste Schritt in der bisherigen Geschichte des deutschen Liberalismus gewertet. »Der Strich zwischen Nord- und Süddeutschland wird heute für den Liberalismus beseitigt«, stellt Friedrich von Payer in der Schlußansprache vor dem Gründungsparteitag fest.

Eugen Richter, am 10. 3. 1906 gestorben

F. Naumann, seit 1907 Reichstagsmitglied

F. von Payer, ab 1877 Reichstagsabgeordneter

Dem Zusammenschluß sind fast 20 Jahre der Zersplitterung vorausgegangen. 1884 entstand die rechtsliberale Deutschfreisinnige Partei (Deutsche Freisinnige Partei) unter der Führung von Eugen Richter. Sie trat für die Entwicklung der Reichsverfassung im parlamentarischen Sinn ein und bekämpfte die Schutzzoll-, Sozial- und Kolonialpolitik des Reichskanzlers Otto von Bismarck. 1893 spaltete sich die Partei in die Freisinnige Volkspartei und die Freisinnige Vereinigung. Die Freisinnige Volkspartei vertrat unter der Führung Richters einen strengen Wirtschaftsliberalismus, gekoppelt mit striktem Antisozialismus. Die Zielsetzung der Freisinnigen Vereinigung unter Heinrich Rickert, Ludwig Bamberger und Albert Hänel war hingegen sozial ausgerichtet. 1903 schlossen die Freisinnige Volkspartei und die Deutsche Volkspartei erstmals ein Wahlbündnis. Darüber hinaus fusionierte die Freisinnige Vereinigung mit dem Nationalsozialen Verein von Friedrich Naumann. Naumann, der auch wesentlich an der Gründung der Fortschrittlichen Volkspartei beteiligt ist, will Nationalismus und Sozialismus dadurch miteinander versöhnen, daß die Arbeiter durch Reformen für den Staat gewonnen werden. Weitere führende Persönlichkeiten der neuen Partei sind Karl Funck, Friedrich von Payer, Karl Schrader, Otto Fischbeck und Otto Wiemer.
Im Jahr 1907 bildeten Freisinnige Volkspartei und Freisinnige Vereinigung eine Fraktionsgemeinschaft im Deutschen Reichstag.
Das Programm der Fortschrittlichen Volkspartei übernimmt die traditionellen Forderungen des Linksliberalismus:
- ▷ Allgemeines, gleiches, geheimes und direktes Wahlrecht im Reich und in den Ländern
- ▷ Abbau der Zölle
- ▷ Progressive Einkommensteuer
- ▷ Besserstellung der Arbeiter
- ▷ Ausdehnung des Koalitionsrechts und der Arbeiterschutzgesetze
- ▷ Ausweitung des Völkerrechts und der internationalen Schiedsgerichtsbarkeit.

Dieses Programm bringt die Partei in die Nähe der sozialdemokratischen Forderungen.

Rechte der Frauen unberücksichtigt

An der Gründung der Fortschrittlichen Volkspartei sind auch zahlreiche Frauen beteiligt, als prominenteste Gertrud Bäumer. Da das Grundsatzprogramm der Partei nicht die Forderung nach der politischen Gleichberechtigung der Frau erhebt, kommt es von Anfang an zu Protesten. Marta Zietz formuliert: »Die zu dem Parteitag delegierten Frauen erklären, daß die Weigerung der Partei, die politische Gleichberechtigung der Frauen als Programmforderung aufzustellen, dem Geiste des Liberalismus völlig widerspricht und so die Ausbreitung des Liberalismus schädigt.« Krasser drückt sich die Delegierte Lischnewska aus: »Die Frauen verlangen politische Rechte, und wenn ihnen diese nicht gewährt werden, geht die Hälfte des deutschen Volkes fort vom Liberalismus. Die liberalen Frauen wollen zum Liberalismus, aber dies ist nur möglich, wenn den Frauen das aktive und passive Wahlrecht gewährt wird ... Der Staat wird unsere Forderungen erfüllen müssen, wenn es nötig ist, auch ohne und gegen den Liberalismus.«

Hochrüstung auf dem Meer

14. März. Reginald MacKenna, der britische 1. Lord der Admiralität, warnt bei der Beratung des Marinebudgets im Unterhaus in London, daß der Two-Power-Standard nur gewahrt bleibe, wenn das vorgeschlagene Schiffbauprogramm verwirklicht würde.
Das von der Marine vorgelegte Programm sieht den Bau von fünf Dreadnoughts (große Linienschiffe mit Artillerie), fünf Panzerkreuzern und 20 Torpedobootzerstörern sowie eine nicht näher bezifferte Anzahl von Unterseeboten vor.
Unter dem Two-Power-Standard wird der seit 1889 von der britischen Admiralität verfolgte Grundsatz verstanden, daß die britische Flottenstärke stets der gemeinsamen Größe der zwei nächstgrößten Flotten entsprechen müsse.
»Wir werden im März 1910 zwanzig Dreadnoughts besitzen«, führt MacKenna aus, »im Sommer 1912 zwei weitere Schiffe der Kolonien, und bevor diese unsere Gewässer verlassen haben, werden fünf Schiffe des neuen Programms sich ihrer Vollendung nähern. Wir können daher gewiß sein, daß während des ganzen Jahres 1912 bis zum 31. März 1913 unsere unbedingte Überlegenheit an Schiffen des neuen Typs gesichert ist.«
Gleichzeitig warnt MacKenna vor der deutschen Flottenrüstung. Das Deutsche Reich sei in der Lage, bis 1912 so viele Dreadnoughts zu bauen, daß es dann anstelle der amtlich angekündigten 13 Großschiffe 17 besäße. Von deutscher Seite wird dieser Vorwurf wenige Tage später zurückgewiesen.

Probefahrt des neuen französischen Panzerkreuzern »Voltaire« bei Toulon

»Vanguard«, das neue britische »Dreadnought«-Kriegsschiff mit 24 500 PS

Bethmann Hollweg (l.) und Exkanzler Bülow (r.) beim Bad im Tiber

Neuer Kanzler beim alten Verbündeten

21. März. Der neue deutsche Reichskanzler, Theobald von Bethmann Hollweg, trifft in Rom zu seinem ersten Besuch in Italien ein. Gespräche mit König Viktor Emanuel III. und Regierungsmitgliedern sollen die guten Beziehungen der beiden Mächte unterstreichen, die zusammen mit Österreich-Ungarn den Dreibund bilden. Das Verteidigungsbündnis wurde 1882 geschlossen und seither mehrfach verlängert.

Marokko: Industrie bangt

16. März. Massiven Vorwürfen sehen sich Reichskanzler Theobald von Bethmann Hollweg und der Staatssekretär des Auswärtigen, Wilhelm von Schoen, im Reichstag ausgesetzt. Sie sollen die deutschen Wirtschaftsinteressen in Marokko nicht nachdrücklich genug gegenüber Frankreich vertreten.

Seit der Unterzeichnung der Algeciras-Akte (1906) hat Frankreich seine von den Großmächten außer dem Deutschen Reich und Österreich-Ungarn tolerierte Herrschaft über Marokko (→ 25. 3./S. 55) so weit ausgebaut, daß das Deutsche Reich im Februar 1909 in einem Vertrag die faktische Vorherrschaft Frankreichs anerkannte. Dafür erhielt es von Frankreich die Zusicherung, daß die deutschen Wirtschaftsinteressen sich ungehindert entfalten könnten und deutsche Firmen durch Konzessionen und marokkanische Staatsaufträge angemessen beteiligt würden. Gegen diesen »Ausverkauf« deutscher Wirtschaftsinteressen richtet sich seither eine heftige Kampagne der Alldeutschen und des Mannesmann-Konzerns, der als bedeutendstes deutsches Unternehmen in Marokko um seine einträglichen Erzkonzessionen fürchtet. Dieser Protest hat breite Resonanz gewonnen. Denn auch die Streitigkeiten zwischen deutschen und französischen Firmen um marokkanische Eisenbahnbauten lassen nicht nach.

Bethmann Hollweg verteidigt die Haltung der Regierung: »Zu einer Politik des Vertragsbruches werde ich mich nicht hergeben. Mögen die wirtschaftlichen Werte der Mannesmann-Konzession sehr groß sein, mag ich es noch so sehr bedauern, daß sie nicht in vollem Umfang realisiert werden können, eine Lebensfrage für uns sind sie nicht.«

Daß der Röhrenkonzern auf seine Kosten kommt, deutet diese Karikatur an: Die Mannesmann-Brüder überreichen Außenminister Schoen einen Riesen-Diamanten.

Widerstand gegen Schiffahrtsabgabe

4. März. Der österreichische Handelsminister Richard von Weiskirchner bezeichnet vor dem Abgeordnetenhaus in Wien die abgabenfreie Elbschiffahrt als wirtschaftliche und verkehrspolitische Angelegenheit ersten Ranges: »Die Zukunft unseres bedeutungsvollsten Industriegebietes in Nordböhmen kommt ins Spiel. Gleiche Interessen wie die Industrie hat auch die Landwirtschaft an der Freiheit des Elbeweges.«

Auf Initiative Preußens wird im Deutschen Reich ein Gesetz vorbereitet, das für die Benutzung der Binnenwasserstraßen Abgaben vorsieht. Diese »Schiffahrtsabgaben« sollen zum Ausbau der Wasserstraßen und zum Bau von Kanälen verwendet werden. Vorgesehen ist die Bildung von »Stromverbänden« für Rhein, Weser und Elbe. Der größte wird der Stromverband Rhein sein, der die Staaten Baden, Elsaß-Lothringen, Württemberg, Hessen, Bayern und Preußen umfaßt.

Mit der Verabschiedung des Gesetzes wird erst für das Jahr 1911 gerechnet, da sich vor allem Sachsen, Hessen und Baden gegen die Einführung von Schiffahrtsabgaben sperren. Einwände gegen diese Abgabe kommen jedoch nicht nur von den Bundesstaaten, sondern auch aus dem Ausland.

Das neueste deutsche »Dreadnought«-Schiff »Rheinland«

Probefahrt des Kreuzers »Von der Tann« am 24. Mai

Alfred von Tirpitz, seit 1892 Stabschef der Marine, betreibt mit Unterstützung von Kaiser Wilhelm II. und der Großindustrie den Ausbau der deutschen Schlachtflotte. Er vertritt die »Risikotheorie«: Eine starke deutsche Flotte werde Großbritannien von einer Intervention abschrecken.

Stapellauf des Linienschiffs »Oldenburg« in Danzig

Kaiser Wilhelm II. (2. v. l.) an Bord der »Oldenburg«

John Arbuthnot, 1. Baron Fisher of Kilverstone, befehligte von 1899 bis 1902 die Mittelmeerflotte und prägt seit 1904 als Erster Seelord die britische Flottenpolitik; er begann u. a. mit dem Bau der Dreadnoughts (Großkampfschiffe), die er in den heimischen Gewässern konzentriert.

Mechanische Werkstatt in Kassel; die Stadt zählt vor allem auf dem Metallsektor zu den bedeutendsten deutschen Industriezentren (Henschel).

Wirtschaft 1910:

Deutsches Reich zweitgrößter Industrieerzeuger nach den USA

Der Wirtschaftsaufschwung, der im zweiten Halbjahr 1909 eingesetzt hat, setzt sich in diesem Jahr unvermindert fort. Die verbesserte Konjunktur zeigt sich im Deutschen Reich in Rekordziffern der Eisen- und Kohlenproduktion, der Einnahmen der Eisenbahnen, der Erträge des Börsenstempels und der hohen Kurse für Dividendenpapiere. Die deutschen Roheisenproduzenten überflügeln 1910 erstmals die britische Konkurrenz. In der Kohlenförderung bleibt Großbritannien jedoch führend.

Der Umfang des Außenhandels steigt auf 16 Mrd. Mark und liegt damit nur um 4 Mrd. Mark unter dem ebenfalls stark angestiegenen britischen Außenhandel. An dritter bzw. vierter Stelle rangieren die Vereinigten Staaten mit 13 Mrd. und Frankreich mit 10 Mrd. Mark.

Der deutsche Handelsaufschwung erhält besonderen Auftrieb durch die starke Erhöhung der Exporte, woran Steinkohle, Eisenfabrikate und Maschinen den größten Anteil haben. Die Energien, die der Industrie in der Form technischer Neuerungen zufließen, bilden zusammen mit dem gestiegenen Potential menschlicher Arbeitskraft die Grundlagen für diese Expansion. Als Leitsektoren erweisen sich die chemische Industrie und der Motoren- und Maschinenbau. Zu einem Novum kommt es in der staatlichen Wirtschaftspolitik: Durch das Gesetz über den Absatz von Kalisalzen wird ein Zwangssyndikat gegründet (→ 14. 2./S. 42).

Die Erschließung neuer Märkte ist stark durch die Konkurrenz der Kolonialmächte geprägt. Am heftigsten äußert sich dieser Konflikt 1910 in Marokko, wo der Mannesmann-Konzern seine Wirtschaftsinteressen durch die Reichsregierung nicht genug gegenüber Frankreich vertreten sieht (→ 16. 3./S. 59).

Die fünf großen Produzenten

Land	1910	1900
USA	35%	31%
Deutsches Reich	16%	16%
Großbritannien	14%	18%
Frankreich	7%	7%
Rußland	5%	6%
sonstige	23%	22%

Deutscher Handel mit den Kolonien
in Millionen Mark

Jahr	Importe	Exporte
1900	6,4	17,6
1905	17,6 (+175%)	35,6 (+102%)
1910	49,4 (+180%)	45,1 (+ 26%)

Das permanente Problem der passiven Handelsbilanz wird 1910 im Deutschen Reich gelindert – der Einfuhrüberschuß sinkt im Vergleich zum Vorjahr um 24,4% –, doch während der Export nur einen Wert von 7,4 Mrd. Mark erreicht, liegt der Import mit 8,9 Mrd. DM immer noch 20% höher. Diese Handelsbilanz ist mit ein Grund für die koloniale Expansion. Allerdings macht der Handel mit den Kolonien immer noch weniger als 1% des Außenhandels aus.

Großgrundbesitz prägt Agrarsektor

Mit Ausnahme der Weinbauern, die über eine der schlechtesten Ernten klagen, sind die deutschen Landwirte mit der Ernte des Jahres 1910 zufrieden, obwohl sie nicht die Höhe des Vorjahrs erreicht.

Die Mechanisierung in der Landwirtschaft schreitet weit langsamer voran als in der Industrie. Erschwerend für die Landwirtschaft kommt hinzu, daß die Industrie vermehrt Landarbeiter abwirbt: Im Vergleich zu den Löhnen der Landarbeiter steigen die Löhne der Industriearbeiter erheblich.

Die adligen preußischen Großgrundbesitzer halten nach wie vor eine Spitzenstellung auf der Leiter des gesellschaftlichen Prestiges.

Die Motorisierung in der Landwirtschaft schreitet voran: Blick auf den Motor einer »Automobil-Egge«, wie sie in Großbritannien eingesetzt wird.

△ *Hamburger Hafen: 7) Getreideelevatoren 8) Schuten am Kohlendepot, 9) im Dock zum Neuanstrich, 10) Speicherstraße des Freihafens, 11) Seedampfer im Dock zur Reparatur, 12) gerammter Segler im Lazarett, 13) ein Hammerkran setzt Uferdrehkräne auf den Ponton eines Schwimmkrans*

◁ *Kruppsches Panzerwalzwerk, Gemälde von O. Bollhagen (1912). Unter der Leitung von Friedrich Alfred Krupp wurde 1890 die Herstellung von Panzerplatten aufgenommen. Zentrum der Panzerplattenfabrikation ist das 1893 von Krupp aufgekaufte Grusonwerk in Magdeburg-Buckau.*

August Thyssen

Reinhard Mannesmann

Karl Henschel

Hugo Stinnes

Gustav Krupp

Deutsche Großindustrielle errichteten Wirtschaftsimperien aus Kohle, Eisen und Stahl

Die im In- und Ausland bekanntesten deutschen Großindustriellen sind Anfang des 20. Jahrhunderts Krupp, Thyssen, Mannesmann, Henschel, Stinnes und Borsig.

Alfred Krupp (1812–1887) war einer der ersten, die den Weg zum »gemischten Werk« beschritten: Er kaufte Kohlen- und Erzgruben, Steinbrüche, Ton- und Sandgruben, errichtete Hochöfen, Ziegeleien, Laboratorien u. a. und schuf so die Rohstoffgrundlage für die Verarbeitungsbetriebe. Die Krupp AG, gegenwärtig geleitet von Gustav Krupp von Bohlen und Halbach, ist außerdem eine der weltgrößten Rüstungsschmieden.

Der 1890 von Reinhard Mannesmann in Düsseldorf unter dem Namen »Mannesmannröhren-Werke AG« gegründete Konzern zählt zu den bedeutendsten Röhrenproduzenten. Die größten Lokomotivenhersteller sind Henschel in Kassel und Borsig in Berlin. Schöpfer eines Eisen- und Stahlimperiums ist August Thyssen.

Der von Pferden gezogene Leichenwagen mit dem Sarg Luegers (kleines Foto)

»Mann aus dem Volk« zu Grabe getragen

10. März. *Der Wiener Bürgermeister Karl Lueger stirbt im Alter von 65 Jahren in seiner Heimatstadt Wien. Tausende geben ihm das letzte Geleit. Lueger zählt zu den Begründern der Christlichsozialen Partei. Christlichsoziale, antisozialistische und antisemitische Ideen sowie der Einsatz für Kleingewerbe und Mittelstand sowie für »den kleinen Mann« verhalfen der Partei zu einer breiten Massenbasis. Als Bürgermeister seit 1897 verband er Sozialpolitik und Stadtmodernisierung.*

Ein Palast an der Côte d'Azur ist Sitz des neuen Ozeanographischen Museums in Monaco.

Monaco wird Zentrum der Meeresforschung

29. März. *In Monte Carlo wird in Anwesenheit offizieller Vertreter aller Industrienationen und bedeutender Meeresforscher aus aller Welt das Ozeanographische Museum eröffnet. Gründer ist der selbst als Meeresforscher bekannte Fürst Albert I. von Monaco. Das Museum beherbergt nicht nur Schausammlungen und Aquarien, sondern auch Laboratorien, Experimentiersäle, Kongreßräume und einen Expeditionsdampfer als »schwimmendes Laboratorium« zur Meeresforschung.*

Reichster Mann der Welt als Philanthrop

3. März. Der US-amerikanische Ölindustrielle John Davison Rockefeller läßt dem Senat in Washington sein Projekt einer Stiftung von umgerechnet 1,2 Mrd. Mark bekanntgeben. Ziele der Stiftung sollen die »Ausbreitung der Zivilisation«, der Kampf gegen Armut und die Verbreitung der Wissenschaften sein. Das Stiftungskapital entspricht Rockefellers Anteil am Standard-Oil-Trust, dem weltgrößten Ölkonzern, dessen Entflechtung durch die amerikanische Antitrustgesetzgebung seit zwei Jahrzehnten vergeblich betrieben wird. An der Spitze der zu gründenden Rockefeller Foundation sollen »drei Freunde« des reichsten Mannes der Welt und sein Sohn John stehen. Mit dem Geld sollen weltweit gemeinnützige, wohltätige und wissenschaftliche Projekte unterstützt werden. Es ist der Wille des Donators, daß bei der Verwendung der Mittel weder Rassen- noch Konfessionsunterschiede eine Rolle spielen dürfen.

Rockefeller, ursprünglich Buchhalter, übernahm als 22jähriger eine kleine Firma, mit der er auf dem Raffinier-, Transport- und Verkaufssektor in das Ölgeschäft einstieg. Durch den Bau von Pipelines, Aufkäufe angeschlagener Unternehmen und zweifelhafte Verhandlungsmethoden hatte er bald eine Monopolstellung inne. 1878 – als 39jähriger – kontrollierte er 95% des gesamten Erdölmarkts. 1892 mußte er sein Unternehmen aufgrund des Antitrustgesetzes formal in kleinere Unternehmen aufteilen.

Das große Vermögen, das Rockefeller aus dem Petroleumgeschäft bezieht, legt er zum Teil in anderen Industriezweigen an (Eisenbahnen, Bergbau, Eisen- und Stahlindustrie usw.), aber auch in Stiftungen.

Der 70jährige John Davison Rockefeller, hier mit seiner Frau, ist nicht nur der reichste und damit einer der mächtigsten Männer der Welt, sondern wegen seiner massiven Einflußnahme auf die Politik eine der unpopulärsten Persönlichkeiten des öffentlichen Lebens in den USA. Im Privatleben gilt er als puritanisch und sparsam, im Geschäftsleben als rücksichtslos und brutal. Sein Geld legt er auch in Stiftungen an. Eine seiner bedeutendsten Stiftungen ist die Universität von Chicago (1890).

Schöne Tarnowska narrte die Männer

3. März. In Venedig beginnt der Sensationsprozeß gegen »die schöne Gräfin« Marie Tarnowska.

Die Geschiedene hatte ihren Verehrer Nikolaus Naumow 1907 zum Eifersuchtsmord an ihrem Verlobten, Paul Kamarowsky, getrieben und die Tat durch einen Detektiv anzeigen lassen. Zuvor hatte sie sich Kamarowskys Vermögen überschreiben lassen.

Verschleiert zeigt sich Gräfin Tarnowska im Angeklagtenkäfig.

Touristen erleben die Eruptionen des größten europäischen Vulkans als gigantisches Schauspiel.

Ätna speit Lava aus vier neuen Kratern

23. März. *Der Ätna auf Sizilien bricht nach wenig mehr als einjähriger Pause (1908) erneut aus. Das glühende Gestein wird nicht aus dem Hauptkrater (3280 m) ausgeworfen, sondern aus vier neuen Kratern, die sich in einer Höhe von rund 2000 m geöffnet haben. Bis zu 20 m hohe Lavaströme wälzen sich in Richtung der Ortschaften Borello, Belpasso und Nicolosi, vernichten Weinanbaugebiete und Obstplantagen und zerstören Häuser. Das gigantische Naturschauspiel lockt viele Touristen an.*

Hamburger Honoratioren beim feierlichen »Durchschlag« des neuen Elbtunnels

Elbtunnel nach Durchstich vor Vollendung

29. März. *In Gegenwart zahlreicher Gäste findet in St. Pauli die Sprengung der letzten Erdschicht statt, die die beiden Vortriebsstollen des Elbtunnels trennen. Der Tunnel, der nach der geplanten Inbetriebnahme 1911 – nach vierjähriger Bauzeit – die wichtigste Verkehrsverbindung zwischen den beiden Elbufern bilden wird, ist 448,5 m lang. Er führt von den St.-Pauli-Landungsbrücken unter der Norderelbe hindurch zur Hafeninsel Steinwerder. Die Sohle des Tunnels liegt 23,5 m unter dem Elbspiegel.*

Signal überfahren – 21 Soldaten tot

30. März. Vor dem Bahnhof von Mülheim am Rhein (bei Köln) rast der Expreßzug des Norddeutschen Lloyd auf einen Sonderzug mit heimkehrenden Militärurlaubern. 21 Soldaten kommen ums Leben, 100 werden verletzt. Unglücksursache ist das Überfahren eines Signals.

Nach diesem schweren Unfall wird in der Öffentlichkeit heftiger denn je die Einführung automatischer Einrichtungen gefordert, die menschliches Versagen ausschließen sollen. Vor allem »unsichtiges Wetter« und Nebel sowie die Verpflichtung, den Heizer zu überwachen, seien Situationen, in denen die hohe Verantwortung der Lokomotivführer durch die moderne Technik unterstützt werden müsse.

Diesen Forderungen begegnen die verantwortlichen Stellen in den Ministerien mit dem Argument, die Einführung automatischer Bremsen schläfere den Lokomotivführer ein und erhöhe somit die Unfallgefahr. Das Mülheimer Unglück scheint jedoch ein Umdenken einzuleiten. So wird nun von offizieller Seite in Aussicht gestellt, akustische Einrichtungen zu schaffen, die das Überfahren der Signale verhindern könnten.

In mehreren Eisenbahndirektionen werden seit längerem Versuche unternommen, die optischen Signale durch akustische zu ergänzen. Die sog. elektrische Methode sieht einen Kontakt vor, durch den ein Klingelzeichen auf der Lokomotive ausgelöst wird. Die sog. mechanische Methode sieht die Anbringung eines Schleifhebels neben der Schiene vor, durch den auf der Lokomotive eine Dampfpfeife in Funktion tritt. Diese akustischen Signale werden kurz vor dem optischen Signal ausgelöst und machen den Maschinenführer darauf aufmerksam.

Um 14.30 Uhr rasen der Lloyd-Luxuszug und der Militärzug bei Mülheim ineinander; 21 Soldaten sterben, im Luxuszug wird ein Mann leicht verletzt.

Basel-Stadt trennt Kirche vom Staat

6. März. Bei einer Volksabstimmung im schweizerischen Halbkanton Basel-Stadt wird der Gesetzentwurf über die Trennung von Kirche und Staat mit 7413 zu 1036 Stimmen angenommen. Das Gesetz tritt am 1. April 1911 in Kraft.

Die Gesetzesvorlage der Kantonsregierung hatte außer bei der römisch-katholischen Kirche Anerkennung im In- und Ausland gefunden – als Beispiel für Toleranz und Glaubensfreiheit. Sie geht von dem Prinzip aus, daß allen Glaubensgemeinschaften gleiche Rechte eingeräumt werden müssen und daß keiner Glaubensgemeinschaft das Privileg eingeräumt werden dürfe, eine Art Souverän neben dem Staat zu bilden. Die Baseler Katholiken hatten erklärt, eine Unterordnung unter den Staat sei mit dem innersten Wesen der römisch-katholischen Kirche nicht vereinbar. Ihr Antrag lautete auf Zulassung der römisch-katholischen Kirche als eine öffentlich-rechtliche Persönlichkeit, die nicht unter, sondern neben dem Staat steht. Die Baseler Politiker haben diese Etablierung eines Staats im Staate abgelehnt.

1910 vollendet Adolf Loos das »Haus Steiner« in Wien. Das Prinzip der Fassade als privilegierter Hauptansicht wird im Rationalismus aufgegeben.

Die 1910 fertiggestellte AEG-Hochspannungsfabrik von Peter Behrens in Berlin. Behrens ist der führende deutsche Industriearchitekt.

Funktionalismus und Rationalismus statt modischer Schmuck

Mit dem »Haus am Michaelerplatz« und dem »Haus Steiner« in Wien schafft der Österreicher Adolf Loos zwei wegweisende Bauwerke des aufkeimenden Rationalismus bzw. Funktionalismus. Die klare, sachliche Architektur verzichtet mit Ausnahme weniger Details auf schmückendes Beiwerk. Gesucht wird die funktionellste architektonische Lösung. »Ein Scheusal von einem Haus«, urteilt eine Gemeinderat.

Albert Gessner, Wohnhaus in Charlottenburg (Berlin)

Gessner-Mietshaus Bismarckstraße/Charlottenburg

Randbebauung bringt Grün in die Mietskasernenviertel der Großstadt

Die aus dem Zuzug von Arbeitskräften in die industriellen Ballungszentren resultierende Wohnungsnot und der gleichzeitige Kampf gegen enge Hinterhöfe und dunkle Wohnungen haben eine neue Bauweise bei den Mietshäusern entstehen lassen, die sog. Randbebauung. Diese Bauweise beschränkt sich darauf, die von Straßen begrenzten Häusergevierte in den Städten nur längs der Straßen zu bebauen und das Hinterland, also den Raum innerhalb des Carrés, für Hof- und Gartenflächen frei zu lassen.

Solche Einfamilienhäuser für »einfache Leute« in Stadtgebieten sind in Deutschland selten.

Das in Renaissanceformen gehaltene Neue Rathaus in Hannover, seit 1901 in Bau, ist typisches Beispiel für den wilhelminischen Monumentalstil.

Das Stadttheater von Freiburg im Breisgau (1910) wurde von Heinrich Seeling entworfen, einem der erfolgreichsten Theaterarchitekten dieser Zeit.

Architektur 1910:

Wilhelminischer Pomp

Die Architektur steht weiter unter dem Zeichen des Pomps der wilhelminischen Kunst, immer größere Bedeutung gewinnt daneben der Neoklassizismus.
Dieser neuerliche Rückgriff auf den formstrengen Klassizismus – in Deutschland namentlich Schinkelscher Prägung – ist nicht einfach die Fortsetzung des Eklektizismus des ausgehenden 19. Jahrhunderts, sondern der Versuch des Bürgertums, durch die Reaktivierung historischer Formen dem eigenen wirtschaftlich-sozialen Aufstieg und gleichzeitig dem Großmachtanspruch des Kaiserreichs Ausdruck zu verleihen.
Klare Tektonik und maßvolle Ornamentik setzen sich vom Prunk des Eklektizismus und der Verspieltheit des Jugendstils ab und werden mit der Bestrebung nach einem funktionell-sachlichen, realistischen modernen Bauen verbunden. Fast alle Bahnbrecher der neuen Baukunst durchlaufen diese neoklassizistische Phase.
Die entscheidenden Impulse bei der Verbindung von Kunst und Industrie gehen dabei im Deutschen Reich von Peter Behrens aus, der seit 1907 künstlerischer Berater des AEG-Elektrokonzerns in Berlin ist. Damit hat erstmals ein Gestalter Einfluß auf die Bauten und Produkte eines Konzerns. Bei ihm bilden sich u. a. die Architekten Ludwig Mies van der Rohe, Le Corbusier, Walter Gropius (der sich in diesem Jahr selbständig macht), Erich Mendelsohn und Adolf Meyer.

Semper-Renaissance- und Barockformen verband Karl Roth beim Bau des neuen Dresdner Rathauses (1910), des »Palasts der Stadtverwaltung«.

Das neue Verwaltungsgebäude der Ruhrknappschaft in Bochum-Ehrenfeld

Krankenhaus der Wiener Kaufmannschaft, Arch. Ernst v. Gotthilf

Fotoporträt des französischen Malers Jean-François Millet (1858)

Studie einer der zahlreichen unbekannten »Entdeckungen« Nadars

Der Chemiker Michel Eugène Chevreul als 100jähriger (1886)

Fotografie verliert Pionier und Künstler

20. März. Der französische Fotopionier, Luftschiffer und Schriftsteller Nadar stirbt im Alter von 89 Jahren in seiner Heimatstadt Paris.

Technisch wie künstlerisch gleichermaßen interessiert, erschloß Nadar der Fotografie neue Anwendungsbereiche, u. a. durch die Verwendung von Kunst- und Blitzlicht und die Zuhilfenahme moderner Technik. 1858 machte er von einem Fesselballon aus die ersten Luftaufnahmen von Paris. Von 1863 bis 1865 fotografierte er in den Katakomben und in der Kanalisation der Seine-Metropole. Berühmt wurden auch seine Künstlerporträts: George Sand, Franz Liszt, Charles Baudelaire, Frédéric Chopin, Richard Wagner u. a. saßen ihm Modell.

Das letzte Porträt von Nadar, aufgenommen zwei Monate vor seinem Tod; Nadar war auch mit zahlreichen Malern befreundet – u. a. mit Edgar Degas –, die seine Fotografien als Vorlagen benutzten; 1874 veranstaltete er in seinem Studio in Paris erstmals eine Impressionistenausstellung.

Der französisch-brasilianische Luftfahrtpionier Alberto Santos-Dumont (um 1906); 1865 veröffentlichte Nadar die Schrift »Das Recht zu fliegen«.

Selbstporträt des Künstlers mit Frau und Sohn (um 1865)

Tolstoi: Revolution zeigt Kaiser nackt

17. März. Der 81jährige russische Dichter Leo N. Tolstoi notiert auf seinem Landgut Jasnaja Poljana bei Tula in sein Tagebuch: »Wüßte ein Mensch überhaupt nichts vom Leben der Menschen unserer christlichen Welt und sagte man ihm: Es gibt Menschen, die haben ihr Leben so eingerichtet, daß der größte Teil von ihnen, 99% oder so ähnlich, unaufhörlich körperlich arbeiten und schwere Not leiden muß, während der andere Teil, 1%, in Müßiggang und Überfluß lebt; hat nun dieses eine Hundertstel seine eigene Religion, Wissenschaft und Kunst geschaffen, wie müssen dann diese Religion, Wissenschaft und Kunst sein? Ich denke, darauf kann es nur eine Antwort geben: Diese Religion, diese Wissenschaft und Kunst sind Zerrbilder und schlecht . . .«

Über die politische Situation im zaristischen Rußland nach der Revolution von 1905 hat Tolstoi sechs Tage zuvor geschrieben: »Die Revolution hat in unserem Volk bewirkt, daß es mit einem Schlage die Ungerechtigkeit seiner Lage erkannte. Es ist dies das Märchen vom Kaiser und den neuen Kleidern. Das Kind, das die Wahrheit sagte, daß nämlich der Kaiser nackt ist, war die Revolution. Das Volk ist sich des erduldeten Unrechts bewußt geworden, und es verhält sich unterschiedlich zu diesem Unrecht (ein großer Teil leider voll Erbitterung); doch das ganze Volk begreift es schon. Und dieses Bewußtsein läßt sich durch nichts mehr austreiben. Was aber tut unsere Regierung, sie versucht, das nicht mehr auszulöschende Bewußtsein erduldeten Unrechts zu unterdrücken, vermehrt es dadurch und erweckt immer größere Erbitterung über dieses Unrecht.«

Tolstoi tritt seit Jahren für Regimegegner und Kriegsdienstverweigerer ein, trifft sich mit Sozialrevolutionären, besucht Gefängnisse, empfängt Arbeiterdelegationen und ist selbst den Schikanen der Zensur ausgesetzt. Sein letztes, stark autobiographisch gefärbtes Stück »Und das Licht scheinet in der Finsternis« bleibt unvollendet: Ein reicher Gutsbesitzer bemüht sich, streng nach dem Evangelium zu leben, doch seine Wohltaten verkehren sich in Unheil, sein Glaube erscheint den anderen als Narrheit, sein Christentum als Ketzerei (→ 20. 11./S. 199).

Weltruhm für den Nijinski-Harlekin

5. März. Im Pawlow-Saal in Petersburg (Leningrad) wird das Ballett »Le Carnaval« von Michail M. Fokin uraufgeführt. Der von Robert Schumanns Klaviersuite »Carnaval« inspirierte Einakter wird ein Welterfolg. Begeistert zeigt sich das Publikum von der tänzerischen Darstellung des Harlekin durch Waslaw Nijinski, z. B. der Szene, in der Harlekin der Kolumbine, getanzt von Tamara Karsawina, sein Herz zu Füßen legt. In den weiteren Rollen sind Vera Fokina als Chiarina und Bronislawa Nijinska als Papillon zu sehen. Fokin schuf das Libretto und die Choreographie, Léon Bakst besorgte die Ausstattung. Die Orchestrierung der Klavierstücke leitete Alexandr K. Glasunow, eine zehnköpfige Gemeinschaft von Komponisten sorgte für die Instrumentierung.

Fokin versucht in »Le Carnaval«, menschliche Charaktere choreographisch zu spiegeln. Im Mittelpunkt steht Robert Schumann. Chiarina ist im Ballett der Name für Schumanns Braut Ernestine von Fricken, Estrella soll die Pianistin Clara Wieck – Schumanns spätere Frau – personifizieren, Florestan und Eusebius sind zwei Seiten von Schumann selbst: Eusebius der Poet und Träumer, Florestan der feurige Liebhaber und Draufgänger.

Die deutsche Premiere des Stücks – die erste außerhalb Rußlands – findet am 20. Mai im Theater des Westens in Berlin statt. Zwei Wochen später wird in Paris die französische Erstaufführung durch Sergei Diaghilews »Ballets Russes« gegeben.

Waslaw Nijinski in dem Ballett-Klassiker »Giselle«.

Kampfzeitschrift für moderne Kunst

3. März. In Berlin erscheint die erste Nummer der expressionistischen Zeitschrift »Der Sturm«. Herausgeber ist der 31jährige Dramatiker, Satiriker, Essayist und Kunstkritiker Herwarth Walden. Als »Kampfzeitschrift für moderne Kunst« soll »Der Sturm« ein Forum für avantgardistische Literaten, Maler und Grafiker sein.

Walden geht es nicht um die Politisierung von Kunst und Literatur, sondern um »unbedingten Kunstfortschritt«, um die Freisetzung von Kunst und künstlerischer Individualität durch »künstlerische Wirklichkeitsüberwindung« und durch den Bruch mit der Tradition: »Die Revolution ist keine Kunst. Aber die Kunst ist Revolution«, schreibt er programmatisch. Walden fördert gezielt oppositionelle, gegen die herrschende Kultur im wilhelminischen Kaiserreich rebellierende Dichter und Künstler. In polemischen Beiträgen gegen die offiziöse Kunstkritik setzt er sich für neue Strömungen wie den aus Italien kommenden Futurismus (→ 11. 2./S. 49) und den Expressionismus ein. Den Futurismus z. B. macht er in Deutschland erstmals durch Ausstellungen in seiner »Sturm-Galerie« bekannt.

Zu den »Sturmkreis«-Autoren, die dank der Förderung Waldens in der Folgezeit im »Sturm« ein Forum erhalten, zählen Hans (Jean) Arp, Gottfried Benn, Alfred Döblin, Oskar Kokoschka, Paul Scheerbart und Kurt Schwitters.

»Sturm«-Herausgeber H. Walden

»Ballets Russes« lösen Renaissance des klassischen Balletts aus

Die »Ballets Russes« wurden von dem Impresario Sergei Diaghilew aus Mitgliedern des Petersburger Marientheaters und des Moskauer Hofballetts gegründet. Michail M. Fokin ist der erste Choreograph dieser Truppe, die mit ihrem ersten Auftreten in Paris am 18. Mai 1909 im Théâtre du Châtelet eine Renaissance des klassischen Balletts in Westeuropa eingeleitet hat. Fokin strebt eine künstlerische Synthese zwischen dem Klassizismus Marius Petipas und dem Neoklassizismus George Balanchines an. Sein Ballett »Der sterbende Schwan« nach der Musik von Camille Saint-Saëns (1907) für Anna Pawlowa errang Weltruhm. Fokin schuf auch die Choreographie für »Les Sylphides« (1908) nach der Musik von Frédéric Chopin, die 1909 von den »Ballets Russes« in Paris als westeuropäische Premiere gegeben wurden mit Anna Pawlowa, Tamara Karsawina und Waslaw Nijinski. Diaghilew vereinigt in seiner Truppe die besten Tänzer seiner Zeit. Mit Nijinski kam 1909 auch dessen Schwester Bronislawa Nijinska, genannt »La Nijinska«, hinzu. Entscheidend mitgeprägt wird der Stil der »Ballets Russes« durch die Arbeit des russischen Malers Léon Bakst mit seiner Vorliebe für das Zusammenspiel von Farbe, Stoff, Form und Rhythmus sowie für Bühnenbilder, die von der orientalischen Kunst inspiriert sind. Unter den zahlreichen Komponisten, deren Namen mit den »Ballets Russes« verbunden sind, erzielt der 27jährige, bisher kaum bekannte Igor Strawinski einen Welterfolg mit dem »Feuervogel«, der am 25. Juni durch die »Ballets Russes« uraufgeführt wird (→ 4. 6./S. 122).

»Vandalen« am Bosporus

März. Einen Aufschrei lösen die Pläne der türkischen Regierung zur Modernisierung von Konstantinopel (Istanbul) aus. Die Hauptstadt des Osmanischen Reichs soll zur Weltstadt aus- und umgebaut werden. Eine Anleihe von umgerechnet 20 Mio. Mark bildet die Basis für diese Stadtverschönerung, der unersetzbare Meisterwerke antiker Baukunst zum Opfer fallen werden, wie Archäologen befürchten. Wegen der dichten Bebauung des Stadtkerns stoßen archäologische Forschungen in der Metropole am Bosporus ohnehin auf große Schwierigkeiten. Die Sanierung könnte die Erforschung der Stadtgeschichte vollends zunichte machen.

Der römische Kaiser Konstantin I., der Große, erhob die um 658 v. Chr. am Goldenen Horn gegründete griechische Handelsstadt Byzantion unter dem Namen Konstantinopel als »zweites Rom« zur neuen Reichshauptstadt (eingeweiht 330). Kaiser Theodosius II. ließ sie von 413 bis 439 durch eine starke Mauer befestigen. Ab dem 7. Jahrhundert dem Niedergang preisgegeben, begann der erneute Aufstieg der Stadt nach der Eroberung durch die Osmanen im Jahr 1453: Sultan Muhammad II. machte sie zur Hauptstadt des Osmanischen Reichs.

Eins der umstrittensten Vorhaben bei der Stadtsanierung ist der Abriß der Theodosianischen Mauer. Um die Stadt auch vor Angriffen von der Landseite zu schützen, hatte Kaiser Theodosius II. die Mauer zwischen Goldenem Horn und Marmarameer als Verteidigungslinie errichten lassen. Diese Stadtmauer diktiert bis heute die Siedlungsgrenze. »Somit wird in der nahen Zukunft der vielversprechende Stempel der westeuropäischen Kultur, des alles überschwemmenden und verflachenden Fortschritts der Zivilisation dem unvergleichlichen Weichbild der Stadt Konstantins des Großen aufgedrückt werden, klagt der deutsche Archäologe David Sandler. Sandler protestiert nicht als einziger – die Mauer bleibt erhalten.

▷ *Oben die vermauerte Goldene Pforte des verfallenen Schlosses der Sieben Türme am Südwestende von Konstantinopel; r. das Top Kapu (Kanonentor), durch das Mohammed der Eroberer in die Stadt eindrang*

▽ *Altertumsforscher und Kunstfreunde hoffen, daß ihre Proteste gegen den geplanten Abriß der Theodosianischen Mauern am Bosporus gehört werden.*

Neue Sportarten für Eis und Schnee

Unter dem Titel »Hygiene im Wintersport« gibt die in Berlin erscheinende Zeitschrift »Die Woche« ihren Lesern einen Überblick über Aktivitäten auf Schnee und Eis:

»Der günstige Einfluß der freien Bewegung auf die verschiedenen Organe, besonders auf das Nervensystem, äußert sich ganz besonders beim Wintersport. Nervenschwache fühlen sich oft schon nach kurzem wie neugeboren...

Der landläufigste Wintersport ist das Schlittschuhlaufen, das am wenigsten anstrengt und fast immer durchführbar ist, wo Seen oder Flüsse zufrieren. Selbst Kinder erlernen das Laufen verhältnismäßig rasch, und alles benutzt gern die freie Zeit, um sich auf den Eisplätzen zu tummeln. Unfälle sind meist selten und unbedeutend. Abgesehen von allgemeinen Prellungen und leichten Kopfverletzungen durch Auffallen, kommt es nur hie und da zu Verstauchungen und Brüchen der Knöchel durch Umkippen. Gegen das Umknicken schützt am besten ein fester Schnürstiefel, der dem Fuß einen sicheren Halt gibt und an dem die Schlittschuhe gut befestigt werden. Auf größeren Seen kann man bei gutem Wind auch das Schlittschuhsegeln versuchen. Dabei wird ein drei- oder viereckiges Segel, über zwei rechtwinklig aneinander befestigte Bambusstäbe gespannt, mit den Händen gehalten. Dieser Sport wird viel in Schweden, Norwegen und Kanada betrieben...

Das Skifahren (norwegischen Ursprungs) und besonders das Springen mit den Skis setzt eine besondere Virtuosität und Kühnheit voraus. Es bietet einen besonderen Reiz, weite Schneeflächen dahinzujagen. Man bewegt sich mit einem oder zwei Stöcken auf etwa drei Meter langen Holzschienen vorwärts. Das Erlernen ist nicht ganz leicht, es verlangt ziemliche Fertigkeit und Ausdauer. Besonders schwierig ist das Fahren bergaufwärts, weiter ist es geradezu eine Kunst, richtig zu fallen und sich wieder zu erheben.

Das Fahren auf kleinen Schlitten, kurz Schlitteln oder Rodeln genannt, ist aus Skandinavien und Nordamerika nach Deutschland gekommen. Hier ist der ganze Körper, besonders aber Hände und Füße zum Lenken und Bremsen in steter aktiver Bewegung.«

»Auf der Eisbahn«, Zeichnung von W. Gause. Als für Wintersportarten am besten geeignete Kleidung werden lufthaltiges, weitmaschiges Wollgewebe und Baumwolltrikot empfohlen: Herren sollen Kniehosen aus Loden tragen sowie wollene Gamaschen oder englische Wadenbinden. Damen tragen unter dem kurzen Rock ebenfalls Kniehosen.

Skivergnügen in den Alpen: Das schöne Pfingstwetter nutzen diese Herren gleich für ein Sonnenbad.

Der deutsche Komponist und Dirigent Richard Strauss auf der Rodelbahn in Schierke im Harz.

Der neueste Damensport in den Schweizer Kurorten ist das »Schneeschuhlaufen hinter Pferden«.

Überwächtete Stelle im Gebirge; Erfahrung, Orientierungssinn, Wetterkenntnis und gute Ausrüstung sind die Voraussetzungen für Hochtouren.

»Gott, ist das schön und gesund! Wenn's nur nicht wieder aus der Mode kommt!« (Karikatur aus der Zeitschrift »Simplicissimus«)

April 1910

Mo	Di	Mi	Do	Fr	Sa	So
				1	2	3
4	5	6	7	8	9	10
11	12	13	14	15	16	17
18	19	20	21	22	23	24
25	26	27	28	29	30	

1. April, Freitag

Der Hauptvorstand des deutschen Ostmarkenvereins erläßt einen Spendenaufruf für den Ostmarkenschutz »zum Besten des Deutschtums in den Grenzprovinzen« (→ 10. 11./S. 197).

In Frankreich tritt ein neuer Zolltarif in Kraft, durch den deutsche Waren erheblich verteuert werden.

In Paris wird das Großkaufhaus »Printemps« eröffnet. Die Entwicklung von Warenhäusern, in denen unterschiedlichste Artikel für den Massenbedarf angeboten werden, begann in Frankreich bereits im 18. Jahrhundert, während im Deutschen Reich solche Einzelhandelsgroßbetriebe erst im ausgehenden 19. Jahrhundert an Boden gewannen.

2. April, Samstag

In der chinesischen Provinz Schansi kommen bei einem Zusammenstoß zwischen Opiumpflanzern und Regierungstruppen 60 Menschen ums Leben. Gleichzeitig wird aus der Provinz Yünnan gemeldet, daß mehreren Bauern, die trotz wiederholter Verbote Mohn anbauten, die Köpfe abgeschlagen wurden.

Die Regierung des Königreichs Rumänien unter Ministerpräsident Ion (Ionel) J. C. Brătianu legt in Bukarest ein Industrieförderungsprogramm vor. Danach dürfen Maschinen bei Betriebsgründungen zollfrei eingeführt werden, die Betriebe sollen Tarifermäßigungen auf den Eisenbahnen erhalten und die Wasserkraft unentgeltlich nutzen dürfen. Voraussetzung ist, daß die Beschäftigten in so geförderten Betrieben zu 75% Rumänen sind; Juden werden dabei ausdrücklich nicht als Rumänen angesehen, auch wenn sie in Rumänien geboren wurden.

Der russische Ministerpräsident und Innenminister Pjotr A. Stolypin gibt in Petersburg (Leningrad) bekannt, daß im vergangenen Jahr 450 000 Menschen zur Kolonisation in Westsibirien eingetroffen seien. Das Land werde durch die zweigleisige Eisenbahnlinie von Moskau nach Irkutsk (Südsibirien) weiter erschlossen.

Nach Angaben aus Madrid sind seit Beginn des 20. Jahrhunderts rund 400 000 Spanier ausgewandert. Die Auswanderungsgebiete sind Andalusien, Galicia und die Kanarischen Inseln. Ziel der meisten Auswanderer ist Brasilien oder Argentinien.

3. April, Sonntag

König Peter I. von Serbien trifft – von einer Begegnung mit dem bulgarischen König Ferdinand in Philippopel (Plowdiw) kommend – in der osmanischen Hauptstadt Konstantinopel (Istanbul) ein, wo er von Sultan Muhammad V. empfangen wird. Zentrales Thema der Gespräche ist die Balkanfrage (→ 20. 3./S. 54).

Der Ballon »Pommern« stürzt in der Nähe von Saßnitz in die Ostsee. Der Führer, der 42jährige Reichstagsabgeordnete Werner Delbrück, und zwei seiner Begleiter ertrinken. Der vierte Insasse wird schwer verletzt gerettet (→ 27. 4./S. 83).

Richard Abegg, Abteilungsvorsteher am Chemischen Institut in Breslau, verunglückt mit dem Ballon »Schlesien« bei der Landung in Pommern. Im Tessiner Krankenhaus erliegt er seinen schweren Verletzungen (→ 27. 4./S. 83).

Das Storting, das norwegische Parlament in Kristiania (Oslo), lehnt es ab, die nächste Polarexpedition von Roald Amundsen zu finanzieren. Amundsen will als erster Mensch den Südpol erreichen. Dasselbe Ziel hat der Brite Robert Falcon Scott (→ 15. 6./S. 120).

Ein Fußball-Länderspiel gegen die Schweiz gewinnt die deutsche Mannschaft in Basel 3:2.

4. April, Montag

Der frühere US-Präsident Theodore Roosevelt verzichtet nach seiner Ankunft in Rom auf die erbetene Audienz bei Papst Pius X., weil die Kurie als Bedingung für die Audienz verlangt hat, daß nichts »Anstößiges« geschehe.

Aus Aden wird gemeldet, daß die Leute des Mullah von Somali 800 Angehörige der großbritannienfreundlichen Stämme getötet und ihr Vieh geraubt haben.

Im chinesischen Kaiserpalast werden vier mit Sprengstoff gefüllte Bomben entdeckt (→ 10. 3./S. 57).

5. April, Dienstag

Der Landtag des Fürstentums Anhalt in Dessau nimmt mit 19 zu 17 Stimmen die Direktwahl für den Stadtbereich an, lehnt sie aber für das Land ab. Die Landbevölkerung muß die Abgeordneten künftig weiterhin in indirekter Wahl bestimmen.

6. April, Mittwoch

Aus Südamerika werden Spannungen zwischen Chile, Ecuador, Peru und Kolumbien gemeldet. → S. 80

Dem Kölner Männer-Gesangverein wird in Rom eine Audienz bei Papst Pius X. verweigert. Der Verein hatte vor dem italienischen König Viktor Emanuel III. gesungen. Der Heilige Stuhl und das Königreich Italien leben in einem Zustand permanenter Spannung, seit die Reste des Kirchenstaats 1870 Italien eingegliedert und Rom zur Hauptstadt erhoben wurde. Der Papst betrachtet sich als »Gefangener des Vatikans.«

7. April, Donnerstag

Das preußische Abgeordnetenhaus in Berlin nimmt nach den Osterferien seine Arbeit wieder auf. Zentrales Thema ist die Einführung der geplanten Schiffahrtsabgabe (→ 4. 3./S. 59).

Die Berliner Stadtverordnetenversammlung genehmigt den Kauf des an das Tempelhofer Feld angrenzenden Aufmarschgeländes vom preußischen Militärfiskus für 6,3 Mio. Mark. Das Gelände soll für die Erweiterung des Viktoriaparks verwendet werden.

8. April, Freitag

Der preußische Kriegsminister Josias von Heeringen gibt einen Erlaß zur »Stärkung für das Militärische« bei der Jugend heraus. → S. 77

9. April, Samstag

Aus Kiew werden 651 jüdische Familien ausgewiesen. Betroffen sind rund 2700 Personen. In Rußland kommt es in diesem Jahr mehrmals zu judenfeindlichen Aktionen seitens der Regierung. Pogrome wie die des Jahres 1905 wiederholen sich jedoch nicht. Ein Pogrom ist eine mit Plünderungen und Mord verbundene Judenverfolgung, die meist von staatlichen Stellen inszeniert wird.

Prinz Eitel Friedrich von Preußen eröffnet in Jerusalem die Auguste-Viktoria-Stiftung. → S. 81

Bei einem Fußball-Länderspiel in London unterliegt die Schweiz der Auswahl Englands 1:6.

10. April, Sonntag

In Berlin und mehreren Städten Preußens finden von den Behörden genehmigte Wahlrechtsversammlungen unter freiem Himmel statt. Sie verlaufen ohne Zwischenfälle (→ 13. 2./S. 40).

Die deutsche Zionskirche in Jerusalem wird geweiht (→ 9. 4./S. 81).

Im überfüllten Teatro Pizarro in Valencia findet eine Kundgebung für die Religions- und Gewissensfreiheit in Spanien statt, wobei die Redner der evangelischen Kirchen lebhaften Beifall erhalten. Die spanische Innenpolitik wird in diesem Jahr geprägt vom Versuch des neuen Ministerpräsidenten José Canalejas y Méndez, die Vorherrschaft des Katholizismus zu brechen (→ 9. 5./S. 100).

Aus der marokkanischen Hafenstadt Tanger wird gemeldet, daß drei Depeschenboten mit Nachrichten der britischen, französischen und deutschen Behörden auf dem Weg von Rabat nach Casablanca überfallen und vollständig ausgeraubt wurden (→ 23. 3./S. 55).

11. April, Montag

Der deutsche Bundesrat in Berlin nimmt den vom Reichsschatzamt ausgearbeiteten Entwurf eines Wertzuwachssteuergesetzes an. Danach soll der Wertzuwachs von Grundstücken besteuert werden.

Die Künstler Umberto Boccioni, Carlo Carrà, Luigi Russolo, Giacomo Balla und Gino Severini veröffentlichen das »Technische Manifest der futuristischen Malerei«. Es ist in diesem Jahr bereits das zweite Futuristenmanifest nach dem »Futuristischen Manifest« vom → 11. Februar (S. 49).

12. April, Dienstag

Das preußische Abgeordnetenhaus in Berlin nimmt bei der Wiederholungsabstimmung die umstrittene Wahlrechtsvorlage erneut gegen die Stimmen der Freikonservativen, Nationalliberalen, der Fortschrittlichen Volkspartei, der Polen und der Sozialdemokraten an. Deutschkonservative Partei und Zentrum verhinderten durch einen Geschäftsordnungstrick jede Debatte über die Novelle (→ 4. 2./S. 38), die am → 27. Mai (S. 94) zurückgezogen wird.

Wegen der Fleischnot reicht die Berliner Fleischerinnung beim Deutschen Reichstag in Berlin eine Petition auf Öffnung der Grenzen für die Einfuhr von lebendem Schlachtvieh ein (→ 20. 8./S. 150).

Bei der Ersatzwahl zum preußischen Abgeordnetenhaus wird im sechsten Berliner Wahlkreis der Sozialdemokrat Adolf Hoffmann mit 416 zu 68 Stimmen wiedergewählt. Hoffmann, der wegen seiner Schrift »Die zehn Gebote und die besitzende Klasse« auch »Zehn-Gebote-Hoffmann« genannt wird, zählt zu den populärsten Berliner Politikern dieser Zeit. Er ist bekannt durch seinen schlagfertigen Witz, den er in unverfälschter Berliner Mundart äußert.

13. April, Mittwoch

Auf Antrag der Deutschkonservativen Partei wird in die Geschäftsordnung des preußischen Abgeordnetenhauses in Berlin die Bestimmung aufgenommen, daß im Fall »grober, die Würde des Hauses schädigender Verletzung der Ordnung« der Präsident den betreffenden Abgeordneten für den Rest des Tages von der Sitzung ausschließen kann.

Die Berliner »Konservative Korrespondenz« prangert die »Nachgiebigkeit der Polizei« bei der Genehmigung von Wahlrechtskundgebungen an (→ 12. 2./S. 40).

Die Hamburger Bürgerschaft bewilligt auf Antrag des Senats einstimmig 1,3 Mio. Mark zum Bau eines Instituts für Schiffs- und Tropenkrankheiten.

14. April, Donnerstag

Das britische Unterhaus in London nimmt mit 334 zu 236 Stimmen eine Resolution an, nach der die Legislaturperiode von bisher sieben auf fünf Jahre beschränkt wird (→ 14. 1./S. 22).

Bei der Beratung des Eisenbahnetats im preußischen Abgeordnetenhaus in Berlin prangert der SPD-Politiker Robert Leinert die niedrigen Löhne der Eisenbahnarbeiter an, die nur 85 bis 96 Mark monatlich verdienen, »während zur Renovierung der Wohnung eines Eisenbahndirektionspräsidenten 6000 bis 20 000 Mark aufgewendet werden«. Paul von Breitenbach, der Minister für öffentliche Arbeiten, stellt in seiner Antwort klar, »daß Eisenbahner, die sich sozialdemokratischen Verbänden anschließen, entlassen werden.«

König Alfons XIII. unterzeichnet das Auflösungsdekret für die Cortes, das Parlament in Madrid. Neuwahlen finden am → 9. Mai (S. 100) statt.

Das Verhältnis des Bürgertums zur Avantgarde thematisiert die in Paris erscheinende humoristische Zeitschrift »Le Rire«. Einer modebewußten Besucherin der Kunstausstellung Salon des Indépendants legt sie die Worte »All das ist Häßlichkeit von Sterilisierten« in den Mund.

Die im Bau befindliche Parsevalhalle in München stürzt ein. Eine Person kommt ums Leben, sechs Menschen werden schwer verletzt.

15. April, Freitag

In den USA wird eine Volkszählung durchgeführt. → S. 80

Der österreichische Kaiser und König von Ungarn, Franz Joseph I., empfängt den früheren US-Präsidenten Theodore Roosevelt in Wien in Audienz (→ 4. 5./S. 97).

Die russische Reichsduma (Parlament) in Petersburg (Leningrad) bewilligt in geheimer Sitzung mehrere Mio. Rubel für Festungsbauten an der Westgrenze des Russischen Reichs.

Der preußische Finanzminister Georg Freiherr von Rheinbaben fordert im Abgeordnetenhaus in Berlin 854 500 Mark für den Umbau des Berliner Opernhauses in der Zeit vom 1. Mai bis zum 1. November 1910. Die Budgetkommission genehmigt die Nachtragsforderung.

Der Prager Gemeinderat beschließt, die Veröffentlichungen des Prager Statistischen Amts nicht mehr in deutscher, sondern nur noch in tschechischer und französischer Sprache erscheinen zu lassen (→ 26. 4./S. 81).

16. April, Samstag

Im Deutschen Reich werden rund 160 000 Bauarbeiter ausgesperrt. → S. 77

Bei der Beratung des Kultusetats im preußischen Abgeordnetenhaus in Berlin bezeichnet das Zentrum die christliche (katholische) Weltanschauung als »nicht staatsgefährdend«. → S. 76

Der Thüringer Kirchentag in Gotha nimmt eine Resolution an, wonach die kirchliche Beaufsichtigung des Religionsunterrichts aufgehoben werden soll. – Das ist in Sachsen-Gotha seit 1863, in Sachsen-Meiningen seit 1909 der Fall.

17. April, Sonntag

Der Ballon »Delitzsch« wird während eines Gewitters in der Nähe von Reichensachsen im Regierungsbezirk Kassel vom Blitz getroffen und stürzt ab. Die vier Insassen kommen bei dem Unglück ums Leben (→ 25. 4./S. 83).

Das Zürcher Kunsthaus wird eröffnet. Der 1907 begonnene Jugendstilbau ist ein Werk des Architekten Karl Moser. Das Museum erringt Weltruf vor allem durch seine Gemäldegalerie, in der ein Schwerpunkt die Schweizer Maler bilden (Johann Heinrich Füssli, Arnold Böcklin, Hans Leu, Ferdinand Hodler, Giovanni Segantini u. a.).

18. April, Montag

Bei der Beratung des Kultusetats im preußischen Abgeordnetenhaus in Berlin bekräftigt Kultusminister August von Trott zu Solz die Auffassung der Regierung, daß jeder Schüler Religionsunterricht erhalten muß. Dissidentenkinder sollen dann vom Religionsunterricht freigestellt sein, wenn sie außerhalb der Schule Religionsunterricht erhalten.

In Paris wird eine internationale Konferenz zur Bekämpfung des Mädchenhandels eröffnet. → S. 82

Der französische Aviatiker Louis Paulhan stellt mit dem 180-km-Flug von Paris nach Arcis-sur-Aube einen Überlandflugrekord auf (→ 27. 4./S. 83).

19. April, Dienstag

In der Nähe von Lataque in Kanada geht auf einen Arbeiterzug der National Transcontinental Railway ein Bergsturz nieder. 25 Arbeiter werden getötet.

20. April, Mittwoch

Eine Volksversammlung in Johannesburg bei Gablonz (Jablonec) in Nordböhmen spricht sich für die Reaktivierung der »Los-von-Rom«-Bewegung im nordböhmischen Gebiet aus und bestimmt den 15. Mai zum Tag des Massenaustritts aus der katholischen Kirche. Die »Los-von-Rom«-Bewegung entstand Ende des 19. Jahrhunderts unter den katholischen Deutschen in Altösterreich; Auslöser war die deutschfeindliche Haltung vieler böhmischer Priester und damit generell die Auseinandersetzung zwischen Slawen und Deutschen (→ 26. 4./S. 81).

Aus Konstantinopel (Istanbul) wird ein Protest der türkischen Regierung gegen einen Zwischenfall an der Grenze zum Sudan gemeldet: Ein französischer Offizier hatte eine türkische Karawane anhalten und über 20 angeblich räuberische Kameltreiber erschießen lassen.

21. April, Donnerstag

Der US-amerikanische Schriftsteller und Pazifist Mark Twain stirbt im Alter von 75 Jahren in Redding/Connecticut. → S. 85

22. April, Freitag

Der Zentrumsabgeordnete Matthias Erzberger beantragt im Deutschen Reichstag in Berlin, die Kosten für die Niederschlagung des Herero-Aufstands durch eine Vermögenssteuer zu decken. → S. 76

Der Wiener Gemeinderat wählt den bisherigen ersten Vizebürgermeister Josef Neumayer mit 129 zu 16 Stimmen zum Bürgermeister als Nachfolger des verstorbenen Karl Lueger (→ 10. 3./S. 62).

Die drei Militärluftschiffe »M I«, »P II« und »Z II« fliegen von Köln nach Homburg vor der Höhe, wo sie glatt landen und von Kaiser Wilhelm II. besichtigt werden (→ 25. 4./S. 83).

Mecklenburg-Schwerin feiert die Geburt eines Thronfolgers. → S. 82

Die verwitwete Großfürstin Sergius von Rußland, geborene Prinzessin Elisabeth von Hessen, legt in Moskau das Gelübde zur Nächstenliebe ab. Zusammen mit der 46 Jahre alten Schwester von Zarin Alexandra Fjodorowna nehmen weitere 18 Damen der Aristokratie den Schleier. Die Großfürstin wird zur Äbtissin des von ihr gegründeten Martha-Maria-Kloster der Barmherzigen Schwestern geweiht.

23. April, Samstag

Die Weltausstellung in Brüssel wird eröffnet. → S. 74

Der Deutsche Reichstag in Berlin nimmt einen Antrag der Wirtschaftlichen Vereinigung für Beihilfen an Kriegsteilnehmer an. Er sieht eine jährliche Beihilfe von 120 Mark für alle unterstützungsbedürftigen oder mindestens 60 Jahre alten Veteranen der letzten Feldzüge vor, wenn ihr Einkommen weniger als 900 Mark im Jahr beträgt.

Der frühere US-Präsident Theodore Roosevelt hält während seiner Europareise an der Sorbonne, der Pariser Universität, einen Vortrag über »Bürgerpflichten in der Republik« (→ 4. 5./S. 97).

In Kuba wird ein Aufstand der farbigen Plantagenarbeiter blutig niedergeschlagen. Auf Kuba, das seit 1901 faktisch ein Protektorat der USA ist, hat sich mit dem Eindringen von US-Kapital die Zukkerrohr-Monokultur sprunghaft verstärkt und die Proletarisierung der Landarbeiter beschleunigt.

24. April, Sonntag

Die Parlamentswahlen in Frankreich bestätigen die Koalition unter dem sozialistischen Ministerpräsidenten Aristide Briand. → S. 81

Beim Fußball-Länderspiel in Arnheim unterliegt die deutsche Auswahl Holland mit 2:4 Toren.

25. April, Montag

Das Reichsluftschiff »Z II« wird vom Sturm zerstört. → S. 83

Das britische lenkbare Militärluftschiff »II a« wird bei Farnborough durch einen Sturm zerstört. → S. 83

Die kaiserliche chinesische Regierung in Peking gibt bekannt, daß im Nimrod-Sund an der Küste von Tschekiang am Ostchinesischen Meer der erste Kriegshafen des Landes errichtet werden soll.

26. April, Dienstag

Die Budgetkommission des Deutschen Reichstags in Berlin lehnt den von der Regierung für unannehmbar erklärten Antrag des Zentrumsabgeordneten Matthias Erzberger ab, die großen Land- und Minengesellschaften in Deutsch-Südwestafrika zur Deckung der Kosten heranzuziehen, die für die Niederschlagung des Herero-Aufstands 1904 erforderlich waren (→ 22. 4./S. 76).

Der Budgetausschuß des österreichischen Reichsrats in Wien beschließt auf Antrag der Tschechen, künftig nur zweisprachige Beamte einzustellen. → S. 81

27. April, Mittwoch

Die von den Klerikalen dominierte belgische Abgeordnetenkammer in Brüssel beschließt mit 72 zu 58 Stimmen, einen Antrag der Sozialisten auf Einführung des allgemeinen gleichen Wahlrechts statt des Pluralwahlrechts nicht zu beraten.

König Eduard VII. von Großbritannien und Irland kehrt aus Biarritz zurück, wo er sich seit 3. März zur Erholung aufgehalten hat. Es war der letzte Auslandsaufenthalt des britischen Monarchen vor seinem Tod (→ 6. 5./S. 90).

Der französische Aviatiker Louis Paulhan fliegt – mit Übernachtung – 296 km von London nach Manchester. → S. 83

28. April, Donnerstag

Das britische Oberhaus in London nimmt das umstrittene Finanzgesetz, dessen Ablehnung im Vorjahr die Neuwahlen notwendig machte, in allen drei Lesungen an (→ 14. 1./S. 22).

Der neue italienische Ministerpräsident Luigi Luzzatti (seit 30. 3.) erläutert vor der Abgeordnetenkammer in Rom sein Regierungsprogramm. Der zentrale Punkt ist eine Steuerreform, die Italien landwirtschaftlich und industriell »zu einem Freihafen für das einheimische und das auswärtige Kapital« machen soll. Luzzattis Vorgänger Giorgio Sidney Baron Sonnino war am 21. März wegen seiner umstrittenen Forderung nach Schiffahrtssubventionen zurückgetreten.

29. April, Freitag

Das preußische Herrenhaus in Berlin nimmt die Wahlrechtsreform mit 140 zu 94 Stimmen an (→ 4. 2./S. 38).

Andrew Fisher von der australischen Labour Party wird neuer Ministerpräsident als Nachfolger von Alfred Deakin. Bei den Parlamentswahlen am 13. April hatte die Arbeiterpartei den Sieg über die liberal-konservative Koalition unter Deakin errungen.

30. April, Samstag

In Nürnberg wird der erste Parteitag der Fortschrittlichen Volkspartei in Bayern eröffnet. Er dauert bis zum 1. Mai (→ 6. 3./S. 58).

Das Storting, das norwegische Parlament in Kristiania (Oslo), beschließt die Einführung des allgemeinen Frauenstimmrechts bei den Kommunalwahlen. Bisher hatten die Norwegerinnen nur ein beschränktes Wahlrecht.

In Berlin tritt unter dem Vorsitz von Oberbürgermeister Martin Kirschner der Vorstand des Deutschen Städtetags zusammen. Er beschließt, an den Deutschen Reichstag eine Eingabe gegen die Reichswertzuwachssteuer zu richten. Dieses Gesetzesvorhaben sieht die Besteuerung des Wertzuwachses von Grundstücken vor. Die Steuern sollen jedoch nicht an die Gemeinden, sondern an das Reich entrichtet werden.

Das Wetter im Monat April

Station	Mittlere Lufttemperatur (°C)	Niederschlag (mm)	Sonnenscheindauer (Std.)
Aachen	8,1 (8,8)	35 (63)	– (178)
Berlin	9,3 (8,3)	30 (41)	– (193)
Bremen	8,0 (8,2)	41 (50)	– (185)
München	7,6 (8,0)	103 (59)	– (173)
Wien	8,4 (9,6)	37 (54)	181 (173)
Zürich	7,8 (8,0)	93 (88)	– (173)

( ) Langjähriger Mittelwert für diesen Monat
– Wert nicht ermittelt

Die Afrika- und Europareise des früheren US-Präsidenten Theodore Roosevelt beschäftigt zwei Monate lang die Presse. Die »Berliner Illustrirte Zeitung« zeigt »Teddy« (mit Brille) in Jagdkluft am Weißen Nil.

XIX. Jahrgang
Nr. 15

Berliner
Illustrirte Zeitung

10. April 1910
Einzelpreis
10 Pfg.
oder 15 Heller.

Verlag Ullstein & Co., Berlin SW. 68.

Roosevelt nach der afrikanischen Jagdexpedition:
Ankunft des Expräsidenten in Gondokoro am weißen Nil auf der Heimreise, die ihn Mitte Mai auch nach Berlin führen wird.
Roosevelt.

Welt-»Kirmes« in Brüssel

23. März. Albert I., König der Belgier, eröffnet die Weltausstellung in Brüssel. Die prunkvolle Feier kann nicht darüber hinwegtäuschen, daß die Ausstellung noch weit davon entfernt ist, eine Gesamtschau zu sein, in der die Völker aller Kontinente die neuesten Errungenschaften auf den Gebieten von Technik, Wissenschaft, Kunst und Kultur präsentieren: Lediglich die deutsche und die japanische Ausstellungsabteilung sind zum Zeitpunkt der Eröffnung fertiggestellt.

Die wichtigen Weltausstellungen

Jahr	Ort	Besucher (in Mio.)	Fläche (in ha)
1851	London	6,0	9,5
1855	Paris	4,5	16,8
1862	London	6,2	18,6
1867	Paris	8,7	41,7
1873	Wien	6,7	116,0
1876	Philadelphia	9,9	95,5
1878	Paris	13,0	74,0
1879	Sydney	1,1	6,0
1880	Melbourne	1,9	25,0
1888	Melbourne	1,9	17,7
1889	Paris	28,1	95,0
1893	Chicago	21,4	278,0
1900	Paris	47,0	109,0
1904	Saint Louis	20,0	500,0
1905	Liège/Lüttich	6,2	60,0
1906	Mailand	9,0	84,0
1910	Brüssel	13,0	100,0

Die japanische Ausstellung ist unzugänglich, weil sich die französische Abteilung, die sie umschließt, noch im Bau befindet. Geschlossen bzw. unfertig ist der Prunkpalast der Stadt Brüssel ebenso wie die Alhambra, die Spanien ausstellt, die niederländische Renaissance-Schloßanlage oder der französische Galerienkomplex für Kleingewerbe. Persien, Griechenland, Luxemburg und Österreich-Ungarn haben noch so gut wie nichts installiert, auch die kleinen Staaten wie Uruguay liegen weit zurück.

Erst als Ende Mai die meisten Aussteller die Vorbereitungen beendet haben, setzt der Besucherandrang ein: An Wochentagen strömen täglich mehr als 50 000 und an Wochenenden und Feiertagen mehr als 120 000 Menschen auf das Gelände, das 5 km vom Stadtzentrum entfernt am Bois de la Cambre errichtet wurde. Dabei sind der Volksfestcharakter und der friedliche Wettstreit der Industrienationen gleichermaßen Anziehungspunkte. Von Paris und von London, von Amsterdam und von Köln – immer sind es nur einige Stunden Fahrt bis Brüssel, und in einem Land, das sich des dichtesten Schienennetzes der Welt rühmt, erfreut sich die Ausstellung auch des lebhaften Andrangs der Einheimischen. Für den Transport auf dem 100 ha großen Gelände sorgt eine mit Benzinmotoren betriebene Schmalspurbahn, die wegen des lauten Motorengeräusches und des Rauchs der Abgasdämpfe allerdings wenig Beifall findet.

Das Deutsche Reich und Frankreich sind räumlich am größten vertreten: Über 28 000 m² erstrecken sich die Hallen, Gebäude und Gartenflächen der deutschen Abteilung, an deren Gestaltung u. a. die Architekten und Designer Peter Behrens und Bruno Paul sowie die Architekten Martin Dülfer und Emanuel von Seidl maßgeblich beteiligt waren. Nur Frankreich mit 38 000 und das Gastgeberland Belgien mit 70 000 m² beanspruchen eine größere Fläche.

Die Objekte sind nach Fachgebieten ausgestellt (Industriehalle, Maschinenhalle, Handwerk usw.). Lediglich das Deutsche Reich präsentiert seine Produkte geschlossen auf einem von den anderen Nationen getrennten Gelände.

Die Ausstellung bringt weder spektakuläre Neuerungen noch wurden für sie als revolutionär empfundene Gebäude errichtet wie 1851 der Kristallpalast in London oder 1889 der Eiffelturm in Paris. Im technisch-industriellen Bereich zeigt sich die Tendenz, bekannte Erfindungen unter dem Aspekt der Wirtschaftlichkeit zu verfeinern und zu verbessern. Zu den wichtigsten Neuerungen zählt der Kleinmotor des deutschen Maschineningenieurs Rudolf Diesel. Allgemein ist die Brüsseler Weltausstellung – die zweite in Brüssel nach 1897 – mit ihrer Mischung aus Kunstgewerbe und Kommerz, Hochtechnologie und Volksbelustigung Ausdruck einer Tendenz, die immer mehr Anbieter davon Abstand nehmen läßt, sich an »Welt«-Ausstellungen zu beteiligen. Die rheinisch-westfälische Großindustrie z. B. nimmt in Brüssel »aus wesentlich finanziellen Gründen« nicht teil. Viele Hersteller ziehen es vor, ihre Produkte auf Fachausstellungen zu präsentieren anstatt auf einer gigantischen Kirmes mit Lunapark, Schulklassen und Hunderten von Schenken. Der technische Bereich ist in Brüssel nicht vertreten.

Unter dem Zeichen des »Progrès«, des technischen, sozialen und kulturellen Fortschritts, steht die Weltausstellung, nach 1897 die zweite dieser Art in Brüssel (Illustration aus der »Leipziger Illustrirten Zeitung«).

Blick in die Kraftmaschinenhalle der deutschen Abteilung; neben den Verbrennungsmotoren nehmen bei den deutschen, britischen und belgischen Maschinenausstellern vor allem Kompressoren für die Erzeugung von Preßluft einen großen Raum ein, darunter die sog. Turbo-Kompressoren.

Der Architekt Emanuel von Seidl lieferte die Entwürfe für die Bauten der Deutschen Abteilung mit Deutschem Haus, Weinrestaurant und Kraftmaschinenhalle.

Für die meisten der 13 Mio. Besucher ist die Brüsseler Weltausstellung eine gigantische Kirmes. Während für den Bau des Ausstellungsgeländes viele alte Häuser der Brabanter Residenz abgerissen wurden, wurde zur Volksbelustigung ein neues Alt-Bruxelles (im Hintergrund) aufgebaut.

Das von Emanuel von Seidl entworfene »Münchener Haus«, ein Bier-Restaurant, macht die Besucher mit kulinarischen Genüssen aus Bayern bekannt.

Der Belgier Ernest Acker führte als verantwortlicher Architekt die künstlerische Leitung bei der Weltausstellung in Brüssel. Er schuf das monumentale Eingangsgebäude, die Fassade der Maschinenhalle, die französischen Galerien u. a.

Kolonialgesellschaften sollen zahlen

22. April. Der Zentrumsabgeordnete Matthias Erzberger beantragt im Deutschen Reichstag in Berlin, die Kosten für die Niederschlagung des Herero-Aufstands von 1904 durch eine »hauptsächlich auf die südafrikanischen Gesellschaften gelegte Vermögenssteuer« zu decken.

Erzberger löst damit einen Sturm der Entrüstung im Parlament und in der Öffentlichkeit aus. Der Staatssekretär des Reichskolonialamts, Bernhard Dernburg, hat einen Gesetzentwurf eingebracht, nach dem die Kosten durch eine staatliche Anleihe gedeckt werden sollten.

Erzberger hatte sich während des Herero-Aufstands der sozialdemokratischen Forderung nach einer Untersuchung der Kolonialpraktiken angeschlossen und zahlreiche Korruptionsfälle aufgedeckt. Dies führte u. a. zur Entlassung des Leiters der Kolonialabteilung. Außerdem verweigerte das Zentrum die Zustimmung zu den Krediten für die Fortsetzung des Kolonialkriegs.

Der Herero-Aufstand von 1904

1904 erhob sich der Bantustamm der Herero gegen die Kolonialmacht in Deutsch-Südwestafrika. Da jedoch die »Schutztruppen« den Aufstand nicht niederschlagen konnten, wurde aus dem Reich Verstärkung angefordert. General Lothar von Trotha übernahm den Oberbefehl, schlug die Herero und trieb sie in die Wüste, wo die meisten von ihnen umkamen. Mit den Herero hatten sich die Hottentotten erhoben, die die Kolonialmacht in einen langwierigen Guerillakrieg verwickelten. Die Abbildung zeigt Soldaten der deutschen Schutztruppen beim Angriff auf eine Stellung der Hereros (1904).

»Durch den Krieg reich geworden«

29. April. Matthias Erzberger begründet im Reichstag in Berlin den Antrag, die Kolonialgesellschaften in Südwestafrika zur Kasse zu bitten:

»Der Gedanke, auch die Gesellschaften zu den Ausgaben des Aufstandes heranzuziehen, ist nicht neu und wurde früher allseitig gutgeheißen. Niemand hat da von Konfiszion und Enteignung gesprochen . . . Die Gesellschaften sind durch den Krieg erst reich geworden. Wenn es in Südwest Millionäre gibt, dann bezahlen sie dort weder Einkommen- noch Vermögensteuer, während bei uns jedes Dienstmädchen Steuer bezahlen muß . . . Nun hat man gesagt, die Heranziehung der Gesellschaften würde das Kapital davon abhalten, in die Kolonien hinauszugehen. Man hat auch hier die kleinen Leute und sogar die Witwe mit den kolonialen Anteilen vorgeführt . . . Der niedrigste Anteil der Deutschen Kolonialgesellschaft beträgt 20 000 Mark!«

Hamm: »Terrorismus des Zentrums gefährlicher als SPD«

16. April. Im preußischen Abgeordnetenhaus in Berlin weist der Zentrumspolitiker Gustav Diettrich den Vorwurf zurück, die Politik seiner Partei als der Interessenvertreterin des politischen Katholizismus sei staatsgefährdend: »Unsere Grundsätze sind nicht staatsgefährlich, sie sind in eminentem Sinne staatserhaltend, denn es gibt kein besseres Fundament für die Staatserhaltung als die christliche Weltanschauung. Das ist nicht meine Privatmeinung, sondern ich spreche sie aus für das gesamte Zentrum.«

Auslöser der Debatte war die Polemik des Kronsyndikus Oskar Hamm im preußischen Herrenhaus am Tag zuvor: »Die größte Gefahr ist doch der Riß, der durch die ganze Bevölkerung vom Zentrum aus gezogen wird mit der Verquickung von Religion und Politik . . . Der Terrorismus des Zentrums ist noch viel gefährlicher als der der Sozialdemokratie . . . Das Zentrum vereinigt sämtliche Parteien in sich, es hat Aristokraten, Bund der Landwirte, Mittelstand und Sozialdemokraten, aber alle sind sich darin einig, daß sie immer sagen: Es handelt sich um die Religion. Auch wenn die Sache an sich gar nichts mit der Religion zu tun hat, die Wähler glauben es. Es genügt dem Zentrum nicht, daß jemand ein Katholik ist, sondern er muß ein politischer Katholik sein.«

Unter der Führung von Ernst Lieber erlangte das Zentrum ab 1890 eine Schlüsselposition als katholische, sich jedoch überkonfessionell gebende Partei im Deutschen Reichstag. Es unterstützte jahrelang die Regierung, durchbrach die Vormachtstellung der Konservativen in hohen Personalpositionen und stellte u. a. von 1895 bis 1906 den Reichstagspräsidenten.

Peter Spahn – Speer der Partei

Der dem konservativen Flügel zugerechnete Peter Spahn (22. 5. 1846) ist seit dem Tod von Ernst Lieber 1902 die führende Persönlichkeit des Zentrums. Seit 1884 gehört er dem Reichstag an, der ihn 1909 zum Ersten Vizepräsidenten wählte. Der 63jährige Oberlandesgerichtspräsident war u. a. maßgeblich beteiligt an der Ausarbeitung des Bürgerlichen Gesetzbuchs (BGB, 1900). Profilierteste Vertreter des linken Parteiflügels sind Adolf Gröber und Matthias Erzberger. Erzberger, seit 1903 Mitglied des Reichstags, ist Spezialist für Budget-, Gewerkschafts- und Kolonialfragen.*

Nach dem Tod Liebers (1902) ließen sich jedoch die inneren Flügelkämpfe nicht mehr überbrücken. Die konservative, katholisch-konfessionell geprägte Gruppe, die vor allem in den Landtagen ihre Vertreter hatte (»Berliner Richtung«), wollte an einer starken monarchischen Gewalt festhalten. Demgegenüber trat der linke, christlich-gewerkschaftlich orientierte Flügel (»Kölner Richtung«) für eine Demokratisierung der Verfassung, für ein verbessertes Koalitionsrecht der Arbeiter, für die Erweiterung der Sozialgesetzgebung und für eine Parlamentarisierung der Monarchie ein. Dieser Richtungsstreit wurde vordergründig über die Frage der Konfessionalität geführt, wobei Julius Bachem mit seinem Aufsatz »Wir müssen aus dem Turm heraus!« (1906) das Schlagwort für die modernistische Kölner Richtung prägte.

1909 wurde ein Kompromiß gefunden, nach dem sich die Partei als nichtkonfessionell darstellen soll, sofern die katholischen Interessen durch konfessionell gebundene Abgeordnete gewahrt bleiben.

Militärischer Drill als Freizeitvergnügen

8. April. Der preußische Kriegsminister Josias von Heeringen gibt einen Erlaß an die Generalkommandos heraus »zur Stärkung des Sinnes für das Militärische bei der Jugend«. Danach sollen Schüler bei Paraden, Manövern und »interessanten Übungen« zugelassen und über die Vorgänge unterrichtet werden. Exerzierhäuser, Turnhallen, Schwimmanstalten u. a. sollen unentgeltlich überlassen werden für Spiele und turnerische Wettkämpfe, an denen Offiziere und Unteroffiziere »fördernd teilnehmen«.

Der siegreiche Deutsch-Französische Krieg von 1870/71 und die Gründung des Kaiserreichs haben Ansehen und Einfluß der Streitkräfte so weit gestärkt, daß die maßgeblichen gesellschaftlichen Gruppen mehr oder weniger vollständig das Autoritätsgefüge der vom Offizierskorps geprägten militärischen Weltordnung übernommen haben. Seit der Entlassung Otto von Bismarcks als Reichskanzler (1890) gibt es keine politische Instanz mehr, die den Militärs Paroli bietet. Gefördert wird die Militarisierung des Lebens und Denkens auch durch Kaiser Wilhelm II. mit seinem gigantischen Flottenrüstungsprogramm und der damit verbundenen Propaganda für die deutsche Kriegsmarine.

△ Kinder in Matrosenuniformen defilieren im Parademarsch vor einem »Offizier«; »Kein Marinespiel ohne Uniform und kein Erfolg weltumsegelnder Seemannsfreude ohne seemännische Disziplin«, heißt es im Begleittext der »Leipziger Illustrirten Zeitung«. »Auch hier im Spiel lernen die jungen Burschen schon die schwerste Aufgabe des Lebens, dem Führer gehorchen und dem Mächtigeren sich unterordnen, zum Wohle des Ganzen.«

◁ Der »Grunewald-Iltis« ist das »Schulschiff« der Berliner Marine-Jugendwehr, die sich meist aus Gymnasiasten rekrutiert. Dieser Holznachbau der »Iltis« der kaiserlichen Marine besitzt betakelte Masten, Kanonen usw. Die Übungen sind am »echten« Marineleben orientiert.

Die »Macht, die über uns hingeht«

Eine überspitzte Darstellung der vom Militarismus geprägten Mentalität liefert Heinrich Mann in dem Roman »Der Untertan«, an dem er seit 1906 arbeitet:

»Hurra! schrie Diederich, denn alle schrien es; und inmitten eines mächtigen Stoßes von Menschen, der schrie, gelangte er jäh bis unter das Brandenburger Tor. Zwei Schritte vor ihm ritt der Kaiser hindurch. Diederich konnte ihm ins Gesicht sehen, in den steinernen Ernst und das Blitzen ... Auf dem Pferd dort, unter dem Tor der siegreichen Einmärsche, und mit Zügen steinern und blitzend, ritt die Macht! Die Macht, die über uns hingeht, und deren Hufe wir küssen! Die über Hunger, Trotz und Hohn hingeht! Gegen die wir nichts können, weil wir alle sie lieben! Die wir im Blute haben, weil wir die Unterwerfung darin haben! ... Leben in ihr, haben teil an ihr, unerbittlich gegen die, die ihr ferner sind, und triumphierend, noch wenn sie uns zerschmettert: denn so rechtfertigt sie unsere Liebe!«

Mitglieder der Berliner Marine-Jugendwehr beim »Spiel für das Vaterland«; beaufsichtigt werden die Jungen von »selbstgewählten« Offizieren.

Harte Baubosse sperren 160 000 aus

15. April. Im Deutschen Reich beginnt für schätzungsweise 160 000 bis 200 000 Bauarbeiter die Aussperrung. Das Gros der Unternehmer – viele Kleinfirmen ziehen nicht mit – folgt damit dem Beschluß des Arbeitgeberbunds. Der sieben Wochen – bis zur Einigung am 6. Juni – dauernde Arbeitskampf ist einer der bisher größten Streiks in der deutschen Geschichte.

Die Arbeitgeber wollen erreichen, daß Tarifverträge nicht mehr lokal, sondern überregional und zentral abgeschlossen werden. In einem offenen Brief der Bauarbeitgeber heißt es: »Der Kern des Streites liegt vornehmlich nicht auf materiellem Gebiet. Die höchsten idealen Interessen stehen in Gefahr ... Soll der Arbeitgeber noch Herr auf seinem Bauplatz bleiben, oder sollen es die sozialdemokratischen Organisationen noch mehr werden, als sie es heute schon sind?«

Die Taktik des Arbeitgeberbunds war von Anfang auf eine Machtprobe mit den Gewerkschaften ausgelegt: Nach zwei flauen Jahren im Baugewerbe wird für 1911 eine Hochkonjunktur erwartet. Um dann vor Ansprüchen sicher zu sein, soll den Arbeitnehmern, die wegen der Flaute ohnehin vielerorts niedrige Löhne in Kauf nehmen, ein Schlag versetzt werden, der die Streikkassen auf Jahre hinaus leert. Die großen Firmen können den Arbeitskampf finanziell gut überstehen.

Streiks – die offiziellen Zahlen

Land	Streiks		Teilnehmer	
	1910	1909	1910	1909
USA	3334	2425	824 000	452 000
Großbritannien	531	436	515 000	301 000
Deutsches Reich	3228	1652	391 000	131 000
Frankreich	1502	1025	281 000	167 000
Italien	1021	930	173 000	141 000
Österreich	657	580	55 000	62 000
Rußland	134	241	42 000	47 300
Spanien	246	147	36 000	7 000
Belgien	108	119	26 000	11 000
Kanada	101	90	22 000	80 000
Ungarn	162	181	21 000	13 000
Argentinien	298	138	19 000	15 000
Niederlande	146	189	14 000	8 000
Bulgarien	155	79	8 200	5 700
Schweden	76	138	4 000	302 000
Finnland	54	51	4 000	4 000
Norwegen	–	–	4 000	4 000
Japan	10	11	2 900	300
Dänemark	60	50	1 681	769
Uruguay	13	9	1 500	400
Serbien	47	40	1 000	1 100

Frisier- und Waschecke, Schlafzimmer (Ahorn; M. Herrgesell, Wien)

Waschecke; Bruno Paul (Berlin; Ausführung: Vereinigte Werkstätten)

△ Speisezimmer (l.) von M. Herrgesell (Wien); Damenzimmermöbel (r.) von Bruno Paul

◁ Porzellanfigur von Theodor Kärner, ausgeführt durch die Königliche Porzellan-Manufaktur in Nymphenburg (München)

▽ Entwürfe für Zeugdruck aus der Kunstgewerbeschule Wien, (v. l.) von Franz Schmid (Klasse Koloman Moser), Wilhelm Martens, Karl Riedel (beide Klasse Josef Hoffmann); Hinweis unter den Originalen: »Fabrikanten, die den einen oder anderen Entwurf zu industrieller Verwertung zu erwerben wünschen, wenden sich an die K. K. Kunstgewerbeschule Wien«

Schlafzimmermöbel (Bruno Paul; Berlin, Vereinigte Werkstätten)

Hans E. von Berlepsch-Valendàs (Maler und Architekt), einfache Innenausstattung für das Treppenhaus eines Einfamilienhauses

Hans E. von Berlepsch-Valendàs, einfache Innenausstattung mit eingebauten Möbeln, konzipiert für ein Einfamilienhaus (Entwurf)

Horst von Zedtwitz, Herrenzimmer; Möbel und Vertäfelung in gebeiztem Eichenholz, Beleuchtungskörper und Beschläge in Eisen, grüne Lederbezüge

Wohnen und Design 1910:

Eleganz ohne Theatralik

Führend auf dem Gebiet von Innenausstattung und Design ist der vor drei Jahren gegründete Deutsche Werkbund, dessen Einfluß auf die Formentwicklung inzwischen so groß ist, daß es 1910 auch zur Bildung eines österreichischen Werkbunds kommt. Der Werkbund nimmt die weiterhin aktuellen Jugendstilnachwirkungen auf und kanalisiert sie in Richtung jenes funktions- und materialgerechten Werkens, das der Jugendstil selbst vorbereiten half. Stilistisch bevorzugt wird »das Einfache, Glatte, Unverzierte . . ., eine verfeinerte Bürgerlichkeit, die keineswegs auf Eleganz verzichtet«, aber »alles Prunkende und Theatralische vermeidet«, wie 1910 der Mitgründer des Deutschen Werkbundes Hermann Muthesius formuliert.

Der Werkbund ist keine Künstlergruppe, sondern vereint Künstler, Kunsthandwerker, Designer, Innenausstatter, Architekten, Industrielle, Kunstwissenschaftler und -schriftsteller verschiedenster Richtungen. Ziel ist es, durch den Zusammenschluß von Künstlern, Technikern und Kaufleuten eine ästhetische Modernisierung der handwerklichen und industriellen Produktion zu erreichen. Zu den Werkbund-Künstlern zählen der Architekt und Designer Peter Behrens, der Architekt Theodor Fischer, der österreichische Architekt und Designer Josef Hoffmann, der Architekt Wilhelm Kreis, der Keramiker und Architekt Max Laeuger, der Architekt Joseph Maria Olbrich, der Architekt, Designer und Grafiker Bruno Paul, der Architekt und Kunstgewerbler Richard Riemerschmid und viele andere.

Aus Spitzenpositionen heraus beeinflussen Werkbund-Künstler Wohnen und Design bis zu den Gebrauchsgegenständen des täglichen Lebens. So entwirft Peter Behrens als künstlerischer Berater der AEG Haushaltsgeräte, Lampen u. a. Massenprodukte des Elektrokonzerns in zweckmäßigen, einfachen Formen. Bruno Paul, Leiter der Berliner Kunstgewerbeschule, steht für die Hinwendung zum Neoklassizismus in der Innenausstattung. Als einer der ersten vollzog er den Übergang von den Jugendstilformen zu einfachen, sachlichen und materialgerechten Formen für »billige« Möbel. Ausgeführt werden die Entwürfe durch Unternehmen, die dem Deutschen Werkbund angeschlossen sind – wie die Vereinigten Werkstätten für Kunst und Handwerk in München und die Deutschen Werkstätten in Dresden.

Neue Formen anerkannt

In einem Beitrag über Möbel und Innenraumausstattungen in der »Frankfurter Zeitung« beurteilt der deutsche Architekt und Kunstschriftsteller Hermann Muthesius (* 1861) die gegenwärtige Stilfrage im Kunstgewerbe:

»Die Wogen unserer modernen Stilbewegung haben sich mehr und mehr geglättet. In demselben Maße, wie die Bewegung an Breite gewinnt, verliert sie die Neigung, das Heil der Zukunft im Individualismus zu suchen. Der Individualismus war nötig zu einer Zeit, als tatsächlich der Weg verloren war, als infolge der schimpflichen Stiljagd, der sich das Kunstgewerbe seit Jahrzehnten hingegeben hatte, niemand mehr ein und aus wußte . . . Heute, nach fünfzehn Jahren heftigen Ringens und angestrengter Arbeit, können wir beinahe wieder von einer Tradition im wirklichen Sinne sprechen. Denn merkwürdigerweise hat sich aus den stark individualistischen ersten Erzeugnissen des neuen Kunstgewerbes eine Art allgemein anerkannter Formen, eine Konvention entwickelt, deren Geltungsbereich täglich erweitert wird, die von der gesamten jüngeren schaffenden Generation anerkannt und ausgeübt wird und die sich auch die Zuneigung des konsumierenden Publikums von Tag zu Tag in höherem Maße erringt . . . Daß der tatsächliche Konsum heute noch ein anderes Bild ergibt, liegt eben daran, daß die ältere Generation noch die hauptsächlichsten Käufer und Besteller entsendet. Die ältere Generation, die sich im Besitze der äußeren Machtmittel befindet, ist aber nie der Repräsentant der werdenden Kräfte der Zeit. Diese sind in der Jugend enthalten, die noch nicht am Ruder ist.«

Muthesius ist Referent für die preußischen Kunstgewerbeschulen in Berlin; er ist u. a. Mitgründer des Deutschen Werkbundes.

Für die Ausbildung der peruanischen Armee sorgen u. a. französische Offiziere und Militärberater.

Südamerika: Vier Länder streiten um Land

6. April. Aus den südamerikanischen Republiken häufen sich Meldungen über einen drohenden bewaffneten Konflikt zwischen Chile, Ecuador, Peru und Kolumbien. In der peruanischen Hauptstadt Lima lassen sich 15 000 Freiwillige als Soldaten anwerben.

Am 5. März wies die chilenische Regierung aus den von Peru beanspruchten und vor 1883 zu Peru gehörenden Territorien Tacna und Arica die peruanischen Priester »wegen Ungehorsams gegen die Verfassung« aus. Am 21. März rief daraufhin die peruanische Regierung ihren Gesandten aus Santiago zurück.

Während des Salpeterkriegs, der von 1879 bis 1883 um die reichen Salpetervorkommen im Grenzgebiet der Atacama-Wüste geführt wurde, verlor Peru die Salpeterprovinzen Tarapacá, Arica und zum Teil Tacna an Chile. Peru erstrebt die Revision des Friedensvertrags, was seit Jahrzehnten immer wieder an den Rand eines Kriegs führt.

Doch droht nicht nur auf der chilenischen Seite Konflikt. Vom nördlichen Nachbarstaat Ecuador beansprucht Peru ein fast unerforschtes und unbewohntes Gebiet nördlich des Amazonas.

Die peruanische Armee verfügt über rund 4000 Offiziere und Mannschaften. Ihnen stehen 4379 Offiziere und Mannschaften auf der Seite Ecuadors gegenüber. Diese zahlenmäßige Unterlegenheit kann Peru durch eine besser ausgerüstete Armee und eine vergleichsweise schlagkräftige Marine ausgleichen.

US-Volkszählung: 21% mehr als 1900

15. April. In den Vereinigten Staaten von Amerika wird – wie alle zehn Jahre – eine Volkszählung durchgeführt. Danach haben die 46 Bundesstaaten 91,9 Mio. Einwohner, was einer Steigerung um 21,1% gegenüber dem Jahr 1900 (45 Bundesstaaten) bzw. von über 1000% gegenüber dem Jahr 1810 entspricht.

13,5 Mio. Menschen sind nicht in den USA, sondern im Ausland geboren (1907 erreichte die Zahl der Einwanderer mit 1,2 Mio. den bisherigen Höchststand). 45,7% aller US-Amerikaner leben in Städten von mehr als 2500 Einwohnern. Die größten Städte sind New York mit 4,75 Mio. und Chicago mit 2,5 Mio. Einwohnern.

Ergebnisse aller Volkszählungen in den Vereinigten Staaten

Jahr	Bevölkerung in Mio.	Fläche Quadratmeilen	Einwohner je Quadratmeile	Weiße (Mio.)	Schwarze (Mio.)	andere (Mio.)
1790	3,9	864 746	4,5	3,1	0,7	–
1800	5,3 (+35,9%)	864 746	6,1	5,3	1,0	–
1810	7,2 (+35,8%)	1 681 828	4,3	5,8	1,3	–
1820	9,6 (+33,3%)	1 749 462	5,5	7,8	1,7	–
1830	12,8 (+33,3%)	1 749 462	7,4	10,5	2,3	–
1840	17,0 (+32,8%)	1 749 462	9,8	14,1	2,8	–
1850	23,1 (+35,9%)	2 940 042	7,9	19,5	3,6	–
1860	31,4 (+35,9%)	2 969 640	10,6	26,9	4,4	0,7
1870	39,8 (+26,8%)	2 969 640	13,4	33,5	4,8	0,8
1880	50,1 (+25,9%)	2 969 640	16,9	43,4	6,5	1,7
1890	62,9 (+25,5%)	2 969 640	21,2	55,1	7,4	3,5
1900	75,9 (+20,7%)	2 969 834	25,6	66,8	8,8	3,5
1910	91,9 (+21,1%)	2 969 565	31,0	81,7	9,8	4,1

Dollardiplomatie – wo das Geld herrscht

Unter Dollarimperialismus bzw. Dollardiplomatie wird die von US-Präsident William Howard Taft – seit 1909 im Amt – forcierte US-Außenpolitik verstanden, die darauf abzielt, unterentwickelte Staaten durch den Einsatz finanzieller Mittel in wirtschaftlicher und politischer Abhängigkeit zu halten.

So erklärt Taft am 23. März, sein Land wolle der hochverschuldeten afrikanischen Republik Liberia durch eine Anleihe helfen, ihre Gläubiger zu befriedigen. Als Garantie wollen die Vereinigten Staaten die Kontrolle über die liberianischen Zölle, die Mitwirkung bei der Regelung der liberianischen Finanzen und die Einrichtung einer wirksamen Polizeitruppe verlangen.

Die aggressiv imperialistische Diplomatie von Tafts Vorgänger Theodore Roosevelt (1901 bis 1909, Friedensnobelpreisträger 1906), der für die USA eine »Polizeifunktion« in Südamerika proklamierte, die Vereinbarung über den Bau des Panamakanals durchgesetzt und zahlreiche militärische Interventionen veranlaßt hatte, wird unter Taft abgeschwächt. Als z. B. der US-Geschäftsträger in Panama am 8. September erklärt, falls das Parlament einen antiamerikanischen Präsidenten wählen sollte, werde die Okkupation oder Annexion des Landes erfolgen, wird er seines Postens enthoben und nach Washington zurückberufen. (In Panama wird daraufhin ein den USA genehmer Präsident gewählt.)

Militärische Intervention aus Wirtschaftsinteressen erfolgt unter der Präsidentschaft Tafts dann, wenn sie mit ideologischen Gründen erklärt werden kann oder »zum Schutz amerikanischer Staatsbürger« erfolgt. In Nicaragua z. B., wo Präsident José Santos Zelaya die Modernisierung der vom US-Konzern United Fruit Company beherrschten Wirtschaft betrieb, griffen die USA offen ein, als sich im Land eine starke Opposition gegen den Präsidenten bildet und US-Bürger zu Schaden kommen (→ 22. 1./S. 25).

Wahlen bestätigen Sozialisten Briand

24. April. Die Parlamentswahlen in Frankreich erbringen – einschließlich der Stichwahlen am 8. Mai – keine bemerkenswerte Verschiebung der Mehrheitsverhältnisse. Die Regierungskoalition aus Radikalen (Liberalen), Linksrepublikanern und unabhängigen Sozialisten zieht leicht geschwächt mit 370 statt bisher 380 Abgeordneten in das neue Parlament ein. Sie ist weiterhin so stark, daß sie eine von den Gemäßigten und den orthodoxen Sozialisten unabhängige Politik betreiben kann. Stärkste Kraft in der Opposition werden die orthodoxen Sozialisten mit 74 statt bisher 55 Mandaten.

Ministerpräsidenten seit 1900
Pierre Waldeck-Rousseau (1899 – 1902)
Émile Combes (1902 – 1905)
Maurice Rouvier (1905/06)
Ferdinand Sarrien (1906)
Georges Clemenceau (1906 – 1909)
Aristide Briand (seit 1909)

Der sozialistische Ministerpräsident Briand hatte zum Wahlkampfthema die Reform des Wahlrechts nach dem Prinzip des Verhältniswahlrechts gemacht, um auch kleineren Gruppen die Möglichkeit zur parlamentarischen Mitsprache zu geben. Außerdem will er die Wahlperiode verlängern, »damit nicht alle vier Jahre die Existenz der Republik neu in Frage gestellt werden kann durch die Zwischenfälle eines Tages«.

Als Briand während des Wahlkampfs in Saint-Chamond »Streikauswüchse« verurteilt, kommt es zu Schlägereien (Seite aus »L'Illustration«).

Völkerrivalität: Böhmen blutet aus

26. April. Auf Antrag der tschechischen Abgeordneten beschließt der Budgetausschuß des österreichischen Reichsrats in Wien, als Beamte nur Personen anzustellen, die außer dem Deutschen eine zweite Landessprache beherrschen.
Fast die gesamte österreichische Innenpolitik wird von der Rivalität zwischen Deutschen und Tschechen bestimmt. 1909 ist dieser Streit in eine akute Phase getreten: Die Deutschen lassen den böhmischen Landtag nicht mehr arbeiten (→ 8. 1./S. 24), solange die Tschechen ihnen eine nationale Abgrenzung verweigern, die das deutsche Gebiet vor weiteren Vorstößen der Slawisierungspolitik schützen soll. Doch die in Böhmen zahlenmäßig überlegenen Tschechen fordern im Gegenteil einen nationalen Schlüssel bei der Aufteilung der Ressorts und wollen auch die Verwaltung in den Slawisierungsprozeß einbeziehen.
Da die Staatsgewalt die Aggressionen, die bei diesem chauvinistischen Streit freigesetzt werden, niederhält, entlädt sich der emotional geführte Kampf zwischen Deutschen und Tschechen nur selten in blutigen Auseinandersetzungen. Doch der parlamentarische Kampf, den die Deutschen nun führen, droht das österreichische Kronland Böhmen wirtschaftlich auszubluten. Wichtige subventionsbedürftige Unternehmen müssen den Betrieb einschränken oder einstellen, da der Landtag beschlußunfähig ist.

Der Besuch Eitel Friedrichs (vor der Grabeskirche) findet ebensoviel Interesse wie der Wilhelms II. 1898.

Wilhelm II. – Statue für die Stiftung

Deutschtum in Jerusalem

9. April. Der 26jährige Prinz Eitel Friedrich von Preußen eröffnet auf dem Ölberg in Jerusalem die Kaiserin-Auguste-Viktoria-Stiftung.
Die vom deutschen Kaiser und preußischen König Wilhelm II. und seiner Frau, Auguste Viktoria, gegründete Stiftung umfaßt das mit einem Kostenaufwand von mehreren Mio. Mark errichtete Sanatorium für Fieberkranke und Lungenleidende sowie ein Hospiz für Pilger und Touristen. Das Hospiz soll bei feierlichen Anlässen, namentlich beim Himmelfahrtsfest auf dem Ölberg, der Mittelpunkt des (preußisch-)evangelischen Deutschtums in Syrien und Palästina sein. Da die Verwaltung von Sanatorium und Hospiz nicht der preußischen Krone unterstellt werden kann, übernimmt diese Funktion der Preußische Johanniterorden, dessen Herrenmeister seit 1907 Prinz Eitel Friedrich ist.
Mit der Stiftung wird der langjährige Wunsch evangelischer Deutscher nach einem repräsentativen Sammelpunkt in Jerusalem erfüllt. Zugleich untermauert die preußische Krone symbolisch ihren Anspruch, Schützerin der Heiligen Stätten des Christentums im Land der Bibel zu sein.
Die Reise von Eitel Friedrich gilt zugleich der katholischen Marienkirche auf dem Berg Sion, die im Auftrag des Deutschen Vereins vom Heiligen Lande errichtet wurde.

Im Zug durch die gigantische Andenwelt

April. Die neue Trans-Andenbahn zwischen Argentinien und Chile stellt einen sehr wichtigen Schritt zur verkehrsmäßigen Erschließung Südamerikas dar. Tiefere Einsattelungen, die einen leichten Verkehr zwischen den Ebenen des Ostens und der Pazifikküste ermöglichen, besitzt das Andensystem nur im äußersten Norden und im Süden, nicht aber in Höhe der wichtigen Ost-West-Verbindung zwischen Buenos Aires und Santiago de Chile. Die Eisenbahnlinie zwischen Argentinien und Chile von Mendoza – Uspallata – Los Andes nach Valparaiso überquert die Kordilleren in einer Höhe von bis zu 3200 m mit einem Scheiteltunnel von 3,2 km Länge.

Die Reise von Buenos Aires bis zur Westküste dauert allerdings 38 Stunden. Dies liegt nicht nur an Steigungen von bis zu 6%, sondern vor allem daran, daß verschiedene Spurweiten verwendet werden und die Passagiere zweimal den Zug wechseln müssen. So dauert der Zwangsaufenthalt an der chilenisch-argentinischen Grenze bis zu drei Stunden. Das Passagieraufkommen ist gering. Ausländische Touristen werden durch Preise abgeschreckt, die mehr als doppelt so hoch liegen wie die First-Class-Preise des europäischen Kontinents, obwohl der Komfort weit darunter liegt.

Die Station Los Caracoles am chilenischen Ende des Scheiteltunnels der Trans-Andenbahn in mehr als 3000 m Höhe. Die neue Schienenverbindung schafft einen ganzjährig befahrbaren Verkehrsweg zwischen Santiago/Valparaiso und Buenos Aires. Die bis auf 4000 m führende Straße ist nur acht bis neun Monate pro Jahr passierbar.

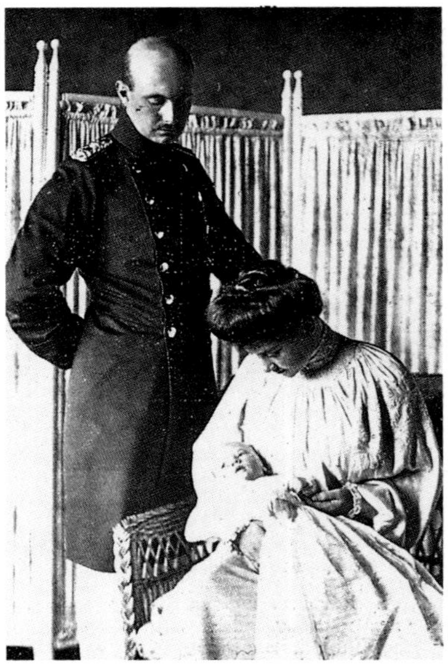

Großherzog Friedrich Franz IV. und Frau mit dem Erbgroßherzog

Erbgroßherzog in Schwerin geboren

22. April. Großherzogin Alexandra von Mecklenburg-Schwerin wird von einem Knaben entbunden, der zum Erbgroßherzog proklamiert und am 11. Juni im Beisein von Kaiser Wilhelm II. in Schwerin auf den Namen Friedrich Franz getauft wird. Anläßlich der Geburt des Thronfolgers werden alle noch nicht erledigten Freiheitsstrafen bis sechs Wochen erlassen.

Mädchenhändler besonders in slawischen Ländern aktiv

18. April. Der französische Außenminister Stéphan Pichon eröffnet in Paris eine internationale Konferenz zur Bekämpfung des Mädchenhandels. Als Leiter der nationalen »Zentralpolizeistelle zur Bekämpfung des internationalen Mädchenhandels« gibt der deutsche Kriminalkommissar I. von Tresckow folgende Übersicht:

»Unter Mädchenhandel versteht man das Anwerben und Verhandeln von weiblichen Personen zu unsittlichen Zwecken ... Frühere Kellnerinnen, Dienstmädchen, Fabrikarbeiterinnen und Mädchen vom Land stellen das Hauptkontingent. Länder, in denen gesunde wirtschaftliche Verhältnisse walten und in denen Schule und Kirche an der Erziehung der Jugend in segensreicher Weise mitwirken, sind an dem schmachvollen Mädchenhandel verhältnismäßig wenig beteiligt, Länder dagegen mit kümmerlicher wirtschaftlicher Entwicklung und schlechten Schulverhältnissen sind die Orte, wo die Mädchenhändler mit Vorliebe ihre Opfer suchen und auch finden. Die germanischen Länder werden daher von den Mädchenhändlern nicht so häufig aufgesucht wie die romanischen und slawischen Gebiete. Besonders die letzteren stellen die meisten Opfer, und so finden wir in den öffentlichen Häusern Südamerikas vornehmlich Mädchen aus Galizien, Rußland, Ungarn und den Balkanländern. Dort herrscht neben großer Armut ebenso große Unbildung; viele Mädchen können nicht einmal lesen und schreiben. Es besteht dort noch ein Hörigkeitsverhältnis der Frau ... Eine Besserung dieser Verhältnisse läßt sich nur erwarten von einer unermüdlichen Aufklärungsarbeit und von der Herstellung einer besseren Gelegenheit für Frauenerwerb ...

Die Mädchenhändler gehen, um ihre Zwecke zu erreichen, skrupellos vor. Der Gewinn, den sie aus ihrem Geschäft ziehen, ist ein so reicher und ein in verhältnismäßig kurzer Zeit ohne große Mühen erworbener, daß sie keine Geldmittel scheuen, um ans Ziel zu gelangen. Weite Reisen, nobles Auftreten, reiche Geschenke und Trinkgelder spielen bei diesem Geschäft die Hauptrolle. Die Ausgaben werden durch den Gewinn reichlich wieder gutgemacht. Mit Vorliebe bedient sich der Mädchenhändler bei seinem Geschäft der Inserate in den großen Zeitungen. Er studiert den Annoncenteil und sendet an die Mädchen, die sich als Kellnerinnen, Büfettfräulein, Verkäuferinnen usw. anbieten, Offerten mit den glänzendsten Versprechungen. Dann tritt entweder er selbst oder eine seiner Agentinnen an die Opfer persönlich heran, und unter tausend Versprechungen werden diese für eine brillante Stellung im Ausland angeworben ... In ihren Mitteilungen geschäftlicher Natur bedienen die Mädchenhändler sich gewisser Fachausdrücke, um ihr lichtscheues Treiben zu verbergen. Sie sprechen von lebender Ware und telegraphieren zum Beispiel: Fünf Faß Ungarwein kommen in Belgrad an, oder: Drei Sack Kartoffeln lagern in Barna. In Wirklichkeit handelt es sich im ersteren Fall um fünf schöne Ungarinnen, im letzteren um weniger hübsche Mädchen.«

Sturm wirft das führerlose »Z II« gegen ein Hotel.

L. Delagrange stürzt am 4. Januar bei Bordeaux ab.

Baumlandung: Pilot kam mit Schrecken davon.

Robert u. Léon Morane stürzen bei Issy-les-Moul ab.

Das Luftschiff »Erbslöh« stürzt am 13. Juli ab.

Fortschritte und Rückschläge, Todesstürze und Triumphe

25. April. Das deutsche Reichsluftschiff »Z II« wird bei der Zwischenlandung in Limburg an der Lahn aus der Verankerung gerissen und im Sturm völlig zerstört.

Die Hiobsbotschaften aus der deutschen Luftfahrt reißen in diesem Monat nicht ab: Am 3. April stürzt der Ballon »Pommern« in der Nähe von Saßnitz in die Ostsee; der Reichstagsabgeordnete Werner Delbrück und zwei Begleiter ertrinken. Am selben Tag verunglückt Richard Abegg, Abteilungsvorsteher am Chemischen Institut in Breslau, mit dem Ballon »Schlesien« tödlich bei der Landung in Pommern. Am 17. April wird der Ballon »Delitzsch« bei Kassel vom Blitz getroffen und stürzt ab; die vier Insassen kommen ums Leben.

Als besonders schwerwiegend wird die von der Presse als »Z-II-Katastrophe« hochgespielte Zerstörung des Militärluftschiffs »Z II« empfunden. Der Luftfahrtpionier Hugo Eckener, Fahrbetriebsleiter bei Zeppelin, kommentiert: »Nachdem durch eine Reihe von glücklichen Landungen… der Beweis erbracht war, daß man mit dem starren System auch bei schwerem Wetter überall glatt niederzugehen und sich zu halten vermöge, nachdem zwei Z-Schiffe von der Militärverwaltung erworben waren und das deutsche Volk sich gewöhnt hatte, im Besitz gerade dieses entwicklungsfähigsten Systems seine Überlegenheit auf dem Gebiete der Motorluftschiffahrt vor anderen Nationen zu fühlen – da trifft die Kunde von dem Totalverlust des Z II doppelt schwer und niederschlagend. Ist also doch die Behauptung gegnerischer Seite von der Zerbrechlichkeit des starren Typs zu Recht erhoben worden? Die Freunde des schwer und spät zum Sieg geführten Luftschiffsystems des Grafen Zeppelin, die ganze Nation fragt sich in neuer Sorge.« Eckener führt das Unglück auf falsche Besetzung zurück: »Außer dem nicht besonders mit Zeppelinschiffen vertrauten Führer und dem Fahringenieur waren keine Steuerleute an Bord, sondern an deren Stelle einige Generalstäbler als Passagiere.«

296-km-Rekord mit Übernachtung

27./28. April. *Der französische Aviatiker Louis Paulhan (rechts) gewinnt in einem Farman-Doppeldecker (rechts) das mit 10 000 britischen Pfund (mehr als 200 000 Mark) dotierte Wettfliegen von London nach Manchester und stellt mit 296 km einen Überlandflugrekord auf.*

Seit dem Flug Louis Blériots über den Ärmelkanal am 25. Juli 1909 hat kein aviatisches Ereignis so für Aufsehen gesorgt wie diese Luftfernfahrt. Paulhan startet am 27. April kurz nach 17 Uhr auf dem Flugplatz von Hendon (London), wo sich unter die zahlreichen Schaulustigen auch mehrere bekannte Aviatiker gemischt haben. Nach der Übernachtung in Lichfield erreicht er am nächsten Vormittag Manchester in Nordwest-England. Kein Mensch ist bisher eine so lange Strecke geflogen.

Paulhans Konkurrenten sind der Franzose Émile Dubonnet (oben), der am 23. April in einem Tellier-Monoplan (unten) die französische Hauptstadt überflogen hat. Mit dem gleichen Flugzeug wie Paulhan, einem Farman-Biplane, geht Claude Graham-White (links) an den Start. Graham-White, der sich erst im November des vergangenen Jahres dem Motorfliegen zugewandt hatte, hat vor wenigen Tagen einen Überlandrekord von 183 km auf der Strecke London – Rugby – Lichfield aufgestellt und damit den 180-km-Rekord gebrochen, den Paulhan am 18. April zwischen Paris und Arcis-sur-Aube aufgestellt hatte (Titelseite der »Illustrated London News« vom 30. April 1910).

Literatur 1910:

Beginn des Expressionismus

Das öffentliche Auftreten des Expressionismus markiert den Anfang einer literarischen Revolution: Mit dem Jahr 1910 beginnt das »expressionistische Jahrzehnt«.
Industrialisierung und Verstädterung, die Ausbreitung des Imperialismus, wachsende politische und soziale Spannungen führen nicht nur bei Literaten der jüngeren Generation zu einer Protesthaltung, mit der schroff und radikal die bürgerliche Gesellschaft als Welt in der Krise, als instabil und vom Untergang bedroht abgelehnt und eine Erneuerung aus der schöpferischen Geistigkeit und der Macht des Wortes proklamiert wird.
Trotz der radikalen Ablehnung der literarischen Tradition – Naturalismus, Impressionismus, Jugendstil, Neuromantik, Neuklassizismus usw. – baut der Expressionismus auf ihr auf. Eine bedeutende Rolle spielt dabei die Neuorientierung zum Geistigen und Irrationalen, die sich aus der Philosophie Friedrich Nietzsches und aus dem französischen Symbolismus anbahnt.
Mit dem Naturalismus teilt der Expressionismus den Kampf gegen die bürgerliche Gesellschaft, gegen den Kapitalismus. Er lehnt den Positivismus der Naturwissenschaften ab, verdammt den Rationalismus der Fortschrittsideologie ebenso wie die logisch-kausale Psychologie oder den weltanschaulichen und ästhetischen Relativismus des Impressionismus. In kühner Verbindung von »Geist und Tat« (Heinrich Mann) soll durch die »Tat« die überlieferte Form zerschlagen und aus ihren Trümmern das vom »Geist« bestimmte Reich der Zukunft errichtet werden.
Die zwei ersten Zeitschriften als Foren der neuen Literaturbewegung erscheinen in diesem Jahr: »Der Sturm« wird von Herwarth Walden in Berlin (→ 3. 3./S. 67) und »Der Brenner« von Ludwig von Ficker in Innsbruck gegründet. Außerdem bereitet Franz Pfemfert die Herausgabe der Zeitschrift »Die Aktion« (1911) vor. An diesen Zeitschriften arbeiten fast alle namhaften Vertreter der ab 1911 als Expressionismus bezeichneten Stilrichtung mit, die in den romanischen Ländern vom Futurismus (→ 11. 2./S. 49) getragen wird.

Während sich diese literarische Revolution ankündigt, wird in Stockholm als erster Deutscher Paul Heyse mit dem Literaturnobelpreis ausgezeichnet. Heyse ist einer der Hauptvertreter des »Münchner Dichterkreises«, der sich die Nachahmung klassischer Kunstformen, die Förderung eines ausgeglichenen Stils und die Pflege formalästhetischer Virtuosität zur Aufgabe gesetzt hat – das völlige Gegenteil zum Expressionismus. Mit seinen formal vollendeten Novellen genießt Heyse großes Ansehen beim Bildungsbürgertum. Er bezieht gleichermaßen Front gegen die sozialkritisch-aggressiven Naturalisten und gegen die »Übermenschen«-Philosophie Nietzsches.
(Siehe auch Übersicht »Neuerscheinungen« im Anhang.)

◁ Ebenso wie der Verlag Ullstein (→ S. 85) bietet das Verlagshaus Fischer eine neue Reihe mit »Billigbüchern« zum Stückpreis von 1 Mark an; daß die »modernen« Autoren, deren Werke in der »Bibliothek zeitgenössischer Romane« veröffentlicht werden, nicht mehr taufrisch sind (Theodor Fontane † 1898, Bjørnstjerne Bjørnson † 1910), ist dem Verkauf nicht abträglich.

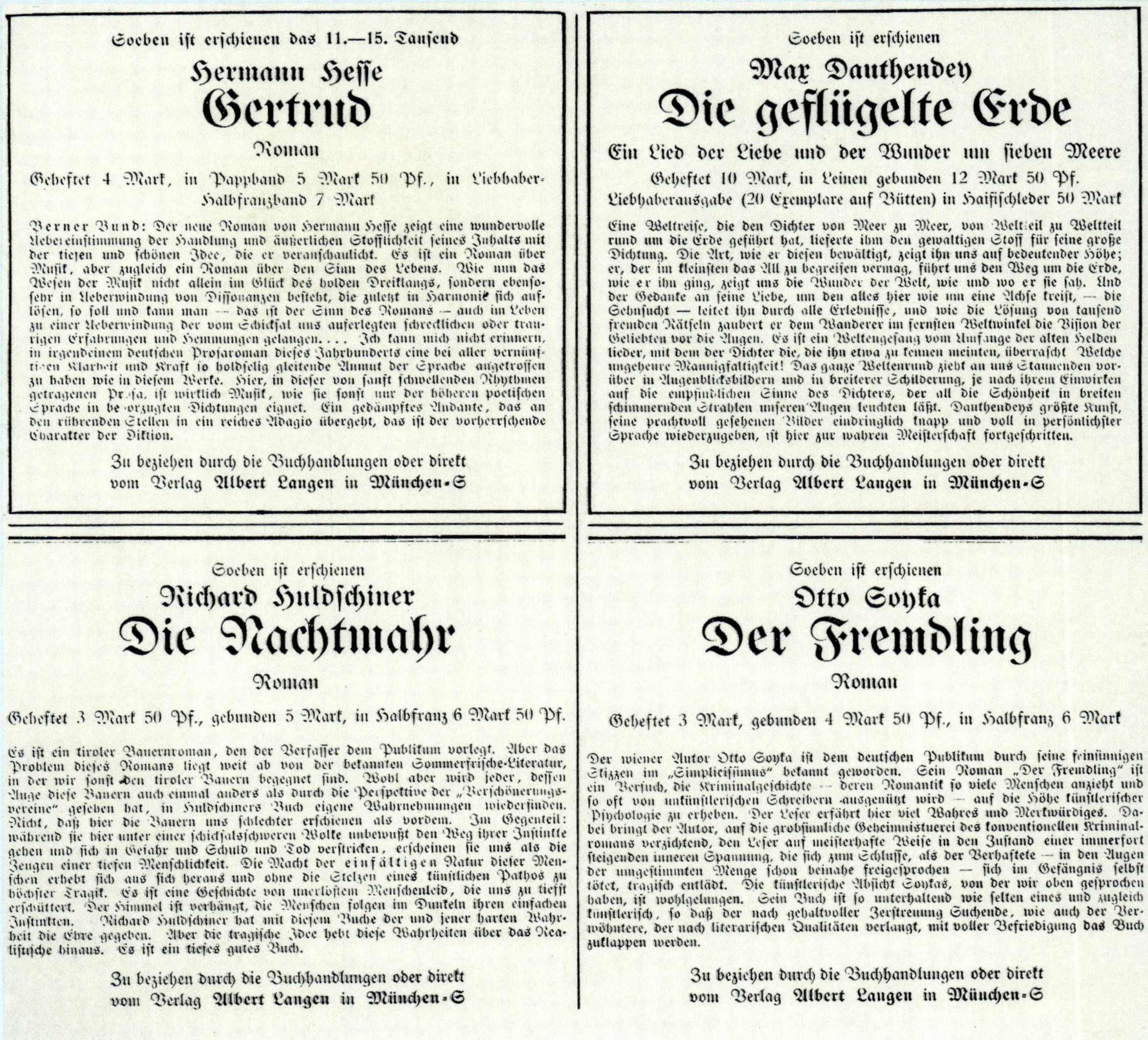
Soeben ist erschienen das 11.—15. Tausend

Hermann Hesse

Gertrud

Roman

Geheftet 4 Mark, in Pappband 5 Mark 50 Pf., in Liebhaber-Halbfranzband 7 Mark

Berner Bund: Der neue Roman von Hermann Hesse zeigt eine wundervolle Uebereinstimmung der Handlung und äußerlichen Stofflichkeit seines Inhalts mit der tiefen und schönen Idee, die er veranschaulicht. Es ist ein Roman über Musik, aber zugleich ein Roman über den Sinn des Lebens. Wie nun das Wesen der Musik nicht allein im Glück des holden Dreiklangs, sondern ebensosehr in Ueberwindung von Dissonanzen besteht, die zuletzt in Harmonie sich auflösen, so soll und kann man — das ist der Sinn des Romans — auch im Leben zu einer Ueberwindung der vom Schicksal uns auferlegten schrecklichen oder traurigen Erfahrungen und Hemmungen gelangen. . . . Ich kann mich nicht erinnern, in irgendeinem deutschen Prosaroman dieses Jahrhunderts eine bei aller vernünftigen Klarheit und Kraft so holdselig gleitende Anmut der Sprache angetroffen zu haben wie in diesem Werke. Hier, in dieser von sanft schwellenden Rhythmen getragenen Prosa, ist wirklich Musik, wie sie sonst nur der höheren poetischen Sprache in bevorzugten Dichtungen eignet. Ein gedämpftes Andante, das an den rührenden Stellen in ein reiches Adagio übergeht, das ist der vorherrschende Charakter der Diktion.

Zu beziehen durch die Buchhandlungen oder direkt vom Verlag **Albert Langen in München-S**

Soeben ist erschienen

Max Dauthendey

Die geflügelte Erde

Ein Lied der Liebe und der Wunder um sieben Meere

Geheftet 10 Mark, in Leinen gebunden 12 Mark 50 Pf.
Liebhaberausgabe (20 Exemplare auf Bütten) in Haifischleder 50 Mark

Eine Weltreise, die den Dichter von Meer zu Meer, von Weltteil zu Weltteil rund um die Erde geführt hat, lieferte ihm den gewaltigen Stoff für seine große Dichtung. Die Art, wie er diesen bewältigt, zeigt ihn uns auf bedeutender Höhe; er, der im kleinsten das All zu begreifen vermag, führt uns den Weg um die Erde, wie er ihn ging, zeigt uns die Wunder der Welt, wie und wo er sie sah. Und der Gedanke an seine Liebe, um den alles hier wie um eine Achse kreist, — die Sehnsucht — leitet ihn durch alle Erlebnisse, und wie die Lösung von tausend fremden Rätseln zaubert er dem Wanderer im fernsten Weltwinkel die Vision der Geliebten vor die Augen. Es ist ein Weltengesang vom Anfange der alten Heldenlieder, mit dem der Dichter die, die ihn etwa zu kennen meinten, überrascht Welche ungeheure Mannigfaltigkeit! Das ganze Weltenrund zieht an uns Staunenden vorüber in Augenblicksbildern und in breiterer Schilderung, je nach ihrem Einwirken auf die empfindlichen Sinne des Dichters, der all die Schönheit in breiten schimmernden Strahlen unseren Augen leuchten läßt. Dauthendeys größte Kunst, seine prachtvoll gesehenen Bilder eindringlich knapp und voll in persönlichster Sprache wiederzugeben, ist hier zur wahren Meisterschaft fortgeschritten.

Zu beziehen durch die Buchhandlungen oder direkt vom Verlag **Albert Langen in München-S**

Soeben ist erschienen

Richard Huldschiner

Die Nachtmahr

Roman

Geheftet 3 Mark 50 Pf., gebunden 5 Mark, in Halbfranz 6 Mark 50 Pf.

Es ist ein tiroler Bauernroman, den der Verfasser dem Publikum vorlegt. Aber das Problem dieses Romans liegt weit ab von der bekannten Sommerfrische-Literatur, in der wir sonst den tiroler Bauern begegnet sind. Wohl aber wird jeder, dessen Auge diese Bauern auch einmal anders als durch die Perspektive der „Verschönerungsvereine“ gesehen hat, in Huldschiners Buch eigene Wahrnehmungen wiederfinden. Nicht, daß hier die Bauern uns schlechter erschienen als vordem. Im Gegenteil: während sie hier unter einer schicksalsschweren Wolke unbewußt den Weg ihrer Instinkte gehen und sich in Gefahr und Schuld und Tod verstricken, erscheinen sie uns als die Zeugen einer tiefen Menschlichkeit. Die Macht der einfältigen Natur dieser Menschen erhebt sich aus sich heraus und ohne die Stelzen eines künstlichen Pathos zu höchster Tragik. Es ist eine Geschichte von unerlöstem Menschenleid, die uns zu tiefst erschüttert. Der Himmel ist verhängt, die Menschen folgen im Dunkeln ihren einfachen Instinkten. Richard Huldschiner hat mit diesem Buche der und jener harten Wahrheit die Ehre gegeben. Aber die tragische Idee hebt diese Wahrheiten über das Realistische hinaus. Es ist ein tiefes gutes Buch.

Zu beziehen durch die Buchhandlungen oder direkt vom Verlag **Albert Langen in München-S**

Soeben ist erschienen

Otto Soyka

Der Fremdling

Roman

Geheftet 3 Mark, gebunden 4 Mark 50 Pf., in Halbfranz 6 Mark

Der wiener Autor Otto Soyka ist dem deutschen Publikum durch seine feinsinnigen Skizzen im „Simplicissimus“ bekannt geworden. Sein Roman „Der Fremdling“ ist ein Versuch, die Kriminalgeschichte — deren Romantik so viele Menschen anzieht und so oft von unkünstlerischen Schreibern ausgenützt wird — auf die Höhe künstlerischer Psychologie zu erheben. Der Leser erfährt hier viel Wahres und Merkwürdiges. Dabei bringt der Autor, auf die grobsinnliche Geheimnistuerei des konventionellen Kriminalromans verzichtend, den Leser auf meisterhafte Weise in den Zustand einer immerfort steigenden inneren Spannung, die sich zum Schlusse, als der Verhaftete — in den Augen der umgestimmten Menge schon beinahe freigesprochen — sich im Gefängnis selbst tötet, tragisch entlädt. Die künstlerische Absicht Soykas, von der wir oben gesprochen haben, ist wohlgelungen. Sein Buch ist so unterhaltend wie selten eines und zugleich künstlerisch, so daß der nach gehaltvoller Zerstreuung Suchende, wie auch der Verwöhntere, der nach literarischen Qualitäten verlangt, mit voller Befriedigung das Buch zuklappen werden.

Zu beziehen durch die Buchhandlungen oder direkt vom Verlag **Albert Langen in München-S**

▽ Buchanzeigen mit Inhaltsangabe aus dem Münchner Verlag Albert Langen; die Bücher sind jeweils geheftet, als Pappband oder in Liebhaberausgaben erhältlich; die in Haifischleder gebundene Max-Dauthendey-Liebhaberausgabe ist immerhin 400% teurer als die geheftete Ausgabe.

Der russische Dichter Lew N. Tolstoi stirbt im Alter von 82 Jahren im Bahnhof Astapowo auf der Flucht.

Der norwegische Nobelpreisträger Bjørnstjerne Bjørnson stirbt 77jährig in Paris.

Der US-Romancier Mark Twain stirbt 74jährig in Redding, vereinsamt trotz Weltruhm.

Die großen Dichter sterben aus

Das Literaturjahr 1910 wird überschattet vom Tod einiger der bedeutendsten Schriftsteller der Zeit.

▷ Am 21. April stirbt Mark Twain, dessen Hauptwerk »Abenteuer und Fahrten des Huckleberry Finn« (1884) ein Welterfolg wurde.

▷ Am 26. April stirbt der erste skandinavische Literaturnobelpreisträger, Bjørnstjerne Bjørnson, Verfasser von Bauernerzählungen (»Synnøve Solbakken«, 1857), Dramen und Gedichten.

▷ Am 15. November stirbt Wilhelm Raabe, Autor der »Chronik der Sperlingsgasse« (1857), der »Schwarzen Galeere« (1861) u. a. Erzählwerke.

▷ Am 20. November stirbt Lew N. Tolstoi, Autor des historischen und geschichtsphilosophischen Romans »Krieg und Frieden« (1868/69), des Eheromans »Anna Karenina« (1878) u. a. (→ 20. 11./S. 199).

Der deutsche poetische Realist Wilhelm Raabe stirbt 79jährig in Braunschweig.

Der deutsche Lyriker und Satiriker Otto Julius Bierbaum stirbt 44jährig in Dresden.

Der Berliner Verlag Ullstein bringt die »Ullstein-Bücher« heraus, eine Reihe »moderner Romane«. Jeder Band kostet 1 Mark, ist in Leinen gebunden, hat einen farbigen Schutzumschlag und ist über 300 Seiten stark. Als erste Bände erscheinen »Dilettanten des Lebens« von Clara Viebig, »Maria da Caza« von Georg von Ompteda, »Frau Agna« von Heinz Tavote und »Arme Thea« von Rudolph Stratz. Die Abbildungen zeigen Anzeigen für »Ullstein-Bücher« in der »Leipziger Illustrirten Zeitung« (l.) und der »Jugend« (M. u. r.).

Mai 1910

Mo	Di	Mi	Do	Fr	Sa	So
						1
2	3	4	5	6	7	8
9	10	11	12	13	14	15
16	17	18	19	20	21	22
23	24	25	26	27	28	29
30	31					

1. Mai, Sonntag

Auf der Münchner Theresienwiese findet die erste polizeilich genehmigte Maikundgebung von Arbeitern statt.

In Nürnberg endet nach zwei Tagen der erste Parteitag der Fortschrittlichen Volkspartei (→ 6. 3./S. 58) in Bayern mit der Verabschiedung einer Resolution, die Einführung des Verhältniswahlrechts zur politischen Hauptaufgabe zu machen: »Das jetzige bayerische Wahlrecht ist infolge einer auf den Vorteil der Zentrumspartei künstlich zugeschnittenen Wahlkreiseinteilung eine Verhöhnung des Prinzips des gleichen Wahlrechts und eine schroffe Vergewaltigung der Minderheit.«

In der Akademischen Hochschule der Bildenden Künste in Berlin beginnt die erste Städtebau-Ausstellung.

2. Mai, Montag

In der französischen Hafenstadt Dünkirchen (Dunkerque) kommt es zu blutigen Zusammenstößen zwischen streikenden Arbeitern und Militär. Für die französische Wirtschaft ist 1910 das Jahr mit den bisher meisten Streiks in diesem Jahrhundert (→ 15. 4./S. 77).

3. Mai, Dienstag

Der SPD-Politiker Paul Hirsch bezeichnet im preußischen Abgeordnetenhaus in Berlin die allgemeine Verfügung, Maiumzüge zu verbieten, als skandalös: »Das russische Ministerium des Innern inspiriert das Berliner Polizeipräsidium. Wir befinden uns in russischen Zuständen!«

Der liberale Abgeordnete Georg Wolf fordert im Landesausschuß von Elsaß-Lothringen, »dem in anderen Ländern mit zweisprachiger Bevölkerung bereits herrschenden Usus zu folgen und sämtliche Regierungsäußerungen ... auch in sämtlichen am Orte gesprochenen Sprachen abzufassen und zu veröffentlichen«. Die Regierung des deutschen Reichslandes Elsaß-Lothringen lehnt dies ab (→ 12. 2./S. 43).

Beim »Credito Predial«, einer portugiesischen Bank, in deren Verwaltungsrat mehrere Regierungsmitglieder vertreten sind, werden betrügerische Manipulationen aufgedeckt. Der Skandal führt im Juni zum Sturz des Kabinetts Francisco António da Veiga Beirão (→ 8. 6./S. 114).

4. Mai, Mittwoch

Der frühere US-amerikanische Präsident Theodore Roosevelt hält als Träger des Friedensnobelpreises von 1906 einen Vortrag über Friedenspolitik und Wettrüsten im Nationaltheater in Kristiania (Oslo). → S. 97

Die türkische Abgeordnetenkammer in Konstantinopel (Istanbul) bewilligt mit 153 zu 29 Stimmen die von der Regierung in den Haushaltsplan übernommenen Pensionen für die Schwiegersöhne von Sultan Muhammad V. Der Finanzminister hatte für den Fall einer Ablehnung mit dem Rücktritt gedroht.

5. Mai, Donnerstag

Bei einer Explosion in der Palos-Mine bei Birmingham im US-Bundesstaat Alabama wird die gesamte Belegschaft, 45 Weiße und 100 Schwarze, getötet.

6. Mai, Freitag

Eduard VII., König von Großbritannien und Irland sowie Kaiser von Indien, stirbt im Buckingham-Palast in London im Alter von 68 Jahren. → S. 90

Die bayerische Abgeordnetenkammer in München lehnt den liberalen Antrag auf Einführung des Verhältniswahlrechts mit 70 zu 39 Stimmen ab (→ 4. 2./S. 38).

Vor dem Parlamentsgebäude in Wien demonstrieren mehrere hundert katholische, geschiedene Männer und Frauen für die Aufhebung der Bestimmung im Bürgerlichen Gesetzbuch, die geschiedenen Katholiken die Wiederverheiratung verbietet. Der Sprecher der Versammlung droht mit der »Los-von-Rom«-Bewegung (Kirchenaustritt), falls die Forderung nicht erfüllt werde.

Die Provinzhauptstadt Cartago in Costa Rica wird durch ein Erdbeben zerstört. Bei der Katastrophe kommen rund 2500 Menschen ums Leben.

7. Mai, Samstag

Georg V., der neue König von Großbritannien und Irland, leistet in London den Eid auf die Verfassung. → S. 91

Der deutsche Kaiser Wilhelm II. ordnet anläßlich des Todes des britischen Königs Eduard VII. Trauerbeflaggung an (→ 6. 5./S. 90).

Nach Berichten aus Peking wurden bei einem Aufstand der Tibetaner in der Garnison Lhasa rund 1000 Chinesen getötet (→ 12. 2./S. 45).

Der US-amerikanische Polarforscher Robert Edwin Peary, der im Jahr 1909 als erster den Nordpol erreicht hat, erhält von der Gesellschaft für Erdkunde in Berlin die goldene Nachtigal-Medaille verliehen (→ 29. 1./S. 26).

8. Mai, Sonntag

An der japanischen Westküste werden mehrere Divisionen in Alarmbereitschaft versetzt, um notfalls sofort nach Korea transportiert werden zu können. Japan steht kurz vor der Annexion des Kaiserreichs Korea (→ 22. 8./S. 144).

9. Mai, Montag

Der zweitälteste Sohn von Eduard VII. wird in London öffentlich als Georg V. zum König von Großbritannien und Irland proklamiert (→ 7. 5./S. 91).

Aus den spanischen Parlamentswahlen gehen die regierenden Liberalen als Sieger hervor. → S. 100

10. Mai, Dienstag

In Berlin wird der Diamantenvertrag zwischen dem Reichskolonialamt und der Deutschen Kolonialgesellschaft für Südwestafrika unterzeichnet. → S. 98

Der frühere US-Präsident Theodore Roosevelt trifft in Berlin ein. → S. 96

Der Deutsche Reichstag in Berlin nimmt in dritter Lesung das Kaligesetz an (→ 14. 2./S. 42). Danach wird das Parlament bis zum 8. November vertagt.

11. Mai, Mittwoch

Türkische Truppen besiegen entscheidend albanische Freischärler. → S. 99

Auf den Zug, in dem der Führer der Reformpartei der Oktobristen und Präsident der russischen Reichsduma (Parlament), Alexandr I. Gutschkow, von Moskau nach Petersburg (Leningrad) fährt, wird ein Dynamitattentat verübt.

Der Bundesrat in Berlin nimmt den Kaligesetzentwurf in der vom Reichstag beschlossenen Fassung an (→ 14. 2./S. 42).

In der Walhalla bei Regensburg wird die Büste des preußischen Generalfeldmarschalls Helmuth Graf von Moltke enthüllt. Die Walhalla ist eine »Ruhmeshalle« mit Büsten berühmter Deutscher.

12. Mai, Donnerstag

Bei der Explosion einer Sprengpatrone im Mannschaftsraum des Torpedobootes »S 33« der ersten Minensuchdivision der deutschen Marine kommen fünf Männer ums Leben.

Das russische Außenministerium in Petersburg (Leningrad) bestätigt, daß Rußland mit Japan ein freundschaftliches Einvernehmen über das gemeinsame Vorgehen im Fernen Osten getroffen habe, um den US-amerikanischen Plänen hinsichtlich einer Neutralisierung der Mandschurei entgegentreten zu können. So werde Rußland der bevorstehenden Annexion Koreas durch Japan nicht widersprechen (→ 6. 1./S. 20).

Bei einer Explosion in der Kohlengrube bei Whitehaven in Großbritannien werden von den 134 Bergleuten, die sich zum Zeitpunkt des Unglücks in der Grube befinden, nur vier gerettet.

Der preußische Lehrerverband verlangt in einer in Köln verabschiedeten Resolution, »daß der Volksschullehrerstand, der mehr als 90% Prozent des Volkes die Kultur übermittelt, in seiner Gesamtheit als Kulturträger angesehen wird« (→ 4. 2./S. 38).

Der frühere US-Präsident Theodore Roosevelt hält in der Berliner Universität eine Vorlesung über die Weltkulturbewegung und wird zum Ehrendoktor ernannt (→ 10. 5./S. 96).

13. Mai, Freitag

Die gesetzgebende Abteilung des Storting in Kristiania (Oslo) stimmt der Einführung des allgemeinen Kommunalwahlrechts für Frauen zu. → S. 100

Die Regierung des deutschen Reichslandes Elsaß-Lothringen nimmt die Ausweisung des Schweizers Wegelin zurück. Wegelin hatte Ende 1909 in einem Hotel in Mühlhausen die »Marseillaise«, die französische Nationalhymne, spielen lassen (→ 12. 2./S. 43).

Die Berliner Charité, die 1710 als Militärkrankenhaus gegründet wurde, begeht den 200. Jahrestag ihrer Gründung.

In Wien wird der 30. Gründungstag des Deutschen Schulvereins begangen. Der Verein gilt als eine »der wichtigsten Schutzwehren gegen alle auf deutsches Wesen gerichteten Angriffe«.

14. Mai, Samstag

Die deutsch-britisch-belgische Konferenz zur Festlegung der Grenze im Osten des Kongo unterzeichnet in Brüssel den Grenzvertrag. → S. 101

Vor dem Parlament in Wien demonstrieren italienische Irredentisten. → S. 99

Die Yacht »Amphitrite« mit dem griechischen König Georg I. an Bord verliert ihre Schraube und bleibt manövrierunfähig in den Gewässern von Yallona liegen. Ein deutscher Dampfer und ein Geschwader von Torpedobooten eilen zu Hilfe.

15. Mai, Pfingstsonntag

Der bisher längste Flug mit zwei Passagieren gelingt dem französischen Aviatiker Kinet aus Reims. Die Maschine bleibt mit drei Personen zwei Stunden und 51 Minuten in der Luft.

Der Karlsruher FV gewinnt in Köln die Deutsche Fußballmeisterschaft durch einen 1:0-Sieg nach Verlängerung gegen Holstein Kiel. → S. 105

16. Mai, Pfingstmontag

Über Argentinien wird zur Abwehr eines Generalstreiks der Belagerungszustand verhängt (→ 25. 5./S. 101).

17. Mai, Dienstag

Tausende defilieren an dem in der Londoner Westminster Hall aufgebahrten Leichnam des am 6. Mai verstorbenen britischen Königs Eduard VII. vorbei (→ 20. 5./S. 92).

Alexandr I. Gutschkow, der Präsident der russischen Reichsduma (Parlament), beschließt, die aus dem Ausland eintreffenden Proteste gegen die Einschränkung der finnischen Autonomie weder zu veröffentlichen noch verlesen zu lassen (→ 27. 3./S. 56).

Dem österreichischen Ingenieur Karl Illner gelingt mit einer sog. Etrich-Taube der erste Überlandflug in Österreich. In 300 m Höhe fliegt er in 30 Minuten von Wiener Neustadt nach Wien.

Am 6. Mai stirbt König Eduard VII. von Großbritannien und Irland, ein Onkel des deutschen Kaisers Wilhelm II. Während der kurzen Regierungszeit von nur neun Jahren hat er das erste Jahrzehnt des 20. Jahrhunderts weltpolitisch wesentlich mitgestaltet zur Überraschung vieler, die dem einstigen Salonlöwen und »Erfinder der Bügelfalte« nur eine Repräsentierrolle zugetraut hatten.

Illustrirte Zeitung

Nr. 3489. 134. Bd. Leipzig, 12. Mai 1910.

König Eduard VII, † am 6. Mai.

18. Mai, Mittwoch

In der Gendarmeriekaserne von Pinar del Río auf Kuba kommen bei einer Dynamitexplosion mehr als 100 Menschen ums Leben. Wegen Unruhen unter den farbigen Landarbeitern hatte die Regierung alles beim Straßenbau verwendete Dynamit einsammeln und nach Pinar del Río bringen lassen.

19. Mai, Donnerstag

Der Halleysche Komet passiert die Erde. → S. 104

Die russische Zeitung »Rossija« veröffentlicht einen Artikel über die britisch-russischen Vorrechte in Persien. Beide Staaten hätten ein unbestreitbares Recht auf die politische Vorherrschaft in diesem Land (→ 11. 2./S. 44).

In Weimar beginnt ein dreitägiges Fest des Verbandes der deutschen farbentragenden Sängerschaften. → S. 105

20. Mai, Freitag

Die USA intervenieren mit Marinesoldaten in Nicaragua (→ 22. 1./S. 25).

Bei den Wahlen zum Folketing, der dänischen Abgeordnetenkammer in Kopenhagen, erringt die vereinigte Linke wiederum die Mehrheit. Ministerpräsident Carl Theodor Zahle, der Mitbegründer der radikalen Linken (Venstre), reicht daraufhin am 23. Mai seine Entlassung ein. Am 5. Juli bildet Klaus Berntsen ein liberal-konservatives Kabinett.

König Eduard VII. von Großbritannien und Irland wird in Windsor zu Grabe getragen. → S. 92

Die kretische Nationalversammlung beschließt, Muslime nicht mehr zu den Sitzungen zuzulassen (→ 30. 3./S. 55).

Das Ballett »Le Carnaval« von Michail M. Fokin wird im Theater des Westens in Berlin erstmals außerhalb von Rußland aufgeführt (→ 5. 3./S. 67).

21. Mai, Samstag

Das preußische Herrenhaus in Berlin wiederholt entsprechend der Verfassung die Gesamtabstimmung über die umstrittene Wahlrechtsnovelle, die mit 127 zu 82 Stimmen angenommen wird. Bei der Abstimmung am 29. April war sie mit 140 zu 94 Stimmen angenommen worden (→ 27. 5./S. 94).

Der französische Aviatiker Jacques de Lesseps fliegt in einem Blériot-Monoplan von Calais über den Ärmelkanal nach Dover. – Die erste Überfliegung des Ärmelkanals führte vor zehn Monaten Louis Blériot durch (→ 27. 4./S. 83).

22. Mai, Sonntag

Das nicaraguanische Regierungskanonenboot »Venus« versenkt bei Punta Gorda das Rebellenkanonenboot »Ometepe« (→ 20. 8./S. 145).

Bei den Wahlen der Hälfte der Abgeordneten zum belgischen Parlament verlieren die Klerikalen ein Mandat an die Sozialisten. Den 49 Klerikalen stehen im neuen Parlament nun 23 Liberale und 13 Sozialisten gegenüber (→ 6. 2./S. 45).

Im Gebäude des Deutschen Reichstags in Berlin findet die zehnte Hauptversammlung des Deutschen Flottenvereins statt. Der Verein verbreitet propagandistisch den Seemachtgedanken.

In Wiesbaden findet der dritte deutsche Friedenskongreß statt. Die Teilnehmer beklagen »die geringe Zahl der Friedensfreunde in Norddeutschland und Ostdeutschland«.

23. Mai, Montag

Auf König Alfons XIII. von Spanien wird in Madrid ein erfolgloses Attentat verübt. Bei der Bombenexplosion in der Calle Mayor wird der Attentäter, ein 27jähriger Anarchist, verletzt. Das Attentat wird als Racheakt für die sog. Tragische Woche gewertet, während der im Juli 1909 ein anarchistischer Aufruhr blutig niedergeschlagen worden war.

Im französischen Schießübungslager Massillan meutern die Reservisten des 240. Infanterieregiments aus Protest gegen die ungenügenden Zelte und die schlechte Ausrüstung. Drei Rädelsführer werden am 8. Juli vom Marseiller Militärgericht zu mehrmonatigen Haftstrafen verurteilt.

Der deutsche Aviatiker Robert Frey fliegt in einem Farman-Biplan von Johannisthal über die Reichshauptstadt (→ 27. 4./S. 83).

24. Mai, Dienstag

Der Große Rat des schweizerischen Kantons Graubünden bewilligt die von der Regierung beantragte Aufhebung des Automobilverbots und gibt die nördlichen Zufahrtstraßen bis Chur frei. Die Alpenstraßen bleiben jedoch weiter für den Autoverkehr gesperrt.

Die bayerische Abgeordnetenkammer in München genehmigt einen Antrag auf Erhebung von Eintrittsgeldern für die bayerischen Staatsgemäldegalerien.

25. Mai, Mittwoch

Die »Norddeutsche Allgemeine Zeitung« berichtet über eine Unterredung zwischen Kaiser Wilhelm II. und dem französischen Außenminister Stéphan Pichon in London und weist Berichte der Auslandspresse zurück, nach denen der Kaiser die Gründung einer europäischen Föderation vorgeschlagen habe.

Die Republik Argentinien feiert den 100. Jahrestag der Mairevolution von 1810. Die Regierung hat den Ausnahmezustand verhängt. → S. 101

Der Sultan von Marokko, Abd Al Hafis, erklärt in einem Schreiben an den Doyen des diplomatischen Korps, daß er aus eigenem Antrieb beschlossen habe, die »Leibesstrafe« (Folter) in seinem Land aufzuheben.

Ein Teil der Ortschaft Montenay in der Schweiz wird durch einen Erdrutsch völlig zerstört.

26. Mai, Donnerstag

Papst Pius X. bezeichnet in der Enzyklika »Editae saepe«, der sog. Borromäus-Enzyklika, die Reformation als Rebellion und Perversion des Glaubens. Die Reformatoren »bereiteten die Rebellion und Apostasie moderner Zeit vor« (→ 14. 6./S. 112).

Der Inspektor der Moskauer Geheimpolizei, Muratow, wird von einem Anarchisten erschossen (→ 3. 1./S. 25).

Die französischen Torpedobootjäger »Tromblon« und »Mortier« kollidieren vor der Küste von Korsika und werden schwer beschädigt.

Im süddeutschen Raum und in der Nordschweiz werden starke Erderschütterungen beobachtet.

27. Mai, Freitag

Die preußische Regierung zieht die umstrittene Wahlrechtsvorlage zurück. → S. 94

Prinz Ludwig von Bayern hält auf der 44. Hauptversammlung der deutschen Gesellschaft zur Rettung Schiffbrüchiger in München eine Rede, bei der er den Ausbau der Wasserstraßen und den Anschluß Bayerns an den Ozeanverkehr fordert: »Ich wünsche, daß auch wir im Süden an die See angeschlossen werden, und glaube, wir sind auf dem Wege dazu.« Gedacht ist an eine Kanalverbindung zwischen Main und Donau.

In Italien finden die Garibaldi-Feiern statt anläßlich des 50. Jahrestags des »Zugs der Tausend« (→ 14. 5./S. 99).

In der britisch-indischen Millionenstadt Bombay zerstört eine Feuersbrunst rund 1000 Häuser.

Das französische Unterseeboot »Pluviose« wird bei Calais von einem Passagierdampfer überrannt und geht mit 28 Mann Besatzung unter (→ S. 118).

In Kiew und Jekaterinoslaw (Dnjepropetrowsk) wütet die Cholera. Sie breitet sich rasch auf die Gouvernements Minsk, Cherson und Tschernigow aus.

28. Mai, Samstag

Der deutsche Kronprinz Wilhelm wird mit der Vertretung von Kaiser Wilhelm II. beauftragt. Der Kaiser muß sich einer Operation wegen einer furunkelartigen Geschwulst am rechten Handgelenk unterziehen (→ 31. 5./S. 98).

In Wien wird der Oberleutnant Adolf Hofrichter, der sog. Zyankalimörder, zum Tod durch den Strang verurteilt. Um schneller befördert zu werden, hatte Hofrichter an zehn hochrangige Offizierskameraden Zyankalikapseln verschickt, die er als »Nervenstärkungsmittel« (Aphrodisiakum) anpries. Ein Offizier starb 1909 an dem Gift.

Der italienische Außenminister Antonio Marchese di San Giuliano trifft zu Gesprächen mit dem deutschen Reichskanzler Theobald von Bethmann Hollweg in Berlin ein. → S. 98

29. Mai, Sonntag

Die Klage des 1909 von den Jungtürken abgesetzten Sultans Abd Al Hamid II. gegen die Reichsbank auf Herausgabe seiner Depots wird in zweiter Instanz als begründet erachtet. → S. 105

30. Mai, Montag

Das belgische Königspaar trifft zu seinem ersten Auslandsbesuch am deutschen Kaiserhof in Potsdam ein (→ 31. 5./S. 98).

Der österreichische Kaiser und ungarische König, Franz Joseph I., reist mit großem Gefolge in das 1908 von Österreich-Ungarn annektierte Bosnien. → S. 99

Die russische Reichsduma (Parlament) in Petersburg (Leningrad) nimmt mit 182 zu 165 Stimmen die Gesetzesvorlage auf Einführung von Semstwos (Organe lokaler Selbstverwaltung) für die sechs westlichen Gouvernements an. Das Gesetz sichert das Überwiegen von russischen Abgeordneten in den lokalen Selbstverwaltungsgremien.

Der Polizeiinspektor von Lahore in Britisch-Indien wird nachts im Schlaf auf dem Dach seines Hauses von Unbekannten ermordet. Ihm wird der Schädel gespalten.

31. Mai, Dienstag

Die erste Regierung des neuen britischen Dominions Südafrikanische Union wird gebildet. → S. 101

Der deutsche Kronprinz Wilhelm nimmt in Begleitung des belgischen Königs Albert I. die Militärparade auf dem Tempelhofer Feld ab. → S. 98

Der frühere US-Präsident Theodore Roosevelt erklärt beim Empfang der Ehrenbürgerwürde der Stadt London, Großbritannien habe Ägypten die beste Regierung seit 2000 Jahren gegeben. Die britische Regierung habe jedoch »in gewissen vitalen Fragen zuviel Ängstlichkeit gezeigt«. Sentimentalität könne mehr Unheil verursachen als Gewalt und Ungerechtigkeit.

König Alfons XIII. von Spanien erläßt während der kulturkampfähnlichen Situation in seinem Land ein Dekret, nach dem alle Klöster, die nicht die Zahl ihrer Mitglieder, die Höhe ihrer Einkünfte usw. angeben, vor dem Gesetz nicht existieren (→ 9. 5./S. 100).

Der deutsche Flugzeugkonstrukteur Ferdinand Graf von Zeppelin wird zum Ritter des Ordens »pour le mérite« für Wissenschaft und Künste ernannt.

Das Wetter im Monat Mai

Station	Mittlere Lufttemperatur (°C)	Niederschlag (mm)	Sonnenscheindauer (Std.)
Aachen	12,4 (12,8)	46 (67)	– (205)
Berlin	14,7 (13,7)	63 (46)	– (239)
Bremen	13,4 (12,8)	51 (56)	– (231)
München	12,1 (12,5)	99 (103)	– (217)
Wien	13,5 (14,6)	173 (71)	189 (173)
Zürich	11,5 (12,5)	168 (107)	– (207)

( ) Langjähriger Mittelwert für diesen Monat
– Wert nicht ermittelt

1910 feiert die Unterhaltungszeitschrift »Jugend« ihr 15jähriges Bestehen. Die 1896 gegründete »Münchner Illustrirte Wochenschrift für Kunst und Leben«, berühmt für ihre kunstvoll gestalteten, farbigen Titelseiten, gab dem Jugendstil den Namen, einer Stilperiode, die ihren Höhepunkt 1910 längst überschritten hat.

König Eduard VII. ist tot

6. Mai. Eduard VII., seit 1901 König von Großbritannien und Irland sowie Kaiser von Indien, stirbt an einer »asthmatischen Herzaffektion« im Londoner Buckingham-Palast. Damit geht eine der kürzesten Regierungszeiten in der englischen Geschichte zu Ende. Königin Viktoria hielt 63 Jahre lang – so lange wie kein anderer britischer Monarch – das Zepter Großbritanniens. Ihr Sohn Eduard VII. war nur knapp über neun Jahre König.

Trauerflaggen auch in Berlin

Kaiser Wilhelm II., ein Neffe des verstorbenen Eduard VII., erläßt folgende Order:

»1. Die Offiziere Meiner Marine legen auf acht Tage Trauer an.

2. Die in der Heimat im Hafen befindlichen Schiffe haben am Tage nach der Bekanntgabe dieser Order unter Setzen von Toppflaggen Halbstock zu flaggen, die englische Flagge im Großtopp . . .

3. Mit dem Halbstockflaggen ist ein um 12 Uhr mittags beginnender Trauersalut zu verbinden.«

Doch während Viktoria überwiegend hinter Regierung und Parlament zurücktrat, machte Eduard von Anfang an deutlich, daß er die verfassungsmäßigen Rechte der Krone auszuüben gedachte. So erklärte er, er wolle nicht gekrönt werden, bevor der Burenkrieg beendet sei. Das Ende dieses Krieges (1902), die Gewährung der Selbstverwaltung an die annektierten Burenrepubliken und damit die Schaffung eines starken Eckpfeilers im britischen Imperium gelten daher mit als Werk dieses Königs, der durch seine Einflußnahme auch andere wichtige Akzente in der britischen Politik zu Beginn des 20. Jahrhunderts setzte: Die Bündnisse mit Japan von 1902 und 1905 stärkten die Stellung der britischen Kolonien in Asien gegenüber Rußland; der Abschluß der Entente cordiale mit Frankreich im Jahr 1904 beendete den jahrhundertealten Gegensatz zwischen Frankreich und Großbritannien; das Bündnis mit Rußland im Jahr 1907 dämmte den russischen Expansionsdrang in Mittelasien ein.

Innenpolitisch war das herausragende Ereignis während der Herrschaft Eduards der Niedergang der Konservativen, der mit den Erdrutsch-Wahlen von 1906 endgültig besiegelt wurde: Seit Dezember 1905 stellen in Großbritannien die Liberalen die Regierung (→ 14. 1./S. 22).

Niemand hatte vor der Thronbesteigung damit gerechnet, daß Eduard auf die Politik Einfluß nehmen würde. Als Thronfolger erfüllte er Pflichten der politischen und gesellschaftlichen Repräsentation und war bekannt als Lebemann und als Renn- und Segelsportler. In der europäischen Gesellschaft galt er als tonangebend in der Mode. So wird ihm u. a. die Erfindung der Bügelfalte zugeschrieben, die seit etwa zehn Jahren die »runden« Hosen ablöst.

Ce numéro se compose de 20 pages au lieu de 16, et contient deux suppléments :
1° *L'Illustration Théâtrale*, avec le texte complet du DANSEUR INCONNU, de M. Tristan Bernard ;
2° Le 3e fascicule du roman nouveau de M. Alfred Capus : ROBINSON.

L'ILLUSTRATION

Prix de ce Numéro : Un Franc. SAMEDI 14 MAI 1910 *68e Année. — N° 3507.*

LA MORT D'UN GRAND ROI

S. M. Edouard VII.

Le nouveau roi George V et la reine Mary.

Photographies Ernest H. Mills.

Nur neun Jahre Regent: Eduard VII. (o.) stirbt im Alter von 68 Jahren in London; unten das neue Königspaar (Titelseite »L'Illustration«)

Eduard studierte in Oxford und Cambridge und wurde Offizier.

1863 heiratete er Prinzessin Alexandra von Dänemark (Foto 1865).

Eduard war bekannt als modebewußter Lebemann (Foto 1870).

Seine Mutter hielt ihn von der Politik weitgehend fern (Foto 1889).

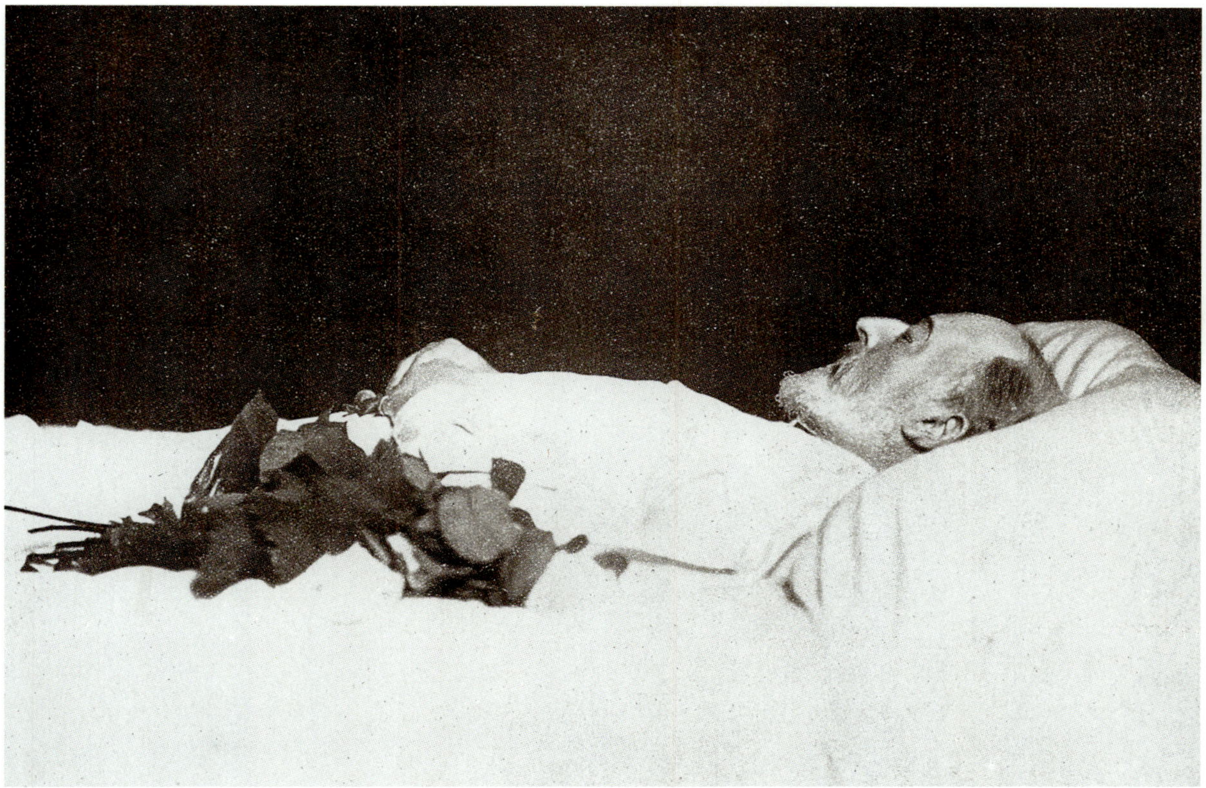

Eduard VII. wird im Thronsaal des Buckingham-Palastes, der königlichen Residenz in London, aufgebahrt.

Unter Elisabeth I. (1558–1603) stieg England zur Großmacht auf; »Armada«-Porträt von Marc Gheeraerts.

Der Absolutist Karl I. (1625–1649) wurde gestürzt und hingerichtet; Tripelporträt von Anthonis van Dyck.

Eine unübersehbare Menschenmenge wohnt am Morgen des 9. Mai vor dem Royal Exchange in London der Proklamation von Georg V. zum König bei.

Georg V. – der neue König und Kaiser

7. Mai. Georg, der zweitälteste Sohn des verstorbenen britischen Monarchen Eduard VII., leistet im Saint-James-Palast in London vor dem Großen Rat den Eid auf die Verfassung und wird zum Oberlehnsherrn aller Länder der britischen Krone proklamiert. Die Krönung – auch die zum Kaiser von Indien – findet im Jahr 1911 statt.

Der 44jährige wurde nach dem Tod seines älteren Bruders, Albert Eduard († 1892), Thronfolger. Er heiratete 1893 die zwei Jahre jüngere Prinzessin Mary von Teck. Das Paar hat sechs Kinder, darunter den Sohn Eduard (VIII., 16 Jahre).

Eine der ersten Proklamationen des neuen Königs ist am 10. Mai die Anordnung, während der Pfingsttage die Landestrauer zu unterbrechen: ». . . bin ich sicher, daß es seinen [Eduards] persönlichen Wünschen nicht entsprechen würde, wenn die allgemeinen Festlichkeiten der Pfingstfeiertage irgendwelche Unterbrechungen erleiden sollten. Ich hoffe daher, daß die allgemeine Landestrauer meine Engländer nicht davon abhalten wird, die sich ihnen mit den Pfingstfeiertagen bietende Gelegenheit zu benutzen . . . sowie der Erholung und dem Vergnügen sich hinzugeben.«

Mit Georg I. (1714–1727) begann die Personalunion zwischen Großbritannien und Hannover; zeitgen. Porträt.

Georg V. ist ausgebildeter Seeoffizier im Rang eines Admirals.

Königin Mary und Georg V. mit ihrer Tochter Viktoria Alexandra

König Georg III. von Großbritannien (1760–1820) und Hannover (ab 1814)

Monarchen geben das letzte Geleit

20. Mai. Bei strahlender Sonne wird der Sarg mit dem verstorbenen König Eduard VII. von der Westminster Hall in London zum Bahnhof Paddington und von dort mit einem Sonderzug nach Windsor Castle übergeführt, wo die Beisetzung stattfindet. Zehntausende säumen die Straßen in London, um dem Monarchen die letzte Ehre zu erweisen und die Herrscher und Fürsten aus aller Welt vorüberziehen zu sehen. 6000 Menschen erleiden Ohnmachtsanfälle und Hitzschläge.

Um 9.45 Uhr wird der Sarg aus der Westminster Hall getragen, wo er öffentlich aufgebahrt war, und auf die Lafette gesetzt. Die Krone, die Regalien und die Insignien sind auf das Bahrtuch gelegt.

Von den Musikkapellen der Gardekavallerie eröffnet, setzt sich der Trauerzug in Bewegung. Die Zugspitze bis zum Sarg ist rein militärisch geprägt: Abteilungen der Territorial- und Kolonialtruppen, der Spezialreserve, der indischen und der regulären Armee sowie der Marine, die Militärattachés der auswärtigen Botschafter und die Abordnungen ausländischer Heere und Flotten, die sechs kommandierenden britischen Generale, die Feldmarschälle, kommandierende Admirale und Großadmirale sowie die Admiralität und die 63 Flügeladjutanten des verstorbenen Königs, schließlich das Gefolge des neuen Königs Georg V. und der königlichen Prinzen.

Die ersten Herrscher hinter dem Sarg sind zu Pferd der neue König Georg V. sowie – an seiner Seite – der deutsche Kaiser Wilhelm II. Ihnen folgen, ebenfalls zu Pferd, in Dreierreihen die Könige Håkon VII. von Norwegen, Georg I. von Griechenland und Alfons XIII. von Spanien, Ferdinand I. von Bulgarien, Friedrich VIII. von Dänemark und Emanuel II. von Portugal sowie König Albert I. der Belgier. Zu Pferd folgen u. a. Erzherzog Franz Ferdinand von Österreich, der japanische Prinz Fuschimi, der russische Großfürst Michail Alexandrowitsch, Prinz Ruprecht von Bayern, Prinz Heinrich der Niederlande, Prinz Muhammad Ali von Ägypten, Prinz Tsai-Tas von China, Prinz Bovooradet von Siam sowie britische, deutsche und französische Fürsten und Prinzen. An die Reiter schließen sich zwölf Equipagen an. Im ersten Wagen sitzt u. a. Königin Alexandra, die Witwe des Verstorbenen, im zweiten die neue Königin Mary. In den nächsten vier Wagen folgen weitere fürstliche Damen und Prinzessinnen. Im siebten Wagen haben die Vertreter Chinas Platz genommen, im achten der frühere US-Präsident Theodore Roosevelt mit dem französischen Außenminister Stéphan Pichon und den Vertretern Persiens, in den übrigen Wagen folgen die Vertreter der Kolonien sowie die Herren und Damen des Hofes. Polizei- und Feuerwehrabteilungen schließen den Zug. König Georg V. dankt zwei Tage später in einer Botschaft »An mein Volk!« für »die rührende Art, in der eine ungeheure Menge liebevoller Untertanen geduldig und ehrfürchtig die Gelegenheit erwartete, seinem Andenken einen letzten Tribut vorzubringen«. Per Gnadenerlaß verkürzt der neue König aus diesem Anlaß die Haft aller Strafgefangenen je nach Straflänge von einer Woche bis zu drei Monaten.

Der von acht Pferden gezogenen Lafette mit dem Sarg folgen im Trauerzug neun regierende Herrscher.

Im Trauerzug erweisen auch ausländische Truppenteile König Eduard die letzte Ehre, darunter das Husaren-Regiment Fürst Blücher von Wahlstatt.

Die Reihe der regierenden Herrscher im Trauerzug führen die Cousins Georg V. und Wilhelm II. (l.) an. Der verstorbene Eduard VII., Vater von Georg V., war der Bruder der deutschen Kaiserin Viktoria, der Mutter von Wilhelm II.

Kurz hinter dem Sarg folgt das Leibroß Eduards mit den Stiefeln des Verstorbenen in den Steigbügeln. Hinter dem Leibroß wird der kleine Terrier Caesar geführt, ein treuer Begleiter des Monarchen in den letzten Jahren.

△ Zu Fuß folgen die Trauergäste dem Sarg vom Bahnhof zur Saint-George-Kapelle: In der 1. Reihe Kaiser Wilhelm II. (l.) und Georg V. (M.), in der 2. Reihe Prinz Eduard (l.) und Prinz Albert (r.).

◁ Blumen und Gebinde schmücken die Albert Memorial Chapel im Park von Schloß Windsor, wo König Eduard VII. seine letzte Ruhestätte findet. Seine Witwe, Königin Alexandra, hat weiße Lilien auf dem Sarg niedergelegt, König Georg V. übersandte weiße Orchideen.

Die Diskussion um die Wahlrechtsreform war von zahlreichen Demonstrationen begleitet, z. B. den »Wahlrechtsspaziergängen« der Sozialdemokraten.

Aufatmen nach dem Scheitern der Wahlrechtsnovelle

27. Mai. Die preußische Regierung unter Ministerpräsident Theobald von Bethmann Hollweg zieht die aus unterschiedlichen Gründen bei allen Parteien umstrittene Wahlrechtsvorlage für das Königreich Preußen zurück (→ 4. 2./S. 38).

Die Vorlage war vom Herrenhaus in einer veränderten Fassung angenommen worden: Danach sollten Gemeinden bis zu 10 000 Einwohnern einen Drittelungsbezirk (Wahlbezirk), Gemeinden bis zu 20 000 Einwohnern zwei Drittelungsbezirke usw. bilden. So sollten die Ungerechtigkeiten ausgeglichen werden, die aus den Veränderungen in der Einwohnerzahl während des letzten halben Jahrhunderts resultieren. Das gültige Wahlrecht und damit die Einteilung der Drittelungsbezirke basiert auf einer 50 Jahre alten Volkszählung.

Bei der Beratung im Abgeordnetenhaus in Berlin findet die vom Herrenhaus verabschiedete Fassung keine Mehrheit. Auch Kompromißanträge werden abgelehnt.

Nach den Abstimmungen erhebt sich Ministerpräsident und Reichskanzler Bethmann Hollweg und erklärt in knappen Worten den Reformversuch für gescheitert: »Durch die Beschlüsse, die das hohe Haus soeben gefaßt hat, ist eine Lücke im Gesetz entstanden. Das Gesetz enthält nach diesen Beschlüssen keine Bestimmung darüber, in welcher Weise die Abteilungsbildung [Klassenbildung] erfolgen soll . . . Ich erkläre infolgedessen im Namen der königlichen Staatsregierung, daß sie auf die Weiterberatung des Gesetzes keinen Wert legt.«

Mit dem Bestehenbleiben des preußischen Wahlsystems sind die Konservativen zufrieden. Die Liberalen und die Sozialdemokraten werten das Scheitern der Vorlage als Chance für einen Neuanfang, der zu einem völlig anderen Wahlsystem führen könne. Der Slogan, der nach dem Scheitern der Vorlage in aller Munde ist, lautet: »Die Wahlrechtsvorlage ist tot, es lebe die Wahlrechtsreform!«

Dreiklassenwahlrecht

Nach dem preußischen Dreiklassenwahlrecht sind die Wähler eines Wahlbezirks in drei Klassen eingeteilt: Die Höchstbesteuerten, die zusammen ein Drittel des Steueraufkommens im Wahlbezirk erbringen, bilden die erste Klasse. Die Nächsthöchstbesteuerten mit einem Drittel die zweite Klasse, alle anderen die dritte. Jede Klasse wählt gleichviel Wahlmänner, hat also den gleichen politischen Einfluß, gleichgültig, ob das Steueraufkommen einer Klasse von 5% oder von 80% der Bevölkerung erbracht wird. Die Regierungsvorlage sah u. a. vor, »Kulturträger« wie Unteroffiziere u. a. unabhängig von der steuermäßigen Klassenzugehörigkeit höher einzustufen.

Das Herrenhaus nimmt die Wahlrechtsvorlage in einer veränderten Fassung am 29. April (Abb.) mit 140 zu 94 und in einer zweiten Abstimmung am 21. Mai mit 127 zu 82 Stimmen an. Die Regierungsbank zeigt u. a. Ministerpräsident Bethmann Hollweg (4, stehend), Innenminister von Moltke (2); in der Mitte Präsident Freiherr von Manteuffel (5).

Nur Ministerpräsident Bethmann Hollweg (Mitte, ohne Kranz) weint Tränen beim Begräbnis der Wahlrechtsvorlage (Karikatur in der »Jugend«).

»Nächste Vorlage kommt von links«

27. Mai. Für die Sozialdemokraten begrüßt der Abgeordnete Ströbel im preußischen Abgeordnetenhaus in Berlin die Ablehnung der Wahlrechtsvorlage: »Der Ministerpräsident [Theobald von Bethmann Hollweg] hat selbst durch seine Strategie die Vorlage zum Scheitern gebracht ... Die Regierung hat ihren Standpunkt dauernd preisgegeben. Wir freuen uns, daß diese Vorlage scheitert und so die Bahn für ein freiheitliches Wahlgesetz frei wird. Wir begreifen ja, daß die Regierung hier für Beschlüsse eintritt, die den Wünschen des Geldsacks entsprechen. Denn die Regierung ist ja eine Klassenregierung. Das wissen wir ja. Die volksverräterische Taktik des Zentrums und der Konservativen wird nicht vergessen werden. Sie werden es büßen bei den nächsten Wahlen. Auch die Nationalliberalen, die diesmal bei ihrem unglaublichen Dusel mit einem blauen Auge davonkommen, werden Farbe bekennen müssen ... Die nächste Vorlage wird von der Linken verabschiedet werden. Wenn auch die nächste Vorlage scheitern sollte am Widerstand der Regierung und des Herrenhauses, so muß eben eine dritte kommen, und so fort, bis Rechte, Regierung und Herrenhaus mürbe werden.«

»Leichenfeier« für die Wahlvorlage

27. Mai. Otto Fischbeck von der Fortschrittlichen Volkspartei begründet im Abgeordnetenhaus in Berlin die Ablehnung der Wahlrechtsvorlage für seine Partei: »Es ist eine eigentliche Leichenfeier, die wir heute hier abhalten ... Die Vorlage ist völlig unannehmbar, weil sie weder die freie, geheime, noch die direkte Wahl bringt ... Eine gewaltige Mehrheit hier im Hause und eine noch viel größere Mehrheit draußen im Volke verlangt eine Verwirklichung des Versprechens der Thronrede, d. h. ein wirkliches freies Wahlrecht. Die Staatsregierung sitzt zwischen zwei Stühlen, und deshalb glauben wir auch nicht, daß die Regierung die starke Hand haben wird, dem Volke ein freies Wahlrecht zu geben. Das Volk wird sich seine Rechte selbst verschaffen ...

Otto Fischbeck (*1865) zählt zu den führenden Politikern der Freisinnigen bzw. – seit der Neugründung im März – Fortschrittlichen Volkspartei. Er ist u. a. Mitglied des Reichstags.

»Die Reform ist tot, der Kampf für die Reform geht weiter«

Das Scheitern der Wahlrechtsvorlage wird von fast allen politischen Parteien erleichtert aufgenommen. Den Konservativen, die keine Änderung der bestehenden Verhältnisse wünschen, war die Vorlage unerwünscht, den anderen Parteien ging sie nicht weit genug. Die Presse spiegelt die Meinungen wider:

»Kreuzzeitung«: »Der wechselvolle Gang dieser Wahlrechtsverhandlungen hat so recht deutlich gezeigt, wie weise und wohldurchdacht die bisherigen Wahlgesetzbestimmungen sind und wie schwer es ist, diese durch etwas Besseres zu ersetzen.«

»Frankfurter Zeitung«: »Die eine Lehre hat der jetzige Ausgang mit aller Deutlichkeit gegeben, daß nur eine großzügige Reform, die sich nicht in kleinliche Rechenkunststücke auflöst, Aussicht auf Erfolg und Beruhigung der Massen hat. Entschließt sich die Regierung dazu, dann wird der Sieg der Reformgegner nur ein scheinbarer und vorübergehender sein. Im anderen Fall bleibt die Regierung der Besiegte und Unterworfene.«

»Berliner Tageblatt«: »Mit Halbheiten muß aufgeräumt und die Kompromißler müssen kaltgestellt werden. Die Bethmannsche Wahlreform ist tot, der Kampf um die Wahlreform aber geht weiter. Die nächste Etappe wird durchgefochten bei den Wahlen im Reich.«

»Vossische Zeitung«: »Das Schicksal der Wahlrechtsvorlage wird den in hohem Grade angesammelten Groll steigern, der sich bei den nächsten allgemeinen Wahlen entladen und das Wort [des früheren Ministerpräsidenten und Reichskanzlers Bernhard Heinrich Martin Fürst von] Bülows grell beleuchten wird: Bei Philippi sehen wir uns wieder! Eine vernünftige Wahlreform hätte die ›rote Flut‹ eindämmen können. Bei der Schwäche und Energielosigkeit der Regierung und dem Hochmut des schwarzblauen Blocks [aus Zentrum und Konservativen] wird sie schwellen und steigen. Die Wahlvorlage ist tot, der Kampf für eine bessere Wahlreform hat begonnen.«

»Hamburgischer Korrespondent«: »An der Situation ist nur das eine befriedigend, daß die Politik der Halbheit gescheitert ist. Jetzt sieht alle Welt klar. Die Regierung weiß jetzt aus einer demütigenden Erfahrung, daß sie dem Volke in Wahlrechtsfragen keine Schein-Vorlagen zu bieten wagen kann. Die Konservativen aber sind – und das ist das einzige positive Ergebnis – nicht mehr in der Lage, die geheime Wahl als staatsgefährlich hinzustellen, nachdem sie für sie, wenn auch bedingt, eingetreten sind. Daran muß der Staatsmann, der die nächste Wahlreform zu bringen haben wird, anknüpfen. Und kommen muß die Reform.«

»Vorwärts«: »Eine neue Wahlreform kommt, sie muß kommen. Wie sie gestaltet wird, hängt nicht vom Willen der Herrschenden ab, es hängt von der Macht ab, die das Volk selbst hinter sein Recht zu setzen gewillt ist.«

»Nationalliberale Korrespondenz«: »Das öffentliche Wahlrecht ist tot ... Vor allem ist das vom König in der Thronrede mit feierlichem Nachdruck gegebene, persönliche Wahlrechtsversprechen uneingelöst, so daß das heute erzielte Ergebnis wohl als der Abschluß des ersten Aktes, im übrigen aber nur als die Einleitung der nun erst eigentlich beginnenden Wahlrechtskampagne angesehen werden kann.«

Die »Magdeburgische Zeitung« fordert einen »zweiten Versuch«.

In Döberitz zeigt Kaiser Wilhelm II. (l.) Roosevelt eine Gefechtsübung mit Manöverkritik und anschließendem Vorbeimarsch der Truppenteile.

Theodore Roosevelt zu Gast an der Spree

10. Mai. Theodore Roosevelt, von 1901 bis 1909 Präsident der Vereinigten Staaten, trifft, aus Stockholm kommend, in Berlin ein, wo er vom Staatssekretär des Auswärtigen, Wilhelm von Schoen, empfangen wird. Da der Tod des britischen Königs Eduard VII. die Dispositionen des Berliner Hofs verändert hat, gestaltet sich die Ankunft des Ex-Präsidenten zu einer intimen Begrüßungsfeier der US-amerikanischen Kolonie. Doch zeigen die Anwesenheit hoher offizieller Vertreter der deutschen Behörden und der Jubel der vor dem Stettiner Bahnhof wartenden Volksmenge, daß Roosevelt willkommen ist, auch wenn er sich nicht als offizieller Gast des Kaisers in der deutschen Reichshauptstadt aufhält. Nach der Ankunft folgt er einer Einladung von Wilhelm II. zur Frühstückstafel im Neuen Palais bei Potsdam.

Roosevelt wird in Berlin ebenso wie in den anderen Hauptstädten Europas nicht als privater Vergnügungsreisender aufgenommen, sondern als – fast offizieller – Repräsentant der US-amerikanischen Kultur.

Bisherige Stationen seiner Europareise waren u. a. Rom, Wien, Kristiania (Oslo) und Stockholm. Am 15. Mai reist er von Berlin weiter nach London, wo er u. a. an den Beisetzungsfeierlichkeiten für Eduard VII. teilnimmt. Einen Eklat hat es in Rom gegeben, wo Roosevelt auf die erbetene Audienz bei Papst Pius X. verzichtete, nachdem dieser gefordert hatte, Roosevelt dürfe nichts »Anstößiges« von der Art unternehmen wie kürzlich ein anderer US-Politiker, der einen Vortrag in einer Methodistenkirche gehalten hatte.

Als Vertreter der US-amerikanischen Kultur wird Roosevelt in Berlin an den, wie es offiziell heißt, »wichtigsten Stätten unseres nationalen Lebens« empfangen: Auf dem Boden der Universität und auf dem Waffenplatz.

Als der Kaiser auf dem Truppenübungsplatz in Döberitz den Ex-Präsidenten vor der Front der Garde begrüßt, macht er ihn darauf aufmerksam, daß vor ihm noch nie ein Privatmann eine Parade deutscher Truppen abgenommen habe.

Roosevelt: »Also denken Sie, lieber Bethmann Hollweg, von rechts griff mich ein Alligator an, von links ein Löwe, über mir kreiste ein Geier, unter mir kroch eine Klapperschlange – was glauben Sie, was mich gerettet habe? Ich hatte zufällig eine Zeitung mit Ihrem Wahlrechtsentwurf bei mir, las ihn vor – und den Bestien wurde speiübel.« (Karikatur in der »Jugend«)

Kleiner und großer »Teddy« (mit Brille)

»Teddy« Roosevelt

26. Mai. *Mit britischem Humor sieht sich der frühere US-Präsident Theodore »Teddy« Roosevelt in der Universität Cambridge konfrontiert, wo ihm die Ehrendoktorwürde verliehen wird: Die Studenten plazieren einen Stoff-»Teddy« auf dem Weg, den Roosevelt im Ehrenhof des Emmanuel-Colleges nimmt. Der kurzsichtige Roosevelt erkennt erst im letzten Moment, was ihm da den Weg versperrt. Seit einer Bärenjagd des Präsidenten vor drei Jahren sind Stoff-»Teddies« ein populäres Symbol für Roosevelt.*

△ *Als Höhepunkt des Roosevelt-Besuchs gilt die Verleihung der Ehrendoktorwürde am 12. Mai in der Berliner Universität. Die Abbildung oben zeigt den Altpräsidenten mit Erich Schmidt, dem Rektor der Universität. Das Diplom erhält er als »rauher Reiter, der tapfer gegen die äußeren Feinde, tapferer gegen die inneren Ausbeuter zu Felde zog«; hervorgehoben wird, daß seine Ahnen »an der Mündung des Rheins« saßen. In Anwesenheit des Kaiserpaars, des Reichskanzlers, zahlreicher Minister und bedeutender Vertreter der Wissenschaft referiert Roosevelt in seiner Doktorrede über »Die Bewegung der Weltkultur«: »Jedes Volk kann sich selbst nur dann Gerechtigkeit widerfahren lassen, wenn es gegen andere gerecht ist; aber jedes Volk kann nur dann sein Teil zur Kulturbewegung der Welt beitragen, wenn es zunächst seine Pflicht in seinem eigenen Haushalt erfüllt. Der gute Bürger muß zuerst ein guter Bürger seines Landes sein, ehe er mit Vorteil ein Bürger der ganzen Welt sein kann . . . Ich bewundere und staune an die außerordentliche Größe und Mannigfaltigkeit Ihrer Errungenschaften auf so weiten und so vielen Gebieten; und meine Bewunderung und meine Anteilnahme sind um so größer, weil ich so fest an die Einrichtungen und an das Volk meines eigenen Vaterlandes glaube.«*

▷ *Karikatur zu Roosevelts Doktorrede im »Simplicissimus«*

Polizeimacht soll Frieden durchsetzen

4. Mai. US-Altpräsident Theodore Roosevelt hält im Nationaltheater in Kristiania (Oslo) als Preisträger der Nobelstiftung einen Vortrag über Frieden und Abrüstung. Roosevelt hat 1906 den Friedensnobelpreis erhalten nach seiner Vermittlung des russisch-japanischen Friedensschlusses von 1905.

Das mit dem Nobelpreis verbundene Geld – so Roosevelt in seiner Rede in Kristiania – habe er zur Gründung eines Fonds zur Förderung des industriellen Friedens in den Vereinigten Staaten verwendet, denn es sei ebenso nötig, »die grausame Gier und Anmaßung des Kapitalismus und die grausame Gier und Gewalttätigkeit der Arbeiterwelt wie den grausamen und ungesunden Militarismus in den internationalen Beziehungen zu beugen«.

Kernpunkt seiner Rede ist die Forderung nach einer internationalen Friedenspolizei, die im wesentlichen aus den Großmächten bestehen soll:

»Es würde endlich ein Meisterzug sein, wenn die Großmächte, die ehrlich zum Frieden neigen, eine Friedensliga bildeten, nicht nur um den Frieden untereinander zu erhalten, sondern auch um, wenn nötig, mit Gewalt zu verhüten, daß er von anderen gebrochen werde. Die größte Schwierigkeit bei der Förderung des Friedenswerkes in Haag entsprang aus dem Fehlen einer Exekutivmacht, einer Polizeimacht, um die Entscheidungen des Gerichtshofes durchzusetzen. Wie die Dinge jetzt liegen, könnte eine solche Macht, die der ganzen Welt den Frieden diktieren würde, am besten durch eine Kombination der großen Nationen hergestellt werden, die aufrichtig den Frieden wünschen und selber nicht an Angriffe denken. Die Kombination könnte sich vielleicht zunächst nur darauf beschränken, den Frieden innerhalb gewisser Grenzen und unter gewissen Bedingungen zu sichern. Aber der Herrscher oder Staatsmann, der eine solche Kombination zustandebrächte, würde sich seinen Platz in der Geschichte für alle Zeiten und sein Anrecht auf die Dankbarkeit der gesamten Menschheit verdient haben.«

Fiskus sichert sich Drittel bei Diamanten

10. Mai. In Berlin wird ein Vertrag zwischen dem Reichskolonialamt und der Deutschen Kolonialgesellschaft für Deutsch-Südwestafrika unterzeichnet, in dem sich der Staat 33,3% Beteiligung an den von der Diamantengesellschaft erzielten Gewinnen sichert. Darüber hinaus tritt die Kolonialgesellschaft fast ihren gesamten Landbesitz an den Fiskus ab. Der Vertrag, der bei der politischen Rechten wenig Beifall findet, entstand unter der Federführung von Bernhard Dernburg, dem Staatssekretär des Reichskolonialamts. Dernburg, ursprünglich Bankdirektor, leitet seit 1907 dieses neugeschaffene Amt (Ministerium) nach rationellwirtschaftlichen Gesichtspunkten. Das stößt beim rechten Flügel des Zentrums sowie bei den Konservativen und den Nationalliberalen auf Widerstand, da diese an der Privilegierung großer Kapitalgesellschaften in den Kolonien festhalten.

Die Diamantenausfuhr stellt den wichtigsten Wirtschaftszweig von Deutsch-Südwestafrika dar. Der Diamantenhandel ist Monopol des Staats, der wiederum Konzessionen vergibt. Um einer Zersplitterung in viele kleine Gesellschaften vorzubeugen, ließ Dernburg das gesamte in Frage kommende Schürfgebiet sperren und erteilte der Deutschen Kolonialgesellschaft eine Sonderberechtigung, aus der sich der Fiskus nun einen beträchtlichen Teil der Einnahmen sichert. Vor der Sperrung hatten noch weitere vier Gesellschaften Abbaurechte. Dernburg über seine Politik: »Die Verwaltung ist durch die Diamantenfunde vor eine große Aufgabe gestellt worden. Ich bin selbst überrascht worden durch die schnelle Entwicklung, welche diese Sache genommen hat. Das erste Prinzip ist, daß, wenn man koloniale Verbrauchsgegenstände fördern will, die die Heimat verwenden kann, man sie billig herstellen muß. Luxusgegenstände muß man dagegen im Preise steigern, d. h. man muß sie monopolisieren. Das zweite Prinzip ist, man muß Steuerobjekte schaffen, und drittens muß man dafür sorgen, daß die Sachen verkauft werden können.«

Mit diesem Vertragsabschluß führt Dernburg seine eigenwillige und erfolgreiche Kolonialpolitik zu Ende. Anfang Juni scheidet er freiwillig aus dem Amt, da er sich nicht den Vorstellungen von Zentrum und Konservativen beugen will.

Einen Monat nach der Unterzeichnung des Diamantenvertrags tritt Dernburg zurück. Das Bild zeigt ihn beim Abschiedsempfang mit seinen Beamten.

Dreibund: Italien unsicherer Partner

28. Mai. Der italienische Außenminister Antonio Marchese di San Giuliano trifft zu Gesprächen mit Reichskanzler Theobald von Bethmann Hollweg in Berlin ein.

Der Meinungsaustausch bestätigt, wie es in einer offiziösen Mitteilung heißt, den Entschluß, »die Sicherung und Befestigung des gegenwärtigen Zustandes als Ziel ihrer Politik unverändert festzuhalten ... und im Einklang mit dem Wiener Kabinett auch fernerhin die auf Erhaltung des Friedens gerichteten Grundsätze zur Geltung zu bringen, von denen die Politik der Dreibundmächte getragen ist«.

Der 1882 auf Initiative des deutschen Reichskanzlers Otto von Bismarck geschlossene Dreibund zwischen Berlin, Wien und Rom gilt als gefährdet. Die auf eine Befreiung der »unerlösten« italienischen Gebiete (Südtirol, Triest) zielenden »Irredentisten«-Bestrebungen Italiens greifen in den österreichischen Machtbereich ein und drohen den Dreibund auszuhöhlen (→ 14. 5./S. 99). 1902 hat Italien mit Frankreich ein Geheimabkommen geschlossen, in dem es sich für den Fall eines von Paris nicht provozierten deutsch-französischen Krieges zur Neutralität verpflichtete.

Kronprinz Wilhelm (28) mit Sohn Wilhelm (3)

Wilhelm vertreten

31. Mai. *Der deutsche Kronprinz Wilhelm nimmt zum ersten Mal die Frühjahrsparade in Potsdam ab. Er vertritt seinen Vater, Kaiser Wilhelm II., der an einem Furunkel an der rechten Hand operiert wird. Gast Wilhelms ist der neue belgische König Albert I., den sein erster Auslandsbesuch nach Berlin geführt hat.*

◁ Wilhelm und Albert I. (vorn links neben dem Schimmel) bei der Parade in Potsdam

Kaiser in Sarajevo – unerwarteter Jubel

30. Mai. *Der österreichische Kaiser und König von Ungarn, Franz Joseph I., wird in der bosnischen Hauptstadt Sarajevo von der Bevölkerung enthusiastisch empfangen. Er besucht Bosnien und die Herzegowina erstmals seit dem Inkrafttreten der Landesverfassung (→ 17. 2./S. 43). Vor zwei Jahren waren die ursprünglich zum Osmanischen Reich (Türkei) gehörenden Gebiete von Österreich-Ungarn annektiert worden.*

◁ Empfang von Franz Joseph I. (r.) in Sarajevo durch Bürgermeister Koulović (l.)

Türken töten 400 albanische Freischärler

11. Mai. Albanische Freischärler werden bei Preschowa im Osten des Landes von osmanischen (türkischen) Einheiten vernichtend geschlagen und verlieren 400 Mann. Der Freiheitskrieg, den die Albaner gegen die Herrschaft der Türken führen, erreicht 1910 einen ersten Höhepunkt.

Der Beginn der albanischen Nationalbewegung wird mit der Gründung der Liga von Prizren (1878) angesetzt. Diese Organisation wurde anfangs wesentlich vom türkenfreundlichen Feudaladel bestimmt, der eine eigene nationale Kultur und die Autonomie innerhalb des Osmanischen Reichs forderte. Die religiösen Gegensätze zwischen mohammedanischen, katholischen und orthodoxen Albanern sowie die spätmittelalterlich-patriarchalische Gesellschaftsstruktur verhinderten jedoch, daß die Nationalbewegung zur Massenbewegung anwuchs. Nach und nach drängten allerdings mehr und mehr antitürkische Nationalisten in der Liga vor. Starken Auftrieb erhielt die Unabhängigkeitsbewegung unter dem Eindruck der russischen Revolution von 1905. Breite Schichten der Bauernschaft und des Bürgertums schlossen sich der Bewegung an. 1906 bildete Bajo Topuli in Monastir (Bitola) ein geheimes »Komitee für die Freiheit Albaniens«. 1908 tagte nach der Revolution der Jungtürken in Monastir der erste albanische Kongreß.

Die Revolution der Jungtürken beendete in Albanien 1908 das »System Abd Al Hamid«: Während der 33 Jahre dauernden Herrschaft von Sultan Abd Al Hamid II. waren in Albanien zwar immer wieder türkische Truppen zusammengezogen worden, wenn der Ruf nach Unabhängigkeit zu laut geworden war, doch wurde nicht gekämpft, sondern verhandelt. Die Albaner wußten, daß, wenn sie rechtzeitig einlenkten, reiche Geldgeschenke, Ordensverleihungen und Rangerhöhungen nicht ausbleiben würden.

Das autokratische Regime Abd Al Hamids wurde 1908 durch eine anfangs liberale Politik der Jungtürken ersetzt. Die schlug jedoch 1909 in eine Politik der Unterdrückung von Minderheiten um. Den Albanern versprochene Reformen blieben aus. Gegen die massive Türkisierungspolitik des neuen Regimes in Konstantinopel (Istanbul) brachen 1909 in Albanien bewaffnete Volksaufstände aus. Die türkische Regierung hat inzwischen rund 40 000 Mann in Albanien stehen, um die Aufstände niederzuwerfen. Zu den einflußreichsten Führern der Albaner zählt Kemal Bey Ismail.

Zum Zeichen der Unterwerfung bietet ein Albaner dem Oberbefehlshaber der türkischen Truppen in Albanien, Mahmud Schevket Turgot Pascha, eine Schale Milch an. Nicht nur die sog. einfache Bevölkerung macht Front gegen die Türken, auch zahlreiche albanische Beamte und Würdenträger, die nach der Revolution der Jungtürken vom Hof in Konstantinopel (Istanbul) entfernt wurden (Zeichnung aus der »Illustrated London News«).

Italien fordert von Wien »Irredenta«

14. Mai. Vor dem Parlament in Wien demonstrieren rund 200 italienische Studenten für die Errichtung einer italienischen Rechtsfakultät in der österreichischen Hafenstadt Triest. Einen Tag später werden 700 antiösterreichische Triester im Sforzaschloß in Mailand vom Bürgermeister empfangen. Die Behörden verbieten jedoch die geplante anschließende Protestkundgebung, nachdem im Teatro Lirico in Mailand antiösterreichische Kundgebungen während eines Futuristenabends (→ 11. 2./S. 49) zu einem Skandal geführt hatten.

Am 11. Mai 1860 – vor 50 Jahren – landete der italienische Freiheitskämpfer Giuseppe Garibaldi mit seinen 1000 Freiwilligen in Marsala an der Westküste Siziliens, um Sizilien und Italien von der Herrschaft der Bourbonen zu befreien und die Einigung Italiens voranzutreiben. Dieses Jubiläum ist in Italien Anlaß für zahlreiche Kundgebungen und Protestaktionen der Irredentisten. Als »Irredenta« wird das »unerlöste« Italien bezeichnet, d. h. die Gebiete, die in österreichisch-ungarischem Besitz sind: Trentino, Görz, Triest, Istrien, Fiume (Dalmatien).

Der Irredentismus hat sich seit der Jahrhundertwende mit einem übersteigerten Nationalismus verbunden und übt in dieser Form bedeutenden Einfluß auf die öffentliche Meinung aus – ein Einfluß, dem sich auch die Regierung nicht mehr entziehen kann und der den Dreibund zwischen Rom, Wien und Berlin gefährdet (→ 28. 5./S. 98).

Canalejas gegen die Macht des Klerus

9. Mai. Aus den Parlamentswahlen in Spanien gehen die regierenden Liberalen unter Ministerpräsident José Canalejas y Méndez mit 203 Abgeordneten als Sieger hervor. Die Konservativen stellen 104, die Republikaner 45 und die Sozialisten einen Abgeordneten.

Diese Wahlen sind tatsächlich gelenkte Wahlen, da Regierung und Opposition wie schon lange üblich ein Abkommen über die Mandatsverteilung treffen, nach dem die Regierungspartei rund zwei Drittel, die Opposition etwa ein Drittel der Sitze erhält (bis 1909, als die Konservativen noch den Ministerpräsidenten stellten, waren die Liberalen in der Opposition). Gestört wurde diese Wahlgewohnheit durch die oppositionellen Republikaner, die Wahlabsprachen mit den Radikalen und den Sozialisten in den Großstädten getroffen hatten.

Der 23jährige König Alfons XIII. (r.) übertrug Anfang Februar dem für seine radikal-liberalen Forderungen bekannten Canalejas (55) die Regierung.

Dem neuen Parlament fallen Entscheidungen zu, die von richtungweisender Bedeutung für die spanische Gesellschaft sind. Canalejas formuliert die Stoßrichtung dieser Entscheidungen so: »Dieses Ziel kann kein anderes sein als die Wiederherstellung der liberalen Traditionen, die durch die klerikale Regierungsperiode erschüttert worden sind, im Kampfe einerseits mit den Klerikalen, andererseits mit den Republikanern, die nicht an die Möglichkeit der Verwirklichung liberaler Reformen unter dem Zepter von Alfons XIII. glauben wollen.«

Zu den Reformvorhaben der Regierung zählt u. a. die Einführung der Gewissensfreiheit (Religionsfreiheit). Ein Vereinsgesetz soll alle Vereine und Verbände, auch die katholischen, dem allgemeinen Recht unterwerfen. Die Aufsicht über die Schulen soll vom Staat übernommen werden.

Das liberale Reformprogramm spaltet die spanische Gesellschaft in zwei Lager, die sich erbittert bekämpfen. König Alfons XIII. unterstützt den Reformkurs.

»Nichtkatholische Vereine verbieten«

Die Forderungen der spanischen Klerikalen werden vielfach als radikaler Affront gegen die Republik aufgefaßt:

»1. Einschränkung der Kultusfreiheit und Untersagung aller nichtkatholischen Kulte.
2. Staatliche Unterstützung der Prälaten zum Zweck der Abschaffung aller nichtkatholischen Lehrbücher und Schriften [in den Schulen].
3. Vollständige Lehrfreiheit für die Ordensgenossenschaften und Abschaffung der staatlichen Kontrolle.
4. Unterstellung aller Lehranstalten und Universitäten unter geistliche Oberaufsicht.
5. Wiederherstellung der geistlichen Gerichtsbarkeit für den Klerus und Befreiung desselben von der Verpflichtung, vor weltlichen Gerichtsbehörden Zeugnis abzulegen oder sich verhören zu lassen.
6. Befreiung vom Waffendienst für alle Seminaristen bis zum 27. Lebensjahr und vollständige Befreiung vom Waffendienst für alle zu Priestern Geweihten und Ordensbrüder, die die Klostergelübde abgelegt haben.
7. Anerkennung aller der kirchlichen Trauung entspringenden Rechte durch die weltlichen Gerichte. Vorrang der kirchlichen vor der standesamtlichen Trauung. Verbot für Andersgläubige, letztere einzugehen, ohne mindestens ein Jahr im voraus das Bekenntnis der Andersgläubigkeit abgelegt zu haben.
8. Berechtigung aller Großjährigen beiderlei Geschlechts, unbehindert ins Kloster einzutreten.
9. Berechtigung der Bischöfe, aus eigener Machtvollkommenheit und ohne Einmischung der weltlichen Gerichte die Überweisung frommer Stiftungen und Testamente zugunsten der Kirche zu veranlassen.
10. Untersagung aller nichtkatholischen Vereine und Verbände.
11. Wiederherstellung der früheren Begräbnisliturgie.
12. Befreiung der Kirchengüter von der Grundsteuer sowie Ermäßigung der Konsumsteuer für Ordensgenossenschaften und alle kirchlichen Personen.«

Frauenwahlrecht in Norwegen erweitert

13. Mai. Der gesetzgebende Ausschuß des Storting, des norwegischen Parlaments in Kristiania (Oslo), stimmt mit 71 zu 10 Stimmen für die Erteilung des allgemeinen kommunalen Wahlrechts an alle Frauen, die über 24 Jahre alt sind, seit mindestens fünf Jahren im Land wohnen und die bürgerlichen Ehrenrechte genießen. Damit wird das bisher geltende Kommunalwahlrecht aus dem Jahr 1901 abgelöst. Es war u. a. an die Entrichtung einer Mindeststeuersumme bzw. an die Vermögensgemeinschaft mit einem steuerzahlenden Ehemann geknüpft.

Im Vergleich zu allen anderen Staaten haben die Frauen in den nordischen Ländern die meisten Rechte, was die politische Mitbestimmung im Rahmen der konstitutionellen Monarchie betrifft:

▷ 1903 verabschiedete das Folketing, das dänische Parlament in Kopenhagen, ein Gesetz, das verheirateten Frauen das kommunale Wahlrecht verlieh. Im selben Jahr verwarf dagegen das Storting in Kristiania eine Gesetzesinitiative auf Einführung des allgemeinen Frauenstimmrechts auf Reichsebene
▷ 1906 wurde in Finnland das Gesetz zur Einführung des allgemeinen Wahlrechts für Frauen über 24 Jahre verabschiedet
▷ 1907 wurden erstmals in einem europäischen Parlament in Finnland zwei Frauen in die Volksvertretung gewählt
▷ 1907 nahm das Storting in Kristiania das Gesetz zur Einführung des beschränkten Wahlrechts für Frauen auf Reichsebene an: Danach dürfen alle Frauen, die Steuern zahlen oder deren Ehemänner Steuern zahlen, wählen
▷ 1910 befinden sich unter den gewählten Repräsentanten Finnlands immerhin schon 15 Frauen.

Die ersten Kommunalwahlen mit Frauenbeteiligung in Norwegen 1904 ergaben eine geringe Wahlbeteiligung der Frauen: Während 40% der wahlberechtigten Männer zur Wahl gingen, gaben nur 20% der wahlberechtigten Frauen ihre Stimme ab. Besonders kraß war der Unterschied im Wahlverhalten zwischen Stadt- und Landgemeinden: 50% der Städterinnen gingen zur Wahl, aber nur 10% der Landfrauen.

Das Interesse stieg jedoch rasch, u. a. anläßlich der Volksabstimmung von 1905 über die Auflösung der Union zwischen Norwegen und Schweden. Bei dieser Abstimmung waren die Norwegerinnen nicht stimmberechtigt. 368 000 Männer stimmten mit Ja, 184 000 mit Nein. Die Frauen organisierten daraufhin eine eigene »Frauenabstimmung«, bei der sich 250 000 Norwegerinnen für die Aufhebung der Union aussprachen.

1909 durften Frauen erstmals an den Wahlen zum Storting teilnehmen: 58,2% übten ihr Stimmrecht aus. Diese Wahl ergab einen Rechtsruck.

Südafrika – Buren und Briten gründen Unionsstaat

31. Mai. Das britische Dominion Südafrikanische Union wird gegründet durch den Zusammenschluß der britischen Kolonien Kapkolonie, Natal, Oranjefreistaat und Transvaal. Regierungssitz ist Pretoria, das Parlament befindet sich in Kapstadt. Die Südafrikanische Partei – sie fordert die Versöhnung zwischen Buren und Briten – stellt mit Louis Botha einen Ministerpräsidenten, der als ehemaliger Burenkriegsgeneral große Beliebtheit bei den Buren besitzt.

Die britische Herrschaft in Südafrika begann 1806 mit der Besetzung der von niederländischen Siedlern (Buren) kolonisierten Kapkolonie (Kapprovinz). Ab Mitte der 30er Jahre verließen die Buren im Großen Treck die Kolonie und zogen nach Norden, da das 1834 im britischen Empire in Kraft getretene Sklavereiverbot vielen von ihnen die Lebensgrundlage entzog. Sie gründeten nach Kämpfen mit dem Zulustaat die Republik Natal, die Großbritannien 1843 annektierte.

Viele Buren wanderten unter Andries Pretorius weiter über den Fluß Vaal, wo sie die Republiken Potschefstroom, Lydenburg und Utrecht gründeten, die sich 1849 zum Vereenigden Bond zusammenschlossen.

Louis Botha (1862), der erste Premierminister der Südafrikanischen Union und ehemalige Burenkriegsgeneral. Nach der Niederlage im Burenkrieg, in dem er die burischen Verbände im Norden Transvaals befehligt hatte, trat er für die Aussöhnung zwischen Briten und Buren ein. Als Transvaal Selbstregierung erhielt, wurde er 1907 Premierminister der britischen Kolonie.*

Daraus ging 1852/54 die Südafrikanische Republik (Transvaal) hervor. Darüber hinaus gründeten die Buren 1854 den Oranjefreistaat. Transvaal und Oranjefreistaat behaupteten hartnäckig ihre Unabhängigkeit gegen den britischen Imperialismus.

Die Entdeckung von Diamanten bei Kimberley 1867 und die Goldfelder am Witwaterstrand führten zu einem großen industriellen Aufschwung in der Kapkolonie und nach dem Anschluß der Goldfelder an das Eisenbahnnetz auch in den Burenrepubliken. 1887 gründeten Goldgräber im südlichen Transvaal Johannesburg, das zwei Jahre später bereits 50 000 Einwohner zählte. Die burisch-britischen Gegensätze führten schließlich 1899 zum Burenkrieg. Durch den Frieden von Vereeniging wurden Transvaal und Oranjefreistaat 1902 britische Kolonien.

Nach Beendigung des Burenkriegs kam es zwischen Buren und Briten zu einer gewissen Annäherung, die nun die Schaffung der Südafrikanischen Union ermöglicht. Sie erhält den Status eines Dominions mit Selbstregierung bezüglich der inneren Angelegenheiten. Die Benachteiligung der schwarzen Bevölkerung ist durch die Verfassung, die am Gründungstag in Kraft tritt, festgeschrieben. Einer der Führer der Farbigen gegen die Apartheid-Politik in Südafrika ist der indische Rechtsanwalt Mohandas Karamchand Gandhi. Da die Zulu die Lohnarbeit verweigerten, wurden ab 1860 mehr und mehr indische Fremdarbeiter in Südafrika beschäftigt. Mit der Gründung des Natal Indian Congress 1894 organisierte Gandhi erstmals den Widerstand der Einwanderer gegen diskriminierende Gesetze wie die Aberkennung des Stimmrechts. Seit 1906 organisiert er den passiven Widerstand als Kampfform gegen den Erlaß von Paßgesetzen.

Kongo – das Erbe Leopolds

14. Mai. In Brüssel verabschiedet eine deutsch-britisch-belgische Konferenz den Vertrag zur Regulierung der Grenze im Osten der Kolonie Belgisch-Kongo. Belgien kann dabei den Umfang seiner äquatorialafrikanischen Kolonie noch vergrößern.

Kongo (Zaïre) war bis 1908 keine Kolonie, sondern wurde auf der internationalen Berliner Kongokonferenz 1884/85 als unabhängiger und neutraler Staat (État Indépendant du Congo) unter der Souveränität des belgischen Königs Leopold II. anerkannt. Tatsächlich war damit der Kongo der persönlichen Herrschaft des geschäftstüchtigen belgischen Monarchen unterworfen, der sich der eingeborenen Bevölkerung gegenüber vollkommen skrupellos verhielt. Durch die Brüsseler Kongoakte 1890 sicherte er sich zusätzlich das Recht, Einfuhrzölle bis 10% erheben zu können. Leopold überzog das Land mit Militärstationen und zwang die Bevölkerung zum Sammeln von Wildkautschuk und Elfenbein. Die weltweite Entrüstung über die »Kongogreuel« zwang Leopold 1908, seine Privatkolonie gegen Zahlung von 8 Mio. Goldmark an den belgischen Staat abzutreten.

Leopold II., König der Belgier, 1885 – 1908 Souverän des Kongo

Hundert Jahre Argentinien

25. Mai. Die Republik Argentinien feiert den 100. Jahrestag der Mairevolution von 1810 und damit der Lösung von der Kolonialherrschaft Spaniens.

Am 25. Mai 1810 hatte nach der napoleonischen Besetzung Spaniens eine Junta in Buenos Aires den spanischen Vizekönig für abgesetzt erklärt und die Regierung übernommen. 1816 proklamierte der Kongreß von Tucumán die Unabhängigkeit Argentiniens unter dem Namen »Vereinigte Provinzen des Río de la Plata«. Die 100-Jahr-Feier steht im Zeichen blutiger Auseinandersetzungen zwischen den Staatsorganen und den Gewerkschaften, die zu einem Großteil von den Anarchisten beherrscht werden. Präsident José Figueroa Alcorta, der zugleich Oberbefehlshaber ist, hat am 15. Mai den Belagerungszustand auf unbestimmte Zeit verhängt. Er reagierte damit auf die Ankündigung der Gewerkschaften, anläßlich der 100-Jahr-Feier einen »revolutionären Generalstreik« in Szene zu setzen.

José Figueroa Alcorta, Präsident v. Argentinien 1906 bis Oktober 1910

Das Land wird faktisch beherrscht von einer Oligarchie reicher Großgrundbesitzer und von Vertretern des britischen Kapitals.

Verkehr 1910:

Eisenbahn gefährdet und gefährlich

Die dominierenden Transportmittel im öffentlichen Verkehr sind weiterhin Eisenbahn und Schiff, wobei der Ausbau des Schienennetzes in den letzten Jahren einen rapiden Aufschwung genommen hat.
Neben dem traditionellen Staatsbahnennetz liegt der Schwerpunkt beim städtischen Schnellverkehr und dem Zwischenstadtverkehr. Fast alle Millionenstädte in den Industriestaaten haben außer den Straßenbahnen Hoch- oder Untergrundbahnen, die den Schnellverkehr zwischen den Stadtteilen besorgen. Naheliegende Industriestädte werden außer durch die Staatsbahnen auch durch besondere zwischenstädtische Bahnlinien verbunden.
Durch Motorfahrzeuge erwächst der Schiene jedoch eine immer größere Konkurrenz, auch wenn die hohen Zuwachsraten der letzten Jahre nicht mehr erreicht werden: Um 28,2% wächst der Park an Droschken und Kraftomnibussen, die im öffentlichen Fuhrverkehr eingesetzt werden. 1909 lag die Steigerungsrate noch bei 40,4%.

Omnibusverkehr nimmt stark zu

Zahl der im Deutschen Reich im öffentlichen Fuhrverkehr eingesetzten Droschken und Omnibusse jeweils zu Jahresbeginn (Steigerung gegenüber Vorjahr in Prozent)

1907	1197	
1908	1734	+44,9%
1909	2340	+35,0%
1910	3285	+40,4%
1911	4210	+28,2%

Doch nicht nur Omnibusse und Droschken bilden eine Gefahr für die Schiene. Die große Diskussion des Jahres 1910 gilt der Frage, ob die größte Gefahr für die Eisenbahn nicht die Eisenbahn selbst ist: Noch nie waren so viele katastrophale Zugunglücke in einem Jahr zu verzeichnen, die Tragödie von Mülheim bildete in dieser Serie einen traurigen Höhepunkt (→ 30. 3./S. 63). Diese Sicherheitsdiskussion gilt nicht nur den Faktoren menschliches und technisches Versagen, sondern bezieht sich auch auf den Schutz der Passagiere vor einer neuen Spezies von Verbrechern, den »Zugräubern«.

Ein Expreß der Eisenbahnlinie Denver and Rio Grande durchfährt auf der Strecke der Pacific Coast die Schlucht Royal George am Ufer des Arkansas.

Das neue Batteriesystem des Erfinders Thomas Alva Edison, getestet bei Straßenbahnen in New Jersey, soll den Motorverkehr revolutionieren.

Die von der Southern Pacific Company für den Einsatz in den Bergen Kaliforniens bestimmte, derzeit größte Lokomotive der Welt wiegt mit Tender 220 t. Das bewegliche Achssystem ermöglicht auch das schnelle Durchfahren scharfer Kurven. Die herkömmliche Steinkohlenfeuerung wurde durch die effektivere Ölfeuerung ersetzt.

Für die in der Nähe größerer Städte wohnende Landbevölkerung ist der Vorortzug (hier im französischen Toulouse) das meistbenutzte Verkehrsmittel. Innerhalb der Großstädte ist es die Straßenbahn.

In der Fabrik Fives-Lille werden Kessel und Fahrgestell einer »Pacific« Lok zusammengebaut.

Im Winter 1909/10 werden auf den Straßen von New York erstmals motorgetriebene Schneeräumfahrzeuge eingesetzt. Der Schnee wird nicht vom Fahrzeug beiseitegeschoben, sondern per Hand in die Kippe geschaufelt.

Elektrischer Aussichtswagen für Oberleitungsbetrieb auf der Linie Preßburg-Eisenbrünnl: Die Antriebsmotoren sind in den Naben der Hinterräder untergebracht. Stromregelung steuert die Geschwindigkeit.

Mit Zeppelin beginnt die Ära des Luftverkehrs

Die Luftfahrt spielt im öffentlichen Verkehrswesen noch keine Rolle. Die Aeroplane sind nicht für den Transport von Passagieren konzipiert, Flüge mit mehreren Personen gelten als Sensation.

Eine neue Epoche im Luftverkehr beginnt jedoch am → 22. Juni (S. 119), als das Starrluftschiff LZ VII, »Deutschland« genannt, als erstes Verkehrsluftfahrzeug der Welt unter der Führung seines Erbauers, des Grafen Ferdinand von Zeppelin, mit 20 Fahrgästen an Bord die erfolgreiche Probefahrt von Friedrichshafen nach Düsseldorf durchführt. Ähnliche Projekte zur Erschließung des Luftraums für den öffentlichen Verkehr sind bisher gescheitert, obwohl schon 1908 der erste Passagierflug mit einem Aeroplan durchgeführt wurde.

Nun denken auch die Konstrukteure von Aeroplanen verstärkt über den Passagierflug nach: Bei einer Durchschnittsgeschwindigkeit von 70 bis 80 km/h wäre die französische Hauptstadt Paris von Berlin aus in zehn bis zwölf Stunden zu erreichen, während der beste Schnellzug mindestens 17 Stunden benötigt. Vorerst steht beim Flugzeugbau jedoch die technische Verfeinerung im Vordergrund.

Auf die große Zahl von Liebhabern des Aerosports reagieren erfahrene und geschäftstüchtige Piloten mit Flugschulen: Clément Bayard unterrichtet seine Schüler in der extrem leichten (und billigen) »Démoiselle«.

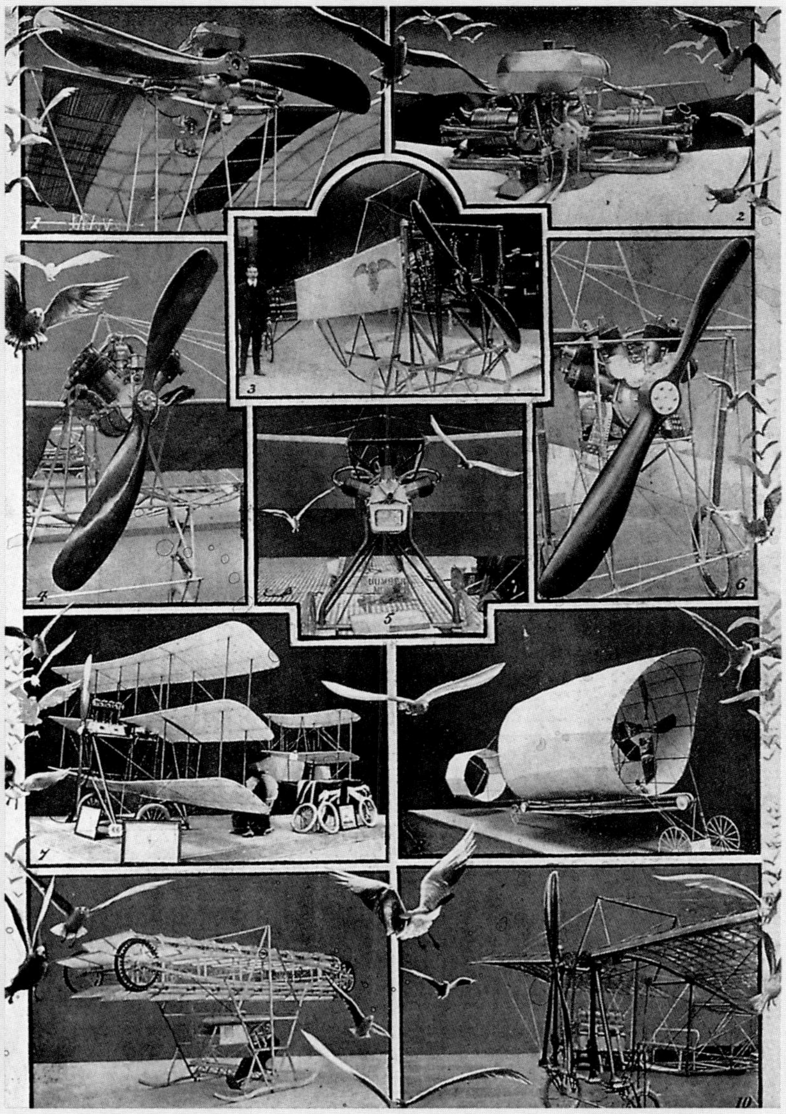

Auch auf Ausstellungen wie der »Aero Show« in London dominieren Maschinen, die auf Einzelflieger zugeschnitten sind. Anders als Luftschiffe werden Flugzeuge noch nicht als Personentransportmittel eingesetzt.

Die Weltuntergangsstimmung, die das Nahen von Halley bei vielen ausgelöst hat, karikiert diese Postkarte.

Halley-Komet passiert Erde – unbemerkt

19. Mai. In der Nacht vom 18. auf den 19. Mai erreicht der Halleysche Komet zum ersten Mal seit 1835 wieder seine größte Erdnähe und ist – so die Vorhersagen – mit dem bloßen Auge zu erkennen. Zehntausende haben sich aufgemacht, um dieses Naturschauspiel zu beobachten. Andere wiederum befürchten den Untergang der Welt während des Durchgangs der Erde durch den Schweif des Kometen.

Die Neugierigen, die in Weltuntergangsstimmung Versetzten und die Wissenschaftler werden gleichermaßen enttäuscht: Nichts ist vom Kometen zu sehen, weder mit dem bloßen Auge noch mit Fernrohren oder den Präzisionsinstrumenten der Sternwarten. Dies wird damit erklärt, daß der Komet »trotz der beträchtlichen Größe und Helligkeit eine so geringe Masse und Dichte hat, daß er eine merkliche Absorption auf die ihn durchdringenden Sonnenstrahlen nicht auszuüben vermag, sondern sich wie ein vollkommen durchsichtiger Körper verhält«, heißt es in einer Stellungnahme der Berliner Sternwarte.

Auch mit dem Auge wahrnehmbare Folgen des Schweifdurchgangs bleiben völlig aus: Keine Sternschnuppen, keine auffallenden Dämmerungserscheinungen.

Wie diese Bewohner Londons warten weltweit Zehntausende auf den großgeschweiften Halley – vergeblich: Der Komet bleibt unsichtbar, die Erde geht im Schweifdurchgang nicht unter (Zeichnung »Illustrated London News«).

Der Komet mit dem größten Schweif

Der Halleysche Komet ist nach dem britischen Mathematiker und Astronomen Edmond Halley (1656 – 1742) benannt, der die Identität der in den Jahren 1531, 1607 und 1682 erschienenen Kometen entdeckte. Mit sechs Kilometern Durchmesser ist der Halleysche Komet der größte bekannte Schweifstern. Alle 76 Jahre durchquert er unser Sonnensystem. Die Erscheinung von 1910 ist die 30. bekannte der periodischen Wiederkehr, die erste wurde im Jahr 466 v. Chr. beobachtet. Das nächste Erscheinen des Kometen wird 1986 erwartet.

Auf dem seit 240 v. Chr. nachgewiesenen Weg des Halleyschen Kometen zur Sonne beginnt sich die Oberfläche der Eiskugel zu erwärmen, das Eis verdampft, und es entsteht eine sich bis auf 100 000 km ausdehnende Hülle aus Gas und Staub, die von der Sonne zum Leuchten gebracht wird. Gleichzeitig tritt an der sonnenabgewandten Seite aus der Hülle ein Schweif aus, der im Jahr 1910 eine Länge von 30 Mio. km erreicht. Der Kern ist etwa 15 km lang und 10 km breit. Bei seiner regelmäßig wiederkehrenden Annäherung an die Sonne verliert der Halleysche Komet darüber hinaus bis zu fünf Tonnen Gas und Staub pro Sekunde.

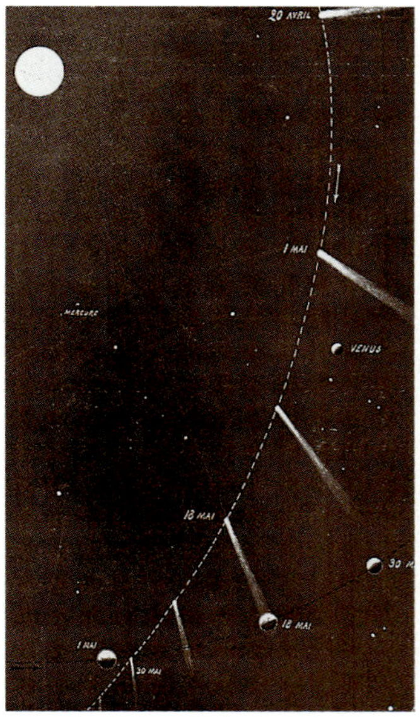

Berechnung der Halley-Bahn in der »L'Illustration«

Neue Rheinbrücke für die Domstadt

Mai. Köln ist um ein charakteristisches Bauwerk reicher: Die in einer architektonischen Mischung aus Eisenkonstruktion und historisierenden Formen errichtete neue Südbrücke überspannt 650 m weit den Rhein. Die sog. Hohenzollernbrücke wird im Mai 1911 eingeweiht. Das Bauwerk kostete 5 Mio. Mark und erlangte bereits während der Bauarbeiten im Jahr 1908 traurige Berühmtheit, als ein Gerüsteinsturz acht Menschenleben forderte.
Die zweigleisige Brücke, für die die Pläne in der Königlichen Eisenbahndirektion Köln entworfen wurden, beginnt am linksrheinischen Ufer mit einem zweitürmigen, burgähnlichen Bau. Dahinter schwingt sich die über 5 Mio. kg schwere Eisenkonstruktion in drei Bogen über den Fluß. Auf den Strompfeilern flankieren schiefergedeckte Wachttürmchen die Bogen.

In ihrer Verbindung von Historie und Gegenwart ist die Südbrücke typisch für die wilhelminische Architektur.

Ex-Sultan kassiert 12,8 Mio.

29. Mai. Das Kammergericht in Berlin verurteilt die Deutsche Reichsbank zur Herausgabe des Depots von 12,8 Mio. Mark an den türkischen Ex-Sultan Abd Al Hamid II., der 1909 durch die Revolution der Jungtürken gestürzt wurde. Das Kammergericht hebt damit die Entscheidung des Landgerichts I auf, das die Klage Abd Al Hamids abgewiesen hat.
Abd Al Hamid herrschte ab 1876, meist ohne Verfassung. Seine Regierungszeit war geprägt durch gewaltige Ausgaben für Repräsentationsbauten und kulturelle Zwecke, wobei europäisch-westliche Vorstellungen in die islamische Kunst mit einbezogen wurden. Daneben verstand es der luxusgewöhnte Herrscher, allein auf das Depot bei der Reichsbank 12,8 Mio. Mark abzuzweigen.

Die Sieger aus Karlsruhe (o. v. l.): Schwarze, Huber, Dell, Hollstein; (u. v. l.) Fuchs, Bosch, Breunig, Tscherter, Ruzek, Förderer und Hirsch

Farbentragende Sänger schmettern in Weimar

19. Mai. *In Weimar wird das Dritte Bundesfest des Verbands der deutschen farbentragenden Sängerschaften eröffnet. Das Bild zeigt den Frühschoppen auf dem Marktplatz am letzten Tag, dem 21. Mai.*

Karlsruhe Fußballmeister

15. Mai. Der Karlsruher Fußball-Verein gewinnt in Köln vor 5000 Zuschauern das Finale um die Deutsche Meisterschaft mit 1:0 nach Verlängerung gegen Holstein Kiel.
Nach torloser regulärer Spielzeit fällt die Entscheidung in der zweiten Verlängerung. Mittelläufer Max Breunig, der drei Wochen zuvor sein erstes Länderspiel bestritten hat (2:4 in Holland), verwandelt einen Elfmeter zum 1:0-Sieg für den Karlsruher FV, der bereits 1905 ins Finale vorstieß.
In der Vorschlußrunde hatte der neue Deutsche Fußballmeister den Lokalrivalen und Vorjahressieger Phönix Karlsruhe mit 2:1 Toren ausgeschaltet.

Die Deutschen Fußballmeister
(Finalgegner in Klammern)
1903 VfB Leipzig (DFC Prag)
1905 Union 92 Berlin (Karlsruher FV)
1906 VfB Leipzig (1. FC Pforzheim)
1907 Freiburger FC (Viktoria 89 Berlin)
1908 Viktoria 89 Berlin (Stuttgarter Kickers)
1909 Phönix Karlsruhe (Viktoria 89 Berlin)
1910 Karlsruher FV (Holstein Kiel)

Kunst 1910:

Erschaffen einer Gegenwirklichkeit – Auflösung der Realität

Das Jahr 1910 markiert den Durchbruch für eine Vielfalt von Stilrichtungen, denen allen gemeinsam ist, daß sie sich dem offiziellen Kunstbetrieb nicht unterzuordnen gewillt sind und der traditionellen Kunst eine Gegenwirklichkeit gegenüberstellen, in der sich das Gegenständliche immer mehr auflöst.

- ▷ Futurismus: Italienische Künstler prägen den Futurismus, der ideologisch bestimmt wird von der modernen Zivilisation und ihren technischen und wissenschaftlichen Umwälzungen (→ 11. 2./S. 49). Umberto Boccioni, Carlo Carrà, Giacomo Balla u. a. wollen in ihren Werken Aktivität und Dynamik bildnerisch umsetzen: Das statische Bild mit seiner Fluchtpunktperspektive soll aufgelöst werden in eine ganzheitliche dynamische Sensation, die auch Bewegungsabläufe darstellt.
- ▷ Kubismus: In Paris leben die Hauptvertreter des Kubismus, Pablo Picasso und Georges Braque. Figuren und Stilleben werden in zersplitterte, facettierte Gebilde zerlegt, in denen Fragmente der dargestellten Gegenstände mit dem umgebenden Bildraum verschmelzen. Dadurch soll die simultane Darstellung mehrerer Ansichten eines Objekts gewährleistet werden. Das Objekt wird von verschiedenen Blickpunkten aus »analysiert« (analytischer Kubismus). Typische Beispiele: Braques »Violine und Geige« sowie Picassos »Bildnis Kahnweiler«.
- ▷ Orphismus: Vom strengen Kubismus lösen sich 1910 in Paris lebende Maler wie Robert Delaunay und Fernand Léger. Ihr Ziel ist es, den Kubismus zu »humanisieren« und zu »poetisieren«. Die Bezeichnung Orphismus prägt zwei Jahre später der Dichter Guillaume Apollinaire: Der Name ist dem mythischen Sänger Orpheus entlehnt und steht für das vom Rationalen in den Hintergrund gedrängte unbewußte Welterleben. Die Orphisten verwenden reine, klare, leuchtende Farben in facettierten Flächen. Delaunay beginnt 1910 u. a. mit der »Eiffelturm«-Serie.

»Heilige Stunde« von Ferdinand Hodler; figürlicher Aufbau, fest umschließende Linien, symmetrische Komposition mit parallelisierenden Formen und flächenbetonte Farbigkeit kennzeichnen den Stil des Schweizer Malers, der eine vom Bürgertum akzeptierte Gegenwirklichkeit schafft.

Der Expressionismus – Sichtbarmachung seelischen Ausdrucks

Im Expressionismus, der Kunst des gesteigerten Ausdrucks (lateinisch expressum), geht es nicht um das Sinnlich-Dekorative der bloßen Erscheinung, sondern um die seelische, geistige und soziale Analyse, um die Darstellung der »Hinter den Dingen« liegenden Wahrheiten.
Der Expressionismus zielt in Malerei und Grafik, jedoch weniger der Plastik, auf das Emotionale, der innere Ausdruck wird erfaßt. Die Kunst dient nicht mehr nur ästhetischem Genuß, sondern sie sucht Erlebnisse der Wirklichkeit so stark und ursprünglich wie möglich zu gestalten. Der Künstler verzichtet auf sachliche Wiedergabe des Gegenständlichen, verstärkt die Ausdruckskraft der Linie in Binnenzeichnung und Umriß, verzerrt die Form ausdrucksübersteigernd und verwendet reine, ungebrochene, lautstarke Farben auf großen Flächen. Die Wirklicheit wird nicht *reproduziert,* sondern in farbigen Gleichnissen *repräsentiert.* Anregungen erhalten die Künstler aus spätmittelalterlicher deutscher Malerei (Matthias Grünewald und Hans Baldung, genannt Grien) und den Bildwerken afrikanischer oder ozeanischer Naturvölker.
Zu den Vorläufern und Begründern des Expressionismus gehören Paul Cézanne, Vincent van Gogh, Paul Gauguin, Ferdinand Hodler und Edvard Munch, typische Vertreter sind Kirchner und Franz Marc. Gauguin postulierte die Autonomie der Farbe, Kirchner zeigt Menschen in feindlicher Umgebung, gespenstisch gelängt und Marc versucht in seinen Tierdarstellungen die Wesensfarbe der Dinge, d. h. nicht die natürliche, sondern die dem Wesen der Dinge gemäße Farbe zu ergründen.
Die 1905 von Ernst Ludwig Kirchner, Erich Heckel und Karl Schmidt-Rottluff in Dresden gegründete expressionistische Künstlervereinigung »Brücke« übersiedelt 1910 nach Berlin. Die Maler streben nach Erneuerung der künstlerischen Aussagen in Farbe, Form und Thematik. In der Landschaftsgestaltung werden traditionelle perspektivische Beziehungen aufgehoben. Naturformen werden zu Sinnzeichen.

»Pferd in Landschaft« von Franz Marc; Blau, das männliche Prinzip, »herb und geistig«, Gelb, das weibliche, »heiter und sinnlich«, Rot, die Materie

△ *Wassily Kandinsky: »Das erste abstrakte Aquarell« – »die in Vibration versetzte Seele, umgesetzt in die Harmonie von Farbe und Form«*

▷ *Wie auch andere Bilder Kandinskys aus dem Jahr 1910 zeigt die »Kirche in Murnau« noch Figürliches; an die Stelle des gegenständlichen Ordnungsprinzips treten jedoch Spannungselemente wie der Kontrast von Dichte und Leere, Bewegung und Ruhe; diese neuen Ordnungsprinzipien zerstören die dingliche Wirklichkeit und schaffen eine imaginative Gegenwirklichkeit.*

Das Entstehungsjahr der abstrakten Malerei

Das Jahr 1910 gilt als Geburtsjahr der abstrakten Malerei: Der 43jährige Russe Wassily Kandinsky malt in München das erste abstrakte Aquarell. Hier und in den nun entstehenden »Improvisationen«, »Kompositionen« und »Abstraktionen« versucht Kandinsky, reine Farbklänge und Arabesken auf der weißen Fläche zu arrangieren. Ebenfalls in diesem Jahr schreibt er das Buch »Über das Geistige in der Kunst«, in dem er seine neue Konzeption der Malerei formuliert: Die Farben- und Formenharmonie soll »auf dem Prinzip der zweckmäßigen Berührung der menschlichen Seele« beruhen; eine Komposition ist die »Zusammenstellung farbiger und zeichnerischer Formen, die selbständig existieren . . .«.

Zwar wird Kandinsky der Ruhm zugeschrieben, die abstrakte Malerei zur Erscheinung gebracht zu haben, vorbereitet wurde sie jedoch von den antirealistischen und subjektiven Kunstrichtungen der Jahrhundertwende. Das Entstehen der abstrakten Kunst am Vorabend des Ersten Weltkriegs kann gedeutet werden als ein Reflex der Isolierung des Künstlers innerhalb einer von Wirtschaftsexpansion und Imperialismus geprägten Gesellschaft. Die abstrakte Kunst verweigert die Identifikation mit den Zielen dieser Gesellschaft und wird daher mit Mißtrauen behandelt. Doch bleibt die abstrakte Kunst gesellschaftlich unengagiert. Der Künstler zieht sich zurück aus einer feindlichen Wirklichkeit in eine Kunstwelt.

Juni 1910

Mo	Di	Mi	Do	Fr	Sa	So
		1	2	3	4	5
6	7	8	9	10	11	12
13	14	15	16	17	18	19
20	21	22	23	24	25	26
27	28	29	30			

1. Juni, Mittwoch

Bei den Reichstagswahlen in Ungarn erreicht die Partei des seit 17. Januar amtierenden Ministerpräsidenten Karl Graf Khuen-Héderváry von Hédervár die absolute Mehrheit (→ 19. 2./S. 43).

Bei der Generaldebatte über den Entwurf einer Kirchengemeindeordnung in der bayerischen Abgeordnetenkammer in München stellt Kultusminister Anton Ritter von Wehner fest: »Für uns in Bayern besteht kein Bedürfnis nach einer Trennung von Staat und Kirche.«

Der Glaspalast in München öffnet seine Pforten zur jährlichen Kunstausstellung (→ 28. 6./S. 122).

In Berlin beginnt die Prinz-Heinrich-Fahrt, das bedeutendste deutsche Auto-Etappenrennen. Es dauert bis zum → 9. Juni (S. 123).

2. Juni, Donnerstag

Die russische Reichsduma (Parlament) in Petersburg (Leningrad) nimmt trotz internationaler Proteste das Gesetz über die Aufhebung der Autonomie Finnlands mit 196 zu 105 Stimmen an. Die baltischen Abgeordneten erklären sich solidarisch mit den Autonomieforderungen der Finnen und stimmen geschlossen gegen das Gesetz. Die Opposition hat vor der Abstimmung den Sitzungssaal verlassen (→ 27. 3./S. 56).

Der britische Pilot Charles S. Rolls überfliegt den Ärmelkanal von Dover nach Calais und zurück ohne Zwischenlandung.

3. Juni, Freitag

Das Abgeordnetenhaus in Wien verabschiedet das Gesetz über das Verbot der Nachtarbeit von Frauen. → S. 115

Der Evangelische Bund protestiert gegen die Borromäus-Enzyklika (→ 14. 6./S. 112) von Papst Pius X. → S. 113

Die Münchner Stadtkommandantur fordert die katholischen Offiziere, die dem Befehl, an der Fronleichnamsprozession teilzunehmen, nicht nachgekommen sind, zur Rechtfertigung auf.

Italienische Arbeiter bewerfen das Auto des Fürsten Leopold zur Lippe während einer Spazierfahrt in Detmold mit Steinen. Der mit dem Fürsten fahrende Prinz Julius wird am Kopf verletzt.

Der französische Forschungsreisende Jean-Baptiste Charcot trifft nach einer zweijährigen Westantarktisexpedition in Le Havre ein. Auf seiner Fahrt hat er u. a. die nach ihm benannte Charcotinsel vor der Küste der Antarktis entdeckt (→ 15. 6./S. 120).

4. Juni, Samstag

Die badische Landtagskommission für Justiz und Verwaltung in Karlsruhe nimmt mit acht zu sieben Stimmen den sozialdemokratischen Antrag auf Einführung des Verhältniswahlrechts an.

Das preußische Abgeordnetenhaus in Berlin nimmt den Antrag der Freisinnigen auf fakultative Feuerbestattung an.

Das neue Krankenhaus der Wiener Kaufmannschaft wird eröffnet (→ S. 65).

Das Ballett »Scheherazade« von Alexandre Benois wird in Paris durch die »Ballets Russes« uraufgeführt. → S. 122

In Duisburg wird das Fünfte Deutsche Bachfest eröffnet. Die Veranstaltung dauert bis zum 7. Juni.

Vor der südnorwegischen Stadt Kristiansand läuft der Atlantikdampfer »United States« auf Grund.

Ein Erdbeben zerstört zahlreiche Gebäude in Santiago de Cuba. Dabei kommen mehrere Menschen ums Leben.

5. Juni, Sonntag

In der chinesischen Stadt Nanking wird eine internationale Industrieausstellung eröffnet (→ 6. 1./S. 20).

Der deutsche Turbinendampfer »Kaiser« stößt in der Elbmündung mit dem Seeleichter »Gegenwart« zusammen. Der Leichter sinkt, vier Mann ertrinken.

Die Sprengstoffabrik Rummenohl bei Lüdenscheid im Sauerland explodiert nach einem Blitzeinschlag. Zahlreiche Menschen kommen ums Leben.

6. Juni, Montag

Der Tarifkonflikt im deutschen Baugewerbe wird durch den Abschluß neuer Verträge beigelegt, die drei Jahre gültig bleiben (→ 15. 4./S. 77).

Die mexikanische Regierung unter Porfirio Díaz entsendet Kanonenboote zur Halbinsel Yucatán, wo aufständische Maya angeblich 40 Menschen ermordet haben (→ 27. 6./S. 115).

Der Regensburger Donauhafen wird eingeweiht. Regensburg ist der obere Ausgangspunkt für den Frachtverkehr auf der Donau.

In London beginnt die vierte Internationale Horse Show (Pferdeschau). → S. 123

Nach Angaben der Reichspost in Berlin bleiben jährlich über 2 Mio. im Reichspostgebiet aufgegebene Postsendungen unzustellbar, das sind 0,04% aller Postsendungen. Der häufigste Grund für die Unzustellbarkeit ist die fehlende Anschrift.

7. Juni, Dienstag

Prinzessin Patricia von Connaught lehnt es ab, sich dem Wunsch des britischen Königspaars entsprechend mit König Emanuel II. von Portugal zu verloben. Der 20jährige portugiesische Monarch ist politisch unerfahren und überdies bei seinem Volk unbeliebt (→ 8. 6./S. 114).

Ein Erdbeben in den unteritalienischen Provinzen Salerno und Avellino fordert zahlreiche Menschenleben.

Zwei Menschen sterben, als der Rennwagen von Franz Heine während der Prinz-Heinrich-Fahrt bei Oberenzen einen Gummireifen verliert und in die Zuschauer rast. Der Fahrer wird schwer verletzt (→ 9. 6./S. 123).

8. Juni, Mittwoch

In der portugiesischen Stadt Almeida wird eine Verschwörung von Republikanern aufgedeckt. → S. 114

Das portugiesische Abgeordnetenhaus in Lissabon hebt nach Tumulten bei der Debatte über den Skandal um die Bank Credito Predial seine Sitzung auf. Am 17. Juni reicht Ministerpräsident Francisco António da Veiga Beirão wegen der Affäre, in die Regierungsmitglieder verwickelt sind, seinen Rücktritt ein. Bei der Bank waren Betrügereien und Bestechungen aufgedeckt worden.

Das preußische Abgeordnetenhaus in Berlin bewilligt die Erhöhung der Krondotation um zwei Millionen Mark. → S. 114.

In Potsdam findet die Vermählung des Prinzen Friedrich Wilhelm von Preußen mit Prinzessin Agathe von Ratibor und Corvey statt. Kaiser Wilhelm II., das Oberhaupt der evangelischen Landeskirche in Preußen, hat die Einwilligung zur Heirat seines Sohnes mit einer Katholikin gegeben.

9. Juni, Donnerstag

In Tokio wird der Abschluß eines japanisch-russischen Interessenausgleichs in allen ostasiatischen Fragen bekanntgegeben (→ 6. 1./S. 20). Rußland überläßt Japan Korea (→ 22. 8./S. 144) und sichert sich im Gegenzug freie Hand in Nordchina (Mandschurei).

Die russische Gesandtschaft in Teheran verlangt die Absetzung und Bestrafung des für die Stadt Astrabad (Gorgan) zuständigen persischen Gouverneurs. Zwei Russen waren in Astrabad von einer antirussischen Volksmenge durch Stockschläge und Steinwürfe getötet worden (→ 11. 2./S. 44). Rußland hat in Persien Truppen stationiert.

Friedrich von Lindequist wird neuer Staatssekretär des Reichskolonialamts (Kolonialminister) als Nachfolger von Bernhard Dernburg (→ 10. 5./S. 98).

Der französische Ministerpräsident Aristide Briand stellt sein neues Regierungsprogramm unter das Motto »Politik der Aktion und der Reformen« (→ 24. 4./S. 81).

In Konstantinopel (Istanbul) wird Ahmed Samim Bei, der Chefredakteur der oppositionellen Zeitung »Sadai Milet«, auf offener Straße ermordet. Die Regierung läßt Samim Bei in aller Stille beisetzen. Als Mörder wird der Hauptmann Halil Bei verhaftet.

Die Beratungen der Vertreter der deutschen Regierungen über die Vereinheitlichung der Stenographie werden ergebnislos abgebrochen, weil Bayern das Gabelsberger System nicht aufgeben will.

Der Automobilfahrer Ferdinand Porsche aus Wiener Neustadt gewinnt die Prinz-Heinrich-Fahrt, das bedeutendste deutsche Auto-Etappenrennen. → S. 123

10. Juni, Freitag

In Gegenwart des deutschen Kaiserpaars wird die Kaiser-Wilhelm-Akademie für das militärärztliche Bildungswesen in Berlin eingeweiht.

König Georg V. von Großbritannien und Irland ernennt in London Arthur Herzog von Connaught, den dritten Sohn der früheren Königin Viktoria, zum Generalgouverneur von Kanada. Die Amtsübergabe findet 1911 statt. Der Staatssekretär im Außenministerium, Charles Hardinge Baron of Penshurst, wird zum Vizekönig von Indien ernannt als Nachfolger von Gilbert John Elliot-Murray-Kynynmound Earl of Minto.

11. Juni, Samstag

Der spanische »Staatsanzeiger« veröffentlicht in Madrid ein Dekret von König Alfons XIII., wonach alle religiösen Kulte nach Artikel 11 der Verfassung volle Freiheit genießen (→ 9. 5./S. 100; 1. 7./S. 129).

Kaiser Wilhelm II. und andere Vertreter des Hochadels wohnen in Schwerin der Taufe des Erbgroßherzogs Friedrich Franz von Mecklenburg-Schwerin bei (→ 22. 4./S. 82).

12. Juni, Sonntag

Mehrere tausend Menschen nehmen im Zirkus Busch in Berlin an einer Protestveranstaltung gegen die päpstliche Borromäus-Enzyklika teil (→ 3. 6./S. 113).

Die Ruderregatta in Grünau (Berlin), der auch das deutsche Kaiserpaar beiwohnt, gewinnt wie im Vorjahr der Mainzer Ruder-Verein vor Hellas Berlin.

In der Jungfernheide bei Berlin werden durch Blitzschlag sechs Menschen getötet, 17 werden schwer und etwa 80 leicht verletzt.

13. Juni, Montag

Der deutsche Staatssekretär des Innern, Clemens Delbrück, trifft in Straßburg zu Besprechungen über die Verfassung des deutschen Reichslands Elsaß-Lothringen ein (→ 12. 2./S. 43).

Der britische Kriegsminister Richard Burdon Viscount Haldane teilt im Unterhaus in London mit, daß Feldmarschall Horatio Herbert Kitchener die ihm übertragene Generalinspektion für die Streitkräfte im Mittelmeer nicht annehmen wolle und deshalb zeitweilig aus dem Dienst ausscheiden werde. Den Hintergrund bilden die Auseinandersetzungen mit dem Staatssekretär für Indien, John Viscount Morley, an dessen Veto kurz zuvor Kitcheners Ernennung zum Vizekönig von Indien gescheitert war.

Die Unruhen in Mexiko während der Diktatur von Porfirio Díaz sind Titelthema der Sonntagszeitschrift »Die Welt«. Die indianische Bevölkerung auf der mexikanischen Halbinsel Yucatán lebt im Elend, während 1% der Bevölkerung 96% des Grund und Bodens besitzt.

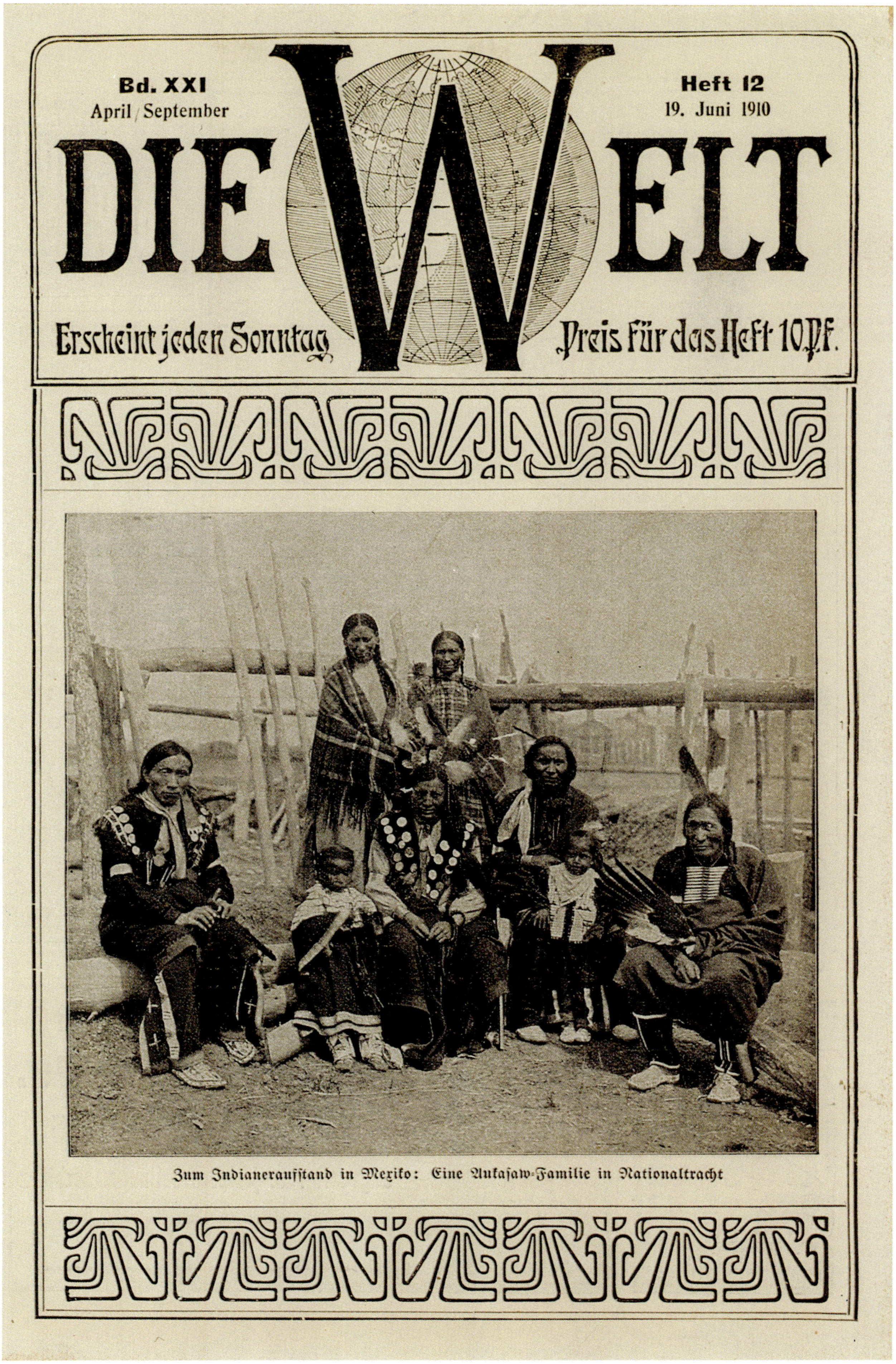
Bd. XXI
April/September

Heft 12
19. Juni 1910

DIE WELT

Erscheint jeden Sonntag

Preis für das Heft 10 Pf.

Zum Indianeraufstand in Mexiko: Eine Aukasaw-Familie in Nationaltracht

König Friedrich August III. von Sachsen teilt in Dresden den Staatsministern mit, daß er wegen der »schweren Angriffe des Papstes auf die Angehörigen der evangelisch-lutherischen Kirche« ein Handschreiben an Papst Pius X. richten werde (→ 3. 6./S. 113).

In der kanadischen Stadt Montreal werden die Büros der Zeitung »Daily Herald« durch Feuer zerstört. 40 Menschen, in der Mehrzahl weibliche Angestellte, kommen in den Flammen um.

14. Juni, Dienstag

Der »Osservatore Romano«, das halbamtliche Organ der Kurie, veröffentlicht eine Erklärung, die einer Zurücknahme der päpstlichen Borromäus-Enzyklika vom 26. Mai gleichkommt. → S. 112

In der Hafenstadt Piräus überfallen mehrere hundert Griechen den rumänischen Postdampfer »Imparatul Trajan« und befreien einen verhafteten rumänischen Deserteur, der in Athen als Grieche gilt. Das Schiff wird geplündert, türkische Passagiere werden mißhandelt. Der Vorfall führt zu einem schweren Konflikt zwischen Rumänien und Griechenland.

Aus dem In- und Ausland werden Unwetterkatastrophen gemeldet. Von schweren Überschwemmungen wird vor allem das Ahrtal heimgesucht.

15. Juni, Mittwoch

König Alfons XIII. von Spanien eröffnet das neugewählte Parlament in Madrid mit einer Thronrede, in der er u. a. ankündigt, daß die religiösen Kongregationen dem bürgerlichen Gesetz unterworfen werden sollen (→ 1. 7./S. 129).

Eine Versammlung von Mitgliedern mehrerer Friedensgesellschaften gründet in London das Deutsch-Englische Versöhnungskomitee unter dem Vorsitz des Naturforschers und Bankiers John Lubbock Lord Avebury.

Der 1909 gegründete Hansabund hält in Berlin seine erste Jahresversammlung ab. Er ist eine Vereinigung zur politischen Vertretung der wirtschaftlichen Interessen von Handel, Gewerbe und Industrie.

Die »Bonifatiusstimmen«, herausgegeben von Beuroner Benediktinern, verteidigen die päpstliche Borromäus-Enzyklika und erklären es für eine »Unverfrorenheit«, daß sich die deutschen Protestanten durch eine Charakteristik der Reformatoren des 16. Jahrhunderts beleidigt fühlen (→ 3. 6./S. 113).

Auf den Landeschef von Bosnien, General Baron Varesanin, wird in Sarajevo von einem serbischen Nationalisten ein Attentat verübt. Der aus der Herzegowina stammende Student Bogdan Zerajitsch feuert mit einem Revolver fünfmal auf den General, ohne ihn zu treffen, und tötet sich dann selbst. – Die Balkangebiete Bosnien und die Herzegowina waren 1908 von Österreich-Ungarn annektiert worden (→ 17. 2./S. 43).

In London beginnt die britische Antarktisexpedition. → S. 120

16. Juni, Donnerstag

Wolkenbrüche und Stürme mit Orkanstärken richten über Ungarn schwere Verwüstungen an. 259 Menschen kommen ums Leben.

17. Juni, Freitag

In Nordostmarokko greifen 400 Mauren einen Militärposten der französischen Kolonialmacht am Mulujafluß an. Beide Seiten erleiden bei der Auseinandersetzung schwere Verluste (→ 25. 3./S. 55).

Die russischen Kosaken, die in der nordwestpersischen Stadt Täbris stationiert sind, entwaffnen die dortige persische Polizei und internieren sie im russischen Lager. Veranlassung war die Mißhandlung eines Russen durch Perser (→ 11. 2./S. 44).

18. Juni, Samstag

Kaiser Wilhelm II. ernennt Johann von Dallwitz zum neuen preußischen Innenminister als Nachfolger von Friedrich von Moltke. Neuer preußischer Landwirtschaftsminister wird Klemens Freiherr von Schorlemer-Lieser als Nachfolger von Bernhard von Arnim-Criewen (→ 28. 6./S. 114). Die »Nationalliberale Korrespondenz« schließt aus diesem Ministerwechsel, daß sich Ministerpräsident Theobald von Bethmann Hollweg entschlossen habe, »einen einseitig-konservativen Kurs zu steuern«.

Der frühere US-Präsident Theodore Roosevelt wird bei der Rückkehr von seiner Europareise in den USA glänzend empfangen (→ 10. 5./S. 96).

Beim feierlichen Empfang des Herzogregenten Johann Albrecht von Mecklenburg am japanischen Hof wird betont, daß Japan zum ersten Mal von einem ausländischen regierenden Fürsten besucht werde (→ S. 134).

Das Verwaltungsgebäude der Ruhrknappschaft in Bochum-Ehrenfeld wird eröffnet (→ S. 65).

Der deutsche Radsportler Thaddäus Robl stürzt bei Stettin mit einem Farman-Flugapparat ab und ist auf der Stelle tot.

19. Juni, Sonntag

Der Wasserpegel von Rhein und Neckar steigt infolge sintflutartiger Regenfälle um rund 80 cm. Das rechte Rheinufer bei Worms ist weithin überflutet, das Hochwasser richtet auf den mit Getreide und Kartoffeln bestellten Feldern schwere Schäden an. In Mannheim stehen Teile des Stadtgebiets unter Wasser.

20. Juni, Montag

In den großen deutschen Tageszeitungen erscheinen Spendenaufrufe zur Unterstützung der vom Hochwasser der letzten Tage Geschädigten.

21. Juni, Dienstag

Der mexikanische Diktator Porfirio Díaz läßt während des »Wahlkampfs« für die Präsidentschaftswahlen Hunderte von Oppositionellen verhaften (→ 27. 6./S. 115).

In Tokio wird das Kolonialamt für die Verwaltung von Formosa, Sachalin und Korea gegründet (→ 22. 8./S. 144).

22. Juni, Mittwoch

Die »LZ VII«, das erste für Passagierfahrten eingerichtete lenkbare Luftschiff, fährt von Friedrichshafen am Bodensee nach Düsseldorf. → S. 119

Die antiklerikal eingestellte spanische Regierung unter Ministerpräsident José Canalejas y Méndez läßt sieben Schulen der »Brüder der christlichen Lehre« schließen (→ 9. 5./S. 100).

23. Juni, Donnerstag

Kaiser Wilhelm II. trifft zur Eröffnung der Kieler Woche in der Stadt an der Ostsee ein. → S. 123

24. Juni, Freitag

National- und Ständerat der Schweiz verabschieden in Bern das Gesetz zum Verbot von Herstellung, Einfuhr und Verkauf von Absinth. → S. 115

Japan übernimmt die Polizeigewalt in Korea (→ 22. 8./S. 144).

Beim Festmahl zu Ehren von König Ferdinand I. von Bulgarien in Paris sagt der französische Staatspräsident Armand Fallières in seinem Trinkspruch u. a.: »Eure Majestät haben bei der Erhöhung Bulgariens zum Königreich wieder einmal gezeigt, was man von Ihrer hohen Weisheit, Ihrem politischen Geiste und Ihrer Friedensliebe erwarten kann.« (→ 3. 7./S. 129)

In München wird das Theatermuseum eröffnet, eine Stiftung der Schauspielerin Klara Ziegler. → S. 122

25. Juni, Samstag

In der Thronrede zur Eröffnung des neugewählten ungarischen Reichstags in der Ofener Königsburg kündigt der österreichische Kaiser und ungarische König Franz Joseph I. einen Gesetzentwurf »auf Grund des allgemeinen Wahlrechts« an, »der bei voller Wahrung des einheitlichen nationalen Charakters des ungarischen Staates den Ansprüchen der demokratischen Entwicklung entsprechen wird« (→ 19. 2./S. 43).

Die italienische Abgeordnetenkammer in Rom bewilligt gegen 24 sozialistische Stimmen die Gelder zur Schaffung einer Luftschiffflotte (→ 8. 1./S. 18).

Das Ballett »Der Feuervogel« von Michail M. Fokin wird im Théâtre National de l'Opéra in Paris durch Sergei Diaghilews »Ballets Russes« uraufgeführt. Die Musik komponierte der Russe Igor Strawinski (→ 4. 6./S. 122).

26. Juni, Sonntag

António Teixeira de Sousa wird neuer portugiesischer Ministerpräsident als Nachfolger von Francisco António da Veiga Beirão (→ 8. 6./S. 114).

Das Deutsche Galopp-Derby in Hamburg-Horn gewinnt »Orient« aus dem Gestüt Graditz. → S. 123

Den Grand Prix von Longchamps gewinnt erstmals eine Frau. → S. 123

27. Juni, Montag

In Mexiko wird die »Wiederwahl« des diktatorisch regierenden Präsidenten Porfirio Díaz verkündet. → S. 115

Die osmanische Regierung in Konstantinopel (Istanbul) fordert die Bevölkerung Albaniens auf, alle Waffen innerhalb von drei Tagen abzuliefern (→ 11. 5./S. 99).

Die chinesische Regierung verkündet, daß die Einberufung eines Parlaments nicht vor 1917 erfolgen werde, da die Bevölkerung für die Erlangung konstitutioneller Rechte nicht reif sei. Dies ist die Antwort auf eine Denkschrift von Delegierten der Provinzen (→ 10. 3./S. 57).

28. Juni, Dienstag

Der deutsche Staatssekretär des Auswärtigen, Wilhelm Freiherr von Schoen, tritt zurück. Nachfolger wird Alfred von Kiderlen-Waechter. → S. 114

August Lentze wird neuer preußischer Finanzminister als Nachfolger von Georg Freiherr von Rheinbaben. → S. 114

Ibrahim Wardani, der Mörder des ägyptischen Ministerpräsidenten Butros Pascha Gali, wird in Kairo durch den Strang hingerichtet. Sein Grab wird zur Symbolstätte der sog. Jungägypter, die die Unabhängigkeit des Landes von Großbritannien fordern (→ 20. 2./S. 44).

Das Passagierluftschiff »LZ 7« strandet im Teutoburger Wald (→ 22. 6./S. 119).

Die Direktion des Münchner Glaspalasts verfügt die Entfernung des Gemäldes »Aus dem Reiche der Zaren« von Stanislaw Fabianski. → S. 122

29. Juni, Mittwoch

Der deutsche Bundesrat in Berlin billigt den Gesetzentwurf über den Ausbau der deutschen Wasserstraßen und die Erhebung von Schiffahrtsabgaben (→ 4. 3./S. 59). Der Bundesrat ist das Kollegium der Vertreter der deutschen Bundesstaaten. Zu jedem Reichsgesetz sind übereinstimmende Mehrheitsbeschlüsse des Bundesrats und des Reichstags erforderlich.

30. Juni, Donnerstag

Durch Edikt des koreanischen Kaisers Ni Tschök wird die Polizeiverwaltung des Landes Japan übertragen (→ 22. 8./S. 144).

Das Wetter im Monat Juni

Station	Mittlere Lufttemperatur (°C)	Niederschlag (mm)	Sonnenscheindauer (Std.)
Aachen	15,9 (15,9)	121 (77)	– (200)
Berlin	19,5 (16,5)	55 (62)	– (244)
Bremen	17,9 (16,0)	70 (59)	– (218)
München	16,6 (15,8)	140 (121)	– (201)
Wien	17,9 (17,6)	97 (68)	230 (246)
Zürich	16,3 (15,5)	204 (138)	– (220)

( ) Langjähriger Mittelwert für diesen Monat
– Wert nicht ermittelt

Die britische satirische Zeitschrift »Punch« registriert die Reaktion der Antarktis-Bewohner auf den Start Robert Falcon Scotts, der am 15. Juni in London mit der »Terra Nova« zur Bezwingung des Südpols aufbricht.

Borromäus-Enzyklika – ein »Canossa des Vatikans«

14. Juni. Nach massiven Protesten im Deutschen Reich und einem Notenwechsel mit der preußischen und der Reichsregierung weist die römische Kurie die deutschen Bischöfe an, die von Papst Pius X. erlassene Borromäus-Enzyklika vom 26. Mai »nicht bekanntzumachen, sei es durch Hirtenschreiben, sei es von der Kanzel«. Diese Anordnung kommt einer Zurücknahme der umstrittenen Enzyklika gleich, in der der Papst als beleidigend empfundene Vorwürfe gegen die Reformatoren erhoben hatte. Die italienische Presse spricht nach der Zurücknahme der Enzyklika von einem »Canossa des Vatikans«.
Die Enzyklika wurde veröffentlicht anläßlich der 300-Jahr-Feier der Heiligsprechung von Karl Borromäus (1538–1584). Der italienische Theologe war 1560 von seinem Onkel, Papst Pius IV., zum Kardinal, Erzbischof von Mailand und Staatssekretär ernannt worden und zählte zu den Hauptinitiatoren der gegenreformatorischen Konzilsbeschlüsse von Trient (1563).
Die Enzyklika ist Teil des Kampfes von Papst Pius X. gegen den Modernismus. Diese um die Jahrhundertwende innerhalb des Katholizismus entstandene Bewegung will die katholische Lehre mit den gewandelten Denkweisen in Philosophie, Soziallehre, Bibelauslegung u. a., mit den modernen Wissenschaften und den neuen bürgerlichen Ordnungen in Europa versöhnen.
Bereits am 8. Juni hatte die Vatikan-Zeitung »L'Osservatore Romano«, das offiziöse Organ des Heiligen Stuhls, versucht, die Wogen zu glätten: »Angesichts der in Deutschland aufgrund irrtümlicher Auslegungen und wenig genauer Übersetzungen der letzten Enzyklika des Papstes zutage getretenen Erregung sind wir ermächtigt, folgendes zu erklären: Der Heilige Vater hat in der Enzyklika Editae saepe dei, die aus Anlaß des Gedächtnistages des heiligen Borromäus veröffentlicht wurde und die darauf abzielte, die Irrtümer der Modernisten zu bekämpfen, wie sich auch augenscheinlich aus dem Wortlaut ergibt, auch nicht im entferntesten die Absicht gehabt, die Nichtkatholiken in Deutschland sowie ihre Fürsten zu beleidigen. In der Enzyklika finden sich einzig und allein einige historische Urteile über die Epoche des heiligen Borromäus, in denen weder Völker noch Fürsten eines bestimmten Landes genannt sind. Im übrigen ist zu bemerken, daß es sich darin um Katholiken jener Zeit handelt, die sich gegen die Lehren und die Autorität des Apostolischen Stuhls auflehnten. Wie wohlwollend im übrigen die Gefühle des Papstes gegen Deutschland und seine Fürsten sind, ist auch in jüngster Zeit sehr deutlich zutage getreten.«
Die massiven Proteste von seiten mehrerer Staaten zeigen, daß die päpstliche Enzyklika nicht nur als Glaubensangelegenheit aufgefaßt wird. Der deutsche Reichskanzler Theobald von Bethmann Hollweg verurteilt die Enzyklika ebenso (→ 3. 6./S. 113) wie der ungarische Ministerpräsident Karl Graf Khuen-Héderváry von Hédervár. König Friedrich August III. von Sachsen erklärt am 13. Juni seinen Staatsministern, daß er in einem Handschreiben an den Papst gegen »die Durchkreuzung der Bestrebungen für den konfessionellen Frieden im Lande« protestieren werde. Als erstaunlich wird jedoch die Tatsache gewertet, daß der Papst diesen Protesten nachgibt und die Enzyklika faktisch zurücknimmt. In anderen Fällen hatte die Unbeugsamkeit des Papstes zu schweren Auseinandersetzungen mit den Regierungen geführt. Ein Resultat dieser starren Linie war z. B. die gesetzliche Trennung von Kirche und Staat in Frankreich im Jahr 1905. Spannungen bestehen derzeit auch mit Portugal und vor allem mit Spanien, wo der liberale Ministerpräsident José Canalejas y Méndez versucht, den politischen Katholizismus zurückzudrängen.

»Feinde des Kreuzes Christi . . . Männer, deren Gott der Bauch ist«

In der Enzyklika »Editae saepe« vom 26. Mai, der sog. Borromäus-Enzyklika, stellt Papst Pius X. den heiligen Karl Borromäus als Vorbild eines Seelsorgers dar und greift die Reformation und die Reformatoren an:

»Inmitten dieser Übel entstanden hochmütige und rebellische Männer, Feinde des Kreuzes Christi, Männer irdischen Sinnes, deren Gott der Bauch ist. Diese suchten nicht die Sitten zu verbessern, sondern leugneten die Dogmen, vermehrten die Unordnung und lockerten zu ihrem und anderer Nutzen die Zügel der Freiheit. Sie verachteten, indem sie den Leidenschaften der am meisten korrumpierten Fürsten und Völker folgten, die Autorität und Führung der Kirche und zerstörten fast tyrannisch ihre Lehre, Verfassung und Disziplin. Alsdann ahmten sie jene Bösen nach, denen die Drohung gilt: Wehe euch, die ihr das Böse gut nennt und das Gute Böse! Diesen Tumult der Rebellion und diese Perversion des Glaubens nannten sie Reformation und sich die Reformatoren, aber in Wahrheit waren sie Verderber, entnervt durch Uneinigkeit und Krieg. Sie bereiteten die Rebellion und Apostasie moderner Zeit vor und entfachten die dreifache Verfolgung, gegen welche die Kirche bisher einzeln siegreich zu kämpfen hatte, nämlich erstens die blutige Verfolgung der ersten Jahrhunderte, zweitens die häusliche endemische Pest der Häresien und drittens unter dem Namen evangelische Freiheit jene Korruption der Laster und Perversion der Disziplin, die das Mittelalter so nicht kannte.«

Vom Bauernsohn zum Papst

Pius X., eigentlich Giuseppe Sarto, wurde am 2. Juni 1835 in Riese bei Treviso in einer bäuerlichen Familie geboren. 1858 erhielt er die Priesterweihe, kam 1875 als Kanzler an den Dom von Treviso und wurde Spiritual am dortigen Priesterseminar. Papst Leo XIII. ernannte ihn 1884 zum Bischof von Mantua und 1893 zum Patriarchen von Venedig sowie zum Kardinal.
Im Konklave nach dem Tod von Leo XIII. deutete 1903 alles auf einen Erfolg von Kardinal Mariano Rampolla del Tindaro hin. Der Einspruch des österreichischen Kaisers Franz Joseph I. gegen die Wahl Rampollas – Rampolla betrieb als Kardinalstaatssekretär seit 1887 eine Politik enger Anlehnung an Frankreich – und die Kompromißlosigkeit der Anhänger Sartos führten dazu, daß der 68jährige Sarto am 4. August 1903 die erforderliche Zweidrittelmehrheit erhielt. Am 9. August wurde er als Pius X. gekrönt. Zu seinen ersten Amtshandlungen zählte das Verbot des Vetos weltlicher Mächte bei künftigen Papstwahlen.

Kampf gegen die Modernisten

Die Aufgabe der strikten Ablehnung alles Nichtkatholischen unter Papst Leo XIII. hat um die Jahrhundertwende innerhalb des Katholizismus die Bewegung des Modernismus entstehen lassen. Der Kampf gegen diese »Modernisten« ist eins der Hauptanliegen von Papst Pius X.
Das Heilige Offizium unter der Leitung des Papstes verdammte den Modernismus mit dem Dekret »Lamentabili sane exitu« (»Mit in der Tat beklagenswertem Ergebnis«) vom 3. Juli 1907, in dem auch die liberalen und demokratischen Grundlagen der modernen Staatsverfassungen kritisiert wurden. Zwei Monate später erfolgte die feierliche Verurteilung des Modernismus durch den Papst selbst mit der Enzyklika »Pascendi dominici gregis« (»Zu weiden die Herde des Herrn«) vom 8. September 1907, in der Pius X. den Modernismus als »Sammelbecken aller Häresien« bezeichnete. Eine der prominentesten Persönlichkeiten des Modernismus in Italien, Romolo Murri, wurde 1907 vom Heiligen Stuhl als Priester suspendiert und 1909 exkommuniziert.

»Encyclica latrina« tauft Albert Weisgerber in einer Karikatur der Zeitschrift »Jugend« die Enzyklika: Pius X. gießt Jauche über die Gläubigen.

»Simplicissimus«: ». . . haben sich die konservativen Mucker entschlossen, den Störenfried Martin Luther ihren römischen Freunden auszuliefern.«

»Empört über eine derartige Kundgebung«

3. Juni. Das Präsidium des Zentralvorstands des deutschen Evangelischen Bundes erhebt anläßlich der päpstlichen Borromäus-Enzyklika »entrüsteten Einspruch gegen die rücksichtslose päpstliche Friedensstörung, die um so verletzender wirkt, weil sie ohne jeden Anlaß und ohne jede Beachtung der Proteste wider die Canisius-Enzyklika vom Jahre 1897 die damaligen Beschimpfungen noch zu überbieten wagt«.

Am selben Tag schreibt die »Konservative Korrespondenz«: »Wir sind geradezu empört über eine derartige Kundgebung, und es soll daher auch an dieser Stelle betont werden, daß solche Worte das Empfinden weitester Kreise der evangelischen Staatsbürger auf das tiefste verletzen sowie den konfessionellen Frieden direkt gefährden müssen und daß keine Zurückweisung gegen solche Angriffe scharf und nachdrücklich genug sein kann!«

Die von Beuroner Benediktinern herausgegebenen »Bonifatiusstimmen« hingegen bezeichnen unter der Überschrift »Quod scripsi, scripsi« (Was ich geschrieben habe, habe ich geschrieben) jedes Wort des Papstes als berechtigt und erklären es für eine »Unverfrorenheit«, daß sich die deutschen Protestanten der Gegenwart durch eine Charakteristik der Reformatoren des 16. Jahrhunderts beleidigt fühlen.

Der deutsche Reichspräsident Theobald von Bethmann Hollweg erklärt am 9. Juni im Reichstag in Berlin: »Die Enzyklika . . . enthält Urteile über die Reformatoren, die Reformation und die zugetretenen Fürsten, welche unsere evangelische Bevölkerung sowohl in ihren religiösen als auch in ihren staatlichen und sittlichen Empfindungen schwer verletzen. Diese, auch in ihrer Form verletzenden Urteile erklären die tiefgehende Erregung weiter Teile des Volkes und schließen in ihrer Wirkung eine ernste Gefährdung des konfessionellen Friedens in sich [lebhafter Beifall rechts und links]. Ich habe deshalb unseren Gesandten beim Vatikan beauftragt, in amtlicher Form bei der päpstlichen Kurie Verwahrung einzulegen.«

»Unterordnung fordert das Papsttum«

1. Juni. Die »Frankfurter Zeitung« gibt in ihrem Leitartikel folgende kritische Einschätzung der Borromäus-Enzyklika:

»Jedem Gebildeten ist es ohne weiteres klar, daß man eine solche Beurteilung der Reformation nur einem Publikum bieten kann, von dem anzunehmen ist, daß es alles, was von jener hohen römischen Stelle kommt, blindlings akzeptiert. Es ist wirklich ein starkes Stück, von den Reformatoren als von Männern viehischen Sinnes zu reden, deren Gott der Bauch gewesen sei. Man darf freilich nicht übersehen, daß sich das Papsttum nicht etwa zum erstenmal in dieser Weise ausgesprochen hat; es hat ganz ähnliche Worte, zum Teil dieselben, schon oft gegen den Protestantismus geschleudert . . . Unterordnung fordert das Papsttum, Freiheit aber ist in der christlichen Kirche in der Evangelischen Freiheit zum Durchbruch gekommen. Ein Eiferer, wie es Papst Pius X. ist, kann daran nicht vorbeigehen in einer Ansprache, die jene Zeit berührt. Ihm ist die Evangelische Freiheit tatsächlich und selbstverständlich eine Korruption der Laster, weil sie eine Perversion der Disziplin ist. Disziplin, d. h. Herrschaft und absolute Autorität des Papsttums und unter ihm der Hierarchie, das ist das Erste und Letzte des Ultramontanismus, und was dem entgegen ist, das wird in dem üblichen Bullentone mit dem Fluche belegt. Die Evangelische Freiheit hat freilich noch bei weitem nicht das entwickelt, was in ihr als Möglichkeit liegt, aber schon das, was sie geleistet hat, erscheint dem Papste wie eine Pest. Mit Recht, denn er verdammt alles irgendwie Neuzeitliche; alles Wertvolle aber, was das 18. und 19. Jahrhundert geschaffen haben, ist eine Frucht befreiten Geistes, und zu dieser Befreiung hat allerdings die Reformation den Grund gelegt. Ohne sie ist Lessing, ist die Kultur der Weimarzeit, sind Goethe, Schiller, Kant und tausend andere nicht denkbar. In der Tat: Die Reformation bereitete die Apostasie moderner Zeit vor.«

Bethmann Hollweg festigt seine Stellung

28. Juni. Nach nur knapp dreijähriger Amtszeit tritt der deutsche Staatssekretär des Auswärtigen Amts, Wilhelm Freiherr von Schoen, zurück. Sein Nachfolger wird der Gesandte in der rumänischen Hauptstadt Bukarest, Alfred von Kiderlen-Waechter, während Schoen zum Botschafter in Paris ernannt wird.

Der Wechsel an der Spitze des Außenministeriums bildet den Abschluß eines umfangreichen Revirements im deutschen und preußischen Kabinett unter dem seit Juli 1909 amtierenden Reichskanzler und preußischen Ministerpräsidenten Theobald von Bethmann Hollweg. Am 9. Juni wurde Friedrich von Lindequist neuer Staatssekretär des Reichskolonialamts als Nachfolger von Bernhard Dernburg (→ 10. 5./S. 98). Am 28. Juni schließlich wird auch einer der profiliertesten Politiker Preußens, der seit 1901 amtierende Finanzminister Georg Freiherr von Rheinbaben, durch den unbekannten August Lentze ersetzt.

Bethmann Hollweg vertritt zwar die Ansicht, bei der Zusammensetzung der Ministerien müßten parteipolitische Erwägungen unberücksichtigt bleiben, beruft jedoch ausschließlich Männer von konservativer Grundanschauung, wie überhaupt die »konservative Staatsgesinnung« nach wie vor die Voraussetzung für die Berufung eines Ministers ist. Wie der Rücktritt des konservativen Rheinbaben zeigt, versucht Bethmann Hollweg darüber hinaus, eine Regierungsmannschaft zusammenzustellen, die ihm volle Unterstützung garantiert, was bei den ausgewechselten Ministern nicht immer der Fall war. Damit bringt er gleichzeitig die Stimmen zum Verstummen, die ihm bei der Übernahme der Reichskanzlerschaft Schwäche und wenig Zukunft prophezeit haben.

Alfred von Kiderlen-Waechter übernimmt das Außenministerium.

Friedrich von Lindequist wird Leiter des Reichskolonialamts.

»Sehr demokratische Meinung verbreitet«

8. Juni. In der portugiesischen Garnisonsstadt Almeida an der Grenze zu Spanien wird eine republikanische Verschwörung aufgedeckt, deren Ziel eine Revolte der Unteroffiziere und Soldaten war.

Die portugiesischen Republikaner machen kaum mehr einen Hehl daraus, daß sie alles vorbereiten, um ohne Blutvergießen eine Revolution gegen König Emanuel II. durchzuführen. Zu diesem Zweck versuchen sie, Teile der Armee zu gewinnen. Auch unter der portugiesischen Jugend, selbst unter der monarchistischen, ist eine »sehr demokratische Meinung« vom Königtum weit verbreitet, wie die Klerikalen und Nationalisten beklagen. Den Theoretikern des Gottesgnadentums wird die These entgegengehalten: »Der König ist König, weil das Volk es will.«

Dieser Flut radikaler Gedanken wollen die Nationalisten mit einem Regiment der Härte begegnen. Sie verlangen offen vom König die Abdankung, falls er den Mut zu einer harten Linie nicht finden könne (→ 4. 10./S. 172).

Lissabon: Krise stärkt Republikaner

Die Unzufriedenheit des zahlenmäßig starken Kleinbürgertums über die Verschlechterung der Existenzbedingungen, das starke Anwachsen der Arbeiterklasse, die wirtschaftliche Abhängigkeit von Großbritannien und die kolonialen Auseinandersetzungen mit dem Nachbarn jenseits des Kanals haben in den letzten 20 Jahren zu einer Krise der Monarchie und des bürgerlichen Zweikammersystems in Portugal geführt.

Ein Aufstand der Republikaner scheiterte 1891 in Porto. 1892 mußte das Land den Staatsbankrott erklären. 1902 und 1906 kam es zu Aufständen in Heer und Flotte. Die auf den Sturz der Monarchie hinarbeitenden Republikaner verzeichnen vor allem in den Ballungszentren Lissabon und Porto regen Zulauf. Andere Portugiesen versuchen, sich der hoffnungslos scheinenden Lage durch Emigration zu entziehen: Seit 1904 wandern jährlich rund 35 000 Menschen aus.

König Karl I., der 1889 die Herrschaft antrat, glaubte diese Krise dadurch überwinden zu können, daß er Ministerpräsident João Franco 1906 diktatorische Vollmachten übertrug. Unter der Diktatur wurden die Republikaner mit Terrormaßnahmen verfolgt, die Pressezensur wurde verschärft, unabhängige Zeitungen verboten. Die Opposition ließ sich durch diese Politik nicht einschüchtern: Ende Januar 1908 kam es zu gewalttätigen Demonstrationen in Lissabon und anderen Städten. Die innenpolitische Krise gipfelte in dem Attentat eines Anarchisten, dem am 1. Februar 1908 König Karl I. und Thronfolger Ludwig Philipp zum Opfer fielen.

Karls zweiter Sohn, Emanuel II., versucht seither, durch Zugeständnisse an die Opposition die Lage zu entspannen. Ministerpräsident Franco mußte zwei Tage nach dem Attentat 1908 sein Amt abgeben. Die Republikaner, die sich während seiner Diktatur strafbar gemacht hatten, wurden amnestiert.

Der Kaiser erhält 89 Mark pro Minute

8. Juni. Zu stürmischen Szenen kommt es im preußischen Abgeordnetenhaus in Berlin bei der Beratung über die königliche Zivilliste und eine Erhöhung der Subventionen für die königlichen Theater.

Die Regierung von Ministerpräsident Theobald von Bethmann Hollweg verlangt eine Erhöhung der Krondotation um 2 Mio. Mark und der Theatersubventionen um 1,5 Mio. Mark. Während alle anderen Parteien mit der Aufstockung einverstanden sind, vertritt Adolf Hoffmann für die Sozialdemokraten die Meinung, »die Hälfte der Krondotation würde reichlich genug sein«. In seiner von Zwischenrufen und großer Unruhe begleiteten Rede, die auch außerhalb des Parlaments großes Aufsehen erregt, heißt es u. a.: »Auch der erste Staatsdiener soll nobel besoldet werden. Aber im Rahmen der allgemeinen Besoldung. Im Volke aber nennt man die Zivilliste schon jetzt die Zuvielliste . . . Der preußische König hat pro Tag eine Einnahme von 43 065 Mark, das macht pro Stunde 5383 Mark, pro Minute 89 Mark und pro Sekunde 1,50 Mark. Ist das nicht eine hochanständige Bezahlung? Ein Arbeiter verdient nicht in 42 Jahren so viel, wie die Krone an einem Tage bekommt . . . Als besonders notwendig wird in der Begründung die Erhöhung bezeichnet, weil die Zahl der Prinzen sich seit 1889 mehr als verdoppelt habe. Würden Sie Ihre Arbeiter auch im Lohne erhöhen, wenn die Arbeiter auf ihre große Familie hinweisen würden? In Sulzbach antwortete auf eine solche Forderung einer Arbeiterfrau mit 14 Kindern eine Frau von Bopelius, daß der Vaterländische Frauenverein keine Unterstützung geben könnte, er könnte ja nichts dafür, daß die Frau so viele Kinder habe, die Arbeiter müßten sich hüten, so viele Kinder in die Welt zu setzen. Das Volk ist doch mindestens ebenso unschuldig an den vielen Kindern der Krone.«

Als Hoffmann fordert: »Wir verlangen grundsätzlich Wahl aller Staatsdiener durch das Volk, auch des ersten Dieners des Staates«, wirft Präsident Jordan von Kröcher dem Abgeordneten »Hochverrat« vor. Hoffmann kontert: »Friedrich, der Große genannt, hat doch einmal, wie ich in der Schule gelernt habe, gesagt, der erste Diener im Staat bin ich.«

Mexiko: »Aufschwung mit dem Diktator«

27. Juni. Der mexikanische Diktator Porfirio Díaz erklärt seine »Wiederwahl« für eine weitere Amtsperiode. Díaz übernahm 1876 mit militärischer Hilfe das Amt des Staatspräsidenten und regiert seither fast ununterbrochen das Land (1876–1880 und seit 1884).

Die Unruhen anläßlich der manipulierten Wiederwahl drohen jedoch in eine Revolution zu münden: Am 6. Juni entsandte Díaz Kanonenboote zur Halbinsel Yucatán, um einen Aufstand der Maya niederzuschlagen. Am 21. Juni wurden in der nördlichen Provinz Sonora Hunderte von Verhaftungen vorgenommen und sog. Rädelsführer deportiert, um einen Aufstand zugunsten des gefangenen Präsidentschaftskandidaten Francisco Indalecio Madero zu ersticken.

Die Díaz-Diktatur hat zu einem wirtschaftlichen Aufschwung geführt, der das Land jedoch dem US-amerikanischen und britischen Kapital ausliefert. Durch Gesetze, die das bäuerliche Gemeineigentum zu Staatsland erklärten und dessen »Kauf« durch die Großgrundbesitzer ermöglichten, verlor die indianische Bauernschaft den größten Teil des Bodens und verelendete. Im Jahr 1910 besitzen 1% der Bevölkerung auf der Halbinsel Yucatán 96% des Grund und Bodens.

△ Präsident Porfirio Díaz (4. v. l.) mit seinen Ministern (Aufnahme um 1890); das Regime des jetzt 80jährigen Diktators gerät zunehmend unter Druck.

◁ Zeitgenössische Karikatur aus Mexiko: Emiliano Zapata, der als Anführer südmexikanischer verarmter Bauern (»Zapatistas«) gegen die Díaz-Diktatur kämpft, ist als menschenverachtender Verbrecher dargestellt, der ein »makabres Spiel« spielt. Francisco Indalecio Madero, liberaler Präsidentschaftskandidat, der mit Zapata in Kontakt steht und sich um eine Verständigung mit dem radikalen Freiheitskämpfer bemüht, erscheint dem Zeichner als Totengräber.

Francisco »Pancho« Villa (M.), neben Zapata der bedeutendste Kämpfer gegen Díaz, mit einigen Gefolgsleuten

22 Uhr – Sperrstunde für Fabrikfrauen

3. Juni. Das cisleithanische (österreichische) Abgeordnetenhaus in Wien nimmt den Gesetzentwurf über das Verbot der Frauennachtarbeit in Industriebetrieben an. Danach dürfen Arbeiterinnen nicht früher als fünf Uhr morgens die Arbeit aufnehmen und müssen spätestens um zehn Uhr abends die Arbeit beenden. Ausnahmen sind zugelassen.

Im Deutschen Reich darf die Arbeitszeit von Frauen und Jugendlichen nicht vor 5.30 Uhr beginnen und nicht länger als bis 18.30 Uhr dauern. Die Beschäftigung von Arbeiterinnen über 16 Jahren darf nicht über elf Stunden täglich, an den Vorabenden der Sonn- und Feiertage nicht über zehn Stunden dauern. Wöchnerinnen dürfen vier Wochen nach der Niederkunft nicht und in den folgenden zwei Wochen nur beschäftigt werden, wenn ein ärztliches Zeugnis vorliegt.

Diese Fabrikbestimmungen gelten auch für Bergwerke und Salinen. Allerdings dürfen in all diesen Anlagen Arbeiterinnen nicht unter Tage eingesetzt werden.

Bern untersagt das Absinth-Trinken

24. Juni. National- und Ständerat der Schweiz nehmen in Bern ein Gesetz an, wonach ab dem 7. Oktober Herstellung, Einfuhr und Verkauf von Absinth in der ganzen Schweiz verboten werden.

Absinth ist ein aus Wermutkraut hergestellter Likör oder Trinkbranntwein, der u. a. ätherische Öle, den Bitterstoff Absinthin und das zentral erregend wirkende Thujon enthält. Er wird vor allem in Frankreich – meist mit Wasser vermischt – und der Schweiz als Aperitif getrunken. In Frankreich ist sogar eine Tageszeit nach diesem Getränk benannt, »die Stunde des Absinths« (l'heure de l'absinthe) von vier bis sechs Uhr nachmittags.

Die schädlichen Folgen des Absinths (Zerstörung der Gesundheit, Erzeugung zentraler Nervenreizungen bis hin zu Krämpfen und nachfolgender Lähmung, psychischer Verfall) wurden vielfach unterschätzt. In der Schweiz sollen die Auswirkungen übermäßigen Absinthgenusses nun durch Gesetz völlig ausgeschlossen werden.

Aus der neuen Herbstmode: Schwarz voiliertes Abendkleid aus blauer Seide mit Goldstickerei

Weich fallendes Abendkleid aus blaßblauem Crêpe de Chine mit Goldspitzen und »Schalgarnituren«

Gesellschaftskleid aus weißem Seidentuch mit Stickereien und grünem Chiffonpeplum

Mode 1910:

Frauen trippeln unter gigantischen Hüten

Die Mode von 1910 steht im Zeichen des Humpelrocks. Dieser fällt gerade und lose bis zu den Waden, wird aber unterhalb der Knie bis zum Saum durch eine enge Passe zusammengehalten, so daß die Frauen nur noch trippeln können. Außerdem läßt der Humpelrock die Füße bis zu den Knöcheln sehen. Paul Poiret, der international anerkannte Pariser Couturier, ist der Schöpfer dieser Modelinie. Seinem Kommentar »Ich habe die Büste aus der Gefangenschaft befreit, den Beinen jedoch Fesseln angelegt« schlägt eine Welle der Entrüstung entgegen, besonders von seiten der Frauenrechtlerinnen. Manche modebewußte Dame verbindet ihre Beine durch Fußfesseln aus Litzenband, um ein Zerreißen des Rocks durch zu große Schritte zu verhindern, verzichtet jedoch – ganz im Sinne Poirets – auf das Korsett.

In die Alltagsmode umgesetzt ergeben sich Kleiderröcke, deren Weite in Wadenhöhe gebauscht ist und von einer breiten, engen Blende zusammengerafft wird. »Beim Gehen wirken diese gebauschten Röcke sehr unvorteilhaft und unschön«, urteilt die »Wiener Mode« in ihrer Juli-Ausgabe.

Im allgemeinen dominiert Poirets Empire-Stil: Eine schlanke Kleidmode mit knie- bis wadenlanger Tunika über einem bodenlangen, zum Teil schleppenden Rock. Die Tuniken sind aus durchsichtigem Musselin, so daß stets das untere Kleid durchschimmert, und enden in einer breiten, mit Blumen oder Ranken bestickten Bordüre.

Poiret hält an starken, expressiven Farben fest, die jedoch in der allgemeinen Mode gemildert übernommen werden.

Kostüme werden in diesem Jahr auch im Frühjahr und Sommer gern getragen. Sie sind aus kühlen Materialien wie Leinen, Schantungseide, Voile oder Foulard. Mit den Sommerkostümen kommen duftige Blusen aus gemustertem Tüll oder Batist mit Spitzeneinsätzen oder À-jour-Stickerei in Mode. Der Kostümrock ist gerade und eng und weist um den Saum eine breite Faltenpasse oder eine Bordüre mit auffallendem Mäandermuster aus Posamentschnüren auf. Glocken- und ausgestellte Bahnenröcke sind hingegen passé.

Die Modejournale stellen für den Sommer außerdem neuartige »Umhüllen« als dekorative Ergänzung zum Kleid vor. Diese Umhüllen haben die mannigfaltigsten Schnitte – Ärmelplaid, Kaftan, großer Schal oder ein vorn bis zu den Knien auslaufender Kragen. Sie sind aus durchsichtigem Gewebe, Spitze, Marquisetteseide oder Tüll und mit Soutachebörtchen, À-jour-Leistchen, Bändchenfransen oder ähnlichem verziert.

Mehr der eleganten Dame vorbehalten ist der Mantel. Er ist knöchellang und fast bis zum Boden zweireihig oder asymmetrisch geknöpft, wodurch ein bequemes Ausschreiten stark eingeschränkt wird. Der elegante Mantel weist mit Vorliebe breite Spitzenkragen und Spitzenmanschetten auf.

Als Ausgleich zur schlanken Kleidmode sind die Hüte überdimensional groß. Außerdem zeigen sie die verschiedensten Formen: Mit extrem breitem, geschwungenem Rand, der mit einer überdimensionalen Schleife und langen, lila eingefärbten Pleureusenfedern, Kornähren oder Rosengirlanden aufgeputzt ist; riesige Toquen weisen im Sommer Edelweißblüten, im Winter echte Brillantspangen auf. Um diesen Hutgebilden auf dem Kopf der Dame Halt zu geben, ist der Hut auf einem Bügel oder passenden Innenhut aufgenäht oder mit einer Hutnadel festgesteckt.

Das Korsett soll die weiblichen Formen nachzeichnen und betonen.

Dieses Foto vom Pfingstrennen in Longchamps bei Paris zeigt die aktuelle Frühlingsmode der Frau: Der modische Rock mißt höchstens 1,20 m in der Rundung, doch liegt die übliche Schrittlänge bei 65 Zentimetern. Deshalb müssen die Frauen kleinere Schritte als gewohnt machen.

Automobilmantel aus grauem Serge (l.); modernes Cheviot-Herbstkleid

Erregen Aufsehen in Paris: Hosenröcke des Modeschöpfers Paul Poiret

»Vorführdamen« zeigen die neueste Mode

Vor jeder Modesaison stellen die führenden Modehäuser und Modeschöpfer ihre neuesten Modelle und Kollektionen einem geladenen Fachpublikum sowie ausgewählten Kunden und der Presse vor.
Der Erfinder dieser Modenschauen war der britische Couturier Charles Frederick Worth (1826 – 1895), der 1858 in Paris einen Modesalon eröffnete und als erster halbjährlich eine Kollektion zeigte. Er ließ sie von jungen Frauen vorführen, den sog. Mannequins, die im deutschen Sprachraum als »Vorführdamen« bezeichnet werden. Die Bezeichnung »Mannequin« – »Männchen« – ist beredter Hinweis darauf, wie Mode vor dem Aufkommen der Modenschauen präsentiert wurde: Die Schneider sandten Modellpuppen mit modischer Kleidung als Muster an die Fürstenhöfe. Dabei gab es zwei Mannequin-Puppen: Eine große für Oberbekleidung, eine kleine für Hauskleider und Dessous.

Eine Gruppe französischer Mannequins posiert vor einem Weinspalier. Für Modenschauen werden Luxusvillen und Gärten gemietet.

Modesalon Chéruit an der Place Vendôme in Paris: Die Kleidung für das kleine Mädchen wird ebenso individuell angefertigt wie die für die Damen.

Fertig zum Stapellauf: U-Boot auf der Kruppschen Germaniawerft in Kiel

Innenkörper eines Tauchboots, konzipiert für 24 Mann Besatzung

Maschinenraum; rechts und links die Elektromotoren für die Tauchfahrt

Aufrüstung unter Wasser

18. Juni. Vor Calais wird das französische Unterseeboot »Pluviose« geborgen, das am 27. Mai von dem Postdampfer »Pas de Calais« gerammt worden war und mit 28 Mann Besatzung sank.

Der U-Boot-Bau ist in den letzten Jahren von allen Seemächten stark forciert worden, der »Pluviose«-Unfall zeigt jedoch, daß diese Sparte des Schiffsbaus noch in den Anfängen steckt. Außerdem wird der U-Boot-Bau in allen Ländern, vor allem im Deutschen Reich, geheimgehalten, so daß der Öffentlichkeit kaum zuverlässige Daten vorliegen.

Das erste deutsche Unterseeboot, »U I«, lief am 3. August 1906 vom Stapel und ist seit Dezember 1906 im Dienst. Nach seinem Vorbild baut die Kaiserliche Werft in Danzig weitere Unterseeboote. »U I« ist 3,60 m breit, 42,3 m lang und hat eine Wasserverdrängung von 240 t sowie einen Tiefgang von 2,80 m. Das Schiff ist mit einer zweifachen Maschinerie ausgerüstet, einer 200-PS-Gasmaschine, die die Fortbewegung auf der Wasseroberfläche ermöglicht, und einer Akkumulatorenbatterie mit Elektromotor für die Fahrt unter Wasser.

Der Elektromotor erlaubt eine Fahrt bis zu drei Stunden bei einer Geschwindigkeit von 9,5 Knoten (etwa 17,6 km/h) unter Wasser. Das Boot kann mit zehn Mann Besatzung bis zu 24 Stunden unter Wasser bleiben, bei einer Tiefe bis zu 37 m. Die Regulierung der Tauchtiefe erfolgt durch Aufnahme oder Abgabe von Wasserballast. »U I« hat drei 45-cm-Torpedos an Bord, von denen immer einer im Ausstoßrohr zur Abfeuerung bereit ist.

Briten bei U-Boot-Bau vorn

Land	U-Boote	im Bau
Großbritannien	66	21
Frankreich	59	22
USA	19	21
Rußland	30	4
Italien	7	6
Deutsches Reich	12	?
Japan	9	2
Österreich-Ungarn	7	?

Die französische »Pluviose« ist geborgen (Zeichnung).

»Auge des U-Boots« (Zeichnung aus der »London News«)

Nach einer »Sturmfahrt« strandet »LZ 7« im Teutoburger Wald. Keiner der 32 Passagiere kommt jedoch zu Schaden.

Rasches Aus für erstes Passagierluftschiff

22. Juni. Um drei Uhr morgens startet »LZ 7«, das erste Passagierluftschiff der Welt, auf dem Bodensee bei Friedrichshafen zur Probefahrt nach Düsseldorf. Das 350 PS starke Starrluftschiff, das für den Transport von 30 bis 35 Personen eingerichtet ist, bewältigt in neun Stunden die 575 km lange Strecke, für die Expreßzüge zwölf Stunden benötigen. Die Durchschnittsgeschwindigkeit liegt bei 65 km/h.

»Die neuen Motoren«, urteilt der Luftpionier Hugo Eckener nach der Fahrt, »liefen ohne jede Störung volle neun Stunden lang mit höchster Tourenzahl ... Der Zustand des Luftschiffs bei seiner Landung war so einwandfrei, daß die Fahrt wohl bis zum völligen Ausfahren hätte fortgesetzt werden können.«

Der Ruhm von »LZ 7« überdauert jedoch keine Woche: Am 28. Juni strandet das Luftschiff mit Pressevertretern an Bord im Teutoburger Wald bei Osnabrück. Um 8.30 Uhr startet das Schiff mit 32 Personen, Benzin für eine neuneinhalbstündige Fahrt und 800 kg Wasserballast an Bord. Bei dieser Reise treten von Anfang an technische Pannen auf. Einer der Maybach-Motoren kommt erst nach Reparaturen, die während der Fahrt »einige Stunden« in Anspruch nehmen, richtig in Gang. Als ein Motor ganz ausfällt, strandet das Fahrzeug in den Bäumen.

»LZ 7« ist 148 m lang und hat einen Gasinhalt von 19 000 m³.

Die Passagiergondel ist ganz in Aluminium und Mahagoni gehalten. Die Besatzungsmitglieder sind in Sondergondeln untergebracht.

»In diesem Moment stoppte der Motor«

Der Luftfahrtpionier Hugo Eckener, der an den Fahrten vom 22. und vom 28. Juni teilgenommen hat, schildert in einem Bericht für die »Frankfurter Zeitung« die Unglücksfahrt vom 28. Juni:

»Der Wind steigerte sich zum völligen Sturm ... In dem kupierten hügeligen Gelände, das zwischen Münster und Osnabrück liegt, war aber ein Niedergehen ohne Hilfskräfte unmöglich. Wir mußten nach Osnabrück zurück, das mit dem Winde in 15 bis 20 Minuten zu erreichen war. Wir wendeten und fuhren die Bahn entlang. Vor dem Teutoburger Wald stand jetzt das Unwetter, das uns den stürmischen Wirbel brachte ... In der Wetterwolke wurden wir sofort von einer vertikalen Strömung nach oben gerissen, da wir sowieso infolge des Benzinverbrauchs und einiger Ballastabgabe, wozu uns bei nur zwei Motoren ein starker Regenguß gezwungen hatte, viel Auftrieb hatten. Wir kamen auf reichlich 1200 Meter Höhe und gerieten hier in Regen und dichtes Schneegestöber. Das Fahrzeug wurde schwer belastet und triefte von Wassermassen. Die Lage des Schiffes war nun nicht gut. Da wir in etwa 500 m pralle Ballons hatten, ließen wir im schnellen Aufsteigen, trotz der Abkühlung, welche die Wolke brachte, etwa 1500 Kubikmeter Gas ausströmen ... So begann das Luftschiff, nachdem der aufwärtsgehende Luftstrom nachgelassen hatte, zunächst sehr schnell zu fallen ... Wir fuhren in etwa 300 Metern Höhe an den Hängen des Teutoburger Waldes auf Osnabrück zu ... In diesem kritischen Moment stoppte der vordere Motor ab. Es war nun klar, daß das Schiff mit seiner reduzierten Geschwindigkeit nicht oben zu halten war, wenn der Vordermotor nicht sofort wieder in Gang kam. Das geschah leider nicht. Langsam senkte sich das Fahrzeug tiefer und tiefer, obgleich man alles, was nicht niet- und nagelfest war, aus den Gondeln warf, bis es mit der Hintergondel in die Bäume des Teutoburger Waldes eintauchte und hängenblieb ...«

Scott startet – rücksichtsloser Wettlauf zum Südpol

15. Juni. In London sticht die »Terra Nova« in See, mit dem britischen Offizier und Forscher Robert Falcon Scott an Bord, der den Südpol erobern will. Zwischenziel ist Neuseeland, von wo aus im Spätherbst die eigentliche Expedition beginnen soll.

Das Unternehmen findet in einer beispiellosen Rekordjagd-Atmosphäre statt, die auch die Wirtschaft für Werbezwecke auszunutzen versucht. Die Summen, die der Expedition für das Alleinrecht der Vorführung des Filmmaterials angeboten werden, erreichen astronomische Höhen, doch will Scott vor Beendigung der Expedition keinen Vertrag abschließen. Eine renommierte Werkstätte für optische Instrumente hat Präzisionsobjektive als Geschenke angeboten, unter der Bedingung, daß Scott eine Fahne mit dem Namenszug der Firma am Südpol hißt und eine Fotografie davon anfertigt.

Scott ist nicht der einzige, der zum Südpol strebt: Unter dem Eindruck der Nordpol-Eroberung durch den US-Amerikaner Robert Edwin Peary am 6. April 1909 (→ 29. 1./S. 26/27) haben sich die Geographische Gesellschaft in Washington und der Peary Arctic Club in New York auf den Vorschlag Pearys hin entschlossen, eine eigene Südpolarexpedition auszurüsten, die vor den Briten den Pol erreichen soll. Die britische und die US-amerikanische Expedition starten etwa gleichzeitig im Spätherbst, werden jedoch von entgegengesetzten Punkten aus versuchen, zum Pol vorzudringen: Die Amerikaner starten in Coatsland im Norden, Ausgangspunkt der Briten ist die Rossinsel im Süden. Darüber hinaus wird im Deutschen Reich eine Südpolexpedition unter der Leitung von Wilhelm Filchner vorbereitet.

Während von diesen drei Expeditionen viel gesprochen wird, bereitet der Norweger Roald Amundsen die Eroberung des Südpols in völliger Stille vor, nachdem ihm Peary am Nordpol zuvorgekommen ist. Offiziell startete er mit der »Fram« 1909 eine Forschungsreise in die Arktis. Vor Antritt der Fahrt, die trotz aller gegenteiliger Beteuerungen der Eroberung des Nordpols galt, hatte Amundsen in einem Vortrag vor der Londoner Geographischen Gesellschaft erklärt: »Viele werden meinen, daß eine Polarexpedition nur eine unnötige Verschwendung von Geld und Menschenleben sei. Ihnen verknüpft sich die Vorstellung von einer Polarexpedition mit der von einem Rekord, vom Erreichen des Pols oder einer höheren Breite als sie allen Vorgängern beschieden war, und in diesem Falle stimme ich mit ihnen überein. Ich muß aber auf das Nachdrücklichste betonen, daß dieses Bestürmen des Pols nicht die Aufgabe meiner Expedition sein wird. Ihr Hauptzweck wird vielmehr eine wissenschaftliche Untersuchung des Polarmeers selbst sein, oder vielmehr eine Erforschung des Bodens und der geographischen Verhältnisse dieses großen Beckens.«

Auf die Nachricht vom Erfolg Pearys änderte Amundsen seine Pläne: »Die Nachricht von der Eroberung des Nordpols war für mich wirklich ein vernichtender Schlag. Um meinen Namen als Forscher aufrechtzuerhalten, mußte ich schnellstens einen sensationellen Erfolg erringen, also beschloß ich meinerseits, einen Schlag zu führen.« Dieser »Schlag« soll die Erstbezwingung des Südpols sein. Ohne irgend jemanden zu informieren, nimmt Amundsen mit der »Fram« (deutsch »Vorwärts«) Kurs von der Arktis in die Antarktis. Weder die Mannschaft noch die künftigen Expeditionsteilnehmer oder die Geldgeber der Expedition – die eigentlich nach Norden führen sollte – werden unterrichtet. Erst im Spätherbst telegrafiert Amundsen an Scott »I am going south« (ich fahre nach Süden) und informiert von Madeira aus die Heimat: »Ich allein bin verantwortlich für diesen Beschluß.«

Amundsens Ausgangspunkt soll die Walbucht des Rossmeers sein: Die Expedition wird durch völlig unerforschtes Gebiet führen, weder Amundsen noch seine Expeditionsteilnehmer wissen, was sie erwartet. Die Welt erlebt einen der spannendsten, ehrgeizigsten und rücksichtslosesten Wettläufe der Geschichte. Ziel: 90° südlicher Breite.

Das über 4000 m mächtige antarktische Inlandeis ist die größte zusammenhängende Eismasse der Erde (Blick auf Grahamland, Antarktische Halbinsel).

Die »Terra Nova« ist ein Seehund- und Robbendampfer von 759 t, der seit 29 Jahren in Dienst steht und sich beim Kreuzen in antarktischen Gewässern hervorragend bewährt hat. Äußerlich unterscheidet sich das unansehnliche Schiff kaum von anderen Seglern, es birgt jedoch modernste Technik. Die Ausrüstung wurde zusammengestellt während der dezentralen Vorbereitung der Expedition durch Schlitten-, Proviant-, medizinische, fotografische, geographische u. a. Kommissionen. Die Bekleidung der Expeditionsteilnehmer besteht aus Wolle, nicht aus Pelzen.

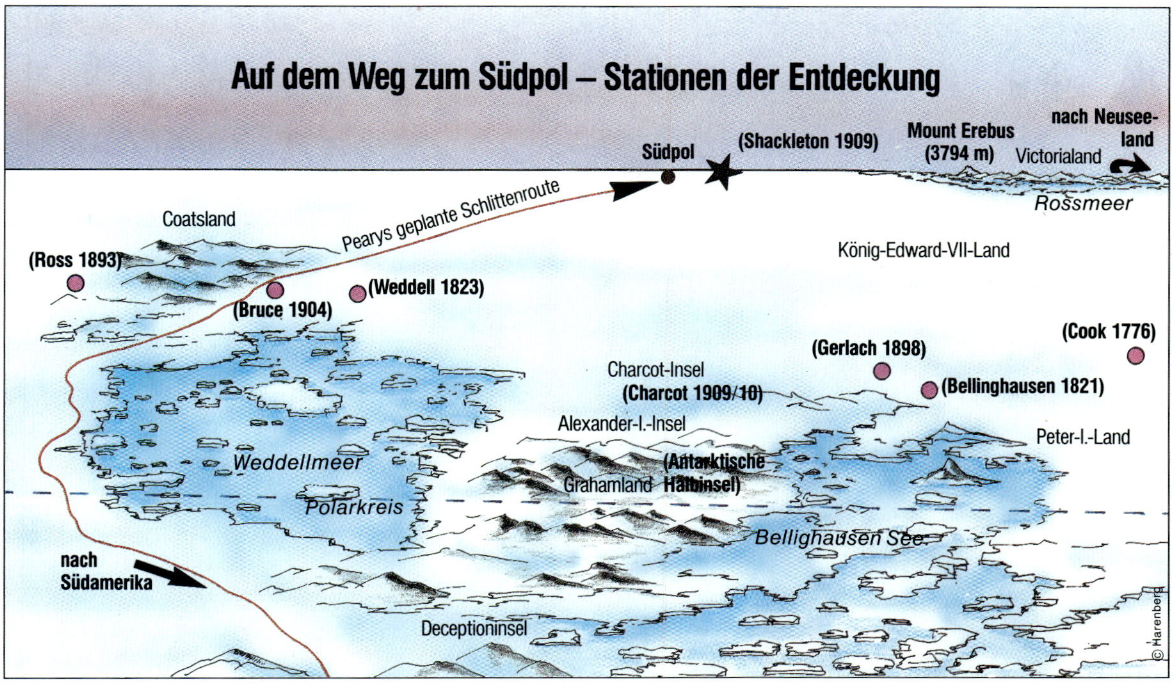

Zwei Besessene in der Eiswüste

Der Brite Robert Falcon Scott und der Norweger Roald Amundsen wollen beide von derselben Seite aus zum Pol vorstoßen, Scott von der Rossinsel, Amundsen von der Walbucht. Während Amundsens Direktroute durch völlig unbekanntes Gebiet führen wird, ist der Weg des Briten etwa 150 km länger, dafür aber zum Teil bekannt.

Amundsen will in geringen Abständen Vorratsdepots für den Rückmarsch anlegen, die genügend Lebensmittel auch für unvorhergesehene Zwischenfälle enthalten. Für den Transport wählt er Hundeschlitten. Dabei verwendet er Eskimohunde aus Grönland, weil sie an Arbeit unter extremen klimatischen Bedingungen gewöhnt sind. Als Hundefutter will er das Fleisch unterwegs geschossener Pinguine verwenden. Scott führt Motorschlitten, die er in Norwegen getestet hat, sowie Hunde- und Ponygespanne mit.

Der Norweger erreicht das Ziel kurz vor Scott: Am 14. Dezember 1911 hißt Amundsen mit seinen Begleitern Olav Bjaaland, Helmer Hansen, Sverre Hassel und Oscar Wisting auf dem Pol die Flagge seines Landes.

Vier Wochen später, am 17. Januar 1912, trifft Scott ein. Er und seine Begleiter finden in Schneestürmen den Tod.

△ Der 42jährige Robert Falcon Scott (l.) mit seinem Ersten Offizier und Stellvertreter, Leutnant Evans; Scott leitete die britische Antarktisexpedition mit der »Discovery« (1901 – 1904) im Rossmeer. Der Marsch zum Pol mußte 1902 wegen Ausbruchs der Krankheit Skorbut abgebrochen werden.

◁ Der 37jährige Norweger Roald Amundsen (Foto 1926) vollendete 1906 auf der »Gjøa« die erste Fahrt durch die Nordwestpassage (von West nach Ost) vom Atlantik zum Pazifik und verwirklichte damit einen Menschheitstraum, der seit den ersten Versuchen im 16. Jahrhundert unerfüllt geblieben war.

Die Erforschung der Antarktis

Die Geschichte der Erforschung der Antarktis ist mittlerweile fast 140 Jahre alt. Jedoch ist es erst seit zwei Jahren das erklärte Ziel von Expeditionen, den Südpol zu erreichen. Die wichtigsten Daten zur Entdeckung und Erforschung der Gebiete um den Südpol:

- ▷ 17. 1. 1773: Der Brite James Cook notiert in sein Tagebuch: »Um 11.15 Uhr überquerten wir den Südlichen Polarkreis [66°33'], und wir sind zweifellos das erste und einzige Schiff, das jemals diese Linie hinter sich gelassen hat.« Das Eis treibt die Schiffe »Resolution« und »Adventure« jedoch zurück.
- ▷ 1821: Der Russe Fabian Gottlieb von Bellingshausen umfährt vollständig die Antarktis und entdeckt mit der Alexander-I.-Insel und der Peter-I.-Insel als erster zur Antarktis gehörendes Land.
- ▷ 20. 2. 1823: Der Brite James Weddell fährt in dem nach ihm benannten Weddellmeer bis 74°15' südlicher Breite, weiter südlich als James Cook.
- ▷ Januar 1840: Der Franzose Jules Sébastien César Dumont d'Urville dringt auf der Suche nach dem magnetischen Südpol durch das nach ihm benannte D'Urville-Meer bis zur Eisküste Antarktikas vor. Er tauft die Region nach seiner Frau Adélieland.
- ▷ 1895: Der Norweger Carsten Egeberg Borchgrevink betritt bei Kap Adare als erster den Kontinent Antarktika.
- ▷ 1898 – 1900: Borchgrevink überwintert auf Antarktika und studiert die Meteorologie und Biologie der Antarktis. Von der Walbucht aus dringt er mit Hundeschlitten bis 78°50' südlicher Breite vor.
- ▷ 1901 – 1903: Erich von Drygalski leitet auf der »Gauß« die erste deutsche Antarktis-Expedition, während der u. a. die Wilhelm-II.-Küste entdeckt wird.
- ▷ 16. 1. 1908: Der Ire Ernest Henry Shackleton lokalisiert den magnetischen Südpol.
- ▷ 9. 1. 1909: Shackleton bricht den ersten Versuch, zum geographischen Südpol vorzustoßen, auf 88°23' südlicher Breite ab, etwa 160 km vor dem Ziel.

Gemälde wird Ziel politischer Zensur

28. Juni. Die Direktion des Münchner Glaspalasts, in dem seit 1. Juni die jährliche Kunstausstellung stattfindet, läßt das Gemälde »Aus dem Reiche des Zaren« des polnischen Malers Stanislaw Fabianski entfernen. Das Bild zeigt die Opfer eines Judenpogroms in Kiew im Jahr 1905. Die Mörder fehlen im Bild, dafür zeigt die Wand des dargestellten Raums ein Manifest des Zaren.

In der Presse wird zunächst die Nachricht verbreitet, die Entfernung des Gemäldes sei auf den diplomatischen Einspruch von seiten Rußlands zurückzuführen. Wie später von »zuständigen Stellen« zu erfahren ist, erfolgt die Entfernung auf eine Entschließung des bayerischen Ministeriums des Äußern. Diesem ist bekanntgeworden, daß von seiten mehrerer russischer Ausstellungsbesucher an der »Tendenz« des Bildes lebhaft Anstoß genommen wurde. Die Regierung glaubt sich zu der Zensurmaßnahme um so mehr berechtigt, als der Glaspalast staatliches Eigentum ist.

Ausschreitungen gegen Juden werden auch im Jahr 1910 mehrmals aus Rußland gemeldet, vor allem aus Kiew und Moskau.

Theatermuseum der Klara Ziegler

24. Juni. Als Stiftung der königlichen bayerischen Hofschauspielerin Klara Ziegler wird in München das spätere Deutsche Theatermuseum eröffnet. Es entwickelt sich zu einer einzigartigen Dokumentationsstätte der Theatergeschichte aller Völker und aller Zeiten. Gesammelt werden alle Zeugnisse, die mit dem Theater in Zusammenhang stehen, Bilder von Schauspielern ebenso wie Bühnenbilder und -modelle, Regiebücher usw.

Clara bzw. Klara Ziegler (1844 – 1909) war eine der gefeiertsten Heroinen der Gründerzeit. Von 1868 bis 1874 spielte sie in München. Ihre gute Erscheinung und volle Stimme – ihre Rollen rezitierte sie überwiegend – machten sie zu einer bedeutenden Darstellerin weiblicher (Jungfrau, Penthesilea, Medea, Brunhild) und männlicher (Romeo) Helden. Testamentarisch bestimmt sie in der Klara-Ziegler-Stiftung ihr Haus in München zum Theatermuseum.

Bakst-Figurine (Eunuch) für »Scheherazade«

Kostümentwurf von Léon Bakst zum »Feuervogel«

Paris: »Feuervogel« und »Scheherazade«

4. Juni. Im Théâtre National de l'Opéra in Paris wird das Ballett »Scheherazade« durch Sergei Diaghilews »Ballets Russes« (→ 7. 3./ S. 67) uraufgeführt.

Das Libretto, dessen Handlung auf den Motiven Leidenschaft und Eifersucht aufbaut, schrieb Alexandre Benois nach dem gleichnamigen Orchesterwerk des 1908 verstorbenen Nikolai A. Rimski-Korsakow. Die Choreographie leitet Michail M. Fokin, die exotische Ausstattung dieses im Orient von Tausendundeiner Nacht spielenden Werks besorgte Léon Bakst. Darsteller der Uraufführung sind neben Fokin Tamara Karsawina, Vera Fokina und Enrico Cecchetti.

Nach den alten russischen Volksmärchen vom »Iwan Zarewitsch«, vom »Feuervogel« und vom »Unsterblichen Köstschei« schrieb Fokin das Libretto für das Ballett »Der Feuervogel«, das am 25. Juni durch Sergei Diaghilews »Ballets Russes« ebenfalls im Théâtre National de l'Opéra in Paris uraufgeführt wird. Die Musik komponierte der bisher kaum bekannte Igor Strawinski, der diesen Auftrag anstelle des ursprünglich mit der Komposition betrauten Anatoli K. Ljadow übernommen hat. Mit sicherem Bühneninstinkt schuf er eine orchestral glänzende Musik zum Szenario Fokins. Dabei griff er eine Idee seines Lehrers Rimski-Korsakow auf, der in seiner Oper »Der goldene Helm« (1907) für die menschliche Sphäre die diatonische Technik angewandt, allen nichtmenschlichen Erscheinungen jedoch chromatische Themencharaktere zugeordnet hatte. In den Bereich des Diatonischen fallen im »Feuervogel« u. a. die russischen Volkslieder, während Strawinski den außermenschlichen Bereich (Feuervogel) mit impressionistisch-chromatischen Motiven gestaltet.

Fokin als Iwan Zarewitsch mit Tamara Karsawina als Feuervogel

Fokin leitete die Choreographie der erfolgreichen Uraufführung, die Ausstattung besorgte Alexander Golowin, die Kostüme entwarfen Golowin und Bakst. Hauptdarsteller der Uraufführung sind Ida Rubinstein als Zobeïde und Waslaw Nijinski als ihr Sklave.

Mit dem »Feuervogel«, der sich zu einem der beliebtesten Ballette überhaupt entwickelt, tritt der 28jährige Strawinski – Sohn eines Bassisten der Kaiserlichen Oper in Petersburg (Leningrad) – erstmals an die Öffentlichkeit. Die Komposition ist Rimski-Korsakow gewidmet, dessen Bekanntschaft Strawinski 1902 endgültig die musikalische Laufbahn einschlagen ließ. Schon im darauffolgenden Jahr entstanden die ersten Kompositionen, 1909 erarbeitete Strawinski seine erste Oper »Die Nachtigall«. Sie wird im Jahr 1914 uraufgeführt. Die Heirat mit einer vermögenden Frau ermöglicht es Strawinski, sich 1910 in Paris niederzulassen, wo er vor allem für Diaghilews »Ballets Russes« arbeitet.

Porsche gewinnt die Prinz-Heinrich-Fahrt

9. Juni. Zum Sieger der Prinz-Heinrich-Fahrt wird in Homburg vor der Höhe der 35jährige Österreicher Ferdinand Porsche aus Wiener Neustadt erklärt.

Etappen der Prinz-Heinrich-Fahrt
1. 6. Wagenabnahme in Berlin
2. 6. Berlin – Braunschweig 247,8 km
3. 6. Braunschweig – Kassel 322,2 km
4. 6. Kassel – Nürnberg 334 km
5. 6. Ruhetag
6. 6. Nürnberg – Straßburg 356 km
7. 6. Straßburg – Metz 334,8 km
8. 6. Metz – Homburg v. d. Höhe
9. 6. Siegerehrung

Prinz Heinrich von Preußen am Start des nach ihm benannten Autorennens

Porsche ist Konstrukteur von Autos und Autoteilen (Radnabenelektromotor 1897, Lohner-Porsche-Elektromobil 1900). Die Prinz-Heinrich-Fahrt ist das größte deutsche Motorwagen-Etappenrennen. Benannt ist sie nach dem preußischen Prinzen Heinrich, dem Bruder von Kaiser Wilhelm II. und »Schutzherrn« der deutschen Automobilfahrer, der 1908 den Wanderpreis für den Sieger stiftete.

Die Fahrt wird überschattet von einem schweren Unfall am 7. Juni: Zwei Menschen kommen ums Leben und einer wird schwer verletzt, als bei Oberenzen von einem Rennwagen ein Gummireifen abspringt.

Pferdederbys in Berlin und Paris

26. Juni. Das Deutsche Galopp-Derby, das in Hamburg-Horn ausgetragene bedeutendste deutsche Pferderennen, gewinnt Jockei Bullock auf »Orient« für die schwarz-weißen Farben des preußischen Hauptgestüts Graditz. Durch die Teilnahme zweier österreichischer und zweier russischer Pferde konnte sich das Derby anders als früher den Anstrich von Internationalität geben. Die ausländischen Pferde spielen im Rennverlauf jedoch keine Rolle und kommen weit abgeschlagen ins Ziel. Ebenfalls an diesem Sonntag wird der Grand Prix von Longchamps (Paris) ausgetragen, eine Veranstaltung, die für die Modebewußten fast denselben Stellenwert besitzt wie für die Pferdeeigner. Das mit 300 000 Francs (rund 240 000 Mark) höchstdotierte Rennen der Welt gewinnt erstmals eine Stallbesitzerin, Frau Scheremetjeff, mit »Nuage«.

»Westward« beherrscht Kieler »Flautenwoche«

23. Juni. *Kaiser Wilhelm II. trifft zur Teilnahme an den Segelregatten der Kieler Woche ein (Abb.: Blick auf den Kieler Hafen). Die internationale Segelkonkurrenz wird in diesem Jahr von der US-amerikanischen Großjacht »Westward« beherrscht, die Charly Barr steuert. Nur einmal passiert die »Westward« die Ziellinie nicht als erstes Boot. Erfolgreichste deutsche Jacht ist die »Germania«, die jedoch keine ernsthafte Konkurrenz für die »Westward« darstellt. Regen und wenig Wind beeinträchtigen das Segelvergnügen – »Flautenwoche« lautet das Urteil vieler.*

Großveranstaltung für Pferdefreunde

6. Juni. *Im Londoner Olympia wird die vierte Royal International Horse Show eröffnet. Unter dem Patronat des britischen Königs werden auf dieser erstmals im Jahr 1907 durchgeführten Ausstellungs-Veranstaltung bis zum 16. Juni Pferde verschiedenster Kategorien Käufern, Züchtern und interessierten Laien vorgestellt. Gleichzeitig ist die Horse Show auch ein gesellschaftliches Ereignis. In der aufwendig geschmückten Halle (Abb.) haben die überwiegend adeligen Pferdefreunde Großbritanniens zehn Tage Gelegenheit, sich mit Gleichgesinnten auszutauschen.*

Juli 1910

Mo	Di	Mi	Do	Fr	Sa	So
				1	2	3
4	5	6	7	8	9	10
11	12	13	14	15	16	17
18	19	20	21	22	23	24
25	26	27	28	29	30	31

1. Juli, Freitag

Japan öffnet den Hafen von Port Arthur für ausländische Kriegs- und Handelsschiffe. Die ursprünglich chinesische Hafenstadt war während des Russisch-Japanischen Kriegs 1904/05 von Japan erobert worden.

In Paris kommt es im Zusammenhang mit Protesten gegen die Guillotinierung eines Arbeiters zu blutigen Ausschreitungen. → S. 130

An der Universität in Lemberg (Lwow), der Hauptstadt des österreichischen Reichsteils Galizien und Lodomerien, werden nach blutigen Auseinandersetzungen zwischen ruthenischen und polnischen Studenten die Vorlesungen eingestellt. Hintergrund der Ausschreitungen, bei denen zwei Menschen sterben, sind Minderheitenkonflikte.

König Alfons XIII. von Spanien unterzeichnet ein Dekret, wonach der religiöse Eid bei bürgerlichen Rechtshandlungen abgeschafft wird. → S. 129

Die türkische Presse fordert die Bevölkerung des Landes auf, den Boykott griechischer Waren zu beenden, da das Osmanische Reich sonst »die Sympathie Europas verlieren« könnte. – Zu diesem Boykott hatte der Konflikt um Kreta geführt (→ 21. 8./S. 145).

Das neue Kurhaus in Wildbad wird eingeweiht. → S. 134

In Kristiania (Oslo) wird der Norwegische Reichsverbund für Sport gegründet.

2. Juli, Samstag

Der spanische Ministerpräsident José Canalejas y Méndez hält im Senat in Madrid eine Grundsatzrede über die Kirchenpolitik (→ 1. 7./S. 129).

Die Vorexpedition für das Arktis-Unternehmen des Grafen Ferdinand von Zeppelin tritt mit dem Dampfer »Mainz« in Kiel die Reise nach Spitzbergen an. Auf der Fahrt wird erfolgreich »die Ausführbarkeit wissenschaftlicher Luftschifffahrten mit Zeppelin-Luftschiffen in den arktischen Regionen« getestet.

3. Juli, Sonntag

Aus Simpson im US-Bundesstaat Missouri wird der Ausbruch blutiger Rassenkämpfe gemeldet. Bisher sollen sechs Farbige getötet worden sein (→ 4. 7./S. 128).

Der Panslawistenkongreß in der bulgarischen Hauptstadt Sofia beginnt. → S. 129

In Madrid, Barcelona, Sevilla, Bilbao, Santander, Valladolid u. a. spanischen Städten finden antiklerikale Protestkundgebungen statt (→ 1. 7./S. 129).

Im westnorwegischen Ålesund wird der Gedenkstein für Wilhelm II. enthüllt, ein Monolith zum Gedenken an den als Nordlandfahrer bekannten deutschen Kaiser, der der Hafenstadt nach der Brandkatastrophe des Jahres 1904 großzügige finanzielle Hilfe gewährt hatte. Seither ist die Stadt in Stein überwiegend im Jugendstil wieder aufgebaut worden.

4. Juli, Montag

In Petersburg (Leningrad) wird das zweite russisch-japanische Abkommen zur Erhaltung des Status quo im Fernen Osten unterzeichnet. Es bestätigt Korea als besondere japanische (→ 22. 8./S. 144) und die Äußere Mongolei als russische Einflußsphäre (→ 6. 1./S. 20).

Der russische Zar Nikolaus II. sanktioniert das Gesetz, durch das die Autonomie Finnlands innerhalb des Russischen Reichs aufgehoben wird (→ 27. 3./S. 56).

Kaiser Wilhelm II. tritt an Bord der »Hohenzollern« von Kiel aus seine Sommerreise nach Norwegen an. Er beendet die Reise am 30. Juli in Swinemünde.

Jack Johnson, seit 1908 der erste farbige Weltmeister im Schwergewichtsboxen, verteidigt in Reno (Nevada) seinen Titel gegen den Weißen Jim Jeffries. Unmittelbar darauf kommt es in zahlreichen Städten der USA zu schweren Ausschreitungen gegen Farbige. → S. 128

Bei einem Feuerwerk anläßlich des Unabhängigkeitstags, des Nationalfeiertags in den USA, kommen 28 Menschen ums Leben, 1758 werden verletzt.

5. Juli, Dienstag

Die marokkanische Staatsbank in Tanger beginnt mit der Bezahlung der Gläubiger, die den Hafen der Stadt gebaut haben, darunter die deutsche Firma Renschhausen (→ 16. 3./S. 59).

Klaus Berntsen wird neuer dänischer Ministerpräsident als Nachfolger des zurückgetretenen Carl Theodor Zahle von der radikalen Linken. Berntsen bildet ein liberal-konservatives Ministerium.

Die Berninabahn von Sankt Moritz nach Tirano wird eröffnet. → S. 131

Das internationale Tennisturnier in Wimbledon gewinnt im Herreneinzel der Neuseeländer Anthony F. Wilding, im Dameneinzel die Britin Dorothea Lambert-Chambers.

6. Juli, Mittwoch

Im Beisein von Staatspräsident Armand Fallières und aller Minister wird in Paris das Denkmal für den früheren Ministerpräsidenten Pierre Waldeck-Rousseau enthüllt. 14 junge Leute, die gegen Fallières »unehrerbietige Rufe ausstoßen«, werden verhaftet. Der 1904 verstorbene Waldeck-Rousseau ließ als Ministerpräsident von 1899 bis 1902 den wegen Spionage verurteilten jüdischen Offizier Alfred Dreyfuß begnadigen und leitete die Gesetzgebung zur Trennung von Kirche und Staat ein.

Die Abgeordnetenkammer in Rom nimmt das neue Elementarschulgesetz an. Dadurch wird u. a. die staatliche Schulaufsicht verschärft.

7. Juli, Donnerstag

In Konstantinopel (Istanbul) werden 63 Mitglieder des konservativen Geheimbunds Islahat verhaftet, der durch Terroranschläge die Regierung der Jungtürken stürzen wollte (→ 19. 1./S. 28).

Bei der Flugwoche der Champagne in Reims stellt der französische Aviatiker Hubert Latham mit 1384 m einen Höhenrekord auf (→ 27. 4./S. 83).

8. Juli, Freitag

Nach der Eröffnung der Bergenbahn (1909) ist in diesem Jahr Wintersport im Hochsommer möglich. In Finse, der höchsten Eisenbahnstation Norwegens (1222 m) im Süden des Gletschers Hardangerjøkulen tummeln sich die Skiläufer.

9. Juli, Samstag

In Chania tritt die kretische Nationalversammlung zusammen. In Abwesenheit der von der Sitzung ausgeschlossenen moslemischen Abgeordneten beschließt sie einstimmig, diese zuzulassen, ohne daß sie dem König von Griechenland den Treueid leisten müssen (→ 30. 3./S. 55; 21. 8./S. 145).

In Abessinien (Äthiopien) unterbinden Regierungstruppen Auseinandersetzungen zwischen den Parteien des Thronfolgers Josua und der gestürzten Kaiserin Zäuditu (→ 23. 3./S. 56).

Die Luftschiffhalle in Gotha wird in Anwesenheit des Herzogs Karl Eduard von Sachsen-Coburg-Gotha u. a. Fürstlichkeiten eingeweiht.

Der 1890 verschollene ehemalige österreichische Erzherzog Johann Salvator wird für tot erklärt. → S. 132

10. Juli, Sonntag

In Mühlhausen am Gießbach bei Heidelberg werden bei einem durch Wolkenbrüche verursachten Bergrutsch mehrere Wohnhäuser samt Stallungen und Scheunen zerstört. Menschen kommen nicht zu Schaden.

11. Juli, Montag

Die französische Abgeordnetenkammer in Paris spricht Ministerpräsident Aristide Briand mit 395 zu 85 Stimmen das Vertrauen aus (→ 24. 4./S. 81). Gegen Briand waren Vorwürfe wegen einer Korruptionsaffäre erhoben worden.

12. Juli, Dienstag

In Buenos Aires wird der Panamerikanische Kongreß eröffnet. Auf der bis zum 30. August dauernden Veranstaltung erklären die USA, die »Freundschaft und Solidarität der amerikanischen Republiken« bedeute keine Gefahr für Europa.

In Japan werden Anarchisten verhaftet, die angeblich die Ermordung von Kaiser Mutsuhito und der kaiserlichen Familie geplant haben. Am 9. November werden 26 Verhaftete zum Tod verurteilt.

Beim Festmahl zu Ehren des belgischen Königs Albert I. in Paris hebt der französische Staatspräsident Armand Fallières die »immer größere, gegenseitige Durchdringung gewerblicher und finanzieller Unternehmungen« sowie die »enge geistige Wahlverwandtschaft« der beiden benachbarten Nationen hervor.

In Böhmen treten aus Protest gegen die päpstliche Borromäus-Enzyklika 40 Katholiken zum evangelischen Glauben über (→ 14. 6./S. 112).

In Havanna werden sieben Personen unter dem Verdacht verhaftet, eine Revolution gegen Präsident José Miguel Gómez vorbereitet zu haben. Gómez regiert Kuba in Abhängigkeit von den USA.

Auf der Ruhrgebietszeche »Prinzregent« bei Bochum werden die Bergleute Wilhelm Breuker und Wilhelm Kepper verschüttet. Sie werden erst am 17. Juli, nach 123 Stunden, gerettet.

13. Juli, Mittwoch

Papst Pius X. versucht durch ein Schreiben, die Wirkung der Borromäus-Enzyklika auf die Niederlande abzuschwächen (→ 14. 6./S. 112).

Der ungarische Ministerpräsident Karl Graf Khuen-Hédervári von Hédervár erklärt im Abgeordnetenhaus in Budapest hinsichtlich der päpstlichen Borromäus-Enzyklika, die Regierung werde keinerlei Störung des konfessionellen Friedens hinnehmen (→ 3. 6./S. 113).

Der Lenkballon »Erbslöh« der Rheinisch-Westfälischen Motorluftschiffgesellschaft stürzt bei Neukamp ab. Die fünf Insassen, unter ihnen der Erbauer Oskar Erbslöh, sind auf der Stelle tot.

Aus Hongkong kommt die Nachricht von einem blutigen Kampf zwischen Portugiesen und chinesischen Piraten auf der Insel Colovan. Die Portugiesen waren aus ihrer Kolonie Macau vorgestoßen, um die angeblichen Piraten zu bekämpfen und bombardierten die Insel.

14. Juli, Donnerstag

Der britische Premierminister Herbert Henry Asquith äußert sich bei der Beratung des Flottenbauetats im Unterhaus in London positiv über die Beziehungen zum Deutschen Reich. Asquith glaubt an »eine von Jahr zu Jahr zunehmende Wärme und Innigkeit in diesen Beziehungen« (→ 14. 3./S. 58).

Aus Chania wird gemeldet, das kretische Parlament habe auf Druck der Großmächte den moslemischen Abgeordneten die rückständigen Diäten ausbezahlt (→ 21. 8./S. 145).

Auf dem Panslawistenkongreß in Sofia bezeichnet der russische Dumapräsident Alexandr I. Gutschkow Rußland als noch nicht reif für »Parteienregierungen«. → S. 129

Als »Rassenkampf« sehen viele weiße US-Amerikaner die Boxweltmeisterschaft am 4. Juli, dem US-Nationalfeiertag, zwischen dem farbigen Weltmeister Jack Johnson (im Bild, Titelseite der »Berliner Illustrirten Zeitung«) und seinem weißen Herausforderer Jim Jeffries.

XIX. Jahrgang
Nr. 31

Berliner
Illustrirte Zeitung

31. Juli 1910
Einzelpreis
10 Pfg.
oder 15 Heller.

Verlag Ullstein & Co., Berlin SW. 68.

Vom Wettbox-Unfug in Amerika.
Die Vorstellung vor Beginn: „Gentlemen, das ist der große Jack Johnson, der bedeutendste Mann des Jahrhunderts!“

Der britische Publizist Sidney Brooks veröffentlicht im »McClure's Magazine« in New York einen Aufsatz über den deutschen Kaiser Wilhelm II., den er als »Friedenskaiser« bezeichnet. Wilhelm sei »mehr als der brillanteste, unternehmendste und tatkräftigste Herrscher Europas« (→ S. 143).

15. Juli, Freitag

100 000 Menschen nehmen in Krakau an der Feier anläßlich des 500. Jahrestags der Schlacht bei Tannenberg teil. → S. 130

Der deutsche Automobil-Rennfahrer Willi Poege gewinnt auf einem Mercedes die Zar-Nikolaus-Tourenfahrt in Rußland.

16. Juli, Samstag

Carlos E. Restrepo wird zum neuen Präsidenten Kolumbiens als Nachfolger von Ramón González Valencia gewählt. Er tritt sein Amt am 7. August an.

Heftigen Angriffen ist der bulgarische König Ferdinand I. ausgesetzt, weil er während des Panslawistenkongresses in Sofia zur Weltausstellung nach Brüssel gereist ist. → S. 129

Aus Nordostmarokko werden erneut schwere Kämpfe zwischen der Kolonialmacht Frankreich und marokkanischen Stämmen am Mulujafluß gemeldet. Die Franzosen beklagen elf Tote und 43 Verwundete (→ 25. 3./S. 55).

Der russische Zar Nikolaus II. trifft in Riga ein zur Teilnahme an der 200-Jahr-Feier der Einverleibung Livlands in das Russische Reich.

König Håkon VII. von Norwegen nimmt das Angebot des deutschen Kaisers Wilhelm II. an, dem norwegischen Volk eine Monumentalstatue des altnordischen Sagahelden Frithjof zu schenken. Das Denkmal wird 1913 in Vangsnes am Sognefjord aufgestellt. Die um 1300 entstandene, am Sognefjord spielende Saga schildert die tragische Liebesgeschichte zwischen der Königstochter Ingibjörg und dem Bauernsohn Frithjof.

Die Zeitschrift »Die Woche« veröffentlicht eine Statistik über die »Modeberge«. Danach rangieren hinter der Zugspitze der Schwarzenstein, der Watzmann und der Ortler an der Spitze der beliebtesten Ausflugsziele in den Alpen.

17. Juli, Sonntag

In (Spanisch-)Marokko kommt es zu schweren Gefechten zwischen Einheiten der Kolonialmacht und Einheimischen. Die Spanier verlieren 30, die Marokkaner mehr als 60 Mann (→ 25. 3./S. 55).

Die türkische Regierung fordert das orthodoxe Patriarchat in Konstantinopel (Istanbul) auf, keine »ausländischen Staatsbürger« – gemeint sind Griechen – als Lehrer an den Schulen anzustellen und alle Lehrer mit griechischer Staatsbürgerschaft zu entlassen. Ursache ist der Streit um die Forderung der türkischen Insel Kreta nach Anschluß an Griechenland (→ 21. 8./S. 145).

Den Großen Preis von Berlin auf der Galopprennbahn in Grunewald gewinnt der Favorit »Fervor« aus dem Stall Weinberg.

In der schweizerischen Hauptstadt Bern beginnt das eidgenössische Schützenfest. Rund 30 000 Schützen, darunter zahlreiche aus dem Ausland, nehmen an der bis zum 31. Juli dauernden Veranstaltung teil.

18. Juli, Montag

Von der Philippineninsel Palawan wird gemeldet, daß Eingeborene den US-amerikanischen Unterrichtsminister überfallen haben. Dieser blieb unversehrt, drei Angreifer wurden getötet.

19. Juli, Dienstag

Im Deutschen Reich finden die Feiern anläßlich des 100. Todestags der preußischen Königin Luise statt. Luise, die Frau von König Friedrich Wilhelm III., hatte 1807 in Tilsit vergeblich versucht, in einem Gespräch mit dem französischen Kaiser Napoleon I. die Friedensbedingungen für Preußen zu mildern (→ 25. 8./S. 140).

20. Juli, Mittwoch

In Großbritannien wird unter dem Vorsitz des Herzogs von Argyll eine Liga zur Bekämpfung der Suffragetten (Frauenrechtlerinnen) gegründet (→ 22. 11./S. 194).

21. Juli, Donnerstag

In Honduras bricht eine Revolution gegen Staatspräsident Miguel E. Dávila aus. Initiator des Aufstands, der auch noch am Jahresende andauert, ist der im Exil in Britisch-Honduras lebende frühere Präsident Manuel Bonilla (→ 1. 8./S. 145).

Während des Bürgerkriegs in Nicaragua schlagen die Soldaten des aufständischen Generals José Dolores Estrada die Regierungstruppen des Präsidenten José Madriz bei Acoyapa (→ 20. 8./S. 145).

In London wird unter großem Zeremoniell bekanntgegeben, daß die Krönung des neuen Königs Georg V. im Juni nächsten Jahres stattfinden wird (→ 7. 5./S. 91).

Die Schnellzüge zwischen Südtirol und Venedig verkehren von heute an direkt, ohne den Umweg über Ala und Verona. Die 200 km lange Strecke gilt als eine der landschaftlich schönsten Europas.

Der brasilianische Staatspräsident Nilo Peçanha weiht den neuen Hafen von Rio de Janeiro ein. Brasilien hat sich in Großbritannien moderne Kriegsschiffe bauen lassen (→ 11. 12./S. 206).

22. Juli, Freitag

Das US-Außenministerium in Washington erklärt während des Bürgerkriegs in Nicaragua den nicaraguanischen Hafen Bluesfields zum offenen Hafen, obwohl Staatspräsident José Madriz eine Blokkade über den Hafen verhängt hat. Die Vereinigten Staaten drohen, notfalls mit Gewalt die Blockade zu verhindern (→ 20. 8./S. 145).

Das britische Unterhaus in London nimmt die Kommissionsbeschlüsse über die königliche Zivilliste mit 197 zu 19 Stimmen an. Danach erhält der britische König jährlich 470 000 Pfund (umgerechnet 9,6 Mio. Mark). → S. 132

Der neugewählte Präsident von Brasilien, Marschall Hermes Rodrigo da Fonseca, trifft in Berlin zu einer Informationsreise durch das Deutsche Reich ein.

Der russische Dichter und Philosoph Lew N. Tolstoi schreibt sein drittes Testament (→ 20. 11./S. 199).

23. Juli, Samstag

In Barcelona wird auf den früheren Ministerpräsidenten Antonio Maura y Montaner ein Revolverattentat verübt. Maura wird durch zwei Schüsse schwer verwundet. Der konservative Politiker hatte als Ministerpräsident im Sommer 1909 den Arbeiteraufstand in Barcelona niederschlagen lassen.

Bei verheerenden Unwettern über der italienischen Provinz Mailand werden 66 Menschen getötet und über 100 verletzt.

Auf der neuen Pferderennbahn in Wiesbaden wird das Eröffnungsrennen gelaufen. → S. 134

24. Juli, Sonntag

Die erste Luftschiffstation der Schweiz wird in Luzern eröffnet. → S. 131

Der japanische Passagierdampfer »Tetsureimaru« sinkt vor der koreanischen Küste. Über 200 Menschen ertrinken.

25. Juli, Montag

Ein »deutscher Volkstag« in Zwodau in Böhmen beschließt, mit allen Mitteln »den deutschen Charakter des Egerlandes« aufrechtzuerhalten (→ 26. 4./S. 81).

Im ungarischen Komitat (Bezirk) Szolnokdoboka richten Stürme und Wolkenbrüche schwere Verwüstungen an. Allein in der Hauptstadt Dees kommen 25 Menschen ums Leben.

26. Juli, Dienstag

Die spanischen Karlisten feiern den Geburtstag des in Österreich lebenden Kronprätendenten Don Jaime. Dabei kommt es zu schweren Zusammenstößen zwischen Karlisten und Republikanern. Die Karlisten sind die Anhänger der Dynastie des früheren Kronprätendenten Don Carlos. Sie fordern u. a. die Rückkehr zur absolutistischen Monarchie und befürworten eine starke Stellung der Kirche (→ 9. 5./S. 100).

Die deutsche Presse diskutiert ein Verbot von Flügen über Wohngebieten. → S. 131

27. Juli, Mittwoch

In einem Interview mit der griechischen Zeitung »Tanin« erklärt der türkische Gesandte in Athen, sein Land könne einer Kriegserklärung an Griechenland nicht ausweichen, falls kretische Abgeordnete in die griechische Nationalversammlung aufgenommen würden. Die Insel Kreta gehört zum Osmanischen Reich, ein Großteil der Bevölkerung fordert den Anschluß an Griechenland (→ 30. 3./S. 55).

Der nicaraguanische Präsident José Madriz protestiert in einer Zirkulardepesche an die Regierungen des Deutschen Reichs, Großbritanniens, Frankreichs, Italiens und Spaniens sowie aller mittelamerikanischen Republiken gegen die Intervention der USA im Bürgerkrieg in Nicaragua (→ 20. 8./S. 145).

Herzog Johann Albrecht von Mecklenburg, Regent des Herzogtums Braunschweig und Präsident der Deutschen Kolonialgesellschaft, kehrt von einer Weltreise zurück. → S. 134

28. Juli, Donnerstag

Die tschechische Gemeindevertretung von Themenau in Niederösterreich wird wegen deutschfeindlicher Ausschreitungen aufgelöst und durch einen Regierungskommissar ersetzt (→ 26. 4./S. 81).

29. Juli, Freitag

Spanien beruft seinen Botschafter beim Vatikan ab; die diplomatischen Beziehungen werden durch einen Geschäftsträger aufrechterhalten. Die Abberufung wird vielfach als völliger Bruch der spanischen Regierung mit dem Heiligen Stuhl gewertet (→ 1. 7./S. 129)

Die französische Presse schlägt vor, ein nur aus Elsaß-Lothringern bestehendes Fremdenregiment zu schaffen, um die jungen Elsässer und Lothringer aus dem deutschen Reichsland Elsaß-Lothringen herauszulocken (→ 12. 2./S. 43). Im Jahr 1885 waren 45% der französischen Fremdenlegionäre in Elsaß-Lothringen gebürtig, 1897 noch 22%. Diese Zahl ist nun auf 10% gesunken.

Der türkische Ministerrat in Konstantinopel (Istanbul) genehmigt den Weiterbau der Bagdadbahn. → S. 131

30. Juli, Samstag

Im US-Bundesstaat Texas brechen schwere Rassenkrawalle zwischen Weißen und Schwarzen aus. Nach Abhaltung von Lynchgerichten werden zahlreiche Farbige erschossen (→ 4. 7./S. 128).

31. Juli, Sonntag

Der Franzose Octave Lapize gewinnt die Tour de France vor dem Luxemburger François Faber und dem Franzosen Gustave Garrigou. Von den 110 Startern, die am 3. Juli zu dem 4734 km langen Etappenradrennen aufgebrochen waren, erreichen 41 das Ziel.

Das Wetter im Monat Juli

Station	Mittlere Lufttemperatur (°C)	Niederschlag (mm)	Sonnenscheindauer (Std.)
Aachen	15,4 (17,5)	155 (75)	– (190)
Berlin	17,7 (18,3)	76 (70)	– (242)
Bremen	16,3 (17,4)	104 (92)	– (207)
München	15,8 (17,5)	149 (137)	– (226)
Wien	17,6 (19,5)	85 (84)	– (–)
Zürich	16,0 (17,2)	155 (139)	239 (238)

( ) Langjähriger Mittelwert für diesen Monat
– Wert nicht ermittelt

Die französische Kolonialherrschaft in Algerien bezeichnet die Pariser humoristische Zeitschrift »L'assiette au beurre« (Das Butterschälchen) als Regime des »Vergnügens«. Daß das Vergnügen ganz auf der Seite der Kolonialherren liegt, zeigt deutlich die Zeichnung.

Sieg eines Schwarzen bei Box-WM löst Rassenunruhen aus

4. Juli. Die ganze Aufmerksamkeit der USA richtet sich an diesem Nationalfeiertag auf die Stadt Reno am Ostrand der Sierra Nevada, wo die Weltmeisterschaft im Schwergewichtsboxen ausgetragen wird. Bei diesem Kampf geht es um mehr als um Weltmeisterehren, es geht um eine Weltanschauung: Weltmeister Jack Johnson ist Farbiger, sein Herausforderer James J. Jeffries ist Weißer. Schon im Vorfeld des Kampfes kam es zu blutigen Rassenunruhen mit zahlreichen Toten. Die weißen Amerikaner würden es als nationale Schmach empfinden, sollte der Farbige auch diesmal gewinnen.

Die meisten Weißen in Amerika halten es für unzumutbar, daß ein »Nigger« den Titel des besten Boxers aller Klassen besitzt, geschweige denn, daß er das Recht haben soll, einen Weißen ungestraft niederzuschlagen. Genau das tat Jack Johnson: In 64 Kämpfen blieb er unbesiegt. Die weißen Boxpromoter konnten es nicht verhindern, daß er 1908 in Sydney dem Australier Tommy Burns den Weltmeistertitel entriß und ihn seither nicht mehr abgegeben hat.

So überredete John Sullivan, der 1882 den ersten offiziellen Weltmeisterschaftskampf bestritten hatte, James J. Jeffries, noch einmal in den Ring zu steigen. Jeffries war Titelträger von 1899 bis 1905, hat sich dann ungeschlagen aus dem Geschäft zurückgezogen und seither nicht mehr geboxt. Um so intensiver gestaltete sich das Training unter der persönlichen Leitung Sullivans. Jeffries verkörpert »die letzte Hoffnung der Weißen«.

15 000 Zuschauer aus aller Welt haben sich in der Arena von Reno eingefunden. Die Eintrittspreise liegen bei umgerechnet 40 bis 200 Mark. Das Städtchen gleicht einem Feldlager, Tausende kampieren im Freien. Kurz nach 14 Uhr werden die Kontrahenten vorgestellt: »Hier ist Jeffries, der große, nie besiegte Jeffries, der Riese, der es unternehmen wird, dem Neger Johnson die Weltmeisterschaft zu entreißen.« Alle Experten setzen auf Jeffries. Das Publikum ist überzeugt, daß der Sieger dieses Kampfes der bedeutendste Mann des Jahrhunderts sein werde. Eine Filmgesellschaft hat umgerechnet 4,5 Mio. Mark für die Exklusivrechte an der Verfilmung dieses »Jahrhundertkampfes« gezahlt.

Die Fachleute scheinen recht zu behalten. In den ersten Runden ist dem Weißen Jeffries die lange Kampfpause nicht anzumerken. Doch auf die lange Distanz hat »Li'l Artha«, wie der Farbige Johnson von seinen Anhängern genannt wird, die bessere Kondition. In der 15. Runde geht Jeffries unter dem Schlaghagel Johnsons auf die Bretter. Der Ringrichter zählt ihn aus.

Aus Verärgerung über den Sieg des farbigen Boxers und über die unverhohlene Freude der farbigen Bevölkerung nach dem Weltmeisterschaftskampf kommt es in New York, Pittsburgh, Philadelphia und St. Louis zu gewalttätigen Ausschreitungen zwischen Weißen und Farbigen, bei denen zahlreiche Tote zu beklagen sind. Die Unruhen dauern den ganzen Monat über an.

Das Filmdokument dieses bisher »spektakulärsten Kampfes aller Zeiten« kann nicht gezeigt werden. Rassenfanatiker verhindern Vorführungen und erwirken offizielle Aufführungsverbote. Zeitungen wie der »New York American« verbrämen ihre rassistischen Thesen mit moralischen Argumenten: Boxkämpfe seien eine Schmach, ein Zeichen von »Dekadenz«, sie müßten für alle Zukunft verboten werden.

Daß der »Nigger« Johnson am US-Nationalfeiertag seinen Titel gegen einen Weißen verteidigt, werten viele Amerikaner als »nationale Schmach«.

In der 15. Runde entscheidet Johnson den »Rassenkampf« gegen den Weißen Jeffries für sich.

Spanien sagt der Kirche den Kampf an

1. Juli. König Alfons XIII. von Spanien unterzeichnet ein Dekret, durch das der religiöse Eid bei allen bürgerlichen Rechtshandlungen abgeschafft wird. Die kulturkampfähnliche Auseinandersetzung zwischen Kirche und Staat erreicht damit einen weiteren Höhepunkt (→ 9. 5./S. 100). Am 29. Juli wird der Botschafter beim Heiligen Stuhl abberufen, nur ein Geschäftsträger bleibt zurück.

Mit gespannter Aufmerksamkeit verfolgen Politiker aller Länder den Kampf des spanischen Ministerpräsidenten José Canalejas y Méndez, der das Land aus dem Joch des Klerikalismus befreien und es auf die Bahn des politischen, geistigen und wirtschaftlichen Fortschritts führen will. Canalejas betont am 2. Juli im Senat, daß das Vorgehen der Regierung nicht gegen die religiösen Gefühle des Volkes, sondern lediglich gegen den Klerikalismus gerichtet sei: Canalejas will die Wirtschaft des Landes so umgestalten, daß nicht mehr der Hauptteil des nationalen Reichtums der Kirche, ihren Schützlingen und Verbündeten zufließt, die weder Löhne noch Steuern bezahlen und für die Arbeiterschutzgesetze ein Fremdwort sind. Er will den krassen Gegensatz zwischen dem Reichtum der Klöster und der Armut des Volkes aufheben. Er will das kulturelle Niveau der Bevölkerung heben, das in einer Analphabetenrate von 50% seinen augenfälligsten Ausdruck findet.

Es handelt sich bei diesem Kampf nicht nur um das Zurückdrängen des kirchlichen Einflusses, sondern zugleich um das Schicksal der spanischen Monarchie. Liberale, Demokraten und Republikaner unterstützen nur deshalb König Alfons XIII., weil er den Klerikalismus zurückdrängen will. Der König ist sich dieser Situation bewußt: Entzieht er Canalejas das Vertrauen, wird er nichts weiter als ein Vasall des Vatikans sein.

Der Erfolg von Canalejas y Méndez ist ungewiß, obwohl seine Politik breiten Zuspruch in der Bevölkerung findet, nicht nur bei den Arbeitern: Der gewerbetreibende Mittelstand ist gegen die mit allen Vorteilen ausgestattete kirchliche Konkurrenz aufs äußerste aufgebracht.

Könige auf wackligen Thronen
König Emanuel II. von Portugal (l.) besucht den 24jährigen König Alfons XIII. von Spanien in Madrid. Emanuel bestieg 1908 völlig unvorbereitet den Thron, nachdem sein Vater Karl I. und Kronprinz Ludwig Philipp einem Attentat zum Opfer gefallen waren; im Oktober wird Emanuel durch eine Revolution gestürzt (→ 4. 10./S. 172). Alfons ist seit seiner Geburt 1886 König. Bis 1902 stand er unter der Regentschaft seiner Mutter Maria Christina. Bisher wurden zwei Mordanschläge auf ihn verübt: 1905 in Paris und 1906 bei der Hochzeit in Madrid mit Prinzessin Ena von Battenberg.

Frauenmanifest »tief katholisch«

1. Juli. Angeblich »200 000 spanische Frauen« protestieren in einem Manifest gegen die antiklerikale Politik des Ministerpräsidenten José Canalejas y Méndez. Hinter dieser gewaltigen Zahl verbergen sich allerdings nur die Herzogin von Bailén und 35 weitere adlige Millionärinnen, die die Privilegien ihrer Familien in einem Staat bedroht sehen, der bisher faktisch vom päpstlichen Nuntius im Interesse der Kirche und des Adels regiert wurde.

In dem Manifest der adligen Katholikinnen heißt es u. a.:

»Die spanische Frau sieht unter den gegenwärtigen Umständen den Glauben bekämpft und die Rechte des Heiligen Stuhles und der Kirche bedroht durch diejenigen, die sich weder um Gott noch um den Kultus, sondern allein um die Rechte der dissidenten Kirchen kümmern. Die spanische Frau sieht auch, daß man durch eine weltliche Erziehung den Glauben aus dem Herzen ihrer Kinder reißen wird. Tief katholisch, erhebt die spanische Frau Protest«.

Duma: Rußlands Volksvertretung

14. Juli. Der Präsident der russischen Duma, Alexandr I. Gutschkow, äußert sich auf dem Slawenkongreß in Sofia (→ 3. 7./S. 129) zurückhaltend über die Möglichkeit der Errichtung einer konstitutionellen Monarchie: »Für ein parlamentarisches Regime ist die Zeit bei uns noch nicht gekommen. Wir können die Leitung des Reichs noch nicht einzelnen Parteien ausliefern. Für uns empfiehlt sich die Teilung der Gewalten in ähnlicher Weise, wie sie in Deutschland in Erscheinung getreten ist.« Die 1906 erstmals zusammengetretene und wegen »radikaler« Forderungen nach zwei Monaten aufgelöste Duma hat das Gesetzgebungsrecht bei absolutem Vetorecht des Zaren. Die zweite Duma (1907) konnte nur knapp einen Monat tagen. Seit 1907 tagt die dritte Duma, infolge eines oktroyierten Wahlgesetzes beherrscht von einer konservativen Mehrheit.

Ferdinand bleibt den Bulgaren fremd

16. Juli. Harter Kritik ist König Ferdinand I. von Bulgarien ausgesetzt, der während des Slawenkongresses (→ 3. 7./S. 129) die Brüsseler Weltausstellung besucht. Die bulgarische Zeitung »Den« schreibt: »Als Deutscher war König Ferdinand im Rechte, vor dem Slawenkongresse auszukneifen. Daß er aber auch seine Kinder aus Sofia entfernte, müssen wir ihm sehr verübeln. Es sind nicht nur seine Kinder, sondern auch Kinder Bulgariens ...«

König Ferdinand I. wurde 1861 in Wien als Sohn des österreichischen Generals August von Sachsen-Coburg-Koháry geboren. 1887 wurde er zum Fürsten von Bulgarien gewählt, 1908 nahm er den Königstitel an.

Slawen wollen die Einheit

3. Juli. In der bulgarischen Hauptstadt Sofia beginnt der zweite neoslawistische Kongreß. Delegierte aus allen slawischen Ländern diskutieren über die Möglichkeiten einer engeren kulturellen, wirtschaftlichen und politischen Zusammenarbeit.

Dabei wird u. a. über die Gründung einer allslawischen Bank, die Organisierung allslawischer Ausstellungen und Kongresse sowie die Herausgabe einer slawischen Anthologie verhandelt. Der Kongreß endet ohne politisch brisante Beschlüsse, da sich innerhalb des Panslawismus zu viele Fraktionen und Richtungen gebildet haben, deren Ziele unvereinbar sind (Panrussismus, großserbische Bewegung, großbulgarische Bewegung u. a.).

Der Panslawismus entstand im 19. Jahrhundert, gefördert vor allem von Rußland, das als Schutzherr aller Slawen auftrat und offen die panslawistische Agitation in den zum Osmanischen Reich gehörenden Balkanstaaten begünstigte. Allslawische Kongresse fanden 1848 in Prag und 1867 in Moskau statt. Die Entwicklung des Panslawismus wurde gebremst durch den russisch-polnischen Gegensatz. Nach der Niederschlagung des Januaraufstands von 1863 in Polen durch Rußland wandten sich die Polen vorübergehend ganz vom Panslawismus russischer Prägung ab. Die nationale Einigung Italiens (1870) und die Gründung des deutschen Kaiserreichs (1871) wirkten dagegen stark auf die Bewegung zurück. Zu Beginn des 20. Jahrhunderts entstand der Neoslawismus, der den slawischen Völkern auf dem Weg zu einem politischen Zusammenschluß eine möglichst große Selbständigkeit gewähren will. Zugleich vermischte er sich mehr und mehr mit einem gegen das Deutsche Reich gerichteten Panrussismus, obwohl zwischen beiden Richtungen beträchtliche Unterschiede bestehen.

Die Menge vor dem Denkmal des Königs Wladislaw II. Jagello, des Siegers von Tannenberg

Polen feiert Sieg über Deutschordensheer

15. Juli. 100 000 Menschen aus ganz Europa nehmen in Krakau an der 500-Jahr-Feier der Schlacht bei Tannenberg teil. In einer der größten Feldschlachten des Mittelalters hatte am 15. Juli 1410 König Wladislaw II. Jagello von Polen mit Unterstützung russisch-tatarischer Hilfstruppen das Deutschordensheer unter Hochmeister Ulrich von Jungingen vernichtend geschlagen. Mit diesem Sieg stieg das polnisch-litauische Großreich zur Führungsmacht in Osteuropa auf, während für den seit fast 200 Jahren im Preußenland herrschenden Ordensstaat der Niedergang begann.

Heute, 500 Jahre später, existiert der Staat Polen nicht mehr. Die Feier ist daher zugleich eine antideutsche und antirussische Demonstration: Preußen, Österreich und Rußland hatten 1772, 1793 und 1795 Polen unter sich aufgeteilt und seine Eigenstaatlichkeit liquidiert.

Auf dem Festbankett sprechen 37 Redner, darunter Briten, Russen, Franzosen, Slowenen, Tschechen Franzosen und Deutsche. Bei der Enthüllung des Jagello-Denkmals, das der Pianist Ignacy Jan Paderewski gestiftet hat, warnt der polnische Landmarschall Badeni vor übertriebenem Nationalismus: »Wir wollen heute geloben, auf dem klaren Wege der alltäglichen, aufopfernden und mühsamen Arbeit weiterzuschreiten, nicht aber auf Irrwegen dem Wiederaufleben der Nation entgegenstreben. Nur in diesem Teile des ehemaligen Polen ist es uns möglich, an der Entwicklung unserer Nation zu arbeiten, und desto eifriger müssen wir die Pflichten, welche uns die Geschichte und die Tradition auferlegen, erfüllen.« Mit »diesem Teil« ist Krakau gemeint, das zu Österreich gehört und sich zum Mittelpunkt des galizischen Polentums entwickelt hat. Das Lob der vergleichsweise liberalen österreichischen Verwaltung ist zugleich ein Hinweis auf die restriktive Politik Preußens (→ 20. 8./S. 141) und Rußlands in den polnischen Gebieten.

Mehrere Abgeordnete der russischen Duma (Parlament mit wenig Befugnissen) fordern eine Entkrampfung des Verhältnisses zwischen Polen und Russen: Die Politik der gegenwärtigen Duma (→ 14. 7./S. 129) und der russischen Regierung finde nicht den Beifall des russischen Volkes. Als daraufhin ein polnischer Sozialdemokrat erklärt, Polen könne nicht aufatmen, ehe es von Rußland befreit sei, verurteilen die russischen Abgeordneten in einer gemeinsamen Pressemitteilung diese Rede jedoch: Polen solle Autonomie erhalten, gegen die Abtrennung der zu Rußland gehörenden Landesteile müsse jedoch entschieden Front gemacht werden.

Ignacy Jan Paderewski ist nicht nur Komponist und einer der meistgefeierten Klaviervirtuosen, sondern ein überzeugter Verfechter der nationalen Freiheit Polens. Das Foto zeigt ihn bei seiner Rede vor dem Jagello-Denkmal (siehe auch Foto oben), das er anläßlich des 500. Jahrestages der Schlacht bei Tannenberg gestiftet hat; Wladislaw II. Jagello wurde 1386 König von Polen.

Massenprotest gegen Guillotine

1. Juli. Kurz vor vier Uhr morgens wird vor dem Gefängnis Santé im Süden von Paris der Polizistenmörder Liabeuf guillotiniert. Liabeuf schreit den Satz »Nein, ich bin kein Zuhälter« so oft, bis ihm das Fallbeil den Hals durchschneidet.

Der Arbeiter Liabeuf war 1909 trotz entlastender Zeugenaussagen als Zuhälter verurteilt worden, ohne Beweise, auf die Aussage eines einzigen Sittenpolizisten hin, dem – so die Meinung vieler – eine Personenverwechslung unterlaufen war. Nach der Haftentlassung provozierte Liabeuf aus Rache mehrere Sittenpolizisten und wurde festgenommen. Seine Arme hatte er unter der Kleidung mit Stahlschienen gepanzert, aus denen Eisennägel ragten. Die Polizisten ließen ihn mit blutenden Händen los, während er sich mit Dolch und Revolver in einem Hauseingang verschanzte. Beim anschließenden Feuergefecht kam ein Polizist ums Leben.

Staatspräsident Armand Fallières war trotz massiver Proteste nicht zur Begnadigung bereit. Im Vorfeld der Hinrichtung kam es zu Massendemonstrationen mit blutigen Auseinandersetzungen. »Es ist ein trauriges Verhängnis«, sagt der Sozialistenführer Jean Jaurès, »daß die Periode des sozialen Konservatismus, in die wir [mit dem Ministerpräsidenten Aristide] Briand eingetreten sind, unter einem so blutigen Anzeichen beginnen muß.«

»Schädel wurden gespalten!«

Der Arbeiterbund prangert in Flugblättern das Vorgehen der Polizei an:

»Blut ist geflossen. Schädel wurden gespalten. Arme wurden abgehauen. Rippen wurden gebrochen. Männer, Frauen, Kinder rannten in kopfloser Angst davon und wurden von den Banden des [Polizeipräfekten] Lépine verfolgt, die ihre Arbeit mit Faustschlägen, Fußtritten und Säbelhieben fortsetzten. Neugierige Spaziergänger eilten entsetzt davon und verbargen sich in Häusern und Läden. Die Polizisten verfolgten sie mit der blinden Wut von Alkoholikern. Harmlose Leute, bis in ihre Wohnungen verfolgt, wissen jetzt, was die bewaffneten Banden taugen und wozu sie in einer Republik dienen, an deren Spitze nur Feiglinge und Verräter stehen ...«

Die Bagdadbahn wird weitergebaut

29. Juli. Der Ministerrat des Osmanischen Reiches in Konstantinopel (Istanbul) genehmigt den Weiterbau der Bagdadbahn an der Küste entlang nach Aleppo. Dies war bisher aus militärischen Gründen abgelehnt worden. Die Bagdadbahn soll von Konya nach Bagdad führen als Verlängerung der Anatolischen Bahn zwischen Konstantinopel und Konya.
Die seit Ende des 19. Jahrhunderts als wichtigste Landverbindung zwischen Europa und den Anrainern des Persischen Golfs geplante Bagdadbahn hat weltpolitische Bedeutung erhalten, da das Unternehmen von deutschen Finanzkreisen dominiert wird: Die Deutsche Bank beherrscht als Kapitalgeber die für den Bau konzessionierte Anatolische Eisenbahngesellschaft. Der Bau begann 1903, schon 1904 wurde der Betrieb auf der 200 km langen Teilstrecke zwischen Konya und Bulgurlu eröffnet. Das Deutsche Reich sieht im Bau der Bahn die Möglichkeit, an der Expansion in Vorderasien teilzunehmen, provoziert dadurch jedoch eine Annäherung zwischen Großbritannien und Rußland, die das deutsche Engagement und die deutsch-osmanische Zusammenarbeit als Bedrohung und Eingriff in die eigenen Einflußsphären ansehen. Für das Osmanische Reich wiederum stellt der Bau der Bahn eine Möglichkeit zur wirtschaftlichen Konsolidierung dar. Von 1887 bis 1910 ist der deutsche Anteil am Gesamtkapital ausländischer Banken im Osmanischen Reich von 6% auf 21% angestiegen. Hatte der deutsche Anteil am osmanischen Gesamtimport 1897 noch 6% betragen, so beläuft er sich 1910 auf 21%.

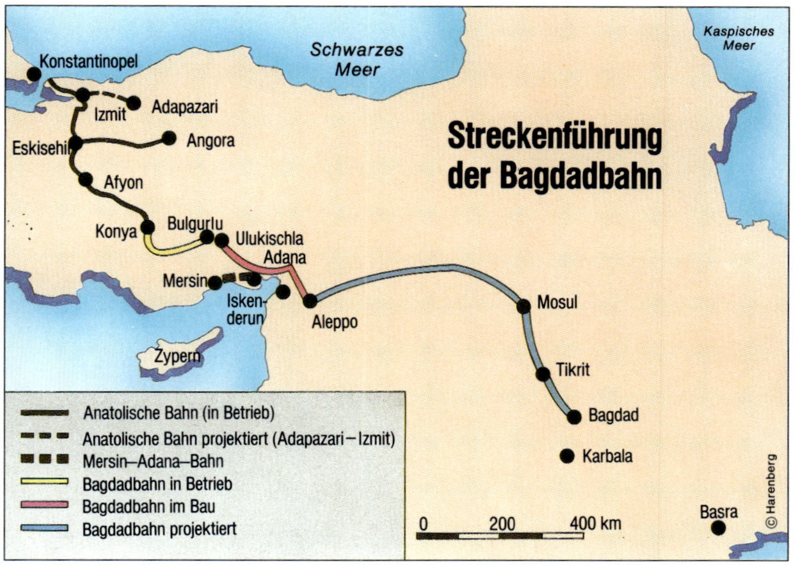

Verbot von Flügen über Wohngebieten?

26. Juli. Angesichts der rapide steigenden Zahl von Flugversuchen unerfahrener Amateure wird in der deutschen Presse die Frage nach einem Verbot von Überstadtflügen diskutiert. Durch den Absturz einer Maschine über Stadtgebiet, so die Befürworter des Verbots, könnte eine Katastrophe hervorgerufen werden.

Die Flugverbotsdiskussion in der »Simplicissimus«-Karikatur

Lustfahrten im Luftschiff

24. Juli. In Luzern wird die erste schweizerische Luftschiffstation dem Verkehr übergeben. Das Luftschiff »Stadt Luzern I« unternimmt von nun an täglich Passagierfahrten über den Vierwaldstätter See.
Die luzernische Genossenschaft »Aero« hat den Bau der Luftschiffhalle übernommen, die Compagnie Générale Transaérienne hat der Stadt einen halbstarren Lenkballon zur Verfügung gestellt. Die Aufstiege, bei denen die Passagiere trotz der kleinen und wenig bequemen Gondel das Gefühl größter Sicherheit haben, üben auf das Publikum große Anziehungskraft aus. Eine Fahrt um den Rigi oder den Pilatus gehört zu den schönsten Erlebnissen, die die Schweiz bieten kann.

Rechtzeitig zu Beginn der Sommerferienzeit startet das Passagierluftschiff »Stadt Luzern I« zum ersten Flug über den Vierwaldstätter See.

Die 60 km lange Berninabahn führt bis auf 2256 m in die Berge hinauf.

Bahn durch die Bernina eingeweiht

5. Juli. In der Schweiz wird die Berninabahn dem Verkehr übergeben. Diese elektrische Schmalspurbahn fährt 60 km von Sankt Moritz über Pontresina nach Tirano im Veltlin durch die Alpen.
Die Berninabahn ist die höchste Adhäsionsbahn Europas und zugleich eine der wenigen Eisenbahnen, die die Alpen überqueren. Sie führt von 1775 m Höhe in Sankt Moritz bis auf 2256 m am Berninapaß und in Kurven bis zu 45 m Halbmesser und 7% Maximalsteigung wieder hinab bis auf 429 m in Tirano im Veltlin. Das Gefälle auf der Berninasüdseite beträgt also fast 2000 Höhenmeter.
Eine Fahrt mit der Bahn durch die grandiose Bergwelt der Bernina ist ein einzigartiges Erlebnis. Die Strecke führt an drei Gletscherwelten vorbei. Eine Haltestelle ist unmittelbar gegenüber dem gewaltigen Morteratsch-Gletscher eingerichtet, der zwischen dem dreigipfligen Piz Palü, den Silberzinnen der Bellavista, dem Piz Bernina-Bianco und dem Bianco-Grat sowie dem sanft abgerundeten Piz Morteratsch herabfließt. Am Scheitelpunkt der Bahn beim Bernina-Hospiz stürzt der Cambrena-Gletscher in den Berninasee. An der dreifachen Schleife am Abhang des Alp Grüm führt die Bahn direkt am Palü-Gletscher vorbei mit großartigem Blick in die Talschaft Puschlav mit ihren Karen und Felswannen, Gletschermühlen und Rundhöckerfluren, ihren Stufen und Moränen.

Ehemaliger Herzog für tot erklärt

9. Juli. Der gerichtliche Senat des Obersthofmarschallamts in Wien erklärt auf Antrag des österreichischen Erzherzogs Joseph Ferdinand dessen seit 1891 verschollenen Onkel Joseph Orth, den ehemaligen Erzherzog Johann Salvator, für tot. Das hinterlassene Vermögen des verschollenen Abenteurers beläuft sich auf rund 32 Mio. Kronen (22 Mio. Mark).

Der frühere Erzherzog Johann Salvator war der jüngste Sohn des Großherzogs Leopold II. von Toskana. Er wurde 1879 Divisionskommandeur in Preßburg und Feldmarschalleutnant. Seine kritische Schrift »Drill oder Erziehung?« (1883) führte zur Versetzung nach Linz. 1887 wurde er auch dieses Postens enthoben, weil er sich durch seine Bewerbung für den bulgarischen Fürstenthron und dann durch die Begünstigung der Thronkandidatur des Prinzen Ferdinand von Sachsen-Coburg-Koháry, des jetzigen Königs Ferdinand I. von Bulgarien (→ 16. 7./S. 129), in die Außenpolitik eingemischt hatte. 1889 verzichtete er auf die Erzherzogswürde, nahm nach dem Schloß Orth den Namen Johann Orth an, verließ Österreich und erwarb das Kapitänspatent. Im Sommer 1890 unternahm er auf dem Segelschiff »St. Margaretha« von Hamburg aus eine Weltreise, auf der er bei der Umschiffung Südamerikas unterging, ohne daß je nähere Umstände bekannt wurden.

Die Planung für den Bau des Untergrundbahnhofs unter der Place du Havre zeigt diese Fotomontage aus der Pariser Zeitschrift »L'Illustration«.

Zehn Jahre Métro Paris – aber immer noch kein Ende der Baustellen

Juli. *Paris gleicht einer Baustelle – die Arbeiten für den Weiter- und Ausbau der Untergrundbahn laufen auf Hochtouren, auch die Spuren der Überschwemmungskatastrophe vom Frühjahr sind noch nicht überall beseitigt. Einer der Plätze, auf dem die Bauarbeiten am stärksten den Unmut der Bevölkerung erregen, ist die Place du Havre neben dem Bahnhof Saint-Lazare. Unter dem Straßenpflaster entsteht hier einer der Bahnhöfe auf der Nord-Südlinie der Métro. Prunkstück dieses Bahnhofs wird eine Krypta von 30 m Durchmesser sein, deren Metalldecke auf keramikverkleideten Pfeilern ruhen wird. Breite, gut beleuchtete Gänge führen aus allen Richtungen zu den Bahnsteigen, die ein bequemes Einsteigen erlauben ohne Angst, überfahren zu werden. Von hier aus führt die Bahn in wenigen Minuten in das Stadtzentrum am Südufer der Seine. Mit der Eröffnung der Nord-Süd-Linie wird in Kürze gerechnet. Die erste Untergrundbahn fuhr in Paris im Jahr 1900.*

König muß Reisen selbst bezahlen

22. Juli. Das britische Unterhaus in London nimmt mit 197 zu 19 Stimmen die Kommissionsbeschlüsse über die königliche Zivilliste an. Danach erhält der britische König jährlich 470 000 Pfund (9,6 Mio. Mark), muß die Kosten für die Auslandsreisen zum Staatsbesuch fremder Monarchen jedoch selbst bestreiten (→ 8. 6./S. 114). Unverheiratete Prinzen erhalten Jahresgelder in Höhe von 10 000 Pfund (2 Mio. Mark), verheiratete Prinzen von 15 000 Pfund (3,1 Mio. Mark). Prinzessinnen erhalten generell 6000 Pfund (1,2 Mio. Mark).

Der Prince of Wales und britische Thronfolger erhält keine eigens vom Parlament bewilligten Bezüge, da die Einkünfte des Herzogtums Cornwall als ausreichend angesehen werden.

Die Schulschiffe »Prinz Eitel Friedrich« (l.) und »Großherzogin Elisabeth« während einer Übungsfahrt am 4. Juli in Travemünde

Schulschiffverein bildet Seeleute aus

3. Juli. Anläßlich der Jahrestagung des Deutschen Schulschiffvereins in Travemünde hält Kaiser Wilhelm II. an Bord der »Hohenzollern« einen Gottesdienst ab.

Der Deutsche Schulschiffverein wurde am 12. Januar 1900 unter der Schirmherrschaft des Erbgroßherzogs Peter von Oldenburg gegründet. Ziel ist die Ausbildung junger Männer, um den Nachwuchs an Seeleuten für die Handelsflotte zu fördern. Der Verein verfügt über zwei Segelschulschiffe. Die Lehrzeit der Jungen beträgt ein Jahr, danach können sie als Leichtmatrosen Dienst auf Handelsschiffen tun. Praktische Seemannskunde, Steuermannskunde und »Charaktererziehung« sind die Hauptlehrinhalte.

Gesundheit 1910:

Chemotherapie eröffnet Medizin ungeahnte Möglichkeiten

Mit dem Beginn der Chemotherapie wird im Jahr 1910 ein neues Kapitel in der Behandlung von Infektionskrankheiten aufgeschlagen. Die Grundlage für diese Methode schufen im Vorjahr der deutsche Medizinnobelpreisträger von 1908, Paul Ehrlich, und der japanische Bakteriologe Sahatschiro Hata mit der Entwicklung von Salvarsan.

Mit diesem synthetisch hergestellten Präparat gegen Syphilis zeigen die seit dem letzten Viertel des 19. Jahrhunderts durchgeführten Forschungen ihr erstes praktisches Ergebnis. Zwar verwandte die Heilkunde auch im Mittelalter mehr oder weniger toxische Metallverbindungen zu therapeutischen Zwecken, den Anstoß zu den neuerlichen Forschungen gab jedoch erst 1875 der Pathologe Carl Weigert durch seine Beobachtung, daß sich Bakterien mit Anilinfarben färben lassen. Daraus schlossen andere Wissenschaftler, daß sich Bakterien durch chemische Stoffe auch bekämpfen lassen.

Die Chemotherapie geht davon aus, daß chemische Stoffe die Vermehrung der Krankheitserreger im Innern des Körpers so weit hemmen, daß diese entweder absterben oder durch die körpereigenen Abwehrmechanismen unschädlich gemacht werden können. Darin liegt der Vorteil der Chemotherapie gegenüber etwa der Serumtherapie, bei der keine völlige Abtötung der Krankheitserreger erfolgt. Bei dieser Behandlung bilden sich neue »serumfeste Stämme«, die wieder mit einem anderen Serum bekämpft werden müssen, worauf jedoch wieder neue Immunstämme entstehen können.

Salvarsan befindet sich zwar noch in der Testphase – die außerklinische Behandlung kommt noch nicht in Frage –, doch die Reaktionen aus dem In- und Ausland zeigen, welche Bedeutung dem neuen Mittel zugemessen wird. Die befürchteten Nebenwirkungen auf andere Organe (Augen, Leber, Nieren) sind bisher nicht beobachtet worden. Als unangenehm wird jedoch die Injektion empfunden, die intramuskulär erfolgt, also nicht in die Blutbahn, sondern in den Muskel. Sie ist schmerzhaft und wird oft von Entzündungen begleitet.

Tödliche Krankheiten

Im Deutschen Reich starben von 100 000 Einwohnern an					
Zeitraum	1	2	3	4	5
1877 – 1881	14,4	56,8	27,6	99,8	43,6
1882 – 1886	11,5	42,0	35,5	122,3	30,2
1887 – 1891	8,0	21,2	27,6	99,7	20,6
1892 – 1896	6,6	17,9	23,9	84,1	12,1
1897 – 1901	5,1	20,0	21,3	31,1	10,4
1902 – 1906	5,3	19,5	21,6	24,3	6,5

1 = Kindbettfieber, 2 = Scharlach, 3 = Masern u. Röteln, 4 = Diphtherie u. Krupp, 5 = Typhus

Als sicher gilt, daß sich die Chemotherapie nicht nur gegen die Geschlechtskrankheit Syphilis anwenden lassen wird, sondern auch gegen Tropenkrankheiten, wie z. B. die Frambösie: Der Erreger wird durch Hautkontakt übertragen und ähnelt dem der Syphilis.

Daß die Medizin schon lange nicht mehr nur eine Angelegenheit verbesserter Operationsmethoden ist, sondern immer mehr mit chemischen und physiologischen Mitteln arbeitet, zeigt auch die Verleihung des Medizinnobelpreises. Ausgezeichnet wird der deutsche Biochemiker Albrecht Kossel. Er hatte bei seinen Arbeiten über Proteine die Nukleinsäuren entdeckt und ihre basischen Bestandteile ermittelt. Die Nukleinsäuren kommen in den Zellen aller Lebewesen vor und haben überragende Bedeutung für die biologischen Funktionen.

Auch dem Einsatz auf den ersten Blick medizinfremder Techniken kommt immer mehr Bedeutung zu, z. B. der filmischen Dokumentation von Operationen, Therapievorgängen, Experimenten u. a.

Angesichts der zunehmenden Spezialisierung auf dem Gebiet der Medizin warnen immer mehr Ärzte davor, das persönliche Vertrauensverhältnis zwischen Arzt und Patienten in den Hintergrund treten zu lassen.

Filme über Mikrobereiche dokumentieren Krankheitsbilder.

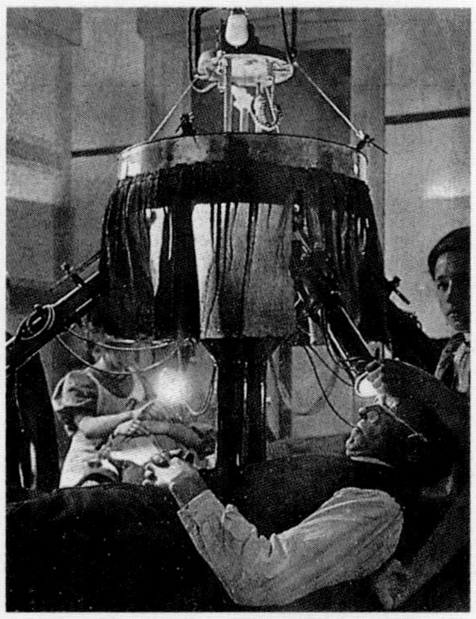

Behandlung von Hautkrankheiten durch partielle UV-Bestrahlung

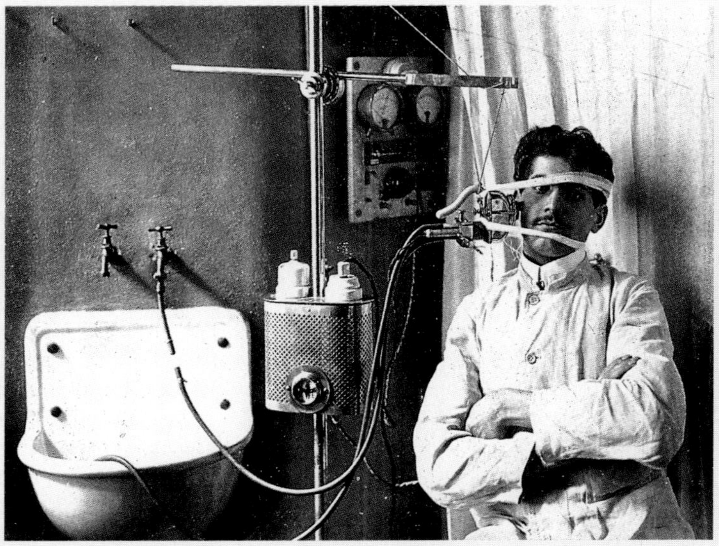

Bei Hautkrankheiten wie Lupus (Hauttuberkulose) kommt die Kromayer-Lampe zum Einsatz, eine wassergekühlte Quarzlampe zur UV-Kontaktbestrahlung, benannt nach Ernst L. F. Kromayer; andere Bestrahlungsmethoden sind die mit Radium und die Röntgentherapie.

Infolge der militärischen Hochrüstung steigt auch der Bedarf an ausgebildeten Sanitätern für den Kriegsfall. Das Foto zeigt eine Parade des britischen Freiwilligen Krankenpflegerkorps in Clapham im Londoner Südwesten: Die Bedienungsmannschaft der Verwundetentransportwagen besteht ausschließlich aus Frauen.

Herzog Johann Albrecht und Herzogin Elisabeth inmitten von Forstarbeitern in der Försterei Tjabak auf Mitteljava am 14. April

Weltreise als Werbung für die deutsche Kolonial-Ideologie

27. Juli. Die siebenmonatige Weltreise, von der Herzog Johann Albrecht von Mecklenburg, der Regent des Herzogtums Braunschweig, zurückkehrt, diente weniger dem privaten Vergnügen als den deutschen Kolonialinteressen. Der Herzog ist seit 1895 Präsident der Deutschen Kolonialgesellschaft, der bedeutendsten deutschen Koloniallobby. Er wurde an allen Stationen der Reise mit höchsten Ehren empfangen, so auch am japanischen Kaiserhof. Dort wies man darauf hin, daß mit Herzog Johann Albrecht erstmals ein ausländischer regierender Fürst bei Hofe empfangen werde.

Ziele der Deutschen Kolonialgesellschaft sind u. a. die »Erweckung des Verständnisses für koloniale Betätigung im deutschen Volke«, die Unterstützung und Anregung von Kolonisationsunternehmungen, die Pflege wirtschaftlicher und kultureller Kontakte mit den Deutschen im Ausland. Gefördert wird die Deutsche Kolonialgesellschaft vom Großbürgertum (Banken und Industrie) und von den Junkern. Die Deutsche Kolonialgesellschaft hat die Verstärkung des erd- und völkerkundlichen Unterrichts an Schulen und Universitäten, die staatliche Unterstützung von Sprachforschungen, die Gründung deutscher Schulen im Ausland und zahlreiche andere Projekte im Dienst der kolonialen Idee angeregt und durchgesetzt. Das 1896 gegründete Kolonialwirtschaftliche Komitee, das seit 1902 der Deutschen Kolonialgesellschaft als deren »wirtschaftlicher Ausschuß« unterstellt ist, erforscht die Kolonien mit wissenschaftlichen Methoden, um ihre wirtschaftliche Ausbeutung zu verbessern. Ein eigenes Flottenkomitee vertritt die Interessen der angeblich »parteipolitisch neutralen« Gesellschaft gegenüber der Regierung: Während das Regierungsprogramm vor allem den Bau von Schlachtschiffen vorsieht, fordert die Deutsche Kolonialgesellschaft den Bau von »Auslandskreuzern«.

Neues Kurhaus für Luxusbäderort

1. Juli. König Wilhelm II. von Württemberg und Königin Charlotte weihen das neuerrichtete Kurhaus in Wildbad im Nordschwarzwald ein. Wildbad ist berühmt wegen seiner bis zu 38 °C warmen Mineralquellen, die bei Lähmungen, Gicht, Rheumatismus, Gelenkkrankheiten u. a. aufgesucht werden. Jährlich kommen bis zu 10 000 Menschen in den mondänen Badeort, dessen luxuriöse Anstalten unter königlicher Verwaltung stehen.

Eröffnungsrennen in Wiesbaden-Erbenheim; Blick von der Tribüne

Wiesbaden wird Pferderennstatt

23. Juli. Mit dem Startschuß zu einem dreitägigen Meeting wird die Pferderennbahn bei Wiesbaden-Erbenheim feierlich eröffnet. Damit verfügt die Kurstadt außer den Heilquellen, der naturschönen Umgebung und den künstlerischen Darbietungen über eine neue Attraktion. Die 1230 m lange und 530 m breite Bahn liegt reizvoll vor den Bergen des Taunus und ist von Mainz etwa gleich weit entfernt wie von Wiesbaden.

Freiübungen sollen Sport verschönern

Eine Lanze für »Freiübungen« im Sport bricht die »Berliner Illustrirte Zeitung«:

»Als Wettübungen galten den deutschen Turnern ehedem nur die natürlichen Bewegungsformen des Laufens, Springens, Hebens und Werfens. Mit der Einfügung einer Freiübung in den gewiß schon sehr künstlichen Aufbau des sog. Sechskampfes verfolgte man einen erzieherischen Zweck: Die Wetturner sollten auch zur Übung einfacher Bewegungsformen gezwungen werden, zur Teilnahme an den Massenübungen des großen Turnerheeres, das bei deutschen Turnfesten zu Tausenden einmarschiert. Denn die Freiübungen sind von alters her so recht die Turnübungen der großen, mehr oder weniger durchgebildeten Masse, gleichsam die Grundlage des deutschen Turnens, auf der sich kunstvollere Formen aufbauen.
[Der deutsche Turnvater Friedrich Ludwig] Jahn übte sie in der Hasenheide noch nicht, wohl aber später sein Freund und Gehilfe [Ernst] Eiselen, bei dem jede Turnstunde mit methodischen Gelenkübungen begann . . . Später nannte der Schöpfer des deutschen Schulturnens, Adolf Spieß, diese Übungen Freiübungen, da sie frei von Geräten, in den gewöhnlichsten Zuständen, welche die freieste Tätigkeit zulassen, den Leib des Turners frei machen sollen.
Gerade auf dem Gebiete der Freiübungen winkt dem denkenden Turnlehrer oder Vereinsturnwart so mannigfache Gelegenheit, das Nützliche mit dem Angenehmen und Schönen zu verbinden und zum Beispiel die Lebensformen des Schlagens, Werfens und Stoßens in Angriff und Abwehr anregend auszugestalten . . . Ein junger Berliner Turnlehrer, Karl Gutsch, verpflanzte nun die schwierigen Schweizer Freiübungen auf Berliner Boden. Mit sechzehn vorzüglich durchgebildeten, schön gewachsenen Vorturnern der Berliner Turnerschaft erregte Gutsch bei dem letzten Zusammenturnen der besten Turner Norddeutschlands in Magdeburg berechtigtes Aufsehen. Schwierig und schön in der Form, meisterhaft in der Ausführung, so lautete das Urteil der Fachleute.«

△ Freiübungen; Bildseite aus der »Leipziger Illustrirten Zeitung«

◁ Ringkämpfertricks (aus »Berliner Illustrirte Zeitung«): »1) Kopfschwung; der Angreifer hat den Kopf des Gegners erfaßt und wirft diesen über seine Schulter. 2) Der Angegriffene versucht die Niederlage durch Hohlmachen des Kreuzes zu verhindern, wird aber kaum Erfolg haben, wenn nicht der Angreifer den Griff lockert und dem Angegriffenen so ermöglicht, sich aufwärts zu überschlagen und auf dem Kopf zu stehen (Bild 3). 4) Der Ringer in der Oberlage verhindert mit dem Bein, daß der Gegner mit den Schultern auf den Boden kommt. 5) Brücke mit Armschlüssel. 6) Seitenaufreißer mit Trick. 7) Armschwung bzw. Schulterschwung, wenn richtig gefaßt, unwiderstehlich; 8) Armschwung ausgeführt. 9) Ende des Armschwungs; der Schieber geht nach unten, lockert den Griff, entschlüpft und läßt nun seinerseits den Gegner zappeln.«

August 1910

Mo	Di	Mi	Do	Fr	Sa	So
1	2	3	4	5	6	7
8	9	10	11	12	13	14
15	16	17	18	19	20	21
22	23	24	25	26	27	28
29	30	31				

1. August, Montag

In Stockholm wird der 18. Weltfriedenskongreß eröffnet. → S. 145

Auf der Hauptstraße des Teheraner Europäerviertels werden zwei Mitglieder der nationalrevolutionären Mudschaheddin und der Neffe eines radikalen antirussischen Abgeordneten erschossen (→ 11. 2./S. 44).

Nach halbamtlicher Meldung aus Berlin wurden in der deutschen Kolonie Kamerun sieben Eingeborenenhäuptlinge wegen Beteiligung an der Ermordung des deutschen Kaufmanns Brettschneider zum Tod verurteilt und gehängt.

In Honduras kommt es erneut zu Zusammenstößen zwischen Soldaten des früheren Präsidenten Manuel Bonilla mit Regierungstruppen des Präsidenten Miguel E. Dávila. → S. 145

Der deutsche Nationalökonom Gustav von Schmoller vergleicht im »Jahrbuch für Gesetzgebung, Verwaltung und Volkswirtschaft« das Dreiklassenwahlrecht mit dem französischen Wahlrecht, das zu den Revolutionen von 1830 und 1848 geführt habe (→ 4. 2./S. 38)

Der französische Flugpionier Henri Farman stellt in Châlons-sur-Marne einen Rekord auf: Er befördert drei Passagiere in einem Doppeldecker. Bedeutsam an diesem Flug ist ferner die Tatsache, daß Farman über eine Stunde in der Luft bleibt.

Die Wiener Fiaker müssen mit Taxametern ausgerüstet werden. → S. 151

In Berlin wird der Kanzleibeamtenbund gegründet. Er zählt 2054 Mitglieder.

2. August, Dienstag

Im Kriegshafen Wilhelmshaven wird das dritte deutsche Marinegeschwader gebildet. → S. 142

In Tannwald bei Gablonz in Böhmen überfallen Tschechen mehrere Deutsche und verletzen sie durch Messerstiche schwer (→ 26. 4./S. 81).

Auf der Berliner Stadtbahn stößt zwischen den Stationen Börse und Friedrichstraße ein Vorort- mit einem Fernzug zusammen. Acht russische Auswanderer werden verletzt.

3. August, Mittwoch

In der osmanischen Hauptstadt Konstantinopel (Istanbul) wird amtlich die Niedermetzelung der Bewohner von drei Dörfern in der Nähe von Damaskus durch Drusen bestätigt. Dabei kamen 59 Menschen ums Leben. Die türkische Regierung ordnet eine Strafexpedition unter General Sami Pascha in das Drusengebiet an.

Die persische Regierung beginnt mit der Entwaffnung der nationalrevolutionären Mudschaheddin (→ 11. 2./S. 44).

4. August, Donnerstag

Der internationale Friedenskongreß in Stockholm nimmt bei Stimmenthaltung der russischen Delegierten eine Resolution an, in der das russische Finnlandgesetz verurteilt wird. Dieses Gesetz hebt Finnlands Autonomie auf (→ 27. 3./S. 56).

Die türkische Regierung beschließt, die Landgüter auf der zum Osmanischen Reich gehörenden Halbinsel Chalkidike (in Nordgriechenland) als Staatsgüter einzuziehen und dort moslemische Auswanderer aus Bosnien anzusiedeln. Der Besitz dieser Güter ist seit langem umstritten zwischen den Bauern und den griechisch-orthodoxen Athosklöstern.

Prinzgemahl Heinrich, der Mann der niederländischen Königin Wilhelmina, zieht sich bei einem Sturz mit dem Fahrrad einen Schlüsselbeinbruch zu.

5. August, Freitag

10 000 Hamburger Werftarbeiter treten wegen Lohnforderungen in den Ausstand. Der Streik dehnt sich auch auf Bremen aus. Die Arbeitgeber reagieren am 11. August mit der Aussperrung von 60% der Werftarbeiter in Hamburg und Bremen und provozieren damit den Ausstand der gesamten Belegschaft. Solidaritätsstreiks finden u. a. in Stettin statt. Erst am 6. Oktober werden Streiks und Aussperrungen beendet, nachdem sich Arbeitgeber und Gewerkschaften auf eine Lohnerhöhung geeinigt haben.

In Persien wird durch öffentlichen Anschlag die Versöhnung zwischen der Regierung und den nationalrevolutionären Mudschaheddin bekanntgegeben. Danach hätten die Führer der Mudschaheddin auf den Koran geschworen, alles Unrecht zu vergessen und zu verzeihen, die konstitutionelle Regierung zu unterstützen, den Gesetzen zu gehorchen und sie zu verteidigen (→ 11. 2./S. 44). Tatsächlich kommt es am folgenden Tag zu Straßenkämpfen in Teheran, bei denen die Regierungstruppen rund 300 Mudschaheddin gefangennehmen.

In Konstantinopel (Istanbul) wird eine Meuterei von Truppenteilen niedergeschlagen. Die Soldaten hatten sich geweigert, in das Hauran-Gebiet (Südsyrien) zu ziehen und gegen aufständische Drusen vorzugehen.

24 schottische Abgeordnete des britischen Unterhauses unterzeichnen in London ein Manifest, das für Schottland die Selbstverwaltung mit einem eigenen Landtag verlangt.

Das Deutsche Reich verkauft die Panzerschiffe »Kurfürst Friedrich Wilhelm« und »Weißenburg« an das Osmanische Reich.

In Berlin wird der fünfte Weltkongreß für freies Christentum und religiösen Fortschritt eröffnet.

Der Internationale Kongreß für Schulhygiene in Paris verabschiedet nach lebhafter Debatte eine Resolution mit der Forderung, daß Lehramtskandidaten durch Schulärzte und Pädagogen über alle Einzelheiten der Geschlechtsprobleme belehrt werden sollen. Auch reifere Schüler sollen in der Schule »vollständige sexuelle Belehrung« erhalten.

Der deutsche Chemiker Constantin Fahlberg stirbt im Alter von 59 Jahren in Nassau. Fahlberg entdeckte 1879 zusammen mit Ira Remsen den künstlichen Süßstoff Saccharin.

6. August, Samstag

Der Wiener Karl Schlechter gewinnt das Hamburger Schachturnier. → S. 152

Beim Zusammenstoß eines Regierungssonderzugs mit einem Güterzug in der Nähe von Regina in Kanada wird der kanadische Premierminister Wilfried Laurier verletzt.

7. August, Sonntag

Eine von den spanischen Klerikalen geplante Massenveranstaltung in San Sebastián gegen die kulturkampfartige Politik von Ministerpräsident José Canalejas y Méndez kann nicht stattfinden, weil die Regierung alle Transportmittel für Truppenbeförderungen in Anspruch nimmt (→ 1. 7./S. 129).

Auf dem Flugplatz Johannisthal bei Berlin beginnt die erste Deutsche Nationale Flugwoche. Zugelassen sind deutsche Aviatiker, die einen Pilotenschein vorweisen können. Die Piloten müssen vorgeschriebene Bahnen überfliegen. Flüge über den Zuschauern sind verboten.

In Issy-les-Moulineaux bei Paris steigen die bekanntesten Aviatiker Frankreichs zu einem Aeroplanflug durch Ostfrankreich auf. → S. 157

8. August, Montag

Bei Straßenkämpfen in Teheran zwischen persischen Regierungstruppen und nationalrevolutionären Mudschaheddin, die sich geweigert hatten, die Waffen abzugeben, werden mehr als 100 Menschen getötet (→ 11. 2./S. 44).

9. August, Dienstag

Die Kammer der bayerischen Reichsräte in München billigt die Pläne zum Bau des Walchenseekraftwerks. Das Kraftwerk soll das Gefälle zwischen dem Walchensee, dem größten deutschen Alpensee, und dem Kochelsee ausnutzen und die Energieversorgung des Landes Bayern sicherstellen (1925 vollendet).

Auf den New Yorker Bürgermeister William J. Gaynor wird an Bord des Lloyddampfers »Kaiser Wilhelm der Große« ein Attentat verübt. → S. 151

10. August, Mittwoch

In Italien wird der 100. Geburtstag von Camillo Benso Graf von Cavour gefeiert. Der frühere sardinische Ministerpräsident zählt zu den Wegbereitern der staatlichen Einigung Italiens.

Der Norweger Roald Amundsen sticht in Kristiansand mit der »Fram« Richtung Arktis in See (→ 15. 6./S. 120).

11. August, Donnerstag

Belgien, Großbritannien und das Deutsche Reich unterzeichnen in Brüssel ein Abkommen über die Grenzziehung im Kongo (→ 14. 5./S. 101).

12. August, Freitag

Nach Meldungen aus Japan stehen Tokio und zahlreiche andere Städte und Dörfer nach verheerenden Überschwemmungen unter Wasser. Während der von einem Taifun ausgelösten Katastrophe werden 398 000 Häuser zerstört, 800 Menschen kommen ums Leben.

Der schweizerische Aviatiker Ed. Spelterini überfährt mit dem Ballon »Sirius« zum achten Mal die Alpen. Während der Fahrt von Mürren im Berner Oberland nach Turin macht er fotografische und kinematografische Aufnahmen.

13. August, Samstag

Der britische Panzerkreuzer »Duke of Edinburgh« strandet vor der Insel Isle of Wight im Kanal.

Die britische Krankenpflegerin Florence Nightingale stirbt im Alter von 90 Jahren in London. Während des Krimkriegs (1853–56) organisierte sie die Verwundeten- und Krankenpflege.

14. August, Sonntag

Große Teile der Brüsseler Weltausstellung werden durch ein Feuer zerstört. Die deutsche Abteilung bleibt unversehrt. Die Ausstellung wurde am → 23. April (S. 74) eröffnet.

Die Feiern auf den Schlachtfeldern von Metz zum Gedenken an den Deutsch-Französischen Krieg beginnen. → S. 142

In der Nähe der französischen Bahnstation Saujon im Département Charente-Inférieur kommen beim Zusammenstoß eines Personenzugs mit einem Güterzug 44 Menschen ums Leben, in der Mehrzahl Zöglinge eines Mädchenpensionats.

15. August, Montag

In Washington wird der sechste internationale Esperanto-Kongreß eröffnet.

Das bekannte Karersee-Hotel in Tirol brennt völlig nieder. Brandursache war ein ungenügend gereinigter Kamin.

16. August, Dienstag

Der chilenische Staatspräsident Pedro Montt stirbt kurz nach seiner Ankunft in Bremen. Die Amtsgeschäfte führt Elías Fernández Albano (→ 9. 8./S. 151).

17. August, Mittwoch

Nach Meldungen aus Gibraltar hat der Flensburger Dampfer »Elsa« im Nebel den spanischen Dampfer »Martos« gerammt und zum Sinken gebracht. Sieben Matrosen und 38 Passagiere der »Martos« sind ertrunken.

Den Unterschied zwischen alt und neu in der Verkehrstechnik thematisiert die Pariser Zeitschrift »L'Illustration«: Der Gendarm, der an das traditionelle Fortbewegungsmittel Pferd gewöhnt ist, sieht fasziniert zum Himmel auf – mit der Luftfahrt beginnt ein neues Zeitalter.

Ce numéro contient en supplément le 2e et dernier fascicule d'une nouvelle de M. Henri de Sarrauton: Le Génie de l'Aïdour.

L'ILLUSTRATION

Prix du Numéro : 75 Centimes. SAMEDI 13 AOUT 1910 *68e Année. — No 3520.*

OISEAUX DE FRANCE

Voir l'article et les autres photographies sur le Circuit aérien de l'Est, pages 98, 99, 100, 101 et 102.

18. August, Donnerstag

Der kanadische Premierminister Wilfried Laurier betont in einer Rede vor 10 000 Farmern aus Alberta, die gegen das Schutzzollsystem protestieren, daß es in einem »jungen Land« wie Kanada unmöglich sei, den Freihandel einzuführen, weil die Regierung neue Ansiedler nicht besteuern könne und der Hauptanteil der Staatseinnahmen aus den Zöllen stamme.

Der australische Bundessenat verabschiedet das Landesverteidigungsgesetz des 1901 gegründeten Staates. Danach dauert die militärische Ausbildung vom 12. bis zum 25. Lebensjahr. Während der ersten beiden Jahre sind 120 Stunden Dienst jährlich vorgeschrieben, vom 14. bis zum 18. Lebensjahr vier ganze und zwölf halbe Tage sowie 24 Abende Jahresdienst, vom 18. bis zum 25. Lebensjahr 16 ganze Tage jährlich.

Der österreichische Kaiser und ungarische König Franz Joseph I. vollendet sein 80. Lebensjahr. → S. 146

Auf dem Sambesi wird die Ruder-Weltmeisterschaft im Einer ausgetragen. → S. 152

19. August, Freitag

Die Regierung in London tritt wegen des Schutzes der britischen Interessen in Korea in Kontakt mit Japan. Die Annexion Koreas durch Japan, der Rußland bedingungslos zugestimmt hat, verzögert sich daraufhin bis zum → 22. August (→ S. 144).

Das erste Teilstück des Panamakanals wird eröffnet. → S. 147

Bei einem Nahkampfmanöver am Hechtsheimer Berg in der Nähe von Mainz explodiert bei Sprengarbeiten im Fort Heiligkreuz eine Mine. Ein Gefreiter kommt ums Leben, mehrere Soldaten werden bei dem Unglück verletzt.

Aus Kreta werden blutige Zusammenstöße zwischen Moslems und Christen gemeldet (→ 21. 8./S. 145).

Der bayerische Reformkatholik Otto Sickenberger wird exkommuniziert, weil er nach seinem Austritt aus dem Priesterstand vor neun Jahren nun auch geheiratet hat.

Rußland meldet 50 287 Choleratote in diesem Jahr. → S. 151

20. August, Samstag

Während des nicaraguanischen Bürgerkriegs flieht Präsident José Madriz nach Honduras. → S. 145

Kaiser Wilhelm II. weiht die Königliche Residenz in Posen ein. → S. 141

Der österreichische Ministerrat in Wien beschließt Maßnahmen zur Linderung der Fleischnot. → S. 150

In der österreichischen Hafenstadt Triest werden vier italienische Jugendvereine aufgelöst. Sie sollen unter dem Deckmantel des Sports eine hochverräterische Tätigkeit entfaltet haben (→ 14. 5./S. 99).

In Portugal scheitert ein Putsch der Klerikalen, die die Neuwahlen am 28. August verhindern wollten (→ 8. 6./S. 114; 4. 10./S. 172).

Papst Pius X. erweitert per Dekret die bischöflichen Machtbefugnisse über den niederen Klerus. Danach kann die »administrative Absetzung« erfolgen, wenn der Bischof und zwei von ihm ernannte »Examinatoren« mehrheitlich dafür sind. Eine dagegen eingelegte Berufung wird entschieden durch denselben Bischof mit zwei – ebenfalls von ihm ernannten – »Konsultoren« (→ 8. 9./S. 160).

Der italienische Militäraviatiker Vival de Pasqua stürzt zwischen Magliane und Ponte Galera nach einem Motorversagen aus 500 m Höhe tödlich ab.

21. August, Sonntag

In Griechenland finden die Wahlen zur Nationalversammlung statt. → S. 145

In Augsburg beginnt die 57. Generalversammlung der deutschen Katholiken. → S. 146

König Ferdinand I. von Bulgarien trifft mit Kronprinz Boris (III.) in der montenegrinischen Hauptstadt Cetinje ein, wo sie von Fürst Nikolaus I. empfangen werden. Sie wohnen der Erhebung Montenegros zum Königreich bei (→ 29. 8./S. 146).

Der britische Panzerkreuzer »Bedford« strandet in der Nähe der koreanischen Insel Quelpaart. Ein Ingenieur, 15 Heizer und zwei Matrosen ertrinken.

Im Deutschen Reich gelingt der erste Überlandfernflug von Frankfurt am Main nach Mannheim. Der elsässische Aviatiker Jeannin erreicht während des Wettfliegens als erster das Ziel.

22. August, Montag

Korea wird als Generalgouvernement Chosen von Japan annektiert. → S. 144

König Viktor Emanuel III. von Italien und Königin Helena treffen in der montenegrinischen Hauptstadt Cetinje ein. Sie wohnen der Erhebung des Fürstentums der Schwarzen Berge zum Königreich bei (→ 29. 8./S. 146).

Beim Brand des Krupp-Laboratoriums in Essen kommen drei Menschen ums Leben, zahlreiche werden verletzt.

23. August, Dienstag

Der deutsche Kronprinz Wilhelm von Preußen wird in der Universität zu Königsberg in Preußen zum immerwährenden »Rector magnificentissimus« (oberster Leiter) ernannt. → S. 142

Die spanischen Karlisten erklären in einem Flugblatt, sie seien entschlossen, ihren katholischen Glauben mit Dolch und Revolver zu verteidigen. Die Opfer dieses Kampfes würden geradewegs in den Himmel eingehen. Die Karlisten kämpfen für die Rückkehr zur absolutistischen Monarchie und für eine starke Kirche im Staat und bekämpfen die kulturkampfähnliche Politik des liberalen Ministerpräsidenten José Canalejas y Méndez (→ 1. 7./S. 129).

Bei verheerenden Waldbränden in Nordamerika werden zahlreiche Orte vom Feuer zerstört, Hunderte von Menschen kommen in den Flammen um.

24. August, Mittwoch

Der griechische Kronprinz Konstantin (I.) kehrt nach fast einjährigem Exil wieder nach Athen zurück. Konstantin hatte sich nach dem Militärputsch von 1909 ins Ausland begeben. Nach der Auflösung der Militärliga und der Einberufung der Nationalversammlung stand seiner Rückkehr nichts mehr im Wege (→ 30. 3./S. 55).

Aus Stockholm werden Fälle von Cholera gemeldet (→ 19. 8./S. 151).

25. August, Donnerstag

Kaiser Wilhelm II. fordert in Königsberg in Preußen die »lückenlose Erhaltung« der Rüstung. → S. 140

26. August, Freitag

Die bayerische Regierung verweigert die Genehmigung zum Betrieb des Nürnberger Krematoriums. → S. 150

In Wien werden zwei Fälle von Cholera registriert (→ 19. 8./S. 151).

27. August, Samstag

Die Zweite Internationale Konferenz Sozialistischer Frauen in Kopenhagen geht nach zwei Tagen zu Ende. Als Sekretärin des Internationalen Sozialistischen Frauensekretariats wird die Deutsche Clara Zetkin wiedergewählt. Als Zentralstelle der internationalen Frauenorganisation wird erneut die Redaktion der deutschen Zeitschrift »Gleichheit« bestimmt.

Kaiser Wilhelm II. hält in Marienburg eine Rede, die als Abschwächung der Königsberger Rede vom → 25. August (S. 140) angesehen wird.

Der wegen seiner sozialdemokratischen Anschauung von den Behörden wiederholt gemaßregelte Lehrer Wilhelm Holzmeier wird mit 402 zu 141 Stimmen in die Bürgerschaft der Hansestadt Bremen gewählt (→ 12. 1./S. 15).

28. August, Sonntag

In Kopenhagen beginnt der Internationale Sozialistenkongreß. → S. 146

Bei den Parlamentswahlen in Portugal verzeichnen die oppositionellen Republikaner Gewinne, die absolute Mehrheit behalten jedoch die Monarchisten, Nationalisten und Klerikalen (→ 8. 6./S. 114; 4. 10./S. 172).

In der montenegrinischen Hauptstadt Cetinje beginnen die Festlichkeiten anläßlich des 50jährigen Regierungsjubiläums des Fürsten Nikolaus I. (→ 29. 8./S. 146).

Bei der Einweihung der Sankt-Anna-Kirche in Altötting hält Prinz Ludwig von Bayern eine aufsehenerregende Rede, in der er u. a. bekennt: »Ich danke dem lieben Gott, daß ich von katholischen Eltern abstamme und in der katholischen Religion erzogen bin.« Die Evangelischen sehen in diesen Worten eine Diskriminierung, während die Katholiken in ihnen eine Bestätigung der päpstlichen Borromäus-Enzyklika erblicken (→ 14. 6./S. 112).

Die Insassen des Berliner Ballons »Hewald«, der bei dem Dorf Dlutow im russisch-polnischen Gouvernement Piotrkow notlandet, werden unter Spionageverdacht verhaftet.

In Frankfurt am Main werden die Deutschen Leichtathletik-Meisterschaften ausgetragen. → S. 152

29. August, Montag

Das Fürstentum Montenegro wird zum Königreich erhoben. Der russische Zar Nikolaus II. ernennt König Nikolaus I. von Montenegro zum Generalfeldmarschall der russischen Armee. → S. 146

Die türkische Regierung in Konstantinopel (Istanbul) erklärt in einer Protestnote an die Großmächte die Wahl von Kretern zur griechischen Nationalversammlung und ihre Bestätigung zum feindlichen Akt Griechenlands gegen die türkischen Hoheitsrechte auf der Insel (→ 21. 8./S. 145).

In Spandau (Berlin) werden zwei Fälle von Cholera registriert (→ 19. 8./S. 151).

30. August, Dienstag

Theodor Seitz wird Gouverneur der deutschen Kolonie Deutsch-Südwestafrika als Nachfolger des in den Ruhestand getretenen Bruno von Schickmann, der die Kolonie seit 1907 verwaltet hat. Otto Gleim wird Gouverneur von Kamerun als Nachfolger von Seitz.

Die Gegner des panamaischen Präsidenten Carlos A. Mendoza appellieren an die USA, die Verfassung Panamas zu schützen. Mendoza will sich entgegen den Verfassungsbestimmungen wiederwählen lassen. Am 6. September erklären die USA, daß sie Panama besetzen oder annektieren werden, falls ein antiamerikanischer Präsident gewählt werde.

31. August, Mittwoch

Der frühere US-Präsident Theodore Roosevelt stellt in Oswatomie (Kansas) sein neues politisches Programm vor. Die zentralen Punkte sind der »neue Nationalismus« und der Kampf gegen die Trusts (→ 8. 11./S. 194).

Das Wetter im Monat August

Station	Mittlere Lufttemperatur (°C)	Niederschlag (mm)	Sonnenscheindauer (Std.)
Aachen	16,3 (17,2)	82 (82)	– (188)
Berlin	17,4 (17,2)	167 (68)	– (212)
Bremen	17,0 (17,1)	104 (79)	– (182)
München	16,7 (16,6)	142 (96)	– (211)
Wien	17,8 (18,6)	92 (68)	228 (242)
Zürich	16,7 (16,6)	173 (132)	– (219)

( ) Langjähriger Mittelwert für diesen Monat
– Wert nicht ermittelt

Titelblatt der Unterhaltungszeitschrift »Jugend« vom August 1910

Königsberger Kaiserrede – die Deutschen unter Waffen

25. August. Im Moskowiter Saal des Schlosses zu Königsberg in Preußen hält Kaiser Wilhelm II. eine Rede, die bei Sozialdemokraten, Liberalen und Konservativen gleichermaßen Proteste hervorruft.

Der oberste Kriegsherr der Deutschen spricht sich hier für eine starke Rüstung aus, plädiert für ein persönliches Regiment »ohne Rücksicht auf Tagesansichten und -meinungen«, empfiehlt den deutschen Männern die Pflege »kriegerischer Tugenden« und weist den Frauen »stille Arbeit im Hause und in der Familie« zu (→ Kasten unten). Dabei sollen sich alle Deutschen – Männer und Frauen – vom Vorbild der Königin Luise leiten lassen.

Königin Luise, die Frau des preußischen Königs Friedrich Wilhelm III., versuchte im Juli 1807 nach dem Zusammenbruch Preußens vor dem Ansturm der Franzosen, in einem Gespräch mit dem französischen Kaiser Napoleon I. die Friedensbedingungen für Preußen zu mildern – vergeblich. Sie unterstützte die Reformen von Heinrich Friedrich Karl Reichsfreiherr vom und zum Stein und von Karl August Fürst von Hardenberg. Am 19. Juli 1810 starb sie im Alter von 34 Jahren. Der Schmerz über das Schicksal des Vaterlandes hatte die Gesundheit der unermüdlichen Vaterlandskämpferin gebrochen – so weiß es die nationale Legende, und so wird Luise 100 Jahre nach ihrem Tod glorifiziert. In seiner Königsberger Rede bezeichnet Wilhelm II. Luise als »Märtyrerin«.

Kaiser Wilhelm II. – hier in der Uniform seines Regiments Königs-Jäger zu Pferde Nr. 1 – ist bekannt für sein »persönliches Regiment«: Er will als der souveräne Leiter der Politik des Reiches erscheinen, Reichskanzler und Parlament sollen allenfalls Schritt halten. Dabei achtet er bei wichtigen Entscheidungen die Verfassung, prescht jedoch immer wieder unvorsichtig vor. Der bisher schwerste Vorfall dieser Art war die »Daily-Telegraph«-Affäre (1908), als er durch ein Interview die deutsch-britischen Beziehungen ernsthaft gefährdete.

Die Reaktionen auf die Kaiserrede sind zum Teil heftig. Es wird befürchtet, daß die Rede in Großbritannien als Ankündigung neuer Heeres- und Flottenvorlagen verstanden werden könne. Selbst die Konservativen haben Bedenken gegen die Nichtachtung der »Tagesansichten und -meinungen«, gemeint ist das Parlament. Die »Liberale Korrespondenz« führt aus: »Wir sehen den Kaiser wieder in der Art seiner ersten Jahre, aber noch in verschärfterer, vertiefterer Form. Wir erkennen seine romantisch-unhistorische Gottesgnadentum-Auffassung, seine Schwärmerei für seine Vorfahren, seine überstarke Betonung des Charakters des deutschen Volkes als einer waffen- und wehrhaften Nation, seine royalistisch-absolutistischen Neigungen.« Der sozialdemokratische »Vorwärts« meint, mit dieser Rede habe der Kaiser den Pakt, »mit dem die herrschenden Klassen den Gegensatz zwischen Absolutismus und Verfassung zu beseitigen gehofft hatten, nun selbst vernichtet«.

»Die hohe Figur der Königin Luise lehrt uns: Nur auf unserer Rüstung beruht unser Friede«

25. August. In seiner Königsberger Rede schildert Kaiser Wilhelm II. die preußische Königin Luise als Vorbild für die Deutschen:

»Die hohe Königin [Luise] ist von vielen eingehend geschildert worden, und Unser Volk hat sich in dankbarer Erinnerung mit ihr beschäftigt. Aber Ich meine, das eine kann nicht genug hervorgehoben werden, daß in dem allgemeinen Zusammenbruch Unseres Vaterlandes, wo selbst Staatsmänner und Heerführer alles für verloren gaben, die Königin die einzige gewesen ist, die nie einen Augenblick an der Zukunft des Vaterlandes gezweifelt hat. Sie hat durch ihr Beispiel, durch ihre Briefe, durch ihr Zureden und durch die Erziehung ihrer Kinder dem Volke den Weg gewiesen, auf dem es sich wiederfinden konnte. Sie hat die Umkehr zur Religion und damit die Umkehr zur Selbsterkenntnis und zum Selbstvertrauen bewiesen. Und als sie – eine hohe Märtyrerin – verblichen war, und die Begeisterung im Lande aufflammte, und Alt und Jung zu den Waffen griff, um die Unterdrücker aus dem Lande zu treiben, da ist sie im Geiste vor den Fahnen hergeschritten und hat den Mut der Krieger belebt, daß das große Werk vollbracht werden konnte.

Was lehrt uns die hohe Figur der Königin Luise? Sie lehrt uns, daß, wie sie einst ihre Söhne vor allen Dingen mit dem einen Gedanken erfüllt, die Ehre wiederherzustellen, das Vaterland zu verteidigen, wir Männer alle kriegerischen Tugenden pflegen sollen; wie in der Zeit der Erhebung [gegen die napoleonische Fremdherrschaft] Jung und Alt herbeiströmte und das Letzte gab, wie selbst Frauen und Mädchen ihr Haar nicht schonten, so sollen auch wir stets bereit sein, um vor allem unsere Rüstung lückenlos zu erhalten, im Hinblick darauf, daß unsere Nachbarmächte so gewaltige Fortschritte gemacht haben. Denn nur auf unserer Rüstung beruht unser Friede.

Und was sollen unsere Frauen von der Königin lernen? Sie sollen lernen, daß die Hauptaufgabe der deutschen Frau nicht auf dem Gebiet des Versammlungs- und Vereinswesens liegt, nicht in dem Erreichen von vermeintlichen Rechten, in denen sie es den Männern gleichtun können, sondern in der stillen Arbeit im Hause und in der Familie. Sie sollen die junge Generation erziehen, vor allen Dingen zum Gehorsam und zum Respekt vor dem Alter! Sie sollen den Kindern und Kindeskindern klar machen, daß es heute nicht darauf ankommt, sich auszuleben auf Kosten anderer, seine Ziele zu erreichen auf Kosten des Vaterlandes, sondern einzig und allein das Vaterland im Auge zu haben, einzig und allein alle Kräfte und Sinne für das Wohl des Vaterlandes einzusetzen. Das ist die Lehre, die die hohe Gestalt uns überliefert hat ...

Und ebenso wird für Mich der Weg dieser hohen Verblichenen vorbildlich sein, wie er Meinem Großvater [Wilhelm I.] vorbildlich war. Als Instrument des Herrn Mich betrachtend, ohne Rücksicht auf Tagesansichten und -meinungen gehe Ich Meinen Weg, der einzig und allein der Wohlfahrt und friedlichen Entwicklung Unseres Vaterlandes gewidmet ist. Aber Ich bedarf hierbei der Mitarbeit eines jeden im Lande, und zu dieser Mitarbeit möchte Ich auch Sie jetzt aufgefordert haben ... darauf leere ich Mein Glas. Es lebe die Provinz Ostpreußen!«

Die Königliche Residenz in Posen wurde errichtet nach Plänen von Franz Schwechten.

Mit einem Ehrentrunk wird das Kaiserpaar in Posen begrüßt.

Preußenschloß in Posen – List, Heuchelei, Gewalt

20. August. Kaiser Wilhelm II. weiht die Königliche Residenz in Posen ein und erhebt die Stadt zur »Residenzstadt des Deutschen Reiches«.

Das früher zum Königreich Polen gehörende Posen ist Zentrum des polnischen Widerstands gegen die preußische Ostmarkenpolitik. Durch staatliche Maßnahmen versucht Preußen, das Deutschtum in den östlichen Grenzlanden zu fördern, unterstützt vom Deutschen Ostmarkenverein, der sich für eine intensivere deutsche Siedlungspolitik und die wirtschaftliche Stärkung des deutschen Mittelstands in den Ostmarken einsetzt. Unter der Kanzlerschaft Otto von Bismarcks wurde 1886 die sog. Ansiedlungskommission gebildet, die in Posen und Westpreußen polnischen Großgrundbesitz aufkaufte und Tausende deutscher Kolonisten ansiedelte. Zur Förderung des Deutschtums wurden in Posen das Kaiser-Friedrich-Museum (1894), die Kaiser-Wilhelm-Bibliothek (1902) und die Königliche Akademie (1903) errichtet.

Den krönenden Abschluß dieser Maßnahmen bildet nun die Eröffnung der Königlichen Residenz, die der Kaiser mit folgenden Worten einweiht: »Wir freuen Uns, in Unserer jüngsten Residenzstadt, zu der Ich die Stadt Posen hiermit erhebe, Aufenthalt zu nehmen . . . Möge die Bürgerschaft Posens sich beim Anblick dieser machtvollen Pfalz stets des landesväterlichen Schutzes bewußt sein, mit dem Ich und Meine Nachfolger in der Krone jede ehrliche Arbeit und Hantierung geleiten werden. Möge die Residenz mit ihren Schwestern im Lande in Treue zu Kaiser und Reich, in Liebe zu König und Vaterland alle Zeiten wetteifern und sein und bleiben ein Hort und eine Pflanzstätte deutscher Kultur und Sitte.« Die polnische Zeitung »Kurier Lwowski« sieht das in ihrem Kommentar vom 22. August anders: »Posen war und bleibt eine polnische Residenz, eine Residenz des durch List, Heuchelei und die preußische Faust geschlagenen Polens . . . Das Kaiserschloß und die Würde einer Residenzstadt werden nur Symbole der Gewalt, der Vernichtung der Kultur einer anderen Nation bilden.«

Während des Aufenthalts von Kaiser Wilhelm II. in den preußischen Ostgebieten finden Paraden und Manöver statt, hier in Danzig.

Milliarden für die Aufrüstung zur See

Nach Angaben der Fachzeitschrift »Nauticus« verteilt sich die Flottenstärke der Seemächte wie folgt (in Klammern Schiffe in Bau; Unterseeboote → S. 118):

Linienschiffe/Panzerkreuzer:

Großbritannien	56 (11)	38 (6)
Deutsches Reich	26 (11)	9 (4)
USA	25 (6)	15
Frankreich	17 (8)	20 (2)
Japan	12 (3)	12 (2)
Rußland	8 (6)	5 (1)
Österreich-Ungarn	10 (2)	3

Personalbestand der Flotten:

Großbritannien	131 600
USA	60 500
Deutsches Reich	57 353
Frankreich	57 000
Japan	47 500
Rußland	45 165
Italien	31 000
Österreich-Ungarn	15 124

Marinebudgets (in Mio. Mark mit Vorjahresvergleich):

Großbritannien	828,3	(+ 13,3%)
USA	549,2	(− 4,5%)
Deutsches Reich	433,8	(+ 7,8%)
Frankreich	300,4	(+ 12,5%)
Rußland	197,6	(+ 1,1%)
Japan	159,7	(+ 5,6%)
Italien	139,0	(+ 2,4%)

Einfahrt der Linienschiffe in den Hafen von Wilhelmshaven, dem Standort des dritten Geschwaders

Deutschland bildet drittes Geschwader

2. August. In Wilhelmshaven wird aus sechs Linienschiffen der Reservedivision das dritte deutsche Marinegeschwader gebildet. Bei herrlichem Wetter fahren »Hannover«, »Blitz« und »Wittelsbach« sowie »Schlesien«, »Mecklenburg« und »Zehringen« in den festlich geschmückten Hafen ein, in dem sie von nun an stationiert sind.

Die Bildung des neuen Geschwaders setzt das Wettrüsten zwischen dem Deutschen Reich und Großbritannien fort. Der verstärkte Ausbau der Marine begann mit dem zweiten deutschen Flottengesetz (1900), das quasi eine Verdoppelung der deutschen Hochseeflotte bis 1917 auf vier Geschwader vorsieht. Dies bedeutet eine Verschiebung des sog. Two-Power-Standards, d. h. zwei britische gegen ein deutsches Kriegsschiff, zugunsten eines Verhältnisses von 3:2. Diese Flottenvorlage wurde von Alfred von Tirpitz initiiert, dem Staatssekretär des Reichsmarineamts.

Großbritannien, dessen Flottenpolitik vom Kolonialbesitz und der Insellage bestimmt wird, reagierte 1904 mit einem Programm zum Bau von zunächst zehn neuen Großkampfschiffen (Dreadnoughts). Bereits 1906, als die ersten britischen Dreadnoughts vom Stapel liefen, zog das Deutsche Reich mit dem Bau von Großkampfschiffen nach. Die Fertigstellung von jährlich vier deutschen Großkampfschiffen gegenüber zwei in Großbritannien führte zur Forcierung der Produktion von Dreadnoughts (»Fürchtenichtse«), im Jahr 1911 werden es 18 sein.

40 Jahre Deutsch-Französischer Krieg

14. August. Die 40-Jahr-Gedenkfeiern auf den Schlachtfeldern um Metz beginnen. Die deutschen Veteranen des Deutsch-Französischen Kriegs von 1870/71 erhalten für die bis zum 18. August dauernden Veranstaltungen Fahrpreisermäßigungen für die Eisenbahn.

Während des Deutsch-Französischen Kriegs wurde die französische Rheinarmee unter Marschall François Achille Bazaine durch die drei großen Schlachten bei Metz – bei Colombey-Nouilly am 14. August 1870, bei Vionville am 16. und bei Gravelotte am 18. August – in der Festung eingeschlossen. Nachdem schließlich ein Durchbruchsversuch in der Schlacht bei Noisseville scheiterte, kapitulierte die französische Rheinarmee am 27. Oktober vor dem preußischen Prinzen Friedrich Karl mit drei Marschällen, 4000 Offizieren und 173 000 Mann. Mit dem Frankfurter Frieden fiel Metz an das Deutsche Reich. Als Teil des deutschen Reichslands Elsaß-Lothringen (→ 12. 2./S. 43) ist es nun die Hauptstadt des Bezirks Lothringen. Während des Deutsch-Französischen Kriegs wurde am 18. Januar 1871 das Deutsche Kaiserreich gegründet.

Französische Gedenkfeier in Mars-la-Tour = Vionville, dem Ort der Schlacht vom 16. August 1870

Veteranen in Niederbronn im Unterelsaß, wo am 26. Juli 1870 die erste Schlacht des Krieges stattfand.

Kronprinz betont »völkische Art«

23. August. Beifall bei nationalkonservativen Kreisen findet Kronprinz Wilhelm mit seiner Rede, die er in Königsberg in Preußen anläßlich seiner Investitur zum immerwährenden »Rector magnificentissimus« (Oberster Leiter) der Universität hält. Er fordert die Lehrenden auf: »Weisen Sie uns Wege, auf denen unser deutsches Volk wandeln soll, um eine Stellung unter den Völkern einnehmen zu können, die ihm, seinen geistigen und physischen Kräften entsprechend, zu Recht zukommt. Dabei ist uns nicht allein gedient, die Schwächen und Mängel unseres Landes zu kennen, ... vielmehr sehnen wir uns nach der Betonung unseres deutschnationalen Volkstums im Gegensatz zu internationalisierenden Bestrebungen, welche unsere gesunde völkische Eigenart zu verwischen drohen.«

Der Krieg zwischen Europas Großmächten zeichnet sich ab

Das deutsch-britische Wettrüsten zur See (→ 2. 8./S. 142), die Auswirkungen der Annexionskrise um Bosnien (→ 20. 3./S. 54) zwischen den balkaninteressierten Mächten Rußland und Österreich-Ungarn sowie die noch immer unbewältigte Marokkokrise (→ 16. 3./S. 59) werden von vielen Beobachtern als Vorzeichen einer Auseinandersetzung zwischen zwei Machtblöcken interpretiert, in deren Mittelpunkt das Deutsche Reich und Großbritannien stehen. Da es bei einem solchen Konflikt um Kolonien, Rohstoffquellen und Absatzmärkte gehen wird, ist zu befürchten, daß sich die Konfrontation zu einem Weltkrieg ausweiten kann.

Die ungleichmäßige Entwicklung der als Großmächte geltenden Länder und die um 1900 beendete koloniale Aufteilung der Welt (zuungunsten des »zuspätgekommenen« Deutschen Reiches) haben zur Verschärfung der imperialistischen Widersprüche geführt. Der größte Gegensatz besteht zwischen Großbritannien, das über den umfangreichsten Kolonialbesitz verfügt, und dem Deutschen Reich, das durch seine rasche wirtschaftliche Entwicklung die britische Vorherrschaft bedroht. Durch die Flottenrüstung wird diese Rivalität noch gesteigert.

Zum deutschen Machtblock zählen Österreich-Ungarn und Italien, zum britischen Machtblock gehören Frankreich und Rußland. 1879 wurde zwischen dem Deutschen Reich und Österreich-Ungarn der Zweibund geschlossen, ein gegen Rußland und Frankreich gerichtetes Bündnis. Dieser Bund wurde durch den Beitritt Italiens 1882 zum Dreibund erweitert, doch gilt Italien mehr und mehr als Unsicherheitsfaktor (→ 28. 5./S. 98). Auf der anderen Seite haben Großbritannien und Frankreich 1904 ihre Kolonialinteressen abgeglichen und die Entente cordiale (herzliches Einverständnis) vereinbart. 1907 wurden die britisch-französische Entente cordiale und der französisch-russische Zweiverband von 1892 zur Tripelentente erweitert, einem Bündnis mit weltweiter Wirkung gegen den deutsch-österreichisch-italienischen Dreibund. Im Deutschen Reich hat die Tripelentente das Gefühl der »Einkreisung« verstärkt. Dieses Schlagwort prägte Reichskanzler Bernhard Martin Heinrich Fürst von Bülow im November 1906 für die diplomatische Isolierung des Deutschen Reichs während der Marokkokrise.

Die allgemeine weltpolitische Krisenstimmung ist vom Deutschen Reich aus ideologischen Gründen mitverursacht:

Der Aufstieg zur Wirtschaftsgroßmacht scheint der politischen Stellung des Deutschen Reichs in der Weltpolitik nicht zu entsprechen. Hieraus folgt ein Drang nach Ausweitung des wirtschaftlichen und politischen Einflußbereichs, wobei Großbritannien als der Hauptgegner erscheint, da es mit Hilfe seines weltumspannenden Imperiums die wirtschaftliche und politische Entfaltung Deutschlands zu verhindern sucht. Alle wichtigen Kolonialgebiete waren bereits vergeben, als der wirtschaftliche Spätentwickler Deutschland begann, seine zerstreuten kolonialen Erwerbungen aufzufüllen. Der »wirtschaftlichen Durchdringung« von Län-

»Der Ausweg der Konservativen« nennt Thomas Theodor Heine diese Karikatur in der Zeitschrift »Simplicissimus«: »Wenn Deutschland schon rot sein soll, so sei es rot vom Scheine der Kriegsfackel.«

Die politische Führung verlangt Gleichberechtigung mit den traditionellen Großmächten, versteht unter Gleichberechtigung jedoch Suprematie. »In dem kommenden Jahrhundert wird das deutsche Volk Hammer oder Amboß sein«, formulierte Reichskanzler Bülow bereits 1899 vor dem Reichstag. dern durch das Deutsche Reich stehen zudem in der Regel ältere Ansprüche anderer Großmächte gegenüber, wie das deutsche Engagement bei der Bagdadbahn im Osmanischen Reich zeigt (→ 29. 7./S. 131). Die Rivalität der Mächte Großbritannien und Rußland, die den Spielraum für die Politik Otto von Bismarcks abgegeben hatte, ist einer Verständigung gewichen; Frankreich wiederum befürchtet, daß sich das Deutsche Reich über seine Stellung im Vorderen Orient verstärkt in die französische Afrikapolitik einmischen könne.

Der Mythos vom preußisch-deutschen Soldatentum wird vom deutschen Kaiser mit der Forderung nach mehr Rüstung verknüpft (→ 25. 8./S. 140). All dies, so meinen viele, verstärkt im Deutschen Reich die Neigung und Bereitschaft zu militärischer Konfliktlösung.

Wilhelm II. ein Friedenskaiser?

Der britische Publizist Sidney Brooks veröffentlicht im Juli im US-amerikanischen »McClures Magazine« den aufsehenerregenden Aufsatz »The real Kaiser« (der Kaiser, wir er wirklich ist). Brooks, der angeblich für diesen Artikel von der deutschen Regierung gewonnen wurde, bezeichnet Wilhelm II. als »Friedenskaiser«: Er sei zwar in erster Linie Soldat, habe sich jedoch um die Erhaltung des Friedens »unschätzbare Verdienste« erworben. »Der Kaiser ist immer bemüht, das Richtige zu tun. Er gehört nicht zu den furchtsamen konstitutionellen Herrschern. Er ist auch kein müßiger Monarch, der sich nur mit Allgemeinheiten befaßt und seine Aufgabe in der Eröffnung von Wohltätigkeitsbasaren erblickt. Nein, der Kaiser ist eine Persönlichkeit, die sich zum Führer ausersehen glaubt und die Monarchie für eine unerschöpfliche, allgegenwärtige, väterliche und unfehlbare Macht hält. Sein Geist ist von einer wundervollen Regsamkeit, ein leichtes und bewegliches Werkzeug, das blitzartig arbeitet und Eindrücke schnell erfaßt ... Der Kaiser nimmt in der Weltgeschichte heute eine Stellung ein, die etwas Napoleonhaftes an sich hat. Er ist heute mehr als der brillanteste, unternehmendste und tatkräftigste Herrscher Europas. Ihm verdankt Deutschland die Ausgestaltung seiner Armee und Flotte. Man kann den Kaiser sogar als den Schöpfer der deutschen Flotte betrachten, desgleichen als den von Groß-Deutschland. Er hat sein Volk für die Weltpolitik begeistert ...«

Japan annektiert Kaiserreich Korea – Moskau stimmt zu

22. August. Das Kaiserreich Korea wird unter dem Namen Chosen japanisches Generalgouvernement. Damit finden die seit über 30 Jahren andauernden japanischen Versuche, die ostasiatische Halbinsel zwischen Japanischem und Gelbem Meer zu unterwerfen, mit der formellen Annexion ihren Abschluß.

Erster Generalgouverneur wird der japanische Kriegsminister Masakata Graf Terauchi, der vor seiner Abreise nach Seoul erklärt, Japan werde in Korea nicht mit der gepanzerten Faust regieren, werde jedoch das koreanische Regierungssystem »gründlich ändern«. In den Händen des Gouverneurs liegt die gesamte politische Macht.

Den koreanischen Zolltarif und die Verträge mit fremden Mächten will Japan noch fünf Jahre bestehen lassen. Die führenden koreanischen Adelsfamilien werden in die japanische Adelsliste eingetragen und erhalten Vermögensvorteile.

Im 19. Jahrhundert wurde Korea ein Spielball der Interessen von Japan, China und Rußland. 1876 erzwang Japan die Öffnung des von der Außenwelt völlig abgeschlossenen Königreichs durch den Vertrag von Kanghwa: Korea mußte Handelshäfen für japanische Schiffe öffnen. In der Folgezeit schlossen die USA (1882), Großbritannien (1883), das Deutsche Reich und Rußland (1884) mit Korea Verträge, die das Land in eine halbkoloniale Stellung brachten. Korea wurde Absatzmarkt und Lieferant von billigen Rohstoffen und Landwirtschaftsprodukten, die Reisausfuhr stieg um das Mehrfache an. Hunger und Elend der Bevölkerung waren die Folgen. Ein neuer Vertrag sicherte Japan 1883 das Recht zur Truppenstationierung. 1885 schlossen China und Japan ein Abkommen, nach dem keiner der beiden Staaten ohne vorherige Konsultation mit dem anderen Staat Soldaten nach Korea entsenden durfte.

In dieser Situation entstand in Korea die Thonghak-Bewegung, die auf der Basis von Konfuzianismus, Buddhismus und Taoismus die Gleichheit der Menschen propagierte, das Feudalsystem bekämpfte und sich gegen die Kolonialherren wandte. Als sich 1893/94 unter dem Einfluß der Thonghak-Bewegung die ausgebeuteten Bauern erhoben, bat der koreanische Hof China um Militärhilfe. Der Aufstand wurde niedergemetzelt. Japan nahm den Einsatz chinesischer Truppen zum Anlaß für den Chinesisch-Japanischen Krieg (1894/95), der zum größten Teil in Korea geführt wurde. Im Frieden von Schimonoseki erkannte Peking 1895 die Unabhängigkeit Koreas an, worauf sich der König von Korea zum Kaiser proklamierte.

Das brutale Vorgehen der Japaner rief im koreanischen Volk und bei den Herrschenden eine starke antijapanische Stimmung hervor. Es kam zur Anlehnung des koreanischen Kaiserhauses an das zaristische Rußland, das wiederum durch die Japaner seine Einflußsphäre in der Mandschurei bedroht sah. Dieser Gegensatz führte zum Russisch-Japanischen Krieg (1904/05). Nach dem Sieg über Rußland zwang Japan 1905 Korea einen »Schutzvertrag« auf, durch den es das Land innen- und außenpolitisch weitgehend beherrschte. 1907 wurde die koreanische Armee aufgelöst, der Staatsapparat ging in die Hände japanischer Beamter über, der Außenhandel wurde japanisches Monopol, japanische Gendarmerie und Militäreinheiten wurden im ganzen Land stationiert. Die Mandschurei-Initiative der USA vom → 6. Januar 1910 (→ S. 20) führte zur Verständigung zwischen Rußland und Japan: Der Weg für die Annexion Koreas war frei.

Terauchi regiert in Chosen
Erster Generalgouverneur in Chosen (Korea) wird der japanische Kriegsminister Masakata Graf Terauchi. Terauchi hatte bereits am 30. Mai das nun aufgehobene Amt des Generalresidenten übernommen und die Geschäfte von Tokio aus geleitet. In der Öffentlichkeit wird die Eignung Terauchis angezweifelt, da er sich bisher nur auf militärischem Gebiet ausgezeichnet habe, in Korea aber keine militärischen, sondern Verwaltungsaufgaben im Vordergrund stünden.

Koreanischer Träger vor japanischen Offizieren; der Hauptvorwurf, der gegen die Japaner bei ihrem Engagement in Korea erhoben wird, ist die skrupellose Ausbeutung der Einheimischen.

Die Kriegsflagge von Nippon: Der Strahlen aussendende Sonnenball ist zum Symbol für den japanischen Imperialismus geworden.

Japanisches Regiment beim Brückenbau am Fluß Taedong in Nordkorea 1909; die Japaner stoßen auf eine starke Unabhängigkeitsbewegung.

Bürgerkrieg in Bananenrepublik

1. August. Aus dem mittelamerikanischen Staat Honduras werden erneut schwere Kämpfe zwischen den Regierungstruppen des Präsidenten Miguel E. Dávila und den Revolutionseinheiten des im Jahr 1907 gestürzten Präsidenten Manuel Bonilla gemeldet.

Ende des 19. Jahrhunderts wurde der Einfluß Großbritanniens in Honduras durch die Vorherrschaft des US-amerikanischen Bananenkonzerns United Fruit Company abgelöst, Honduras wurde »Bananenrepublik«. Die Besetzung des Nordteils der Moskitoküste durch das Nachbarland Nicaragua unter Präsident José Santos Zelaya hatte 1907 zu einem Krieg, zur Einnahme der Hauptstadt Tegucigalpa durch nicaraguanische Truppen und zum Sturz des liberalen honduranischen Präsidenten Bonilla geführt. Seit 1909 tobt in Honduras der Bürgerkrieg zwischen den Anhängern Bonillas und den Regierungstruppen von Präsident Dávila. Die Kämpfe dauern noch am Jahresende an.

Umsturz in Nicaragua

20. August. Während des nicaraguanischen Bürgerkriegs flieht Präsident José Madriz mit seinen höchsten Offizieren in das Nachbarland Honduras. Neuer Präsident wird der aufständische General José Dolores Estrada. Damit hat die US-Regierung unter Präsident William Howard Taft ihr Ziel erreicht, den unbequemen Präsidenten zu stürzen und das mittelamerikanische Land den US-amerikanischen Wirtschaftsinteressen, vertreten vor allem durch den Bananenkonzern United Fruit Company, wieder in vollem Umfang zu öffnen.

William Howard Taft, seit 1909 Präsident der Vereinigten Staaten

US-amerikanische Streitkräfte hatten schon 1909 in die innenpolitischen Auseinandersetzungen zwischen Konservativen und Liberalen eingegriffen und den Sturz des »liberalen« Präsidenten José Santos Zelaya herbeigeführt (→ 22. 1./S. 25). Da auch der neue Präsident José Madriz keine USA-freundliche Politik betreibt und die bürgerkriegsähnlichen Unruhen anhalten, entsandten die Vereinigten Staaten im Mai erneut Marinesoldaten.

Am 27. Juni wandte sich Madriz in einer Zirkulardepesche vergeblich an die Regierungen des Deutschen Reichs, Großbritanniens, Frankreichs, Italiens und Spaniens und bat um »freundschaftliche Intervention in Washington« gegen die US-Aggression.

Auch nach der Flucht nach Madriz und der Machtübernahme durch die Konservativen kommt es immer wieder zu Aufständen der Liberalen.

Athen: Kreter wird Ministerpräsident

21. August. In Griechenland finden die Wahlen zur Nationalversammlung statt. Der kretische Politiker Eleftherios Weniselos erringt als Führer der liberalen Partei einen überragenden Wahlsieg und wird am 29. Oktober griechischer Ministerpräsident. Die osmanische Regierung erklärt in einer Protestnote die Wahl von Kretern zur griechischen Nationalversammlung zum feindlichen Akt gegen die osmanischen Hoheitsrechte auf der Insel.

Kreta ist seit 1898 eine autonome osmanische Provinz. 1908 erklärte die Insel den Anschluß an Griechenland, Weniselos u. a. kretische Abgeordnete kamen ins griechische Parlament. Auf Betreiben Großbritanniens erkannte die Athener Regierung die Abgeordneten Kretas nicht an, was auf Kreta und in Griechenland eine Massenbewegung auslöste, die vorübergehend zu einer Militärherrschaft führte. Die von König Georg I. einberufene Nationalversammlung (→ 30. 3./S. 55) bestätigt die kretischen Abgeordneten.

Friedenskongreß formuliert Grundsätze des Völkerrechts

1. August. In der schwedischen Hauptstadt Stockholm eröffnet Außenminister Graf Taube den 18. Weltfriedenskongreß.

Rund 600 Delegierte aus aller Welt nehmen an dieser Veranstaltung teil, als einer der prominentesten der Schweizer Charles Albert Gobat, der Mitbegründer und Leiter des ständigen Büros der Interparlamentarischen Union und Friedensnobelpreisträger von 1902. 1889 hatte in Paris gleichzeitig mit der ersten Weltfriedenskonferenz die erste Interparlamentarische Union getagt.

Sprecher der Pazifisten aus dem Deutschen Reich ist Ludwig Quidde, die Österreicher werden vertreten durch Alfred Hermann Fried, der als aussichtsreichster Kandidat für den Friedensnobelpreis gilt (1911). Nicht erschienen ist die 67jährige österreichische Pazifistin Bertha Freifrau von Suttner, die mit ihrem Roman »Die Waffen nieder« (1889) große Teile der Bevölkerung für die Friedensbewegung gewonnen und 1905 den Friedensnobelpreis erhalten hat. Prominenteste Frau ist die schwedische Pädagogin und Frauenrechtlerin Ellen Key.

Das zentrale Ereignis der Tagung ist die Vorlage einer Kodifikation des Völkerrechts (»Code international public«) durch den Franzosen Émile Arnaud. Die 145 Artikel dieses Codes sollen das Kriegsrecht der Haager Konferenzen (→ 27. 1./S. 24) durch eine Festsetzung des Friedensrechts ergänzen. Dem Code vorangestellt sind acht Grundsätze:

▷ 1. Die Beziehungen unter den Völkern werden durch dieselben Grundsätze des Rechts und der Sittlichkeit geregelt wie die Beziehungen unter den einzelnen Menschen

▷ 2. Wie keiner sich selbst Recht schaffen darf, so soll kein Volk einem anderen Volk den Krieg erklären dürfen

▷ 3. Jeder Völkerstreit muß durch Schiedsgerichte geschlichtet werden

▷ 4. Die Selbständigkeit eines jeden Volkes ist unverletzlich

▷ 5. Es gibt kein Recht, das sich auf Eroberung gründet

▷ 6. Die Völker haben das Recht der legitimen Verteidigung

▷ 7. Die Völker haben das unveräußerliche und unverjährbare Recht der freien Selbstbestimmung

▷ 8. Die Völker sind unter sich solidarisch.

Zur aktuellen Politik nimmt der Kongreß folgende Resolution an: »Der Kongreß ist glücklich, daß die Periode der aktiven militärischen Operationen Frankreichs und Spaniens in Marokko aufgehört hat. Er . . . hofft, daß die Entwicklung friedlicher, normaler Beziehungen zwischen den Europäern und der marokkanischen Bevölkerung eine progressive, baldige Zurückziehung der Truppen ermöglicht« (→ 25. 3./S. 55).

*Der Historiker Ludwig Quidde (*1858) zählt seit den 90er Jahren zu den führenden deutschen Pazifisten.*

*Der Österreicher Alfred Hermann Fried (*1864) gründete 1892 die Deutsche Friedensgesellschaft.*

Balkanfürst Nikita hat jetzt Königstitel

29. August. Das Balkanfürstentum Montenegro wird Königreich. 50 Jahre nach seiner Thronbesteigung nimmt Fürst Nikolaus I. (gen. Nikita) den Königstitel an.
Nikolaus führte von 1876 bis 1878 im Bund mit Serbien und Rußland einen Krieg gegen das Osmanische Reich, der ihm einen erheblichen Gebietszuwachs und die Anerkennung der Unabhängigkeit eintrug. Seine Stellung festigte er durch die Vermählung seiner Töchter mit zwei russischen Großfürsten und König Viktor Emanuel III. von Italien. Viktor Emanuel und seine Frau Helena sowie König Ferdinand I. von Bulgarien und der bulgarische Kronprinz Boris (III.) sind Gäste bei den Feierlichkeiten in der montenegrinischen Hauptstadt Cetinje.

◁ König Nikolaus I. und Königin Milena (l.) lassen sich von den Montenegrinern feiern. Die selbstherrliche Regierungsweise des Fürsten, der nun den Königstitel annimmt, hat im Innern eine wachsende Opposition hervorgerufen. Außenpolitisch lehnt sich Nikolaus I. an Rußland an. Daß das kleine Fürstentum Montenegro in die Reihe der europäischen Königreiche eintritt, wird dem persönlichen Ansehen Nikolaus' zugeschrieben.

II. Internationale fordert Solidarität

28. August. In Kopenhagen beginnt der Internationale Sozialistenkongreß der II. Internationale. An der bis zum 3. September dauernden Veranstaltung nehmen 896 Delegierte teil, darunter Wladimir I. Lenin und Rosa Luxemburg.
Eine Resolution über die internationale Solidarität verpflichtet die Arbeiter aller Länder zu gegenseitiger moralischer und materieller Unterstützung bei Streiks. Von den sozialistischen Vertretern in den Parlamenten werden die Verstärkung des Kampfes gegen die Kriegsgefahr und Bemühungen um die Einschränkung der Rüstung gefordert. Das organisierte sozialistische Proletariat sei der einzige zuverlässige Bürge für den Weltfrieden.

Kein Kaiser älter: Franz Joseph feiert

18. August. Franz Joseph I., seit 1848 Kaiser von Österreich und seit 1867 zugleich König von Ungarn, vollendet in Ischl im engsten Kreis sein 80. Lebensjahr. Aus diesem Anlaß begnadigt er 20 wegen »politischer Aufreizung« und Majestätsbeleidigung Verurteilte.
Das Schicksal hat große Lücken in die Familie des Kaisers gerissen: 1898 wurde seine Frau Elisabeth (»Sisi«) von einem Anarchisten erstochen, 1889 beging sein einziger Sohn, Kronprinz Rudolf, Selbstmord. Die einzige Vertraute Franz Josephs ist die 23 Jahre jüngere Schauspielerin Katharina Schratt.

Kaiser Franz Joseph prägt mit seinem Backenbart auch die Mode.

»Religiös-sittliche Hebung des Volkes«

21. August. Mit einem Massenumzug der katholischen Arbeitervereine beginnt in Augsburg die 57. Generalversammlung der Katholiken Deutschlands. Der 1848 erstmals abgehaltene, seit 1880 jährlich veranstaltete Katholikentag ist eine Versammlung vor allem der organisierten Katholiken. Parteipolitisch dominiert das Zentrum.
Papst Pius X. läßt die rund 28 000 Teilnehmer in einem Telegramm grüßen, das unmißverständlich auf die umstrittene Borromäus-Enzyklika (→ 14. 6./S. 112) Bezug nimmt: »Der heilige Vater hofft, daß eure dortige Zusammenkunft in allen Stücken den päpstlichen Weisungen entsprechend verlaufen werde.«
Johann Giesberts, eine der führenden Persönlichkeiten der christlichen Gewerkschaftsbewegung und seit 1905 Mitglied des Reichstags für die Zentrumspartei, beziffert in seiner Ansprache die Zahl der katholischen Arbeitervereine auf 2900 mit 390 000 Mitgliedern, beklagt jedoch die geringe Zahl christlicher Arbeitersekretäre, d. h. von Arbeitern, die Angestellte der Gewerkschaften sind und die Gewerkschaftsmitglieder kostenlos vor allem in Fragen der Sozialversicherung und des Arbeitsrechts beraten. Dieser Bereich dürfe nicht der Sozialdemokratie überlassen werden.
Der Präsident des Katholikentags, der Zentrumspolitiker Wilhelm Marx, fordert die Liberalen auf, in konfessionellen Angelegenheiten »den Mund zu halten«: »Wenn die liberalen Blätter den Konfessionalismus bekämpfen, so beweisen sie damit, daß sie von den Bedürfnissen der modernen Zeit keinen Begriff haben.« Um die »religiös-sittliche Hebung des erwerbstätigen Volkes« zu gewährleisten, müsse in den Fortbildungsschulen der obligatorische Religionsunterricht eingeführt werden: »Der Staat aber muß unsere Bestrebungen unterstützen, die jungen Leute in staatstreuer Gesinnung zu erhalten.«
Aufsehen erregt der Vortrag des Münsteraner Theologen Joseph Mausbach über die Stellung der Frau in der Gesellschaft: »Eine unermeßliche Fülle geistiger Schönheit und belebender Kraft liegt im Gemüte der deutschen Frauenwelt, zumal da, wo es durch den Glauben dem Himmel nahegerückt ist. Wenn dieser tiefe stille See durch die heutige Frauenbewegung erregt, wenn seine Kraft aus dem friedlichen Bezirk des Hauses auf weite Gebiete modernster Arbeit übergeleitet wird, so fassen wir diese Umwälzung als eine Notwendigkeit gottgewollter Entwicklung auf. Sorgen wir aber nach Kräften, daß das alte Ideal der deutschen Frau mit seiner Glaubenstiefe und friedlichen Anmut, mit seiner reinigenden und beruhigenden Wirkung für alles Menschheitsleben nicht Schaden leidet!«

Die Eröffnungsfeier des Katholikentags vor dem Augsburger Dom

Im 13 km langen Culebra-Einschnitt (Gaillard Cut) durchschneidet der Kanal die bis zu 93 m hohe Wasserscheide. Erdrutsche verzögern hier die Bauarbeiten. Drei Schleusen, durch die die Schiffe mit Schienenfahrzeugen geschleppt werden, ermöglichen die Bewältigung von 26 Höhenmetern.

Erstes Panamakanal-Teilstück schiffbar

19. August. Vom Panamakanal werden auf der Atlantikseite die ersten 5,5 Meilen (ca. 10 km) für den Verkehr freigegeben.

Die Bedeutung dieses Schleusenkanals liegt in der enormen Verkürzung des Seewegs zwischen den beiden Küsten der USA sowie zwischen Ostasien bzw. Australien und der Ostküste der USA. Bisher läuft die Route um Kap Hoorn (Südspitze Südamerikas) bzw. mit der Eisenbahn über die Landenge von Panama. Der Seeweg zwischen dem Ostküstenhafen New York und San Francisco an der Westküste z. B. verkürzt sich um 14 581 km. Das entspricht – je nach der durchschnittlichen Fahrgeschwindigkeit – einer Zeitersparnis von viereinhalb, drei oder zwei Wochen.

Darüber hinaus hat der Kanal große strategische Bedeutung, da die USA ihre auf beide Küsten verteilten Kriegsflotten nunmehr in kürzester Zeit vereinigen können. Der Kanal ist für die USA so wichtig, daß sie die Gründung des Marionettenstaats Panama in die Wege leiteten: Sie inszenierten 1903 in der Panamazone eine separatistische »Revolution«, in deren Verlauf Panama sich zur von Kolumbien »unabhängigen Republik« konstituierte. Wenige Tage später verkaufte die panamaische Regierung die 16 km breite Kanalzone an die USA.

Seitenmauer der Gatunschleuse; der US-Offizier George W. Goethals führt die Oberaufsicht der Bauarbeiten.

Bau der Schleusenkammern von Gatun, wo der Aufstieg zum künstlich gestauten Gatunsee erfolgen wird.

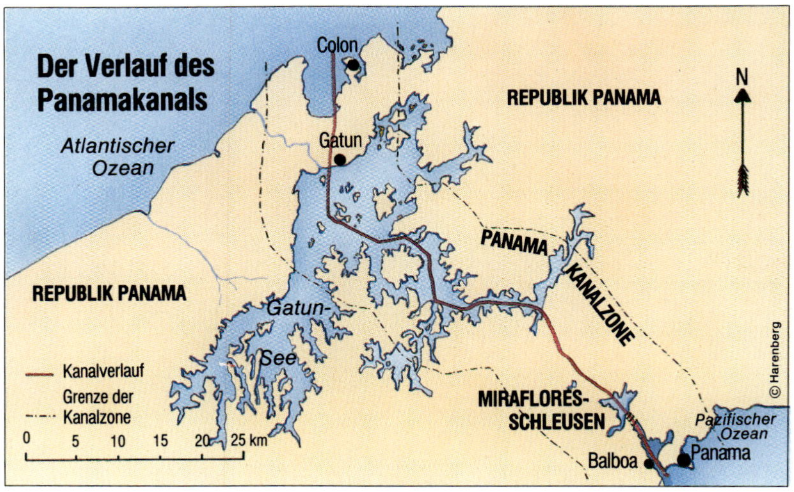

Transozeankanal als Streitobjekt

Mitte des 19. Jahrhunderts wurden Panama, damals Provinz Neugranadas (Kolumbiens), und der geplante Kanal zwischen Atlantik und Pazifik Streitobjekt zwischen den USA und Großbritannien. Die USA erwarben 1846 das Recht zum Transitverkehr über die Landenge und beendeten 1855 den Bau der Panamabahn. 1850 einigten sich USA und Großbritannien im Clayton-Bulwer-Vertrag auf die Neutralität eines künftigen Kanals. Unter der Leitung des Sueskanalerbauers Ferdinand de Lesseps erhielt 1879 eine französische Gesellschaft die Rechte zum Kanalbau, erklärte jedoch nach einer Korruptionsaffäre 1889 den Bankrott. Die Nachfolgegesellschaft verkaufte 1902 ihre Aktien an die USA. Diese hatten sich 1901 durch den Hay-Pouncefote-Vertrag mit Großbritannien das Alleinrecht für die Erbauung eines zentralamerikanischen Kanals gesichert. 1903 erhielten sie von der Republik Panama das Territorium. 1906 beschloß der US-Kongreß den Bau eines Schleusenkanals unter der Leitung des Offiziers George W. Goethals.

Das französische Seebad Biarritz am Golf von Biscaya zählt jährlich über 10 000 meist adlige Gäste aus Frankreich, Spanien und Großbritannien.

Kunstinteressierte nennen Sachsens Metropole »das deutsche Florenz«.

Hamsun warnt vor den Gefahren des Tourismus

In der Zeitung »Verdens Gang« in Kristiania (Oslo) warnt der Schriftsteller Knut Hamsun seine Landsleute vor den Gefahren der Touristenschwemme: »Wir haben unser Land zu einem einzigen großen Hotel für die Ausländer eingerichtet. Was haben wir dabei gewonnen? Runde, klingende Schillinge in den Taschen. Jetzt können wir uns Kaffee kaufen und ihn auch bezahlen und können Gardinen vor die Fenster unserer Hütten hängen, wir können mit dem Chauffeur englisch speaken. Aber wir haben unsere Genügsamkeit eingebüßt, unsere gute Ruhe, unsere kleinen und stillen Gewohnheiten, wir haben unsere Arbeitsamkeit verloren, unser Inneres hat gelitten. Diese Hotelehe mit den Ausländern kann ein gefährliches Mittel zur Selbstschwächung werden – und ist es bereits. Unser alter Mangel an Bargeld war vielleicht ein kleineres Unglück als der neue Verdienst als Aufwärter.«

Während der Nachmittagspromenade im Englischen Garten in München

Gesellschaftsspiel »Die Eroberung des Südpols«

Beim »Fantasio« muß die Scheibe die 10 erreichen.

△ *Ein populärer Zeitvertreib auf britischen Kriegsschiffen ist dieses »Hockey on Roller-Skates« genannte Spiel, bei dem die Teilnehmer einen Ring vorantreiben.*

Ein typisches Upper-Class-Vergnügen ▷ *ist Lawn-Tennis, eine der wenigen Sportarten, die auch Frauen zugänglich sind.*

Urlaub und Freizeit 1910:

Reisen – Vergnügen nur für Oberschicht

Der Großteil der Bevölkerung kennt weder Urlaub noch Freizeit. Fast 50% aller Arbeiter haben einen Neuneinhalb- bis Zehnstundentag. Der Sonntag ist der einzige arbeitsfreie Tag. Daher gilt der Kampf der Arbeiterschaft nicht der Erringung von mehr Freizeit, sondern von weniger Arbeitszeit, also von freier Zeit überhaupt – neben Arbeit, Essen, Schlafen, Anziehen usw. Diese freie Zeit würden Arbeiter am liebsten mit Lesen, künstlerischer Betätigung und Weiterbildung ausfüllen, wie Untersuchungen im Ruhrgebiet ergeben haben.

Der Begriff »Freizeit« hingegen ist überwiegend religiös geprägt, vor allem evangelisch: Unter »Freizeit« wird danach das mehrtägige Gemeinschaftsleben gesinnungsverwandter Menschen an ruhigen, dem städtischen Getriebe entrückten Orten zum Zweck gemeinsamer Besinnung oder gemeinsamer Erholung verstanden. Durch die Veranstaltung von Wanderungen, durch den gemeinsamen Aufenthalt in Jugendherbergen oder Zeltlagern sollen körperliche und seelische Erholung verbunden und die Grundlage für eine sittlich-weltanschaulich stabile Lebensführung ermöglicht werden. Diese Vorstellung von Freizeit ist vor allem geprägt durch die Jugendbewegung und die Arbeit evangelischer Verbände.

Wenn von Urlaub und Freizeit die Rede ist, so ist damit das Verhalten einer relativ kleinen, aber kapitalstarken Gesellschaftsschicht und der sog. Bildungsbürger gemeint. Diese Begüterten reisen vor allem in die Seebäder, die Hochgebirgsorte und die Kunstzentren. Neben dem klassischen Reiseziel Schweiz wird für die Deutschen Norwegen zunehmend attraktiver aufgrund der jährlichen »Nordlandfahrten« von Kaiser Wilhelm II. Diese beiden Länder warten 1910 mit neuen, den Tourismus fördernden Superlativen auf: In der Schweiz werden die Besucher im Luftschiff über den Vierwaldstätter See und die angrenzende Bergwelt geflogen, in Norwegen, im Bereich des Gletschers Hardangerjøkulen, ist nach der Eröffnung der Bergenbahn erstmals Skifahren im Sommer möglich.

Fleischnot schafft ernste Probleme

20. August. Der österreichische Ministerrat in Wien beschließt, zur Linderung der Fleischnot die Einfuhr von lebenden Rindern aus Italien, den Niederlanden und Frankreich zu erlauben.
Ebenso wie Österreich ist das Deutsche Reich von einer Fleischteuerung betroffen, die u. a. damit begründet wird, daß nach der schlechten Futterernte der Rinderbestand reduziert wurde. Nun ist der Viehbestand so klein, daß er für die Ernährung der Bevölkerung nicht ausreicht: Das Mißverhältnis von Angebot und Nachfrage treibt die Preise rapide in die Höhe, Preissteigerungen von 20% im Vergleich zum Vorjahr sind keine Seltenheit. Die Regierungen wiederum halten die Grenzen durch Zölle weitgehend gesperrt, um die heimische Landwirtschaft vor der ausländischen Konkurrenz zu schützen. Österreich öffnet nun seine Grenzen, Bayern gestattet am 17. November die Einfuhr von Schlachtrindern und Schweinen aus Frankreich. Die preußische und die Reichsregierung hingegen halten an ihrer Schutzzollpolitik fest, obwohl selbst der Staatssekretär des Inneren (Innenminister), Clemens von Delbrück, im Reichstag zugeben muß, »daß in einigen Orten eine Notlage vorhanden ist und daß ein dauernder Rückgang der Ernährung nicht stattfinden darf«.

Wilhelm II. bei der Jagd (l.); »Endlich hat man sich entschlossen, Maßregeln gegen die Fleischnot zu ergreifen.« (»Simplicissimus«-Karikatur rechts)

Preissteigerung von knapp 20%
Die Fleischpreise erreichen 1910 im Deutschen Reich eine in diesem Jahrhundert noch nie dagewesene Höhe. In Berlin zeigt die Preisentwicklung je Kilogramm Rindfleisch folgendes Bild:

1901	1,15 Mk	–
1902	1,20 Mk	+ 3,7%
1903	1,32 Mk	+10,2%
1904	1,31 Mk	– 0,3%
1905	1,37 Mk	+ 4,4%
1906	1,47 Mk	+ 7,2%
1907	1,44 Mk	– 1,9%
1908	1,36 Mk	– 5,5%
1909	1,30 Mk	– 4,6%
August 1910	1,54 Mk	+18,4%

In Dresden ist der Fleischkonsum um 19% zurückgegangen, während der Verbrauch an billigerem Pferde- und Hundefleisch steigt.

Feuerbestattung in Bayern verboten

26. August. Das bayerische Innenministerium unter Maximilian Friedrich Ritter von Brettreich verweigert die Genehmigung zum Betrieb des Krematoriums, dessen Bau die Nürnberger Stadtbehörden beschlossen hatten. Die Staatsregierung vertritt die Auffassung, daß für den Betrieb eines Krematoriums eine polizeiliche Genehmigung vorliegen müsse; für eine solche Erlaubnis fehle jedoch die gesetzliche Grundlage.
Diesen Standpunkt hat die Staatsregierung schon im Jahr 1894 und früher eingenommen. Sie bezieht sich bei ihrer Ablehnung nicht auf religiöse, ästhetische, hygienische, volkswirtschaftliche u. a. Aspekte der Feuerbestattung, sondern auf Artikel 61, Absatz 1, Ziffer 3 des Polizeistrafgesetzbuchs: Dort wird nur von »Beerdigung« und »Begräbnis«-Platz gesprochen. Unter »Beerdigung« aber sei, wie der Minister im Jahr 1907 im Landtag ausführte, die Bestattung zur Erde und nicht die Leichenverbrennung zu verstehen; eine analoge Anwendung sei »nicht tunlich, da zur Zeit des Erlasses des Polizeistrafgesetzbuches ganz gewiß niemand an die Verbrennung gedacht« habe.
Bei der Begründung der neuerlichen Ablehnung verwahrt sich der Minister dagegen, daß politische Erwägungen eine Rolle gespielt hätten. Er räumt jedoch, wenn auch verschleiert, ein, daß sich auf Dauer die Nichtzulassung der freiwilligen Leichenverbrennung nicht werde halten lassen, denn es sei »sicher kein befriedigender Zustand, wenn Leichen in größerem Umfange nach auswärts zur Verbrennung geschafft werden« müßten.

»Flammen-Kanon« aus der Feder des in Laubegast bei Dresden lebenden Schriftstellers Max Bewer, »bei Feuerbestattungen zu singen«: »Heilige Flamme nimm mich wieder, Den der Odem Gottes schuf, Feuer floss mir durch die Glieder Einst bei seinem Schöpferruf, Sonnenwelten ließ er kreisen Sternenfunkelnd über mir, und auf flammenden Geleisen Vater kehr ich heim zu Dir! Singend wie an einer Wiege Bringe brausend mich zur Ruh, und die freie Seele fliege Staubverklärt dem Lichte zu.« (Zeichnung von Albert Weisgerber)

Einäscherung für Katholiken tabu

Die Feuerbestattung war in Europa bis zur Mitte des 19. Jahrhunderts fast völlig vergessen. Für die christlichen Kirchen gilt seit der Antike die aus dem Judentum übernommene Sitte der Erdbestattung. Die Feuerbestattung wurde als heidnischer Brauch, dem u. a. die Germanen huldigten, verworfen. Kaiser Karl der Große mußte die Vorschriften der Priester durch Gesetze bekräftigen. Die katholische Kirche besteht unter Berufung auf die Grablegung Christi auf der Erdbestattung und verweigert Eingeäscherten ein Begräbnis. Die evangelische Kirche hingegen hat ihre schroffe Haltung aufgegeben.
Im Zuge der Industrialisierung propagierte ab 1875 eine regelrechte Feuerbestattungsbewegung die Errichtung von Krematorien. Das erste deutsche Krematorium entstand 1878 in Gotha, weitere folgten 1891 in Heidelberg und 1892 in Hamburg. Dennoch bleiben die Anhänger der Feuerbestattung eine Minderheit: 1909 gab es im Deutschen Reich lediglich 4779 Einäscherungen, das sind 0,4% aller Gestorbenen.

Cholera: 50 000 Russen tot

19. August. Nach offiziellen Angaben aus Petersburg (Leningrad) sind in diesem Jahr im Russischen Reich 112 985 Menschen an der Cholera erkrankt und 50 287 an dieser epidemischen Darmkrankheit gestorben. Auch aus Unteritalien, Österreich-Ungarn und Spandau werden Cholerafälle gemeldet.

Die deutschen Behörden begegnen der Krankheit mit einer gewissen Gelassenheit, da sich die von Robert Koch vorgeschlagenen Maßnahmen, die in den Epidemien von 1892 bis 1894 ihre Feuerprobe bestanden hatten, auch 1905 und 1909 bewährt haben: Das Eisenbahnpersonal beobachtet den Gesundheitszustand der aus dem Ausland Einreisenden, für alle aus Rußland eintreffenden Personen besteht Meldepflicht. Die Kranken und ihre Familienangehörigen werden darüber hinaus isoliert oder unter Beobachtung gestellt und bakteriologisch untersucht. Die Cholera ist in Südostasien am Unterlauf des Flusses Ganges beheimatet. Seit 1831 hat sie sich in großen Seuchenzügen über weite Teile der Erde (außer Australien) ausgebreitet, im Deutschen Reich war im Jahr 1892 Hamburg besonders hart betroffen. Daß diese Seuchenzüge erst im 19. Jahrhundert verstärkt auftraten, wird mit der rapiden Steigerung des Verkehrs seit Beginn der Dampfschiffahrt erklärt. Zwei Hauptrouten der sog. Seuchenzüge lassen sich verfolgen: Die eine führt über Zentralasien, den Hauptstraßen des Karawanenverkehrs folgend, die zweite führt über See zu den Mittelmeerhäfen. Da die Choleraerreger sich nur in gewissen Bezirken Indiens halten, während sie in den anderen Ländern nach einiger Zeit absterben, muß die Cholera demzufolge immer neu eingeschleppt werden.

Der Sieger des Rundflugs, Leblanc (Mitte hinten), wird in Issy-les-Moulineaux begeistert gefeiert.

100 000 Franc für den »Circuit«-Gewinner

7. August. *In Issy-les-Moulineaux bei Paris starten die bekanntesten französischen Piloten zum »Circuit de l'Est«. Nur zwei der acht Aviatiker, die zu diesem 790 km langen Etappen-Rundflug durch Ostfrankreich aufsteigen, erreichen am 17. August das Ziel. Erster wird Leblanc, der die Strecke mit seinem Blériot-Eindecker in zwölf Stunden und einer Minute bewältigt. Seine Prämie beträgt 100 000 Franc (81 000 Mark).*

Todesfahrt mit »Kaiser Wilhelm«

9. August. Der New Yorker Bürgermeister William J. Gaynor wird im New Yorker Hafen an Bord des Lloyddampfers »Kaiser Wilhelm der Große« vor Antritt einer Urlaubsreise nach Europa bei einem Attentat schwer verletzt. Ein entlassener Kommunalbeamter, der ehemalige Nachtwächter Gallagha, schießt aus kurzer Entfernung mit einem Revolver dreimal auf Gaynor, den er in den Kopf trifft. Neben Gaynor steht im Augenblick des Attentats der chilenische Staatspräsident Pedro Montt, dessen Ziel ebenfalls ein Erholungsurlaub in Europa ist.

Bei dem Attentat handelt es sich eindeutig um einen Racheakt. Gaynor, der das Bürgermeisteramt seit einem Jahr bekleidet, hat sich als Reformer und Bekämpfer der Korruption bei vielen städtischen Beamten unbeliebt gemacht.

Während sich Gaynor in New York von seinen Verletzungen in einem Hospital erholt, fährt der 62jährige Präsident weiter nach Bremen. Sein Ziel ist (Bad) Nauheim, wo er ein Herzleiden auskurieren will. Kurz nach der Ankunft in Bremen erleidet Montt am 16. August eine Herzattacke und stirbt. Die Amtsgeschäfte hatte er vor der Abreise Elías Fernández Albano übergeben, der nun eine Übergangsregierung leitet.

Steinzeit am Attersee

14. August. In einer Bucht des Attersees im Salzkammergut, dem sog. Sturmwinkel bei Kammer, wird die Rekonstruktion eines Pfahlbaudorfs aus der Steinzeit der Besichtigung freigegeben. Initiator der in Europa einmaligen Anlage war die »Deutsche Heimat«, ein von Eduard Stepan geleiteter Verein für Heimatschutz und Heimatforschung.

Die »Deutsche Heimat« wählte den Attersee für die Rekonstruktion, da in diesem See zahlreiche Reste ehemaliger Pfahlbauten entdeckt wurden und die landschaftliche Umgebung einen besonders malerischen Hintergrund bilde.

Die Wände der schilfgedeckten Hütten sind geflochten, zwei Hütten wurden als Blockbauten rekonstruiert. Zentrum jeder Hütte ist der Steinherd. Geräte und Werkzeuge bestehen aus Stein oder Hirschhorn, Tongefäße wurden meist ohne Drehscheibe angefertigt. Die Bewohner waren Jäger und Fischer.

Die Plattform, auf der die drei rekonstruierten Steinzeithütten stehen, ruht auf Pfählen, die in den Grund des Attersees eingetrieben wurden.

Wiener Fiaker zu Taxen degradiert

1. August. In Wien müssen ab heute die Fiaker mit Taxametern ausgerüstet sein, die den genauen Fahrpreis anzeigen. Wer binnen einer Schonfrist von wenigen Wochen nicht die Raduhr mit dem Fähnlein an der Pferdedroschke anbringt, verliert die Konzession.

Die Kutscher sehen in diesem Verwaltungsakt den Untergang ihres Berufs, den sie als Kunst verstehen: Das persönliche Verhältnis zwischen Kutscher und Passagier, das sich in künstlerischem Rosselenken und in Liebhaberpreisen ausgedrückt hat, wird beendet. Der Kutscher kann den künftigen Passagier auch nicht mehr auswählen oder ablehnen. Ein Wiener Fiaker fährt nur echte Kavaliere, hieß es bisher, und nicht »so eine notige Bagasch, dö nach den Tax'n fahr'n will«. Damit ist es vorbei: »Auch wenn einer nur a poa Heller Trinkgeld gibt, dann muß man schon Dank schön sagen, wo man's ihm früher fast ins Gesicht geschmissen hätte.«

Der Protest gegen die Einführung des Systems von preußischer »verdammter Pflicht und Schuldigkeit« blieb ungehört. Auch die Drohung der Rosselenker, bei den nächsten Wahlen zu zeigen, daß sie sich nicht ungestraft in ihren heiligsten Gefühlen verletzen lassen, half nichts.

Der Neuseeländer Richard Arnst (27), ursprünglich Radfahrer, schlägt seit drei Jahren alle Herausforderer.

Der Brite Ernest Barry (28) konnte wegen einer Fußgelenkentzündung in den letzten Wochen nicht hart trainieren.

Richard Arnst bleibt Champion im Einer

18. August. Titelverteidiger Richard Arnst aus Neuseeland gewinnt die Ruderweltmeisterschaft für Berufsfahrer im Einer auf dem Sambesi in Rhodesien (Südafrika). Sein Herausforderer Ernest Barry, Champion von England, wird mit drei Längen geschlagen – zum Leidwesen der zahlreichen britischen Zuschauer.
Normalerweise wird die Einer-Weltmeisterschaft im Heimatland des Titelverteidigers ausgetragen, nicht in regelmäßigen Abständen, sondern nur dann, wenn sich ein ernsthafter Herausforderer findet. Barry hätte also nach Neuseeland reisen müssen, wo auch die Rennen der letzten Jahre stattgefunden haben. Die Veranstalter wollten das Rennen jedoch auf der Themse durchführen, um diese Sportart einem breiten Publikum vorzustellen. Diese Idee scheiterte an den Honorarforderungen Arnsts. Man einigt sich auf die ehemalige britische Kolonie Südafrika (→ 31. 5./S. 101), nachdem Arnst 7000 Mark Reisegeld und 20 000 Mark Preisgeld durchgesetzt hatte. Der Sieger erhält 15 000 Mark, dem Zweiten bleiben 5000 Mark.
Um der Weltmeisterschaft einen Rahmen zu geben, wurde gleichzeitig eine Ruderregatta veranstaltet.

Berliner Athleten vorn

28. August. Bei strahlendem Sonnenschein und starkem Besucherandrang werden im Palmengarten-Neugarten in Frankfurt am Main die Deutschen Leichtathletik-Meisterschaften ausgetragen. Veranstalter des Wettbewerbs ist die Deutsche Sportbehörde für Athletik.
Zweimal erfolgreich unter den Läufern sind der Berliner Richard Rau über 100 m (11,2 sec) und 200 m (22,4 sec) sowie der für den Berliner SC startende US-Amerikaner James Lightbody über 800 m (2:02,7 min) und 1500 m (4:12,4 min). Die Überlegenheit der Athleten aus der Reichshauptstadt ist erdrückend: Von 16 Disziplinen werden neun von Berlinern und eine von einem Charlottenburger gewonnen.
Im Hochsprung und im Stabhochsprung zeigt der Kieler Robert Pasemann seine gewohnte Überlegenheit. Mit 3,44 m stellt er im Stabhochsprung einen deutschen Rekord auf. Im Weitsprung unterliegt er dem Berliner Albert Weinstein (6,83 m). Das Diskuswerfen gewinnt der Darmstädter Josef Otto mit 37,68 m. Er sichert sich mit 12,21 m auch den ersten Rang im Kugelstoßen.

Der Sprinter Richard Rau gewinnt über 100 m und 400 m.

Schlechter Sieger bei Schachturnier

6. August. Bei einem internationalen Schachturnier in Hamburg gewinnt der Wiener Karl Schlechter mit 11,5 Punkten bei nur einer Verlustpartie den mit 2000 Mark dotierten Hallgarten-Preis. Zweiter wird mit 11 Punkten der Tscheche Duras (1500 Mark Prämie), der einzige Teilnehmer, dem es während des dreiwöchigen Turniers gelang, Schlechter zu schlagen. Der ebenfalls favorisierte Siegbert Tarrasch hingegen muß sich abgeschlagen mit dem neunten Rang begnügen, 3,5 Punkte trennen ihn vom ersten Preisträger.
Unter den Spielern, die sich zu dem Turnier gemeldet hatten, wählte der Deutsche Schachbund die zehn bekanntesten Meisterspieler aus, wobei es jedoch mehrere Absagen gab. Der deutsche Schachweltmeister Emanuel Lasker, der im Februar seinen Titel verteidigt hat (→ 10. 2./S. 49), nahm nicht teil.

Film 1910:

Leinwand wird für die Politik entdeckt

Mit dem Film ist der Sprechbühne eine Konkurrenz entstanden, die den Massen für wenig Geld meist ungleich bessere Unterhaltung bietet und darüber hinaus das Aktualitätsbedürfnis befriedigt: Jede Sensation der Zeitgeschichte kann auf der Leinwand nach- und miterlebt werden.
Der erste deutsche Science-fiction-Film, »Die Welt geht unter«, ist eine Satire um den Halleyschen Kometen (→ 19. 5./S. 104). Das neue Medium bringt dem breiten Publikum aber auch die bisher unerreichbar scheinenden Vertreter der hohen Politik näher. So läßt Kaiser Wilhelm II. sich an Deck seiner Jacht »Hohenzollern« bei einer Ordensverleihung kinematographieren und erteilt die Erlaubnis, diese Aufnahmen in der Öffentlichkeit zu zeigen.
Damit kommt dem Film nicht mehr nur die Aufgabe des Geschichtenerzählens zu, sondern er erfüllt mehr und mehr die Funktion einer Zeitung in lebenden Bildern und gewinnt damit zunehmend an politischer Bedeutung: Er kann zum Instrument derer werden, die die Macht ausüben. In diesen Zusammenhang ist der erste deutsche U-Boot-Film zu stellen, der in diesem Jahr mit Außenaufnahmen auf Rügen gedreht wird: »Pro Patria« lautet der Titel, »Für das Vaterland«.

Millionengeschäft mit dem Film
Die Faszination, die der Film auf die Massen ausübt, spiegelt sich in den Umsatzzahlen wider. Bei der US-amerikanischen Gesellschaft Vitagraph, deren beherrschende Persönlichkeit James Stuart Blackton ist, sieht die finanzielle Entwicklung so aus:

Jahr	Umsatz	Vergleich zu Vorjahr
1903	15 860 $	
1904	25 750 $	+ 75,0%
1905	38 860 $	+ 50,9%
1906	120 749 $	+210,7%
1907	248 764 $	+106,0%
1908	279 814 $	+ 12,5%
1909	308 849 $	+ 10,4%
1910	665 372 $	+115,4%

(Siehe auch Übersicht »Filme« im Anhang.)

David Wark Griffith (M.) drehte seit 1908 mehrere hundert Kurzfilme für die US-amerikanische Filmgesellschaft Biograph.

Mack Sennett, seit 1909 bei der Biograph, vertritt die Groteskkomödie.

Florence Lawrence, der erste Filmstar der USA, spielt 1910 in »Auferstehung«.

Der Erfolg von »Broncho Billy« (1908) mit Gilbert M. Anderson löste eine Flut von Cowboy-Filmen aus; im Bild das Team um die Western-Stars Harry Carrey und Olive Fuller Golden.

Mary Pickford (2. v. l.), 1909 von Griffith engagiert, avanciert als »das Mädchen mit den goldenen Locken« zum Star.

◁ Das Dachatelier der Oskar-Meßter-Filmgesellschaft in Berlin; nach eigenen Angaben errichtete Meßter hier 1907 den ersten Filmgroßbetrieb. In dem Glasatelier, das eine Schwebebühne mit Motorantrieb besitzt, entstanden Meßters erste Spielfilme. Das Foto ganz links zeigt Mitarbeiter auf der Bühne bei der Arbeit. Auf der rechten Aufnahme ist ein Dekorationsaufbau aus dem Jahr 1910 zu sehen. Filmpionier Meßter, der viel mit selbsterfundenen Apparaten arbeitet, gründet 1910 die Kosmograph Compagnie zur Herstellung filmtechnischer Geräte.

September 1910

Mo	Di	Mi	Do	Fr	Sa	So
			1	2	3	4
5	6	7	8	9	10	11
12	13	14	15	16	17	18
19	20	21	22	23	24	25
26	27	28	29	30		

1. September, Donnerstag

Der österreichische Kaiser Franz Joseph I. empfängt in (Bad) Ischl den italienischen Außenminister Antonino Paternò-Castello Marchese di San Giuliano. In einem Kommuniqué wird betont, daß Österreich-Ungarn und Italien »von dem neuen Regime in der Türkei eine Konsolidierung dieser letzteren erhoffen und auch weiterhin das Gedeihen der Balkanstaaten mit ihren Sympathien begleiten« (→ 14. 2./S. 44; 20. 3./S. 54).

Wegen der Spannungen mit Griechenland und Bulgarien läßt die türkische Regierung in Konstantinopel (Istanbul) die Reservisten der drei europäischen Armeekorps einberufen. Minderheitenprobleme und Gebietsansprüche sind die Auslöser der Spannungen.

Der preußische Staat verzichtet auf das Privileg, von den thüringischen Eisenbahnen Einkommensteuer zu verlangen für die preußischen Gemeinden, die von den thüringischen Bahnen angelaufen werden. Umgekehrt genießen die preußischen Bahnen schon seit langem Steuerfreiheit in Thüringen.

Die evangelisch-lutherische Konferenz innerhalb der preußischen Landeskirche in Berlin erhebt Einspruch gegen »den Versuch« des Weltkongresses für freies Christentum und religiösen Fortschritt – er tagte vom 6. bis zum 11. August in Berlin –, »im religiösen Leben den Rückschritt zu einem unchristlichen Gottesglauben, in der Theologie den Rückschritt zum Rationalismus zu vollziehen«.

In Karlsruhe, Dessau, Kassel, Hannover, Wiesbaden, Fürth u. a. Städten finden Protestveranstaltungen gegen die Königsberger Rede von Kaiser Wilhelm II. am → 25. August (S. 140) statt.

Die preußischen Ministerien der öffentlichen Arbeiten, der Finanzen und des königlichen Hauses schreiben einen Architektenwettbewerb für den Neubau des Berliner Opernhauses aus.

Das Priesterseminar in Perugia wird wegen des Verdachts des Modernismus unter dem Vorwand baulicher Veränderungen geschlossen (→ 8. 9./S. 160).

2. September, Freitag

Die US-Regierung unter Präsident William Howard Taft in Washington ordnet den Abzug der Marinetruppen aus Nicaragua an, da unter dem neuen Präsidenten José Dolores Estrada »die Wiederherstellung der Ordnung ständig Fortschritte« mache (→ 20. 8./S. 145).

Anläßlich der feierlichen Übertragung der Reliquien des heiligen Karl Borromäus in den Mailänder Dom erläßt Papst Pius X. eine Botschaft, in der er ausführt, es sei keineswegs wünschenswert, daß der Kirche Kämpfe und Nöte erspart bleiben. Zuletzt stünde jedoch ihre »triumphierende Erhöhung über alle Feinde« (→ 14. 6./S. 112; 8. 9./S. 160).

3. September, Samstag

Mit der üblichen militärischen Prachtentfaltung wird am Bahnhof in Berlin der britische Sondergesandte William Roberts erwartet – vergeblich. Es war versäumt worden, von Wien aus zu telegrafieren, daß der Feldmarschall »wegen Unpäßlichkeit« seine Reise um einen Tag verschoben hat.

Die britischen Werftarbeiter beginnen einen Lohnstreik. Als die Werftleitungen die Ausstandserklärung mit der Aussperrung von 14 000 Kesselschmieden und weiteren 26 000 Arbeitern beantworten, treten 10 000 Bergarbeiter im Kohlenrevier von Wales in einen Solidaritätsstreik (→ 7. 11./S. 198).

Der äthiopische Kaiser Menilek II., mit dessen Ableben seit Monaten gerechnet wird, erleidet erneut einen Schlaganfall (→ 23. 3./S. 56).

4. September, Sonntag

In Kopenhagen beginnt die Zweite Internationale Konferenz der sozialistischen Jugendorganisationen. 32 Delegierte vertreten auf der zweitägigen Versammlung Jugendorganisationen aus elf Ländern. Der Österreicher Robert Danneberg wird zum Leiter des provisorischen Internationalen Sekretariats gewählt.

Das »Neue Münchener Tagblatt« veröffentlicht eine aufsehenerregende prokatholische Rede des bayerischen Prinzen Ludwig. → S. 159

Die britische Sondergesandtschaft, die die Thronbesteigung des neuen Königs Georg V. ankündigt (→ 7. 5./S. 91), wird im Königlichen Schloß zu Berlin von Kaiser Wilhelm II. empfangen.

Der französische Maler Henri Rousseau, genannt »le douanier« (»der Zöllner«), stirbt in Paris. → S. 165

5. September, Montag

In der kanadischen Stadt Montreal beginnt der 21. Internationale Eucharistische Kongreß. Auf der bis zum 7. September dauernden Veranstaltung heben die Vertreter des Vatikans die in Kanada praktizierte Religionsfreiheit hervor.

Das deutsche Kaiserpaar wohnt in Stolp in Pommern der Enthüllung eines Denkmals zu Ehren von Kaiser Wilhelm I. anläßlich des 600jährigen Bestehens der Stadt bei.

6. September, Dienstag

Knapp einen Monat nach dem Tod des chilenischen Präsidenten Pedro Montt in Bremen (→ 9. 8./S. 151) stirbt in Santiago sein Nachfolger Elías Fernández Albano. Als dienstältestes Mitglied des Kabinetts wird nun Justiz- und Unterrichtsminister Emiliano Figueroa Staatspräsident.

In Portsmouth wird der deutsche Oberleutnant Siegfried Helm unter Spionageverdacht verhaftet. In seinem Notizbuch finden sich Zeichnungen von britischen Festungswerken. Am 28. September wird Helm gegen Kaution auf freien Fuß gesetzt. Sein Fall wird dem Schwurgericht Winchester überwiesen.

7. September, Mittwoch

Der britische Labour-Politiker James Ramsey MacDonald bezeichnet in einem Artikel in der Zeitung »Daily Chronicle« die deutsche Sozialdemokratie als »von der alten Schule«, welche die Wörter »Kapitalist«, »Proletariat«, »Bourgeois« und »klassenbewußt« und ähnliche Phrasen liebe, in der praktischen Arbeit jedoch »nutzlos« sei.

Der britische Maler William Holman Hunt stirbt in London. → S. 165

8. September, Donnerstag

Papst Pius X. schreibt den Antimodernisteneid vor. → S. 160

Das Haager Schiedsgericht fällt den Urteilsspruch im Fischereistreit zwischen London und New York. Danach hat Großbritannien das Recht, gesetzliche Bestimmungen über die Fischerei vor Neufundland zu erlassen, ohne vorher die USA zu befragen. Die Vereinigten Staaten dürfen nur in einem Bereich bis zu sechs Meilen vor Neufundland fischen, nicht, wie sie forderten, von bis zu drei Meilen.

Der französisch-peruanische Aviatiker Geo Chavez stellt in Issy-les-Moulineaux in Frankreich einen Höhenrekord auf. In 44 Minuten schraubt er sich auf 2562 m (→ 23. 9./S. 161).

9. September, Freitag

An der Grenze von West- und Ostpreußen südlich vom Frischen Haff beginnen zweitägige Kaisermanöver. Erstmals kommen auch Luftschiffe zum Einsatz.

In Innsbruck wird der allgemeine österreichische Katholikentag eröffnet. Auf der bis zum 13. September dauernden Veranstaltung beklagt der Fürsterzbischof von Salzburg, Johann Katschthaler, daß es infolge der »Los-von-Rom«-Bewegung im ersten Halbjahr 1910 schon 200 Kirchenaustritte gegeben habe gegenüber 154 im gesamten Vorjahr.

Auf dem Michigansee in den USA geht rund 60 km vor der Küste ein Eisenbahntrajekt unter. 39 Menschen ertrinken, nur drei werden gerettet.

10. September, Samstag

In Karlsruhe wird die Hauptversammlung des Alldeutschen Verbands eröffnet. Auf der zweitägigen Veranstaltung werden mehrere Resolutionen gegen jede Erweiterung der politischen Rechte Elsaß-Lothringens verabschiedet (→ 12. 2./S. 43).

Das Bezirksamt in Offenbach am Main verbietet eine Protestversammlung gegen den Besuch des russischen Zarenpaares in Langen bei Darmstadt.

Der satirische Bauernschwank »Erster Klasse« von Ludwig Thoma wird an der Bauernbühne des Michael Dengg in München uraufgeführt.

11. September, Sonntag

Auf einer von rund 30 000 Menschen besuchten sozialdemokratischen Veranstaltung in Frankfurt am Main sprechen in deutscher Sprache der Belgier Émile Vandervelde, der Präsident der Zweiten Internationale, und der französische Philosoph, Pazifist und Sozialist Jean Jaurès. Trotz einer behördlichen Anweisung, die die Redner auf die deutsche Sprache verpflichtet hat, redet der britische Arbeiterführer James Keir Hardie auf Englisch. Als Übersetzerin fungiert Clara Zetkin.

In Frankfurt am Main tagt der zwölfte Delegiertentag der deutschen Zionisten. Zentrales Thema ist »Palästina als jüdisches Arbeitsgebiet«. Der Soziologe Franz Oppenheimer fordert die Bereitstellung von 100 000 Mark für eine zionistische Siedlungsgenossenschaft. Der Physiker Emil Warburg behauptet, daß Zentrum und Konservative im Deutschen Reich die zionistischen Bestrebungen besser würdigten als die Liberalen (→ 25. 9./S. 159).

12. September, Montag

In der Picardie beginnen die französischen Herbstmanöver. Einem Farman-Zweidecker gelingt bei den bis zum 14. September dauernden Manövern ein 80 km langer Rundflug in 65 Minuten.

Die tierärztlichen Hochschulen im Königreich Preußen erhalten das Promotionsrecht, damit sind sie Universitäten gleichgestellt.

Die Hauptversammlung des deutschen Monistenbunds in Dresden verabschiedet eine Resolution zur Königsberger Rede von Kaiser Wilhelm II. (→ 25. 8./S. 140) und zum Altöttinger Glaubensbekenntnis des Prinzen Ludwig von Bayern (→ 4. 9./S. 164), in der beklagt wird, daß »derartige überlebte, der religiösen und sittlichen Kultur unserer Zeit nicht mehr entsprechende Anschauungen an so einflußreichen, für die Geschicke unseres Volkes maßgebenden Stellen noch immer herrschen«.

In München wird unter der Leitung des Komponisten die Sinfonie Nr. 8 Es-Dur von Gustav Mahler uraufgeführt, die sog. Sinfonie der Tausend. → S. 165

13. September, Dienstag

Der Deutsche Juristentag in Danzig spricht sich gegen die Abschaffung der Todesstrafe aus. → S. 164

Als Gegenkundgebung zum allgemeinen österreichischen Katholikentag, der an diesem Tag zu Ende geht, findet in Innsbruck eine von rund 1000 Menschen besuchte Volksversammlung statt, die gegen »den Mißbrauch der Religion zu politischen Zwecken« protestiert und die Trennung von Staat und Kirche, die Freiheit der Wissenschaft und die Befreiung der Schule von klerikalen Einflüssen verlangt.

Die Königsberger Rede vom 25. August, in der Kaiser Wilhelm II. für seine Herrschaft einen Weg »ohne Rücksicht auf Tagesansichten und -meinungen« postuliert, nimmt die britische satirische Zeitschrift »Punch« aufs Korn. Der Kaiser-Adler kehrt in den Verfassungskäfig zurück und stellt befriedigt fest: »Einen solchen Tag draußen hatte ich seit zwei Jahren nicht mehr.« 1908 hatte Wilhelm durch ein mit der Reichsregierung nicht abgesprochenes Interview eine internationale Krise ausgelöst.

In Marienburg in Westpreußen wird ein Fall von Cholera registriert. Sechs weitere Personen sterben unter choleraverdächtigen Anzeichen (→ 19. 8./S. 151).

14. September, Mittwoch

König Georg I. von Griechenland eröffnet in Athen die neugewählte Nationalversammlung (→ 21. 8./S. 145).

In Kanada werden zahlreiche Proteste von evangelischer Seite veröffentlicht. Sie richten sich gegen die Verunglimpfung der protestantischen Kirche auf dem katholischen Eucharistischen Weltkongreß in Montreal vom 5. bis 7. September, wo die protestantische Kirche in einer offiziellen Rede als »seelenlos« bezeichnet wurde (→ 14. 6./S. 112).

Eine Versammlung der nationalistischen Jungägypter in Genf protestiert in einem Telegramm an den britischen Premierminister Herbert Henry Asquith gegen die Zustände in Ägypten, das faktisch von Großbritannien beherrscht wird, und fordert die Wiederherstellung der Verfassung (→ 20. 2./S. 44).

Der Verband süddeutscher Industrieller in Mannheim beklagt, daß nach dem deutsch-US-amerikanischen Patentabkommen von 1909 die US-amerikanischen Erfinder im Deutschen Reich auch ohne Ausübung ihrer Patente Schutz genießen, während deutsche Erfinder dem Ausübungszwang unterliegen.

Das deutsche Luftschiff »LZ VI« wird in Baden-Baden durch Feuer innerhalb von sieben Minuten völlig zerstört. Es ist das zweite große Unglück, von dem die deutsche Luftschiffahrt innerhalb von wenigen Monaten betroffen wird (→ 22. 6./S. 119).

15. September, Donnerstag

Die ersten Wahlen zum Parlament des neugegründeten Staats Südafrikanische Union (→ 31. 5./S. 101) gewinnen die Nationalisten mit 67 Mandaten. Die Unionisten stellen 37 und die Unabhängigen 13 Abgeordnete. Die Arbeiterpartei ist mit vier Mandaten vertreten. Das Parlament wird am → 4. November eröffnet (→ S. 196).

Die französische Regierung unter Ministerpräsident Aristide Briand verbietet aus Rücksicht auf den Bündnispartner Großbritannien einen in Paris geplanten jungägyptischen Kongreß. Die Jungägypter fordern die Unabhängigkeit des Nillandes von Großbritannien.

In Mexiko wird der 80. Geburtstag des seit 1877 regierenden Diktators Porfirio Díaz glanzvoll gefeiert (→ 27. 6./S. 115).

Die Nationalversammlung von Panama wählt Pablo Arosemana zum Präsidenten als Nachfolger des am 1. März verstorbenen José Domingo de Obaldía. Arosemana tritt das Amt am 1. Oktober an (→ 19. 8./S. 147).

In Trondheim wird die erste Technische Hochschule Norwegens eröffnet.

Das belgische Königspaar trifft zu seinem ersten Besuch in den Niederlanden ein. In Amsterdam begrüßt der Bürgermeister das Königspaar in niederländischer Sprache, König Albert I. antwortet auf Flämisch.

16. September, Freitag

In der griechischen Nationalversammlung in Athen kommt es bei der Vereidigung der Abgeordneten zu Prügeleien. Viele Abgeordnete wollen die Umwandlung des Parlaments in eine verfassunggebende Versammlung erzwingen (→ 21. 8./S. 145).

17. September, Samstag

In München beginnt die 100-Jahrfeier des Oktoberfests. → S. 164

18. September, Sonntag

Der Parteitag der Sozialdemokraten in Magdeburg wird eröffnet. → S. 159

In München beginnt das Französische Musikfest. → S. 165

Die neue Regierung Nicaraguas (→ 20. 8./S. 145) unter Präsident José Dolores Estrada veröffentlicht die Grundlinien ihres Programms für eine neue Verfassung. Hierzu gehören die Schaffung eines Obersten Gerichtshofs in Managua sowie von drei Appellationsgerichtshöfen. Garantiert werden die Sicherheit des Eigentums, die Unverletzbarkeit des Briefgeheimnisses und die Abschaffung der Todesstrafe.

19. September, Montag

In Berlin treten Arbeiter und Kutscher der Kohlenfirma Ernst Kupfer & Co. in den Ausstand. Der zunächst relativ unbedeutende Lohnkampf löst die Moabiter Krawalle aus (→ 24. 9./S. 158).

20. September, Dienstag

Bei der Eröffnung der Generalstaaten, des niederländischen Parlaments in Den Haag, kündigt Königin Wilhelmina in ihrer Thronrede umfangreiche Befestigungsbauten für die Küstenverteidigung an der Nordsee an. Das neutrale Land reagiert damit auch auf die deutsch-britische Aufrüstung zur See (→ 2. 8./S. 142).

Bei einer Verständigungskonferenz in Prag einigen sich die Deutschen und Tschechen Böhmens darauf, das Prinzip der »Unteilbarkeit« des Landes aufzugeben (→ 26. 4./S. 81).

In Rom finden die stark antipäpstlich gefärbten Feiern anläßlich des 40. Jahrestags der Besetzung des Kirchenstaats durch italienische Truppen statt. 1870 wurde der Kirchenstaat dem italienischen Nationalstaat einverleibt; seither bezeichnet sich der Papst als »Gefangener im Vatikan«.

Das badische Großherzogspaar, Friedrich II. und Hilda, feiert seine Silberhochzeit. Mit Ausnahme des Bürgermeisters von Hagsfeld, Wurm, haben alle Sozialdemokraten die Einladung abgelehnt mit der Begründung, auf dem Magdeburger SPD-Parteitag unabkömmlich zu sein (→ 18. 9./S. 159).

In Tampa in Florida kommt es zu einem Fall von Lynchjustiz. Bei der Verhaftung mehrerer Italiener, die verdächtig sind, den Buchhalter einer Zigarrenfabrik erschossen zu haben, kommt es zu einem Handgemenge. Die aufgebrachte Volksmenge entreißt die Italiener den Beamten, schleppt sie in den Wald und hängt sie an Bäumen auf.

Der österreichische Schauspieler Josef Kainz stirbt im Alter von 52 Jahren in Wien (→ 14. 8./S. 164).

21. September, Mittwoch

Bei einem Empfang im Wiener Rathaus hebt der deutsche Kaiser Wilhelm II. hervor, das Deutsche Reich stehe seinem Bundesgenossen Österreich-Ungarn »mit schimmernder Wehr« zur Seite. Wilhelm ist am Vortag zu einem zweitägigen Besuch von Kaiser Franz Joseph I. in der österreichischen Hauptstadt eingetroffen.

22. September, Donnerstag

Bei der Eröffnung der Bezirkspflegeanstalt in Mörchingen hält der Statthalter des deutschen Reichslandes Elsaß-Lothringen, Karl Graf von Wedel, eine aufsehenerregende Rede, in der er u. a. sagt: »Kein verständiger Mensch denkt daran, den Eingeborenen ihre berechtigte Eigenart zu rauben.« Mit den Eingeborenen sind die Bewohner von Elsaß-Lothringen gemeint (→ 12. 2./S. 43).

Der Gesamtvorstand deutscher Metallindustrieller in Berlin beschließt, am 8. Oktober 60% der Arbeiter auszusperren, falls bis dahin der seit August andauernde Lohnkampf in der Werftindustrie nicht beigelegt ist. Davon betroffen wären rund 250 000 Arbeiter, die überwiegend sozialdemokratisch organisiert sind oder den Hirsch-Dunckerschen Gewerkschaften angehören. Der Konflikt wird zwei Tage vor Ablauf des Arbeitgeberultimatums durch eine Lohnerhöhung beigelegt.

In Sigmaringen wird in Anwesenheit von Kaiser Wilhelm II. das Denkmal des Fürsten Leopold von Hohenzollern-Sigmaringen enthüllt. Leopold gab 1870 durch die Annahme der spanischen Thronkandidatur Anlaß zum Deutsch-Französischen Krieg (→ 14. 8./S. 142).

23. September, Freitag

König Emanuel II. von Portugal eröffnet das neugewählte Parlament in Lissabon mit einer Thronrede, in der er betont, daß die Regierung gewillt sei, die Oberherrschaft der Krone über die Kirche zu verteidigen, ohne die religiösen Gefühle des Volkes zu verletzen. Er stellt ferner eine Wahlrechtsreform und ein Pressegesetz in Aussicht, um die revolutionäre Agitation im Land aufzufangen (→ 8. 6./S. 114; 4. 10./S. 172).

Pehr Evind Svinhufvud, der Präsident des finnischen Landtags in Helsingfors (Helsinki), erklärt das russische Gesetz, das die Autonomie des Großfürstentums Finnland innerhalb des Russischen Reichs beendet, als im Gegensatz zu den Grundgesetzen Finnlands stehend (→ 27. 3./S. 56).

Das persische Parlament in Teheran wählt den früheren Premier- und Außenminister Nasir Al Mulk zum Regenten für den zwölfjährigen Ahmad Schah (→ 11. 2./S. 44). Der bisherige Regent, Asid Al Mulk, ist am Vortag verstorben.

Der französisch-peruanische Aviatiker Geo Chavez überfliegt in einem Blériot-Monoplan als erster die Alpen. → S. 161

24. September, Samstag

In Berlin beginnen die Moabiter Krawalle. → S. 158

Der Berliner Magistrat fordert Reichskanzler Theobald von Bethmann Hollweg auf, wegen der Fleischnot die Einfuhr von ausländischem Kühlfleisch zu erlauben (→ 20. 8./S. 150).

25. September, Sonntag

Die konservative »Kreuzzeitung« fordert die Abkehr von Antisemitismus, »sind doch auch im Judentume konservative Kräfte lebendig und wirksam«. → S. 159

26. September, Montag

Während der Straßenkämpfe in Berlin-Moabit werden mehr als 50 Menschen verletzt (→ 24. 9./S. 158).

27. September, Dienstag

Der Staatskonvent der Republikaner in Saratoga Springs (New York) wählt den früheren US-Präsidenten Theodore Roosevelt zum Vorsitzenden anstelle des bisher amtierenden James S. Sherman, des gegenwärtigen US-Vizepräsidenten (→ 8. 11./S. 194).

28. September, Mittwoch

Der russische Außenminister Alexandr P. Iswolski wird zum Botschafter in Paris ernannt. Sein Nachfolger im Amt wird Sergei D. Sasonow.

29. September, Donnerstag

Wegen Choleragefahr werden Zugreisende aus Konstantinopel (Istanbul) in Bulgarien einer fünftägigen Quarantäne unterworfen (→ 19. 8./S. 151).

30. September, Freitag

Der Berliner Polizeipräsident Traugott von Jagow weist die Beschwerden der britischen und US-amerikanischen Botschaft wegen der Mißhandlung von Journalisten durch Polizeibeamte während der Moabiter Krawalle zurück mit der Begründung: »Sie und Ihre journalistischen Kollegen begaben sich mutig, aber ordnungswidrig in eine zusammengerottete Menschenmenge« (→ 24. 9./S. 158).

Das Wetter im Monat September

Station	Mittlere Lufttemperatur (°C)	Niederschlag (mm)	Sonnenscheindauer (Std.)
Aachen	13,0 (14,5)	144 (68)	– (160)
Berlin	13,7 (13,8)	33 (46)	– (194)
Bremen	13,8 (14,0)	84 (60)	– (164)
München	11,7 (13,4)	81 (84)	– (176)
Wien	12,9 (15,0)	134 (56)	106 (184)
Zürich	11,7 (13,5)	102 (101)	– (166)

( ) Langjähriger Mittelwert für diesen Monat
– Wert nicht ermittelt

Die »Leipziger Illustrirte Zeitung« widmet ihren Leserinnen im September eine eigene Nummer, in der über traditionell weibliche Domänen wie Mode und Küche berichtet wird. Es werden aber auch Ausflüge in die Arbeitswelt und die bürgerliche Frauenbewegung gemacht.

Nächtliche Straßenkampfszene im traditionell von Arbeitern bewohnten Berliner Stadtteil Moabit

Brutale Straßenschlachten in Moabit

24. September. In Berlin-Moabit brechen blutige Streikunruhen aus, die bis zum 28. September andauern. Zwei Menschen werden getötet, Hunderte verletzt.

Auslöser für die Krawalle ist ein Lohnstreik von Kohlenarbeitern und Kutschern, der am 19. September begann. Die bestreikte Firma Ernst Kupfer & Co. hielt den Betrieb mit arbeitswilligen Mitarbeitern aufrecht. Als die Kohlenwagen an der Ausfahrt gehindert wurden und es zu Reibereien zwischen Streikenden und Arbeitswilligen kam, schritt die Polizei ein: Die Kohlenfuhrwerke erhielten Polizeischutz. Diese ungewöhnlichen Transportfahrten erregten großes Aufsehen. Es kam zu Aufläufen Schaulustiger, die von der Polizei zerstreut wurden.

Aus dieser Situation heraus entwikkelt sich eine bürgerkriegsähnliche Situation, die nichts mehr mit dem ursprünglichen Streik zu tun hat. Beide Seiten gehen mit äußerster Brutalität vor und setzen Schußwaffen ein. Die Polizei warnt: »Bei den Streikausschreitungen in Moabit am letzten Samstag sind im Vordergrund der Exzedenten [Übeltäter] Frauen und Kinder in großer Zahl bemerkt worden. Rücksicht auf diese Frauen und Kinder kann bei notwendigem polizeilichem Einschreiten nicht genommen werden.« Die Botschaften Großbritanniens und der USA wenden sich an das deutsche Auswärtige Amt wegen der Mißhandlung ausländischer Journalisten. Polizeipräsident Traugott von Jagow lehnt eine Maßregelung der Beamten ab: »Wie ich mich überzeugt habe, hat die gesamte Polizeimannschaft mit höchst lobenswerter Energie und Kaltblütigkeit ihre Pflicht getan« (→ 8. 10./S. 176).

Während der Ausschreitungen werden über 50 Menschen verhaftet.

Die Verhafteten erwartet eine Anzeige wegen Landfriedensbruchs.

Rostocker Straße: Befehl zum Feuern

28. September. Nach Auffassung von Presse und Polizei werden die Moabiter Krawalle vom »Janhagel« (Pöbel) inszeniert. In den politisch rechtsstehenden Organen wird auf das »systematische Vorgehen« der Randalierer hingewiesen. Damit sollen indirekt die Sozialdemokraten verantwortlich gemacht werden. In einem Augenzeugenbericht in der »Frankfurter Zeitung« heißt es:

»Gegen Mitternacht sammelten sich in der Rostocker Straße über 1500 Tumultuanten an, die unter Verübung eines ohrenbetäubenden Lärms die Laternenscheiben zerschlugen und das Licht zum Verlöschen brachten. Auch zahlreiche Jalousien von Schaufenstern wurden zertrümmert, die Scheiben eingedrückt und die Auslagen geplündert. Auf die Alarmnachricht der an der Ecke der Rostocker und Turmstraße postierten Schutzmannskette wurden sofort von allen Revieren etwa 300 Beamte zusammengezogen, die im Sturmschritt nach der Rostokker Straße abrückten. Dort wurden sie sofort von einem Hagel von Steinen, Flaschen, Bierseideln und Stücken von den Häusern abgeschlagenen Stucks empfangen, so daß Polizeimajor Klein das Signal zum Blankziehen gab.

In diesem kritischen Augenblick sauste Polizeipräsident Traugott von Jagow im Automobil heran, stieg zu Pferde und stellte sich persönlich an die Spitze der Schutzmannschaft. Als der Pöbel den Berliner Polizeigewaltigen erkannte, erhob sich ein furchtbarer Lärm. Rufe: Das ist der Jagow, schlagt ihn tot, schießt den Hund nieder! und andere Drohungen ertönten aus den Massen. Plötzlich krachten aus den Fenstern der nächstgelegenen Häuser der Rostocker Straße etwa 50 Schüsse hernieder, und mehrere Kugeln sausten unmittelbar an dem Polizeipräsidenten vorbei. Damit war das Signal für den Pöbel zum Losschlagen gegeben ...

Nun erteilte Herr von Jagow den Befehl zum Feuern. Im nächsten Augenblick krachte eine Salve aus den Browning-Pistolen der Beamten, der ein Stöhnen und Aufschreien Getroffener folgte ...«

SPD im Streit über Arbeit in Parlamenten

18. September. Mit einer Massenversammlung unter freiem Himmel beginnt in Magdeburg der Parteitag der Sozialdemokraten. Die bis zum 24. September dauernde Veranstaltung wird beherrscht von der Diskussion über die Budgetbewilligung: Dürfen Sozialdemokraten in den Parlamenten mit anderen Parteien gemeinsam Länderhaushalte verabschieden?

Parteiführer August Bebel verurteilt scharf das Vorgehen der Genossen in Baden, die sich zur Budgetbewilligung mit den Nationalliberalen, »unseren Todfeinden«, verbündet hatten: »Die nationalliberale Partei ist die Partei der Scharfmacher par excellence, sie ist die erste Kapitalistenpartei. Die Nationalliberalen haben im Reichstage für alle Ausnahmegesetze gestimmt, und jetzt erscheint in der nationalliberalen Partei ein Artikel, der . . . die Ausnahmegesetze gegen die Sozialdemokratie fordert. Das sind die Freunde unserer Genossen in Baden.«

Die entgegengesetzte Position vertritt Ludwig Frank, seit 1905 Mitglied der badischen Kammer und seit 1907 des Reichstags. Als Wortführer der sog. Revisionisten fordert er aktive parlamentarische Mitarbeit im Staat und verteidigt das Zusammengehen mit bürgerlichen Parteien im Kampf gegen das Zentrum: Die Budgetbewilligung sei ein Mittel, um auf die Politik Einfluß zu nehmen.

Die Auseinandersetzungen enden damit, daß die Süddeutschen den Parteitag verlassen. Sie erscheinen am letzten Tag wieder, ohne daß es zur Einigung kommt.

Der 70jährige August Bebel ist der Führer der deutschen Sozialdemokratie. Im Richtungskampf innerhalb der SPD vertritt er den Gedanken des Klassenkampfs und der internationalen Solidarität des Proletariats und wendet sich gegen die Revisionisten um Eduard Bernstein, die die These vertreten, daß die Arbeiterschaft auch im Rahmen der bestehenden Gesellschaftsordnung Verbesserungen erreichen könne.

Altötting: Prinz dankt liebem Gott

4. September. Das »Neue Münchener Tagblatt« veröffentlicht die Rede, die Prinz Ludwig von Bayern bei der Grundsteinlegung für die Sankt-Anna-Kirche in Altötting am 28. August gehalten hat. Darin finden sich die Sätze: »Ich danke dem lieben Gott, daß ich von katholischen Eltern abstamme und in der katholischen Religion erzogen bin. Ich bin stets für unsere katholische Religion eingetreten, weil ich überzeugt bin, daß sie die einzig wahre und echte Religion ist. Diese meine innerste Überzeugung habe ich jederzeit kundgetan, nicht um äußere Ehren und Anerkennung zu finden.«

Während die Rede im Rahmen der Diskussion über die päpstliche Borromäus-Enzyklika (→ 14. 6./S. 112) von protestantischer Seite scharf kritisiert wird, stellt das Zentrumsorgan »Germania« fest: »Dieses Bekenntnis des Prinzen Ludwig möge überall in katholischen Herzen Widerhall finden und zur Nachahmung aneifern. Wie das Bekenntnis des Kaisers Wilhelm zur christlichen Weltanschauung, so wird auch das katholische Glaubensbekenntnis des Prinzen Ludwig die freudige Zustimmung aller treuen Katholiken finden.«

»Kreuzzeitung« fordert Absage an den Antisemitismus

25. September. Die preußische »Kreuzzeitung«, das Organ des rechten Flügels der Deutschkonservativen Partei, bekennt sich in einem aufsehenerregenden Artikel zur Abkehr vom Antisemitismus.

Im Tivoliprogramm, das der Parteitag der Deutschkonservativen 1892 in der Tivoli-Brauerei in Berlin verabschiedet hatte, war neben der Betonung des Wehrgedankens, protektionistischer Forderungen für Mittelstand, Landwirtschaft und Industrie der Antisemitismus in den Vordergrund getreten. Dabei war folgender Passus angenommen worden: »Wir bekämpfen den vielfach sich vordrängenden und zersetzenden jüdischen Einfluß auf unser Volksleben. Wir verlangen für das christliche Volk eine christliche Obrigkeit und christliche Lehrer für christliche Schüler.«

Daß die antisemitischen Töne des Parteiprogramms nicht mehr aktuell sind, begründet die »Kreuzzeitung« so: »Sind doch auch im Judentume konservative Kräfte lebendig und wirksam, wie uns die erfreuliche Tätigkeit zahlreicher jüdischer Männer im praktischen Leben, in Wissenschaft und Kunst täglich zeigt, während die im Judentume so auffallend destruktiven Kräfte sich leider in reichem Maße auch bei rassereinen Deutschen entwickelt haben. So soll uns vollends der Katholik als Staatsbürger, als Mensch und als Christ nicht von vornherein Gegenstand des Mißtrauens sein, sondern wir wollen seine Mitarbeit in echt nationalem Geiste zum Segen des Vaterlandes willkommen heißen«.

Heinrich von Treitschke entfachte 1878 den Antisemitismusstreit.

Fast gleichzeitig mit dem Ende des Gründerzeitbooms im Jahr 1873 begann eine antisemitische Pressekampagne. Den Anfang machte 1873/74 der deutschkonservative Otto Glagan, der in einer Artikelserie für die »Gartenlaube« das Judentum für das Versagen der liberalen Wirtschaftspolitik im Deutschen Reich verantwortlich machte. 1875 schlossen sich der Judenhetze die »Kreuzzeitung« und die »Germania« (Parteiorgan des Zentrums) an. Die »Germania« machte ihre Leserschaft erstmals mit dem Schlagwort »Kauft nicht bei Juden« bekannt. Die Kampagne gipfelte im Berliner Antisemitismusstreit ab 1878. Heinrich von Treitschke faßte die Stimmung 1879 in den »Preußischen Jahrbüchern« in dem Satz zusammen: »Bis in die Kreise der höchsten Bildung hinein ertönt es heute wie aus einem Munde: Die Juden sind unser Unglück.« Auf Angriffe Theodor Mommsens, der für die Sache der Juden eintrat, antwortete Treitschke mit dem Vorwurf, daß viele jüdische Mitbürger einem »heimatlosen Weltbürgerthum« anhingen, »daß sie thuen, was in ihren Kräften steht, um unserem Volk, den nationalen Stolz, die Freude am Vaterland zu zerstören«. Die Deutschen müßten sich nach der Gründung des Kaiserreichs gegenüber den Juden abgrenzen, »denn was im Judentum dem deutschen Genius zusagt, ist schon längst durch die Vermittlung des Christentums in unsere Gesinnung aufgenommen worden«.

Papst verordnet jährlichen Eid gegen die Moderne

8. September. Papst Pius X. schreibt durch ein Motuproprio (der persönlichen Initiative des Papstes entstammender Verwaltungsakt) den sog. Antimodernisteneid vor. Der Eid, der lauteren Lehre und der katholischen Disziplin treu anzuhängen (→ Kasten unten), richtet sich gegen die Lehren der sog. Modernisten, d. h. derjenigen, die die kirchlichen Lehren mit den modernen Denkweisen und mit den neuen bürgerlichen Ordnungen im Europa des beginnenden 20. Jahrhunderts versöhnen wollen (→ 14. 6./S. 112).

Der Eid muß zusätzlich zum Glaubensbekenntnis geleistet werden von jedem Theologieprofessor vor Beginn der Vorlesungen, von den Geistlichen vor dem Empfang der höheren Weihen, von neuen Beichtvätern, Pfarrern, Chorherren und Benefizianten, bevor sie in den Besitz ihrer Benefizien (Pfründe) treten, von den Beamten der bischöflichen Verwaltungen und der kirchlichen Gerichtshöfe, einschließlich der Generalvikare und Richter, von den Fastenpredigern sowie den Mitgliedern der Kongregationen und

»Jugend«-Karikatur zum Motuproprio, das den Antimodernisteneid vorschreibt: »Wie denken Sie über das neue Motuproprio, lieber Amtsbruder?« – »Ich denke überhaupt nicht! Ich bin doch kein Modernist!« Am 1. September wurde das Priesterseminar in Perugia wegen Verdachts des Modernismus unter dem Vorwand baulicher Veränderungen geschlossen. Am 2. September hatte der Papst das Wesen der Kirche als »kämpfender Kirche« betont.

Gerichtshöfe des Heiligen Stuhls. Am 12. Oktober werden diese Bestimmungen auf alle Doktoranden der Theologie ausgedehnt.

Der Eid muß jährlich neu abgelegt werden. Alle, die den Eid verletzen oder mit seiner Ablegung zögern, werden als mutmaßliche Häretiker der Inquisition angezeigt.

In einem Kommentar zu seinem Motuproprio äußert sich der Papst so: »Es gilt, gegen Feinde zu kämpfen, die wohlerfahren sind und mit sehr gründlichen Forschungen eine mit Trug verwobene Wissenschaft darbieten, deren blendende und einschmeichelnde Sätze in vielfältigen und hochtönenden Aussprüchen formuliert werden, so daß anscheinend dabei etwas ganz Besonderes herauskommt. Deshalb bedarf es wohlgeschliffener Waffen, d. h. eines umfassenden Wissens bei allen denjenigen, die sich der heiligsten und schwierigsten Aufgabe widmen, wobei aber auch dem Wissensdrange geeignete Grenzen zu setzen sind, denn St. Paul sagt: Non plus sapere quam oportet sapere [nicht mehr wissen als es sich ziemt zu wissen].«

»Ich bekenne mich zu jener Doktrin, die sich direkt gegen die Irrtümer dieser Zeit richtet«

Der umfangreiche Antimodernisteneid sieht folgende Formel vor (Auszüge):

»Ich . . . bekenne mich unerschütterlich zu allen und jeden Wahrheiten, die die Kirche durch ihr unfehlbares Lehramt definiert, aufgestellt und erklärt hat, hauptsächlich zu jenen Grundpfeilern der Doktrin, die sich direkt gegen die Irrtümer dieser Zeit richten . . .

Zweitens gebe ich zu und erkenne ich an die äußeren Argumente der Offenbarung, d. h. die göttlichen Tatsachen, unter ihnen in erster Linie die Wunder und Prophezeiungen, wie die sehr sicheren Zeichen des göttlichen Ursprungs der christlichen Religion. Die gleichen Argumente erachte ich als hervorragend der Intelligenz aller Zeiten und aller Menschen, auch der gegenwärtigen Zeit, angepaßt.

Drittens: Ich glaube fest, daß die Kirche Hüterin und Lehrerin des offenbarten Wortes, auf direkteste Weise von dem wahren und historischen Christus in Person während seines Lebens unter uns gestiftet wurde, und ich glaube, daß diese Kirche auf Petrus, das Oberhaupt der apostolischen Hierarchie, und auf seine Nachfolger bis ans Ende der Zeiten gebaut ist.

Viertens: Ich nehme aufrichtig die Doktrin des Glaubens auf, wie sie uns die Apostel und die rechtgläubigen Väter überliefert haben; ich nehme sie in dem gleichen Sinne und in der gleichen Auslegung auf wie sie. Deshalb verwerfe ich absolut die häretische Annahme von der Evolution der Dogmen, nach der diese Dogmen den Sinn wechselten, um einen anderen zu erhalten, der verschieden von jenem ist, den ihnen zuerst die Kirche gegeben. Gleichzeitig verwerfe ich jenen Irrtum, der darin besteht, anstelle des göttlichen Glaubensschatzes . . . eine philosophische Fiktion oder eine Schöpfung des menschlichen Gewissens zu setzen, die, nach und nach durch die Bemühungen der Menschen gebildet, in der Zukunft einem unbeschränkten Fortschritt ausgesetzt wäre.

Fünftens: Ich halte mit aller Sicherheit fest und ich bekenne aufrichtig, daß der Glaube kein blinder religiöser Sinn ist, der aus den dunklen Tiefen des menschlichen Übergewissens aufsteigt, moralisch informiert unter dem Druck des Herzens und dem Drange des Willens, sondern daß er eine wahrhaftige Zustimmung der Intelligenz zu der Wahrheit ist, die durch die empfangene Unterweisung erworben wurde . . . Gleichzeitig verwerfe ich den Irrtum jener, die behaupten, daß der von der Kirche vorgetragene Glaube der Geschichte zuwider sei und daß die katholischen Dogmen, wie sie heute verstanden werden, mit den authentischen Ursprüngen der christlichen Religion nicht in Einklang zu bringen sind . . .

Endlich bekenne ich, vollständig frei von diesem Irrtum der Modernisten zu sein, der behauptet, daß es in der geheiligten Tradition nichts Göttliches gibt, oder, was noch schlimmer ist, daß es Göttliches in pantheistischem Sinne gibt, so daß es nur noch reine und nackte Tatsachen gibt, vergleichbar den gewöhnlichen Tatsachen der Geschichte, d. h. die Tatsache, daß die Menschen durch ihre Arbeit, durch ihre Geschicklichkeit, durch ihr Talent durch die späteren Jahre hindurch die von Christus und seinen Aposteln begonnene Schule fortgesetzt haben. Um zu schließen, halte ich mit der größten Festigkeit und bis zum letzten Atemzuge den Glauben der Kirchenväter über das sichere Kriterium der Wahrheit fest, das ist und immer sein wird, im Episkopat überliefert durch die Nachfolgerschaft der Apostel, nicht derart, daß nur das behalten werden soll, was am besten dem Kulturgrad und dem Alter eines einzelnen entspricht, sondern so, daß die absolute Wahrheit, von Anfang an durch die Apostel gepredigt, weder gewachsen noch auf einen anderen Sinn ausgedehnt wurde. Alle diese Dinge verpflichte ich mich treu, unverkürzt und aufrichtig zu beobachten, sie unverletzlich zu bewahren und mich weder im Unterricht noch auf andere Weise durch Wort oder Schrift davon zu entfernen.«

Erste Alpenüberfliegung endet mit tödlichem Absturz

23. September. Der französisch-peruanische Aviatiker Geo Chavez überfliegt in einem Blériot-Monoplan von Brig im schweizerischen Kanton Wallis aus als erster den Simplonpaß und damit die Alpen. Chavez stirbt am 27. September an den Folgen eines bei der Landung erlittenen Unfalls.

Tags zuvor herrschte am Simplon Schneesturm. Es folgte eine sternenklare Nacht. Gegen Mittag fährt Chavez im Automobil von Brig nach Simplonkulm, um das Wetter zu beobachten: 3 °C Kälte, Sonne. Der Mann, der als erster die Alpen überfliegen will, beschließt, so bald wie möglich zu starten und kehrt nach Brig zurück. Um 13.30 Uhr startet er mit seinem Blériot-Apparat und schraubt sich in Spiralen in die Höhe. 35 km Luftlinie liegen vor ihm. 20 Minuten später überfliegt er den im Scheitelpunkt 2005 m hohen Simplonpaß.

Von der in Domodossola wartenden Menge wird er um 14.20 Uhr als kleiner schwarzer Punkt über dem Schneehaupt des Cistella gesichtet. Unter den Menschen, die sich auf dem Landungsplatz versammelt haben, tritt augenblicklich Totenstille ein. Nur in der Ferne ist das Knattern des Motors zu hören. Mit rasender Geschwindigkeit nähert sich das Flugzeug, bald ist im Gehäuse der Pilot genau erkennbar.

Auf dem Landeplatz werden Signale gegeben, die Chavez zunächst übersieht. Als er den Landeplatz erkennt, läßt er sich fast senkrecht nieder. Er versucht einen Gleitflug, aber der Apparat kippt in zehn Metern Höhe um, stürzt auf den Boden und begräbt Chavez unter sich. Die Menge eilt herbei und zieht den Flieger unter den Trümmern hervor. Chavez ist bewußtlos. Zwei Ärzte stellen fest, daß das Herz gut arbeitet und keine Lebensgefahr besteht. Als Chavez zu sich kommt, murmelt er einige unverständliche Worte und sagt: »Meine Freunde, danke, danke. Ich habe Mut gehabt, aber das war schrecklich.«

Als die Nachricht vom ersten Alpenflug in Mailand bekannt wird, bricht dort auf dem Domplatz unbeschreiblicher Jubel aus. Die erste Alpenüberfliegung war Teil eines Wettfliegens von Brig nach Mailand. Chavez hatte als einziger Teilnehmer die Route über den Simplon versucht. Wie schwer Chavez verletzt ist, weiß zu diesem Zeitpunkt noch niemand. Chavez, der erst vor knapp sieben Monaten als Flieger ins Licht der Öffentlichkeit getreten war, bezahlt seinen großen Erfolg mit dem Leben. Am 27. September stirbt er im Hospital in Mailand. Der Leichnam des 27jährigen wird in seinen Geburtsort Paris übergeführt.

Die Alpenüberfliegung sollte ein Flugmeeting in Mailand einleiten.

Chavez passiert während des vom Mailänder Aeroklub ausgeschriebenen Wettfliegens die Pforte Italiens nach der Überfliegung des Simplon.

Der Erstüberfliegung der Alpen gingen zahlreiche Probeflüge voraus. Hier startet Chavez am Morgen des 18. September in Richtung Simplon.

Bei der Zwischenlandung in Domodossola stürzt Chavez ab. Er bezahlt den Ruhm, die Alpen als erster überflogen zu haben, mit dem Leben.

Wissenschaft und Technik 1910:

Sensationen in der Luftfahrt

Technische Triumphe feiert in erster Linie die Luftfahrt. 1903 hatten die Brüder Orville und Wilbur Wright als belächelte Außenseiter in den USA den ersten voll gesteuerten Motorflug absolviert – jetzt finden bereits große Luftfahrtschauen statt: Im März in London, veranstaltet von der Society of Motor Manufactures and Traders, dann in Paris, organisiert von der Locomotion Aérienne. Am 28. März gelingen dem Franzosen Henri Fabre erstmals Start, Flug und Wasserung mit einem Wasserflugzeug. Dem Briten Charles Stewart Rolls glückt am 2. Juni der erste Nonstop-Hin- und-Rückflug über den Ärmelkanal. Am → 23. September (S. 161) überquert Geo Chavez zum ersten Mal die Alpen. Am → 11. November (S. 198) startet der US-Amerikaner Eugene Ely als erster Pilot von Deck eines Schiffs.

Zwei epochale neue Flugzeugtypen feiern Premiere: Edmund Rumpler baut seine »Taube«, und Hugo Junkers konzipiert das erste praxistaugliche Nurflügelflugzeug.

Neben dem Flugzeug macht auch die Luftschiffahrt von sich reden: Am → 22. Juni (S. 119) startet die »LZ VII – Deutschland« zum erfolgreichen Probeflug für Linienfahrten mit Passagieren.

In der Schiffahrt beginnt der 1892 erfundene, bisher aber fast ausschließlich stationär verwendete Dieselmotor, die alten Dampfmaschinen zu verdrängen. Nach Vorversuchen auf Kriegsschiffen und kleineren Tankern führt er sich jetzt auch als Antrieb für Handelsschiffe ein.

Als ortsfesten Aggregaten droht den Kolbendampfmaschinen ebenfalls Konkurrenz. Erstmals werden sie in ihrer wirtschaftlichen Bedeutung von der Dampfturbine überholt. Der Turbinenbau wiederum macht auf einem anderen Gebiet technische Fortschritte: Der österreichische Ingenieur Victor Kaplan erfindet eine axial durchströmte Wasserturbine, auf die er 1912/13 Patente erhält und die seither nach ihm benannt ist.

Erleichterungen bringt die Technik – vor allem in den USA – auch im Haushalt. In den Vereinigten Staaten kommen die ersten Elektroküchenherde auf den Markt. Elektrische Kühlschränke halten Einzug in die Privathaushalte, und als Renner des Jahres erweist sich ein Küchenmixgerät mit Elektromotor.

Zwei grundlegende Fortschritte sind auf dem Gebiet der Rundfunktechnik zu melden: Im Januar gelingt dem US-Amerikaner Lee De Forest die Übertragung der Stimme Enrico Carusos mit einem von ihm entwickelten Lichtbogen-Sender über etwa 20 km. Der österreichische Physiker und Elektroingenieur Robert von Lieben versieht die 1905 von ihm erfundene Quecksilberdampf-Gleichrichterröhre mit einem Gitter; als Triode besitzt sie nun Verstärkereigenschaften. Diese Lieben-Röhre wird zur Grundlage der Funkempfänger im Ersten Weltkrieg.

Anders nutzt den Elektronenstrom der französische Erfinder Georges Claude: Er füllt eine Glasröhre mit stark verdünntem Gas. Auf dem Pariser Autosalon stellt er der Öffentlichkeit die von ihm entwickelte Neon-Leuchtröhre vor. Es handelt sich um eine Gasentladungslampe, die kaltes, rötliches Licht ausstrahlt. Schon im Vorjahr hatte der deutsche Chemiker Fritz Hofmann den synthetischen Kautschuk erfunden. Jetzt nutzt die Firma Bayer sein Verfahren und produziert erstmals Kunstgummi in großindustriellem Maßstab. Das Synthesematerial gelangt unter dem Namen »Methylkautschuk« in den Handel.

Blick in das Verteileramt der neuen Fernsprechzentrale in Hamburg, der größten der Welt: Aufnahmekapazität 80 000 Anschlüsse

Telefonieren ist auch im Zug möglich – aber nur wenn dieser steht.

Jeden Tag 53 Mio. Telefongespräche

Für den fernmündlichen Nachrichtenverkehr sind weltweit über 10 Mio. Fernsprechapparate und mehr als 30 Mio. Kilometer Leitung in Gebrauch. Die Zahl der im Vermittlungsdienst Beschäftigten – meist Frauen – wird auf 260 000, die der täglich geführten Gespräche auf 53 Mio. geschätzt. Der Löwenanteil entfällt auf die USA, wo das Fernsprechwesen im Vergleich zu Europa in den letzten Jahren einen beispiellosen Aufschwung genommen hat. In Europa steht das Deutsche Reich mit knapp einer Mio. Fernsprechanschlüsse mit Abstand an erster Stelle. Die ersten deutschen Ortsfernsprechnetze wurden 1881 in Betrieb genommen.

Edmund Rumpler baut ab 1910 in Berlin einen Motorgleiter, der unter dem Namen Etrich-Rumpler-Taube bekannt wird. Der Gleiter wurde 1906/07 von dem österreichischen Flugpionier Igo Etrich und seinem Vater Ignaz entwickelt.

Im »Todeskäfig« sind die Vorrichtungen für den Funkverkehr installiert.

Die im Eiffelturm eingerichtete Station für drahtlose Telegrafie überwindet eine Distanz von fast 8000 km.

An der British School of Telegraphy wurde dieser tragbare Telegrafenapparat konstruiert.

Drahtlose Telegrafie überwindet fast alle Hindernisse weltweit

Mit einer Schnelligkeit, die die Öffentlichkeit immer wieder in Staunen versetzt, gehen die Fortschritte in der drahtlosen Telegrafie voran. Der deutschen Funk-Zentralstation in Nauen bei Berlin gelingt es erstmals, mit einem nach Westafrika fahrenden Dampfer ununterbrochen in Kontakt zu bleiben – über eine Entfernung von bis zu 6600 km. Erhebungen wie die Alpen, das Hochplateau von Algerien und das Randgebirge von Adamana stellen keine Hindernisse mehr dar.

In Frankreich wird an der Vervollkommnung eines lenkbaren Torpedos gebaut, der mit Hilfe elektrischer Wellen ins Ziel gelenkt werden kann. Der Empfänger des Torpedos übernimmt gleichzeitig die Umsetzung der elektrischen Signale auf die mechanische Vorrichtung zur Lenkung des Torpedos und ist für fremde elektrische Signale unempfindlich. Vom Sender aus kann der Torpedo durch Tastendruck nach rechts oder links abgelenkt werden.

In Großbritannien wurde ein Sendeapparat in den unterirdischen Kalkhöhlen von Chislehurst aufgestellt. Ohne Schwierigkeiten gelang es, aus dem Inneren der Höhle ohne Drahtleitung die Verbindung herzustellen und zu halten. Die Bedeutung dieses drahtlosen Verkehrs z. B. bei Bergwerkskatastrophen wird als unschätzbar eingestuft.

Experimentelle Infrarot-Landschaftsfotografien mit speziellen Trockenplatten

Während die normale Spannung bei Fernleitungen 20 000 bis 30 000 Volt beträgt, läßt sich das Kraftwerk der Märkischen Elektrizitätswerke in Eberswalde auf die sensationelle Kapazität von 90 000 Volt ausbauen.

Für Beibehaltung der Todesstrafe

13. September. Der Deutsche Juristentag in Danzig lehnt den Antrag, die Todesstrafe aus dem Strafgesetzbuch zu streichen, mit 50 zu 24 Stimmen ab. Dagegen wird eine Erweiterung der Anwendung der Todesstrafe über das geltende Recht hinaus verworfen.

Im norddeutschen Reichstag hatte sich 1870 die Mehrheit der Abgeordneten für die Abschaffung der Todesstrafe entschieden. Um das Zustandekommen eines gesamtdeutschen Strafgesetzbuchs nicht zu gefährden, war dann der Beschluß für die Beibehaltung der Todesstrafe gefallen. Das deutsche Reichsstrafgesetzbuch bedroht mit dem Tod den vollendeten Mord sowie den als Hochverrat eingestuften Mordversuch am Kaiser und an Landesfürsten. Das deutsche Militärstrafgesetzbuch bedroht »Militärverbrechen« wie Kriegsverrat, Fahnenflucht und Feigheit vor dem Feind mit dem Tod.

Über die Zulässigkeit der Todesstrafe wird seit mehr als 100 Jahren diskutiert. Die Gegner der Todesstrafe verneinen das Recht des Staats, dem Staatsbürger zur Sühne für begangenes Unrecht das Recht auf die Existenz abzusprechen.

Reklame-Roheit eines Verlegers

14. September. Während ganz Wien um das Leben von Josef Kainz bangt und die Wiener Presse alle Nachrichten vom Gesundheitszustand des berühmten Schauspielers unterdrückt, um kein aufregendes Wort laut werden zu lassen – der Schwerkranke erwartet stets mit der gleichen fieberhaften Ungeduld die Zeitungen, um aus ihnen über sein Schicksal Klarheit zu gewinnen –, verfällt der Verleger Hilmar Huber vom Salzburger Halkyome-Verlag auf eine außergewöhnliche Werbemaßnahme: In einer der größten Buchhandlungen im Wiener Zentrum läßt er sein Buch »Die Macht der Toten« plazieren mit der Anpreisung: »Sensationelles Buch. Wurde von Josef Kainz noch auf dem Sterbebette mit großem Interesse gelesen.« Kainz, einer der bedeutendsten Schauspieler des Naturalismus, stirbt schließlich am 20. September im Alter von nur 52 Jahren.

Die Vorführung der preisgekrönten Bullen ist eine der Attraktionen dieses aufwendig gefeierten Oktoberfests.

Beim Ringelstechen muß zu Pferd ein kleiner Ring herabgeholt werden.

Die festlich geschmückte Theresienwiese während der Hundertjahrfeier; das Fest ist auch über die Grenzen Münchens hinaus eine Attraktion.

Das Oktoberfest wird 100 Jahre alt

17. September. Mit großen Feierlichkeiten begeht München den 100. Geburtstag des Oktoberfests auf der Theresienwiese. 14 Branntwein- und Likörbuden, 14 Wurstküchen, 22 Karussells, neun Schiffsschaukeln, fünf Kinematographen, fünf Fotografierstände, sechs Zirkusse und mehrere Bierbuden sorgen bis zum 2. Oktober für die Unterhaltung und das Wohl der Besucherinnen und Besucher.

Das erste Oktoberfest wurde am 17. Oktober 1810 durchgeführt anläßlich der Verlobung von Kronprinz Ludwig (I.) mit Therese von Sachsen-Hildburghausen. Die Wiese, auf der damals u. a. ein Pferderennen veranstaltet wurde, erhielt bald mit königlicher Genehmigung nach der Braut den Namen »Theresens Wiese« bzw. »Theresienwiese«.

Die Vorbereitungen für das Jahrhundert-Oktoberfest begannen schon vor zwei Jahren. Der Magistrat veranstaltete »behufs Mittel-Gewinnung zur Durchführung des Festprogrammes« eine Festlotterie, die – bei einem Lospreis von einer Mark – 50 000 Mark Reingewinn brachte. Um das 83 000 m² große Festgelände führt eine etwa 2000 m lange Pferderennbahn: Wie vor 100 Jahren wird auch auf diesem Oktoberfest der Superlative ein Pferderennen veranstaltet.

Mahler-Premiere: »Sinfonie der 1000«

12. September. In der Neuen Musikfesthalle in München wird im Rahmen der Münchner Festspiele die achte Sinfonie Es-Dur von Gustav Mahler unter der Leitung des Komponisten uraufgeführt.

Das 80-Minuten-Werk, das den herkömmlichen Rahmen des Sinfonischen völlig sprengt, erregt ungeheures Aufsehen. Schon der äußere Aufwand überbietet alles bisher Dagewesene: Rund 70 Streichinstrumente, etwa 40 Blasinstrumente, zwei Harfen, Schlaginstrumente aller Art, Orgel, Harmonium, Celesta, Klavier und Mandoline sowie acht Sologesangsstimmen, zwei große gemischte Chöre und einen Knabenchor schreibt der Komponist für dieses Werk vor, das als »Sinfonie der Tausend« in die Musikgeschichte eingeht. Mahler selbst jedoch bezeichnet das Werk als »Botschaft der Liebe in liebloser Zeit«. Er schreibt: »Es ist das Größte, was ich bis jetzt gemacht habe, und so eigenartig in Inhalt und Form, daß sich gar nichts darüber schreiben läßt. Denken Sie sich, daß das Universum zu tönen und klingen beginnt. Es sind nicht mehr menschliche Stimmen, sondern Planeten und Sonnen, welche kreisen . . .«

Karikatur im »Simplicissimus« zum Festspielfieber in München

Pause während der Richard-Wagner-Festspiele im Münchner Prinzregententheater; in der Mitte mit Hut Prinz Ludwig Ferdinand von Bayern

Französischer Musikzauber in München

18. September. In München beginnt im Rahmen der Münchner Festspiele das Französische Musikfest, zu dem einige der bedeutendsten zeitgenössischen Komponisten Frankreichs angereist sind. Ziel der bis zum 22. September in der Neuen Musikfesthalle und im Künstlertheater stattfindenden Konzerte und Opernaufführungen ist es, das deutsche Publikum mit Werken alter und moderner französischer Musik bekannt zu machen.

Auf den Programmen stehen Klassisches und Modernes unvermittelt nebeneinander, Werke von Jean-Philippe Rameau (1683 – 1764) bis Claude Debussy (*1862), von François Couperin (1668 – 1733) bis César Franck (1822 – 1890) und Gabriel Fauré (*1845). Star der Veranstaltung ist der 74jährige Camille Saint-Saëns, der Erneuerer der französischen Sinfonik. Bei der Aufführung von zwei seiner Kammermusikwerke sitzt der Meister, der auch von der bayerischen Königsfamilie im Schloß zu Nymphenburg empfangen wird, selbst am Klavier. Den nachhaltigsten Eindruck hinterläßt seine 3. Sinfonie c-Moll op. 78, die sog. Orgelsinfonie.

Die Musiktage werden beendet mit Aufführungen der Opern »Benvenuto Cellini« von Hector Berlioz (1803 – 1869) und – als Beispiel moderner deutscher Musik – »Elektra« von Richard Strauss (*1864).

»Der abgelenkte Hirte« (1851) verbindet Dekoratives und Detailtreue.

»Der Krieg« (1894) verdeutlicht Rousseaus humanistisches Anliegen.

Hunt – letzter Präraffaelit

7. September. Der britische Maler William Holman Hunt stirbt im Alter von 83 Jahren in London. Hunt gründete 1848 mit Dante Gabriel Rossetti, John Everett Millais u. a. die Präraffaeliten. Diese forderten den Bruch mit akademischer Reglementierung, sorgfältiges Naturstudium und neue Ausdrucksmittel. Sie suchten ihre Vorbilder in der Frührenaissancekunst (vor Raffael). Hunt schuf überwiegend religiöse Werke. Stilistisch verband er Realismus und Symbolismus.

Rousseau – der erste Naive

4. September. Der französische Maler Henri Rousseau, genannt »le douanier« (»der Zöllner«), stirbt im Alter von 66 Jahren in Paris.

Rousseau, der ursprünglich Zöllner war (daher sein Beiname) und keine künstlerische Ausbildung genoß, gilt als der Begründer der naiven Malerei in Europa. Charakteristisch für seine Gemälde ist eine statische Auffassung, eine idyllisch-traumhafte Verklärung der Wirklichkeit und die Freude am bildhaften Erzählen in kräftigen Farben.

Werbung 1910:

Poleroberung oder Vermarktung total

Mit der Werbung beschäftigen sich erstmals auch Wissenschaftler. Viktor Mataja begründet 1910 mit seinem Buch »Die Reklame« die moderne Reklamewissenschaft. Der an der Harvard University in den USA lehrende Hugo Münsterberg erklärt bei seiner Berliner Gastvorlesung »Psychologie und Wirtschaftsleben« Verbraucherverhalten und Werbung psychologisch und legt so den Grundstein für die Markt- und Werbepsychologie.

In der Produktwerbung erreicht die Strategie, die Verbraucher durch aktuelle Ereignisse anzusprechen, mit der Nordpolarexpedition Robert Edwin Pearys einen beispiellosen Höhepunkt (→ 29. 1./S. 26; 15. 6./S. 120). In Magazinen, in Zeitungen, auf Plakaten – häufigstes Thema der Werbung ist der Pol:

Nur eine »Waltham«-Uhr zeigt genau die Tageszeit an. Unterwäsche der Norfolk- und New Brunswick-Hosiery-Company bewahrte Peary und seine Mannen in der Arktis vor dem Erfrieren. Mit Dupontschem Schießpulver erlegte Peary die wilden Tiere, die sich ihm in den Weg stellten, natürlich mit Winchester-Büchsen. Dachte er an Toilette, war es die »Rubberset«-Bürste, mit der er den Seifenschaum zum Rasieren auftrug. Da er einen »Carbon-Magnetic«-Rasierer benutzte, erreichte er 90° nördlicher Breite als vollendeter Gentleman. Den Bazillen wurde mit »Sherings Formalin« der Garaus gemacht. Kau-, Schnupf- und Rauchtabak der U.S. Tobacco Company half den Polstürmern über alle Strapazen hinweg. Die mit »Kahinor«-Bleistiften geschriebenen Aufzeichnungen illustrierte die Eastmansche Kodak-Kamera. In einer anderen Anzeige wird dem geschäftstüchtigen Peary folgende Empfehlung an die Hausfrau in den Mund gelegt:

»Bevor ich meine Fahrt zum Nordpol antrat, suchte ich zunächst Information darüber, welches wohl das beste und dauerhafteste Kochgeschirr sei, und ich ermittelte, daß dasjenige, welches die Wear-Ever-Marke trägt, aus Aluminium angefertigt ist und genügende Stärke aufweist, um dauerhaft und zuverlässig zu sein.«

Völlig verklausuliert ist diese Werbung für Muffs: Selbst der Produktname »Hella« wurde antikisiert.

Mit Ausnahme des Produktnamens »Purgen« kommt auch diese Abführmittel-Anzeige ohne Worte aus.

Henkell – imperialistisch

Henkell – kolonialistisch

Henkell – Science fiction

Die Werbung will Konsumenten mit aktuellem Zeitgeschehen fangen

Auch bei den Anzeigen der Sektfirma Henkell wird die Tendenz deutlich, aktuelle Ereignisse mit der Werbeaussage zu verknüpfen. Das Indoor-Produkt Sekt wird dazu in einen völlig neuen Rahmen gestellt, den Outdoor-Bereich. Die aktuellen Ereignisse sind in den oben abgebildeten Beispielen der Bau von Dreadnought-Kampfschiffen (→ S. 142), die koloniale Expansion des Deutschen Reichs und das Erscheinen des Halleyschen Kometen (→ 19. 5./S. 104). Diese Hintergrundbezüge haben einen derart hohen Aktualitätsgrad, daß sie von allen Zeitgenossen nicht nur sofort – ohne Nachdenken – einzuordnen sind, sondern auch ein hohes Maß an Identifikation ermöglichen, wie vor allem das Beispiel Kolonialismus (Pioniergeist, Abenteuer, Exotik) und das Beispiel Rüstung (Patriotismus, deutsche Stärke) zeigen.

Durch Aufklärung will die Basler Firma Hoffmann-La Roche überzeugen.

Die Zigarette »Salem Aleikum« als Ausdruck souveräner Einzigartigkeit

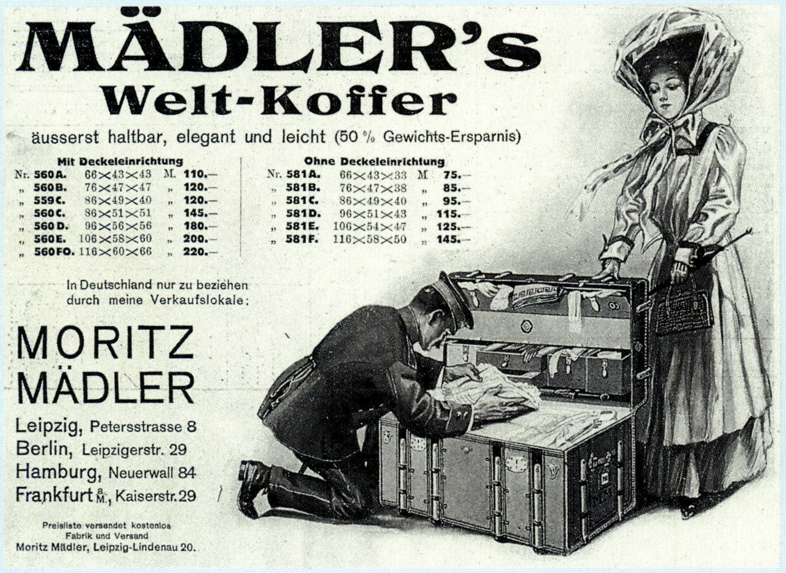

Qualität und Funktionalität stellt die Firma Mädler in den Vordergrund.

Die Firma »Manoli« setzt in Berlin auch erstmals Leuchtreklame ein.

◁ Wenig verblümt spricht die Firma Steiner & Sohn den erotischen Aspekt an, um begüterte junge Paare in ihre »Paradies-Verwandlungsbetten« zu locken: Adam und Eva finden ihr Paradies im Bett wieder. Von dieser paradiesischen Bett-Spielwiese wird die unschuldigen Sünder kein göttlicher Racheengel vertreiben. Unklar ist, warum der Adam des Bildes weibliche Brüste hat.

Oktober 1910

Mo	Di	Mi	Do	Fr	Sa	So
					1	2
3	4	5	6	7	8	9
10	11	12	13	14	15	16
17	18	19	20	21	22	23
24	25	26	27	28	29	30
31						

1. Oktober, Samstag

In Kassel beginnt der Parteitag der Nationalliberalen Partei. → S. 176

Im Deutschen Reich tritt das neue Stellenvermittlergesetz in Kraft. → S. 176

Der französische Kreuzer »Foudre« wird als Flugmaschinenstation für Geschwader eingerichtet.

Der preußische Generaloberst Colmar Freiherr von der Goltz-Pascha trifft zur Teilnahme an den osmanischen Manövern bei Adrianopel (Edirne) ein. Goltz-Pascha war wesentlich an der Modernisierung des türkischen Heeres beteiligt.

In der britischen Grafschaft Lancashire werden während eines Arbeitskampfes durch Aussperrung 700 Spinnereien geschlossen. → S. 174

Das mit einem Kostenaufwand von 16 Mio. Mark errichtete neue Rathaus von Dresden wird in Anwesenheit des sächsischen Königs Friedrich August III. eröffnet. → S. 65

2. Oktober, Sonntag

Die von Klerikalen in ganz Spanien organisierten Kundgebungen gegen die Politik des liberalen Ministerpräsidenten José Canalejas y Méndez kommen nur in wenigen Städten und unter schwacher Beteiligung zustande (→ 1. 7./S. 129).

In Peking wird der chinesische Reichsausschuß eröffnet, eine vorbereitende Versammlung für ein künftiges Parlament (→ 10. 3./S. 57).

3. Oktober, Montag

Die Erschießung eines republikanischen Parlamentsabgeordneten in Lissabon durch einen Soldaten führt zur Revolution in Portugal (→ 4. 10./S. 172).

Die schweizerische Bodensee-Toggenburg-Bahn wird eröffnet.

4. Oktober, Dienstag

Die republikanische Revolution in Portugal beginnt. → S. 172

In der Kolonie Deutsch-Südwestafrika (heute Namibia) revoltieren die Kaffern, die beim Umbau der Bahnstrecke von Karibib nach Windhuk beschäftigt sind. Deutsche Schutztruppen »stellen die Ruhe wieder her«: Zwölf Kaffern werden getötet, zehn verwundet. Die Kaffern sind ein Bantustamm in Südafrika.

5. Oktober, Mittwoch

In Lissabon wird die Republik Portugal proklamiert (→ 4. 10./S. 172). König Emanuel II. von Portugal flieht nach Gibraltar. → S. 173

Francisco Indalecio Madero, der Führer der mexikanischen Liberalen, verkündet den sog. Plan von San Luis Potosí. Die Liberalen fordern »Echtes Wahlrecht« und »Keine Wiederwahl« des diktatorisch regierenden Präsidenten Porfirio Díaz (→ 25. 11./S. 192).

Pablo Arosemana wird Präsident der mittelamerikanischen Republik Panama. Sein interimistisch amtierender Vorgänger Carlos A. Mendoza hatte nach Drohungen aus den Vereinigten Staaten auf eine erneute Kandidatur verzichtet. Panama hat wegen des Kanalbaus strategische Bedeutung für die USA (→ 19. 8./S. 147).

6. Oktober, Donnerstag

In Mexiko beginnt der bewaffnete Aufstand gegen die Diktatur des Präsidenten Porfirio Díaz (→ 25. 11./S. 192).

In Berlin-Moabit kommt es erneut zu Auseinandersetzungen zwischen Streikenden und der Polizei. Die Zahl der seit Ende September in Untersuchungshaft genommenen Arbeiter erhöht sich auf 64 (→ 24. 9./S. 158; 8. 10./S. 176).

Der Streik bei den deutschen Seeschiffswerften wird durch eine Einigung der Gewerkschaften mit den Arbeitgebern beigelegt. Die Löhne der Arbeiter werden angehoben.

Herzog Johann Albrecht zu Mecklenburg eröffnet in Berlin den dritten Deutschen Kolonialkongreß. → S. 175

7. Oktober, Freitag

Die portugiesische Revolutionsregierung unter Joaquim Teófilo Fernandes Braga verfügt die Auflösung der religiösen Orden. → S. 173

Am heiligen Fluß Ganges in Britisch-Indien ertrinken 700 Pilger in einer Flutwelle. → S. 182

8. Oktober, Samstag

Bei einem Polizeieinsatz während der Unruhen in Berlin-Moabit werden zwei Arbeiter getötet. → S. 176

Die russischen Behörden verfügen die Auflösung des finnischen Landtags, der sich weigert, Zar Nikolaus II. eine Ergebenheitsadresse zu schicken (→ 27. 3./S. 56). Neuwahlen für das russische Großfürstentum Finnland werden für den 2. Januar 1911 anberaumt.

Mit einem Flugmeeting wird in Dübendorf bei Zürich der erste Flugplatz der Schweiz eröffnet.

9. Oktober, Sonntag

In Lissabon findet die offizielle Feier zur Gründung der Republik Portugal statt (→ 4. 10./S. 172).

In Lissabon werden mehrere Klöster gestürmt, die Mönche und Nonnen werden vertrieben. Ein Pater wird bei den Ausschreitungen getötet. → S. 173

In zahlreichen Städten des Deutschen Reiches finden Protestversammlungen gegen das Vorgehen der Polizei bei den Moabiter Unruhen statt (→ 8. 10./S. 176).

Im brasilianischen Bundesstaat Amazonas verjagen Aufständische mit Unterstützung von Bundestruppen den Gouverneur und beschießen die Hauptstadt Manaus (→ 11. 12./S. 206).

10. Oktober, Montag

Die Feiern zum 100jährigen Jubiläum der Berliner Universität beginnen am Abend mit einem Festgottesdienst im Dom und einem Fackelzug der Berliner Studentenschaft (→ 11. 10./S. 177).

Bei der französischen Nordbahn beginnt ein Streik. → S. 177

Der Aeronaut Karl Illner gewinnt den mit 20 000 Kronen (rund 17 000 Mark) dotierten Flugwettbewerb »Großer Preis der Stadt Wien«. Die 85 km lange Strecke von Wien nach Horn legt er mit der Etrich-IV-Taube in 1:14 h zurück. Für den Rückflug benötigt er nur 56 min.

11. Oktober, Dienstag

Beim Festakt zur Jahrhundertfeier der Berliner Universität kündigt Kaiser Wilhelm II. die Errichtung von reinen Forschungsinstituten an. → S. 177

12. Oktober, Mittwoch

Der Streik bei der französischen Nordbahn dehnt sich auf ganz Frankreich aus (→ 10. 10./S. 177).

Die Konsistorial-Kongregation in Rom verschärft die Bestimmungen über den Modernisteneid. Die Vorlesungen, die katholische Theologieprofessoren in den Seminaren halten, müssen vorher zur Genehmigung vorgelegt werden (→ 8. 9./S. 160).

Im Aachener Münster wird der Sarg des römisch-deutschen Kaisers Otto III. gefunden. → S. 184

13. Oktober, Donnerstag

Der österreichische Kaiser und ungarische König Franz Joseph I. eröffnet in Wien die Delegationen, das Parlament der beiden Reichshälften. In seiner Thronrede erklärt er, die Bündnisse Österreich-Ungarns mit dem Deutschen Reich und Italien seien noch fester und inniger geworden (→ 28. 5./S. 98).

Da den italienischen 23 Bataillonen an der Grenze nur 13 österreichische gegenüberstehen, verfügt die österreichische Regierung die Bildung eines weiteren Kaiserschützen-Regiments mit drei Maschinengewehr-Abteilungen am Isonzo.

Die nach der Annexion Koreas durch Japan (→ 22. 8./S. 144) in die japanischen Adelslisten aufgenommenen 70 koreanischen Adligen erhalten als Geschenk vom japanischen Staat unveräußerliche und unverpfändbare 5prozentige Schatzscheine, die auf den jeweiligen Erben des Adelstitels übergehen. Diese Dotationen sind je nach Rang abgestuft von umgerechnet 50 000 bis 500 000 Mark.

14. Oktober, Freitag

Die Sozialdemokraten protestieren in Hamburg auf 25 Massenversammlungen gegen den Polizeiterror in Moabit und gegen das »Scharfmachertum in Preußen« (→ 8. 10./S. 176).

In Paris kommt es zu blutigen Straßenkämpfen zwischen Streikenden und der Munizipalgarde (→ 10. 10./S. 177).

15. Oktober, Samstag

Joaquim Teófilo Fernandes Braga wird zum ersten Staatspräsidenten der Republik Portugal gewählt (→ 4. 10./S. 172). Er ist zugleich Ministerpräsident.

Fürst Albert I. von Monaco verzichtet als letzter Monarch Europas auf die Ausübung absolutistischer Herrschaft. → S. 174

Die Berliner Kriegsakademie feiert in Gegenwart von Kaiser Wilhelm II. ihr 100jähriges Bestehen.

Ein Orkan zerstört auf Kuba die Städte Casilda und Santa Clara. Die Zahl der Getöteten wird mit 1000 angegeben.

Der US-Amerikaner Walter Wellman versucht, mit einem Lenkballon den Atlantik zu überfahren. → S. 182

16. Oktober, Sonntag

Der gestürzte portugiesische König Emanuel II. reist von Gibraltar ins Exil nach Großbritannien (→ 5. 10./S. 174).

Der französische Lenkballon »Clément-Bayard« fährt in sechs Stunden von Paris nach London.

Beim Fußballänderspiel gegen Holland in Kleve verliert die deutsche Auswahl mit 1:2 Toren.

17. Oktober, Montag

Die portugiesische Revolutionsregierung unter Joaquim Teófilo Fernandes Braga veröffentlicht in Lissabon Dekrete, durch die die Erste Kammer des Parlaments, der Staatsrat und alle Adelstitel abgeschafft werden und die Dynastie Bragança des Landes verwiesen wird (→ 4. 10./S. 172).

Die britische Gesandtschaft in Teheran läßt der persischen Regierung mitteilen, daß Großbritannien zur Sicherung des Handels in Südpersien eigene Maßnahmen ergreifen werde, falls dort nicht innerhalb von drei Monaten Ruhe hergestellt sei. Die Kosten für diese Maßnahmen würden durch einen Zuschlag auf die Zölle im Persischen Golf gedeckt werden (→ 11. 2./S. 44). Persien ist in drei Zonen geteilt, eine britische im Süden, eine russische im Norden und eine persische.

18. Oktober, Dienstag

Paul Matthies veröffentlicht in der Herderschen Verlagsbuchhandlung die Broschüre »Wir Katholiken und die – anderen«. → S. 180

Der Eisenbahnerstreik in Frankreich wird beendet (→ 10. 10./S. 177).

Der Eisenbahnerstreik ist im Oktober Thema Nummer eins in Frankreich. Er führt an den Rand einer Diktatur.

Ce numéro se compose de VINGT PAGES au lieu de seize et contient :
1° *L'Illustration Théâtrale*, avec le texte complet des POLICHINELLES, tirés du manuscrit d'Henry Becque, par Henri de Noussanne;
2° Le 9e fascicule d'un roman de M. Georges Dombre : L'ENIGME DE LA RUE CASSINI.

L'ILLUSTRATION

Prix de ce Numéro : Un Franc. SAMEDI 15 OCTOBRE 1910 *68e Année. — N° 3529.*

LA GRÈVE !

19. Oktober, Mittwoch

Eleftherios Weniselos, der Führer der liberalen Partei, wird griechischer Ministerpräsident. Der aus Kreta stammende Politiker hatte 1908 den Anschluß der im Besitz des Osmanischen Reichs (Türkei) befindlichen Insel an Griechenland proklamiert (→ 21. 8./S. 145).

20. Oktober, Donnerstag

Die deutsch-tschechischen Verhandlungen in Prag führen zu dem vorläufigen Beschluß, daß die autonomen Gemeinden Böhmens ihre Amtssprache beliebig wählen, Prag jedoch alle Bekanntmachungen in Deutsch und Tschechisch veröffentlichen muß. Das Prager Stadtsiegel und die Straßenschilder sollen hingegen ausschließlich in tschechischer Sprache gehalten sein (→ 26. 4./S. 81).

In Brüssel erscheint anläßlich des bevorstehenden Besuchs des Kaisers Wilhelm II. ein sozialistisches Plakat, das dem Kaiser die Verweigerung des allgemeinen Wahlrechts in Preußen vorwirft und die Genossen auffordert, den Kaiser mit Hochrufen auf das deutsche Volk zu empfangen. Der Kaiser trifft am 25. Oktober in der belgischen Hauptstadt ein. Die geplante Demonstration der Sozialisten findet wegen behördlicher Verbote nicht statt.

Der Direktor der staatlichen portugiesischen Münzanstalt, Juan de Lima, erschießt sich, als bekannt wird, daß die Beamten der Münze jahrelang Silbergeld für sich selbst haben prägen lassen.

In Frankfurt am Main findet der erste Deutsche Soziologentag statt. → S. 176

Das Gemeindekollegium von München beschließt, 120 000 Mark für Theatervorstellungen für das Volk in den Etat aufzunehmen. → S. 185

Die »Olympic«, das größte Schiff der Welt, läuft in Belfast vom Stapel. → S. 181

21. Oktober, Freitag

Auf britischen Vorschlag hin einigen sich die europäischen Mächte, bei der Anerkennung der Republik Portugal »pari passu« (»in gleichem Schritt«) vorzugehen. Das bedeutet die Anerkennung Portugals als Republik (→ 4. 10./S. 172).

Der päpstliche Nuntius verläßt Portugal. Die portugiesischen Prälaten haben sich für die Republik als Staatsform ausgesprochen. → S. 173

Die deutschen Winzer klagen über eine der schlechtesten Ernten. → S. 180

22. Oktober, Samstag

Der Parteitag der Jungliberalen in Köln fordert in einer Resolution nachdrücklich, »daß die Regierung den dringenden Wunsch des deutschen Bürgertums nach einer seiner volkswirtschaftlichen und kulturellen Bedeutung entsprechenden gleichberechtigten Anteilnahme an der Staatsregierung und Verwaltung ohne Verzug und ohne Rücksicht auf einseitig überkommene Standesvorurteile« erfüllen solle.

Das am 3. Oktober eröffnete chinesische Vorparlament beschließt einstimmig, die kaiserliche Regierung um die beschleunigte Einberufung eines Parlaments zu bitten. Eine solche verfassunggebende Nationalversammlung ist erst für 1917 vorgesehen (→ 10. 3./S. 57).

Der Verband mittlerer und kleinerer Städte in Berlin spricht sich gegen die Reichswertzuwachssteuer aus. → S. 176

Der italienische Tenor Enrico Caruso gastiert in Berlin. → S. 184

23. Oktober, Sonntag

Bei einer Volksabstimmung in der Schweiz wird die Einführung des Verhältniswahlrechts abgelehnt. → S. 174

Die Republik Brasilien erkennt die Republik Portugal an (→ 4. 10./S. 172). Brasilien war bis 1822 portugiesische Kolonie. Amtssprache ist weiterhin das Portugiesische.

In Bangkok stirbt der siamesische König Chulalongkorn. → S. 175

Eine türkisch-persische Protestversammlung gegen das Vorgehen Großbritanniens und Rußlands in Persien beschließt in Konstantinopel (Istanbul) ein Danktelegramm an den deutschen Kaiser Wilhelm II. als den »treuesten Beschützer des Islam«. Der Kaiser wird gebeten, seine Hand auch über Persien zu halten (→ 11. 2./S. 44).

24. Oktober, Montag

Die Republik Portugal wandelt die Botschaft beim Heiligen Stuhl in eine Gesandtschaft um. → S. 173

Kaiser Wilhelm II. und Kaiserin Auguste Viktoria reisen zu einem Besuch des belgischen Königspaars nach Brüssel. Es ist der erste Besuch des Kaiserpaars beim neuen belgischen König Albert I., dessen erster Auslandsbesuch im Mai Berlin gegolten hatte (→ 31. 5./S. 98).

Die belgische Presse stellt fest, daß die Entfremdung zwischen dem belgischen und dem deutschen Hof nun beendet sei. Der Kontakt zu dem 1909 verstorbenen König Leopold II. war auf Wunsch der für ihre Frömmigkeit bekannten deutschen Kaiserin auf das Notwendigste reduziert worden, da Leopolds Lebenswandel »nicht ganz einwandfrei« war, berichtet die liberale »Gazette«.

Das russische Zarenpaar, das sich zu Besuch im Deutschen Reich aufhält, reist nach Schloß Wolfsgarten bei Darmstadt. → S. 182

Der Golf von Neapel wird von schweren Unwettern heimgesucht. → S. 182

Der Deutsch-amerikanische Nationalbund und die irische Vereinigung Ancient Order of Hibernians vereinbaren in Kentucky, gemeinsam die systematische Erforschung der Mitwirkung aller Rassen an der Geschichte der USA vorzubereiten.

25. Oktober, Dienstag

Die griechische Nationalversammlung in Athen wird trotz eines Vertrauensvotums für Ministerpräsident Eleftherios Weniselos aufgelöst. Weniselos will durch Neuwahlen eine größere Mehrheit für seine liberale Partei erreichen (→ 21. 8./S. 145).

Die französische Presse widmet dem »erstaunlichen Ereignis«, daß Kaiser Wilhelm II. beim Besuch des belgischen Königspaars in Brüssel seinen Trinkspruch in deutscher Sprache ausbringt, besondere Aufmerksamkeit. Einige Blätter äußern sich besorgt über eine mögliche Annäherung zwischen dem Deutschen Reich und dem neutralen Belgien.

26. Oktober, Mittwoch

Die deutsche Regierung beantwortet das Gesuch der britischen und der US-amerikanischen Botschaft wegen der Mißhandlung von Journalisten während der Moabiter Krawalle abschlägig (→ 8. 10./S. 176).

Die Friedensverhandlungen zwischen Spanien und Marokko, zu denen der marokkanische Großwesir El Mokri nach Madrid gereist ist, führen zu einer Verständigung bis auf die Frage der Entschädigungen, die Marokko für den spanischen Riffeldzug zahlen soll.

Kaiser Wilhelm II. empfängt in Brüssel Prinz Napoléon Victor Bonaparte, den Bräutigam der belgischen Prinzessin Klementine (→ 14. 11./S. 198).

27. Oktober, Donnerstag

Die portugiesische Revolutionsregierung in Lissabon erklärt, daß die republikanischen Kämpfe vom 3. bis zum 5. Oktober als Heldentaten betrachtet werden und begnadigt die wegen Disziplinlosigkeit bestraften Soldaten (→ 4. 10./S. 172).

Die italienische Regierung unter Ministerpräsident Luigi Luzzatti beschließt wegen der Unwetterkatastrophe am Golf von Neapel (→ 24. 10./S. 182) ein dreimonatiges Moratorium für Wechsel unter 500 Lire (rund 400 Mark), die in Neapel zahlbar sind.

Das deutsche Kaiserpaar besucht die Weltausstellung in Brüssel (→ 23. 4./S. 74).

Den Gordon-Bennett-Preis der Lüfte gewinnt der US-amerikanische Ballon »America«, der 1355 englische Meilen (rund 2500 km) zurückgelegt hat.

28. Oktober, Freitag

Beim Zusammentritt der russischen Reichsduma (Parlament) weigert sich der konservative Dumavizepräsident Fürst Wolkonsky, zu Ehren des am 17. Oktober verstorbenen ersten Dumapräsidenten Sergei A. Muromzew ein Erheben von den Sitzen zuzulassen. Aus Protest verläßt die Linke den Saal und wohnt in der Dumakirche einer Totenmesse für Muromzew, der als Gründer der Partei der Kadetten eine parlamentarische Demokratie nach westlichem Muster angestrebt hatte, bei.

29. Oktober, Samstag

Bei der Debatte über den Eisenbahnerstreik im französischen Parlament erklärt Ministerpräsident Aristide Briand auf die Frage, warum er unter Ausschaltung der Volksvertretung gehandelt habe: »Es kann Fälle geben, wo man im höheren Interesse selbst zur Ungesetzlichkeit greifen muß« (→ 10. 10./S. 177).

Die spanische Abgeordnetenkammer in Madrid nimmt den Gesetzentwurf zur Abschaffung des religiösen Eides bei weltlichen Rechtshandlungen mit großer Mehrheit an (→ 1. 7./S. 129).

Während eines Streiks von Fleischergesellen kommt es im Berliner Wedding zu Straßentumulten.

30. Oktober, Sonntag

Die französische Abgeordnetenkammer in Paris erteilt dem Ministerium Aristide Briand für sein Verhalten während des Eisenbahnerstreiks vom 12. bis zum 26. Oktober mit 388 zu 94 Stimmen ein Vertrauensvotum (→ 10. 10./S. 177).

Der Konservative Verein erklärt in Elbing, daß er im Auftreten des Bundes der Landwirte mit seinem »rücksichtslos eigennützigen, demagogischen Charakter« eine Gefahr für die Deutschkonservative Partei erblickt.

Der schweizerische Philanthrop Henri Dunant stirbt in Heiden. → S. 185

31. Oktober, Montag

Der am Vortag verhaftete frühere portugiesische Diktator João Franco wird gegen Kaution aus der Untersuchungshaft entlassen. Ihm wird vorgeworfen, die Ausübung von Landesgesetzen verhindert und die Schulden des Königs Karl mit Krongütern beglichen zu haben.

Der griechische Ministerpräsident Eleftherios Weniselos fordert die Offiziere auf, sich von der Politik fernzuhalten (→ 30. 3./S. 55).

Aus Teheran wird die Landung des britischen Kreuzers »Fox« in der persischen Hafenstadt Lingeh gemeldet. Persien hat gegen die Anwesenheit der britischen Marinesoldaten protestiert, die angeblich britische Staatsangehörige vor einem Überfall rebellischer Stämme schützen sollen (→ 11. 2./S. 44).

Die persische Geistlichkeit von Nedschef, dem Zentrum der Schiiten im osmanischen Wilajet (Verwaltungsbezirk) Bagdad, ruft alle Perser dazu auf, sich den gegen die Einheit und Unabhängigkeit Persiens gerichteten Angriffen zu widersetzen (→ 11. 2./S. 44).

Das Wetter im Monat Oktober

Station	Mittlere Lufttemperatur (°C)	Niederschlag (mm)	Sonnenscheindauer (Std.)
Aachen	11,3 (10,0)	29 (64)	– (123)
Berlin	9,5 (8,8)	16 (58)	– (123)
Bremen	10,1 (9,4)	16 (47)	– (104)
München	9,1 (7,9)	32 (62)	– (130)
Wien	9,7 (9,6)	23 (57)	138 (118)
Zürich	9,9 (8,4)	28 (80)	– (108)

( ) Langjähriger Mittelwert für diesen Monat
– Wert nicht ermittelt

Mit einem großen Flugmeeting wird in Dübendorf im Kanton Zürich der erste Flugplatz in der Eidgenossenschaft eingeweiht (Abb.: Werbeplakat).

König Emanuel II. und die königliche Familie fliehen am 5. Oktober in Fischerbooten an Bord der auf hoher See liegenden Jacht »Amelia«.

Republikanischer Aufstand in Lissabon – König gestürzt

4. Oktober. 20 Kanonenschüsse geben um zwei Uhr morgens in Lissabon das Signal zur Revolution. Der Aufstand von Flotte und Armee führt zur Flucht von König Emanuel II. und zur Proklamation der Republik am 5. Oktober. Diese Revolution ist kein Militärputsch, sondern wird von der breiten Masse der Lissaboner Bevölkerung mitgetragen. Die Mehrheit der Nation, die Landbevölkerung, bleibt jedoch von den Ereignissen unberührt.

Seit Jahren kam es in Lissabon immer wieder zu republikanischen Erhebungen, die letzte Verschwörung wurde im Juni aufgedeckt (→ 8. 6./S. 114). Die Parlamentswahlen am 28. August brachten den Republikanern trotz Wahlfälschungen immerhin 14 Sitze in den Cortes (Volksvertretung) und einen überwältigenden Sieg in der Hauptstadt.

Da der König in seiner Thronrede zur Eröffnung des Parlaments wiederum nicht auf die Forderung nach durchgreifenden inneren Reformen einging, wurde in Marine und Heer eine republikanische Revolution für den 20. November vorbereitet. Die Ermordung des Irrenarztes und antiklerikalen Parlamentsabgeordneten Bombarda am 3. Oktober durch einen »geisteskranken« Leutnant macht diesen Zeitplan zunichte. Folge des Attentats sind gewalttätige Ausschreitungen und Straßenschlachten revolutionären Charakters.

Zur Verstärkung der Polizei während der Straßenkämpfe in der Nacht zum 4. Oktober wird das Infanterieregiment 16 herangezogen, das sich jedoch auf die Seite der Aufständischen stellt und den Königspalast Necessidades umzingelt. Die anrückenden königstreuen Regimenter werden mit Handgranaten empfangen, über 100 Soldaten sterben. In der Umgebung Lissabons kappen die Revolutionäre alle Telefon- und Telegrafenleitungen und zerstören die Eisenbahngleise. Die Kreuzer »Adamastor« und »São Rafael« hissen die republikanische grün-rote Flagge und nehmen den Palast unter Feuer. Der König stellt sich nicht an die Spitze seiner Truppen, sondern zieht es vor, heimlich zu fliehen (→ 5. 10./S. 174). Am 5. Oktober wird die Republik ausgerufen. Sie wird von Spanien und Großbritannien bereits nach wenigen Tagen anerkannt.

Die provisorische Revolutionsregierung erklärt den Adel und die Erste Kammer für abgeschafft, die Dynastie Bragança wird verbannt. Es werden bürgerlich-demokratische Freiheiten verkündet, die Frauen werden familienrechtlich den Männern gleichgestellt. Eine Agrarreform sowie eine konsequente Demokratisierung von Staatsapparat und Armee führen die bürgerlichen Revolutionäre jedoch nicht durch, gegen Streikende wird weiterhin mit Waffengewalt vorgegangen. Das schwerste Erbe, das die junge Republik übernimmt, ist die völlige Zerrüttung der Staatsfinanzen und die erdrückende wirtschaftliche Abhängigkeit von Großbritannien.

Der 67jährige Gelehrte Joaquim Teófilo Fernandes Braga übernimmt am 4. Oktober das Amt des Ministerpräsidenten und wird am 15. Oktober zum Staatspräsidenten gewählt. Braga ist seit 1872 Professor für neuere Literatur in Lissabon; er gilt als Begründer der portugiesischen Volkskunde und Literaturwissenschaft.

Einer der revolutionären Marineoffiziere (M.) wird unter großem Beifall durch Lissabon gefahren.

Dragoner mit der republikanischen »Freiheitsflagge«

Triumphzug für den revolutionären Marineoffizier Marinha de Campos

Revolutionäre Marinesoldaten führen Ordensangehörige ab, die Bauernkleidung angelegt haben.

Macht der katholischen Kirche gebrochen – Jesuiten verlassen Portugal

Die Revolution in Portugal trägt stark antiklerikale Züge. Auch nach dem Abschluß der revolutionären Kämpfe kommt es zur Stürmung und Brandschatzung von reichen Klöstern. Die von Joaquim Teófilo Fernandes Braga geführte Revolutionsregierung verbietet am 7. Oktober die religiösen Orden und verweist deren Mitglieder des Landes, auch die Missionare in den Kolonien sind davon betroffen. Der Klosterbesitz wird säkularisiert, Ende Oktober wird die Trennung von Kirche und Schule beschlossen (im April 1911 die Trennung von Kirche und Staat). Der päpstliche Nuntius verläßt das Land, im November fliehen die letzten Jesuiten in die Niederlande. Am 4. November wird das neue Ehescheidungsgesetz veröffentlicht, das den übereinstimmenden Wunsch beider Gatten als genügenden Scheidungsgrund gelten läßt.

Das Zimmer des 20jährigen unverheirateten Monarchen Emanuel II. im Palacio das Necessidades in Lissabon nach der Flucht am 5. Oktober

König flieht nach Gibraltar

5. Oktober. Der portugiesische König Emanuel II., Königinmutter Marie Amelie, Infant Alfonso und Königin Maria Pia (die Großmutter des gestürzten Monarchen) fliehen am Morgen aus Lissabon in das nahegelegene Cintra und von dort nach Mafra an der Küste. Nachmittags begibt sich die Königsfamilie in Fischerbooten an Bord der Jacht »Amelia«. Zu diesem Zeitpunkt verkündet die Revolutionsregierung in Lissabon: »Das Volk, die Armee und die Marine haben die Republik proklamiert. Die Dynastie der Bragança, die üblen Wollens und mit Absicht den sozialen Frieden des Landes gestört hat, ist für immer aus Portugal verbannt.«

Am 6. Oktober trifft die »Amelia« in Gibraltar ein. Zehn Tage später schiffen sich Emanuel II., seine Mutter und der Infant auf der britischen Königsjacht »Victoria and Albert« von Gibraltar nach Plymouth ein, während Königin Maria Pia nach Italien reist.

König Emanuel II. und Königinmutter Marie Amelie beim Verlassen des Sonntagsgottesdienstes in Gibraltar am 9. Oktober; die königliche Familie wurde am 6. Oktober auf Gibraltar vom britischen Gouverneur Archibald Hunter mit allen Ehren empfangen. Bis zum Sonntag wohnte sie auf der Jacht, danach nimmt die Familie im Palast des Gouverneurs vorläufig Aufenthalt.

»Revolution« in Monaco

15. Oktober. Prinz Ludwig (II.) von Monaco, der Sohn des regierenden Fürsten Albert I., verkündet im Namen seines Vaters die Einführung der Etatbewilligung durch das Volk, die Ersetzung des Generalgouverneurs durch ein Parlament (Nationalrat), die Anerkennung der kommunalen Autonomie, die Schaffung einer Schatzverwaltung und die Aufstellung einer Zivilliste, d. h. eines vom Parlament festgesetzten Jahreseinkommens für den Monarchen. Außerdem wird der Erlaß einer Verfassung in Aussicht gestellt.

Mit diesen von den Monegassen als revolutionär empfundenen Ankündigungen geht eine Zeit von Demonstrationen in dem Fürstentum an der französischen Riviera zu Ende. Fürst Albert I., der letzte absolute Monarch Europas, verzichtet auf die Ausübung der absoluten Gewalt. Dem Fürsten standen ein Staatsrat aus sieben Ministern, ernannt vom Fürsten, und ein Generalgouverneur zur Seite. 1911 wird Monaco konstitutionelle Monarchie.

Der 62jährige Albert I. regiert seit 1889 als absoluter Monarch.

Den Demonstranten vor der Bürgermeisterei in Monaco wird mitgeteilt, daß Prinz Ludwig bereit ist, mit ihnen über ihre Forderungen zu diskutieren.

Schweizer gegen Proporzwahlrecht

23. Oktober. Bei der eidgenössischen Volksabstimmung wird das Initiativbegehren auf Einführung der Proportionalwahl (Verhältniswahlrecht) bei den Nationalratswahlen mit 265 194 zu 240 305 Stimmen verworfen. Damit scheitert diese Initiative zum zweiten Mal nach 1900.

Die regierende Freisinnig-demokratische Partei fürchtet um den Verlust ihrer Vormachtstellung bei der Einführung des Proporzsystems, für das sich Sozialisten, Ultramontane und evangelische Konservative stark machen.

Streikwelle in Großbritannien

1. Oktober. In der britischen Grafschaft Lancashire werden durch Aussperrung 700 Spinnereien geschlossen. 150 000 Arbeiter und Arbeiterinnen verlieren durch diese Kampfmaßnahme der Unternehmer ihren Arbeitsplatz (bis 6. 10).

Nach 1901 und 1907 erreicht die Zahl der Streiks in Großbritannien erneut einen Höhepunkt. 531 Streiks mit der Rekordzahl von 515 000 Beteiligten werden nach offiziellen Angaben gezählt. Ursache sind meist Lohnforderungen, darunter die Forderung nach gesetzlich festgesetzten Mindestlöhnen.

Kolonialkongreß warnt vor Islam

6. Oktober. Herzog Johann Albrecht zu Mecklenburg, der Regent des Herzogtums Braunschweig, eröffnet im Reichstag in Berlin den dritten Deutschen Kolonialkongreß.

Der Herzog ist seit 1895 Präsident der Deutschen Kolonialgesellschaft (→ 27. 7./S. 134). Ziele dieser Organisation sind u. a. die »Erweckung des Verständnisses für koloniale Betätigung im deutschen Volke«, die Unterstützung und Anregung von Kolonisationsunternehmungen sowie die Pflege wirtschaftlicher und geistiger Verbindungen mit den Deutschen im Ausland.

Gefördert wird diese einflußreichste deutsche Koloniallobby, die 1887 aus der Verschmelzung des Deutschen Kolonialvereins mit der Gesellschaft für deutsche Kolonisation hervorging, vom Großbürgertum (Banken und Industrie), das 40% der Mitglieder stellt, und von den Junkern. Ihre Organe sind »Der Tropen-Pflanzer«, »Beiträge zur Kolonialpolitik und Kolonialwirtschaft«, »Mitteilungen der deutschen Kolonialgesellschaft« und »Deutsche Kolonialzeitung«. Weiterhin veröffentlicht sie Flugschriften, Abhandlungen und veranstaltet im ganzen Reichsgebiet Vorträge.

Zentrale Themen des Kongresses sind die deutsche Kolonialpolitik in Afrika und mögliche Reaktionen auf das Vordringen des Islam auf dem schwarzen Kontinent. Zu dieser Frage nimmt der Kongreß folgende Resolution an: »Da von der Ausbreitung des Islam der Entwicklung unserer Kolonien ernste Gefahren drohen, rät der Kolonialkongreß zu sorgsamer Beachtung und gründlichem Studium dieser Bewegung. Er hält es bei grundsätzlicher religiöser Unparteilichkeit für geboten, daß alle an der Erschließung der Kolonien Beteiligten gewissenhaft vermeiden, was zur Beförderung der Ausbreitung des Islam und zur Benachteiligung des Christentums dienen könne, und empfiehlt missionarische Kulturarbeiten, insbesondere auf den Gebieten des Schulwesens und der Gesundheitsfürsorge, der tatkräftigen Unterstützung, auch der Kolonialregierung. Er erkennt auch in der islamischen Gefahr eine dringliche Aufforderung an die deutsche Christenheit, die vom Islam noch nicht ergriffenen Gebiete unserer Kolonien ohne Verzug in missionarische Pflege zu nehmen.«

Der für europäische Beobachter erstaunlichste Aspekt des pompösen Leichenzugs sind die in Weiß gekleideten 600 Witwen, die ihrem verstorbenen Herrn und Gatten Chulalongkorn das letzte Geleit geben.

Chulalongkorn, König seit 1868, war Freund europäischer Kultur.

Wadjiwarudh, der neue König, wurde in England erzogen.

600 Witwen trauern um Chulalongkorn

23. Oktober. In seiner Residenz in Bangkok stirbt im Alter von 56 Jahren König Phra Paramindr Maha Chulalongkorn = Rama V. von Siam. Zum Nachfolger wird sein 29jähriger Sohn Maha Wadjiwarudh – Rama VI. – aus der Ehe mit Prinzessin Sowapa Pongsi proklamiert.

Chulalongkorn führte zahlreiche Reformen durch, die auf rasche wirtschaftliche Entwicklung abzielten. Er konnte dabei nicht verhindern, daß sein Land in eine Art halbkoloniale Abhängigkeit von Großbritannien und Frankreich geriet.

Die Zahl der Kinder des Verstorbenen ist unbekannt; das Foto zeigt Schwestern des neuen Königs.

Nach der Beisetzung von Chulalongkorn wird sein Nachfolger Wadjiwarudh in den Palast getragen.

»Wir stehen fest zu Kaiser und Reich«

1. Oktober. Der Vorsitzende Ernst Bassermann eröffnet in Kassel den Parteitag der Nationalliberalen Partei. Sie bildet mit 54 Abgeordneten im Deutschen Reichstag die drittgrößte Fraktion nach dem Zentrum (105) und der Deutschkonservativen Partei (60). Die Sozialdemokraten stellen als viertgrößte Fraktion 43 Abgeordnete.

Am Vortag hatte Bassermann in der »Nationalzeitung« unter dem Titel »Unser Programm« die ideologische Marschroute für die zweitägige Veranstaltung vorgegeben: »Fest steht die nationalliberale Partei zu Kaiser und Reich und tritt ein für starke Wehr zu Wasser und zu Land, zur Stärkung des Deutschtums in der Ostmark und in den Reichslanden.«

Die Nationalliberalen, die 1890 nach mehreren Spaltungen fast im politischen Abseits standen, haben dank ihres Imperialismus neues Profil gewonnen: Sie sind die Partei einer entschlossenen Kolonialpolitik und unterstützen den Ausbau des Heeres und die Flottenaufrüstung. Zahlreiche Interessengruppen können in der Fraktion auf Gehör rechnen, so die Handel-, Industrie- und Gewerbevereinigung Hansabund, der Bund der Landwirte und der Centralverband Deutscher Industrieller.

Als Gegner der Nationalliberalen bezeichnet Bassermann »die antisemitische und extrem-agrarische Richtung«. Der Hauptfeind aber steht links: »Niemals hat die nationalliberale Partei davon abgelassen, die Sozialdemokratie als ihren Feind zu betrachten (Zuruf: Todfeind!). Wir sind eine monarchische Partei, wir stehen fest auf nationalem Boden, wir sind eine Partei der ruhigen Weiterentwicklung, die die Harmonie der Erwerbsstände anstrebt und die keine Harmonie haben kann mit einer Partei, die international ist und den Umsturz haben will.« Damit nimmt Bassermann Bezug auf die Budgetkoalition zwischen Nationalliberalen und Sozialdemokraten in Baden, die auch auf dem sozialdemokratischen Parteitag in Magdeburg für Verstimmung gesorgt hatte (→ 18. 9./S. 159).

*Der Rechtsanwalt Ernst Bassermann (*26. 7. 1854 in Wolfach/Schwarzwald) ist Vorsitzender des Zentralvorstands und der Reichstagsfraktion der Nationalliberalen Partei. Seit 1887 ist Bassermann Stadtrat in Mannheim, seit 1893 Mitglied des Reichstags.*

Wertzuwachs soll besteuert werden

22. Oktober. Die Delegiertenversammlung des Verbands mittlerer und kleinerer Städte in Berlin verabschiedet eine Entschließung, in welcher der Deutsche Reichstag nachdrücklich aufgefordert wird, den Entwurf einer Reichswertzuwachssteuer abzulehnen.

Mit dieser Steuer soll, so die Regierung, den Grundstücksspekulationen begegnet werden: Der Wertzuwachs von Grundstücken soll einer besonderen Steuer unterworfen werden. Viele Gemeinden erwarten als Folge dieser Steuer einen Rückgang der Bautätigkeit. Die Haus- und Grundbesitzer machen seit langem Front gegen diesen Gesetzentwurf.

Die Zustimmung der Parteien hingegen ist fast einhellig. Das zeigt auch die Stimmenthaltung der Sozialdemokraten und der Fortschrittlichen Volkspartei, als das Gesetz am 14. Dezember von der zuständigen Reichstagskommission mit 15 zu einer Stimme angenommen wird. Das Reichswertzuwachssteuer-Gesetz tritt 1911 in Kraft.

Mehr Rechte für Stellensuchende

1. Oktober. Im Deutschen Reich tritt das neue Stellenvermittlergesetz in Kraft. Es soll das weitverbreitete Schmiergeldunwesen bei der Vermittlung von Arbeitsplätzen eindämmen.

Besonders aus dem Gastgewerbe – die Kellner, Portiers, Hausdiener u. a. erhalten keinen Lohn, sondern sind auf die Trinkgelder angewiesen – wurden horrende Summen für die Vermittlung von Stellen verlangt. Hotelbesitzer erhielten von Portieranwärtern Beträge, die in Einzelfällen über 30 000 Mark lagen. Das neue Gesetz verbietet auch die Zurückhaltung von Gesindebüchern, Arbeitsbüchern, Zeugnissen, Ausweispapieren u. a. durch die Stellenvermittler, die sich auf diese Weise das Pfandrecht sicherten und es zugleich den Vermittelten unmöglich machten, mit anderen Stellenvermittlern in Kontakt zu treten. Das System öffentlicher Arbeitsnachweise ist noch nicht so ausgebaut, daß die Einführung einer allgemeinen staatlichen Arbeitsvermittlung möglich ist.

Blutiges Ende der Moabit-Krawalle

8. Oktober. Bei einem Polizeieinsatz während der Moabiter Krawalle (→ 24. 9./S. 158) werden zwei Arbeiter getötet, mehrere hundert werden verletzt. Damit erreichen die Ausschreitungen ihren Höhepunkt und ihr Ende.

Das harte Vorgehen der Polizei ruft eine Welle des Protests hervor. In zahlreichen deutschen Städten finden Massenversammlungen gegen das »Scharfmachertum in Preußen« statt. Der britische und der US-amerikanische Botschafter legen Protest wegen der Mißhandlung von Korrespondenten ein. Dieser wird am 26. Oktober zurückgewiesen: Nach behördlichen Untersuchungen sollen sich die vier mißhandelten britischen und US-amerikanischen Journalisten so benommen haben, »daß die Schutzleute der Überzeugung waren, es mit den Führern des Janhagels zu tun zu haben«. Die ausländischen Korrespondenten bestreiten die Richtigkeit der Polizeiaussagen, auf die sich wiederum die deutsche Regierung beruft.

Soziologe Werner Sombart entdeckte Karl Marx für das Bürgertum.

Erster deutscher Soziologentag

20. Oktober. Auf dem ersten deutschen Soziologentag in Frankfurt am Main definiert Ferdinand Tönnies die Soziologie als »positive Politik«. Gegenstand ihrer Untersuchungen seien die verschiedenen »Kollektivitäten des Lebens«, wobei Werturteile vermieden werden müßten.

Tönnies ist einer der Initiatoren der Deutschen Gesellschaft für Soziologie (DGS). Diese wurde 1909 von Tönnies, Max Weber und Werner Sombart in Berlin gegründet mit dem Ziel, eine wissenschaftliche Vereinigung aufzubauen, die dem Prinzip der Werturteilsfreiheit verpflichtet ist und sich nicht in sozialreformerischen und politischen Tagesdiskussionen verliert, wie dies z. B. beim Verein für Socialpolitik der Fall sei.

Tönnies ist ein Vertreter der »reinen« oder »formalen« Soziologie, die den Gegensatz zwischen der Gemeinschaft als einem naturhaft wachsenden Organismus und der Gesellschaft als einer rationalen Verkehrsform untersucht. Gemeinschaft und Gesellschaft werden dabei als überzeitliche, gleichbleibende Formen des menschlichen Zusammenlebens aufgefaßt. Max Weber wiederum definiert die Soziologie als Wissenschaft, »welche soziales Handeln deutend verstehen und dadurch in seinem Ablauf und seinen Wirkungen ursächlich erklären will«. Werner Sombart hat die Epochenbegriffe Früh-, Hoch- und Spätkapitalismus geprägt.

Die Berliner Gelehrtenrepublik wird 100

11. Oktober. Zu einer glänzenden Selbstdarstellung gerät unter dem Rektorat von Erich Schmidt die 100-Jahrfeier der Berliner Alma Mater, die in den Festreden als »Weltuniversität« apostrophiert wird. Die Reden lassen zugleich die nationalstaatliche Einbindung dieser Universität erkennen, die der Physiologe Emil DuBois-Reymond mit »geistiges Leibregiment der Hohenzollern« umschrieben hatte.
Der Festakt findet am Vormittag in der neuen Aula im früheren Gebäude der Königlichen Bibliothek in Anwesenheit der bedeutendsten Vertreter der deutschen Wissenschaft und der höchsten Würdenträger des Staats statt. Kaiser Wilhelm II. wartet hier mit der sensationellen Ankündigung auf, daß unter seinem Protektorat eine »Gesellschaft zur Gründung und Unterhaltung von Forschungsinstituten« ins Leben gerufen worden sei, für die bereits mehr als 9 Mio. Mark zusammengebracht worden sind (Kaiser-Wilhelm-Gesellschaft, ab 1945 Max-Planck-Gesellschaft). Diese zum größten Teil von Industrie und Wirtschaft finanzierten naturwissenschaftlichen Institute sollen der reinen Forschung dienen und keine Lehraufgaben erfüllen. Viele Professoren werten die Einrichtung dieser Institute als bedenkliche Abkehr vom Leitprinzip der Verbindung von Forschung und Lehre.
Einen weiteren Höhepunkt der Veranstaltung bildet die Verleihung der Ehrendoktorwürde an Reichskanzler Theobald von Bethmann Hollweg, Vizekanzler und Innenstaatssekretär Clemens von Delbrück sowie an Cosima Wagner. Der Tag klingt im Ausstellungspark mit einem Volks- und Studentenfest aus, bei dem u. a. lebende Bilder aus der Geschichte der Berliner Universität und des akademischen Lebens in Deutschland vorgeführt werden.

Reichskanzler Theobald von Bethmann Hollweg (vorn, 4. v. l.) und der preußische Kultusminister August von Trott zu Solz (3. v. l.) inmitten von Studenten

»Geistige Kräfte« statt physischer

Die Berliner Universität wurde am 15. Oktober 1810 ohne große Feierlichkeiten eröffnet in einer Zeit, in der es nach Ansicht des damaligen preußischen Königs Friedrich Wilhelm III. darum ging, durch geistige Kräfte zu ersetzen, was der Staat in den Napoleonischen Kriegen an physischen verloren hatte. Den Gründungsplan hatte 1809 Wilhelm von Humboldt vorgelegt.
Nach der Gründung des Deutschen Kaiserreichs im Jahr 1871 erlebte die Universität einen großen Aufschwung, 1910/11 sind ca. 9000 Studenten immatrikuliert, mit Schwerpunkt auf den medizinischen und naturwissenschaftlichen Fächern. Zu den bedeutendsten Lehrern der Berliner Alma Mater zählen neben Humboldt Johann Gottlieb Fichte, Georg Wilhelm Friedrich Hegel, Friedrich Daniel Ernst Schleiermacher, Leopold von Ranke, Rudolf Virchow, Theodor Mommsen, Robert Koch, Max Planck u. a.

Frankreich: Streik führt an den Rand einer Diktatur

10. Oktober. Zu einer beispiellosen Kraftprobe zwischen kommunistischen Gewerkschaften und der Regierung des »Sozialisten« Aristide Briand führt ein Streik bei der französischen Nordbahn. Der Ausstand wird in dem Augenblick beschlossen, als die Gewerkschaften während der Verhandlungen mit der Regierung Zugeständnisse erreicht haben, die von den meisten Arbeitern akzeptiert werden. Der sozialistische Minister für öffentliche Arbeiten, Alexandre Millerand, bezeichnet den Streik deshalb als »revolutionär«.
Der Ausstand dehnt sich am 12. Oktober auf die staatliche Westbahn, die Ostbahn, die Mittelmeerbahn und die Orléansbahn aus, so daß der gesamte Eisenbahnverkehr stillsteht. Begleitet wird der Streik von anarchistischen Ausschreitungen und bürgerkriegsähnlichen Straßenschlachten in Paris. Briand bleibt hart: Alle Eisenbahner im wehrpflichtigen Alter werden für 21 Tage zu »Kriegsübungen« einberufen und müssen mit einer weißen Binde am Arm in ihrem Eisenbahnerberuf arbeiten, allerdings unter dem Druck militärischer Disziplin. Am 13. Oktober werden in der Redaktion der Zeitung »L'Humanité« fünf Streikführer verhaftet. Am 18. Oktober schließlich fordert das Streikkomitee die Eisenbahner zur sofortigen Wiederaufnahme der Arbeit auf. Briand dementiert nicht den Vorwurf, seine Maßnahmen hätten Frankreich an den Rand einer Diktatur gebracht: »Das Land kann nicht seine Grenzen offenstehen lassen. Und wenn die Regierung kein gesetzliches Mittel gefunden hätte, Herr der Eisenbahnen bis an die Grenzen zu bleiben, so hätte sie bis zu ungesetzlichen Mitteln gehen müssen.« Das Parlament spricht Briand am 30. Oktober mit 388 zu 94 Stimmen das Vertrauen aus.

Die sonst überfüllte Halle des Pariser Nordbahnhofs Gare du Nord am Abend des 11. Oktober

Biwakierende Soldaten in der Gare Saint-Lazare. Militär hält während der Streiks den Eisenbahnverkehr aufrecht.

Auto 1910:

Diesel- kontra Ottomotor

Der Automobilverkehr hat einen derartigen Umfang erreicht, daß er beginnt, eine Gefahr für die öffentliche Sicherheit darzustellen. Das Hauptproblem ist die Kontrolle der Geschwindigkeit. Zwar wurden per Gesetz Höchstgeschwindigkeiten festgesetzt – z. B. 25 km/h innerhalb Berlins –, doch erweist sich diese Vorschrift als wirkungslos, da weder die Fahrer wissen, wie schnell sie fahren, noch die Polizei ein sicheres Mittel in der Hand hat, die Geschwindigkeit eines Fahrzeugs zu beurteilen.

Dabei werden mit Autos immer höhere Geschwindigkeiten erzielt: Der 200 PS starke »Blitzen-Benz«-Rennwagen stellt am 16. März in Daytona in den USA mit 228,1 km/h einen Rekord auf. Die Firma Benz, die bisher keinen Wert auf Geschwindigkeitsrekorde gelegt hatte, reagiert damit auf die Tatsache, daß sich im Kampf um Kunden Rennsiege durch höhere Umsätze bezahlt machen. Diese Reaktion zeigt, daß sich deutsche Automobilhersteller stärker mit den Märkten im Ausland beschäftigen und allmählich auch auf Export setzen, während sie bisher auf die deutschen Verhältnisse mit einem ausgedehnten Netz von gepflegten und gut gepflasterten Straßen eingerichtet waren. Aufsehen erregt deshalb bei den deutschen Autofabrikanten die Lieferung von 50 Motorwagen einer britischen Firma an die Republik Costa Rica.

Doch werden die Autos nicht nur schneller und stärker, das Automobil sichert sich ständig neue Anwendungsbereiche. Noch vor kurzer Zeit hatten es die Automobilhersteller abgelehnt, Motorwagen für schlecht oder nicht gepflasterte Straßen zu bauen. Nun werden auch für diesen Zweck Maschinen geschaffen, die an Betriebssicherheit den Transport mit Pferden in den Schatten stellen. Während noch 1906 Sachverständige geäußert hatten, daß die Verwendung benzingetriebener Explosionsmotoren einem automobilen Feuerwehrbetrieb für alle Zeiten widersprechen müsse, sind nun in allen Industriestaaten Feuerwehrspritzenwagen mit Benzinmotoren in Gebrauch.

Noch keine Konkurrenz für den Benzinmotor als Autoantrieb stellt der Dieselmotor dar, der in diesem Jahr erstmals in einen Kraftwagen eingebaut wird. Rudolf Diesel erhielt das Patent auf einen Verbrennungsmotor, der ohne Zündkerzen mit Selbstzündung des Treibstoffs arbeitet, bereits im Jahr 1892. Nach einem 1898 durch geschäftliche und patentrechtliche Probleme verursachten Nervenzusammenbruch konnte Diesel jedoch erst wieder ab 1908 – nach Ablauf der Patentfristen – an der Weiterentwicklung des Motors arbeiten. Der Dieselmotor hat gegenüber dem Ottomotor drei entscheidende Vorteile: Er ist robuster, weil er aus weniger Teilen besteht; er ist in der Lage, Schweröl zu verbrennen, das wesentlich billiger ist als Benzin; und er hat einen besseren Wirkungsgrad. Der Dieselmotor kommt nicht nur ohne elektrische Zündanlage aus, er benötigt auch keinen Vergaser. Wie der Ottomotor arbeitet er in vier Takten. Im zweiten Takt wandert der Kolben nach oben und verdichtet die Luft derart stark, daß sie sich auf bis zu 900 °C erhitzt. In diese Heißluft wird Treibstoff eingespritzt, der sich entzündet und im dritten Takt den Kolben zurücktreibt.

Dreirad für ungepflasterte Wege

Die 24/40-PS-Limousine von Benz (1907 – 1910) erreicht eine Höchstgeschwindigkeit von 80 km/h. Der Wagen verbraucht 23 l und kostet 16 000 Mark.

228,1 km/h erreicht der mit einem 21,5-l-Vierzylindermotor ausgestattete »Blitzen-Benz« von Daimler, das schnellste Automobil der Welt.

Wie viele Automobile ist dieser Panhard mit dem offenen Führersitz und dem geschlossenen Fahrgastraum den Kutschen nachempfunden.

Mit Exklusivität will dieses Werbeplakat der französischen Automobilfirma »Charron« noble Kundschaft zum Kauf animieren.

Prinz Heinrich von Preußen werbewirksam vor seinem Benz

Prinz Heinrich – der oberste Automobilist

Der preußische Prinz Heinrich, der Bruder von Kaiser Wilhelm II., gilt als Schirmherr der deutschen Automobilisten. Er vertritt die Ansicht: »Das Automobil fördert den internationalen Verkehr und hilft freundschaftliche internationale Beziehungen anknüpfen.« Dementsprechend zeigt er sich im europäischen Ausland stets im Automobil. Nach Prinz Heinrich ist die Prinz-Heinrich-Fahrt benannt, die bedeutendste deutsche Automobiletappenkonkurrenz (→ 9. 6./S. 123). Der Prinz ist auch Chef des 1905 gegründeten Freiwilligen Automobilkorps, das im Dienst der Heeresverwaltung steht.

Rennwagen »Buick Racer«; Erfolge bei Autorennen gelten als Garantie für höhere Umsätze.

Auto mit »Bullnose«-Nickelkühler von William Richard Morris (Großbritannien)

Austin Town Carriage (1910); der Brite Herbert Austin baut seit 1906 Automobile.

Mittagspause auf dem Feld; vom Lohn werden die Kosten für Reise, Logis und Verpflegung abgezogen.

Saisonarbeiter aus dem Osten Europas

Jährlich suchen rund 300 000 Feldarbeiter aus dem Osten, meist Polen, unter ihnen überwiegend Frauen, Arbeit im Westen des Deutschen Reichs.

In den dicht bevölkerten Distrikten Oberschlesiens, in den Provinzen Posen und Ostpreußen fanden sich diese in dürftigen Verhältnissen lebenden Arbeitswilligen bereits vor Jahrzehnten ein. Die Provinz Sachsen mit ihren großen Landgütern und ihrem ausgedehnten Getreide- und Zuckerrübenanbau bedurfte dieser Hilfe am dringendsten, und hier wurden diese Arbeitskräfte zuerst in größerer Anzahl eingesetzt. Daher rührt der Name »Sachsengänger«, der dem Einsatzbereich dieser Fremdarbeiter schon lang nicht mehr angemessen ist.

Die mit Sack und Pack beladenen Kolonnen, die zu gewissen Jahreszeiten typische Erscheinungen auf den großen Durchgangsstraßen geworden sind, werden 1910 nicht nur in Sachsen, sondern in der ganzen Nordhälfte des Deutschen Reichs bis über den Rhein hinaus und sogar in Südschweden beschäftigt. Sie tauchen zu Frühlingsbeginn auf und kehren in die Heimat zurück, wenn der Herbst zu Ende geht.

Noch vor 20 Jahren waren die Sachsengänger durchweg Reichsangehörige aus den Ostprovinzen, die die deutsche Sprache wenigstens verstanden, auch wenn sie sie oft nur mangelhaft sprachen. Derzeit setzt sich das Gros dieser Hilfsarbeiter aus Ausländern zusammen, denen die deutsche Sprache weitgehend fremd sind.

Besuch des Geistlichen in der Sachsengänger-»Mädchenkaserne«: Die Frauen küssen dem Geistlichen nach slawischer Sitte die Hand. Das Gros der Arbeiter kommt aus Russisch-Polen und Galizien und spricht kein oder kaum Deutsch.

Abendbrot in der Sachsengänger-»Männerkaserne«

Zur Anwerbung besteht ein Netz von Vermittlern. Die Gutsverwaltungen oder einzelnen Landwirte entsenden ihre Werbeagenten bereits kurz nach Weihnachten in die Heimat der Sachsengänger, wo die erforderliche Anzahl von Arbeitskräften vertraglich verpflichtet wird. Im Ausland übernehmen diese Werbetätigkeit dort ansässige Agenten, die bei Frühlingsbeginn die angeworbenen Leute zur Landesgrenze bringen, wo sie dem deutschen Agenten übergeben werden. Die Beförderung zu den Arbeitsstellen erfolgt dann mit Sonderzügen, für die besonders ermäßigte Tarife gelten.

Die Kosten des Transports werden vom Arbeitgeber vorgestreckt und den Arbeitern ratenweise vom Lohn einbehalten, doch erhalten die Leute die Bahnfahrt und die Kosten der Rückreise in der Regel ersetzt, d. h. nur wenn sie bis zum vereinbarten Ende des Dienstverhältnisses auf ihrer Arbeitsstelle aushalten.

Winzer beklagen totale Mißernte

21. Oktober. Die deutschen Weinbauern klagen über die schlechteste Ernte in diesem Jahrhundert. Der Rüdesheimer Winzerverein, dem 78 Morgen Weinberg gehören, hat in diesem Jahr drei Halbstücke Wein geerntet, 1800 Liter. In einem der größten Weinbaubezirke am Rhein, wo 700 Morgen in guten Jahren einen Ernteertrag von 420 000 Mark ergaben, wurde diesmal nur im Wert von 35 000 Mark geerntet. Ähnlich verhält es sich an der Ahr, in Rheinhessen, der Pfalz, in Franken und den badischen Gemarkungen, nur an der Mosel steht es etwas besser.

Trotz des heftigen Reblausbefalls der Stöcke in diesem Jahr besteht Unklarheit über die tieferliegenden Gründe für die Misere. Viele machen Rauch und Dampf der Lokomotiven und Schiffe für die Mißernten verantwortlich. Andere sehen in den Dünge- und Schutzchemikalien eine Ursache für die Schwächung der Rebstöcke. Einig sind sich die Winzer jedoch darin, daß der Weinbauernstand nicht mehr aus eigenen Kräften den Verlust ausgleichen kann. Sie fordern staatliche Hilfen.

König von Sachsen »zum Totlachen«

18. Oktober. In der Herderschen Verlagsbuchhandlung in Freiburg im Breisgau erscheint die Broschüre »Wir Katholiken und die – anderen« von Paul Matthies.

Dieses Pamphlet nimmt Bezug auf den Protestbrief, den König Friedrich August III. von Sachsen wegen der Borromäusenzyklika (→ 14. 6./S. 112) an Papst Pius X. gerichtet hat. Wörtlich schreibt Matthies: »Für die Geschichtsschreiber zur Zeit Pius' XX. oder Leos XXIII. muß es dereinst zum Totlachen sein, daß ein Duodezkönig, der über noch nicht 15 000 Kilometerquadrate Kulturboden regiert, dem Papste einen Protestbrief schreibt, dem Papste, welcher Gläubige in fast 2000 Bistümern, Vikariaten, Präfekturen und Delegationen leitet.«

Der sächsische König, der der evangelischen Kirche angehört, hatte sich in seinem Protestbrief gegen die Störung des Religionsfriedens in seinem Land durch den höchsten Repräsentanten der römisch-katholischen Kirche gewandt.

Der Riesendampfer »Olympic« der White Star Line in Belfast

Weltgrößter Luxus-Liner

20. Oktober. In Belfast läuft die »Olympic«, das größte Schiff der Welt, vom Stapel. Der Dampfer der White-Star-Linie hat eine Wasserverdrängung von 60 000 Tonnen und einen Raumgehalt von 45 000 Bruttoregistertonnen (BRT). Die Wasserverdrängungstonnage gibt an, welche Wassermenge das Schiff mit seinem unter der Wasseroberfläche liegenden Teil verdrängt. Die Bruttotonnage gibt den Rauminhalt an, wobei eine Registertonne 2,83 m^3 entspricht. 2500 Passagiere und 850 Seeleute finden auf der »Olympic« Platz. Dabei bleibt noch Raum für einen Wintergarten, einen Ballsaal, eine Rollschuhbahn, eine Turnhalle, einen Dachgarten, ein Schwimmbassin und ein Dampfbad. Das schwimmende Hotel hat 2000 Fenster und Luken. Seine Erbauung hat rund 40 Mio. Mark gekostet und zwei Jahre gedauert. Der Stapellauf des Kolosses dauerte 62 Sekunden. Die »Olympic« verdrängt die ebenfalls in Großbritannien gebaute »Lusitania« (1907) auf der Liste der größten Schiffe auf den zweiten Platz. Die rapide Steigerung der Schiffstonnagen hat erst in den letzten Jahren begonnen. Die Größensteigerung wurde durch das Material Stahl, das seit Ende des 19. Jahrhunderts verwendet wird, und durch den Turbinenantrieb, der seit Beginn des 20. Jahrhunderts genutzt wird, möglich.

Nordatlantik-Schnelldampfer *(Auswahl)*

Schiffsname (Stapellauf)	*Land*	*Länge*	*BRT*	*PS*	*Knoten*
City of Rome (1881)	GB	165,5 m	8 150	11 900	18,2
Lahn (1887)	D	136,6 m	5 660	5 660	17,7
New York (1888)	GB	161,0 m	10 500	20 600	21,8
Auguste Viktoria (1889)	D	140,5 m	8 480	13 200	18,5
Majestic (1890)	GB	172,2 m	9 700	19 500	21,0
Fürst Bismarck (1891)	D	153,5 m	8 000	16 400	20,7
Lucania (1893)	GB	183,0 m	12 500	30 000	22,0
Saint Louis (1895)	USA	163,5 m	11 630	18 000	21,0
Kaiser Wilhelm d. Gr. (1897)	D	190,5 m	14 350	30 000	22,6
Oceanic (1899)	GB	209,0 m	17 240	27 000	20,7
Deutschland (1900)	D	202,0 m	16 500	36 000	23,5
Kaiser Wilhelm II. (1903)	D	213,5 m	19 360	40 000	23,6
La Provence (1906)	F	182,0 m	13 750	30 000	22,0
Lusitania (1907)	GB	233,5 m	31 000	70 000	25,5
Olympic (1910)	GB	259,0 m	45 000	45 000	21,0

Die Ausstattung der Luxusdampfer hat um 1910 das Niveau erstklassiger Hotels erreicht (Abb.: Rauchsalon der 1909 in Dienst gestellten »Cleveland«).

Trotz des technischen Fortschritts ist die Arbeit in den Heizräumen immer noch eine Plackerei (Foto von der »France«, die 1910 vom Stapel läuft).

Mit den Zwischendeckpassagieren machen die Reedereien ein glänzendes Geschäft; im Bild Emigranten in Hamburg bei der Musterung durch Polizei.

Muren aus Schlamm und Geröll wälzen sich vom Monte Epomeo auf Ischia durch den Ferienort Casamicciola.

Wirbelstürme über dem Golf von Neapel

24. Oktober. Im Golf von Neapel richten Wolkenbrüche, Sturmfluten und Wirbelwinde Verheerungen an.

In Neapel selbst werden Vororte überschwemmt. Der Ort Torre del Greco wird zum Teil unter Schlammmassen begraben. In Amalfi dringt das Wasser in die Erdgeschosse der Häuser, der Ort Cetara bei Amalfi wird völlig zerstört. Am schwersten betroffen ist die Insel Ischia. Von dem Badeort Casamicciola im Norden der Insel bleiben nur wenige Häuser stehen. Die Gegend, die zu den schönsten der Welt gezählt wird, ist weitgehend verwüstet. Am 26. Oktober besucht König Viktor Emanuel III. das Katastrophengebiet, in dem Hunderte von Menschenleben zu beklagen sind. – Die Provinzen Salerno und Avellino waren bereits am 7. Juni von einem Erdbeben betroffen, dem zahlreiche Menschen zum Opfer fielen.

Heiliger Ganges rafft 700 Pilger hinweg

7. Oktober. Bei Agra ertrinken 700 an den Ufern der Ganga (Ganges) lagernde Pilger in einer plötzlich auftretenden Flutwelle.

Die von Sagen und Mythen umwobene Ganga durchströmt uraltes Kulturland und ist der heiligste Fluß der Hindus, sein Wasser besitzt rituelle Reinigungskraft: Wer in der Ganga badet, dessen Sünden werden getilgt, wer an ihren Ufern stirbt oder vor dem Tod ihr Wasser trinkt, ist des Paradieses sicher. Daher werden Sterbende an ihre Ufer gebracht, die Asche von Verstorbenen wird in den Strom gestreut, und Fläschchen mit Gangawasser sind ein weitverbreiteter Handelsartikel.

Als besonders verdienstvoll gilt die sechs Jahre dauernde Pilgerfahrt von den Quellen der Ganga (in rund 4000 m ü. d. M. im Himalaja) bis zur 2700 km entfernten Mündung und zurück. Die heiligsten Wallfahrtsorte sind das Ganga-Quellgebiet, Allahabad und Varanasi. Zu bestimmten, astrologisch festgesetzten Zeiten finden an diesen Orten von Millionen Menschen besuchte Badefeste statt.

Wasserung des »America«-Rettungsboots (Foto von der »Trent«)

Atlantikflug scheitert

15. Oktober. Der US-Amerikaner Walter Wellman steigt mit dem Lenkballon »America« in Atlantic City bei New York auf, um als erster Mensch in der Luft den Atlantik zu überfahren.

Der Versuch, die rund 4800 km lange Strecke erstmals nicht auf dem Meer zurückzulegen, scheitert: Am 18. Oktober um fünf Uhr morgens wird der Ballon 780 km südöstlich von New York von dem Dampfer »Trent« gesichtet. Wellman signalisiert, daß er den Ballon aufgeben will. Das Rettungsboot wird ins Wasser gelassen, die Luftschiffbrüchigen gehen an Bord der »Trent«.

Aufgrund der meteorologischen Verhältnisse wird vielfach die Auffassung vertreten, die Überquerung des Atlantik sei nur von Ost nach West möglich.

Zar Nikolaus II. (vorn Mitte) auf Burg Münzenberg in Hessen

Zar auf Ferien in Hessen

24. Oktober. Die russische Zarenfamilie, die sich seit 30. August zu einem Erholungsurlaub im hessischen Friedberg aufhält, übersiedelt nach Schloß Wolfsgarten bei Darmstadt. Zarin Alexandra Fjodorowna, seit 1894 mit Zar Nikolaus II. verheiratet, ist die Tochter des Großherzogs Ludwig IV. von Hessen-Darmstadt, Großherzog Ernst Ludwig ist ihr Bruder. Am 4. November reist die Zarenfamilie weiter nach Berlin, am 16. November trifft sie wieder in Zarskoje Selo (Puschkin) bei Petersburg (Leningrad) ein. Über das Treffen mit Kaiser Wilhelm II. wird in Petersburg verlautbart, daß das Russische Reich »niemals Veranlassung hatte, sich von dem engen Bündnis mit Frankreich loszusagen noch von dem herzlichen Einvernehmen mit England«.

Schön sei die Frau – und naturnah!

Zeitschriftenserien wie »Die Schönheit der Frau«, »Nacktheit bei den Kulturvölkern« und andere haben nicht nur die Funktion, unter dem Deckmäntelchen halbwissenschaftlicher Plauderei Lüsternheit zu befriedigen, sie geben außerdem ein Ideal vor. In einem Beitrag für die »Frankfurter Zeitung« untersucht die Kunsthistorikerin Emma Vockeradt dieses Frauenbild und fordert eine eigene Frauenkunst: »Zuweilen, wenn die Not der Zeit dem einen oder andern einen Klageruf entreißt über die Unzulänglichkeit der Frauen von heute, tritt klar zu Tage, was für ein Geschöpf der verstiegene Idealismus der Männer als Lebensgefährtin fordert: Sie habe keine Persönlichkeit, aber sie sei naturnah, gottnah und der Herrgott weiß, was noch! Dieser Idealismus ist begreiflich und verzeihlich, muß aber als unklar und der Wirklichkeit abgewandt strikt abgelehnt werden. Ungeformte Naturnähe ist immer nur Material, aus der im günstigen Falle eine liebevolle und vorsichtige Hand langsam die Züge des eigentlichen Wesens herausholen kann . . . Das Bild der Weiblichkeit, das heute die Welt beherrscht, ist nicht aus der Wirklichkeit entsprungen, sondern männlicher Sehnsucht, die sich in den Träumen der Dichter verfestigte. Gretchen, Ophelia, Klärchen, wer möchte sie missen, aber ist man sich auch bewußt, daß, wenn man sie als das Ideal der Weiblichkeit hinstellt, man die weibliche Jugend gewaltsam zur Fälschung des eigenen Wesens zwingt? . . . Aufgewachsen in einem Lande, in dem alles, was existiert, . . . von Männern geschaffen ist, erbt die Frau alles dies, um erst, wenn sie dies Erbe erworben und wieder verwunden hat, nach harter langer Arbeit den Fuß auf eigenen Boden stellen zu können.«

Die Schönheit der Frau.

Von Dr. C. H. Stratz.

Die Frauen, welche von der öffentlichen Meinung zu Schönheiten gestempelt werden, verdanken diesen Ruhm neben regelmäßigen Gesichtszügen nicht zum wenigsten der geschmackvollen Kleidung und dem blendenden Schmuck.

Man bewundert eine schöne Gestalt, eine schlanke Mitte, einen kleinen Fuß, ohne zu ahnen, wie viele krumme und zu kurze Beine der Kleiderrock, wie viele verschnürte, mißformte und schlaffe Leiber die elegante Taille, wie viele verkümmerte Zehen der kleine Schuh verbirgt.

Um der wahren Schönheit gerecht zu werden, muß man ihre Zeichen nicht nur im Gesichte, sondern in der Gesamtheit der körperlichen Erscheinung zu erkennen suchen.

Naturwissenschaft und Kunst haben die Unbefangenheit beim Anblick des Nackten, die das Kind unbewußt besitzt, trotz einer prüden Kultur bewahrt und sie zum bewußten Ausdruck höchster Bildung

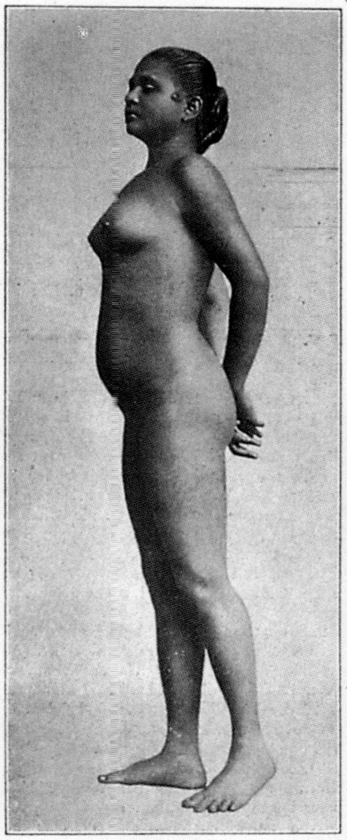

1. Singhalesin.

2. Japanerin.

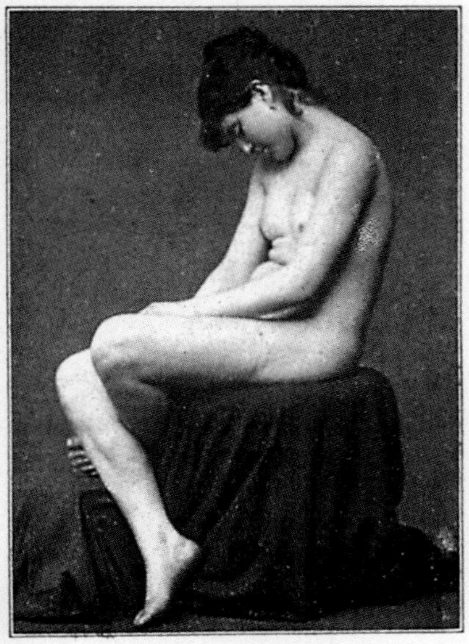

3. Nordländerin.

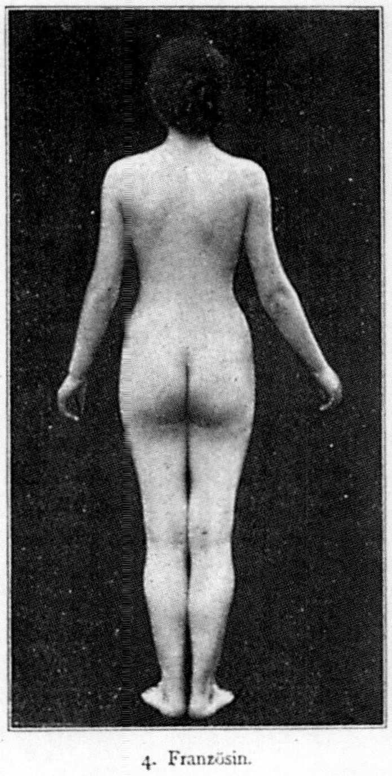

4. Französin.

erhoben. Vor ihren Augen findet die Schönheit strengere, aber auch gerechtere Richter als bei der flüchtig und oberflächlich urteilenden Menge.

Die wichtigsten Merkmale körperlicher Schönheit sind: ein völlig ebenmäßiger Bau, richtige Proportionen — der Kopf muß ein Achtel, die Beine mehr als die Hälfte der Gesamthöhe messen, die Hand ein Neuntel, der Fuß ein Siebentel usw. — eine gerade Wirbelsäule und gerade Gliedmaßen mit feinen Gelenken und schmalen Händen und Füßen, eine breite, gut gewölbte Brust, eine ausgeprägte Muskulatur, glatte Haut und gesunde Zähne; dazu kommen die zarten Farben, die runden und doch zierlichen Formen, die schlanke Mitte, die breiten Hüften und das lange, volle Haupthaar des Weibes.

Jede Frau besitzt den einen oder anderen dieser Vorzüge; wo sie sich aber alle vereinigen, werden sie zur vollendeten Schönheit, die in individueller Weise zu den mannigfaltigsten Formen ausgebildet sein kann. Wie die Blumen, haben auch sie eine verschiedene, ihnen eigentümliche und doch in ihrer Art vollkommene Schönheit.

In königlicher Haltung und im vollen Bewußtsein des natürlichen Adels ihrer Formen steht die Singhalesin (Abbild. 1) da und straft das alte Vorurteil Lügen, daß Nacktheit Schande sei. Das kostbarste Gewand könnte die vornehme Zurückhaltung und edle Würde nicht besser zum Ausdruck bringen als dieser hüllenlose Körper in seiner gesunden, blühenden Natürlichkeit. Den schärfsten Gegensatz zu dieser stolzen Erscheinung zeigt die zierliche Gestalt einer Nordländerin (Abbild. 3), ein Bild schüchterner, aufblühender Jungfrauenschönheit.

Die Verschiedenartigkeit dieser beiden Gestalten beweist, daß der Charakter, wenn auch das Gesicht als der Spiegel der Seele bezeichnet wird, sich doch im ganzen Körper ausprägt; dort bewußte, herbe Schönheit und verhaltene Kraft, hier hingebende Liebenswürdigkeit und schmiegsame Anmut.

Von Darstellungen griechischer Göttinnen würde die erste der Hera, die zweite der Psyche entsprechen.

Abgesehen von den für europäische Begriffe zu kurzen Beinen und anderen Eigentümlichkeiten der gelben Rasse weist auch eine junge Japanerin (Abbild. 2) große Vorzüge auf; besonders aber sind Halsansatz, Schulter, Arm und Nacken von tadelloser Gestaltung und der Fuß zwar breit, aber klein und wohlgebildet.

Sie ist ein Beispiel der passiven Ruhe, der dienenden Demut, eines stillen Pflanzendaseins, zu dem die Blumennamen vortrefflich passen, welche die japanischen Mädchen sich in den Reifejahren zulegen.

Von diesen drei Gestalten, die aufs Geratewohl aus der unendlichen Fülle weiblicher Erscheinungsformen herausgegriffen sind, ist jede in ihrer Art vollkommen; alle drei besitzen die gleichen Vorzüge und haben doch eine so ausgesprochene Persönlichkeit, daß es undenkbar wäre, die eine mit diesem oder jenem Vorzug der anderen ausstatten zu wollen, ohne die Harmonie ihres Wesens zu zerstören.

Gerade daraus geht aber wieder hervor, daß jeder kleinste Zug zum Gesamtbild ihres Schönheitscharakters unerläßlich ist.

Am Rücken soll die Wirbelsäule gerade, die mittlere Rückenfurche als Zeichen der guten Muskulatur deutlich sichtbar sein; zwischen den breiteren Schultern und Hüften soll sich die schmale Mitte gefällig abzeichnen, und die Umrisse der Hüften sollen in nach außen vorspringender Rundung gleichmäßig in die Schenkel übergehen, die Beine sich im geraden, geschlossenen Stand an dem oberen Teil der Oberschenkel, an den Knien, Waden und Knöcheln berühren (Abbild. 4). Je kräftiger die Muskeln, desto tiefer erscheint die mittlere Rückenfurche (Abbild. 7); je elastischer die Haut, desto deutlicher treten die Kreuzgrübchen (Abbild. 8) hervor.

Aus einer Artikelserie von Dr. C. H. Stratz über die Frau in der »Leipziger Illustrirten Zeitung«

Privatkonzert für die High Society: Startenor Enrico Caruso singt zwölf Minuten für 12 000 Mark.

Caruso – das »Instrument des Himmels«

22. Oktober. Anläßlich des 53. Geburtstags der deutschen Kaiserin Auguste Viktoria gastiert der italienische Startenor Enrico Caruso im Neuen Palais in Berlin. Kaiser Wilhelm II. ernennt ihn zum preußischen Kammersänger.

Darüber hinaus tritt Caruso im Neuen Königlichen Operntheater auf. Als er am letzten Abend die Partie des Nemorino in Gaetano Donizettis »Liebestrank« singt, nimmt der Jubel kein Ende.

Der 37jährige Caruso, Sohn eines Mechanikers, erhielt seine Gesangsausbildung bei Guglielmo Vergine und debütierte 1894 am Teatro Nuovo in Neapel. Den Durchbruch erzielte er 1898 bei der Uraufführung von Umberto Giordanos »Fedora« in Mailand, wo er im Teatro Lirico die Rolle des Loris sang. Es folgten Gastspiele in London und Petersburg (Leningrad). 1903 spielte er den Herzog von Mantua in Giuseppe Verdis »Rigoletto« am Metropolitan Opera House in New York, zu dessen Ensemble er seither zählt. Gastspiele führen ihn an die bedeutendsten Bühnen der Welt. Er besitzt eine strahlende Stimme mit starker Ausdrucksfähigkeit und gestaltet seine Rollen mit großem darstellerischem Talent. Zu seinem Repertoire, das seit 1902 auf Schallplatten aufgezeichnet wird, gehören über 60 Opernrollen und 500 Lieder.

◁ »Enrico Caruso beim Bildhauer« – so dokumentiert die »Berliner Illustrirte Zeitung« vom 23. Oktober auf ihrem Titel den legendären Ruhm, den der Italiener schon zu Lebzeiten genießt.

▽ Links Caruso als Canio im »Bajazzo« von Ruggiero Leoncavallo, rechts als Räuberhauptmann Johnson in der neuen Oper von Giacomo Puccini, »Das Mädchen aus dem goldenen Westen«, die am → 10. Dezember 1910 (S. 211) in New York uraufgeführt wird.

Sarg von Otto III. im Dom gefunden

12. Oktober. Bei Renovierungsarbeiten im Aachener Münster wird unter den Steinplatten des Hauptschiffs in der Nähe des Hochaltars ein Steinsarkophag entdeckt, in dem Fachleute die letzte Ruhestätte des römisch-deutschen Kaisers Otto III. erkennen.

Kaiser Otto III., »das Wunder der Welt« genannt (mirabilia mundi), wollte Rom zum Mittelpunkt des römisch-deutschen Kaiserreichs machen. Er starb im Alter von 22 Jahren unverheiratet in Paternò, nachdem ihn die Römer aus der Stadt vertrieben hatten. Sein Leichnam wurde nach Deutschland übergeführt und in Aachen beigesetzt. Außer Otto III. ist auch Kaiser Karl der Große († 814) im Aachener Münster beigesetzt.

Kernstück des Münsters ist die Pfalzkapelle, die von Odo von Metz erbaut und um 800 geweiht wurde. Der achteckige Zentralbau gilt als das bedeutendste Denkmal karolingischer Baukunst. Die bedeutendsten Reliquien des Münsters sind ein Leinenunterkleid der Mutter Gottes, die Windeln des Christuskindes, das Lendentuch Christi und das Leintuch, auf dem angeblich Johannes der Täufer enthauptet wurde.

Hits von Massary und Giampietro

5. Oktober. Die österreichische Sängerin und Schauspielerin Fritzy Massary, seit 1904 Revue- und Operettenstar in Berlin, und der ebenfalls aus Österreich stammende Operettensänger Josef Giampietro nehmen bei der Berliner Grammophon-Gesellschaft ihre neuesten Couplets auf.

Wenn Gesangsnummern neuer Bühnenwerke beim Publikum besonderes Gefallen finden, werden sie für all jene, die sie auch außerhalb der Revuetheater hören möchten, auf Grammophonplatten fixiert. Die Berliner Grammophon-Gesellschaft hat den 1887 von dem Deutsch-US-Amerikaner Emil Berliner erfundenen Apparat angekauft, bei dem die Schallschwingungen nicht mehr auf Walze wie beim Phonographen von Thomas Alva Edison, sondern auf einer flachen, runden Platte eingeritzt werden. Die flachen Platten lassen sich weitaus besser vervielfältigen als die runde Walze.

Theater nicht nur für die reichen Leute

20. Oktober. Das Gemeindekollegium von München nimmt gegen die Stimmen der Ultramontanen (Ultra-Kirchliche) einen Antrag an, in den nächsten Etat 120 000 Mark für »Volksvorstellungen in den besten Theatern« aufzunehmen.
Ziel ist es, das Theater, dem im Film eine starke Konkurrenz entstanden ist, der breiten Masse zugänglich zu machen. Unter Volksvorstellungen sind dabei Darbietungen überwiegend klassischer Stücke für eine große Volksmenge zu verstehen, nicht Inszenierungen sog. Volksstücke, für die z. B. der Name Ludwig Thoma steht. Thomas satirisch-kritischer Bauernschwank »Erster Klasse« hatte im September an der Bauernbühne des Michael Dengg in München Premiere und war auf Anhieb ein großer Erfolg.
Auch in anderen Großstädten werden Versuche unternommen, die breite Masse für das Theater zu gewinnen. In Berlin steht dafür der Name des Regisseurs Max Reinhardt, der dem Massentheater neue Wege weist (→ 7. 11./S. 199). In Berlin hat außerdem der Volksbühnenverein erstmals ein eigenes Theater ausschließlich für Aufführungen der Volksbühne gepachtet.

Ungewöhnliche Aktionen sollen das Theater für die Massen attraktiver und vor allem erschwinglich machen. Dieses Berliner Theater verkauft die Eintrittskarten zu einem niedrigen Preis, wobei die Besucher die Karten mit der Platzzuweisung aus zwei Urnen ziehen müssen, ohne zu wissen, wo sie im Theater sitzen werden. In der einen Urne finden sich die Einzelbillets, in der anderen die Doppelbillets mit nebeneinanderliegenden Plätzen. Dieses Lossystem ist bei den morgendlichen Vorstellungen beliebt.

Gründer des Roten Kreuzes gestorben

30. Oktober. Der schweizerische Philanthrop und Schriftsteller Henri Dunant, Friedensnobelpreisträger 1901, stirbt im Alter von 82 Jahren in Heiden in Appenzell Außerrhoden.
Das Erlebnis der Schlacht von Solferino (1859) während des sardinisch-französisch-österreichischen Kriegs gab Dunant den Anstoß, die Gründung des Internationalen Roten Kreuzes anzuregen. In seiner Schrift »Eine Erinnerung an Solferino« (1862) schilderte er das Elend der Kriegsverletzten. 1863 wurde auf seine Initiative hin in Genf das Internationale Komitee zur Unterstützung der Verwundeten gegründet, das seit 1880 Internationales Komitee vom Roten Kreuz (IKRK) genannt wird.

Dunant (*8. 5. 1828 in Genf) gründete nicht nur das Rote Kreuz (1863), er veranlaßte auch die Verabschiedung der Genfer Konvention (1864), die erstmals Regelungen zur Verbesserung des Loses der Kriegsverwundeten traf.

Berlin ist die Hauptstadt des deutschen Konzertlebens

29. Oktober. Die Eröffnung der Berliner Konzertsaison kommentiert die Zeitschrift »Die Woche« mit folgenden Worten: »Jene, die da prophezeit haben, die Überproduktion an Konzertmusik, die von Jahr zu Jahr eine Steigerung erfuhr, müsse nun endlich einen Rückschlag zeitigen, sehen ihre Prophezeiung immer noch nicht in Erfüllung gehen. Die Konzertflut schwillt nur immer noch mehr an, zu den alten Musikgesellschaften wurden neue hinzugegründet, und die Agenten haben alle Hände voll zu tun, um die Wünsche der auf ein Berliner Konzertpodium hindrängenden Solisten zu erfüllen. Weit über fünfzig große Chor- und Orchesterkonzerte im Abonnement wird der kommende Winter bringen: Richard Strauss, Arthur Nikisch, Siegmund von Hausegger, Siegfried Ochs, Oskar Fried, Josef Stransky, Iwan Fröbe sind ihre Dirigenten.
Eines ist gewiß: Die Leichtigkeit, mit der man in der Reichshauptstadt zum Genuß der Meisterwerke der gesamten musikalischen Literatur gelangen kann, hat das Publikum anspruchsvoll gemacht. Nicht uninteressant ist dabei, daß man neuerdings immer deutlicher ein behutsames Umgehen mit den Hauptwerken der Klassiker fordert, zum Beispiel dagegen protestiert, daß die Sinfonien von Beethoven in den Orchesterkonzerten immerfort als der selbstverständliche Grundstock der Programme figuriert.«

Ob in Berlin oder wie hier in Coburg bei einer Musikveranstaltung mit Siegfried Wagner als Dirigent: Derlei Konzertabende sind vor allem auch gesellschaftliche Ereignisse – sehen, gesehen werden, dazugehören.

Musik 1910:

Aufbruchstimmung und Altbackenes

Das Musikleben im Jahr 1910 markiert im wesentlichen das Ende der extrem ausufernden Orchester-Romantik in überdimensionalen Besetzungen einerseits – zum Beispiel Werke von Gustav Mahler – und zugleich den Aufbruch in neuartige Ausdruckswelten unter bewußter Einbeziehung atonaler Elemente mit wesentlich verringertem personellem Aufwand andererseits. Prägend für die neue Stilrichtung ist Arnold Schönberg, der voraussagt, daß eine Weiterentwicklung der überspitzten Spätromantik zwangsläufig in eine Sackgasse münden müsse.
Die 1910 in München erfolgte Uraufführung der 8. Sinfonie von Mahler – wegen ihres Riesenaufwandes »Sinfonie der Tausend« genannt – unterstreicht eindrucksvoll, daß damit eine Epoche abgeschlossen ist, neben der nur völlig neue, nicht in der Tradition verwurzelte Aussagemöglichkeiten einen Zukunftsbestand haben werden. Schönbergs Theorie von zwölf voneinander unabhängigen, jedoch gleichberechtigten Tönen innerhalb einer Tonleiterskala bricht mit allem Herkömmlichem radikal und erntet größtenteils Unverständnis und Ablehnung.
Gleichermaßen revolutionär wirkt in Paris die Uraufführung des Strawinski-Balletts »Der Feuervogel« durch Sergei Diaghilews »Ballets Russes«, das mit einem neuartigen tänzerischen Ausdrucksstil eine zukunftsorientierte Entwicklung in diesem Bereich einleitet. Zwei Opernwerke von internationaler Bedeutung und gleich großer Beliebtheit gehen in der New Yorker Metropolitan Opera erstmals in Szene: Engelbert Humperdincks Märchenoper »Königskinder« und Giacomo Puccinis »Mädchen aus dem goldenen Westen«, die unmittelbar nach ihrer dortigen Aufführung auf zahlreichen Opernbühnen der Welt weitere Triumphe feiern.
Im übrigen ist das Öffentlichkeitsinteresse gekennzeichnet von Sorglosigkeit, was sich in steigenden Besucherzahlen bei Spielopern, in gemütvollen Operettenmelodien und im Genießen biederer musikalischer Hausmannskost widerspiegelt.
(Siehe auch die Übersicht »Uraufführungen« im Anhang)

Die Oper »Don Quichotte« von Jules Massenet wird am 19. Februar in Monte Carlo uraufgeführt.

Szenenfoto von der Uraufführung der Oper »Banadietrich« von Siegfried Wagner (23. Januar, Karlsruhe)

Am 19. November wird im Neuen Theater zu Leipzig die Oper »Der Talisman« der britischen Komponistin Adela Maddison uraufgeführt; das stimmungsreiche orientalische Märchenspiel wird ein Achtungserfolg.

Am Hoftheater zu Dessau wird die Oper »Der König von Samarkand« von Franz Mikorey uraufgeführt; die Titelrolle dieses Franz Grillparzers »Der Traum ein Leben« nachgestalteten Werks singt Léon Nains.

Szenenfoto von der Uraufführung des Mysteriums »Mahadeva« von Felix Gotthelf am 7. März im Stadttheater Düsseldorf; in der Titelrolle des orientalisch inspirierten Stücks William Miller (l.), als Maya Ida Salden

Geraldine Farrar singt die Gänseliesel bei der Uraufführung von Engelbert Humperdincks neuer Oper »Königskinder« am 29. Dezember in New York. Die Gänse wurden für die Aufführung speziell dressiert.

Edith Walker als Elektra

Richard Strauss in London

Aïno Ackte als Salome

Covent Garden mit Strauss-Opern

Zu den führenden zeitgenössischen Opernkomponisten zählt der Münchner Richard Strauss mit »Salome« (1905, Text nach Oscar Wilde) und »Elektra« (1909, Text von Hugo von Hofmannsthal), die in diesem Jahr beide am Covent Garden in London Premiere haben, einem der berühmtesten Opernhäuser der Welt. Pikanterweise ist die »Salome«-Produktion zugleich eine der ersten Aufführungen des gleichnamigen Theaterstücks von Oscar Wilde († 1900). Das Stück des wegen Homosexualität verurteilten Exzentrikers Wilde galt bisher als tabu – die Musik von Strauss rehabilitiert den Verfemten.

November 1910

Mo	Di	Mi	Do	Fr	Sa	So
	1	2	3	4	5	6
7	8	9	10	11	12	13
14	15	16	17	18	19	20
21	22	23	24	25	26	27
28	29	30				

1. November, Dienstag

In Berlin wird die erste Deutsche Theaterausstellung eröffnet. Gezeigt werden Requisiten aus der Geschichte des deutschen Theaterwesens, vor allem aus der Zeit der Klassik.

2. November, Mittwoch

Der deutsche Kronprinz Wilhelm von Preußen und Kronprinzessin Cecilie treten eine Reise nach Asien an. In Begleitung politischer Berater werden sie mehrere Staaten des Fernen Ostens besuchen, darunter auch Japan. Es ist 1910 die zweite Reise von hochrangigen Repräsentanten des Deutschen Reichs in den Fernen Osten. → S. 134

3. November, Donnerstag

Der französische Ministerpräsident Aristide Briand bildet nach dem Ende des großen Eisenbahnerstreiks ein neues Kabinett, dem die sozialistischen Politiker Alexandre Millerand und René Viviani nicht mehr angehören. → S. 196

Der britische Premierminister Herbert Henry Asquith bildet sein Kabinett um. Das Kolonialressort übernimmt Lewis Vernon Harcourt als Nachfolger von Robert Offley Ashburton Crew-Milnes, der wiederum Staatssekretär für Indien wird anstelle von John Viscount Morley. Morley wird Vorsitzender des Geheimen Rats als Nachfolger von Henry Fowler Viscount Wolverhampton.

Der honduranische Staatspräsident Miguel E. Dávila verkündet in Tegucigalpa das Kriegsrecht wegen des seit Monaten andauernden Aufstands von Anhängern des früheren Präsidenten Manuel Bonilla (→ 1. 8./S. 145).

Die nach dem Tod von Karl Lueger (→ 10. 3./S. 62) erforderliche Abgeordnetenneuwahl in Niederösterreich endet mit einer Überraschung. Gewählt wird der Sozialdemokrat Franz Schuhmeier mit 12 761 Stimmen als Landtagsabgeordneter für den zweiten Wiener Gemeindebezirk (Leopoldstadt). Der Christlichsoziale Preyer kommt auf 11 625 Stimmen.

Die letzten 50 Jesuiten flüchten nach der Revolution aus Portugal in die Niederlande (→ 7. 10./S. 173).

Im Grubengebiet von Süd-Wales kommt es zu blutigen Auseinandersetzungen zwischen Streikenden und Streikbrechern (→ 7. 11./S. 198).

4. November, Freitag

In Kapstadt wird das erste Parlament des britischen Dominions Südafrikanische Union feierlich eröffnet. → S. 196

Die portugiesische Revolutionsregierung veröffentlicht das Ehescheidungsgesetz, das sofort in Kraft tritt. Es läßt den übereinstimmenden Wunsch beider Gatten als ausreichenden Scheidungsgrund gelten (→ 7. 10./S. 173).

Die belgische Zeitung »Indépendance Belge« weist auf die Gefahr hin, daß nach Fertigstellung der Befestigung der niederländischen Hafenstadt Vlissingen an der Mündung der Westerschelde die Unabhängigkeit Belgiens und die Neutralität des Hafens von Antwerpen »in unruhigen Zeiten« nicht mehr gewährleistet sei, da das Einlaufen einer britischen Flotte in die Westerschelde dann kaum noch möglich sei. Das Blatt betont, daß angeblich das Deutsche Reich den Niederländern den Rat zur Befestigung Vlissingens gegeben habe.

5. November, Samstag

Der russische Zar Nikolaus II. kehrt von seinem zweitägigen Besuch des deutschen Kaisers Wilhelm II. in Potsdam nach Schloß Wolfsgarten bei Darmstadt zurück. Die sog. Potsdamer Entrevue zwischen dem deutschen und dem russischen Monarchen ist von den deutschen Dreibundpartnern Österreich-Ungarn und Italien sowie von den russischen Tripelentente-Partnern Frankreich und Großbritannien mit großem Interesse beobachtet worden. Gesprächsthema war in Potsdam u. a. die Politik im Mittleren und Nahen Osten (Persien, Bagdadbahn; → 24. 10./S. 182).

6. November, Sonntag

Der Fünfmaster »Preußen« strandet auf den Klippen von Dover. → S. 197

7. November, Montag

Durch eine Proklamation des neuen britischen Königs Georg V. wird seine Krönung für den 22. Juni 1911 anberaumt. Georg hat nach dem Tod seines Vaters Eduard VII. am → 7. Mai (S. 91) den Thron bestiegen.

Während des Kohlenarbeiterstreiks in Süd-Wales kommt es zu Zusammenstößen zwischen den Streikenden und der Polizei. → S. 198

Die Professoren des Seminars von Siena leisten als erste den von Papst Pius X. vorgeschriebenen Antimodernisteneid (→ 8. 9./S. 160).

Die Brüsseler Weltausstellung geht zu Ende (→ 23. 4./S. 74).

Der nationalistische Alldeutsche Verein in Tirol beschließt den Kampf gegen die Einwanderung portugiesischer Jesuiten infolge der Revolution in Lissabon (→ 7. 10./S. 173).

Max Reinhardt inszeniert im Zirkus Schumann in Berlin die Tragödie »Ödipus« von Sophokles in der Bearbeitung von Hugo von Hofmannsthal. → S. 199

8. November, Dienstag

Bei den Gouverneurs- und Kongreßwahlen in den USA erringen die oppositionellen Demokraten Siege in den meisten Bundesstaaten. → S. 194

Bei der Rekrutenvereidigung in Potsdam ermahnt Kaiser Wilhelm II. die jungen Soldaten, immer Gottesfurcht und Selbstdisziplin zu üben.

Der siebte Kongreß der welfischen Deutschen Rechtspartei in Göttingen beklagt in einer Resolution, daß das Übergewicht Preußens das Gesamtleben des deutschen Volkes trübe und belaste. Die Sozialpolitik des Reichs trage dazu bei, die Verwirklichung »eines sozialistischen Staates« vorzubereiten.

König Albert I. eröffnet das belgische Parlament in Brüssel. Die sozialdemokratische Fraktion stört die Verlesung der Thronrede mit Kundgebungen für das allgemeine Wahlrecht.

Der russische Ministerpräsident Pjotr A. Stolypin legt in der Reichsduma (Parlament) in Petersburg (Leningrad) ein Gesetz zur Zurückdämmung der deutschen Kolonisten in Südwestrußland vor. Im Gouvernement Wolynien, so Stolypin, lebten Tausende preußischer Emigranten, die 9% der Ländereien besäßen. Obwohl sie russische Untertanen seien, bedeuteten sie eine große Gefahr für den Staat im Kriegsfall.

9. November, Mittwoch

Der britische Premierminister Herbert Henry Asquith hält auf dem Lord Mayor's Bankett in London eine Grundsatzrede über das britische Engagement in Persien. Da Persien nicht imstande sei, die Sicherheit des Verkehrs auf seinen Handelsstraßen zu gewährleisten, wolle Großbritannien diesen Schutz übernehmen: »Es ist unmöglich für ein Land, das in einen solchen Zustand der Schwäche und Verwirrung geraten ist, sich selbst ohne Unterstützung von außen wieder hinaufzubringen« (→ 11. 2./S. 44).

Die Gesandtschaften von Großbritannien, Spanien, Frankreich, Rußland, Belgien und Norwegen überreichen in Lissabon Noten, durch die ihre Länder in geschäftliche Beziehungen zur Revolutionsregierung treten, ohne die Republik anzuerkennen. Das Deutsche Reich übergibt eine entsprechende Note am 10. November (→ 4. 10./S. 172).

Die portugiesische Revolutionsregierung verabschiedet vier Admirale, darunter den früheren Ministerpräsidenten Francisco Joaquim Ferreira do Amaral (→ 4. 10./S. 172).

In Mexiko-Stadt wird bei antiamerikanischen Ausschreitungen ein Student getötet. Die Demonstration richtete sich gegen einen Fall von Lynchjustiz im US-Bundesstaat Texas, wo ein Mexikaner auf dem Scheiterhaufen verbrannt worden war, nachdem er eine Amerikanerin tätlich angegriffen hatte.

In Tokio werden 26 Japaner zum Tod verurteilt (hingerichtet 1911). Das Gericht befindet die Männer für schuldig, eine Verschwörung zur Ermordung von Kaiser Mutsuhito gebildet zu haben.

10. November, Donnerstag

In der Reichsduma, dem russischen Parlament in Petersburg (Leningrad), wird eine Adresse des französischen Parlaments »zugunsten der unverjährten Rechte Finnlands« verlesen (→ 27. 3./S. 56). In der Debatte darüber kommt es zu lautstarken Beschimpfungen Frankreichs als eines »gottlosen Landes, das von Gesindel regiert wird«.

Das Deutsche Reich kündigt der portugiesischen Revolutionsregierung unter Teófilo Joaquim Fernandes Braga die baldige Aufnahme diplomatischer Beziehungen an (→ 4. 10./S. 172).

Eine Versammlung deutscher Kaufleute aus Lissa (Leszno) in der preußischen Provinz Posen protestiert gegen die Diskriminierung der polnischen Bevölkerung durch den nationalistischen Ostmarkenverein. → S. 197

Kaiser Wilhelm II. besucht den russischen Zaren Nikolaus II. in Schloß Wolfsgarten bei Darmstadt. Der Gegenbesuch des deutschen Monarchen nach der sog. Potsdamer Entrevue vom 4./5. November wird in Österreich-Ungarn und Italien sowie in Großbritannien und Frankreich als Zeichen für eine deutsch-russische Annäherung gewertet.

Die amtliche »Revue Ecclésiastique« des Bistums Metz in Elsaß-Lothringen beruft die lothringischen Geistlichen für den 31. November in das bischöfliche Seminar zur Ableistung des von Papst Pius X. vorgeschriebenen Antimodernisteneids (→ 8. 9./S. 160).

Das Staatsministerium von Sachsen-Weimar genehmigt den Bau eines Krematoriums in Weimar (→ 26. 8./S. 150).

11. November, Freitag

Der US-amerikanische Pilot Eugene B. Ely startet erstmals von Bord eines Schiffs aus. → S. 198

12. November, Samstag

In Peking wird ein kaiserliches Edikt veröffentlicht, das ab sofort Vorbereitungen für die Einberufung eines chinesischen Parlaments vorschreibt. Ursprünglich war eine solche Versammlung erst für 1977 geplant (→ 10. 3./S. 57).

13. November, Sonntag

Beim Besuch der Benediktinerabtei Beuron (Bezirk Sigmaringen) betont Kaiser Wilhelm II. die Zusammengehörigkeit von Thron und Altar. → S. 196

Der nationalistische Deutsche Ostmarkenverein hält in Berlin seine Hauptversammlung ab (→ 10. 11./S. 197).

14. November, Montag

Der Streik der Bergarbeiter in Wales wird beendet (→ 7. 11./S. 198).

Prinz Napoléon Victor Bonaparte heiratet in Schloß Moncalieri Prinzessin Klementine von Belgien. → S. 198

15. November, Dienstag

Bei einem Gründungsfest klerikaler Studenten im niederösterreichischen Stokerau kommt es nach Störungen alldeut-

»Was wird werden, wenn sie Zähne hat?«, fragt die in Paris erscheinende humoristische Zeitschrift »Le Rire« anläßlich der »Geburt« der Republik Portugal. Am 4. Oktober wird König Emanuel II. (hinten) durch eine Revolution in Lissabon gestürzt. Der 67jährige Literaturprofessor Joaquim Teófilo Fernandes Braga (rechts) wird provisorischer Minister- und Staatspräsident.

scher Studenten zu einer Massenschlägerei, an der die Stadtbevölkerung auf beiden Seiten und die Bauern der Umgebung auf seiten der Klerikalen teilnehmen. 20 Personen werden zum Teil schwer verletzt.

16. November, Mittwoch

US-Präsident William Howard Taft betont bei einem Bankett, das der neue panamaische Präsident Pablo Arosemana veranstaltet, die USA seien die Garantiemacht für die Integrität der Republik Panama. Nur eine grobe Vertragsverletzung könne die Vereinigten Staaten zur Annexion veranlassen (→ 19. 8./S. 147).

Die russische Reichsduma (Parlament) in Petersburg (Leningrad) nimmt einen Antrag an, dem zufolge in den Schulen über die Schädlichkeit des Alkoholgenusses unterrichtet werden soll.

17. November, Donnerstag

Der katholische Theologe Michael Faulhaber, seit 1903 Professor für Altes Testament in Straßburg, wird zum Bischof von Speyer gewählt.

In Teheran protestieren Jungperser gegen die imperialistische Politik Großbritanniens und des Russischen Reichs. Das Land ist seit 1907 in eine nördliche russische und eine südliche britische »Interessensphäre« aufgeteilt. Dort haben Großbritannien und Rußland auch Truppen stationiert (→ 11. 2./S. 44).

In Mexiko wird ein angeblich für den 20. November geplanter Umsturzversuch gegen den diktatorisch regierenden Präsidenten Porfirio Díaz aufgedeckt. 1000 Gewehre werden beschlagnahmt, zahlreiche Menschen verhaftet (→ 25. 11./S. 192).

Kuba storniert nach Protesten der USA einen Auftrag für die Stettiner Vulkanwerft, zwei Kreuzer und einige kleinere Schiffe zu bauen. Kuba ist faktisch US-amerikanisches Protektorat.

Die bayerische Regierung gestattet wegen der Fleischnot die Einfuhr von 1270 Schlachtrindern und 1600 Schweinen aus Frankreich (→ 20. 8./S. 150).

18. November, Freitag

Während einer Rede des britischen Premierministers Herbert Henry Asquith kommt es vor dem Unterhaus in London zu blutigen Zusammenstößen zwischen Suffragetten und der Polizei. 80 der bewaffneten Frauenrechtlerinnen werden verhaftet (→ 22. 11./S. 194).

Bei der Auflösung einer Protestversammlung gegen die »Wiederwahl« des diktatorisch regierenden mexikanischen Präsidenten Porfirio Díaz erschießt eine Frau einen hochrangigen Polizeioffizier. Bei den anschließenden Straßenschlachten zwischen Demonstranten und der Polizei sterben fast 200 Menschen (→ 25. 11./S. 192).

Bei der Eröffnung des Landtags in Malchin kündigt die Regierung von Mecklenburg-Schwerin die Einführung einer progressiven Einkommensteuer an. Nur in wenigen deutschen Staaten existiert eine solche Steuer. Erstmals wurde 1866 in Hamburg eine deutsche Einkommensteuer eingeführt.

Das restaurierte Königliche Opernhaus in Berlin wird in Anwesenheit der Kaiserfamilie mit einer Aufführung von Richard Wagners Oper »Die Meistersinger von Nürnberg« wiedereröffnet.

19. November, Samstag

Die portugiesische Revolutionsregierung in Lissabon beschließt die offizielle Einführung der grün-roten Flagge für die Republik Portugal (→ 4. 10./S. 172).

20. November, Sonntag

Bei der Einweihung des Denkmals für den früheren französischen Ministerpräsidenten Jules Ferry im Jardin des Tuileries in Paris wird Ministerpräsident Aristide Briand von einem royalistischen Tischler namens Lacour tätlich angegriffen. Lacour wird am 6. Dezember zu drei Jahren Gefängnis verurteilt.

In Berlin wird der Reichsverband der deutschen Presse gegründet. Er versteht sich als allgemeine Organisation der bei der deutschen Presse hauptberuflich tätigen Redakteure und Journalisten.

Der russische Dichter und Oppositionelle Lew N. Tolstoi stirbt im Alter von 82 Jahren im von Gendarmerieeinheiten gesicherten Bahnhof Astapowo. → S. 199

21. November, Montag

Der Aufstand in Mexiko gegen den diktatorisch regierenden Präsidenten Porfirio Díaz breitet sich auf die Orte Durango, Torreon, Barral, Gomez Palacio u. a. aus. Führer der Aufständischen ist Francisco Indalecio Madero (→ 25. 11./S. 192).

Kaiser Wilhelm II. weiht die Marineschule Mürwik ein. → S. 197

Nationalliberale Partei und Fortschrittliche Volkspartei einigen sich darauf, sich bei den nächsten Reichstagswahlen in den 48 bayerischen Kreisen gegenseitig zu unterstützen. Ein entsprechendes Abkommen haben die beiden liberalen Parteien am 18. November auch für die 17 Wahlkreise des Königreichs Württemberg getroffen.

In Wien wird das Flottenbauprogramm der österreichisch-ungarischen Marine veröffentlicht. → S. 197

Wie die »Kölnische Zeitung« aus zuverlässiger Quelle mitteilt, wird der von Papst Pius X. vorgeschriebene Antimodernisteneid von den Theologieprofessoren der deutschen Staatsuniversitäten nicht verlangt werden (→ 8. 9./S. 160).

Die russische Reichsduma in Petersburg ehrt das Andenken des verstorbenen Dichters Lew N. Tolstoi durch Erheben der Mitglieder von den Sitzen und Unterbrechung der Verhandlungen um einen Tag (→ 20. 10./S. 199).

Die portugiesische Revolutionsregierung läßt die Jesuiten aus der Kolonie Macau ausweisen (→ 7. 10./S. 173).

22. November, Dienstag

Unter der Führung von Emmeline Pankhurst ziehen mehrere hundert Suffragetten in die Londoner Downing Street, um den Amtssitz des Premierministers zu demolieren. → S. 194

In Petersburg (Leningrad) werden Prozessionen zu Ehren des Begräbnisses von Lew N. Tolstoi von der Polizei auseinandergetrieben. Die Kundgebungen sind zugleich ein Protest gegen das zaristische Regime (→ 20. 11./S. 199).

23. November, Mittwoch

Die Nationalversammlung von Kreta wird im Namen des griechischen Königs Georg I. eröffnet, obwohl Kreta zum Osmanischen Reich gehört (→ 21. 8./S. 145).

24. November, Donnerstag

Auf den im Hafen von Rio de Janeiro liegenden brasilianischen Schlachtschiffen »São Paulo« und »Minas Gereas« sowie auf den Kreuzern »Bahía« und »Floriano« bricht eine Meuterei aus. Die Mannschaften ermorden drei Offiziere und fahren aufs Meer hinaus. Sie verlangen höhere Löhnung und die Abschaffung der Prügelstrafe (→ 11. 12./S. 206).

25. November, Freitag

Der mexikanische Revolutionär Francisco Indalecio Madero, der sich zum provisorischen Präsidenten proklamiert hat, wird bei Kämpfen mit Truppen des Diktators Porfirio Díaz schwer verwundet. Die Revolution in Mexiko erleidet dadurch einen Rückschlag. → S. 192

In London werden 20 Suffragetten zu bis zu zwei Monaten schwerer Zwangsarbeit verurteilt (→ 22. 11./S. 194).

Die tschechischen Abgeordneten im österreichischen Abgeordnetenhaus in Wien schließen sich zu einem »Klub« (parteiähnliche Fraktion) zusammen, zu dessen Präsident der gemäßigte Jungtscheche Franz Fiedler gewählt wird.

Die in Brasilien meuternden Matrosen ergeben sich, nachdem das Parlament mit 114 zu 23 Stimmen ein Amnestiegesetz angenommen hat (→ 11. 12./S. 206).

26. November, Samstag

Revolutionäre unter Führung des früheren honduranischen Präsidenten Manuel Bonilla besetzen die Atlantikhäfen von Honduras im Departement Comayagua (→ 1. 8./S. 145).

Eine Protestversammlung des Zentralverbands der Haus- und Grundbesitzervereine Deutschlands im Zirkus Schumann in Berlin wendet sich entschieden »gegen die Einführung einer Reichswertzuwachssteuer als einer weiteren Sondersteuer auf den deutschen Haus- und Grundbesitz« (→ 22. 10./S. 176).

27. November, Sonntag

Die Schutzmächte Kretas – Rußland, Frankreich, Großbritannien und Italien – betonen ihre Entschlossenheit, die Souveränität des Osmanischen Reichs über die Insel aufrechtzuerhalten, obwohl die Kreter mehrheitlich den Anschluß an Griechenland fordern (→ 21. 8./S. 145).

Der Deutschkonservative Elard von Oldenburg-Januschau legt sein Mandat in der preußischen Abgeordnetenkammer in Berlin nieder. Er reagiert damit auf die Angriffe aller Parteien wegen seiner antiparlamentarischen Reichstagsrede vom → 29. Januar (S. 15).

28. November, Montag

Reichskanzler Theobald von Bethmann Hollweg eröffnet die erste Lesung des umstrittenen Schiffahrtsabgabengesetzes im Reichstag in Berlin mit der Frage, »ob die Kosten des Ausbaus der natürlichen Wasserstraßen auf den Steuerzahlern lasten bleiben sollen, oder inwieweit die Schiffahrtsbeteiligten in der Form von Schiffahrtsabgaben daran teilnehmen sollen« (→ 4. 3./S. 59).

Das britische Unterhaus in London wird aufgelöst. Neuwahlen – die zweiten in diesem Jahr wegen des Vetsgesetzes – werden für den 20. Dezember ausgeschrieben (→ 14. 1./S. 22).

Der griechische Ministerpräsident Eleftherios Weniselos entgeht knapp einem Attentat. Unbekannte Täter versuchen, den Eisenbahnzug, in dem Weniselos zu Wahlkampfveranstaltungen reist, zum Entgleisen zu bringen (→ 21. 8./S. 145).

In Wiesbaden wird die Europäische Fahrplankonferenz eröffnet. An der zweitägigen Veranstaltung nehmen 270 Fachleute aus Frankreich, Rußland, Norwegen, dem Osmanischen Reich, Österreich-Ungarn, der Schweiz und dem Deutschen Reich teil. Ziel ist eine bessere Koordination zwischen den Eisenbahn- und Schiffsverbindungen.

29. November, Dienstag

Die Technische Hochschule in Breslau wird in Anwesenheit von Kaiser Wilhelm II. eingeweiht.

Die französischen Sozialisten verlangen im Abgeordnetenhaus in Paris von Kriegsminister Jean Jules Brun eine Erklärung über das Ende des Fremdenlegionärs Weisrock, eines Elsässers, der in Afrika während eines Marschs wegen Krankheit zurückblieb und »den Hyänen und Schakalen zum Fraß überlassen wurde«. Brun verspricht eine Untersuchung des Falls.

30. November, Mittwoch

Von der portugiesischen Insel Madeira wird der Ausbruch der Cholera gemeldet. 32 Menschen sind der Krankheit bisher zum Opfer gefallen (→ 19. 8./S. 151).

Das Wetter im Monat November

Station	Mittlere Lufttemperatur (°C)	Niederschlag (mm)	Sonnenscheindauer (Std.)
Aachen	3,5 (6,0)	118 (67)	– (62)
Berlin	3,0 (3,9)	79 (46)	– (50)
Bremen	3,1 (5,3)	59 (60)	– (50)
München	2,5 (3,0)	111 (53)	– (54)
Wien	3,7 (4,5)	97 (53)	75 (58)
Zürich	3,5 (3,3)	171 (72)	– (51)

( ) Langjähriger Mittelwert für diesen Monat
– Wert nicht ermittelt

Großes Aufsehen erregt in Großbritannien die Strandung des Fünfmasters »Preußen«, des zweitgrößten Seglers der deutschen Handelsmarine, vor Dover am 6. November. Die Kreideklippen sind während der langwierigen Bergungsversuche Ausflugsziel für Schaulustige.

THE ILLUSTRATED LONDON NEWS.

REGISTERED AT THE GENERAL POST OFFICE AS A NEWSPAPER.

No. 3734.– VOL. CXXXVII. SATURDAY, NOVEMBER 12, 1910. With Coloured Supplement: "Nature," After the Painting by Sir Thomas Lawrence. SIXPENCE.

The Copyright of all the Editorial Matter, both Engravings and Letterpress, is Strictly Reserved in Great Britain, the Colonies, Europe, and the United States of America.

Francisco »Pancho« Villa mit seinen Revolutionstruppen, die sich aus dem Agrarproletariat des viehzüchtenden Nordens von Mexiko rekrutieren

Mexiko: Revolution gegen Diktatur von Porfirio Díaz

25. November. Der mexikanische Liberale Francisco Indalecio Madero, der zum provisorischen Präsidenten des Landes proklamiert wurde, wird bei Kämpfen mit Truppen des Diktators Porfirio Díaz schwer verwundet. Die Revolution in Mexiko erleidet dadurch vorübergehend einen Rückschlag.

Die bewaffnete bürgerlich-demokratische Revolution entwickelt sich aus den Unruhen anläßlich der »Wiederwahl« des Diktators (→ 27. 6./S. 115). Am 17. November wird ein Verschwörungskomplott aufgedeckt, zahlreiche Personen werden verhaftet, rund 1000 Gewehre beschlagnahmt. Am 18. November erschießt bei der Auflösung einer Protestversammlung gegen die Díaz-Wiederwahl eine Frau einen hochrangigen Polizeioffizier. Nach der Explosion einer Bombe, bei der mehrere Polizisten getötet werden, kommt es zu Straßenkämpfen, in denen die Regierungstruppen einen blutigen Sieg erringen.

Nach diesen Ereignissen breitet sich der Aufstand innerhalb weniger Tage über das ganze Land aus. Francisco Indalecio Madero läßt sich zum Gegenpräsidenten proklamieren. Er wird unterstützt von den Bauern und Partisanen um Pancho Villa und Emiliano Zapata (→ S. 193). Durch die schwere Verwundung Maderos am 25. November kommen die Kämpfe vorübergehend zum Stillstand.

Am 1. Dezember leistet der »wiedergewählte« Präsident Díaz den Eid für eine weitere Amtsperiode von sechs Jahren – die achte eines Mannes, der für den Tod von Tausenden von Menschen verantwortlich ist. Gleichzeitig ernennt er eine Friedenskommission, die mit den Aufständischen verhandeln soll. Doch flackern die Kämpfe bald wieder auf.

Demokratische Rechte und Ende der Ausbeutung

»Die Verteilung des Landes an die Armen steht nicht in Widerspruch zur Lehre Unseres Herrn Jesus Christus und der Heiligen Mutter Kirche«, verkündet dieses Flugblatt des mexikanischen Revolutionsmalers Diego Rivera. Am 5. Oktober hat der liberale, aus einer Großgrundbesitzerfamilie stammende Oppositionspolitiker Francisco Indalecio Madero den sog. Plan von San Luis Potosí verkündet, ein politisches und soziales Aktionsprogramm, dessen Ziel die Verwirklichung demokratischer Rechte und das Ende der gnadenlosen Ausbeutung der indianischen Bevölkerung und der politisch rechtlosen Arbeiterschaft ist. Der politische und der soziale Aspekt der Diktatur von Porfirio Díaz sind gleichermaßen Gründe für die Revolution: Die Liberalen, deren Ziel die Beendigung des autoritären Regimes ist, finden in den Bauern, Indios und Arbeitern eine Massenbasis, weil sie außer der Verwirklichung politischer Rechte die gerechte Verteilung des Wohlstandes fordern. Die Díaz-Diktatur hingegen begünstigt einseitig die Oberschicht, und nur diese Schicht hat von der wirtschaftlichen Aufwärtsentwicklung unter Díaz profitiert: 85% des Grund und Bodens gehören 2% der Bevölkerung. Die meisten Indianer sind besitzlose Landarbeiter der Latifundien und leben in faktischer Hörigkeit (→ 27. 6./S. 115). Die katastrophale Lage der Arbeiter hat sich schon vor der Revolution mehrfach in Aufständen entladen, die militärisch unterdrückt wurden. 1907 kam es zu Massenerschießungen von Arbeitern in Río Blanco.

Frauen nehmen an der Revolution in allen Funktionen teil.

Madero, Villa und Zapata gegen Díaz

Die führende Persönlichkeit der mexikanischen Revolution ist Francisco Indalecio Madero, der sich bei Ausbruch der Revolution Anfang Oktober zum Präsidenten proklamieren läßt. Er ist der Repräsentant der gemäßigten »Liberalen«, die das kapitalistische Wirtschaftssystem bejahen, jedoch für eine Veränderung der politischen und sozialen Verhältnisse und für die Erlangung demokratischer Rechte kämpfen.
Ihre Massenbasis erhält diese bürgerlich-demokratische Revolutionsbewegung in der von Francisco »Pancho« Villa und Emiliano Zapata geleiteten Partisanen- und Bauernbewegung. Während Villa das Agrarproletariat des mexikanischen Nordens um sich schart, kämpft Zapata mit den verarmten Bauern des Südens. Der gemeinsame Gegner ist der amtierende Präsident Porfirio Díaz.

Francisco Villa, genannt Pancho Villa, ist der Anführer der gefürchteten »Division del Norte«.

Emiliano Zapata führt die verarmten Bauern des Südens. Seine Anhänger heißen »Zapatistas«.

Díaz, seit 1861 der mächtigste mexikanische General, kandidierte mehrfach erfolglos für das Präsidentenamt. 1876 nutzte er die Fraktionskämpfe innerhalb der republikanischen Bewegung sowie die Unzufriedenheit über die sozialen und wirtschaftlichen Verhältnisse zur Machtergreifung. Mit militärischer Unterstützung gelangte er im November 1876 an die Macht und ließ sich 1877 als Präsident durch Wahlen offiziell bestätigen. Unter formeller Anerkennung der Verfassung übt er seit fast 30 Jahren ein autokratisches Regiment aus, das keinerlei Opposition duldet. Von seinen Anhängern gebildete militärische Garden, die sog. Tuxtepecos, unterdrücken gewaltsam jeden politischen Widerstand im Land.

Der 80jährige Diktator Porfirio Díaz, Präsident Mexikos von 1877 bis 1880 und seit 1884.

Die Kämpfe zwischen Revolutionären und Regierungstruppen sind von wechselnden Erfolgen gekennzeichnet und dauern bis 1911 an. Das Foto zeigt eine Abteilung von Pancho Villa bei der Entwaffnung.

Eisenbahnwaggon als Rednertribüne beim Wahlkampf im »Wilden Westen«

Schlappe für Republikaner

8. November. Bei den Gouverneurs- und Kongreßwahlen in den USA erringt die oppositionelle Demokratische Partei einen großen Sieg. Statt den bisherigen 172 Sitzen verfügt sie künftig im Kongreß über 228, während die Republikaner von 219 auf 161 Abgeordnete zurückfallen.

Die Niederlage der Republikaner wird auf die faktische Spaltung der Partei in die Konservativen unter Präsident William Howard Taft und die sog. Progressiven unter Theodore Roosevelt zurückgeführt. Die Republikanische Partei ist die Interessenvertreterin von Industrie- und Bankkapital, doch hatte es unter der Präsidentschaft Roosevelts (1901 – 1909) Ansätze zu einer sozialen Reformpolitik gegeben. Roosevelt sah sich in seiner Hoffnung getäuscht, der von ihm vorgeschlagene Nachfolger Taft werde diese Reformen fortsetzen. Der Standpunkt Tafts, der Präsident sei nicht für die öffentliche Wohlfahrt verantwortlich, führte zum Bruch zwischen Taft und Roosevelt und zu einem erheblichen Ansehensverlust für Taft.

Roosevelt umreißt seine Politik mit dem Schlagwort »Neuer Nationalismus«: Jeder müsse Eigentum besitzen vorbehaltlich des Rechts der Allgemeinheit, das Eigentum so zu verwenden, wie es die öffentliche Wohlfahrt erfordert. Doch damit stößt auch Roosevelt auf Widerstand in seiner Partei.

Heimarbeiterin; das soziale Elend war ein Wahlkampfhauptthema.

Textilarbeiterinnen; dieses und das obige Foto stammen von Lewis W. Hine.

Suffragetten mit Messern vor

22. November. Auf die Frage des Labour-Abgeordneten und Fraktionsvorsitzenden James Keir Hardie über die Absichten der Regierung hinsichtlich des Frauenstimmrechts gibt der britische Premierminister Herbert Henry Asquith (liberal) im Unterhaus in London eine ausweichende Antwort. Er löst damit einen Sturm des Protests bei den in Caxton Hall versammelten Frauenrechtlerinnen aus.

Unter der Führung von Emmeline Pankhurst ziehen mehrere hundert Suffragetten in die Downing Street, um den Amtssitz des Premiers zu zerstören. Zwischen den Frauen und der Polizei kommt es zu Schlägereien. Der aus dem Parlament herbeieilende Regierungschef wird von Frauenrechtlerinnen tätlich angegriffen und kann von der Polizei nur mit Mühe in eine Motordroschke gerettet werden. Unterrichtsminister Walter Ranciman wird durch Fußtritte verletzt. Bei den Ministern Edward Grey, Winston Churchill, John Burns und Lewis Vernon Harcourt werden die Fensterscheiben eingeworfen. 156 Ruhestörerinnen werden verhaftet.

Bereits am 18. November war es vor dem Unterhaus zu Krawallen gekommen: Radikale Frauenrechtlerinnen standen mit Messern vor dem Parlament und lieferten sich Keilereien mit der Polizei. 80 Frauen wurden verhaftet, aber auf Anordnung von Innenminister Churchill straflos freigelassen. Am 25. November verurteilt das Bow-Street-Polizeigericht 20 Suffragetten zu Strafen von bis zu zwei Monaten schwerer Zwangsarbeit.

Radikale Suffragetten greifen Premierminister Asquith an.

Der militante Flügel der britischen Suffragetten ist seit Oktober 1903 in der von Emmeline Pankhurst und ihrer ältesten Tochter Christabel Pankhurst gegründeten Women's Social and Political Union (WSPU) organisiert. Zunächst auf das Gebiet von Manchester beschränkt, erlangte die Organisation mit traditionellen Agitationsformen wenig Aufmerksamkeit. 1905/06 verlegte sie ihren Sitz nach London und bediente sich zunehmend auch gewaltsamer Aktionsformen, da parlamentarische Eingaben und politische Dis-

Frauendemonstration unter dem Motto »Vom Gefängnis zum Bürgerrecht«

Parlament – Sturm auf Downing Street – Premier gerettet

Die Feministin Helen Ogston verprügelt Herren mit der Hundepeitsche.

Eine Suffragette hat sich an das Gitter vor dem Parlament gekettet.

kussionen nichts zur Durchsetzung des Frauenstimmrechts beigetragen hatten. Außerdem distanziert sich die WSPU mit Gewaltaktionen bewußt vom viktorianischen Frauenbild. Neben der WSPU setzt sich in Großbritannien die 1897 gegründete National Union of Women's Suffrage Societies für die Einführung des Frauenstimmrechts ein. Im Gegensatz zur WSPU beschränkt sie sich auf parlamentarische Kanäle.

Bobbies bei der Verhaftung militanter Frauenrechtlerinnen in London

Die deutsche Frauenrechtlerin Bäumer will das von der »Herrschaft des Verstandes« geprägte Leben durch das »weibliche Prinzip« humanisieren.

»Frauenbewegung ist ethische Bewegung«

Die bürgerliche Frauenrechtlerin Käthe Schirmacher veröffentlicht in der »Leipziger Illustrirten Zeitung« den Artikel »Die ethische Seite der Frauenbewegung«:

»Die Frauenbewegung will den Schwerpunkt der Menschheit verschieben, will Recht und Pflicht von Mann und Frau anders verteilen, einer bisher benachteiligten Menschenklasse Gerechtigkeit erringen. Sie ist daher, welche Formen sie auch annehme, auf welchem Gebiet sie sich auch betätige, stets ein Kampf ums Recht, stets eine ethische Bewegung. Sie ist daher auch eine Kulturbewegung, denn das Wesen der Kultur liegt in dem Streben, möglichst allen Mitgliedern der Gemeinschaft gerecht zu werden.

Das tut die heutige Gesellschaftsordnung nicht. Selbst da, wo sie gleiches Recht für alle verkündet, stimmt die Praxis selten mit der Theorie überein; die heutige Welt beruht auf einseitiger Vorherrschaft des Mannes, auf Unterordnung der Frau. Diese Unterordnung entspricht nun weder der Natur noch der Kultur; sie ist die Frucht einer einseitig männlichen Zivilisation, die falsche Begriffe vom Wesen der Frau in Umlauf gesetzt hat. Gegen diese Legenden erhebt sich die Frauenbewegung und ist daher auch als Kampf gegen Irrtum eine ethische Bewegung ...

Im Tierreich ... ist das weibliche Element in nichts benachteiligt. Es ist imstande, sich selbst zu versorgen, imstande, sich selbst zu verteidigen, ja, den Schutz seiner Jungen zu übernehmen, und ist bei dieser Verteidigung von äußerster Fürchterlichkeit. Als Hauptträger der Fortpflanzung ist das Weibchen von der Natur ganz besonders geschützt, und alle äußeren Vorzüge der Männchen gewisser Tiergattungen, wie größere Kraft und Schönheit, sind nur zu Augenweide und Nutzen der Weibchen da, die ihre Wahl unter den schönsten der Kämpfer treffen. Die Natur, das läßt sich nicht leugnen, hat in der Pflanzen- und Tierwelt weibliches und männliches Element einander, wenn nicht überall gleichartig, so doch durchweg gleichwertig gemacht.

Der ethische Kampf der Frauenbewegung geht nun um die Anerkennung dieser Äquivalenz des Weiblichen in der Menschenwelt. Zeigen, daß die Frau auf ihre Art ebenso wertvoll, stark, unentbehrlich, schöpferisch ist wie der Mann auf seine; lehren, daß es nicht nötig ist, Mann zu sein, um alle Rechte des Menschen zu erlangen; beweisen, daß die Grenzen des Weiblichen viel zu eng gezogen sind, der Natur nicht entsprechen und erweitert werden müssen; deutlich machen, daß die Zivilisation die Frau künstlich gehemmt und gehindert hat, ihr alle schwersten, undankbaren Aufgaben der Menschheit auferlegt, sie in Geschlechtsdienst, Hausdienst und ungelernter Arbeit aufgebraucht, in geistiger und beruflicher Bildung aber beschränkt hat, das ist die ethische Seite der Frauenbewegung ...«

Briand: Gegen Anarchie und Klerikale

3. November. Der französische Ministerpräsident Aristide Briand bildet ein neues Kabinett, dem die sozialistischen Politiker Alexandre Millerand und René Viviani nicht mehr angehören. Millerand war während des Eisenbahnerstreiks (→ 10. 10./S. 177) für das Streikrecht von Staatsbeamten eingetreten. Das Amt des Postministers, das Millerand innehatte, wird nicht mehr besetzt. Auch der Sozialist Viviani muß den Hut nehmen: Neuer Arbeitsminister wird Louis Lafferre.

Der Ministerwechsel ist ein Zeichen für das allmähliche Abbröckeln von Briands Regierungsmehrheit. Die radikalen Sozialisten werfen ihm vor, eine rein bürgerliche Politik zu betreiben und verlangen seinen Rücktritt. In seiner Regierungserklärung am 8. November erinnert Briand an die Reformen zugunsten der Arbeiter, vor allem die Altersversorgung. Die Arbeiter, so der von der politischen Linken heftig attackierte Regierungschef, könnten einzig vom Gesetz, nicht aber von Unordnung und Gewalt ihre wirtschaftliche Befreiung erwarten. Briand empfiehlt, »den gesetzlichen Maßnahmen zur Vermeidung der unerträglichen Fälle von Sabotage und Anarchie, wie sie beim Eisenbahnerausstand zutage getreten sind, dadurch größeren Nachdruck zu verleihen, daß man durch sie die Urheber solcher Handlungen und diejenigen, die zu ihnen aufreizen, trifft«.

Im allgemeinen Teil der Regierungserklärung heißt es: »Die Regierung, die an der Trennung der staatlichen von der kirchlichen Gewalt, an der Gerechtigkeit und der Freiheit festhält, wird sich ausschließlich auf eine republikanische Mehrheit stützen, welche aus Männern besteht, die entschlossen sind, die Errungenschaften der Republik gegenüber Kirche und Reaktion zu verteidigen und weiter auszudehnen.« Als Minister für Unterricht und Kultus (1906 – 1908) hatte Briand die 1905 beschlossene Trennung von Kirche und Staat durchgeführt.

Symbolische Darstellung der Lage Briands als eines von allen Seiten attackierten Politikers (aus: »The Illustrated London News«). Bei der Enthüllung des Denkmals für den früheren Premier Jules Ferry wird Briand von dem Tischler Lacour tätlich angegriffen. Lacour ist Mitglied der »Camelots du Roi«, der Jugendorganisation der rechtsradikalen Action française.

Kaiser Wilhelm für »Thron und Altar«

13. November. Kaiser Wilhelm II. besucht die Benediktinerabtei Beuron im preußischen Regierungsbezirk Sigmaringen. In einer aufsehenerregenden Rede stellt er hier fest, daß »Thron und Altar zusammengehören« und daß die Bekämpfung »gewisser gefährlicher Bestrebungen des 20. Jahrhunderts nur mit Hilfe der Religion und mit Unterstützung des Himmels siegreich durchgeführt« werden könne.

Die Kaiserrede findet den uneingeschränkten Beifall der (katholischen) Zentrumspartei. Die Zentrumszeitung »Germania« bemerkt dazu: »Wir haben das Vertrauen zu den leitenden Männern, da sie sich durch Hetzer nicht beirren lassen und der katholischen Kirche ihre Eigenart nicht zu verkürzen suchen werden, zumal da diese dem Staat zum Vorteil gereicht.«

Vor allem bei der evangelischen Bevölkerung stößt Wilhelms Rede auf Kritik, da auch die Diskussion über die reformationsfeindliche päpstliche Borromäusenzyklika (→ 14. 6./S. 112) noch lange nicht verstummt ist. Darüber hinaus wird die Rede als typische Entgleisung des Kaisers gewertet, der allzuoft unpassend vorpresche, wie kürzlich in Königsberg (→ 25. 8./S. 140).

»Mehr Zurückhaltung ratsam«

Die Beuroner Rede des Kaisers bringt auch die Konservativen in Harnisch. Der »Reichsbote« schreibt:

»Bekanntlich war Bischof Willibrord Benzler von Metz früher der Abt eines Benediktinerklosters. Sein Verhalten in Elsaß-Lothringen zu den deutschfeindlichen Bestrebungen bezeugt, daß es doch ratsam wäre, wenn der Kaiser der Staatstreue der Benediktiner wie überhaupt der römischen Hierarchie gegenüber etwas mehr Zurückhaltung übte, da dieselbe stets ihre eigenen Herrschaftsinteressen im Auge hat und den Staat, dessen Souveränität sie bekanntlich nur mit Vorbehalt anerkennt, nur soweit unterstützt, als er sich ihr dienstbar erweist . . . Auch die Verfluchung der Reformation und der Fürsten der Reformation durch die neuliche Borromäusenzyklika des Papstes beweist die Notwendigkeit der Zurückhaltung gegenüber der Staatstreue der römischen Hierarchie in bezug auf evangelische Fürsten und Staaten.«

Erstes Parlament Südafrikas tagt

4. November. In Kapstadt wird das erste Parlament der am → 31. Mai (S. 101) gegründeten Südafrikanischen Union eröffnet. Aus den Wahlen am 15. September sind die Nationalisten mit 67 von 121 Mandaten als Sieger hervorgegangen. Die zweitstärkste Fraktion bilden die Unionisten unter Leander Starr James. Die Arbeiterpartei ist mit vier Abgeordneten vertreten, 13 der Gewählten bezeichnen sich als unabhängig.

Die siegreichen Nationalisten rekrutieren sich aus den Afrikaandern der bisherigen britischen Kolonie Kapland, aus den Buren der bisherigen Kolonie Oranjefreistaat und den Anhängern von Louis Botha, der von 1907 bis zur Gründung der Südafrikanischen Union Premierminister der britischen Kolonie Kapland war. Der frühere Burengeneral Botha ist seit dem 31. Mai Premierminister der Südafrikanischen Union, die formell ein Dominion mit dem britischen Monarchen als Staatsoberhaupt ist. Vertreten wird König Georg V. durch Generalgouverneur Herbert Gladstone. Auseinandersetzungen zwischen der ersten südafrikanischen Regierung und der ehemaligen Kolonialmacht, die die Buren im Burenkrieg (1899 – 1901) niedergerungen hat, sind nicht zu befürchten: Premierminister Botha ist Symbol für eine Politik der Verständigung.

Der britische Generalgouverneur Herbert Gladstone und offizielle Vertreter des britischen Hochadels begeben sich zur Parlamentseröffnung.

Eintracht statt Diskriminierung

10. November. Eine Versammlung deutscher Kaufleute der Stadt Lissa (Lezno), die seit der zweiten polnischen Teilung von 1793 zu Preußen gehört, protestiert gegen die Herausgabe eines Adreßbuchs durch die Ortsgruppe des Deutschen Ostmarkenvereins.

In dieses Adressenverzeichnis wurden nur deutsche Geschäfte aufgenommen, Adressen polnischer Kaufleute fehlen völlig. Die protestierenden Geschäftsleute sprechen sich dafür aus, die alte Eintracht zwischen Deutschen und Polen, die noch vor 20 bis 30 Jahren bestanden habe, wiederherzustellen.

Der 1894 unter dem Namen »Verein zur Förderung des Deutschtums im Osten« gegründete Ostmarkenverein will den »Volks- und Staatswillen zur Beseitigung des Polentums« mobilisieren. Er wird unterstützt von den Großgrundbesitzern, der Industrie und dem Bildungsbürgertum (→ 20. 8./S. 141) und verbindet Geschäft mit Chauvinismus.

Die Marinestation der neuen Marineschule in Flensburg-Mürwik

Marineschule in Mürwik

21. November. Kaiser Wilhelm II. weiht die Marineschule in Mürwik ein, einem Vorort von Flensburg. Die Anstalt dient der schulmäßigen Ausbildung der Fähnriche.

Bei der Einweihung hält der oberste Kriegsherr eine Ansprache an die Seekadetten. Er rät ihnen, den Alkoholgenuß zu vermeiden und dem Guttemplerorden beizutreten, einem internationalen Bund zum Kampf gegen den Alkoholismus. Diejenige Nation werde »im Kriegshandwerk an der Spitze marschieren« – so Wilhelm –, die den geringsten Alkoholkonsum zu verzeichnen habe.

Österreich rüstet Kriegsmarine auf

21. November. Die Wiener »Neue Freie Presse« veröffentlicht die neuesten Zahlen über das Flottenbauprogramm der österreichisch-ungarischen Kriegsmarine. Danach sind 310 Mio. Kronen (263 Mio. Mark) veranschlagt für den Bau von insgesamt vier Schlachtschiffen, drei Schnellkreuzern, zehn Torpedofahrzeugen, zwölf Hochseetorpedobooten und sechs Unterseebooten.

Österreichs Kriegshafen ist Triest. 1848 büßte Österreich durch den Abfall Venedigs fast seine ganze Flotte ein, danach begann der Aufbau einer modernen Kriegsmarine. Diese bewährte sich bereits während des Deutschen Kriegs von 1866 in der Seeschlacht bei Lissa gegen die überlegene italienische Flotte. Seit dem österreichisch-ungarischen Ausgleich 1867 besitzt die Doppelmonarchie eine Kriegsmarine für beide Reichshälften. Wie die deutsche (→ 2. 8./S. 142) und die britische Marine wird auch die österreichisch-ungarische Kriegsflotte massiv aufgerüstet.

Der Sturm wirft die »Preußen« gegen die Kreidekliffs von Dover, wo der Segler zwei Tage lang hin und her schlägt.

Strandung der »Preußen« – Schreckensnächte im Sturm

6. November. *Der Fünfmaster »Preußen«, das zweitgrößte Segelschiff der deutschen Handelsmarine, wird ein Opfer der Novemberstürme. Das mit Stückgut von Hamburg nach Valparaiso segelnde Schiff kollidiert in der Nacht auf den 6. November im Ärmelkanal auf offener See mit dem britischen Passagierdampfer »Brighton«. Im dichten Nebel rammt die »Brighton« das große Segelschiff an der Backbordseite. Die »Preußen« wird schwer beschädigt, es bricht der Klüverbaum, und ihr fallender Mast schlägt den Schornstein der »Brighton« ab. Während der britische Turbinendampfer nach Newhaven zurückkehrt, steuert die »Preußen« den Hafen vor Dover an, um die Havarie auszubessern. Kurz vor dem Ziel wird der Segler von einem heftigen Südweststurm gegen die Klippen geworfen.*

Ein von Dover herangekommenes Rettungsboot versucht vergeblich zu helfen. Im schweren Wellengang läuft das Boot immer wieder Gefahr zu kentern, während die »Preußen« manövrierunfähig vor den Klippen liegt und das Wasser durch Lecks im Boden eindringt. Wegen des hohen Seegangs dauert es zwei Tage, bis die 50 Mann Besatzung und zwei Passagiere geborgen werden können. Das Schiff muß aufgegeben werden.

Der Fünfmaster »Preußen« zählte zu den Flaggschiffen der deutschen Handelsmarine; das Foto zeigt die »Preußen« unter vollen Segeln.

Übereinstimmend hebt die Presse die »bewundernswerte Haltung« des Kapitäns, der Mannschaft und der Passagiere sowie den Mut der britischen Rettungsmannschaften hervor. Nach Angaben der Reederei liegt die Schuld für die Kollision eindeutig bei der Besatzung der »Brighton«, die mit überhöhter Geschwindigkeit gefahren sei.

Die örtliche Polizei in Süd-Wales erhält Unterstützung von berittenen Einsatzgruppen aus London.

Zu Beginn des Ausstands demonstrieren die Bergarbeiter noch friedlich für ihre Forderungen.

Ein Bild der Zerstörung bietet der Ort Tonypandy nach Streikunruhen radikaler Gruppen.

Polizei wird während des Streiks auch eingesetzt, um Arbeitswillige vor Übergriffen zu schützen.

Streikunruhen erschüttern Süd-Wales

7. November. Während eines Bergarbeiterstreiks in Süd-Wales kommt es bei den Kohlengruben von Glamorgan zu einem blutigen Kampf zwischen den rund 5000 Streikenden und der Polizei. Auch Frauen und Kinder bewerfen die Polizisten mit Steinen. Nach der Vertreibung der Polizei feiern die Arbeiter und ihre Angehörigen den »Sieg« mit einem »Triumphzug«.

Der Ausstand, dessen Ziel eine Lohnerhöhung und die Garantie von Mindestlöhnen ist, nimmt mehr und mehr anarchistische Züge an. Verschiedentlich werden Truppen eingesetzt, um Ausschreitungen zu verhindern und den Streik zu brechen. Opfer der Streiks sind u. a. mehrere hundert Grubenponies, die wegen des Ausfalls der Ventilation infolge des Stillstands der Maschinen zugrunde gehen. Am 14. November wird der Streik beendet, nachdem die Bergwerksbesitzer eine Lohnerhöhung bewilligt haben.

Mit dem Jahr 1910 beginnt in Großbritannien eine Zeit sozialer Unruhen. Für die britische Wirtschaft ist 1910 das bisher größte Streikjahr in diesem Jahrhundert. Im Juli kam es zu Eisenbahnerstreiks im Gebiet von Newcastle, im September und im Oktober wurde in der Textil- und Eisenindustrie von Lancashire und Cheshire gestreikt. Das Ziel fast aller Streiks ist neben Lohnerhöhungen die Festsetzung von Mindestlöhnen. Die treibenden Kräfte beim Versuch, diese Forderungen durchzusetzen, sind die Gewerkschaften. Die Unruhe, die in diesem Jahr aufkeimt, ist jedoch nicht auf die Wirtschaft beschränkt: Mit bisher beispiellosen Aktionen kämpfen die Suffragetten für das Wahlrecht der Frauen (→ 22. 11./S. 194), auch die geplante Abschaffung des Oberhaus-Vetorechts (→ S. 23) deutet ein Aufbrechen der festgefügten viktorianischen Gesellschaftsordnung an.

Napoléon heiratet Belgier-Prinzessin

14. November. Der französische Thronprätendent, Prinz Napoléon Victor Bonaparte, heiratet auf Schloß Moncalieri bei Turin Prinzessin Klementine von Belgien, die Schwester von König Albert I.

Napoléon Victor ist seit dem Tod seines Vaters, des 1891 verstorbenen Prinzen Jérôme Bonaparte, der alleinige Träger der bonapartistischen Thronansprüche. Das französische Prinzenausweisungsgesetz von 1886 veranlaßte ihn, sich in Brüssel niederzulassen.

Von Journalisten auf die beiden Kaiserreiche unter Napoleon I. (1804 – 1814/15) und Napoleon III. (1852 – 1870) angesprochen, erklärt Napoléon Victor, nichts von seinen »Plänen« aufgegeben zu haben; der Augenblick ihrer Verwirklichung sei jedoch noch nicht gekommen. Das fürstliche Paar reist nach der Vermählung nach San Remo und wird dann nach Brüssel zurückkehren, wo eine Hofhaltung großen Stils eingerichtet werden soll.

Napoléon Victor (48) und Klementine von Belgien (38) – ein reifes Paar

Ely mit seinem Doppeldecker beim Start vom Deck des US-amerikanischen Kriegsschiffs

Flugzeug startet erstmals vom Schiff aus

11. November. *Dem US-amerikanischen Aviatiker Eugene B. Ely gelingt der erste Flug der Geschichte von einem Schiff aus. Mit seinem Curtiss-Doppeldecker startet er an Deck des US-Kreuzers »Birmingham« zum Flug in das 20 km entfernte San Francisco. Das Unternehmen verläuft erfolgreich, obwohl das Flugzeug beim Start beschädigt wird.*

Tolstoi – »Zar neben dem Zaren« – Tod auf der Flucht

20. November. Der russische Dichter und Oppositionelle Lew Nikolajewitsch Graf Tolstoi stirbt im Alter von 82 Jahren in der Bahnstation Astapowo im Gebiet Lipezk.
Am 10. November hat der Vorkämpfer für soziale Gerechtigkeit, der wegen seiner moralischen Autorität vielen Russen als »Zar neben dem Zaren« gilt, sein Gut Jasnaja Poljana und die Familie verlassen, um in die Einsamkeit zu gehen. Wegen einer schweren Lungenentzündung endet die Flucht in Astapowo. In Astapowo finden sich neben der Familie, Freunden und Anhängern des aus der orthodoxen Kirche ausgestoßenen bekanntesten russischen Oppositionellen auch Hunderte von Pressevertretern ein.

△ Am 21. November wird der Leichnam des Dichters in das Familiengut Jasnaja Poljana überführt (Abb.) und im Erdgeschoß des Wohnhauses aufgebahrt. Am nächsten Tag findet die Beisetzung im nahegelegenen Sakas-Wald statt.

◁◁ Tolstoi (2. v. r.) im Kreis seiner Familie, der er immer wieder entfliehen wollte. Rechts neben ihm seine Frau Sofja Andrejewna, geb. Bers

◁ Tolstois Söhne Serjoscha, Mischa, Andrjuscha und Ilja tragen den Sarg aus dem Haus des Bahnhofsvorstehers von Astapowo.

Tilla Durieux als Königin Iokaste von Theben, die ihren als Kind ausgesetzten Sohn Ödipus heiratet

Beifallsstürme für Reinhardt-»Ödipus«

7. November. Das Theaterereignis des Jahres ist Max Reinhardts Inszenierung der Sophokles-Tragödie »Ödipus« in der Bearbeitung von Hugo von Hofmannsthal im Zirkus Schumann in Berlin. In den Hauptrollen spielen Paul Wegener und Tilla Durieux.
Reinhardt, der Intendant des Deutschen Theaters, verwandelt die gewaltige Arena des angemieteten Zirkusbaus in ein antikes Theater, hebt die Trennung zwischen Zuschauerraum und Bühne weitgehend auf und belebt auf diese Weise das antike Rundtheater neu (→ S. 30). Der Beifall des Premierenpublikums, darunter bedeutende Vertreter aus Literatur, Kunst und Gesellschaft sowie des preußischen Hofs, ist enthusiastisch. »Der große Wurf ist über die Maßen gelungen«, urteilt »Die Welt« und berichtet von »jubelnden Huldigungen, von denen der Zirkus zum Schluß der Erstaufführung erdröhnte«.
Bereits im September inszenierte Reinhardt den Hofmannsthal-»Ödipus« in der Musikfesthalle in München mit Alexander Moissi in der Titelrolle, nach Presseurteilen ebenfalls »ein rauschendes Theaterfest mit Massencharakter«.

Probe einer »Ödipus«-Massenszene unter der Leitung von Berthold Held; nach der Premiere übernehmen Mitarbeiter die Reinhardt-Inszenierungen.

Unterhaltung 1910:

Freizeit mit sportlichem Touch

»Deutschland rollt«, lautet das Motto für das Freizeitvergnügen Nummer eins, dem sich alle Gesellschaftsschichten mit Begeisterung hingeben und das die traditionellen Unterhaltungsformen wie Zirkus, Varieté, Kabarett u. a. in diesem Jahr in den Hintergrund drängt: Der Rollschuhsport. Auf Rollschuhen werden Vereinsausflüge veranstaltet, auf Rollschuhen wird geheiratet, nichts scheint unmöglich mit Rollen unter den Füßen. »I'm mad of Skating« ist auf der Plakette zu lesen, die sich Enthusiasten auf die Brust heften: »Ich bin verrückt nach Rollschuhfahren.«

Dabei hat sich die Situation grundlegend verändert im Vergleich zu 1908, als das Rollschuhfieber von den USA nach Europa schwappte. Während Skating damals das exzentrische Vergnügen einiger Jugendlicher war, die den Asphalt unsicher machten, ist dieser Sport heute institutionalisiert und allgemein anerkannt. Gekauft wird nur eine bestimmte hochwertige US-amerikanische Marke; getragen werden die Rollschuhe an einem Riemen wie Schlittschuhe, gefahren wird nicht mehr auf den Straßen, sondern auf der Holzbahn im »Rollschuhpalast«. Vertreter aller Schichten geben sich hier ein Stelldichein, um zu sehen und gesehen zu werden: Die Frau Oberkanzleirat mit der erwachsenen Tochter, der sezessionistische Baumeister, der seine Beine im Walzertakt wiegt und beim Sturz von hilfreich herbeieilenden Verehrerinnen gestützt wird, der Intellektuelle mit wallendem Haar, der Student mit Kneifer, der Einglas-Virtuose, die Verkäuferin – alle verlieren sich in dem klappernden Fahrt-Durcheinander oder sehen an den Biertischen diesem Gesellschaftsspiel zu. Dieser Rollschuhboom ist auch ein Signal für die Eislaufindustrie: Am 17. November wird in Schöneberg (Berlin) der »Sportpalast« eröffnet. Dieser größte Eispalast der Welt bietet fast 10 000 Zuschauern Platz und verfügt über eine Eisfläche von 2400 m². 30 000 Illuminationslampen und 6000 Metallfadenlampen sorgen für märchenhafte Lichteffekte.

Die Verbindung von Freizeitvergnügen und sportlicher Betätigung ist aktuell auch auf einem völlig anderen Gebiet: Immer mehr Jugendliche und Kinder schließen sich – mit staatlicher Unterstützung – militärisch strukturierten Gruppen an, in denen sie auf das »Kriegshandwerk« vorbereitet werden (→ 8.4./S. 77). Ausdruck dieser Tendenz ist es auch, wenn in einer angesehenen Zeitung wie der »Frankfurter« unter der Überschrift »Die erzieherischen Werte von Sport und Spiel« folgendes festgestellt wird: »Die sportlichen Spiele, mit dem Fußballspiel an der Spitze, sind wie geschaffen zur Erziehung des Knaben zum freien Entschluß, zur Umsicht, zur Initiative, zur Unterordnung unter ein gemeinsames Streben.«

Auf dem Gebiet der Unterhaltungsmusik ist eine Flut von Operettenpremieren zu verzeichnen, doch nur zwei Werken ist dauerhafter Erfolg beschieden. Am 8. Januar wird im Wiener Carl-Theater Franz Lehárs romantische »Zigeunerliebe« uraufgeführt, die durch ungarische Csárdásrhythmen und Zimbelklänge besticht; zu den reizvollsten Gesangsmelodien zählen neben dem Heckenröslein-Lied die Walzer »Gib mir dort vom Himmelszelt alle Sterne der Welt«, »Zorika, Zorika, kehre zurück« und »Nur die Liebe macht uns jung«. Am 26. Februar wird die Berliner Operette »Die keusche Susanne« von Jean Gilbert im Wilhelm-Theater in Magdeburg uraufgeführt. Zu den Melodien, die den großen Erfolg dieses Werks bewirken, zählen der Walzer »Wenn die Füßchen sich heben und schweben« und der Lebemann-Marsch »Wenn der Vater mit dem Sohne auf den Bummel geht«.

In Argentinien entsteht ein neuer Gesellschaftstanz, der im folgenden Jahr auch in Europa eingeführt wird: Der Tango. Er wird entwickelt aus der Verschmelzung eines zweideutigen argentinischen Kaschemmentanzes mit dem kubanisch-spanischen Paartanz Habanera, der u. a. aus Georges Bizets Oper »Carmen« (1875) und Maurice Ravels Orchesterwerk »Rhapsodie espagnole« (1907) bekannt ist. Der Tango wird im 2/4- oder 4/8-Takt getanzt. Seine Elemente sind der synkopierte Rhythmus, Kreuz- und Knickschritte sowie der abrupte Stillstand.

Das Varieté als Alternative zum Zirkus: Der »Equilibrist« (Gleichgewichtskünstler) Harry de Coë im Berliner Varieté »Wintergarten«

Das Rollschuhfieber hat Europa erreicht: US-amerikanische Matrosen bei einem Rollschuhwettlauf in der Londoner Veranstaltungshalle Olympia.

◁ Werbung für den Zirkus. Neben wilden Tieren bilden Artisten und Akrobaten weiterhin die Hauptattraktionen in der Arena. Angesichts der zunehmenden Konkurrenz innerhalb der Unterhaltungsbranche versuchen die Zirkusunternehmen, deren Zahl im letzten Jahrzehnt drastisch gesunken ist, ihr Programm zu erweitern und in die Vorstellungen Nummern einzubauen, die bisher als zirkusfremd galten. Damit reagieren sie auf das Aufkommen einer neuen Unterhaltungsindustrie, die mit Operetten, Varietés, Revuen und Schlagern große geschäftliche Erfolge erzielt und das »Zirkussterben« verursacht hat.

Operetten-Karikatur von Ferdinand von Reznicek: »Der Text der neuen Operette ist hübsch, aber die Musik kann mir gestohlen bleiben.« – »Ist sie auch.«

In Argentinien avanciert 1910 der Tango zum Gesellschaftstanz, 1911 verbreitet er sich von Paris aus in ganz Europa.

Unter den Augen des Kaisers läßt es sich sonntags beruhigt tanzen. Die Männer werden Herren – aufrecht mit zackigem Schritt –, die Frauen bleiben Frauen.

Arthur Conan Doyle, »Vater« des Meisterdetektivs Sherlock Holmes (M.), bringt »The Speckled Band« auf die Bühne.

Dezember 1910

Mo	Di	Mi	Do	Fr	Sa	So
			1	2	3	4
5	6	7	8	9	10	11
12	13	14	15	16	17	18
19	20	21	22	23	24	25
26	27	28	29	30	31	

1. Dezember, Donnerstag

Im Deutschen Reich wird eine Volkszählung durchgeführt. → S. 208

Der diktatorisch regierende mexikanische Präsident Porfirio Díaz leistet in Mexiko den Amtseid für eine weitere Amtsdauer von insgesamt sechs Jahren (→ 25. 11./S. 192).

Die Berliner Stadtverordnetenversammlung genehmigt einstimmig den Bau der Nord-Süd-Bahn als Untergrundbahn vom Belle-Alliance-Platz zur Seestraße. Der erste U-Bahn-Abschnitt in Berlin – teilweise als Hochbahn geführt – wurde 1902 eröffnet.

Aus dem preußischen Innenministerium in Berlin wird bekannt, daß ein Gesetzentwurf über die Vereinigung der Stadt Berlin und der benachbarten Kommunalverbände, darunter Charlottenburg, Schöneberg, Köpenick und Spandau, ausgearbeitet wird. Das Gesetz über den Zweckverband Groß-Berlin wird 1911 verabschiedet, die Vereinigung 1920 verwirklicht.

Nach 13stündiger stürmischer Debatte nimmt das österreichische Abgeordnetenhaus in Wien eine Resolution an, in der zur Linderung der Fleischnot die Einfuhr von Fleisch aus Übersee verlangt wird (→ 20. 8./S. 150).

Die bayerischen Erzbischöfe und Bischöfe geben einen Erlaß gegen staats- und autoritätsgefährdende Druckschriften heraus. → S. 208

Im nachrevolutionären Lissabon wird mit großem Pomp der Jahrestag der Befreiung Portugals von der Herrschaft Spaniens gefeiert. → S. 207

200 Wallonen, die in einem Saal in Brüssel eine Feier veranstalten, werden von rund 600 Flamen überfallen und verprügelt. Damit erreicht der Gegensatz zwischen den eine germanische Sprache sprechenden Flamen und den Französisch sprechenden Wallonen einen neuen Höhepunkt. Trotz des zahlenmäßigen Übergewichts der Flamen, die vorwiegend in Agrargebieten siedeln, wird Belgien meist von den Wallonen beherrscht, die eher in Industriegebieten wohnen.

2. Dezember, Freitag

In Großbritannien beginnen die zweiten Unterhausneuwahlen dieses Jahres. Sie bringen keine wesentliche Veränderung der Mehrheitsverhältnisse. Premierminister bleibt der Liberale Herbert Henry Asquith (→ 14. 1./S. 22).

Vor der italienischen Abgeordnetenkammer in Rom erklärt Außenminister Antonio Marchese di San Giuliano den Dreibund, das 1882 abgeschlossene Verteidigungsbündnis zwischen dem Deutschen Reich, Österreich-Ungarn und Italien, zur festen Grundlage der Außenpolitik Italiens. In letzter Zeit waren vor allem von Österreich-Ungarn wiederholt Zweifel an der Bündnistreue Italiens geäußert worden (→ 28. 5./S. 98).

Der Arbeitgeberverband der Edelmetallindustrie in Pforzheim gibt bekannt, daß sämtliche Betriebe vorläufig bis zum 2. Januar geschlossen werden. Rund 10 000 Edelmetallarbeiter sind zur Durchsetzung ihrer Lohnforderungen am 26. November in den Ausstand getreten.

Zur Förderung der »inneren Kolonisation« in den preußischen Ostgebieten wird in Stettin die Pommersche Landgesellschaft gegründet. Als Gesellschafter gehören ihr der preußische Staat, der Provinzialverband für Pommern und die pommersche Landesgenossenschaftskasse an. Unter »innerer Kolonisation« wird die planmäßige Ansiedlung bäuerlicher Bevölkerung im Inland verstanden; sie vollzieht sich unter anderem durch die Urbarmachung von Ödland.

Die zweite Hochquellwasserleitung Wiens wird am 62. Jahrestag des Regierungsantritts von Kaiser Franz Joseph I. eingeweiht. Der Bau wurde initiiert vom verstorbenen Bürgermeister Karl Lueger (→ 10. 3./S. 62). Die Kapazität beträgt 400 Mio. l pro Tag.

3. Dezember, Samstag

Französische Marine besetzt den Hafen von Agadir in Marokko. → S. 206

Die Deutschkonservative Partei fordert im Deutschen Reichstag in Berlin Maßnahmen zur Erhaltung des Handwerks. → S. 209

Der mexikanische Diktator Porfirio Díaz ernennt eine Friedenskommission, die mit den Aufständischen verhandeln soll (→ 25. 11./S. 192).

Kardinal Antonius Fischer, der Erzbischof von Köln, erläßt einen Hirtenbrief über die Frage des konfessionellen Charakters der christlichen Gewerkschaften. Papst Pius X. stehe allen christlichen Gewerkschaften »gleichmäßig neutral« gegenüber. In Zukunft sollen jedoch die katholischen Arbeiterorganisationen ausgebaut werden.

Das Bezirksgericht von Petersburg (Leningrad) spricht Lew L. Tolstoi, den Sohn des am → 20. November (S. 199) verstorbenen Dichters Lew N. Tolstoi, vom Vorwurf der Gotteslästerung frei. Tolstoi hatte die Erzählungen »Gott ist nicht in der Kraft, sondern in der Wahrheit« und »Wiederherstellung der Hölle« seines Vaters herausgegeben. Sein Vater war bereits 1901 aus der Kirche ausgestoßen worden.

Die dramatische Skizze »Anatol« von Arthur Schnitzler wird gleichzeitig am Deutschen Volkstheater in Wien und im Berliner Lessingtheater uraufgeführt.

Die Oper »Salome« von Richard Strauss nach der gleichnamigen Tragödie von Oscar Wilde hat im Covent Garden in London Premiere (→ S. 187).

4. Dezember, Sonntag

In China werden als vorbereitende Maßnahme für die Einführung des konstitutionellen Systems die Departements für Heer und Flotte in selbständige Ministerien umgewandelt (→ 31. 12./S. 206).

5. Dezember, Montag

Der Deutsche Reichstag in Berlin berät den Gesetzentwurf über die Schaffung von Arbeitskammern. → S. 208

Zur Förderung der deutschen Interessen im Osmanischen Reich und in Persien wird in Leipzig das Deutsche Vorderasien-Komitee gegründet (→ 29. 7./S. 131).

6. Dezember, Dienstag

In seiner Botschaft zum Jahresende hebt US-Präsident William Howard Taft die »herzlichen Beziehungen« zu Lateinamerika hervor. Der Sturz der Regierung José Madriz werde »hoffentlich Nicaragua bald den ihm gebührenden Platz unter den geordneten fortschrittlichen Ländern der Welt wiedergeben« (→ 22. 1./S. 25).

Die US-Einwanderungskommission empfiehlt eine Senkung des Zuzugs ausländischer Arbeitssuchender. → S. 207

Beim Landgang amerikanischer Marinesoldaten während des Besuchs des US-Atlantik-Geschwaders im französischen Cherbourg kommt es zu wüsten Ausschreitungen zwischen den Marines und der einheimischen Bevölkerung.

7. Dezember, Mittwoch

Ein Ball zu Ehren des japanischen Übungsgeschwaders in Pasadena in Kalifornien wird abgesagt, da sich die amerikanischen Frauen weigern, mit Japanern zu tanzen. Die starke Einwanderung von Japanern hat in den letzten Jahren zu Ressentiments in der Bevölkerung geführt (→ 6. 12./S. 207).

Helen Taft, die Tochter von US-Präsident William Howard Taft, enthüllt in Washington das Denkmal für Friedrich Wilhelm von Steuben. → S. 210

8. Dezember, Donnerstag

Der österreichische Thronfolger, Erzherzog Franz Ferdinand, trifft zum Besuch von Kaiser Wilhelm II. in Potsdam ein. Zentrales Gesprächsthema ist die »Potsdamer Entrevue« von Wilhelm II. und dem russischen Zaren Nikolaus II. am 4./5. November.

Das französische Konsulat in Konstantinopel (Istanbul) unterstützt Großbritannien beim Kampf gegen die jungägyptischen Nationalisten. Es weist einen französischen Redakteur der Zeitung »Dépêche Egyptienne«, der für die Unabhängigkeit Ägyptens von Großbritannien eintritt, aufgrund einer Verordnung aus dem 18. Jahrhundert aus Ägypten aus.

9. Dezember, Freitag

Der Deutsche Reichstag in Berlin berät das Friedenspräsenzgesetz. → S. 207

Bei Auseinandersetzungen zwischen Hindus und Muslimen in der britisch-indischen Hauptstadt Kalkutta werden 160 Muslime schwer verletzt. Die Hindus wollten die Muslime daran hindern, während eines religiösen Fests Kühe zu opfern. Nach dem hinduistischen Glauben sind Kühe heilig.

10. Dezember, Samstag

In Stockholm und Kristiania (Oslo) werden die Nobelpreise verliehen. Unter den Preisträgern sind drei Deutsche. → S. 210

In seiner ersten großen Grundsatzrede als Reichskanzler bezeichnet Theobald von Bethmann Hollweg im Deutschen Reichstag in Berlin als Hauptaufgaben der Politik »die Einheit unseres Rechts, die Stärke des Heeres, die Schaffung der deutschen Flotte, die Sozialpolitik und die wirtschaftliche Gesetzgebung«. Bethmann ist seit Juli 1909 Kanzler.

Aufständische Beduinenstämme überfallen die Stadt El Kerak an der Küste des Toten Meers im Osmanischen Reich und ermorden rund 100 Christen. Die Aufständischen kontrollieren rund 60 km der Hedschasbahn.

Die Oper »Das Mädchen aus dem goldenen Westen« von Giacomo Puccini wird an der Metropolitan Opera in New York uraufgeführt. → S. 211

Die Kanalisierung des Abwasserflusses Emscher wird durch die Fertigstellung der neuen Rheineinmündung bei Duisburg beendet. → S. 209

Der britische Luxusdampfer »Mauretania« startet in Liverpool zu einer Rekordfahrt über den Atlantik. → S. 210

11. Dezember, Sonntag

In Rio de Janeiro bricht ein Matrosenaufstand los. → S. 206

Bei den Neuwahlen zur griechischen Nationalversammlung in Athen erringt Ministerpräsident Eleftherios Weniselos (liberal) einen überragenden Sieg. Weniselos tritt für den Anschluß Kretas an Griechenland ein. Kreta gehört zum Osmanischen Reich, hat jedoch 1908 den Anschluß an Griechenland proklamiert.

Das portugiesische Appellationsgericht in Lissabon entscheidet, daß der frühere Diktator João Franco und seine Ministerkollegen in die Amnestie nach Proklamation der Republik eingeschlossen und daher straffrei seien (→ 4. 10./S. 172).

12. Dezember, Montag

Die brasilianische Regierung verhängt den Belagerungszustand über Rio de Janeiro, um weiteren Aufständen bei der Marine vorzubeugen (→ 11. 12./S. 206).

Der Staatssekretär des deutschen Reichskolonialamts, Friedrich von Lindequist, betont vor dem Reichstag in Berlin, daß die überwiegende Mehrheit der Deutschen »von der Notwendigkeit der Kolonien durchdrungen« sei: »Die koloniale Lauheit ist ein für allemal verschwunden« (→ 10. 1./S. 20).

Es weihnachtet traditionell auf dem Titel der »Wochenschau«, die in Essen bei Girardet erscheint.

Die Wochenschau

Nr. 52 | 24. Dezember 1910 | 11/148 | 2. Jahrgang

Mit Genehmigung der Photographischen Gesellschaft in Berlin.

Die Geburt Christi.

Nach einem Oelgemälde von Walther Firle.

Großes Aufsehen erregt eine Rede des Zentrumsabgeordneten Matthias Erzberger, der im Deutschen Reichstag in Berlin darauf hinweist, daß der frühere Staatssekretär des Reichskolonialamts, Bernhard Dernburg, seinen Abschied unmittelbar nach dem Abschluß der Diamantenverträge genommen habe (→ 10. 5./S. 98).

13. Dezember, Dienstag

Im Deutschen Reichstag in Berlin kommt es bei der Debatte über die Moabiter Unruhen (→ 24. 9./S. 158) zu heftigen Auseinandersetzungen zwischen Reichskanzler Theobald von Bethmann Hollweg und den Sozialdemokraten. Eduard David von der SPD spricht den Verdacht aus, die Krawalle seien von Polizeispitzeln provoziert worden.

In Mexiko erringen die Revolutionäre des Gegenpräsidenten Francisco Indalecio Madero bei Cierroprieto im Bundesstaat Chihuahua einen entscheidenden Sieg über die Truppen des Diktators Porfirio Díaz (→ 25. 11./S. 192).

In der Universität von Petersburg (Leningrad) kommt es zu blutigen Zusammenstößen mit der Polizei während einer Protestversammlung. Die Studenten demonstrierten gegen die in einem amtlichen Bericht zugegebenen Prügelstrafen, die über die politischen Gefangenen im ostsibirischen Gebiet Nertschinsk verhängt wurden und mehrere Menschen in den Selbstmord getrieben hatten.

14. Dezember, Mittwoch

Auf den chinesischen Prinzen Ching verübt ein Unbekannter in Peking ein Revolverattentat, als der Prinz das Vorparlament verläßt (→ 31. 12./S. 206). Ching bleibt zwar unverletzt, doch zeigt das Attentat, daß die Bereitschaft zu revolutionären Aktionen wächst.

15. Dezember, Donnerstag

Die Bundesversammlung der Schweiz in Bern wählt Marc Ruchet (radikal) zum neuen Bundespräsidenten als Nachfolger von Robert Comtesse (radikal).

Der Zusammenbruch der Zentralverkaufsgesellschaft m.b.H. deutscher Winzervereine in Eltville führt zur Auflösung der Nassauischen Landwirtschaftlichen Genossenschaftskasse, einer Raiffeisenorganisation. Das Ende der Zentralverkaufsgesellschaft ist eine Folge der katastrophalen Weinernte (→ 21. 10./S. 180).

Im Leipziger Gewandhaus wird unter der Leitung von Arthur Nikisch das Klavierkonzert f-Moll op. 114 von Max Reger uraufgeführt. Solistin der Premiere ist Frieda Kwast-Hodapp.

16. Dezember, Freitag

Der Bundesrat in Berlin nimmt den Verfassungsentwurf für das deutsche Reichsland Elsaß-Lothringen einstimmig an (→ 12. 2./S. 43). Die Verfassung, die Elsaß-Lothringen den deutschen Bundesstaaten nahezu gleichstellt, tritt 1911 in Kraft.

Die spanische Abgeordnetenkammer in Madrid nimmt den Gesetzentwurf zur Erhöhung der Friedenspräsenzstärke des Heeres um 25 000 auf insgesamt 135 000 Mann an.

Vier Münchner Theologieprofessoren legen ihre seelsorgerischen Ämter nieder, weil sie den von Papst Pius X. geforderten Antimodernisteneid nicht leisten wollen. Die übrigen Professoren und Privatdozenten der Münchner Universität haben den Eid freiwillig geleistet (→ 8. 9./S. 160).

Das deutsche Reichsamt des Innern in Berlin gibt Pläne für eine Änderung des Patentgesetzes bekannt. Danach muß ein Patentinhaber, der seine Erfindung nicht verwertet, sein Patent einem anderen zur Nutzung überlassen. Andernfalls wird das Patent dem anderen zur Nutzung der Erfindung zugesprochen.

17. Dezember, Samstag

Am Deutschen Volkstheater in Wien wird das Schauspiel »Glaube und Heimat« von Karl Schönherr uraufgeführt. Es wird einer der größten deutschsprachigen Bühnenerfolge vor dem Ersten Weltkrieg. → S. 211

Die Vereinsbrauerei der Berliner Gastwirte nimmt den neuen Namen »Berliner Kindl« an. → S. 209

18. Dezember, Sonntag

Das Deutsche Reich und Österreich-Ungarn protestieren gegen die Ausweisung deutscher und österreichischer Missionare aus den portugiesischen Kolonien seit der Proklamation der Republik Portugal (→ 7. 10./S. 173).

19. Dezember, Montag

Die »Norddeutsche Allgemeine Zeitung« meldet halbamtlich, daß Großbritannien alle deutschen Schadenersatzansprüche aus dem Burenkrieg (1899/1900) ablehne.

20. Dezember, Dienstag

Die Neuwahlen zum britischen Unterhaus in London enden mit folgendem Resultat: Die Liberalen unter Premierminister Herbert Henry Asquith erhalten 271 Sitze (statt 275 bei den Januarwahlen), die Konservativen stellen 272 (273), die Labour Party 43 (40), die irischen Nationalisten 74 (72) und die unabhängigen Nationalisten 15 (10) Abgeordnete.

21. Dezember, Mittwoch

Der bayerische Prinzregent Luitpold stiftet 200 000 Mark für die Armee seines Landes. → S. 208

Das Reichsgericht in Leipzig verurteilt die britischen Offiziere Trench und Brandon wegen Spionage zu vier Jahren Festungshaft. Sie haben gestanden, im Auftrag des britischen Nachrichtendienstes im August dieses Jahres in Kiel, Wilhelmshaven, Bremen, Helgoland, Sylt u. a. militärische Beobachtungen gemacht und diese nach Großbritannien weitergeleitet zu haben. Der Reichsanwalt hatte sechs statt vier Jahre Festung beantragt.

In Odessa werden Polizeikräfte, die eine nicht genehmigte Studentenversammlung auflösen wollen, mit Revolverschüssen empfangen. Die Polizisten antworten mit einer Gewehrsalve. Ein Student stirbt im Kugelhagel, acht Studenten werden schwer verletzt. Auch sieben Polizisten und ein Universitätsdiener tragen Wunden davon. 240 der 300 Studenten werden verhaftet.

Das chinesische Vorparlament in Peking (→ 31. 12./S. 206) empfiehlt in einer Denkschrift »die härtesten Strafen mit Ausnahme der Todesstrafe« für Opiumraucher und schlägt Belohnungen für die Anzeige von Opiumrauchern vor.

22. Dezember, Donnerstag

Die russische Regierung unter Ministerpräsident Pjotr A. Stolypin schlägt China den Bau einer Eisenbahnlinie vom Baikalsee durch die Wüste Gobi nach Peking vor. Bei der Realisierung dieses Projekts würde die Strecke Berlin-Peking um 1000 km auf 9085 km verkürzt werden. Zur Zeit dauert die Eisenbahnfahrt von Berlin nach Peking achteinhalb Tage.

23. Dezember, Freitag

In Preußen wird Bürger- und Lebenskunde als Schulfach eingeführt. → S. 208

24. Dezember, Samstag

Der französische Senat in Paris setzt einen Ausschuß ein, der die Rechtsansprüche der Nachkommen des Spandauer Uhrmachers Karl Wilhelm Naundorff – er hatte sich als König Ludwig XVII. ausgegeben – auf die Führung des Familiennamens Bourbon prüfen soll. Naundorffs Nachkommen wurden 1863 unter dem Namen de Bourbon in den Niederlanden naturalisiert.

25. Dezember, 1. Weihnachtstag

Der einflußreiche deutsche Nationalökonom Gustav von Schmoller veröffentlicht in der Wiener »Neuen Freien Presse« einen Aufsatz über die Demokratisierungstendenzen der Gegenwart. Darin bezeichnet er sozialdemokratische Minderheiten in den Parlamenten sowie in den Stadt- und Kreisvertretungen als »heilsam«: »Schon als Ventil der Leidenschaft, vor allem aber als politische Erziehungsschule«.

Ein Edikt befiehlt im Namen des chinesischen Kaisers P'u I angesichts der revolutionären Unruhen im Lande und der Agitation für eine Verfassung die Ausarbeitung eines Verfassungsprogramms einschließlich der Bildung einer verantwortlichen Regierung (→ 31. 12./S. 206).

26. Dezember, 2. Weihnachtstag

Prinz Max von Sachsen, Professor für kanonisches Recht und Liturgie in Freiburg im Üechtland, unterschreibt im Vatikan »aus freier Entschließung« eine Erklärung, in der er sich von einem kritischen Artikel über den Antimodernisteneid (→ 8. 9./S. 160) in der Zeitschrift »Roma e l'Oriente« distanziert. Daraufhin wird er von Papst Pius X. in Audienz »liebevollst« empfangen.

27. Dezember, Dienstag

In China verbreitet sich die Lungenpest. Bis 1911 fallen der Epidemie, die vor allem in der Mandschurei grassiert, mehr als 60 000 Menschen zum Opfer.

28. Dezember, Mittwoch

Die britische Polizei entdeckt in London eine Bombenfabrik russischer Anarchisten. → S. 207

29. Dezember, Donnerstag

Der österreichische Thronfolger Franz Ferdinand eröffnet die Delegationen, die für die Belange beider Reichshälften zuständige Abgeordnetenversammlung in Budapest. → S. 209

Die Truppen des mexikanischen Diktators Porfirio Díaz erobern Malpaso, einen der festen Stützpunkte der Revolutionäre des Gegenpräsidenten Francisco Indalecio Madero (→ 25. 11./S. 192).

Die Märchenoper »Königskinder« von Engelbert Humperdinck wird in New York uraufgeführt.

30. Dezember, Freitag

Der neue Vizekönig von Britisch-Indien, Charles Baron Hardinge of Penshurst, bewilligt einer Abordnung des Indian National Congress (INC) unter der Führung von William Wedderburn erstmals eine Audienz. Hardinges Vorgänger, der von 1905 bis 1910 regierende Vizekönig Gilbert J. Elliot-Murray-Kynynmound, Earl of Minto, hatte sie regelmäßig abgeschlagen. Der 1885 gegründete INC versteht sich als Vertretung eigenständiger indischer Interessen gegenüber der britischen Kolonialmacht.

Das chinesische Vorparlament in Peking verlangt die Bildung einer dem Parlament und damit dem Volk verantwortlichen Regierung oder die Auflösung des Vorparlaments (→ 31. 12./S. 206).

31. Dezember, Samstag

Ein kaiserlicher Erlaß lehnt das Gesuch des chinesischen Vorparlaments ab, bei Beamten den Zopf abzuschneiden. → S. 206

Der Kongreß in Managua wählt Juan José Estrada, den Bruder des derzeitigen Revolutionspräsidenten José Dolores Estrada, für die kommenden zwei Jahre zum Präsidenten von Nicaragua.

In Honduras finden erneut schwere Kämpfe zwischen den Revolutionstruppen unter dem früheren Präsidenten Manuel Bonilla und Regierungstruppen statt (→ 1. 8./S. 145).

Das Wetter im Monat Dezember

Station	Mittlere Lufttemperatur (°C)	Niederschlag (mm)	Sonnenscheindauer (Std.)
Aachen	5,9 (3,1)	70 (62)	– (49)
Berlin	3,0 (0,7)	31 (41)	– (36)
Bremen	4,2 (2,2)	45 (54)	– (33)
München	2,3 (–0,7)	49 (44)	– (41)
Wien	3,6 (0,9)	39 (51)	31 (41)
Zürich	2,7 (0,2)	85 (73)	– (37)

( ) Langjähriger Mittelwert für diesen Monat
– Wert nicht ermittelt

Die Weihnachtsnummer der Wochenzeitschrift »Die Welt« stimmt ihr Publikum mit einem Gedicht aus der Feder Hermann Steinhausens auf eine Christnacht ohne Neid und Tück' ein.

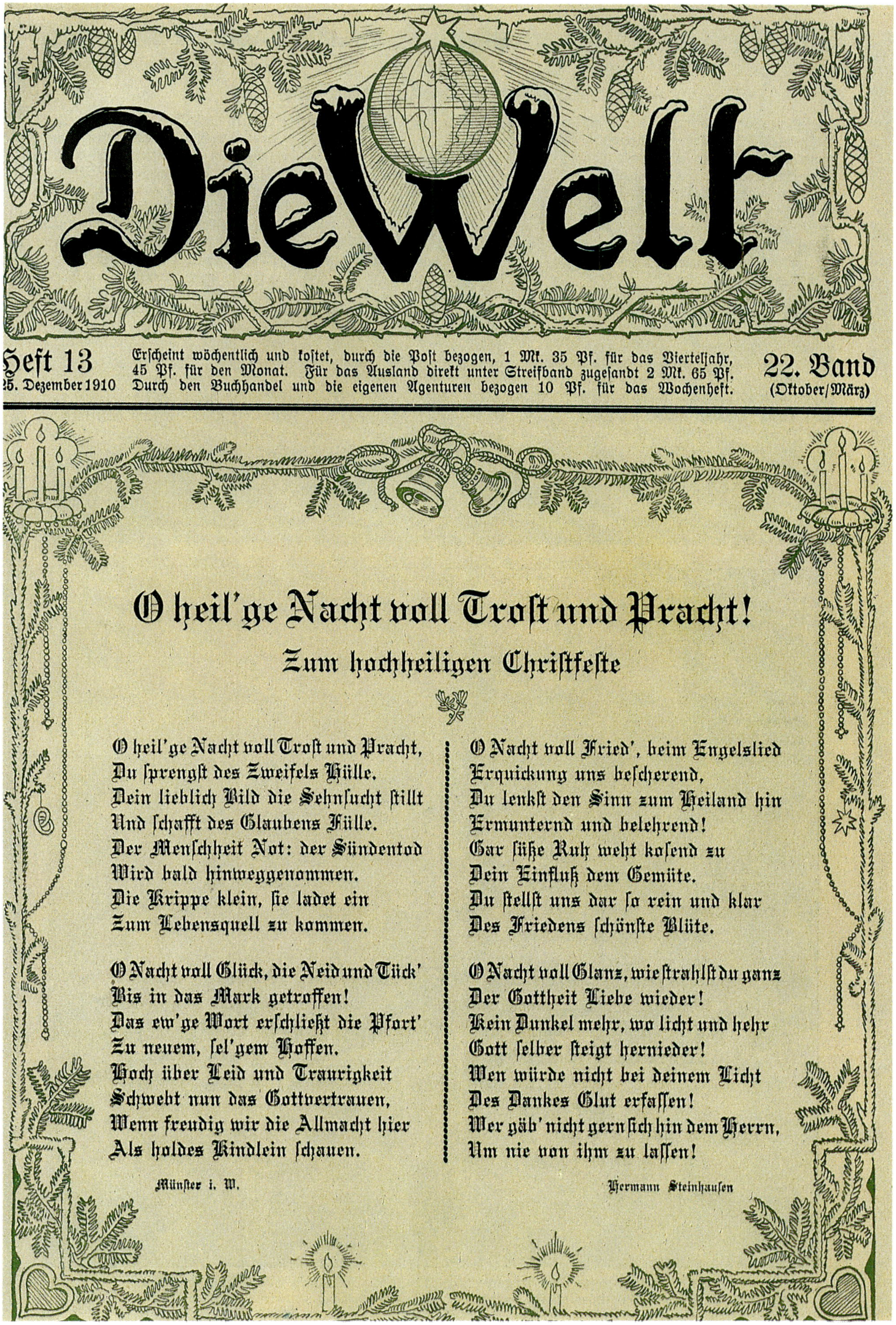

Die Welt

Heft 13
25. Dezember 1910

Erscheint wöchentlich und kostet, durch die Post bezogen, 1 Mk. 35 Pf. für das Vierteljahr, 45 Pf. für den Monat. Für das Ausland direkt unter Streifband zugesandt 2 Mk. 65 Pf. Durch den Buchhandel und die eigenen Agenturen bezogen 10 Pf. für das Wochenheft.

22. Band
(Oktober/März)

O heil'ge Nacht voll Trost und Pracht!

Zum hochheiligen Christfeste

O heil'ge Nacht voll Trost und Pracht,
Du sprengst des Zweifels Hülle.
Dein lieblich Bild die Sehnsucht stillt
Und schafft des Glaubens Fülle.
Der Menschheit Not: der Sündentod
Wird bald hinweggenommen.
Die Krippe klein, sie ladet ein
Zum Lebensquell zu kommen.

O Nacht voll Glück, die Neid und Tück'
Bis in das Mark getroffen!
Das ew'ge Wort erschließt die Pfort'
Zu neuem, sel'gem Hoffen.
Hoch über Leid und Traurigkeit
Schwebt nun das Gottvertrauen,
Wenn freudig wir die Allmacht hier
Als holdes Kindlein schauen.

O Nacht voll Fried', beim Engelslied
Erquickung uns bescherend,
Du lenkst den Sinn zum Heiland hin
Ermunternd und belehrend!
Gar süße Ruh weht kosend zu
Dein Einfluß dem Gemüte.
Du stellst uns dar so rein und klar
Des Friedens schönste Blüte.

O Nacht voll Glanz, wie strahlst du ganz
Der Gottheit Liebe wieder!
Kein Dunkel mehr, wo licht und hehr
Gott selber steigt hernieder!
Wen würde nicht bei deinem Licht
Des Dankes Glut erfassen!
Wer gäb' nicht gern sich hin dem Herrn,
Um nie von ihm zu lassen!

Münster i. W.

Hermann Steinhausen

Die Forderung nach Abschaffung des Zopfs ist gleichbedeutend mit der Forderung nach radikalen Reformen in China (Geschäftsstraße in Peking).

Ein Vierjähriger beherrscht nominell China: P'u I, Jahrgang 1906.

Keine Reform in China – Zopf bleibt dran

31. Dezember. Im Namen des vierjährigen Kaisers P'u I wird das Gesuch des chinesischen Reichsausschusses abgelehnt, bei Beamten den Zopf abzuschaffen und europäische Kleidung einzuführen. Der Zopf gilt als Symbol der herrschenden Mandschudynastie. 1645, vor fast 300 Jahren, ordneten die Mandschus das Tragen des Zopfs an.

In einer Situation, in der sich die kaiserliche Regierung mit Aufständen unzufriedener Bauern, mit Stadtarmut, mit revolutionärer Agitation und der immer lauter werdenden Forderung nach einem Parlament kon-

Der 44jährige Arzt Sun Yat-sen versucht in der Emigration (seit 1895), Auslandschinesen für eine Revolution im Reich der Mitte zu gewinnen. 1905 gründete er in Tokio den Chinesischen Revolutionsbund.

frontiert sah (→ 10. 3./S. 57), bewilligte sie die Einberufung eines sog. Reichsausschusses. Dieses Vorparlament, das kaum Rechte besitzt, wurde am 3. Oktober eröffnet. Die Einberufung eines mit verfassungsmäßigen Rechten ausgestatteten Parlaments ist für 1917 geplant. Ein früherer Zeitpunkt sei unmöglich, »da die Bevölkerung für die Erlangung konstitutioneller Rechte noch nicht reif« sei, beschied die Regierung.

Das Vorparlament besteht aus 200 Mitgliedern, von denen 100 von den Provinzialausschüssen gewählt und 100 vom Thron bestimmt werden. Im allgemeinen weist die kaiserliche Regierung dem Reichsausschuß seine Arbeit zu, in der Frage von Gesetzen kann der Ausschuß jedoch eigene Initiative entwickeln.

Meuterei in Rio: Bomben für Prügel

11. Dezember. In Brasilien bricht binnen weniger Tage zum zweiten Mal eine Meuterei bei der Kriegsmarine aus. Die Besatzung des Kreuzers »Rio Grande do Sul« nimmt Rio de Janeiro unter Beschuß. Nach mehrstündigem Geschützfeuer regierungstreuer Kriegsschiffe geben die Insurgenten auf. Das Parlament verhängt vorübergehend den Belagerungszustand.

Bereits am 24. November kam es zu einer Meuterei: Die Mannschaften von zwei neuen Schlachtschiffen und zwei Kreuzern ermordeten drei Offiziere und fuhren auf die offene See. Ihre Forderungen: Abschaffung der Prügelstrafe, höhere Löhnung. Am folgenden Tag beschossen die Schiffe die Festung, um ihrer Forderung Nachdruck zu verleihen. Nach Vermittlung von Staatspräsident Hermes Rodrigo da Fonseca nahm das Parlament ein Gesetz an, das Amnestie und die Erfüllung der Forderungen zusicherte.

Die Besatzung des in Großbritannien gebauten Dreadnoughts »Minas Gerais« feuert eine Breitseite auf Rio de Janeiro. Anführer des Aufstands ist João Cândido. Nach Erfüllung ihrer Forderungen hissen die Meuterer wieder die Flagge der Republik.

Daß es erneut zu einer Meuterei kommt, ist Zeichen der Spannungen in einem Staat, der riesige Summen für den Aufbau einer imposanten Marine ausgibt, ohne sich um die Mannschaften zu kümmern.

Agadir führt in die 2. Marokkokrise

3. Dezember. Französische Kriegsschiffe laufen in den südmarokkanischen Hafen Agadir ein. Agadir war früher der beste Naturhafen des Landes, ist seit langem jedoch völlig verwahrlost. Dennoch löst die französische Aktion, deren Ziel zunächst unklar bleibt, große Irritationen vor allem im Deutschen Reich aus (→ 16. 3./S. 59).

Sollte der Besuch der Kriegsschiffe auf eine Wiedereröffnung des Hafens hindeuten, hätten alle Signatarmächte der Algeciras-Akte davon in Kenntnis gesetzt werden müssen, lautet der Standpunkt Berlins. Außerdem könne die Eröffnung des Hafens nur durch Sultan Abd Al Hafis erfolgen, der alle in Marokko engagierten Mächte darüber rechtzeitig informieren müsse, um Bevorzugungen auszuschließen.

Die Landung französischer Kriegsschiffe in Agadir markiert den Beginn einer neuen Marokkokrise. Diese bricht am Ende des Jahres 1910 nicht offen aus, führt jedoch 1911 mit dem deutschen »Panther«-Sprung nach Agadir an den Rand eines deutsch-französischen Kriegs.

Tauziehen um Marokko

▷ 31. 3. 1905: Der deutsche Kaiser Wilhelm II. besucht anläßlich einer Mittelmeerreise Tanger, um gegen das Vordringen Frankreichs in Marokko zu protestieren.

▷ 7. 4. 1906: Auf der internationalen Algeciras-Konferenz unterzeichnen das Deutsche Reich, Österreich-Ungarn, Großbritannien, Frankreich, Spanien, Marokko u. a. Staaten die Algeciras-Akte. Sie sieht die Erhaltung der Souveränität Marokkos vor, schreibt die allgemeine Handelsfreiheit in Marokko fest und räumt Spanien und Frankreich das Recht ein, die Polizei in Marokko zu organisieren.

▷ 9. 2. 1909: In einem deutsch-französischen Abkommen erkennt das Deutsche Reich faktisch die Vorherrschaft Frankreichs in Marokko an, sichert sich jedoch das Recht, seine Wirtschaftsinteressen in Marokko gleichberechtigt entfalten zu können.

▷ 21. 5. 1911: Französische Truppen rücken in Fes ein.

▷ 1. 7. 1911: Das deutsche Kanonenboot »Panther« ankert demonstrativ vor Agadir.

Berlin: Aufrüsten ist »heilige Pflicht«

9. Dezember. Der Deutsche Reichstag in Berlin berät in erster Lesung das neue Friedenspräsenzgesetz. Dieses Aufrüstungsgesetz sieht u. a. die Schaffung eines Eisenbahnbataillons, eines Telegrafenbataillons und dreier Luftschiffkompanien vor. Außerdem soll die durchschnittliche Jahresstärke des Heeres ab 1. April 1911 in einem Fünfjahreszeitraum vermehrt werden. Bis zum Ende dieses »Quinquennats«, also am 1. April 1916, soll die Armee über insgesamt 515 321 Gemeine, Gefreite und Obergefreite verfügen.

Die Friedenspräsenzstärke wird berechnet nach der Kopfzahl der in Friedenszeiten bei der Fahne stehenden Truppenteile des Heeres. Sie wird in den meisten Ländern durch Gesetz festgelegt.

Reichskanzler Theobald von Bethmann Hollweg ist bei den Beratungen nicht anwesend – er ist wegen einer Jagd unabkömmlich. Die Begründung der Vorlage erfolgt daher durch den preußischen Kriegsminister Josias von Heeringen: »Die angesehene Stellung Deutschlands beruht wesentlich auf seiner starken Armee, und sie zu erhalten, muß unsere heilige Pflicht sein. Das neue Friedenspräsenzgesetz entspricht dem bewährten Verfahren der früheren Militärvorlagen und sieht eine allmähliche Entwicklung vor, wie sie am Platze ist, wenn keine aktuellen Schwierigkeiten vorliegen ... Bei der Feldartillerie handelt es sich um die Ausfüllung einiger Lücken, die in Bezug auf unseren westlichen Nachbarn [Frankreich] notwendig sind. Um die Kosten der Vermehrung zu vermindern, hat die Militärverwaltung trotz schwerer Bedenken 20 reitende Batterien in fahrende umgewandelt. Unbedingt wäre ein Ausbau der Fußartillerie nötig ... Einer Berücksichtigung bedürfen unsere Verkehrstruppen. Es sollen neu geschaffen werden ein Eisenbahnbataillon und ein Telegraphenbataillon. Weiter soll ein Verkehrsbataillon geschaffen werden. Die Entwicklung unserer Luftschiffahrt [→ 8. 1./S. 18] läßt es geboten erscheinen, drei Kompanien neu zu schaffen. Es wären dann drei Bataillone und zwei Kompanien zu errichten. Das wird auch ermöglichen, daß im Falle eines Krieges sofort diese Truppenteile an die Grenze geschafft werden können.«

USA stoppen Einwanderer

6. Dezember. Die im Jahr 1907 eingesetzte Einwanderungskommission legt dem US-Kongreß in Washington ihren 14bändigen Abschlußbericht vor. Nach Einschätzung der Kommission stellt die Einwanderung keine wirtschaftliche Notwendigkeit mehr dar und trägt eher zur Benachteiligung der einheimischen Arbeiter bei. Die Kommission schlägt die Ausweisung von unverheirateten ungelernten Arbeitern und Analphabeten vor. Die Zahl der Einwanderer soll generell beschränkt werden.

Seit 1895 hat die Einwanderung eine beispiellose Höhe erreicht. 1905, 1906 und 1907 sowie 1910 kamen jährlich mehr als 1 Mio. Ausländer in die Vereinigten Staaten. Das Rekordjahr war 1907, als allein 30 000 Japaner ins Land kamen. Diese wußten von der bevorstehenden Sperre, die die US-Administration mit der japanischen Regierung aushandelte (Gentlemen's Agreement 1907/08).

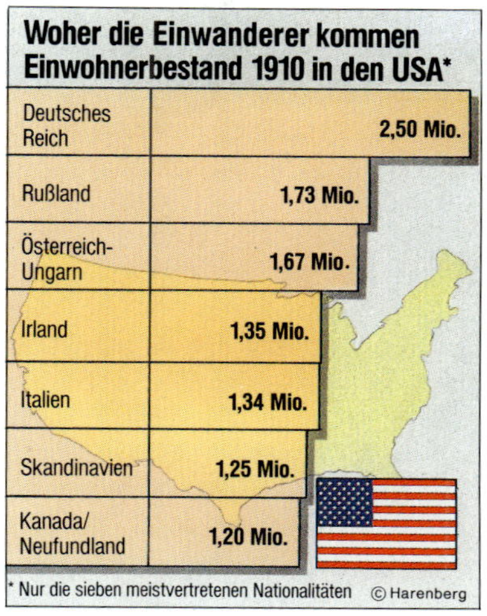

Lissabon: Feiern und Enttäuschung

1. Dezember. Portugal feiert den 270. Jahrestag der Befreiung von der Herrschaft Spaniens. Am 1. Dezember 1640 begann in Lissabon der Volksaufstand, der zur Wiederherstellung der Selbständigkeit des Landes führte. Symbol der Feiern ist die grün-rote Fahne der Republik, die seit dem Sturz der Monarchie offizielle Landesflagge ist.

Zwei Monate nach der Revolution (→ 4. 10./S. 172) macht sich im Militär, bei der Beamtenschaft und unter den Bauern Enttäuschung breit, weil die Regierung von Joaquim Teófilo Fernandes Braga weder die konsequente Demokratisierung von Staatsapparat und Armee noch eine Agrarreform durchführt. Gegen Streiks läßt sie sogar mit Waffengewalt vorgehen.

Innenminister Winston Churchill (1. der rechten Gruppe) leitet den Angriff von fast 1000 Polizisten, Gardisten und Feuerwehrleuten gegen die Anarchisten »Fritz« und »Peter der Maler«. Nach stundenlanger Schießerei, bei der auch Geschütze eingesetzt werden, gerät das belagerte Haus in Brand. Die Gangster geben auch nicht auf, als das Dach einstürzt.

Blutige Anarchistenjagd in London

28. Dezember. Die Londoner Polizei entdeckt bei der Fahndung nach den sog. Polizistenmördern von Houndsditch eine Bombenfabrik und ein Waffenarsenal russischer Anarchisten im Londoner Osten.

Damit beginnt der letzte Akt eines Kriminaldramas, das seit Tagen ganz Großbritannien in Atem hält: Am 17. Dezember überrascht die Polizei Einbrecher, die einen unterirdischen Gang in ein Juwelengeschäft graben. Die Gangster erschießen drei Beamte und entkommen. Am nächsten Tag findet die Polizei den im Sterben liegenden russischen Anarchisten Goldstein, der bei der Schießerei von seinen Komplizen versehentlich angeschossen wurde.

Die Fahndung orientiert sich nun an zwei Männern, die in Anarchistenkreisen unter den Namen »Fritz« und »Peter der Maler« bekannt sind. Am Jahresende erhält die Polizei den entscheidenden Tip: Die Gesuchten wohnen in einem Haus in der Sydney Street in Whitechapel. Ohne Aufsehen räumen die Bewohner das Gebäude, Polizisten umstellen den ganzen Häuserblock. Als Fritz und Peter der Maler am 3. Januar ihren Schlupfwinkel entdeckt sehen, eröffnen sie sofort das Feuer. Die Polizei wird von Stunde zu Stunde verstärkt. Da die Reichweite der Polizeipistolen nicht so groß ist wie die der Anarchisten-Brownings, wird zusätzlich Militär eingesetzt. Der Kampf dauert Stunden. Dann bergen Feuerwehrleute aus dem niedergebrannten Haus die verkohlten Leichen der beiden.

Streit um Mitbestimmung

5. Dezember. Im Deutschen Reichstag in Berlin findet die zweite Lesung des Gesetzentwurfs zur Schaffung von Arbeitskammern statt. Arbeitgeber und Arbeitnehmer eines Wirtschaftszweigs oder mehrerer verwandter Wirtschaftszweige sollen in diesen Kammern Vorschläge erarbeiten für Gesetze und Verordnungen, mit denen die Behörden das Arbeitsleben regeln.
Der Entwurf eines Arbeitskammergesetzes ist dem Reichstag bereits 1908 vorgelegt worden. In der Thronrede von 1909 wurde dieses Thema jedoch unter den angekündigten sozialpolitischen Gesetzen nicht erwähnt, erst im Februar 1910 wurde die Vorlage erneut eingebracht.
Grundsätzliche Unterschiede über die Funktion der Arbeitskammern bestehen zwischen Zentrum und Sozialdemokraten. Nach Ansicht des Zentrums sollen die Kammern »beratende Institutionen für das Reichsamt des Innern« sein, während die Sozialdemokraten den Arbeitskammern einen selbständigen Status und das Recht, bindende Erlasse und Verordnungen herauszugeben, verleihen wollen. Ein Kompromiß bei diesem Gesetzentwurf, der eine Vorform betrieblicher Mitbestimmung beinhaltet, ist nicht in Sicht.

Michael Faulhaber, der neue Bischof im bayerischen Speyer

Katholiken gegen subversive Blätter

1. Dezember. Die bayerischen Erzbischöfe und Bischöfe geben einen Erlaß heraus, in dem sie sich gegen Druckschriften wenden, die die Autorität von Kirche und Staat in Frage stellen. Der Erlaß schließt mit den Worten: »Verwehret den Eingang in Euer Haus allen Blättern, ... die es darauf abgesehen haben, Glauben und Sitte, Achtung vor katholischer und staatlicher Autorität zu untergraben.«
Der Vorstoß der katholischen Kirche in Bayern unterstreicht das von Kaiser Wilhelm II. hervorgehobene Bündnis von Thron und Altar (→ 13. 11./S. 196) und richtet sich vor allem gegen die Sozialdemokratie.

Das deutsche Volk gezählt

1. Dezember. Im Deutschen Reich findet eine Volkszählung statt. Mit knapp 65 Mio. Einwohnern hat sich danach die Bevölkerung innerhalb der letzten 40 Jahre um 59% vermehrt.
Im Reichsgebiet wohnen 120 Menschen pro Quadratkilometer, in Preußen 115 und in Bayern 90. Bei der Gründung des Deutschen Reichs im Jahr 1871 lag der Durchschnitt bei 76 Einwohnern je Quadratkilometer. Preußen allein hat mit über 40 Mio. Einwohnern fast die gleiche Bevölkerungszahl wie die gesamten Bundesstaaten bei Ausbruch des Deutsch-Französischen Kriegs von 1870/71, also mehr als Frankreich damals und 1910 (ca. 38 Mio.). Die Bevölkerungszunahme in Preußen liegt im Vergleich zum Jahr 1905 mit 7,7% knapp 0,7% höher als der Reichsdurchschnitt.
Hervorgehoben wird die Tatsache, daß der Überschuß weiblicher Personen im Rückgang ist: Während es 1890, vor 20 Jahren, 966 806 mehr weibliche als männliche Personen gab, ist diese Zahl auf 845 661 zurückgegangen.
Im Zusammenhang mit der Volkszählung werden auch die Zahlen über die Auswanderung bekanntgegeben: Die wirtschaftliche Erstarkung des Deutschen Reichs zeige sich unter anderem darin, daß die Zahl der Auswanderer in den vergangenen 15 Jahren lediglich 130 000 betrug, während in dem Jahrfünft von 1880 bis zum Jahr 1885 rund 900 000 Reichsangehörige die Heimat verlassen hatten.

Einwohnerzahl der größten Länder im Deutschen Reich

Land	1910	1905	Zunahme
Deutsches Reich	64 925 993	60 641 489	+ 7,1%
Preußen	40 156 791	37 293 324	+ 7,7%
Bayern	6 875 497	6 524 372	+ 5,4%
Königreich Sachsen	4 802 485	4 508 601	+ 6,5%
Württemberg	2 435 611	2 302 179	+ 5,8%
Baden	2 141 832	2 010 728	+ 6,5%
Elsaß-Lothringen	1 871 702	1 814 564	+ 3,1%
Hessen	1 282 219	1 209 175	+ 6,0%
Hamburg	1 015 707	874 878	+16,1%
Mecklenburg-Schwerin	639 879	625 045	+ 2,4%
Braunschweig	494 387	485 958	+ 1,7%
Oldenburg	482 430	438 856	+ 9,9%
Großherzogtum Sachsen	417 166	388 095	+ 7,5%
Anhalt	331 047	328 029	+ 0,9%

200 000 zu Weihnachten

21. Dezember. Der bayerische Prinzregent Luitpold stiftet 200 000 Mark für die bayerische Armee. Mit der Hälfte des Betrags sollen Veteranen des Deutsch-Französischen Kriegs 1870/71 unterstützt werden, der Rest ist für die Errichtung eines Soldaten-Erholungsheims gedacht.
Die Schenkung begründet Luitpold so: »Vierzig Jahre sind verflossen, seit die bayerische Armee in schweren ruhmreichen Kämpfen unvergängliche Beweise ihrer Kriegstüchtigkeit und hingebenden Opferwilligkeit erbracht ... hat. Wenn ich auf jene große Zeit zurückblicke, drängt sich meinem Herzen das Bedürfnis auf, auch meinerseits dem Gefühle der Dankbarkeit sowie meiner vollen Anerkennung für die bewährte Pflichttreue der Offiziere und Mannschaften erneuten sichtbaren Ausdruck zu geben.«

Luitpold von Bayern wurde 1886 Regent für Ludwig II. bzw. Otto I.

Lebenskunde als Schulfach

23. Dezember. In den ländlichen Fortbildungsschulen Preußens wird das Fach Bürger- und Lebenskunde eingeführt.
Die Verfügung von Kultusminister August von Trott zu Solz enthält genaue Richtlinien für das neue Fach: »Die Bürgerkunde hat den Schüler an der Hand der Erscheinungen in der Heimat aufzuklären über die Verhältnisse und Bedingungen des kirchlichen, kommunalen und staatlichen Verwaltungslebens. Dabei ist darauf zu achten, daß der angehende Staatsbürger seine wichtigsten Pflichten und Rechte lerne, mehr aber noch darauf, daß er die bestehenden Einrichtungen und Organisationen als solche erkennt, die die menschliche Gesellschaft sich zum Wohle ihrer einzelnen Glieder geschaffen hat, so daß der junge Mensch innerlich in die Gemeinschaft hineinwächst. Es ist deshalb dringend zu empfehlen, den Unterricht in der Bürgerkunde mit geschichtlichen Rückblicken zu durchsetzen. Auch selbständige Geschichtsbetrachtungen im Anschluß an vaterländische Gedenktage können sehr gut in diesen Unterricht aufgenommen werden . . . Bei allem ist die ideale und ethische Seite zu berücksichtigen, da dieser Unterricht sich besonders dazu eignet, erzieherisch wirkende Betrachtungen einzuflechten.« Außerdem sollen »besonders sittlich-religiöse, bürgerlich-vaterländische« berücksichtigt werden.

Männer scharen sich in einer Berliner Wärmehalle um den Ofen (oben) und löffeln Erbsensuppe (l.). Viele Wärmstuben sind mit Volkskaffeehäusern verbunden, in denen es zwar billig Tee und Kaffee, aber keinen Alkohol zu kaufen gibt.

Suppe und Wärme für die Ärmsten

Ein Wohltätigkeits-Komitee richtet zu Beginn des Winters in Berlin Wärmehallen ein. Hier können Obdachlose »ihre durchfrorenen Körper erwärmen«, berichtet in einer Reportage »Die Welt«: »Gleichzeitig können diese Leute für sechs Pfennig einen tüchtigen Napf Erbsensuppe und für vier Pfennig eine bestrichene Stulle erhalten. Ganz ohne Mittel befindliche Personen bekommen dieses Essen auch gratis. Ebenso befinden sich dort Werkstätten, in welchen den armen Leuten die defekten Schuhe und Kleider in Ordnung gebracht werden, was ebenfalls gratis geschieht.«
Im Unterschied zu den öffentlichen Asylen für Obdachlose ist in den Wärmehallen keine Übernachtung möglich. In den Asylen wiederum erfolgt die Aufnahme in der Regel nur für die Nacht. Wie groß das Bedürfnis nach solchen Anstalten ist, zeigt die Zahl von mehr als 200 000 Menschen, die allein das städtische »Obdach« in Berlin beherbergt. Um dem Andrang Arbeitsscheuer vorzubeugen, wird in britischen Asylen vielfach eine Arbeitsleistung von den Obdachlosen verlangt.

Erzherzog Ferdinand (r.), der Thronfolger der k.u.k. Monarchie

Franz Ferdinand probt Kaiser-Sein

29. Dezember. In Budapest werden die Delegationen (Volksvertretung) der österreichisch-ungarischen Doppelmonarchie eröffnet. Erstmals vertritt bei der Eröffnung der Thronfolger, der 47jährige Erzherzog Franz Ferdinand, seinen 80jährigen Vater Franz Joseph I., der seit 1848 Kaiser von Österreich und seit 1867 zugleich König von Ungarn ist.

Handwerk kontra Konsumvereine

3. Dezember. Die Deutschkonservative Partei stellt im Reichstag den Antrag, Maßregeln zu treffen, um »dem fortschreitenden Niedergang des Handwerks und der weiteren Abnahme der Zahl der selbständigen Gewerbetreibenden vorzubeugen«.
In der Debatte bezeichnen die Konservativen das Konsumvereinswesen als größten Feind des Handwerks. Konsumvereine sind Genossenschaften, die u. a. den gemeinschaftlichen Einkauf von Verbrauchsgegenständen betreiben und dadurch seit den 80er Jahren erhebliche Bedeutung für die Warenversorgung der Arbeitnehmer gewonnen haben. Da die kollektivistischen Grundsätze der Konsumvereinspreispolitik dem noch überwiegend individualistisch geprägten Wirtschaftssystem widerspricht, werden die Konsumvereine vom Groß- und Einzelhandel und vom Kleingewerbe überhaupt bekämpft.

Beliebtes Bier »Berliner Kindl«

17. Dezember. Die Generalversammlung der Vereinsbrauerei Rixdorf beschließt, den Namen in Berliner Kindl Brauerei-AG umzuändern. 1909 hatte die Brauerei beschlossen, nur noch das umsatzstarke Spezialbier »Berliner Kindl« herzustellen.

Emblem der »neuen« Brauerei; nur noch das 13%ige Spezialbier

Betonbett für die Emscher

10. Dezember. Die aufgrund von Bergsenkungen immer mehr in einem Sumpfgebiet versickernde Emschermündung bei Alsum (Duisburg) erhält bei Walsum einen künstlichen Abfluß zum Rhein. Die Freigabe der Neumündung schließt die Kanalisation des Abwasserflusses Emscher zwischen Duisburg und Karnap (Essen) ab.
Die 1906 begonnenen Arbeiten an der Kanalisierung des Flußlaufs von Hörde (Dortmund) bis zum Rhein erforderten neben der Auslegung des Flußbetts mit Betonsohlschalen auch den Bau von 55 Brücken.

Durch den Ausbau der Emscher – im Bild die neue Mündung in den Rhein – sind Überschwemmungs- und Versumpfungsgefahr gebannt worden.

Blaues Band für die »Mauretania«

10. Dezember. *Der britische Luxusdampfer »Mauretania« startet in Liverpool mit 2120 Menschen an Bord zur bisher schnellsten Atlantiküberquerung aller Zeiten und erringt das Blaue Band. Trotz schwerer Stürme erreicht das Schiff am 15. Dezember New York in der Rekordzeit von 4 Tagen, 20 Stunden und 7 Minuten. Das entspricht bei rund 6000 Meilen (ca. 10 920 km) einer Durchschnittsgeschwindigkeit von 23,94 Knoten (44,3 km/h).*
Am 22. Dezember schließlich legt die »Mauretania« wieder am Kai in Liverpool an.

▷ Querschnitt durch die »Mauretania« (Zeichnung, »Illustrated London News«)

USA in Ehrfurcht vor Preußen-Drill

7. Dezember. Helen Taft, die Tochter von US-Präsident William Howard Taft, enthüllt in Washington das Denkmal für Friedrich Wilhelm von Steuben, den Organisator der Armee des ersten US-Präsidenten George Washington.
Steuben, ursprünglich preußischer Offizier unter König Friedrich dem Großen, ging 1777 nach Nordamerika, wo er 1778 zum Generalinspekteur ernannt wurde und die »Regeln für die Ordnung und Disciplin der Truppen der Vereinigten Staaten« entwarf (bis 1813 gültig).

Das Steuben-Denkmal in der US-amerikanischen Hauptstadt

Drei Deutsche mit dem Nobelpreis geehrt

10. Dezember. Bei der Verleihung der Nobelpreise in Stockholm werden drei Deutsche geehrt: Paul Heyse erhält den Literaturnobelpreis, Albrecht Kossel den Medizinnobelpreis und Otto Wallach den Nobelpreis für Chemie.
Der Physikpreis geht an den Niederländer Johannes Diederik van der Waals für seine Arbeiten über die Zustandsgleichung der Gase und Flüssigkeiten. Van der Waals machte durch seine Zustandsgleichung für reale Gase das Druck- und Temperaturverhalten von Gasen und Flüssigkeiten vorhersehbar.

Deutsche Nobelpreisträger

1901	Wilhelm Conrad Röntgen	Physik
1901	Emil von Behring	Chemie
1902	Emil Fischer	Chemie
1902	Theodor Mommsen	Literatur
1905	Philipp Lenard	Physik
1905	Robert Koch	Medizin
1907	Eduard Buchner	Chemie
1908	Paul Ehrlich	Medizin
1909	Karl Ferdinand Braun	Physik
1909	Wilhelm Ostwald	Chemie
1910	Otto Wallach	Chemie
1910	Albrecht Kossel	Medizin
1910	Paul Heyse	Literatur

In Kristiania (Oslo) wird am selben Tag das Internationale Friedensbüro in Bern mit dem Friedensnobelpreis ausgezeichnet. Das 1891 gegründete Friedensbüro hat die Aufgabe, die Verbindung zwischen den Friedensvereinigungen der einzelnen Länder zu festigen. Der Initiator, Elie Ducommun, hatte bereits 1902 den Nobelpreis erhalten.

Novellenkünstler Heyse
Paul Heyse (1830) erhält den Literaturpreis für das »von idealer Gesinnung geprägte Künstlertum, das er in einem langen, bedeutenden Wirken als Lyriker, Dramatiker, Romanschriftsteller und Verfasser weltberühmter Novellen verwirklicht hat«. Zu den bekanntesten Novellen zählt »L'Arrabiata« (1855).*

Wallach – Pionier der Chemie
Otto Wallach (1847) erhält den Chemiepreis für das Verdienst, »das er sich um die Entwicklung der organischen Chemie und der chemischen Industrie durch seine bahnbrechenden Arbeiten auf dem Gebiet der alicyklischen Verbindungen erworben hat«. Wallach isolierte zahlreiche Terpene.*

Proteinforscher Kossel
Albrecht Kossel (1853) erhält den Medizinnobelpreis für seine Arbeiten über Proteine (Eiweiße) und Nukleinsäuren. Diese in den Zellen aller Lebewesen vorkommenden Kernsäuren entdeckte Wallach bei der Untersuchung von Nukleoproteinen. Darüber hinaus entdeckte er den Protein-Baustein Histidin, eine essentielle Aminosäure.*

Auf Eisenhaken in schwindelnde Höhe

Schwindelfreiheit, Nerven wie Drahtseile und absolute Körperbeherrschung sind neben handwerklichem Können die Grundvoraussetzungen für die Arbeiter, die an der Errichtung der Wolkenkratzer in New York beteiligt sind. Auf den Haken zweier Materialtransportketten stehend, werden sie morgens und abends ohne Gurtsicherung vom elektrischen Kran in das 20., 30., 40. Stockwerk gehievt und dort per Seil an die Einsatzstelle gezogen. Das vom Wind verursachte Schwingen der Kette müssen die Männer selbst ausbalancieren.

◁ Arbeiter-»Aufzug« eines Wolkenkratzers in der New Yorker West Street, unten der Hafen

Sensationserfolg »Glaube und Heimat«

17. Dezember. Am Deutschen Volkstheater in Wien wird das Schauspiel »Glaube und Heimat« von Karl Schönherr uraufgeführt.

Dieses der Heimatkunst zuzurechnende Werk, das den Untertitel »Tragödie eines Volkes« trägt, wird einer der größten deutschsprachigen Bühnenerfolge vor dem Ersten Weltkrieg. Allein in der Saison 1910/11 erlebt es 1623 Aufführungen. Sogar der deutsche Kaiser Wilhelm II. nimmt Stellung zu diesem Drama, das einige Kritiker als patriotischen Kitsch schlimmster Sorte einstufen oder es wegen seiner antikatholischen Tendenz ablehnen: Er bezeichnet den aus Axams bei Innsbruck stammenden Autor als »ersten deutschen Dramatiker«.

Geschildert wird effektvoll-reißerisch die Vertreibung der Protestanten aus den österreichischen Alpenländern während der Gegenreformation. Die Handlung gipfelt darin, daß die Kontrahenten, der aufrechte Bauer Rott und der Anführer des katholischen Killerkommandos, der »Wilde Reiter«, sich in wahrhaft christlicher Selbstüberwindung versöhnen.

Die Bauern charakterisiert Schönherr als markige, glaubenstreue Menschen, deren Handlungen von der Liebe zur Scholle geprägt sind. Soziale und konfessionelle Gegensätze werden durch Blut-und-Boden-Denken sowie durch christliche Selbstüberwindung aufgelöst.

»Das Mädchen aus dem goldenen Westen«, Titelblatt des Librettos

Puccini-Mädchen erobert die USA

10. Dezember. An der Metropolitan Opera in New York wird die Oper »Das Mädchen aus dem goldenen Westen« von Giacomo Puccini uraufgeführt. Die Titelrolle verkörpert die Sopranistin Emmy Destinn als Wirtin der Bar »Zur Polka« und einzige Frau in einem kalifornischen Goldgräberlager zur Zeit des Gold Rush in den Jahren 1849/50. Der Startenor Enrico Caruso (→ 22. 10./ S. 184) spielt den Räuberhauptmann Ramerrez, der sich in Minnies Bar flüchtet und ihr Geliebter wird. Um sein Leben beginnt ein Kampf zwischen Minnie und dem Sheriff Jack Rance.

Die Oper, für die Carlo Zangarini und Guelfo Civinini das Libretto nach David Belascos gleichnamigem Theaterstück schrieben, wird in den Vereinigten Staaten ein grandioser Erfolg, während die Aufnahme in Europa nur zögernd erfolgt. Musikalisch unterscheidet sich »Das Mädchen aus dem goldenen Westen« von den Werken, mit denen Puccini Weltruhm erlangt hat: »La Bohème« (1896), »Tosca« (1900) und »Madame Butterfly« (1904). Der Komponist zeigt sich hier nicht mehr als impressionistischer »Musiker der kleinen Dinge«, wie er sich früher selbst bezeichnet hat, sondern verbindet Elemente des Impressionismus und des Jazz mit einem stark besetzten Orchester, das für gewaltige Spannung und dramatische Höhepunkte sorgt.

Essen und Trinken 1910:

Deutsche hungern nach Fleisch – Wirte gegen Abstinenzler

Die Fleischnot ist das ganze Jahr über das Hauptthema im Deutschen Reich und in Österreich-Ungarn: Das Fleischangebot ist so knapp, daß trotz Schutzzollpolitik Einfuhren aus Nachbarländern und aus Übersee genehmigt werden. Die Fleischpreise steigen drastisch (→ 20. 8./S. 150). Die deutsche Reichsregierung zeigt sich ratlos, was Erklärungen betrifft, denn kein europäisches Land hat seit 1900 den Viehbestand so vergrößert wie das Deutsche Reich. Die Zahl der Rinder nahm in diesem Jahrzehnt um 1,2 Mio. zu, die der Schweine um 5 Mio. Dagegen blieb der Viehbestand mit Ausnahme von Dänemark und den Niederlanden in den Nachbarländern gleich oder ging wegen Tierseuchen sogar zurück. Die deutschen Haushaltungen wurden mit Fleisch geradezu verwöhnt: Zwischen 1904, dem Jahr mit dem höchsten Viehbestand im Reich, und 1908 wurde wegen schlechter Getreideernten und des damit verbundenen Futtermangels viel Vieh an die Schlachthäuser abgestoßen. Die Folge waren fallende Fleischpreise und ein erhöhter Fleischkonsum. Seit Beginn des Jahres 1910 hat sich diese Tendenz umgekehrt.

Die Konsumvereine garantieren der Arbeiterschaft Versorgung zum Einkaufs- und Herstellungspreis.

Germania-Haushaltungs-Gasherd

Bäckerin beim Ausfahren der Waren im Bayerischen Wald zur Winterszeit

Das zweite Generalthema des Jahres: Pro oder contra Alkohol. Diese Frage beschäftigt nicht nur die Anhänger lebensreformerischer Bewegungen und die Gastwirte, auch Politiker und gekrönte Häupter nehmen Stellung. Die starke Abstinenzbewegung sorgt sogar für Risse in der Sozialdemokratie (→ 3. 1./S. 14). Auf schmalem Grat bewegt sich König Friedrich August III. von Sachsen: Bei einer Universitätsfeier in Leipzig nimmt er die Studenten vor dem Vorwurf des Trinkens in Schutz und erklärt, »daß ein Student, der nur Limonade trinkt, kein richtiger Student ist«.

Der deutsche Armee-Mittagstisch

Irish-Stew (Kohl mit Hammelfleisch)
Backobst mit Klößen
Weiße Bohnen mit Rindfleisch
Bouillonkartoffeln mit Rindfleisch
Dörrgemüse mit Hammelfleisch
Erbsen mit Mohrrüben und Wurst
Falscher Hase
Heringsklopse
Mohrrüben mit Schweinebauch
Labskaus
Saure Linsen mit Wurst
Rindergulasch
Schellfisch mit Senfbutter
Schmorbraten
Schweinebraten
Pro Kopf stehen für Verpflegung täglich 37 Pfennig zur Verfügung.

Auf dem Deutschen Gastwirtetag wird vom Staat gefordert, »daß Reformgasthäuser nur in beschränktem Maße gegründet werden dürfen«. Die Gastwirte der Freien und Hansestädte verlangen in einer gemeinsamen Resolution: »Gegen die verhetzenden Artikel der Abstinenzler und Alkoholgegner sind mit verschärfter Kraft Abwehrmaßnahmen zu treffen; hierzu geeignete Gegenschriften und Drucksachen sind auf Verlangen unentgeltlich zur Verfügung zu stellen.« Die Gastwirte wollen diesen Kampf führen, »weil die Bestrebungen der Antialkoholiker das deutsche Volk schädigen und degenerieren«. Dabei sollen nicht diejenigen angegriffen werden, die den Alkohol aus Gründen der Sittlichkeit oder Gesundheit ab-

Ein Reichspatent besitzt die Keksfirma Bahlsen für ihre schmuckkästchenförmige »TET«-Packung, in der sie u. a. die »Duve-Cakes« anbietet.

Exotik-»Cacao« von Suchard

Sektwerbung von Ludwig Knoefel

lehnen, sondern all die, »die aus sportlichen Gründen gegen den Alkohol Front machen, und solche, die aus Fanatismus gegen den Alkohol eifern«.
Unter den vielen Gerichten, die 1910 feinschmeckerische Gelüste befriedigen, dominiert das Rebhuhn, das für viele Bürger den Gipfel der Schlemmerei symbolisiert: Feierlich gekleidet ziehen deutsche Familien wenigstens einmal pro Jahr in den Bierpalast, um sich »Rebhuhn mit Sauerkohl« zu genehmigen. Zu Hause – so die gängige Meinung – kann dieser Leckerbissen nicht fachgerecht zubereitet werden. Und ohne Sauerkohl (Sauerkraut) wäre der Genuß nicht vollkommen. Doch nicht nur die bürgerliche, auch die sog. feinere Küche betrachtet das Sauerkraut, oft in der Form von Champagnersauerkraut, als die einzige passende Beigabe zu Rebhuhn, Fasan u. a. Wildgeflügel.
Bei den Delikatessen hat die Konservenbüchse geradezu eine Revolution bewirkt. So mußten früher, als noch in Fässern geliefert wurde, die Kaviarspezialgeschäfte in den Sommermonaten schließen. Heute hat der Kaviar das ganze Jahr über Hochkonjunktur. Großstadtrestaurants benötigen während der heißen Sommermonate 20 bis 25 kg täglich, im Winter steigt der Bedarf auf bis zu 50 kg – das Kilo zu 44 Mark.

Das Londoner Hotel »Savoy« arrangiert einen Weihnachtsabend für Kinder, deren wohlhabende Eltern es vorziehen, sich anderweitig zu vergnügen.

Auch die Armen feiern

24. Dezember. »Gerade die Fortschritte der Kultur haben es mit sich gebracht, daß die Auswahl eines passenden Festgeschenks von Jahr zu Jahr schwieriger wird«, urteilt die Berliner Zeitschrift »Die Woche« in ihrer Weihnachtsausgabe.
Diese Feststellung gilt freilich nur für die Reichen und die gutsituierten Bürger und Beamten: Der größte Teil der Bevölkerung zelebriert ein eher bescheidenes Fest, vor allem in den Großstädten, wo wegen der katastrophalen Wohnungsnot bis zu zehn Menschen in einem oder zwei Zimmern hausen. Der kerzengeschmückte Weihnachtsbaum taucht den gemeinsamen Schlaf- und Wohnraum in ein warmes Licht, das die harte soziale Wirklichkeit des Alltags vielleicht für einige Stunden verblassen läßt.

Bescherung im Familienkreis

Spieltiere und Puppen von Margarete Steiff, weichgestopft und unzerbrechlich, aus Filz, Plüsch, Samt usw., beweglich oder fahrbar

Nur vier Republiken neben 39 monarchischen Ländern

Mit dem Jahr 1910 hat sich die Zahl der Republiken in Europa um eine auf vier vergrößert: Neben den seit über einem halben Jahrtausend bestehenden Republiken San Marino und Schweiz sowie der Republik Frankreich, die im kommenden Jahr ihr 40jähriges Bestehen begeht, gehört nach der Revolution vom → 4. Oktober (S. 172) auch Portugal zu den Staaten, in denen das monarchische Prinzip nicht mehr existiert.

Staats- und Regierungsformen in Europa

Bei den noch nicht unabhängigen Ländern steht in der rechten Spalte mit einem Verweispfeil das Land, zu dem der heute unabhängige Staat gehört:

Albanien	→ Osmanisches Reich
Andorra	Fürstentum
Belgien	Königreich
Bulgarien	Königreich
Dänemark	Königreich
Deutsches Reich	Kaiserreich
Finnland	→ Rußland
Frankreich	Republik
Griechenland	Königreich
Großbritannien und Irland	Königreich
Island	→ Dänemark
Italien	Königreich
Jugoslawien	→ Österreich-Ungarn → Osmanisches Reich → Serbien → Montenegro
Liechtenstein	Fürstentum
Luxemburg	Großherzogtum
Malta	→ Großbritannien
Monaco	Fürstentum
Montenegro	Königreich
Niederlande	Königreich
Norwegen	Königreich
Osmanisches Reich	Sultanat
Österreich-Ungarn	Kaiserreich/Königreich
Polen	→ Deutsches Reich → Österreich → Rußland
Portugal	Republik
Rumänien	Königreich
Rußland	Kaiserreich
San Marino	Republik
Schweden	Königreich
Schweiz	Republik
Serbien	Königreich
Spanien	Königreich
Tschechoslowakei	→ Österreich-Ungarn
Ungarn	→ Österreich-Ungarn
Vatikanstadt	(→ Italien)

Unter den 39 monarchischen Staatsoberhäuptern, die die »Regententabelle« zeigt, befinden sich nur zwei Frauen. Den Altersrekord hält der 89jährige bayerische Prinzregent Luitpold, der jüngste Monarch ist mit 24 Jahren nunmehr König Alfons XIII. von Spanien, nachdem der 21jährige König Emanuel II. von Portugal durch die Revolution entthront wurde.

Nicht alle Staaten werden von Monarchen beherrscht, die aus dem Land selbst stammen. So ist die Hohenzollern-Dynastie nicht nur im Deutschen Reich und in Preußen präsent: Auch König Karl I. von Rumänien, geboren in Sigmaringen, ist ein Hohenzoller. König Ferdinand I. von Bulgarien ist ein gebürtiger Wiener und war ursprünglich Prinz von Sachsen-Coburg-Koháry. König Håkon VII. von Norwegen ist der Sohn des derzeitigen dänischen Königs Friedrich VIII.; dessen Onkel wiederum ist unter dem Namen Georg I. König von Griechenland.

Anhalt: Friedrich II. (54), seit 1904 Herzog von Anhalt (331 000 Einwohner, Hauptstadt Dessau), verheiratet seit 1889 mit Marie (45), Prinzessin von Baden

Baden: Friedrich II. (53), seit 1907 Großherzog von Baden (2,1 Mio. Einwohner, Hauptstadt Karlsruhe), verheiratet seit 1885 mit Hilda (46), Prinzessin von Nassau

Bayern: Prinz Luitpold von Bayern (89), seit 1886 Prinzregent für König Otto I. (62) von Bayern (6,8 Mio. Einwohner, Hauptstadt München), verwitwet seit 1864

Belgien: Albert I. (35), seit 1909 König der Belgier (6,7 Mio. Ew., Hauptstadt Brüssel), verh. seit 1900 mit Elisabeth (34), Herzogin in Bayern

Hessen: Ernst Ludwig (42), seit 1892 Großherzog von Hessen (1,2 Mio. Ew., H: Darmstadt), verh. seit 1905 mit Eleonore (39), Prinzessin zu Solms-Hohensolms-Lich

Italien: Viktor Emanuel III. (41), seit 1900 König von Italien (32,4 Mio. Ew., Hauptstadt Rom), verheiratet seit 1896 mit Helene (38), Prinzessin von Montenegro

Liechtenstein: Johann II. (70), seit 1858 Fürst von Liechtenstein (9650 Einwohner, Hauptstadt Liechtenstein), Junggeselle, vorgesehener Thronfolger: Bruder Franz (57)

Lippe: Leopold IV. (39), seit 1905 Fürst zur Lippe (145 000 Ew., Hauptstadt Detmold), seit 1901 verheiratet mit Berta (36), Prinzessin von Hessen

Norwegen: Håkon VII. (38), seit 1905 König v. Norwegen (2,2 Mio. Ew., Hauptstadt Kristiania/Oslo), verh. mit Maud (41), Prinzessin von Großbritannien und Irland

Oldenburg: August (58), seit 1900 Großherzog von Oldenburg (482 000 Ew., H: Oldenburg), verheiratet seit 1896 mit Elisabeth (41), Herzogin zu Mecklenburg

Österreich-Ungarn: Franz Joseph I. (80), seit 1848 Kaiser von Österreich, seit 1867 König von Ungarn, verwitwet seit 1898 von Elisabeth (»Sisi«), Herzogin in Bayern

Reuß: Erbprinz Heinrich XXVII. (52), Regent der Fürstentümer Reuß (225 000 Ew.), verh. mit Elise (46), Pr. zu Hohenlohe-Langenburg

Sachsen-Weimar-Eisenach: Wilhelm Ernst (34), seit 1901 Großherzog von Sachsen-Weimar-Eisenach (417 000 Ew., Hauptstadt Weimar), verheiratet seit → 4. Januar (S. 28) in zweiter Ehe mit Karola Fjodora (20), Prinzessin von Sachsen-Meiningen

Schaumburg-Lippe: Georg (64), seit 1893 Fürst von Schaumburg-Lippe (mit 46 000 Einwohnern der kleinste Bundesstaat des Deutschen Reichs, Hauptstadt Bückeburg), verheiratet seit 1882 mit Maria Anna (46), Prinzessin von Sachsen-Altenburg

Schwarzburg-Rudolstadt: Günther (58), seit 1890 Fürst von Schwarzburg-Rudolstadt (100 000 Ew., H: Rudolstadt), seit 1909 auch Regent von Schwarzburg-Sondershausen (89 000 Ew., H: Sondershausen), verh. seit 1891 mit Anna Luise (39) von Schönburg-Waldenburg

Schweden: Gustav V. (52), seit 1907 König von Schweden (5,1 Mio. Ew., H: Stockholm), verh. seit 1881 mit Prinzessin Viktoria (48) von Baden, Tochter des früheren Großherzogs Friedrich I. und Tante von Kaiser Wilhelm II.

Braunschweig: Johann Albrecht, Herzog zu Mecklenburg (53), seit 1907 Regent des Herzogtums Braunschweig (494 000 Einwohner)

Bulgarien: Ferdinand I. (59), seit 1908 König der Bulgaren (Bulgarien 4 Mio. Ew., Hauptstadt Sofia), verh. mit Eleonore (50), Prinzessin Reuß jüngere Linie

Dänemark: Friedrich VIII. (67), seit 1906 König von Dänemark (2,8 Mio. Ew., Hauptstadt Kopenhagen), verh. mit Lovisa (41), Prinzessin von Schweden und Norwegen

Deutsches Reich und Preußen: Wilhelm II. (51), seit 1888 Deutscher Kaiser und König von Preußen, verh. mit Auguste Viktoria (52), Prz. zu Schleswig-Holstein

Griechenland: Georg I. (65), seit 1863 König der Hellenen (Griechenland 2,6 Mio. Ew., Hauptstadt Athen), verheiratet mit Olga (59), Großfürstin von Rußland

Großbritannien und Irland: Georg V. (45), seit 1910 König von Großbritannien und Irland (41,4 Mio. Ew., Hauptstadt London), verh. mit Mary (43), Fürstin von Teck

Luxemburg: Maria Anna (49), Großherzogin von Luxemburg (246 000 Ew., H: Luxemburg), seit 1908 Regentin für Großherzog Wilhelm IV. (58)

Mecklenburg-Schwerin: Friedrich Franz IV. (28), seit 1897 Großherzog von Meckl.-Schw. (639 000 Ew., H: Schwerin), verh. mit Alexandra v. Großbritannien und Irland (28)

Mecklenburg-Strelitz: Adolf Friedrich V. (62), seit 1904 Großherzog von Meckl.-Str. (103 000 Ew., H: Neustrelitz), verh. mit Elisabeth (53), Prinzessin von Anhalt

Monaco: Albert I. (62), seit 1889 Fürst von Monaco (21 000 Ew., H: Monaco), geschieden von Alice, verwitweter Herzogin von Richelieu, geborener Heine

Montenegro: Nikolaus I. Petrović Njegoš (69), seit 1860 Fürst, seit 29. 8. 1910 König von Montenegro (200 000 Ew., Hauptstadt Cetinje), verh. mit Milena (63) von Italien

Niederlande: Wilhelmina (30), seit 1890 Königin der Niederlande (5,1 Mio. Ew., H: Den Haag), verh. mit Heinrich (34), Herzog zu Mecklenburg, Prinz der Niederlande

Rumänien: Karl I. (71, Hohenzoller), seit 1881 König von Rumänien (5,9 Mio. Ew., H: Bukarest), verh. mit Elisabeth (67), Prz. zu Wied

Rußland: Nikolaus II. Alexandrowitsch (42), Kaiser von Rußland (128 Mio. Ew., H: Petersburg), verh. mit Alexandra (38), Prz. Alice von Hessen und bei Rhein

Sachsen: Friedrich August III. (45), seit 1904 König von Sachsen (4,8 Mio. Ew., H: Dresden), geschieden von Luise, Erzherzogin von Österreich-Toskana

Sachsen-Altenburg: Ernst II. (39), seit 1908 Herzog von Sachsen-Altenburg (216 000 Ew., H: Altenburg), verheiratet mit Adelheid (35), Prz. zu Schaumburg-Lippe

Sachsen-Coburg-Gotha: Karl Eduard (26), seit 1900 Herzog (257 000 Ew., H: Coburg), verh. mit Viktoria Adelheid (25) zu Schleswig-Holstein-Sonderburg-Glücksb.

Sachsen-Meiningen und Hilburghausen: Georg II. (84), seit 1866 Herzog (278 000 Ew., H: Meiningen), unstandesgemäß verh. in dritter Ehe mit Helene, geb. Franz

Serbien: Peter I. Karađorđević (66), nach der Ermordung von König Alexander I. Obrenović 1903 gewählt zum König von Serbien (2,1 Mio. Einwohner, Hauptstadt Belgrad), seit 1890 Witwer von Prinzessin Zorka von Montenegro

Spanien: Alfons XIII. (24), seit seiner Geburt 1886 König von Spanien (18,6 Mio. Ew., Hauptstadt Madrid), bis 1902 unter der Regentschaft seiner Mutter Maria Christina von Österreich, seit 1906 verheiratet mit Viktoria Eugenia (23), Prinzessin von Battenberg

Türkei: Muhammad V. (66), 1909 von der Nationalversammlung anstelle seines abgesetzten Bruders Abd Al Hamid II. zum Sultan des Osmanischen Reichs proklamiert (ca. 36 Mio. Ew., darunter ca. 5 Mio. in Europa, Hauptstadt Konstantinopel/Istanbul)

Waldeck(-Pyrmont): Friedrich (45), seit 1893 Fürst von Waldeck und Pyrmont (61 000 Ew., H: Arolsen), verh. mit Bathildis (37), Prinzessin zu Schaumburg-Lippe; die Verwaltung des Fürstentums obliegt seit 1867 Preußen, dem Fürsten bleiben die Domänenerträge

Württemberg: Wilhelm II. (62), seit 1891 König von Württemberg (2,4 Mio. Einwohner, Hauptstadt Stuttgart), nach dem Tod von Königin Marie (1882), geborener Prinzessin von Waldeck, seit 1886 verh. in zweiter Ehe mit Charlotte (46), Prinzessin zu Schaumburg-Lippe

Zum Jahreswechsel präsentiert die »Leipziger Illustrirte Zeitung« die »Regententafel 1911«. In ihr sind nur die monarchischen Staaten Europas einschließlich der Türkei verzeichnet, darunter die deutschen Bundesstaaten. Die Einwohnerzahl der einzelnen Länder basiert auf der jeweils letzten Volkszählung oder auf Schätzungen (Osmanisches Reich, Montenegro).

Neue Postwertzeichen 1910 im Deutschen Reich

Im Jahr 1910 werden von der Deutschen Reichspost keine neuen Postwertzeichen ausgegeben. Auch Bayern und Württemberg – sie haben als einzige deutsche Staaten nach der Einrichtung der Reichspost 1871 das Recht zur Ausgabe von eigenen Postwertzeichen behalten (bis 1920) – bringen 1910 keine neuen Marken an die Schalter.

Anhang

Die Regierungen des Deutsches Reichs, Österreichs und Schweiz 1910

Neben den Staatsoberhäuptern des Deutschen Reichs, Österreichs und der Schweiz sind in der Zusammenstellung die einzelnen Kabinette des Jahres 1910 in chronologischer Reihenfolge enthalten. Hinter den Namen der wichtigsten Regierungsmitglieder steht in Klammern der Zeitraum ihrer Tätigkeit.

Deutsches Reich

Staatsform:
Kaiserreich
Staatsoberhaupt:
Wilhelm II. (1888–1918)

Reichskanzler:
Theobald von Bethmann Hollweg (1909–1917)
Vizekanzler und Inneres:
Clemens (von) Delbrück (1909–1916)
Auswärtiges:
Wilhelm Freiherr von Schoen (1907–28. 6. 1910), Alfred von Kiderlen-Waechter (28. 6. 1910–1912)
Reichsschatzamt:
Adolf Wermuth (1909–1912)
Reichsjustizamt:
Hermann Lisco (1909–1917)
Reichspostamt:
Reinhold Kraetke (1901–1917)
Reichsmarineamt:
Alfred von Tirpitz (1897–1916)
Reichskolonialamt:
Bernhard Dernburg (1907–9. 6. 1910), Friedrich von Lindequist (9. 6. 1910–1911)

Gekrönte Häupter und Regierungschefs der deutschen Länder:
Anhalt:
Friedrich II., Herzog (1904–1918)
Baden:
Friedrich II., Großherzog (1907–1918), Alexander Freiherr von Dusch, Ministerpräsident und Justizminister (1905–1917)
Bayern:
Otto I., König (geisteskrank; 1886–1913), Luitpold, Prinzregent (1886–1912), Klemens (ab 1911) Graf Podewils-Dürniz, Ministerpräsident und Außenminister (1903–1912)
Braunschweig:
Johann Albrecht Herzog zu Mecklenburg, Regent (1907–1913)
Hessen:
Ernst Ludwig, Großherzog (1892–1918), Christian Wilhelm Karl von Ewald, Ministerpräsident (1906–1918)
Lippe:
Leopold IV., Fürst (1905–1918)
Mecklenburg-Schwerin:
Friedrich Franz IV., Großherzog (1897–1918)
Mecklenburg-Strelitz:
Adolf Friedrich V., Großherzog (1904–1914)
Oldenburg:
Friedrich August, Großherzog (1900–1918)
Preußen:
Wilhelm II., König (1888–1918), Theobald von Bethmann Hollweg, Ministerpräsident und Außenminister (1909–1917)
Reuß jüngere Linie:
Heinrich XXIV., Fürst (1867–1913)
Reuß jüngere Linie:
Heinrich XIV., Fürst (1867–1913)
Sachsen:
Friedrich August III., König (1904–1918)
Sachsen-Altenburg:
Ernst II., Herzog (1908–1918)
Sachsen-Coburg-Gotha:
Karl Eduard, Herzog (1900–1918)
Sachsen-Meiningen:
Georg II., Herzog (1866–1914)
Sachsen-Weimar:
Wilhelm Ernst, Großherzog (1901–1918)
Schwarzburg-Rudolstadt:
Günther, Fürst (1890–1918), in Personalunion auch Fürst von Schwarzburg-Sondershausen (1909–1918)
Waldeck und Pyrmont:
Friedrich, Fürst (1893–1918)
Württemberg:
Wilhelm II., König (1891–1918), Karl Freiherr von Weizsäcker, Ministerpräsident und Außenminister (1906–1918)

Österreich

Staatsform:
Kaiserreich
Staatsoberhaupt:
Franz Joseph I. (1848–1916)

Österreichisch-ungarische Minister
Minister des Kaiserlichen und des Königlichen Hauses und des Äußeren:
Aloys Graf Lexa von Aehrenthal (1906–1912)
Gemeinsamer Finanzminister:
Stephan Freiherr Burián von Rajecz (1903–1912)
Reichs-Kriegsminister:
Franz Freiherr von Schönaich (1906–1911)
Chef der Marinesektion im Reichskriegsministerium:
Rudolf Graf von Montecuccoli degli Erri (1904–1913)

Österreichische Minister
1. Kabinett Bienerth (1908–1911):
Ministerpräsident:
Richard Freiherr Bienerth-Schmerling (1908–1911)
Inneres:
Guido Freiherr von Haerdtl (1908–1911)
Unterricht:
Karl Graf Stürgkh (1909–1911)
Justiz:
Viktor Ritter von Hochenburger (1909–1911)
Landesverteidigung:
Friedrich (ab 1912: Freiherr) von Georgi (1907–1917)
Finanzen:
Leo Ritter von Bilinski (1908–1911)
Handel:
Richard von Weiskirchner (1909–1911)
Ackerbau:
Josef Ritter von Pop (1909–1911)
Eisenbahnen:
Ludwig Wrba (1909–1911)
Staatsminister für Galizien:
Ladislaus Ritter von Duleba (Pole; 1909–1911)
Öffentliche Arbeiten:
August Ritt (1909–1911)

Schweiz

Staatsform:
Republik
Staatsoberhaupt:
Robert Comtesse (1904, 1910)

Bundesräte:
Adolf Deucher (Freisinnig; 1883–1912)
Eduard Müller (freisinnig-demokratisch; 1895–1919)
Ernst Brenner (Freisinnig; 1897–1911)
Robert Comtesse (1900–1912)
Marc-Émile Ruchet (1900–1912)
Ludwig Forrer (freisinnig-demokratisch; 1903–1917)
Josef Anton Schobinger (katholisch-konservativ; 1908–1911)

Deutsches Reich, Österreich und die Schweiz 1910 in Zahlen

Die Statistiken für die drei deutschsprachigen Länder umfassen eine Auswahl von grundlegenden Daten. Es wurden vor allem Daten aufgenommen, die innerhalb der einzelnen Länder vergleichbar sind. Maßgebend für alle Angaben waren die amtlichen Statistiken. Die Zahlen beziehen sich auf die jeweiligen Staatsgrenzen von 1910. Nicht in allen gesellschaftlichen Bereichen finden jährliche Erhebungen statt, so daß mitunter die Daten aus früheren Jahren aufgenommen werden mußten. Das Erhebungsdatum ist jeweils angegeben (unter der Rubrik »Stand«). Die aktuellen Zahlen des Jahres 1910 werden – wo möglich – durch einen Vergleich zum Vorjahr relativiert. Wichtige Zusatzinformationen zum Verständnis einzelner Daten sind in den Fußnoten enthalten.

Deutsches Reich

Erhebungsgegenstand	Wert	Vergleich Vorjahr (%)	Stand
Fläche (km²)	540857,5	±0	1910
Bevölkerung			
Wohnbevölkerung	64925993	–	1. 12. 1910[2]
männlich	32885827	–	1. 12. 1910[2]
weiblich	32040166	–	1. 12. 1910[2]
Einwohner je km²	120,0	–	1910
Ausländer	1259900	–	1910
Privathaushalte	14283000	–	1910
Einpersonenhaushalte	1045000	–	1910
Mehrpersonenhaushalte	13238000	–	1910
Lebendgeborene	1924778	–2,7	1910
Gestorbene	1103723	–4,4	1910
Eheschließungen	496396	+0,5	1910
Familienstand der Bevölkerung			
Ledige insgesamt	34155000	–	1910
männlich	17483000	–	1910
weiblich	16672000	–	1910
Verheiratete	21058000	–	1910
Verwitwete und Geschiedene	3238000	–	1910
männlich	830000	–	1910
weiblich	2408000	–	1910
Religionszugehörigkeit			
Christen insgesamt	64096820	–	1910
katholisch	23821453	–	1910
evangelisch	39991421	–	1910
sonstige	283946	–	1910
Juden	615021	–	1910
andere, ohne Konfession	214152	–	1910
Altersgruppen			
unter 5 Jahren	7068000	–	1910
5 bis unter 10 Jahren	6608000	–	1910
10 bis unter 15 Jahren	6173000	–	1910
15 bis unter 20 Jahren	5641000	–	1910
20 bis unter 30 Jahren	9607000	–	1910
30 bis unter 40 Jahren	8205000	–	1910
40 bis unter 50 Jahren	6153000	–	1910
50 bis unter 60 Jahren	4460000	–	1910
60 bis unter 70 Jahren	2930000	–	1910
70 bis unter 80 Jahren	1334000	–	1910
80 Jahre und darüber	272000	–	1910
Die zehn größten Städte			
Berlin	2071257	–	1910
Hamburg	931035	–	1910
München	596467	–	1910
Leipzig	589850	–	1910
Dresden	548308	–	1910
Köln	516527	–	1910
Breslau	512105	–	1910
Frankfurt am Main	414576	–	1910
Düsseldorf	358728	–	1910
Nürnberg	333172	–	1910
Erwerbstätigkeit			
Erwerbstätige	28092000	–	1907[1]
männlich	18599000	–	1907[1]
weiblich	9493000	–	1907[1]
nach Wirtschaftsbereichen			
Land- und Forstwirtschaft, Tierhaltung und Fischerei	9883000	–	1907[1]
Produzierendes Gewerbe	11256000	–	1907[1]
Handel und Verkehr	3478000	–	1907[1]
Sonstige	3475000	–	1907[1]
Ausländische Arbeitnehmer	691000	–	1910
Betriebe			
Landwirtschaftliche Betriebe	5736082	–	1907[1]
Bergbau und Industrie einschließlich Bau- und verarbeitendes Gewerbe	2086368	–	1907[1]
Handel, Gastgewerbe, Reiseverkehr	1283931	–	1907[1]
Außenhandel			
Einfuhr (in Mio. Mark)	8934,1	+ 4,8	1910
Ausfuhr (im Mio. Mark)	7474,7	+13,3	1910
Einfuhrüberschuß (in Mio. Mark)	1459,4	–24,4	1910
Verkehr			
Eisenbahnnetz (km)[3]	59031,0	+ 1,4	1910
Beförderte Personen (in Mio)	1541,0	+ 4,8	1910
Beförderte Güter (in Mio t)	575,3	+ 9,3	1910
Bestand an Kraftfahrzeugen	49941	+19,7	1. 1. 1910
davon Pkw[2]	24639	+32,8	1. 1. 1910
davon Lkw[2]	2823	+40,0	1. 1. 1910
Binnenschiffe zum Gütertransport (Tragfähigkeit in t)	5914020	–	1907[1]
Beförderte Güter (t)	76622601	–	1910
Handelsschiffe/Seeschiffahrt (BRT)	4430227	+ 1,7	1910
Bildung			
Schüler an			
öffentlichen Volksschulen	9737262	–	1906[1]
Studenten	70019	+ 4,5	1910
davon weiblich	2221	+50,3	1910
Gesundheitswesen			
Ärzte	30558	–	1909[1]
Zahnärzte	11213	–	1909[1]
Krankenhäuser	4805	+ 4,1	1910
Sozialleistungen			
Mitglieder der gesetzlichen Krankenversicherung	13069375	+ 4,4	1910
Rentenversicherung der Arbeiter	1034060	+ 1,9	1910
Finanzen und Steuern			
Gesamtausgaben des Staates (in Mio. Mark)	3024,2	– 7,4	1910[4]
Gesamteinnahmen des Staates (in Mio. Mark)	2943,4	–11,0	1910[4]
Schuldenlast des Staates (in Mio. Mark)	5016,6	–	1910
Preise			
Index der Verbraucherpreise			
(1913 = 100)	93	+ 1,1	1910

1) Letzte verfügbare Angabe
2) Ortsanwesende Bevölkerung
3) Vollspurige Staats- und Privatbahnen
4) Ordentlicher und außerordentlicher Etat

Erhebungsgegenstand	Wert	Vergleich Vorjahr (%)	Stand
Einzelhandelspreise ausgewählter Lebensmittel (Mark)[5]			
Butter, 1 kg	2,44	+ 5,2	1910
Weizenmehl, 1 kg	0,38	− 5,0	1910
Schweinefleisch, 1 kg	1,76	+ 3,5	1910
Rindfleisch, 1 kg	1,72	+ 4,8	1910
Eier, 1 Stück	0,06	−14,2	1910
Vollmilch, 1 l	0,18	±0	1910

Erhebungsgegenstand	Bremen	Berlin	Breslau	Aachen	Stuttgart	München
Klimatische Verhältnisse						
Mittlere Lufttemperatur (°C)						
Januar	2,9	2,5	1,4	3,3	2,9	0,8
Februar	4,2	3,5	3,6	4,2	4,4	1,7
März	5,2	4,9	3,9	5,4	5,6	4,1
April	8,0	9,3	8,5	8,1	9,5	7,6
Mai	13,4	14,7	14,3	12,4	13,5	12,1
Juni	17,9	19,5	18,8	15,9	17,6	16,6
Juli	16,3	17,7	17,6	15,4	17,3	15,8
August	17,0	17,4	17,2	16,3	17,7	16,5
September	13,8	13,7	12,9	13,0	12,7	11,7
Oktober	10,1	9,5	8,8	11,3	11,0	9,1
November	3,1	3,0	3,0	3,5	4,5	2,5
Dezember	4,2	3,0	3,1	5,9	4,1	2,3
Niederschlagsmengen (mm)						
Januar	74,4	42,5	31,6	69,3	64,5	96,3
Februar	75,4	49,3	9,6	90,5	34,4	53,3
März	27,6	19,7	22,7	33,2	15,5	42,1
April	40,7	30,4	30,6	35,0	53,6	103,1
Mai	51,3	63,1	83,1	45,8	56,0	98,6
Juni	69,6	55,2	42,7	121,0	147,7	139,8
Juli	104,4	76,4	98,1	154,8	70,0	148,6
August	103,7	166,6	76,2	82,3	113,1	142,2
September	83,8	33,2	132,6	143,5	46,8	81,1
Oktober	15,7	15,5	18,7	29,4	16,0	32,4
November	58,5	79,4	50,6	118,1	107,8	110,6
Dezember	44,7	30,9	17,5	70,3	44,5	48,7

Österreich

Erhebungsgegenstand	Wert	Vergleich Vorjahr (%)	Stand
Fläche (km²)	300 004	–	1910
Bevölkerung			
Wohnbevölkerung	28 571 934	–	1910
männlich	14 034 022	–	1910
weiblich	14 537 912	–	1910
Einwohner je km²	95,2	–	1910
Privathaushalte	6 072 157	–	1910
Einpersonenhaushalte	365 509	–	1910
Mehrpersonenhaushalte	5 706 648	–	1910
Lebendgeborene	176 588[6]	−2,0	1910
Gestorbene	127 243[6]	−5,2	1910
Eheschließungen	49 997[6]	−1,9	1910
Familienstand der Bevölkerung			
Ledige insgesamt	17 050 231	–	1910
männlich	8 701 431	–	1910
weiblich	8 348 800	–	1910
Verheiratete	9 885 617	–	1910
Verwitwete und Geschiedene	1 634 952	–	1910
männlich	428 339	–	1910
weiblich	1 206 613	–	1910
Religionszugehörigkeit			
Christen insgesamt	26 538 313	–	1910
katholisch	25 949 627	–	1910
evangelisch	588 686	–	1910
griechisch-orientalisch	667 056	–	1910
Juden	1 313 687	–	1910
andere, ohne Konfession	52 869	–	1910
Altersgruppen			
unter 6 Jahren	4 199 464	–	1910
6 bis 10 Jahre	3 293 336	–	1910
11 bis 15 Jahre	3 056 698	–	1910
16 bis 20 Jahre	2 645 602	–	1910
21 bis 30 Jahre	4 395 812	–	1910
31 bis 40 Jahre	3 631 950	–	1910
41 bis 50 Jahre	2 950 765	–	1910
51 bis 60 Jahre	2 253 077	–	1910
61 bis 70 Jahre	1 430 724	–	1910
71 bis 80 Jahre	604 226	–	1910
81 bis 90 Jahre	103 615	–	1910
91 und darüber	5 531	–	1910
Die zehn größten Städte			
Wien	2 031 498	–	1910
Graz	151 781	–	1910
Linz	87 759	–	1910
Innsbruck	53 194	–	1910
Salzburg	36 188	–	1910
Wiener Neustadt	32 874	–	1910
Klagenfurt	28 911	–	1910
St. Pölten	21 805	–	1910
Baden	20 632	–	1910
Villach	19 298	–	1910
Erwerbstätigkeit			
Erwerbstätige	16 020 405	–	1910
nach Wirtschaftsbereichen			
Land- und Forstwirtschaft, Tierhaltung und Fischerei	8 506 466	–	1910
Produzierendes Gewerbe	3 627 816	–	1910
Handel und Verkehr (inkl. Gast- und Schankwirtschaft)	1 576 623	–	1910
Öffentlicher Dienst und Militärdienst, freie Berufe	2 309 500	–	1910
Betriebe			
Bergbau	360	–	1910
Verarbeitendes Gewerbe	16 856	±0	1910
Beherbergungsbetriebe	14 864	−1,1	1910
Außenhandel			
Einfuhr in Mio. Kronen (Mio. Mark)	3054,1 (3591,6)	+ 2,1	1910
Ausfuhr in Mio. Kronen (Mio. Mark)	2864,5 (3368,6)	+ 0,7	1910
Einfuhrüberschuß in Mio. Kronen (Mio. Mark)	189,6 (223,0)	−25,4	1910
Verkehr			
Eisenbahnnetz (km)	22 965	+ 0,1	1910
Straßennetz (km)	120 306 419	+ 0,7	1910
Bildung			
Schüler an			
Volks- und Bürgerschulen	4 614 489	+ 0,1	1910

5) Jahresdurchschnittspreise in Bayern
6) Gebiet der späteren Republik Österreich (83 849 km²)

Erhebungsgegenstand	Wert	Vergleich Vorjahr (%)	Stand
Realschulen und Mädchenlyzeen	56 794	+ 2,0	1910
Gymnasien und Realgymnasien	101 456	+ 2,9	1910
Studenten	26 238	+ 0,3	1910
Sozialleistungen			
Mitglieder der Bezirkskrankenkassen	1 157 964	+ 0,6	1910
Betriebskrankenkassen	771 597	+ 0,1	1910
Genossenschaftskrankenkassen	566 392	− 0,2	1910
Vereinskrankenkassen	643 884	±0	1910
Finanzen und Steuern			
Gesamtausgaben des Staates in Mio. Kronen (Mio. Mark)	2679 (3150)	+10,9	1910
Gesamteinnahmen des Staates in Mio. Kronen (Mio. Mark)	2632 (3095)	+ 7,2	1910
Preise			
Einzelhandelspreise ausgewählter Lebensmittel (Kronen/Mark)			
Schweinefleisch, 1 kg	2,18 (2,56)	+ 3,4	1910
Rindfleisch, 1 kg	2,22 (2,61)	+ 2,1	1910
Kartoffeln, 1 kg	0,12 (0,14)	±0	1910
Vollmilch, 1 l	0,23 (0,27)	+ 8,7	1910
Zucker, 1 kg	2,21 (2,60)	±0	1910

Schweiz

Erhebungsgegenstand	Wert	Vergleich Vorjahr (%)	Stand
Fläche (km²)	41 323,99	±0	1910
Bevölkerung			
Wohnbevölkerung	3 734 800	+1,2	1910[7]
männlich	1 845 529	–	1910[8]
weiblich	1 907 764	–	1910[8]
Einwohner je km²	90,4	+1,2	1910
Ausländer	552 011	–	1910
Privathaushalte	829 009	–	1910
Lebendgeborene	93 514	−0,6	1910
Gestorbene	56 498	−4,9	1910
Eheschließungen	27 346	−0,5	1910
Familienstand der Bevölkerung [2]			
Ledige insgesamt	2 259 951	–	1910
männlich	1 146 662	–	1910
weiblich	1 113 289	–	1910
Verheiratete	1 252 876	–	1910
Verwitwete und Geschiedene	240 466	–	1910
männlich	70 316	–	1910
weiblich	170 150	–	1910
Religionszugehörigkeit			
Christen insgesamt	3 701 352	–	1910
katholisch	1 593 538	–	1910
evangelisch	2 107 814	–	1910
Juden	18 462	–	1910
andere, ohne Konfession	33 479	–	1910
Altersgruppen			
unter 5 Jahren	403 747	–	1910
5 bis unter 10 Jahren	394 369	–	1910
10 bis unter 15 Jahren	375 124	–	1910
15 bis unter 20 Jahren	365 520	–	1910
20 bis unter 30 Jahren	619 241	–	1910
30 bis unter 40 Jahren	547 102	–	1910
40 bis unter 50 Jahren	422 378	–	1910
50 bis unter 60 Jahren	293 079	–	1910
60 bis unter 70 Jahren	210 568	–	1910
70 bis unter 80 Jahren	101 029	–	1910
80 Jahre und darüber	21 136	–	1910
Die zehn größten Städte			
Zürich	227 691	–	1910
Genf	154 906	–	1910
Basel	132 276	–	1910
Bern	117 949	–	1910
Lausanne	78 623	–	1910
Luzern	67 737	–	1910
Winterthur	64 074	–	1910
La Chaux-de-Fonds	39 597	–	1910
St. Gallen	37 869	–	1910
Biel	27 294	–	1910
Erwerbstätigkeit			
Erwerbstätige	1 783 195	–	1910
männlich	1 178 782	–	1910
weiblich	604 413	–	1910
nach Wirtschaftsbereichen			
Land- und Forstwirtschaft	477 118	–	1910
Industrie, Handwerk, Baugewerbe usw.	787 157	–	1910
Dienstleistungen	518 920	–	1910
Ausländische Arbeitnehmer	296 924	–	1910
Betriebe			
Landwirtschaftliche Betriebe	243 710	–	1905[1]
Außenhandel			
Einfuhr in Mio. sFr (Mio. Mark)	1745,0 (2181,3)	+8,9	1910
Ausfuhr in Mio. sFr (Mio. Mark)	1195,9 (1494,9)	+8,9	1910
Einfuhrüberschuß in Mio. sFr (Mio. Mark)	549,1 (686,4)	+8,6	1910
Verkehr			
Eisenbahnnetz (km)	4 714,6	+2,2	1910
Beförderte Personen (in 1000)	109 076	–	1910[9]
Beförderte Güter (in 1000 t)	17 279	–	1910[9]
Bestand an Kraftfahrzeugen	2 602	–	1910
davon Pkw	326	–	1910
davon Lkw	2 276	–	1910
Bildung			
Schüler an			
Primarschulen	528 286	+1,6	1910
Sekundarschulen	56 103	+3,0	1910
Mittelschulen	15 377	+3,9	1910
Studenten	6 879	+1,3	1910
davon weiblich	1 564	−3,5	1910
Gesundheitswesen			
Ärzte	2 499	–	1910
Zahnärzte	406	–	1910
Finanzen und Steuern			
Gesamtausgaben des Staates in Mio. sFr (Mio. Mark)	90,8 (113,5)	−3,3	1910
Gesamteinnahmen des Staates in Mio. sFr (Mio. Mark)	96,4 (120,5)	+6,1	1910
Schuldenlast des Staates in Mio. sFr (Mio. Mark)	117,1 (146,4)	−0,4	1910
Preise			
Einzelhandelspreise ausgewählter Lebensmittel (sFr/Mark)			
Butter, 1 kg	3,20 (4,00)	–	1909[1]
Milch, 1 l, im Milchlokal abgeholt	0,21 (0,26)	–	1910

1) Letzte verfügbare Angabe
2) Ortsanwesende Bevölkerung
7) Geschätzte mittlere Wohnbevölkerung
8) Volkszählung
9) Bahnen des allgemeinen Verkehrs

Erhebungsgegenstand	Zürich	Basel	Bern	Genf	Davos	Lugano
Klimatische Verhältnisse						
Mittlere Lufttemperatur (°C)						
Januar	0,9	2,0	– 0,3	2,1	– 5,8	3,2
Februar	2,1	3,5	0,6	3,5	– 5,1	4,1
März	4,7	5,6	3,8	5,1	2,3	7,6
April	7,8	8,7	7,1	8,4	1,8	10,2
Mai	11,5	12,5	11,0	12,1	5,2	13,5
Juni	16,3	16,9	15,7	17,2	10,7	18,7
Juli	16,0	16,7	15,6	17,0	9,9	18,5
August	16,7	17,3	16,3	17,6	10,7	19,6
September	11,7	12,7	11,4	13,2	6,0	16,1
Oktober	9,9	10,9	9,1	10,7	5,1	12,2
November	3,5	4,7	2,4	4,7	3,0	5,1
Dezember	2,7	3,9	1,7	3,9	– 2,8	4,8

Erhebungsgegenstand	Zürich	Basel	Bern	Genf	Davos	Lugano
Niederschlagsmengen (mm)						
Januar	176	111	174	147	155	28
Februar	73	68	56	57	51	65
März	33	11	27	59	15	123
April	93	37	87	41	71	276
Mai	168	56	101	24	72	155
Juni	204	190	172	170	197	290
Juli	155	126	189	128	150	102
August	173	93	89	125	150	249
September	102	54	77	46	93	62
Oktober	28	23	32	58	36	194
November	171	130	189	188	103	111
Dezember	85	67	77	103	66	352

Staatsoberhäupter und Regierungen ausgewählter Länder 1910

Die Einträge zu den wichtigsten Ländern des Jahres 1910 informieren über die Staatsform (hinter dem Ländernamen), Titel und Namen des Staatsoberhaupts sowie in Klammern dessen Regierungszeit. Es folgen – soweit vorhanden – die Regierungschefs, bei wichtigeren Ländern auch die Außenminister des Jahres 1910; jeweils in Klammern stehen die Zeiträume der Amtsausübung. Eine Kurzdarstellung gibt – wo es sinnvoll erscheint – einen Einblick in die innen- und außenpolitische Situation des Landes. Über bewaffnete Konflikte und Unruhegebiete, auf die hier nicht näher eingegangen wird, informiert der Anhang »Kriege und Krisenherde des Jahres 1910« gesondert.

Abessinien (Äthiopien)
Kaiserreich; *Kaiser:* Menilek II. (1889–1911)
Die Regierungsgeschäfte führt wegen der Krankheit des Kaisers der zum Nachfolger proklamierte Josua (Kaiser 1911–1916).

Afghanistan
Emirat; *Emir:* Habib Ullah Khan (1901–1919)
Seit 1879 erkennt das Land die britische Oberhoheit über seine Außenpolitik an.

Ägypten
Vizekönigtum des Osmanischen Reichs; *Khedive (Vizekönig):* Abbas II. Hilmi (1892–1914)
Britischer Resident: Eldon Gorst (1907–1911)
Ägypten wird faktisch regiert von den britischen Residenten. 1914 wird es unter Aufhebung der osmanischen Oberhoheit Sultanat mit einem von Großbritannien eingesetzten Sultan. 1922 wird Ägypten Königreich.

Albanien
Teil des Osmanischen Reichs bis 1912

Algerien
Französisches Generalgouvernement; *Generalgouverneur:* Célestin Jonnart (1900/01, 1903–1911, 1918/19)
Algerien ist ein politisch und wirtschaftlich dem Mutterland angegliedertes französisches Generalgouvernement.

Annam
Königreich unter französischem Protektorat; *König:* Duy-Than (1907–1916)
Das Königreich Annam ist ein zur Indochinesischen Union gehöriges französisches Protektorat.

Argentinien
Bundesrepublik; *Präsident:* José Figueroa Alcorta (1906–12. 10. 1910), Roque Sáenz Peña (12. 10. 1910–1914)

Äthiopien
Siehe Abessinien.

Australien
Bundesstaat im Britischen Empire; *Premierminister:* Alfred Deakin (1905–1917, 1907/08, 1909–29. 4. 1910), Andrew Fisher (1908/09, 29. 4. 1910–1913, 1914/15)

Belgien
Königreich; *König:* Albert I. (1909–1934)
Ministerpräsident: Frans Schollaert (1908–1911)
Außenminister: Julien Davignon (1907–1916)

Bhutan
Königreich; *König:* Ugyen Wangchuk (1907–1926)
Das Land erkennt die britisch-indische Vormacht an, regelt seine inneren Angelegenheiten jedoch selbständig.

Birma
Provinz von Britisch-Indien
Birma ist 1886 von Großbritannien annektiert worden und wird als Provinz von Britisch-Indien verwaltet.

Bolivien
Republik; *Präsident:* Heliodoro Villazón (1909–1913)

Brasilien
Bundesrepublik; *Präsident:* Nilo Peçanha (1909–15. 11. 1910), Hermes Rodrigo da Fonseca (15. 11. 1910–1914)

Bulgarien
Königreich; *König/Zar:* Ferdinand I. (1908–1918, zuvor Fürst 1887–1908)
Ministerpräsident: Alexandr Malinow (1908–1911, 1918)

Chile
Republik; *Präsident:* Pedro Montt (1906–16. 8. 1910), Elías Fernández Albano (16. 8.–6. 9. 1910), Emiliano Figueroa (6. 9. 1910–1911)

China
Kaiserreich; *Kaiser:* P'u I (1908–1912)
Siehe den Anhang »Kriege und Krisenherde«.

Costa Rica
Republik; *Präsident:* Cleto González Víquez (1906–8. 5. 1910, 1912–1914), Ricardo Jiménez Oreamuno (8. 5. 1910–1912)

Dänemark
Königreich; *König:* Friedrich VIII. (1906–1912)
Ministerpräsident: Carl Theodor Zahle (1909–5. 7. 1910, 1913–1920), Klaus Berntsen (5. 7. 1910–1913)

Dominikanische Republik
Republik; *Präsident:* Ramón Cáceres (1906–1911)

Ecuador
Republik; *Präsident:* Eloy Alfaro (1896–1901, 1906–1911)

El Salvador
Republik; *Präsident:* Fernando Figueroa (1907–1911)

Finnland
Russisches Großfürstentum

Frankreich
Republik; *Präsident:* Armand Fallières (1906–1913)
1. Kabinett Briand (1909–2. 11. 1910):
Ministerpräsident: Aristide Briand (1909–1911, 1913, 1915–1917, 1921/22, 1925/26, 1929)
Außenminister: Stéphan Pichon (1906–1911, 1913, 1917–1920)
2. Kabinett Briand (3. 11. 1910–1911):
Ministerpräsident: Aristide Briand
Außenminister: Stéphan Pichon

Griechenland
Königreich; *König:* Georg I. (1863–1913)
Ministerpräsident: Konstantin Mavromichalis (1909–7. 2. 1910), Stefanos Dragumis (7. 2.–19. 10. 1910), Eleftherios Weniselos (19. 10. 1910–1915, 1917–1920, 1924, 1928–1932, 1932, 1933)

Großbritannien
Königreich; *König:* Eduard VII. (1901–6. 5. 1910), Georg V. (6. 5. 1910–1936)
1. Kabinett Asquith (liberal; 1908–1915):
Premierminister: Herbert Herny Asquith (1908–1916)
Außenminister: Edward Grey (1905–1916)

Guatemala
Republik; *Präsident:* Manuel Estrada Cabrera (1898–1920)

Haiti
Republik; *Präsident:* Antoine Simon (1908–1911)

Honduras
Republik; *Präsident:* Miguel E. Dávila (1907–1911)

Indien (Britisch-Indien)
Britisches Vizekönigreich; *Vizekönig:* Gilbert John Elliot-Murray-Kynynmound Earl of Minto (1905–1910), Charles Baron Hardinge of Penshurst (1910–1916)

Indochinesische Union
Französisches Protektorat
Das französische Kolonialgebiet Indochina besteht aus den 1887 vereinigten französischen Protektoraten Annam, Tonkin und Kambodscha, der Kolonie Kotschinchina und seit 1893 auch Laos.

Irak
Teil des Osmanischen Reichs
Irak bleibt bis 1914 Teil des Osmanischen Reichs, wird dann von britischen Truppen besetzt und 1921 Königreich.

Iran
Siehe Persien (amtlich »Iran« ab 1934).

Irland

Teil von Großbritannien
Irland ist seit 1801 dem Vereinigten Königreich von Großbritannien und Irland eingegliedert. 1921 wird es Freistaat.

Italien

Königreich; *König:* Viktor Emanuel III. (1900–1946)
2. Kabinett Sonnino (1909–21. 3. 1910):
Ministerpräsident: Giorgio Sidney Baron Sonnino (1906, 1909–21. 3. 1910)
Außenminister: Francesco Graf Guicciardini (1906, 1909–21. 3. 1910)
Kabinett Luzzatti (30. 3. 1910–1911):
Ministerpräsident: Luigi Luzzatti (30. 3. 1910–1911)
Außenminister: Antonino Paternò-Castello Marchese di San Giuliano (1905/06, 30. 3. 1910–1914)

Japan

Kaiserreich; *Kaiser:* Mutsuhito (1867–1912)
Ministerpräsident: Taro Katsura (1901–1906, 1908–1911, 1912/13)

Jemen (Sana)

Imamat; *Imam:* Hamid Ad Din Jahja (seit 1904, König 1918–1948)

Jugoslawien

Teil des Osmanischen Reichs und Österreich-Ungarns, Königreich ab 1918. Siehe Kroatien, Montenegro, Serbien.

Kambodscha

Königreich (unter französischem Protektorat); *König:* Sisovath (1904–1927)
Das Königreich Kambodscha ist ein seit 1887 zur Indochinesischen Union gehörendes französisches Protektorat.

Kanada

Bundesstaat (britisches Dominion); *Premier- und Außenminister:* Wilfried Laurier (1896–1911)
Britischer Generalgouverneur: Albert Henry George Earl Grey (1904–1911)

Kapkolonie

Britische Kolonie; *Britischer Gouverneur:* Walter Hely-Hutchinson (1901–1910)
Ministerpräsident: John Xavier Merriman (1908–1910)
Die Kapkolonie wird Provinz der am 31. 5. 1910 gegründeten Südafrikanischen Union.

Kirchenstaat

Siehe Papst.

Kolumbien

Republik; *Präsident:* Ramón González Valencia (1909–7. 8. 1910), Carlos E. Restrepo (7. 8. 1910–1914)

Korea

Japanisches Generalgouvernement mit dem Namen »Chosen« ab 22. 8. 1910; *Generalgouverneur:* Masakata Graf Terauchi (1910–1916)

Kroatien

Österreichisch-Ungarisches Kronland; *Ban (ungarischer Statthalter):* Paul Freiherr Rauch von Nyék (1908 bis Ende Januar 1910), Nikolaus Tomašić (5. 2. 1910–1912)

Kuba

Republik; *Präsident:* José Miguel Gómez (1909–1913)

Laos

Königreich (unter französischem Protektorat); *König:* Sisavong Vong (1904–1959)
Das Königreich Laos ist ein seit 1893 zur Indochinesischen Union gehörendes französisches Protektorat.

Libanon

Teil des Osmanischen Reichs
Seit 1864 ist das Gebiet um Beirut autonom und untersteht einem christlichen Gouverneur.

Liechtenstein

Fürstentum; *Fürst:* Johann II. (1858–1929)

Luxemburg

Großherzogtum; *Großherzog:* Wilhelm IV. (1905–1912)

Marokko

Sultanat; *Sultan:* Abd Al Hafis (1908–1912)
Marokko ist französisches »Interessengebiet«» (ab 1912 französisches Protektorat). Der nördliche Teil des Landes ist spanisches »Interessengebiet« (ab 1912 Protektorat Spanisch-Marokko). Das Deutsche Reich wiederum fordert die Souveränität des Sultans.

Mexiko

Bundesrepublik; *Präsident:* Porfirio Díaz (1877–1880, 1884–1911)
Im Oktober beginnt die Revolution gegen den diktatorisch regierenden Präsidenten Porfirio Díaz, der 1911 gestürzt wird.

Monaco

Fürstentum; *Fürst:* Albert I. (1889–1922)

Montenegro

Fürstentum/Königreich; *Fürst:* Nikolaus I. (Nikola) Petrović Njegoš (1806–29. 8. 1910, König 29. 8. 1910–1918)
Während der Feiern zum 50. Jahrestag des Regierungsantritts nimmt Fürst Nikolaus den Königstitel an.

Natal

Britische Kolonie; *Britischer Gouverneur:* Paul Sanford Baron Methuen of Corsham (17. 1.–31. 5. 1910)
Natal wird Provinz der am 31. 5. 1910 gegründeten Südafrikanischen Union.

Nepal

Militäroligarchie; *Ministerpräsident (erblich):* Maharadscha Sri Tschandra Schah Rana (1901–1929)

Neuseeland

Dominion im British Commonwealth; *Premierminister:* Joseph Ward (1906–1912)

Nicaragua

Republik; *Präsident:* José Madriz (1909–20. 8. 1910), José Dolores Estrada (20. 8.–31. 12. 1910)

Niederlande

Königreich; *Königin:* Wilhelmina (1890–1948)
Ministerpräsident: Theodore Heemskerk (1908–1913)
Außenminister: René de Marees van Swinderen (1908–1913)

Norwegen

Königreich; *König:* Håkon VII. (1905–1957)
Ministerpräsident: Gunnar Knudsen (1908–1. 2. 1910, 1913–1919), Wollert Konow (1. 2. 1910–1912)

Oranjefreistaat:

Britische Kronkolonie; *Premierminister:* Abraham Fischer (1907–1910)
Der Oranjefreistaat wird Provinz der am 31. 5. 1910 gegründeten Südafrikanischen Union.

Osmanisches Reich (Türkei)

Sultanat; *Sultan:* Muhammad V. (1909–1918)
Großwesir: Hüseyin Hilmi Pascha (1909–12. 1. 1910), Ibrahim Hakki Pascha (12. 1. 1910–1911)

Panama

Republik; *Präsident:* José Domingo de Obaldía (1908–1. 3. 1910), Carlos A. Mendoza (1. 3.–5. 10. 1910), Pablo Arosemana (5. 10. 1910–1912)
Die Verfassung von 1904 sieht das Interventionsrecht der USA vor, die davon mehrmals Gebrauch machen (1908, 1912, 1918).

Papst

Absoluter Monarch; *Papst:* Pius X., vorher Giuseppe Sarto (1903–1914)
Staatssekretär: Kardinal Raffaele Merry de Val (1903–1914)
Der frühere Kirchenstaat ist seit 1870 dem italienischen Nationalstaat eingegliedert. 1929 wird durch die Lateranverträge der autonome Stadtstaat Vatikanstadt geschaffen.

Paraguay

Republik; *Präsident:* Emiliano González Navero (1908–25. 11. 1910, 1912), Manuel Gondra (25. 11. 1910–1911)

Persien

Kaiserreich; *Kaiser/Schah:* Ahmad Schah (1909–1925)

Peru

Republik; *Präsident:* Augusto Bernardino Leguía (1908–1912)

Philippinen

Gouvernement der USA

Polen

Teil des Russischen Reichs, Preußens und Österreich-Ungarns

Portugal

Königreich/Republik; *König:* Emanuel II. (1908–5. 10. 1910)
Königlicher Ministerpräsident: Francisco António de Veiga Beirao (1909–26. 6. 1910), António Teixeira de Sousa (26. 6.–4. 10. 1910)
Revolutionsministerpräsident: Joaquim Teófilo Fernandes Braga (4. 10. 1910–1911)
Staatspräsident: Joaquim Teófilo Fernandes Braga (15. 10. 1910–1911)
Am 5. 10. 1910 wird die Republik proklamiert, der König flieht außer Landes.

Rumänien

Königreich; *König:* Karl I. (1881–1914, davor Fürst 1866–1881)
Ministerpräsident: Ion (Ionel) I. C. Brătianu (1909–1911, 1914–1918, 1918/19, 1922–1926)

Rußland

Kaiserreich; *Kaiser und Zar:* Nikolaus II. (1894–1917)
Ministerpräsident: Pjotr A. Stolypin (1906–1911)
Außenminister: Alexandr P. Iswolski (1906–28. 8. 1910), Sergei D. Sasonow (28. 9. 1910–1916)

Sansibar

Sultanat (unter britischem Protektorat); *Sultan:* Ali II. (1902–1911)

Schweden

Königreich; *König:* Gustav V. (1907–1950)
Ministerpräsident: Arvid Lindman (1906–1911)

Serbien

Königreich; *König:* Peter I. Karadordević (1903–1921)
Ministerpräsident: Nikola Pašić (1891/92, 1904/05, 1906–1908, 1909–1911, 1912–1918; danach Ministerpräsident des Königreichs der Serben, Kroaten und Slowenen 1918, 1921–1924, 1924–1926)

Siam

Siehe Thailand.

Spanien

Königreich; *König:* Alfons XIII. (1886–1931)
Ministerpräsident: Segismundo Moret y Prendergast (1905/06, 1906, 1909–9. 2. 1910), José Canalejas y Méndez (9. 2. 1910–1912)

Südafrikanische Union

Dominion im British Commonwealth (ab 31. 5. 1910); *Ministerpräsident:* Louis Botha (31. 5. 1910–1919)
Britischer Generalgouverneur: Herbert Viscount Gladstone (1910–1914)

Thailand

Königreich; *König:* Phra Paramindr Maha Chulalongkorn = Rama V. (1868–23. 10. 1910), Maha Wadjiwarudh = Rama VI. (23. 10. 1910–1925)

Tibet

Unter chinesischer Oberhoheit (autonomer Staat ab 1914); *Dalai-Lama:* Thupten Gjatso (1876 bzw. 1895–1933)
Pantschen-Lama: Tschökji Njima (1883–1937)

Tunis

Französisches Protektorat; *Bei:* Muhammad V. (1906–1922)
Französischer Generalresident: Gabriel Alapetite (1906–1918)

Türkei

Siehe Osmanisches Reich.

Ungarn

Königreich, Teil der Doppelmonarchie Österreich-Ungarn; *König:* Franz Joseph (1848–1916, zugleich Kaiser von Österreich)
Ministerpräsident: Sándor Wekerle (1892–1895, 1906–17. 1. 1910), Karl Graf Khuen-Hédervåry von Hédervár (1903, 17. 1. 1910–1912)

Uruguay

Republik; *Präsident:* Claudio Williman (1907–1911)

USA

Bundesstaat; *Präsident:* William Howard Taft (Republikaner), 27. Präsident (1909–1913)
Vizepräsident: James Schoolcraft Sherman (1909–1912)
Staatssekretär (Außenminister): Philander Chase Knox (1909–1913)

Venezuela

Republik; *Präsident:* Juan Vicente Gómez (1908–1929, 1931–1935)

Kriege und Krisenherde des Jahres 1910

Die herausragenden politischen und militärischen Krisensituationen des Jahres 1910 werden – alphabetisch nach Ländern geordnet – im Überblick dargestellt.

Ägypter wollen Unabhängigkeit

Ägypten gehört nominell zum Osmanischen Reich, wird seit 1882 jedoch faktisch von Großbritannien beherrscht. Für die staatliche Unabhängigkeit des Landes kämpft die jungägyptische Nationalpartei. Ihre Aktionen richten sich gegen die britische Kolonialmacht ebenso wie gegen ägyptische Politiker, die mit Großbritannien zusammenarbeiten. Einem Attentat der Jungägypter fällt am 20. Februar der ägyptische Ministerpräsident Butros Pascha Gali zum Opfer. Darüber hinaus kommt es zu antibritischen Massendemonstrationen.

Volksaufstände in Albanien

Der Freiheitskrieg, den die Albaner seit 1909 gegen die Herrschaft des Osmanischen Reichs führen, erreicht 1910 einen ersten Höhepunkt.
Die Revolution der Jungtürken beendete 1908 im Osmanischen Reich das autokratische Regime des Sultans Abd Al Hamid II., doch die anfangs liberale Politik der Jungtürken schlug 1909 in eine Politik der Unterdrückung von Minderheiten um.
Die nach der Jungtürkenrevolution den Albanern versprochenen Reformen blieben aus, gegen die massive Türkisierungspolitik des neuen Regimes in Konstantinopel (Istanbul) brachen bewaffnete Volksaufstände aus. Die türkische Regierung hat inzwischen rund 40 000 Mann in Albanien stationiert, um die Aufstände niederzuwerfen. Zu den einflußreichsten Führern der Albaner zählt Kemal Bey Ismail, der 1912 die Unabhängigkeit des Landes proklamiert.

Äthiopien: Zäuditu entmachtet

Eine Versammlung von Fürsten des Kaiserreichs Abessinien (Äthiopien) zwingt in Addis Abeba am 23. März Kaiserin Zäuditu, auf die Ausübung jeglicher politischer Macht zu verzichten und sich ganz der Pflege des schwerkranken Kaisers Menilek II. zu widmen. Als Nachfolger Menileks wird dessen Enkel Josua anerkannt. Damit ist der Machtkampf, der nach dem krankheitsbedingten Rückzug Menileks von den Regierungsgeschäften im Jahr 1909 entbrannte, entschieden. Zäuditu hatte versucht, den von Menilek eingesetzten Thronfolger Josua auszuschalten, indem sie wichtige Ländereien des Reiches eigenen Parteigängern verlieh, gegnerische Fürsten zur Rückzahlung von Schulden aufforderte und das Geld zum Kauf von Waffen und Munition verwendete. Folge war eine allgemeine Unruhe im Lande, die Opposition gegen die Kaiserin wuchs.

Bulgaren metzeln Türken nieder

Die nationalen Gegensätze in Bulgarien erreichen mit dem sog. Blutbad von Rustschuk (Ruse), bei dem 16 Türken getötet werden, am 13. März einen Höhepunkt. Das Blutbad findet vor dem Hintergrund fast täglicher Schußwechsel an der Grenze zwischen Bulgarien und dem Osmanischen Reich (Türkei) statt. Hauptstreitpunkt zwischen Bulgarien und dem Osmanischen Reich ist Makedonien, dessen größter Teil von Bulgarien beansprucht wird.

China marschiert in Tibet ein

Der Einmarsch chinesischer Truppen in Tibet führt am 12. Februar zur Flucht des Dalai-Lamas Thupten Gjatso nach Britisch-Indien, wo er die britische Kolonialregierung »um Rat und Schutz« ersucht. China erklärt ihn für abgesetzt und befiehlt den Mönchen die Wahl eines Nachfolgers. Ende des 19. Jahrhunderts geriet Tibet in den Interessenkonflikt zwischen China, Großbritannien und Rußland. 1906/07 erkannten Großbritannien und Rußland die »souveränen Rechte« Chinas über Tibet an und verpflichteten sich, seine Gebietsunversehrtheit zu achten und keine diplomatischen Vertreter nach Lhasa zu entsenden. Faktisch hatte China seine Macht über das unzugängliche Bergland bisher nicht ausgeübt.

Chinesen erkämpfen Vorparlament

In einer Situation, in der sich die kaiserliche Regierung des Reichs der Mitte mit Aufständen unzufriedener Bauern, mit Stadtarmut, mit revolutionärer Agitation und der immer lauter werdenden Forderung nach einem Parlament konfrontiert sieht, bewilligt sie die Einberufung eines sog. Reichsausschusses. Dieses Vorparlament, das kaum Rechte besitzt, wird am 3. Oktober eröffnet. Die Einberufung eines mit verfassungsmäßigen Rechten ausgestatteten Parlaments ist für 1917 geplant. Ein früherer Zeitpunkt sei unmöglich, »da die Bevölkerung für die Erlangung konstitutioneller Rechte noch nicht reif« sei, stellt die kaiserliche Regierung fest.
Daß durch das Zusammentreten des Vorparlaments die Probleme in China nicht gelöst sind, zeigt die Resolution dieses Gremiums am 30. Dezember: Die Parlamentarier verlangen ein dem Parlament und damit dem Volk verantwortliches Ministerium. – Unterdessen versucht der Arzt Sun Yat-sen in der Emigration, Auslandschinesen für eine Revolution in China zu gewinnen. Zu dieser Revolution kommt es 1911.

Finnen unter der Knute Rußlands

Eine gewaltige Opposition in Finnland und internationale Proteste ruft das Manifest des russischen Zaren Nikolaus II. vom 27. März hervor, das eine Gesetzesvorlage über die Aufhebung der Autonomie des russischen Großfürstentums Finnland enthält. Durch dieses Gesetz, das im Juni verabschiedet wird, fallen alle wichtigen gesetzgeberischen Entscheidungen, die Finnland betreffen, als »reichswichtige« Angelegenheiten nicht mehr in die Kompetenz des finnischen Landtags, sondern in die des russischen Reichsrats. Finnland war seit 1809 autonomes Großfürstentum innerhalb des Russischen Reichs.

Griechenland: Putschisten am Ziel

König Georg I. von Griechenland verkündet am 30. März die Einberufung einer Nationalversammlung, die eine Revision der Verfassung durchführen soll. Daraufhin löst sich die revolutionäre Militärliga auf, die 1909 faktisch die Macht übernommen hatte.
1908 hatte Kreta den Anschluß an Griechenland verkündet. Auf Betreiben Großbritanniens erkannte die Athener Regierung den Anschluß nicht an, was auf Kreta und in Griechenland eine antimonarchisch gefärbte Massenbewegung auslöste. 1909 putschte das Militär. Die Militärliga forderte die Vereinigung Kretas mit Griechenland und verlangte eine Verfassungsreform. Mit der Einberufung der Nationalversammlung sieht sie ihr Ziel erreicht.

Bürgerkrieg in Honduras

In dem mittelamerikanischen Staat Honduras gehen die schweren Kämpfe zwischen den Regierungstruppen des Präsidenten Miguel E. Dávila und den Revolutionseinheiten des 1907 gestürzten liberalen Präsidenten Manuel Bonilla weiter. Die Kämpfe dauern seit 1909 an. Dávila ist ein Verbündeter des Ende 1909 gestürzten nicaraguanischen Präsidenten José Santos Zelaya. Im Februar 1912 gelangt Bonilla in Honduras wieder an die Regierung.

Japan annektiert Korea

Das Kaiserreich Korea wird am 22. August unter dem Namen Chosen japanisches Generalgouvernement. Damit finden die seit über 30 Jahren andauernden japanischen Versuche, die ostasiatische Halbinsel zwischen Japanischem und Gelbem Meer zu unterwerfen, mit der formellen Annexion ihren Abschluß. Erster Generalgouverneur wird der japanische Kriegsminister Masakata Graf Terauchi, der vor seiner Abreise nach Seoul erklärt, Japan werde in Korea nicht mit der gepanzerten Faust regieren.

Kreta will Anschluß an Griechenland

Die Massenbewegung auf der zum Osmanischen Reich gehörenden Insel Kreta zum Anschluß an Griechenland verbucht Erfolge. Einer der Vorkämpfer dieser Bewegung, der Liberale Eleftherios Weniselos, wird am 29. Oktober griechischer Ministerpräsident. Die türkische Regierung in Konstantinopel (Istanbul) erklärt in einer Protestnote an die Großmächte die Wahl von Kretern zur griechischen Nationalversammlung zum feindlichen Akt gegen die osmanischen Hoheitsrechte auf der Insel.
Kreta ist seit 1898 eine autonome osmanische Provinz. 1908 erklärte die Insel den Anschluß an Griechenland, Weniselos u. a. kretische Abgeordnete kamen ins griechische Parlament. Auf Betreiben Großbritanniens erkannte die Athener Regierung die Abgeordneten Kretas nicht an, was auf Kreta und in Griechenland eine Massenbewegung auslöste. In der vom griechischen König Georg I. 1910 einberufenen griechischen Nationalversammlung werden die kretischen Abgeordneten anerkannt.

Marokko weiter im Brennpunkt

Die Kämpfe der einheimischen Stämme in Marokko gegen die Kolonialmächte Frankreich und Spanien dauern auch 1910 an. Zugleich wächst der Druck der deutschen Wirtschaft auf die deutsche Reichsregierung, ihr Engagement in Marokko zu verstärken.
Marokko ist offiziell ein souveräner Staat unter Sultan Abd Al Hafis. 1904 erkannte Großbritannien das Land als Interessengebiet Frankreichs an, wofür Paris London freie Hand in Ägypten ließ. Danach begann die »friedliche Durchdringung« Marokkos durch die Franzosen, die jedoch das Rifgebiet im Norden Marokkos als spanische Interessensphäre anerkannten und nach deutscher Intervention auf die förmliche Errichtung eines Protektorats verzichteten.
Irritationen löst im Deutschen Reich das Einlaufen französischer Kriegsschiffe in den südmarokkanischen Hafen Agadir am 3. Dezember aus. 1911 entsendet das Deutsche Reich das Kanonenboot »Panther« nach Agadir und provoziert damit die zweite Marokkokrise.

Revolution in Mexiko

Die »Wiederwahl« des Diktators Porfirio Díaz löst in Mexiko Unruhen aus, die im November in eine bewaffnete bürgerlich-demokratische Revolution unter dem Liberalen Francisco Indalecio Madero münden. Die bürgerkriegsähnlichen Kämpfe halten noch am Jahresende an. Madero wird unterstützt von den Bauern und Partisanen um Pancho Villa und Emiliano Zapata. 1911 wird der Diktator gestürzt, doch bleibt das Land bis zum Erlaß der Verfassung von 1917 Schauplatz revolutionärer Wirren.

Nicaragua: USA intervenieren

Während des nicaraguanischen Bürgerkriegs, der mit dem Sturz von Präsident José Santos Zelaya 1909 begann, flieht der Revolutionspräsident José Madriz im August in das Nachbarland Honduras. Neuer Präsident wird der aufständische General José Dolores Estrada. Damit erreichen die USA ihr Ziel, den unbequemen Präsidenten zu stürzen und das mittelamerikanische Land den US-Wirtschaftsinteressen wieder in vollem Umfang zu öffnen.
US-Streitkräfte hatten bereits 1909 in die innenpolitischen Auseinandersetzungen zwischen Konservativen und Liberalen eingegriffen und den Sturz des »liberalen« Präsidenten Zelaya herbeigeführt. Da auch der neue Präsident Madriz keine amerikafreundliche Politik betrieb und die bürgerkriegsähnlichen Unruhen anhielten, landeten die USA im Mai 1910 erneut Marinesoldaten.

Russen und Briten in Persien

Persien wird seit 1905 von revolutionären Unruhen erschüttert, die zur Intervention Großbritanniens und Rußlands geführt haben. Die Unruhen in Persien hatten Rußland und Großbritannien zum Anlaß genommen, um im Vertrag von Petersburg (1907) eine Dreiteilung Persiens festzulegen in eine nördliche russische, eine südliche britische und eine mittlere neutrale Zone.
1907 entstanden im Norden Persiens die Endschumene, revolutionäre Räte von Arbeitern und Bauern, die die Aufteilung des Großgrundbesitzes betrieben und sich in den Fedajin bewaffnete Organe schufen. Der Befehl von Schah Muhammad Ali zur Auflösung des Parlaments wurde 1907 durch Massenaktionen sabotiert. Nach einem Bombenattentat erklärte Muhammad Ali 1908 das Parlament erneut für aufgelöst und ließ das Kongreßgebäude durch Militär beschießen. Demokratische Abgeordnete wurden hingerichtet, über das Land wurde das Kriegsrecht verhängt. Unter der Führung von Sattar Khan kam es daraufhin zu neuen Erhebungen. In Täbris u. a. Städten übernahmen die Endschumene die Regierungsgewalt, eroberten im Juli 1909 Teheran und setzten den in die russische Gesandtschaft geflüchteten Schah ab. Sein Nachfolger wurde Kronprinz Ahmad Schah, der im November 1909 ein bürgerlich-demokratisches Parlament eröffnete, während sich Muhammad Ali nach Odessa (Rußland) begab und von dort aus die Konterrevolution betreibt (1911 Versuch der Rückkehr). Britische Truppen rückten in Süd-, russische in Nordpersien ein. Im August 1910 werden die Fedajin entwaffnet, die Endschumene aufgelöst und die Landverteilungen rückgängig gemacht. Die Unruhen dauern auch am Jahresende weiter an.

Peru mobilisiert gegen Chile

An den Rand einer bewaffneten Auseinandersetzung geraten die Spannungen in Südamerika zwischen Chila, Ecuador, Peru und Kolumbien. In Lima lassen sich im April 15 000 Freiwillige anwerben, nachdem Chile aus den von Peru beanspruchten und vor 1883 zu Peru gehörenden Territorien Tacna und Arica die peruanischen Priester »wegen Ungehorsams gegen die Verfassung« ausgewiesen hatte.
Doch droht nicht nur auf der chilenischen Seite Konflikt. Vom nördlichen Nachbarstaat Ecuador beansprucht Peru ein fast unerforschtes und unbewohntes Gebiet nördlich des Amazonas.

Sturz der Monarchie in Portugal

Am 4. Oktober beginnt in Lissabon ein Aufstand von Flotte und Armee, der zur Flucht von König Emanuel II. und zur Proklamation der Republik am 5. Oktober führt. Der Gelehrte Joaquim Teófilo Fernandes Braga übernimmt das Amt des Ministerpräsidenten und wird am 15. Oktober erster Staatspräsident.
Diese Revolution ist kein Militärputsch, sondern wird von der breiten Masse der Lissaboner Bevölkerung mitgetragen. Die Mehrheit der Nation, die Landbevölkerung, bleibt jedoch von den Ereignissen unberührt.
Seit Jahren kam es in Lissabon immer wieder zu republikanischen Erhebungen, die letzte Verschwörung wurde im Juni aufgedeckt. Die Parlamentswahlen im August brachten den Republikanern trotz Wahlfälschungen 14 Sitze in den Cortes (Volksvertretung) und einen überwältigenden Sieg in der Hauptstadt. Da der König in seiner Thronrede zur Parlamentseröffnung wiederum nicht auf die Forderung nach durchgreifenden inneren Reformen einging, wurde in Marine und Landheer eine republikanische Revolution vorbereitet.
Die neue Republik wird von Spanien und Großbritannien bereits nach wenigen Tagen anerkannt. Binnen kurzem folgen die anderen Länder. Die Revolutionsregierung erklärt den Adel und die Erste Kammer für abgeschafft, die Dynastie Bragança wird verbannt. Es werden bürgerlich-demokratische Freiheiten verkündet, die Frauen werden familienrechtlich den Männer gleichgestellt. Von einer Agrarreform sowie einer konsequenten Demokratisierung von Staatsapparat und Armee nehmen die bürgerlichen Revolutionäre jedoch Abstand, gegen Streikende wird weiterhin mit Waffengewalt vorgegangen. Das schwerste Erbe, das die Republik übernimmt, ist die völlige Zerrüttung der Staatsfinanzen und die erdrückende wirtschaftliche Abhängigkeit von Großbritannien.

Rassenunruhen in den USA

Der erneute Gewinn der Boxweltmeisterschaft im Schwergewicht durch den Schwarzen Jack Johnson am 4. Juli, dem Nationalfeiertag der USA, führt zu blutigen Rassenunruhen in New York, Pittsburgh, Philadelphia und St. Louis. Die gewalttätigen Ausschreitungen zwischen Weißen und Schwarzen, bei denen zahlreiche Tote zu beklagen sind, dauern Wochen an. In Texas erschießen Weiße zahlreiche Schwarze nach der Abhaltung von Lynchgerichten.

Ausgewählte Neuerscheinungen auf dem Buchmarkt 1910

Die Auswahl berücksichtigt nicht nur Neuerscheinungen von literarischem oder wissenschaftlichem Wert, sondern auch vielgelesene Bücher des Jahres 1910. Innerhalb der einzelnen Länder sind die erschienenen Werke alphabetisch nach Autoren geordnet (siehe auch Übersichtsartikel auf S. 84).

Dänemark

Martin Andersen-Nexø
Pelle der Eroberer
(Pelle erobreren)
Roman in vier Teilen
In Kopenhagen erscheint der vierte und letzte Teil der Tetralogie »Pelle der Eroberer« von Martin Andersen-Nexø (1869–1954). Es ist der erste Arbeiterroman der dänischen Literatur. Geschildert wird das Schicksal des Schweden Pelle, der als Kind nach Dänemark kommt und sich angesichts der Ausbeutung empört, während die anderen Arbeiter ihre Armut meist resignierend ertragen. Pelle schließt sich in Kopenhagen der organisierten Arbeiterschaft an und kämpft für bessere Lebensbedingungen. Hierfür nimmt er auch eine Gefängnisstrafe in Kauf. Als er entlassen wird, wenden sich seine ehemaligen Mitstreiter von ihm ab: Sie sind mit den erkämpften Lebensbedingungen zufrieden. Pelle kämpft weiter und gründet eine Konsumgenossenschaft. – Die deutsche Übersetzung erscheint 1912.

Karin Michaelis
Das gefährliche Alter
(Den farlige alder)
Roman
Ein internationaler Erfolg wird der in Kopenhagen mit dem Untertitel »Tagebuchaufzeichnungen und Briefe« erscheinende Frauenroman »Das gefährliche Alter« von Karin Michaelis (1872–1950). Mit ungewöhnlicher Offenheit werden in Ich-Form die körperlichen und seelischen Erschütterungen einer Frau in den Wechseljahren geschildert. – Die deutsche Übersetzung erscheint ebenfalls 1910.

Deutsches Reich

Theodor Däubler
Das Nordlicht
Versepos in drei Teilen
In 700 numerierten Exemplaren erscheint beim Verlag Müller in München und Leipzig die dreibändige sog. Florentiner Ausgabe des über 30 000 Verse umfassenden lyrischen Epos »Das Nordlicht«, des Erstlings- und Hauptwerks von Theodor Däubler (1876–1934). In pathetisch-hymnischen Versen gibt der Expressionist Däubler in dieser zyklischen Kosmogonie einem mythisch-pantheistischen Weltgefühl Ausdruck.

Wilhelm Dilthey
Der Aufbau der geschichtlichen Welt in den Geisteswissenschaften
Philosophische Schrift
In Göttingen erscheint die philosophische Schrift »Der Aufbau der geschichtlichen Welt in den Geisteswissenschaften« von Wilhelm Dilthey (1833–1911), dem Hauptvertreter der sog. hermeneutischen Wissenschaft (»historische Schule«). Nach Dilthey gehört eine Wissenschaft den Geisteswissenschaften an, »wenn ihr Gegenstand uns durch das Verhalten zugänglich wird, das im Zusammenhang von Leben, Ausdruck und Verstehen fundiert ist«. Die Geisteswissenschaften und besonders die Geschichte sind die Bereiche für das Verstehen dieses Verhaltens.

Gerhart Hauptmann
Der Narr in Christo Emanuel Quint
Roman
Beim Verlag Fischer in Berlin erscheint der Roman »Der Narr in Christo Emanuel Quint« von Gerhart Hauptmann (1862–1946), das bedeutendste epische Werk des vor allem als Dramatiker des Naturalismus hervorgetretenen Dichters. Hauptmann schildert als distanzierter Chronist das Auftreten des »Giersdorfer Heilands« Emanuel Quint im schlesischen Eulengebirge um 1890. Quint, ein eigenbrötlerischer Tischlergeselle, beginnt eines Tages gegen Reiche und Herrscher zu predigen, »die die Sache der Armen beugen und Gewalt üben am Recht der Elenden«.
Quint prophezeit angesichts der allgemeinen Sittenverderbnis und des sozialen Elends das Jüngste Gericht und verspricht den Unschuldigen das »Tausendjährige Reich«. Seine sozialen Thesen gründen sich auf urchristliche Vorstellungen, die unter den verelendeten Bergbewohnern bald Anhänger finden. Quint wird als »Christus« und »Messias« verehrt, endet jedoch schließlich, verfolgt und verlassen, als Vagabund, der als »Christus« vergebens um Obdach bettelt und dessen Spur sich im Schnee der Schweizer Alpen verliert. Sein Ziel, die Lage der Elenden und Entrechteten zu ändern, hat er nicht erreicht.

Georg Hermann
Kubinke
Roman
Der in Berlin erschienene Roman »Kubinke« von Georg Hermann (1871–1943) erzählt die tragikomische Geschichte eines sensiblen, innerlich wehrlosen jungen Mannes, der an den Lebensumständen zerbricht. Der Roman ist zugleich eine bittere Satire auf die Zeitverhältnisse. Der Friseurgehilfe Emil Kubinke träumt vergeblich von der Liebe und einem eigenen Frisiersalon. Er läßt sich mit zwei Mädchen ein, die in der Liebe nicht zimperlich sind. Diese Episoden verblassen rasch, als er dem Hausmädchen Pauline begegnet, mit dem er sich verlobt. Da erhält er eine Alimentationsklage von einer der Verflossenen, obwohl er, wie er meint, aus »medizinischer Unmöglichkeit« nicht Vater sein kann. Pauline verzeiht ihm und hält an der Verlobung fest. Da kommt die zweite Alimentationsklage. Wieder kann Kubinke nicht der Vater sein. Diesmal wartet er den Gerichtsbeschluß nicht ab: Er steigt hinauf in seine Bodenkammer und erhängt sich am Dachsparren, »in Wut und Scham, in Ekel und Angst«.

Hermann Hesse
Gertrud
Roman
Beim Verlag Langen in München erscheint der Künstlerroman »Gertrud« von Hermann Hesse (1877–1962). Während seiner Ausbildung zum Violinisten erleidet der Student Kuhn bei einer Rodelpartie, die er einem Mädchen zuliebe unternimmt, einen Unfall, der ihn zum Krüppel macht. Sein unbeschwertes und sorgenloses Dasein ist für immer vorbei, die oberflächlich-mitleidige Haltung der Gesellschaft drängt ihn in die Rolle eines geduldeten Außenseiters. Was ihm das

Leben versagt, soll ihm die Kunst ersetzen. Der Ich-Roman, konzipiert als Lebensrückblick Kuhns, offenbart die menschliche Isolierung und Vereinsamung des Künstlers in der Gesellschaft. Kuhns große Liebe, Gertrud, heiratet einen gefeierten Sänger, der später Selbstmord begeht in der Meinung, »daß das Leben nichts wert ist«. Die einstige Liebe zwischen Gertrud und Kuhn wandelt sich zu einer entsagenden Freundschaft, bestimmt von »Güte und Vernunft«, da für Kuhn Verzicht eine der Voraussetzungen seiner Kunst ist und er Befriedigung nur im Geistigen sucht.

Ricarda Huch
Das Leben des Grafen Federigo Confalonieri
Historischer Roman
Beim Insel Verlag in Leipzig erscheint die Romanbiographie »Das Leben des Grafen Federigo Confalonieri« von Ricarda Huch (1864–1947). Der Roman, in dem historische Tatsachen mit phantasievoller, künstlerischer Gestaltung verbunden werden, zählt zu den bedeutendsten Werken der Autorin. Der Titelheld ist Anhänger des revolutionären Geheimbunds der Carbonari, einer Vorläuferorganisation der italienischen Einheits- und Unabhängigkeitsbewegung des Risorgimento. Psychologisch differenziert verfolgt Ricarda Huch seine menschliche und politische Entwicklung von elitär-aristokratischer Überheblichkeit bis zur Einsicht, daß nur im Dienst des Volkes höchste Entfaltung der schöpferischen Individualität möglich sei.

Erwin Guido Kolbenheyer
Meister Joachim Pausewang
Roman
Beim Verlag Müller in München erscheint der Roman »Meister Joachim Pausewang« von Erwin Guido Kolbenheyer (1878–1962). In dieser »historischen Dichtung« versucht der Autor, »weltanschauliche Elemente der deutschen Vergangenheit in Gefühls- und Erlebnisnähe zurückzurufen«. Im Chronikenstil des 17. Jahrhunderts wird die Lebensgeschichte des schlesischen Schusters Pausewang erzählt, der ein Freund des Mystikers Jakob Böhme war.

Hermann Löns
Der Wehrwolf
Eine Bauernchronik
Beim Verlag Diederichs in Jena erscheint der Roman »Der Wehrwolf« von Hermann Löns (1866–1914). In dieser »Bauernchronik« aus dem Dreißigjährigen Krieg gründen niedersächsische Bauern einen Kampfbund zum Schutz gegen die umherziehende Soldateska. Die Devise dieser »Wehrwölfe« – so der Name des Kampfbunds – aus der Lüneburger Heide lautet: »Besser fremdes Blut am Messer, als ein fremdes Messer im eigenen Blut.« Der der Heimatkunstbewegung nahestehende Löns benutzt dieses Sittenbild aus dem Dreißigjährigen Krieg, um seine Vorstellungen von einer nichtchristlichen, männlichen »germanischen Renaissance« zu propagieren.

Christian Morgenstern
Palmström
Lyrische Grotesken
Beim Verlag Cassirer in Berlin erscheint der Lyrikband »Palmström«, eine Fortsetzung der 1905 erstmals erschienenen »Galgenlieder« von Christian Morgenstern (1871–1914), die 1908 in einer dritten, vermehrten Auflage herausgekommen sind. Hauptgestalt der Sammlung ist der gutmütige, phantasiereiche Idealist Palmström, »den oft unvermittelt – nackt, Ehrfurcht vor dem Schönen packt«, der ein Theater mit drehbarem Zuschauerraum und eine Uhr mit Herz erfindet. Während seiner Reise in ein »böhmisches Dorf« gesellt sich ihm Herr von Korf zu, der Erfinder der Tagnachtlampe, »die, sobald sie angedreht, selbst den hellsten Tag in Nacht verwandelt«. – Bis zum Tod des Dichters 1914 erreicht »Palmström« die siebte Auflage.

Christian Morgenstern
Einkehr
Gedichte
Beim Verlag Piper in München erscheint die Gedichtsammlung »Einkehr« von Christian Morgenstern. Der Dichter legt hier überwiegend Gedankenlyrik vor. Unter dem Eindruck des neutestamentlichen Johannes-Evangeliums hält er »Einkehr« in ein neues Gottesempfinden, »den Kelch der Ewigkeit im Munde«.

Clara Viebig
Die vor den Toren
Roman
Beim Verlag Fleischel in Berlin erscheint der naturalistische Roman »Die vor den Toren« von Clara Viebig (1860–1952). Geschildert wird der Gründerzeitboom in Berlin nach dem Deutsch-Französischen Krieg von 1870/71. Die neue Reichshauptstadt wächst rasch und unaufhaltsam nach allen Seiten und zieht Menschen von überall her an: »Berlin wächst schnell. Verschlingt alles rund um sich: Brache und Acker, fruchttragenden Boden und unfruchtbaren, Hof und Hütte, und den Bauern selber mit.« Der unerbittliche Kapitalisierungsprozeß – geschildert werden vor allem Grundstücksspekulationen – bedroht alle zwischenmenschlichen Beziehungen.

Paul Zech
Waldpastell
Sechs Gedichte
In der Reihe »Lyrische Flugblätter« erscheinen beim Verlag Meyer in Berlin-Wilmersdorf unter dem Titel »Waldpastelle« die ersten sechs Gedichte von Paul Zech (1881–1946). Die an Stefan George, Rainer Maria Rilke und Hugo von Hofmannsthal geschulten, weitgehend dem Impressionismus verhafteten Gedichte stellen der als negativ dargestellten Großstadt Erinnerungen an die auf dem Land verlebte Kindheit gegenüber. Zentrales Themas dieser »mit der Axt geschriebenen« Gedichte ist auch die Klage um das Schicksal des Menschen in einer »verwirrten« und »verfluchten« Welt.

Frankreich

Paul Claudel
Fünf große Oden mit einem Prozessionslied zur Begrüßung des neuen Jahrhunderts
(Cinq Grandes Odes suivies d'un processional pour saluer le siècle nouveau)
Gedichtzyklus
In Paris erscheint der erste Gedichtband des vor allem als Dramatiker hervorgetretenen Paul Claudel (1868–1955). »Fünf große Oden mit einem Prozessionslied zur Begrüßung des neuen Jahrhunderts« gilt zugleich als eines seiner Hauptwerke. Jede Ode ist ein eigenständiges Gedicht, doch bilden alle zusammen einen Zyklus, in dem die wichtigsten Etappen im Leben Claudels zur Sprache kommen. Seine Konversion zum Katholizismus und die menschliche Unzulänglichkeit gegenüber dem Auftrag des Dichters sind dabei die zentralen Themen. – Die deutsche Übersetzung erscheint 1963.

Gustave Flaubert
November
(Novembre)
Erzählung
Postum erscheint als Band 15 der Werkausgabe bei der Édition Conard in Paris die von 1840 bis 1842 entstandene Erzählung »November« von Gustave Flaubert (1821–1880). Unter dem Einfluß der Romantik schildert Flaubert in diesem nicht zur Veröffentlichung bestimmten Jugendwerk das Scheitern der Suche nach absoluten Gefühlen bzw. absoluter Sinnlichkeit am Beispiel der Begegnung des Ich-Erzählers, der sich als Dichter fühlt, mit der Prostituierten Marie. – Die deutsche Übersetzung erscheint 1917.

Charles Péguy
Das Mysterium der Erbarmung
(Le Mystére de la charité de Jeanne d'Arc)
Religiöses Werk
In Paris erscheint das religiöse Werk »Das Mysterium der Erbarmung« von Charles Péguy (1873–1914). In zwei Dialogen mit ihrer Freundin gibt die 13jährige Jeanne d'Arc ihrem Leiden an der »Verdammnis der Verdammten« Ausdruck, ohne eine befriedigende Antwort zu erhalten. Wonach Jeanne strebt, ist die menschheitsrettende Aktion, die tatkräftige »Erbarmung«. – Die deutsche Übersetzung dieses mit mystischen und theologischen Betrachtungen überfrachteten Werks erscheint 1920.

Großbritannien

Arnold Bennett
Clayhanger
(Clayhanger)
Roman
Der in London erscheinende Roman »Clayhanger« ist der erste Teil der Trilogie »Die Familie Clayhanger« von Arnold Bennett (1867–1931); 1911 erscheint »Hilda«, 1916 »Diese Beiden«. Die Trilogie, in der sich naturalistische Milieuschilderung, symbolische Details und beißende Ironie verbinden, schildert den Aufstieg des autoritär-puritanischen, merkantilem Denken verhafteten Darius Clayhanger vom Hilfsarbeiter zum reichen Druckereibesitzer. Thema ist dabei der Vater-Sohn-Konflikt: Edwin, der Sohn von Darius, will Architekt werden, wird jedoch vom Vater gezwungen, in der Druckerei zu arbeiten. Erst nach dem Tod des Vaters fühlt sich Edwin wirklich frei. – Die deutsche Übersetzung erscheint 1930.

Edward Morgan Forster
Howards Ende
(Howards End)
Roman
Unter das Motto »Only connect« (»nur zusammenfügen«) stellt Edward Morgan Forster (1879–1970) seinen in London erscheinenden Roman »Howards End«. Mit diesem Motto klingt das Hauptthema des Romans an: Die Überwindung der Schranken zwischen Individuen und Gruppen unterschiedlicher Herkunft und Lebensart. Beschrieben wird dies am Beispiel zweier Familien, den intellektuellen, liberalen Schlegels und der traditionsbewußten, nüchtern-geschäftsmäßigen Familie Wilcox. – Die deutsche Übersetzung erscheint 1949.

Herbert George Wells
Die Geschichte Mr. Pollys
(The History of Mr. Polly)
Roman
In London erscheint der Roman »Die Geschichte Mr. Pollys« von Herbert George Wells (1866–1946), die tragikomische Geschichte eines mit seiner Umwelt hadernden Kleinbürgers um die Jahrhundertwende und zugleich eine Anklage gegen eine Gesellschaft, die für frustrierte Außenseiter keine Verwendung hat und dem »kleinen Mann« so gut wie keine Möglichkeit zur Selbstverwirklichung bietet. Alfred Polly führt nur widerwillig ein vom Bankrott bedrohtes Geschäft in einer englischen Provinzstadt; die Ehe mit seiner zänkischen Frau bietet ihm keinen Rückhalt, er ist völlig isoliert. Er fühlt die in sich brachliegenden Talente und Fähigkeiten, läßt sie jedoch in Tagträumen verpuffen. Ein gescheiterter Selbstmordversuch wird schließlich zum Auslöser für den Ausbruch aus diesem Leben: Er begreift, daß er durch eigenes Handeln die Isolation überwinden kann, verläßt seine Frau und zieht als Tramp durchs Land.

Indien

Rabindranath Tagore
Das Liedopfer
(Gitanjali)
Gedichtsammlung
In Kalkutta erscheint die Gedichtsammlung »Das Liedopfer« von Rabindranath Tagore (1861–1941). Die 157 Lieder dieses Bandes erlangen Weltruhm, 1913 wird der Dichter dafür als erster außereuropäischer Autor mit dem Literaturnobelpreis ausgezeichnet, und zwar »für die einfühlsamen, lebendigen und schönen Verse, mit denen er in vollendeter Weise seine dichterischen Gedanken – in englischer Sprache – zu einer Komponente der abendländischen Literatur gemacht hat«. Die Übertragung ins Englische besorgt Tagore selbst, 1914 erscheint die deutsche Übersetzung. Die Gedichte in »Gitanjali« sind Gesänge an Gott, drükken das Hoffen auf seine Gnade aus, das Wissen um die Alleinheit der Welt: »Der gleiche Strom des Lebens, der Tag und Nacht durch meine Adern fließt, fließt durch die Welt und tanzt in rhythmischen Maßen.«

Italien

Filippo Tommaso Marinetti
Mafarka der Futurist
(Mafarka-le-Futuriste)
Afrikanischer Roman
Ein großes Echo findet der in Paris in französischer Sprache erscheinende Roman »Mafarka der Futurist« von Filippo Tommaso Marinetti (1878–1944), einer

der zentralen Persönlichkeiten des Futurismus (→ 11. 2./S. 49). Die italienische Übersetzung dieses »afrikanischen Romans«, der den »futuristischen Brüdern, den großen brandstiftenden Dichtern«, gewidmet ist, erscheint ebenfalls 1910 in Mailand. Marinetti muß sich wegen des Einleitungskapitels »Die Schändung der Negerinnen« in Mailand vor Gericht verantworten und gibt anläßlich dieses literarischen Schauprozesses eine Inhaltsangabe des aufsehenerregenden Romans: »Ich habe hier den eindrucksvollen Aufstieg eines afrikanischen Helden beschrieben, der sich durch Draufgängertum und Durchtriebenheit auszeichnet. Seinen ungestümen Willen, zu leben und in der Schlacht und in Abenteuern aller Art die Oberhand zu behalten, hat er bereits offenbart, hat die Heere der Neger zersprengt und das Zepter seiner befreiten Stadt erobert. Doch er ist nicht zufrieden, die Welt nach seinem Gefallen geschmiedet zu haben, und erhebt sich alsbald vom kriegerischen und philosophischen und künstlerischen Heldentum. Er will schaffen, und er schafft, im übermenschlichen Kampf gegen die Materie und die mechanischen Gesetze, seinen idealen Sohn, das Meisterwerk an Lebenskraft, den geflügelten Helden, dem er in einem letzten Kuß Leben einflößt, ohne die Mithilfe der Frau, die der tragischen . . . Geburt beiwohnt.«

Österreich

Franz Karl Ginzkey
Balladen und neue Lieder
Beim Verlag Staackmann in Leipzig erscheinen die »Balladen und Lieder« des Neuromantikers Franz Karl Ginzkey (1871–1963). In diesem Band beginnt er mit dem Tanzlied vom »Lieben Augustin« und mit der Ballade vom Prinzen Eugen die Reihe seiner nach Form, Sprache und Stoff in der österreichischen Tradition wurzelnden Balladendichtungen. Sie behandeln Stoffe aus Geschichte, Sage und Märchen sowie Erfundenes.

Enrica von Handel-Mazzetti
Die arme Margaret
Ein Volksroman aus dem alten Steyr
Beim Verlag Kösel in Kempten erscheint der historische Roman »Die arme Margaret« von Enrica von Handel-Mazzetti (1871–1955). Das melodramatische Werk schildert den vergeblichen Versuch eines jungen katholischen Leutnants, während der Gegenreformation in Österreich die junge Witwe eines hingerichteten Lutheraners zum katholischen Glauben zu zwingen. Margaret weigert sich standhaft, doch zwischen ihr und dem Offizier wächst Zuneigung. Als der Leutnant sie zu vergewaltigen versucht, flieht sie. Der Offizier wird zum Spießrutenlaufen verurteilt und stirbt in ihren Armen.

Rainer Maria Rilke
Die Aufzeichnungen des Malte Laurids Brigge
Tagebuchroman
Beim Insel Verlag in Leipzig erscheint der in Tagebuchform gehaltene Roman »Die Aufzeichnungen des Malte Laurids Brigge« von Rainer Maria Rilke (1875–1929). Das Werk gilt als der erste Roman der »Moderne« in der deutschsprachigen Literatur, weil hier zum ersten Mal die aus dem 19. Jahrhundert überkommene Erzählhaltung völlig aufgebrochen wird aufgrund der Disharmonie zwischen Individuum und Gesellschaft. Rilke bzw. das fiktive Ich Malte Laurids Brigge – ein 28jähriger dänischer Adliger, der in Paris wohnt, heimatlos, absichtslos, besitzlos, der Letzte seines Stammes – erzählt keine Fabel, sondern setzt an die Stelle einer überschaubaren, nachprüfbaren Handlung Impressionen, Erinnerungen und Reflexionen, wobei die Grenzen zum Essay und zum Gedicht unscharf sind. Die Umwelt ist keine objektive Gegebenheit, sondern ein bloßer Gegenstand, verfremdet durch die Beobachtung des erzählenden Ich. Erzählt werden Bilder von Elend, Krankheit, Tod und Verfall, Dekadenz und Untergang beherrschen das Geschehen. Die »Stadt« wird zum Symbol der Enthumanisierung, zum Inbegriff des Bösen, des Nichtzubewältigenden.

Russisches Reich

Iwan A. Bunin
Das Dorf
(Derevnja)
Roman
In Moskau erscheint mit dem Untertitel »Poem« der Roman »Das Dorf«, das erste längere Prosawerk des späteren Literaturnobelpreisträgers Iwan A. Bunin (1870–1953). Das aufsehenerregende Buch schildert eindrucksvoll die trostlosdüsteren Verhältnisse in den russischen Provinzen und die schwelenden sozialen Konflikte. Bunin zeichnet realistisch die Armut und Unterdrückung der Landbevölkerung, ohne jedoch eine radikale soziale Anklage zu formulieren.

Alexei M. Remisow
Die Schwestern im Kreuz
(Krestovye sestry)
Roman
In Petersburg (Leningrad) erscheint der soziale Roman »Die Schwestern im Kreuz« von Alexei M. Remisow (1877–1957). In diesem stark symbolistischen Werk schildert Remisow das aussichtslose, bittere Leben von Menschen in einer Petersburger Mietskaserne. Schonungslos werden – aus einer pessimistischen Weltsicht heraus – soziale Mißstände entlarvt. – Die deutsche Übersetzung erscheint 1913.

Uraufführungen Schauspiel, Oper, Operette und Ballett 1910

Die bedeutendsten Uraufführungen aus Schauspiel, Oper, Operette und Ballett sind alphabetisch nach Ländern bzw. nach Autoren/Komponisten geordnet (siehe auch Übersichtsartikel »Theater« auf S. 30 und »Musik« auf S. 186).

Deutsches Reich

Jean Gilbert
Die keusche Susanne
Operette in drei Akten
Jean Gilbert (1879–1942), ein Vertreter der sog. Berliner Operettenschule, erringt seinen ersten großen Erfolg mit der Operette »Die keusche Susanne«, die am 26. Februar im Wilhelm-Theater in Magdeburg uraufgeführt wird. Der Liebesschwank, in dem die bürgerliche Moral der Jahrhundertwende ironisiert wird, verdankt seinen dauerhaften Erfolg neben den schmissigen Melodien vor allem dem Walzer »Wenn die Füßchen sich heben und schweben« und dem Marsch »Wenn der Vater mit dem Sohne auf den Bummel geht«.

Engelbert Humperdinck
Königskinder
Musikmärchen in drei Akten
Die Märchenoper »Königskinder« von Engelbert Humperdinck (1854–1921) wird am 29. Dezember 1910 in New York uraufgeführt. Die Urfassung des Librettos von Ernst Rosmer war bereits 1897 in München als Melodrama uraufgeführt worden. Die Vertonung der Geschichte von der Liebe und dem gemeinsamen Tod zweier Königskinder im Wald zählt zu den poetisch-schönsten Werken des neueren Musikdramas, das aber weniger Verbreitung als Humperdincks Welterfolg »Hänsel und Gretel« (1893) findet. Es wird jedoch in der Folgezeit auch in Prag, Straßburg, London, Mailand, Budapest, Brüssel, Wien, Moskau und Zagreb gespielt. Die deutsche Erstaufführung findet 1911 in Berlin statt.

Ludwig Thoma
Erster Klasse
Bauernschwank in einem Akt
Der Bauernschwank »Erster Klasse« von Ludwig Thoma (1867–1921) wird am 10. September an der Bauernbühne des Michael Dengg in München uraufgeführt, Regie führt der volkstümliche Erzähler, Dramatiker und Lyriker Thoma selbst. Die Bahnfahrt des Handelsreisenden Stüve aus Neuruppin nach München bildet den Rahmen für unverblümte Kritik an den bayerischen Sitten und Zuständen. Das Stück, so der Autor, »gab mir Gelegenheit, die bayerische Bahn, bayerischen Beamtenzopf und einen Berliner Geschäftsreisenden und dazu zwei Dachauer Hammel schön zu verulken«.

Frankreich

Jules Massenet
Don Quichotte
Heroische Komödie
Die Oper »Don Quichotte« von Jules Massenet (1842–1912) wird am 19. Februar in Monte Carlo uraufgeführt. Die Titelrolle des effektvollen Werks singt Fjodor I. Schaljapin. Die Oper über den Ritter von der traurigen Gestalt erlebt noch im Jahr der Uraufführung große Verbreitung und wird in Brüssel, Moskau (in russischer Übersetzung), Marseille und Paris gespielt. Die deutsche Erstaufführung findet 1911 in Nürnberg statt.

Nikolai A. Rimski-Korsakow
Scheherazade
(Schéhérazade)
Ballett in einem Akt
Alexandre Benois schrieb das Libretto zu dem Ballett »Scheherazade« nach dem gleichnamigen Orchesterwerk von Nikolai A. Rimski-Korsakow (1844–1908). Am 4. Juni wird es im Théâtre National de l'Opéra in Paris durch Sergei Diaghilews »Ballets Russes« uraufgeführt. Die Choreographie leitet Michail M. Fokin, die Ausstattung dieses im Orient von »Tausendundeiner Nacht« spielenden Werks besorgte Léon Bakst.

Edmond Rostand
Chantecler
(Chantecler)
Versdrama in vier Akten
Das überaus erfolgreiche romantische Versdrama »Chantecler« von Edmond Rostand (1868–1918) wird am 7. Februar im Théâtre de la Porte-Saint-Martin in Paris uraufgeführt. Rostand dramatisiert in diesem Stück, in dem nur Tiere vorkommen, alte Bezugsmuster der mittelalterlichen Tierfabel, wobei der Pfau für substanzlose Schönheit und die Hühner für geistlosen Herdentrieb stehen. Als der tapfere Hahn Chantecler Hilfe braucht, folgen die Hühner seinem Rivalen, einem brutalen Kampfhahn. Die Liebe einer Fasanenhenne zu Chantecler offenbart sich erst, als sie sich während einer Jagd für ihn opfert.

Igor Strawinski
Der Feuervogel
(L'Oiseau de Feu)
Ballett in vier Szenen
Nach den alten russischen Volksmärchen vom »Iwan Zarewitsch«, vom »Feuervogel« und vom »Unsterblichen Köstschei« schrieb Michail M. Fokin das Libretto für das Ballett »Der Feuervogel«, das am 25. Juni durch Sergei Diaghilews »Ballets Russes« im Théâtre National de l'Opéra in Paris uraufgeführt wird. Die Musik komponierte der noch weitgehend unbekannte Igor Strawinski (1882–1971), der für die menschliche Sphäre und den außermenschlichen Bereich (Feuervogel) äußerst gegensätzliche Klangpaletten einsetzt. Fokin erarbeitete die Choreographie, die Ausstattung besorgte Alexander Golowin, die Kostüme entwarfen Golowin und Léon Bakst. Darsteller der Uraufführung sind neben Fokin Tamara Karsawina, Vera Fokina und Enrico Cecchetti.

Großbritannien

John Galsworthy
Justiz
(Justice)
Schauspiel in vier Akten
Den Besuch eines Gefängnisses im Jahr 1907 verarbeitete John Galsworthy (1867–1933) zu dem Thesendrama »Justiz«, das am 21. Februar im Duke of York's Theatre in Glasgow uraufgeführt wird. Galsworthy greift die dogmatische englische Rechtsprechung und die Behandlung der Häftlinge in den Gefängnissen an. Der große Widerhall, den dieses realistische Stück weit über Großbritannien hinaus findet, trägt nicht unwesentlich zu späteren Strafvollzugsreformen in England bei.

Irland

John Millington Synge
Deirdre von den Schmerzen
(Deirdre of the Sorrows)
Tragödienfragment
Postum wird am 13. Januar im Abbey Theatre in Dublin das Tragödienfragment »Deirdre von den Schmerzen« von John Millington Synge (1871–1909) uraufgeführt. Synge, einer der führenden Dramatiker der keltischen Renaissance, behandelt hier den Sagenstoff von der den Tod überdauernden Liebe der jungen Deirdre zu Naisi, wobei er volkstümlich-realistische und poetische Elemente zu einer Schicksalstragödie im Spannungsfeld zwischen Traum und Wirklichkeit verbindet.

Italien

Giacomo Puccini
Das Mädchen aus dem goldenen Westen
(La Fanciulla del West)
Oper in drei Akten
Zu einem riesigen Erfolg wird die Uraufführung der Oper »Das Mädchen aus dem goldenen Westen« von Giacomo Puccini (1858–1924) am 10. Dezember an der Metropolitan Opera in New York mit Emmy Destinn und Enrico Caruso in den beiden Hauptrollen. Das Libretto schrieben Guelfo Civinini und Carlo Zangarini. Puccini legt eine Fülle von impressionistischen Klangschichtungen mit einem stark besetzten Orchester frei. Während sich die Oper in den USA rasch durchsetzt, findet sie in Europa nur zögernd Beachtung. 1911 wird sie in London, Rom, Buenos Aires und Warschau gespielt, 1912 in Monte Carlo, Paris und Marseille. Die deutsche Erstaufführung findet 1913 in Berlin statt.

Österreich

Franz Lehár
Zigeunerliebe
Romantische Operette in drei Akten
Im Wiener Carl-Theater wird am 8. Januar die romantische Operette »Zigeunerliebe« von Franz Lehár (1870–1948) uraufgeführt. Das zu Beginn des 19. Jahrhunderts spielende Werk zwischen Traum und Wirklichkeit wird geprägt durch Zigeunermusik, Csárdásrhythmen und Zymbalklänge sowie durch eindrucksvolle Naturlautmalereien.

Arthur Schnitzler
Anatol
Sieben Einakter in Prosa
Gleichzeitig am Deutschen Volkstheater in Wien und am Berliner Lessing-Theater wird am 3. Dezember das aus sieben nur lose zusammenhängenden Einzelszenen bestehende Stück »Anatol« von Arthur Schnitzler (1862–1931) uraufgeführt. In diesem bereits 1893 im Druck erschienenen Erstlingswerk entwirft Schnitzler eine für sein gesamtes Œuvre charakteristische Gestalt: Den frivolen und zugleich schwermütigen, in immer neue, flüchtige Liebschaften verstrickten Träumer. In sieben Szenen wird das Schicksal des »leichtsinnigen Melancholikers« Anatol, eines »Hypochonders der Liebe«, nachgezeichnet.

Karl Schönherr
Glaube und Heimat
Tragödie eines Volkes
Das im Untertitel als »Tragödie eines Volkes« bezeichnete Schauspiel »Glaube und Heimat« von Karl Schönherr (1867–1943), uraufgeführt am 17. Dezember am Deutschen Volkstheater in Wien, wird einer der größten Bühnenerfolge in der Zeit vor dem Ersten Weltkrieg. Schönherr gestaltet mit virtuoser Technik und zum Teil reißerischer Dramaturgie das Schicksal österreichischer Protestanten zur Zeit der Gegenreformation: Innerhalb von zwei Tagen müssen alle Lutheraner ihrem Glauben abschwören oder die Heimat verlassen.

Rußland

Michail M. Fokin
Le Carnaval
Ballett in einem Akt
Der Klavierzyklus »Carnaval« von Robert Schumann inspirierte den Tänzer und Choreographen Michail M. Fokin (1880–1942) zu dem Ballett »Le Carnaval«, das am 5. März im Pawlow-Saal in Petersburg (Leningrad) uraufgeführt wird. Die Ausstattung besorgte Léon Bakst. Das Ballett versucht, menschliche Charaktere durch choreographische Mittel zu spiegeln, wobei Robert Schumann im Mittelpunkt steht: Chiarina ist im Ballett der Name für seine frühere Braut Ernestine von Fricken, Estrella soll Clara Wieck versinnbildlichen, Florestan und Eusebius sind zwei Seiten von Schumann selbst. »Le Carnaval« wird ein internationaler Erfolg, auch für die Darsteller: Waslaw Nijinski, Tamara Karsawina, Vera Fokina, Bronislawa Nijinska u. a. – Die deutsche Premiere findet am 20. Mai im Theater des Westens in Berlin statt.

Schweden

August Strindberg
Die große Landstraße
(Stora landsvägen)
Ein Wanderdrama mit sieben Stationen
Am 19. Februar wird das symbolistische Bekenntnisdrama »Die große Landstraße« von August Strindberg (1840–1912) im Intima Teatern in Stockholm uraufgeführt. Zentrale Gestalt dieses handlungsarmen Stücks ist »der Jäger«, der sich in Monologen bzw. in Unterhaltungen mit Personifizierungen seines widerspruchsvollen Inneren Klarheit über sein Leben zu schaffen versucht. Die Landstraße steht dabei als Symbol für die Lebenswanderung. Seine Trauer, nicht in einer Welt der Gerechtigkeit und Menschlichkeit leben zu können, ist gleichbedeutend mit dem »Schmerz, nicht sein zu können, der er wollte sein«.

Filme 1910

Die Filmproduktion steht 1910 noch ganz am Anfang. Entsprechend gering ist die Zahl der nennenswerten Filme. Bei ausländischen Filmen steht unter dem deutschen Titel der Originaltitel (siehe auch Übersichtsartikel auf S. 152).

Dänemark

Urban Gad
Der Abgrund
(Afgrunden)
Ein sensationeller Erfolg wird der Film »Der Abgrund«, in dem zum ersten Mal der Regisseur Urban Gad und die Schauspielerin Asta Nielsen zusammenarbeiten. Asta Nielsen, die erstmals vor der Kamera steht, spielt eine junge Erzieherin, die aus ihrer vertrauten Welt ausbricht und sich einem Zirkus anschließt. Der Film macht die Hauptdarstellerin, die bisher nur auf der Bühne stand, international bekannt.

Deutsches Reich

Oskar Meßter
Das Liebesglück einer Blinden
Die 20jährige Henny Porten gibt ihr Stardebüt in dem Film »Das Liebesglück einer Blinden«. Obwohl ihr Name in dieser Oskar-Meßter-Produktion nicht genannt wird, legt die gebürtige Magdeburgerin mit der Titelrolle des erblindeten jungen Mädchens, das sich in seinen Augenarzt verliebt, den Grundstein für ihre Karriere als eine der meistbewunderten Heroinnen des deutschen Stummfilms. Das Drehbuch schrieb ihre Schwester Rosa Porten.

Sportereignisse und -rekorde des Jahres 1910

Die Aufstellung erfaßt Rekorde, Sieger und Meister in wichtigen Sportarten. Aufgenommen wurden nur solche Wettbewerbe, die in den vergangenen Jahren bereits regelmäßig ausgetragen worden sind und ab 1910 kontinuierlich zu den Sportprogrammen gehörten. Sportarten in alphabetischer Reihenfolge.

Automobilsport

Grand-Prix-Rennen

Großer Preis von (Datum) Kurs/Strecke (Länge)	Sieger (Land)	Marke	Ø km/h
Amerika (12. 11.) Savannah (668,208 km)	Bruce Brown (USA)	Benz	113,549
Coupe Vanderbilt (1. 10.) Long Island (447,525 km)	Tom Grant (USA)	Alco	104,900

Boxen/Schwergewicht

Ort (Datum)	Weltmeister	Gegner	Ergebnis
Reno (4. 7.)	Jack Johnson (USA)	James J. Jeffries (USA)	k. o. 15. R.

Eiskunstlauf

Turnier	Ort	Datum
Weltmeisterschaften	Davos (Herren)	29./30. 1.
	Berlin (Damen, Paare)	4. 2.
Europameisterschaften	Berlin	10./11. 2.
Deutsche Meisterschaften	nicht ausgetragen	
Einzel	**Herren**	**Damen**
Weltmeister	Ulrich Salchow (SWE)	Lily Kronberger (AUT)
Europameister	Ulrich Salchow (SWE)	–

Paarlauf	
Weltmeister	Anna Hübler/Heinrich Burger (GER)

Fußball

Länderspiele	Ergebnis	Ort	Datum
Deutschland (+1, =0, −3)			
Schweiz – Deutschland	2:3	Basel	3. 4.
Holland – Deutschland	4:2	Arnheim	24. 4.
Deutschland – Belgien	0:3	Duisburg	16. 5.
Deutschland – Holland	1:2	Kleve	16. 10.
Österreich (+1, =0, −1)			
Österreich – Ungarn	2:1	Wien	
Ungarn – Österreich	3:0	Budapest	
Schweiz (+0, =0, −2)			
Schweiz – Deutschland	2:3	Basel	3. 4.
England – Schweiz	6:1	London	9. 4.

Landesmeister	
Deutschland	Karlsruher FV (nach 1:0 über Holstein Kiel n. V., 15. 5., Köln)
Schweiz	Young Boys Bern
Belgien	Union St. Gilloise
England	FC Aston Villa
Finnland	IFK Abo
Holland	VV Den Haag
Italien	Inter Mailand
Norwegen	Lyn Oslo
Schottland	Celtic Glasgow
Schweden	IFK Göteborg
Spanien	AC Bilbao

Landespokal	
England	Newcastle United (nach 1:1, 2:0 gegen FC Barnesley)
Holland	Quick II Haag
Schottland	FC Dundee (nach 2:2, 0:0, 2:1 gegen FC Clyde)
Schweiz	Young Boys Bern (nach 1:1 n. V. u. 7:0 gegen FC St. Gallen)

Gewichtheben

Freies Umsetzen und Stoßen			
Weltrekord			
149,0 kg	Arvid Andersson (SWE)	7. 11. 1906	Paris
Deutscher Rekord			
132,5 kg	Heinrich Eberle (Berlin)	1896	Prag

Leichtathletik

Deutsche Meisterschaften

Disziplin	Sieger (Herkunftsort)	Leistung
Männer (Frankfurt/Main, 28. August)		
100 m	Richard Rau (Berlin)	11,2
200 m	Richard Rau (Berlin)	22,4
400 m	Hanns Braun (München)	49,2
800 m	James Lightbody (Berlin)	2:02,7
1500 m	James Lightbody (Berlin)	4:12,4
7500 m	Josef Stoiber (Nürnberg)	24:23,7
Marathon[1)]	Julius Riess (Berlin)	2:49:13,8
110 m Hürden	Arthur Schmidt (Berlin)	17,0
3000 m Hindernis	Paul Seyffert (Charlottenburg)	10:27,4
Hochsprung	Robert Pasemann (Kiel)	1,75
Stabhochsprung	Robert Pasemann (Kiel)	3,44
Weitsprung	Albert Weinstein (Berlin)	6,83
Kugelstoß	Josef Otto (Darmstadt)	12,21
Diskuswurf	Josef Otto (Darmstadt)	37,68
3000 m Bahngehen	Hermann Müller (Berlin)	13:11,0
100 km Gehen[2)]	Karl Brockmann (Berlin)	10:39:21,4

1) Frankfurt/Main 13. 6.
2) Nürnberg 16. 10.

Weltrekorde (Stand: 31. 12. 1910)

Disziplin	Name (Land)	Leistung	Datum	Ort
Männer				
100 m*	Knut Lindberg (SWE)	10,6	26. 8. 1906	Hälsingborg
200 m (Gerade)	Bernie Wefers (USA)	21,2 y	30. 5. 1896	New York
	Archie Hahn (USA)	21,6	31. 8. 1904	St. Louis
200 m (Kurve)*	Bernie Wefers (USA)	21,4 y	25. 9. 1897	Toronto
400 m	Maxie Long (USA)	47,8 y	29. 9. 1900	Travers Isl.
800 m*	Melvin Sheppard (USA)	1:52,8	21. 7. 1908	London
	Emilio Lunghi (ITA)	1:52,8 y	15. 9. 1909	Montreal
1000 m*	Emilio Lunghi (ITA)	2:31,0	31. 5. 1908	Rom
1500 m*	Harold Wilson (GBR)	3:59,8	30. 5. 1908	London
Meile*	Thomas Conneff (USA)	4:15,6	30. 8. 1895	New York
3000 m*	John Svanberg (SWE)	8:54,0	21. 8. 1908	Stockholm
5000 m*	Arthur Robertson (GBR)	15:01,2	13. 9. 1908	Stockholm
10 000 m	Alfred Skrubb (GBR)	31:02,4	5. 11. 1904	Glasgow
110 m Hürden	Forrest Smithson (USA)	15,0	25. 7. 1908	London
400 m Hürden	Charles Bacon (USA)	55,0	22. 7. 1908	London
	Gerald Anderson (GBR)	56,8 y	16. 7. 1910	London
4 × 200 m	AIK Stockholm (SWE)	1:36,0	13. 9. 1908	Stockholm
4 × 800 m	USA	7:53,0 y	5. 9. 1910	Celtic Park
Hochsprung*	Mike Sweeney (USA)	1,97	21. 9. 1895	New York
Stabhoch*	Leland Scott (USA)	3,93	27. 5. 1910	Stanford
Weitsprung	Peter O'Connor (IRL)	7,61	5. 8. 1901	Dublin
Dreisprung*	Daniel Ahearn (USA)	15,39	31. 7. 1909	Boston
Kugelstoß	Ralph Rose (USA)	15,54	21. 8. 1909	S. Francisco
Diskuswurf*	Martin Sheridon (USA)	43,89	1. 5. 1909	New York
Hammerwurf*	John Flanagan (USA)	56,19	24. 7. 1909	New Haven
Speerwurf*	Mor Koczan (UNG)	57,98	13. 6. 1909	Budapest

* inoffiziell, offiziell (auch später) nicht anerkannt
y = Yardstrecke: 220 y = 201,17 m; 440 y = 402,34 m; 880 y = 804,67 m

Disziplin	Name (Land)	Leistung	Datum	Ort
Frauen				
200 m	Agnes Wood (USA)	30,6 y	17. 5. 1903	Poughkeepsie
Hochsprung	Carolyn Hale (USA)	1,41	13. 6. 1910	New Milford

* inoffiziell, offiziell (auch später) nicht anerkannt
y = Yardstrecke: 22 y = 201,17 m; 440 y = 402,34 m; 880 y = 804,67 m

Deutsche Rekorde (Stand: 31. 12. 1910)

Disziplin	Name (Ort)	Leistung	Datum	Ort
Männer				
100 m	Vincens Duncker (Mittweida)	10,8	6. 8. 1905	Berlin
200 m	Karl Thomsen (Kiel)	22,4	11. 7. 1909	Kiel
400 m	Hanns Braun (München)	49,0	28. 8. 1909	Frankfurt/M.
800 m	Hanns Braun (München)	1:57,3	4. 9. 1910	Berlin
1000 m	Andreas Breynck (Duisburg)	2:37,0	30. 8. 1908	Frankfurt/M.
1500 m	Erwin von Sigel (Berlin)	4:14,1	28. 8. 1910	Frankfurt/M.
3000 m	Richard Heinzenburg (Berlin)	9:16,4	8. 5. 1910	Berlin
5000 m	Richard Heinzenburg (Berlin)	15:58,5	2. 10. 1910	Berlin
10 000 m	Hermann Müller (Berlin)	35:22,2	23. 8. 1905	Berlin
110 m Hürden	Julius Keyl (München)	16,0	21. 8. 1904	Frankfurt/M.
400 m Hürden	Gustav Wiese (Berlin)	62,8	10. 7. 1910	Berlin
4 × 100 m	Berliner Sport-Club	45,6	2. 10. 1910	Berlin
3 × 1000 m	FV Straßburg	8:07,0	29. 8. 1909	Frankfurt/M.
Hochsprung	Robert Pasemann (Kiel)	1,845	7. 8. 1910	Braunschweig
Stabhoch	Robert Pasemann (Kiel)	3,47	5. 6. 1910	Hamburg
Weitsprung	Arthur Hoffmann (Berl.)	6,88	4. 7. 1908	Danzig
Dreisprung	Albert Weinstein (Halle)	13,94	11. 8. 1907	Berlin
Kugelstoß	Josef Otto (Darmstadt)	12,63	23. 9. 1906	Nürnberg
Diskuswurf	Emil Welz (Frankfurt)	39,06	29. 8. 1909	Frankfurt/M.
Hammerwurf	Max Furtwengler (Regensburg)	29,84	19. 9. 1909	Regensburg
Speerwurf	Julius Wagner (Reutlingen)	54,10	1. 8. 1909	Karlsruhe

Pferdesport

Disziplin/Turnier	Sieger (Land)	Pferd (Gestüt)	Datum
Galopprennen			
Deutsches Derby	F. Bullock	Orient	26. 6.
Trabrennen			
Deutsches Derby	Charly Mills (IRL)	Raute (Bolzani)	

Radsport

Disziplin, Ort	Plazierung, Name (Land)	Zeit/ Rückstand
Rundfahrten (Etappen)		
Tour de France (15) Datum: 3. – 31. 7. Länge: 4734 km 110 Starter, 41 im Ziel	1. Octave Lapize (FRA) 2. François Faber (LUX) 3. Gustave Garrigno (FRA)	63 Punkte 67 Punkte 86 Punkte
Giro d'Italia (12) Datum: 18. 5. – 5. 6. Länge: 2987 km 101 Starter, 20 im Ziel	1. Carlo Galetti (ITA) 2. Eberardo Pavesi (ITA) 3. Luigi Ganna (ITA)	114:24:00 28:00 46:00

Schwimmen

Deutsche Meisterschaften (Dresden)

Disziplin	Sieger (Ort)	Leistung
Männer		
Freistil 100 m	Kurt Bretting (Magdeburg)	1:12,0
Freistil 1500 m	Bela Las Torres (Budapest)	24:04,0
Kunstspringen	Paul Günther (Hannover)	60,55
Mehrkampf	Hans Luber (München)	

Weltrekorde (Stand: 31. 12. 1910)

Disziplin	Name (Land)	Leistung	Datum	Ort
Männer				
Freistil 100 m	Charles Daniels (USA)	1:02,8	15. 4. 1910	New York
Freistil 200 m	Zoltan Halmay (HUN)	2:25,4	4. 10. 1908	Magdeburg
Freistil 400 m	Frank Beaurepaire (AUS)	5:23,0	8. 6. 1910	Budapest
Freistil 800 m	Henry Taylor (GBR)	11:25,4	21. 7. 1906	Runcorn
Freistil 1500 m	Henry Taylor (GBR)	22:48,4	25. 7. 1908	London
Freistil 4 × 100 m	Deutschland	5:09,4	11. 7. 1910	Frankfurt
Freistil 4 × 200 m	Großbritannien	10:55,6	24. 7. 1908	London
Brust 100 m	Walther Bathe (GER)	1:17,8	18. 12. 1910	Budapest
Brust 200 m	Felicien Coubet (BEL)	3:00,8	2. 10. 1910	Schaerbek
Rücken 100 m	Maurice Weckesser (BEL)	1:19,3	1. 8. 1909	M'gladbach
Rücken 200 m	Maurice Weckesser (BEL)	2:56,4	18. 10. 1910	Schaerbek
Frauen				
Freistil 100 m	C. Guttenstein (BEL)	1:26,6	2. 10. 1910	Schaerbek
Freistil 200 m	E. Bohne (GER)	3:46,4	1907	Hannover
Brust 100 m	Gerda Hässler (GER)	1:40,8	1907	Hannover
Brust 200 m	G. Willner (GER)	3:41,6	1909	Hamburg

Deutsche Rekorde (Stand: 31. 12. 1910)

Disziplin	Name (Land)	Leistung	Datum	Ort
Männer				
Freistil 100 m	Kurt Bretting (Magdebg.)	1:05,0	1. 10. 1910	Magdeburg
Freistil 200 m	Walther Binner (Breslau)	2:35,2	10. 4. 1910	Magdeburg
Freistil 400 m	Herbert Werny (Halberstadt)	6:05,3	11. 9. 1910	Hannover
Freistil 800 m	Emil Rausch (Berlin)	13:11,4	7. 9. 1904	St. Louis
Freistil 1500 m	Otto Fahr (Cannstatt)	25:06,0	15. 8. 1910	Dresden
Freistil 4 × 100 m	Hellas Magdeburg	5:09,4	11. 7. 1910	Frankfurt
Brust 100 m	Walther Bathe (Breslau)	1:17,8	18. 12. 1910	Budapest
Brust 200 m	Erich Seidel (Berlin)	3:04,4	14. 8. 1904	Kochsee
Rücken 100 m	Arno Bieberstein (Magdeburg)	1:19,4	3. 10. 1909	Magdeburg
Rücken 200 m	Georg Arnold (Magdebg.)	2:59,4	2. 1. 1910	Magdeburg
Frauen				
Freistil 100 m	Maria Gerstung (Magdeburg)	1:35,0	8. 10. 1908	Magdeburg
Freistil 200 m	E. Bohne (Magdeburg)	3:46,4	1907	Hannover
Brust 100 m	Gerda Hässler (Berlin)	1:40,8	1907	Hannover
Brust 200 m	G. Willner (Hamburg)	3:41,6	1909	Hamburg

Tennis

Meisterschaften	Ort	Datum
Wimbledon	London	20. 6.–2. 7.
US Open	Newport (Herren) Philadelphia (Damen)	
Australian Open	Melbourne	
Internationale Deutsche	Hamburg	
Daviscup-Endpiel	nicht ausgetragen	

Turnier	Sieger (Land) – Finalgegner (Land)	Ergebnis
Herren		
Wimbledon	Anthony Wilding (NSE) – Arthur Gore (GBR)	6:4, 7:5, 4:6, 6:2
US Open	William Larned (USA) – Thomas C. Bundy (USA)	6:1, 5:7, 6:0, 6:8, 6:4
Australian O.	R. W. Heath – H. M. Rice	6:4, 6:3, 6:2
Int. Deutsche	Otto Froitzheim GER)	

Tennis (Fortsetzung)

Turnier	Sieger (Land)	Finalgegner (Land)	Ergebnis
Damen			
Wimbledon	Dorothea Lambert-Chambers (GBR)	Dora Boothby (GBR)	6:2, 6:2
US Open	Hazel Hotchkiss (USA)	Louise Hammond (USA)	6:4, 6:2
Int. Deutsche	Miken Rieck (GER)		
Herren-Doppel			
Wimbledon	Anthony Wilding (NSE)/ J. George Ritchie (GBR)	Arthur Gore (GBR)/ Herbert Roper Barret (GBR)	6:1, 6:1, 6:2
US Open	Fred Alexander (USA)/ Harold Hackett (USA)	Thomas C. Bundy (USA)/ Trowbridge Hendrick (USA)	6:1, 8:6, 6:3
Australian O.	H. M. Rice/ A. Campbell	R. W. Heath/ J. L. O'Dea	6:3, 6:3, 6:2
Int. Deutsche	Otto von Müller/Heinrich Schomburgk (GER)		
Damen-Doppel			
US Open	Hazel Hotchkiss (USA)/ Edith Rotch (USA)	Adelaide Browning (USA)/ Edna Wildey (USA)	6:4, 6:4
Mixed			
Wimbledon*	Stanley Doust (AUS)/ Dorethea Lambert-Chambers (GBR)		
US Open	J. R. Carpenter (USA)/ Hazel Hotchkiss (USA)	H. M. Tilden (USA)/ Edna Wildey (USA)	6:4, 6:4
Int. Deutsche	Dr. Neresheimer/F. C. Uhl (GER)		

* inoffiziell

Abkürzungen im Sportteil

AFG	Afghanistan	COL	Kolumbien	GRE	Griechenland	MEX	Mexiko	SAF	Südafrika
ARG	Argentinien	COS	Costa Rica	GUA	Guatemala	NIC	Nicaragua	SAL	El Salvador
AUS	Australien	CUB	Kuba	HAI	Haiti	NOR	Norwegen	SPA	Spanien
AUT	Österreich	DAN	Dänemark	HOL	Holland	NSE	Neuseeland	SUI	Schweiz
BEL	Belgien	DOM	Dominikanische Republik	HON	Honduras	PAN	Panama	SWE	Schweden
BOL	Bolivien			ITA	Italien	PAR	Paraguay	TUR	Türkei
BRA	Brasilien	ECU	Ecuador	JAP	Japan	PER	Peru	UNG	Ungarn
BUL	Bulgarien	ETH	Äthiopien	LIA	Liberia	POR	Portugal	URU	Uruguay
CAN	Kanada	FRA	Frankreich	LIE	Liechtenstein	PUR	Puerto Rico	USA	Vereinigte Staaten von Amerika
CHI	Chile	GBR	Großbritannien	LUX	Luxemburg	RUM	Rumänien		
CHN	China	GER	Deutsches Reich	MCO	Monaco	RUS	Rußland	VEN	Venezuela

Nekrolog 1910

Bekannte Persönlichkeiten aus allen Bereichen des gesellschaftlichen Lebens, die im Jahr 1910 gestorben sind, werden – alphabetisch geordnet – in Kurzbiographien dargestellt.

Andreas Achenbach

deutscher Maler (* 29. 9. 1815, Kassel), stirbt am 1. April 1910 in Düsseldorf.
Achenbach zählte als Landschaftsmaler zu den führenden Vertretern der Düsseldorfer Schule. Unter dem Einfluß der holländischen Landschaftsmaler des 17. Jahrhunderts brach er in den 1830er Jahren mit der Romantik und stellte nüchtern-realistisch ländliche und Küstenmotive dar, vor allem aus dem rheinischen Raum, von der Nordseeküste und Norwegen. Mit seinem an die Schule von Barbizon erinnernden Stimmungsrealismus erreichte er in den 50er und 60er Jahren den Höhepunkt seines Schaffens.

Albert Anker

schweizerischer Maler und Illustrator (* 1. 4. 1831, Ins/Kanton Bern), stirbt am 16. Juli 1910 in Ins.
Als Genre- und Bildnismaler spezialisierte sich Anker auf Darstellungen aus dem Bauernleben des Berner Landes (»Dorfschule«, 1864, »Die Armensuppe in Ins«, 1893, »Pestalozzi, sich der verwaisten Kinder annehmend«, 1906). Darüber hinaus schuf er Porträts und Figurenbilder sowie Illustrationen zu Werken des Dichters Jeremias Gotthelf.

Alexander Baumgartner

schweizerischer Literarhistoriker (* 27. 6. 1841, Sankt Gallen), stirbt am 5. September 1910 in Luxemburg.
Das Hauptwerk des Jesuiten Baumgartner ist die dreibändige Biographie »Göthe. Sein Leben und seine Werke« (1882–1886), die mehrmals aufgelegt wurde. Mehrere Auflagen erlebten auch seine »Nordischen Fahrten« (1889/90) und die »Geschichte der Weltliteratur« (1897–1911/12).

Otto Julius Bierbaum

deutscher Schriftsteller (* 28. 6. 1865, Grünberg in Schlesien), stirbt am 1. Februar 1910 in Dresden.
Bierbaum wurde 1893 in Berlin Redakteur der Zeitschrift »Die freie Bühne« und war 1894 Mitbegründer der Kunstzeitschrift »Pan«. Ab 1899 war er beteiligt an der Herausgabe der wegweisenden Zeitschrift »Die Insel«. Sein unbekümmert-burschikoser Gedichtband »Irrgarten der Liebe« (1901) war das meistverkaufte Lyrikbuch der Zeit. Als Erzähler wurde er bekannt durch »Stilpe« (1897), einen Schlüsselroman über die Berliner Boheme. Der dreibändige Roman »Prinz Kuckuck« (1906/07) ist eine satirische Schilderung der Wilhelminischen Zeit.

Bjørnstjerne Bjørnson

norwegischer Schriftsteller (* 8. 12. 1832, Kvikne im Østerdalen/Hedmark), stirbt am 26. April 1910 in Paris.
Als Bjørnson 1903 als erster Skandinavier den Literaturnobelpreis erhielt, zählte er zu den bekanntesten Persönlichkeiten Europas, u. a. wegen seines politischen und sozialen Engagements: Er kämpfte als leidenschaftlicher Patriot für die Unabhängigkeit Norwegens, engagierte sich in der Friedensbewegung und trat – der politischen Linken zugerechnet – unermüdlich für unterdrückte Minderheiten (Finnen, Ruthenen, Slowaken) und Einzelpersonen (Alfred Dreyfus) ein. Als Erzähler begründete er in Norwegen die realistische, zugleich aber nationalromantisch gefärbte Bauernnovelle mit psychologisch feinfühlig differenzierten Gestalten und einem verhaltenen, den altnordischen Sagas nachempfundenen Stil (»Synnøve Solbakken«, 1857). Mit »Ein Bankrott« (1875) verhalf er dem realistischen Theater in Norwegen zum Durchbruch. Hier brachte er erstmals die Gestalt der emanzipierten Frau auf die Bühne, ein Thema, das auch in dem für die damalige Sexualdebatte wichtigen Schauspiel »Ein Handschuh« (1883) aufgegriffen wird. Als sein dramatisches Meisterwerk gilt das Stück »Über die Kraft« (1883). Sein bekanntestes Gedicht ist die norwegische Nationalhymne »Ja, wir lieben dieses Land« (1859).

Friedrich von Bodelschwingh

deutscher evangelischer Theologe (* 6. 3. 1831, Lengerich/Haus Marck), stirbt am 2. April 1910 in Bethel (Bielefeld).
Bodelschwingh wurde 1871 Leiter der 1867 als Kranken-Heil- und Fürsorgeanstalten vor allem für Anfallskranke und milieugeschädigte Jugendliche in Bethel gegründeten Anstalten, die sich unter seiner Leitung zum größten Hilfswerk der deutschen Inneren Mission entwickelten.

Henri Dunant

schweizerischer Philanthrop und Schriftsteller, Friedensnobelpreisträger 1901 (* 8. 5. 1828, Genf), stirbt am 30. Oktober 1910 in Heiden.
Auf Dunants Initiative hin wurden 1864 in der Genfer Konvention internationale Regelungen zur Verbesserung des Loses der Kriegsverwundeten getroffen.

Eduard VII.

König von Großbritannien und Irland sowie Kaiser von Indien seit 1901 (* 9. 11. 1841, London), stirbt am 6. Mai 1910 in London.
Der älteste Sohn von Königin Viktoria und Prinzgemahl Albert von Sachsen-Coburg-Gotha nahm seine Mutter, die nach dem Tod ihres Mannes (1861) immer zurückgezogener lebte, allmählich alle Repräsentationspflichten ab, ohne sich jedoch an der Politik zu beteiligen. Er war ein bekannter Sportler und Vorbild der britischen Herrenmode. 1901 folgte er seiner Mutter auf dem Thron. In seine Regierungszeit fielen das Ende des Burenkriegs, der Abbruch der Bündnisverhandlungen mit dem Deutschen Reich und die Verständigung mit Frankreich durch die Entente cordiale (1904). Seine Grundhaltung wurde oft als deutschfeindlich bezeichnet.

Christine Enghaus

eigentlich Christine Engehausen, deutsche Schauspielerin (* 9. 2. 1817, Braunschweig), stirbt am 30. Juni 1910 in Wien.
Christine Enghaus war von 1840 bis 1875 Mitglied des Wiener Burgtheaters. 1845 heiratete sie Christian Friedrich Hebbel, dessen Frauengestalten sie in seinem Sinn verkörperte.

Constantin Fahlberg

deutscher Chemiker (* 22. 12. 1850, Tambow), stirbt am 5. August 1910 in Nassau.
Fahlberg entdeckte – zusammen mit Ira Remsen – 1879 den künstlichen Süßstoff Saccharin.

Johann Gottfried Galle

deutscher Astronom (* 9. 6. 1812, Pabsthaus bei Gräfenhainichen), stirbt am 10. Juli 1910 in Potsdam.
Galle entdeckte 1846 den Planeten Neptun. Von 1856 bis 1897 war er Professor der Astronomie in Breslau. Er berechnete die Bahnen von Kometen, Planetoiden und Meteoritenströmen.

Ernst Gerland

deutscher Physiker und Physikhistoriker (* 16. 3. 1838, Kassel), stirbt am 22. März 1910 in Clausthal (Clausthal-Zellerfeld).
Gerland leistete richtungweisende Beiträge zur Geschichte der exakten Naturwissenschaften: »Geschichte der physikalischen Experimentierkunst« (1899, zusammen mit Friedrich Traumüller), »Geschichte der Physik. Von den Anfängen bis zum Ausgange des 18. Jahrhunderts« (postum 1912).

Joseph Alexander Freiherr von Helfert

österreichischer konservativer Politiker (* 3. 11. 1820, Prag), stirbt am 16. März 1910 in Wien.
Helfert wurde 1848 in der gegenrevolutionären Regierung des Fürsten Felix zu Schwarzenberg Unterstaatssekretär im Ministerium für Unterricht und Kultus (bis 1860). Er setzte sich vor allem für die Reorganisation des Schulwesens ein (»Die österreichische Volksschule«, 1860/61). 1863 wurde er Präsident der Zentralkommission für Erforschung und Erhaltung der Kunst- und historischen Denkmale.

Winslow Homer

US-amerikanischer Maler (* 24. 2. 1836, Boston/Massachusetts), stirbt am 29. September 1910 in Pront's Neck (Maine).
Homer zählte zu den führenden US-amerikanischen Landschafts- und Marinemalern im Stil des ausgehenden 19. Jahrhunderts. Beliebt waren auch seine genrehaften Szenen, besonders von Kindern beim Spiel, die für Zeitschriften in Holzstiche übertragen wurden.

William Holman Hunt

britischer Maler (* 2. 4. 1827, London), stirbt am 7. September 1910 in London.
Hunt gründete 1848 mit Dante Gabriel Rossetti, John Everett Millais u. a. die Präraffaeliten. Stilistisch verband er Realismus mit religiösem Symbolismus. Er zählt zu den Vorläufern des Jugendstils (»Die Dame von Shalott«, 1886–1905).

William James

US-amerikanischer Philosoph und Psychologe (* 11. 1. 1842, New York), stirbt am 26. August 1910 in Chocorua (New Hampshire).
James, der Bruder des Schriftstellers Henry James, zählte zu den führenden Vertretern des US-amerikanischen Pragmatismus, den er definierte als »eine Einstellung, die von ersten Dingen, Prinzipien, Kategorien und vermeintlichen Notwendigkeiten absieht und sich auf die letzten Dinge, Früchte, Folgen und Tatsachen richtet«. Nützlichkeit, Wert und Erfolg sind dabei die Kriterien der Wahrheit. »Wahr ist das, was sich durch seine praktischen Konsequenzen bewährt.« Die Hauptwerke von James sind »Prinzipien der Psychologie« (1890) und »Pragmatismus (1907).

Joseph Kainz

österreichischer Schauspieler (* 2. 1. 1858, Moson = Mosonmagyaróvár), stirbt am 20. September 1910 in Wien.
Kainz errang den künstlerischen Durchbruch 1883 als Don Carlos am Deutschen Theater in Berlin, dem er mit Unterbrechungen bis 1899 angehörte. Danach verließ er, als Gegner des Naturalismus, Berlin und wechselte ans Wiener Burgtheater. Er verkörperte in klassischen und modernen Stücken jugendliche Helden. Besonders berühmt wurde seine Darstellung des Hamlet.

Ludwig Knaus

deutscher Maler (* 5. 10. 1829, Wiesbaden), stirbt am 7. Dezember 1910 in Berlin.
Knaus, Schüler der Düsseldorfer Akademie, zählte zu den beliebtesten deutschen Genremalern im ausgehenden 19. Jahrhundert. Besonders populär wurden Bilder anekdotischen Inhalts.

Robert Koch

deutscher Bakteriologe, Medizinnobelpreisträger 1905 (* 11. 12. 1843, Clausthal = Clausthal-Zellerfeld), stirbt am 27. Mai 1910 in Baden-Baden.
Koch, ab 1891 Leiter des Instituts für Infektionskrankheiten in Berlin, erhielt 1905 den Medizinnobelpreis für die Entdeckung des Tuberkelbazillus (1882).

Koch entwickelte neue Methoden für die Untersuchung und Züchtung von Krankheitserregern. 1876 klärte er die Entstehung des Milzbrands und fand die Milzbrandsporen. 1878 untersuchte er die Rolle von Bakterien bei Wundinfektionen, 1884 entdeckte er den Erreger der Cholera. Darüber hinaus erforschte er Pest und Malaria.

Friedrich Kohlrausch
deutscher Physiker (* 14. 10. 1840, Rinteln), stirbt am 17. Januar 1910 in Marburg.
Kohlrausch zählte zu den führenden deutschen Experimentalphysikern. Seine Hauptarbeitsgebiete waren die elektrolytische Leitfähigkeit und die Präzisionsbestimmung elektromagnetischer Grundgrößen. Mehr als 20 Auflagen erlebte sein »Leitfaden der praktischen Physik« (1870; 1968 unter dem Titel »Praktische Physik«).

Laza Kostić
serbischer Dichter (* 31. 1. 1841, Kovilj), stirbt am 9. Dezember 1910 in Wien.
Kostić zählte zu den führenden Schriftstellern und Literaturtheoretikern der serbischen Romantik. Neben Gedichten und Balladen schrieb er Erzählungen, Essays und historische Dramen.

Karl Lueger
österreichischer christlichsozialer Politiker (* 24. 10. 1844, Wien), stirbt am 10. März 1910 in Wien.
Unter Luegers Führung wurde die Christlichsoziale Partei eine feste Organisation und errang in den 1880er Jahren ihre ersten Wahlerfolge. Als Bürgermeister ab 1897 stellte er Gas und Elektrizität sowie die Straßenbahnen unter städtische Verwaltung und setzte die Schaffung zahlreicher Schulen, Waisenhäuser, Volksbäder und Parkanlagen durch. Durch Gesetz sicherte er den Erhalt des Wald- und Wiesengürtels um Wien. 1909 wurde er zum siebten Mal zum Bürgermeister seiner Heimatstadt gewählt.

Mark Twain
eigentlich Samuel Langhorne Clemens, US-amerikanischer Schriftsteller (* 30. 11. 1835, Florida/Montana), stirbt am 21. April 1910 in Redding (Connecticut).
Mark Twain schrieb humoristische Romane und Erzählungen, im Alter auch pessimistische Satiren. Eines der beliebtesten Jugendbücher wurde der in alle Kultursprachen übersetzte Entwicklungsroman »Die Abenteuer des Tom Sawyer« (1876) über die jungen Kleinstadtrebellen Tom Sawyer und Huckleberry Finn. Ein Welterfolg wurde auch der Roman »Die Abenteuer des Huckleberry Finn« (1884), der mehr noch als »Tom Sawyer« sozialkritische Aspekte einbezieht und u. a. die Sklavenhaltung scharf verurteilt.

Kálmán Mikszáth

ungarischer Schriftsteller (* 16. 1. 1847, Szklabonya), stirbt am 28. Mai 1910 in Budapest.
Mikszáth schrieb unter dem Einfluß von Charles Dikkens gesellschaftskritisch-satirische Erzählungen und Romane mit Vorliebe für kauzige Gestalten und für das Anekdotische, darunter die Romane »Die Hochzeit des Herrn von Noszty« (1908) und »Die schwarze Stadt« (1910).

Nadar
eigentlich Gaspard Félix Tournachon, französischer Fotograf (* 5. 4. 1820, Paris), stirbt am 20. März 1910 in Paris.
Nadar eröffnete 1853 in Paris ein Fotostudio und erschloß, technisch wie künstlerisch gleichermaßen interessiert, der Fotografie neue Anwendungsbereiche (Kunst- und Blitzlichtaufnahmen, Luftaufnahmen usw.). Er porträtierte zahlreiche bedeutende Persönlichkeiten (Alexandre Dumas, George Sand, Franz Liszt, Charles Baudelaire, Frédéric Chopin, Eugène Delacroix, Richard Wagner, Honoré Daumier, Hector Berlioz u. a.) und war mit vielen Künstlern, u. a. Edgar Degas, befreundet, die auch seine Fotografien als Hilfsmittel benutzten. 1858 machte er von einem Fesselballon aus die ersten Luftaufnahmen von Paris. Berühmt wurden auch die in der Zeit von 1863 bis 1865 entstandenen Aufnahmen in den Katakomben und in der Kanalisation von Paris. 1891 gründete er die Zeitschrift »Paris Photograph«.

Florence Nightingale

britische Krankenpflegerin (* 12. 5. 1820, Florenz), stirbt am 13. August 1910 in London.
Florence Nightingale organisierte nach ihrer Ausbildung zur Krankenschwester die Verwundeten- und Krankenpflege in der Türkei und auf der Krim während des Krimkriegs (1853–1856).

Eliza Orzeskowa
polnische Schriftstellerin (* 6. 6. 1841, Milkowschtschisna bei Grodno), stirbt am 18. Mai 1910 in Grodno.
In realistischen Romanen, die vom eigenen Erleben geprägt sind, schilderte Eliza Orzeskowa das Leben des polnisch-litauischen Bauerntums (»Die Hexe«, 1885) und ergriff Partei für die Verbesserung der Lebensumstände vor allem der Juden (»Eli Makower«, 1874/75) und der Frauen »Marta« (1873).

Wilhelm Raabe
deutscher Schriftsteller (* 8. 9. 1831, Eschershausen), stirbt am 15. November 1910 in Braunschweig.
Raabe lebte als feier Autor und veröffentlichte zahlreiche Romane in Zeitschriften. Die frühen Werke, darunter »Die Chronik der Sperlingsgasse« (1857), »Der Hungerpastor« (1864), »Abu Telfan« (1868) und »Der Schüdderump« (1870), sind zwar zeitkritisch und enthalten realistische Darstellungen der Gesellschaft, trafen aber wegen der humorvollen Darstellung und der Auflösung von Konflikten in Idyllen den Publikumsgeschmack. Im Spätwerk – »Stopfkuchen« (1891), »Die Akten des Vogelsangs« (1896) – wird die Erzähltechnik differenzierter. Thema ist das Scheitern gesellschaftlicher Außenseiter. Sehr bekannt wurde auch der novellistische Roman »Die schwarze Galeere« (1861).

Édouard Rod
schweizerischer Schriftsteller (* 31. 3. 1857, Nyon/Waadt), stirbt am 29. Januar 1910 in Grasse.
Rod begann als Naturalist unter dem Einfluß Émile Zolas, wandte sich jedoch mit »La Course à la mort« (1885) dem psychologischen Roman zu. Mit Vorliebe schilderte er das Leben von verschlossenen, schwer zugänglichen Menschen. Weitere Romane: »Les Sens de la vie« (1889), »Das Privatleben des Michel Teissier« (1893), »La Seconde vie de Michel Teissier« (1894).

Henri Rousseau

genannt »le douanier« (»der Zöllner«), französischer Maler (* 20. 5. 1844, Laval), stirbt am 4. September 1910 in Paris.
Rousseau, ursprünglich Zöllner, gilt als der Begründer der naiven Malerei in Europa. Ohne künstlerische Ausbildung ließ er sich mit 40 Jahren pensionieren, um sich ganz der Malerei zu widmen, anfangs verspottet wegen seiner unbefangen kindlich-naiven Malweise, den meist frontal gesehenen Menschen, die oft nur annähernd anatomisch richtig gesehen sind, aber sich stimmungsgebunden in die Umgebung einordnen. Charakteristisch für seine Gemälde ist ferner eine statische Auffassung, eine idyllisch-traumhafte Verklärung der Wirklichkeit, die noch durch Freude am bildhaften Erzählen gefördert wird.

Florencio Sánchez
uruguayischer Dramatiker (* 17. 1. 1875, Montevideo), stirbt am 7. November 1910 in Mailand.
Sánchez verfaßte naturalistische Dramen aus dem Leben des La-Plata-Gebiets, wobei er besonders den Gegensatz zwischen Stadt und Land herausstellte und unter dem Einfluß Henrik Ibsens Kritik an der Gesellschaft übte.

Giovanni Virginio Schiaparelli
italienischer Astronom (* 14. 3. 1835, Savigliano/Provinz Cuneo), stirbt am 4. Juli 1910 in Mailand.
Schiaparelli bestimmte die Rotationszeiten von Venus und Merkur und gelangte zu dem Ergebnis, daß sie gleich mit den Umlaufzeiten sind. Großes Aufsehen erregten die Ergebnisse seiner Beobachtungen des Planeten Mars, vor allem der Linien, die er »canali« nannte.

Johannes Schilling

deutscher Bildhauer (* 23. 6. 1828, Mittweida), stirbt am 21. März 1910 in Klotzsche/Dresden.
Schilling, Vertreter des Klassizismus, schuf u. a. das Niederwalddenkmal bei Bingen am Rhein (1877–1883) mit dem Riesenstandbild der »Germania« sowie Gruppen der vier Tageszeiten auf der Treppe zur Brühlschen Terrasse in Dresden (1872).

Zdenko Hans Skraup
österreichischer Chemiker (* 3. 3. 1850, Prag), stirbt am 10. September 1910 in Wien.
Skraups Hauptforschungsgebiet war die Struktur der Alkaloide. Er fand u. a. eine Methode zur Herstellung von Chinolin und entdeckte die Zellobiose (aus Zellulose abgebauter Doppelzucker).

Adolf Tobler

schweizerischer Romanist (* 23. 5. 1835, Hirzel/Kanton Zürich), stirbt am 18. März 1910 in Berlin.
Als Professor in Berlin ab 1867 sammelte Tobler die Materialien zu einem altfranzösischen Wörterbuch, das ab 1925 von Erhard Lommatzsch unter dem Titel »Altfranzösisches Wörterbuch« herausgegeben wird.

Lew Nikolajewitsch Graf Tolstoi
russischer Dichter (* 9. 9. 1828, Jasnaja Poljana), stirbt am 10. November 1910 in Astapowo im Gebiet Lipezk.
Tolstois bekannteste Werke sind der historisch-geschichtsphilosophische Roman »Krieg und Frieden« (1868/69) und der Eheroman »Anna Karenina« (1878). Unter dem Einfluß des Aufklärungsphilosophen Jean-Jacques Rousseau suchte Tolstoi nach dem Sinn des Lebens, kritisierte Gesellschaft und Zivilisation und lehnte Ästhetizismus sowie jegliche Autorität von Staat und Kirche ab. 1901 wurde er aus der russischen orthodoxen Kirche ausgeschlossen. Seine Romane, Erzählungen und Dramen vermitteln detailreich psychologische Schilderungen des Menschen in seiner schicksalhaften Eingebundenheit in die gesellschaftliche Wirklichkeit. Seine »Volkserzählungen« (1881–1886), in denen er hohen künstlerischen Anspruch mit volksnaher Sprache verband, sollten Tolstois religiöse Botschaft – die »innere Umkehr« zur Lehre Christi – den breiten Schichten des russischen Volkes bekannt machen. Als höchstes Gebot wird dabei immer wieder die tätige Nächstenliebe genannt (»Wovon die Menschen leben«).

Julius Wolff
deutscher Schriftsteller (* 16. 9. 1834, Quedlinburg), stirbt am 3. Juni 1910 in Berlin.
Wolff war einer der erfolgreichsten Vertreter der sog. Butzenscheibenlyrik. Seine die Vergangenheit romantisierenden Versepen und Romane (»Der Sülfmeister«, 1883, »Der Raubgraf«, 1884) behandeln meist sagenhafte oder geschichtliche Stoffe. Zu seinen bekanntesten Epen zählen »Die Rattenfänger von Hameln« (1876), »Der wilde Jäger« (1877) und »Tannhäuser« (1880).

Michail Alexandrowitsch Wrubel
russischer Maler (* 17. 3. 1856, Omsk), stirbt am 14. April 1910 in Petersburg.
Wrubel verband in seinen dekorativen Gemälden Phantastik und Realismus zu einem symbolistischen Werk, das von einer märchenhaft-pantheistischen Naturauffassung ausgeht. Er schuf Monumentalbilder, Bildnisse, Illustrationen und Bühnenbilder.

Personenregister

Das Personenregister enthält alle in diesem Buch genannten Personen (nicht berücksichtigt sind mythologische Gestalten und fiktive Persönlichkeiten sowie Eintragungen im Anhang mit Ausnahme des Nekrologs). Herrscher und Angehörige regierender Häuser mit selben Namen sind alphabetisch nach den Ländern ihrer Herkunft geordnet. Kursive Zahlen verweisen auf Abbildungen.

A

B

C

D

E

J

K

L

M

N

Sachregister

Das Sachregister enthält Suchwörter zu den in einzelnen Artikeln behandelten Ereignissen sowie Hinweise auf die im Anhang erfaßten Daten und Entwicklungen. Kalendariumseinträge sind nicht in das Register aufgenommen. Während politische Ereignisse im Ausland unter den betreffenden Ländernamen zu finden sind (Beispiel: »Entmachtung der Kaiserin Zäuditu« unter »Abessinien«), wird das politische Geschehen im Deutschen Reich unter den entsprechenden Schlagwörtern erfaßt. Begriffe zu herausragenden Ereignissen des Jahres sind ebenso direkt zu finden (Beispiel: »Antimodernisteneid« eben dort). Ereignisse und Begriffe, die einem großen Themenbereich (außer Politik) zuzuordnen sind, sind unter einem Oberbegriff aufgelistet (Beispiel: »Lebenskunde« unter »Bildungswesen«).

Quellen

Texte

Abbildungen

Archiv für Kunst und Geschichte, Hamburg (4); Austin Rover Deutschland GmbH, Neuss (2); Bavaria Verlag, Bildagentur, München (1); Berliner Kindl Brauerei AG, Berlin (1); Bettmann Archive, New York/USA (10); Civica Pinacoteca Tosio Martinengo, Brescia/I (1); Compagnie Generale Transatlantique, Paris/F (1); Daimler-Benz AG, Historisches Archiv, Stuttgart (1); Deutsches Bergbaumuseum, Bochum (1); A. D. Dubin, Paris/F (1); Folkwang-Museum, Essen (1); Friedrich-Ebert-Stiftung, Archiv der sozialen Demokratie, Bonn (1); Archiv Gerstenberg, Wietze (8); Käthe Hamann, Hamburg (1); Harenberg Kommunikation, Dortmund (506); Historia-Photo, Hamburg (19); Institut für Marxismus-Leninismus beim Zentralkomitee der SED, Zentrales Parteiarchiv, Berlin/DDR (1); Fried. Krupp GmbH, Historisches Archiv, Essen (1); Plakatsammlung des Kunstgewerbemuseums, Zürich/CH (1); F. Laeisz Schiffahrtsgesellschaft mbH, Hamburg (1); Landesbildstelle Hamburg (1); Robert Lebeck, Hamburg (1); M. Lengellè, Paris/F (1); Archiv Jürgen Lewandowski (1); National Portrait Gallery, London/GB (1); Roger-Viollet, Paris (1); Ingo Seiff, Hamburg (1); Süddeutscher Verlag Bilderdienst, München (8); Stadtmuseum München (3); Woburn Abbey, Woburn/GB (1)

Trotz größter Sorgfalt konnten die Urheber des Bildmaterials nicht in allen Fällen ermittelt werden. Es wird ggf. um Mitteilung gebeten.